Diego Barros Arana

Historia general de Chile

Tomo III

Barcelona **2024**
Linkgua-ediciones.com

Créditos

Título original: Historia general de Chile.

© 2024, Red ediciones.

e-mail: info@linkgua.com

ISBN tapa dura: 978-84-9897-424-9.
ISBN rústica: 978-84-9816-793-1.
ISBN ebook: 978-84-9897-651-9.

Cualquier forma de reproducción, distribución, comunicación pública o transformación de esta obra solo puede ser realizada con la autorización de sus titulares, salvo excepción prevista por la ley. Diríjase a CEDRO (Centro Español de Derechos Reprográficos, www.cedro.org) si necesita fotocopiar, escanear o hacer copias digitales de algún fragmento de esta obra.

Sumario

Créditos _____ 4

Brevísima presentación _____ 15
   La vida _____ 15

Tomo III _____ 17

Parte III. La Colonia desde 1561 hasta 1610 (Continuación) _____ 19

Capítulo VIII. Gobierno interino de Ruiz de Gamboa (1580-1583). Arribo a
Chile de Don Alonso de Sotomayor (1583) _____ 21
   1. El mariscal Martín Ruiz de Gamboa toma el gobierno de Chile por disposición
testamentaria de Rodrigo de Quiroga _____ 21
   2. El gobernador decreta la ordenanza denominada «tasa de Gamboa», para abolir
el servicio personal de los indígenas: ineficacia de esta reforma _____ 23
   3. Fundación de la ciudad de Chillán con el nombre de San Bartolomé de Gamboa:
el gobernador pretende someter a los indios rebeldes estableciendo fuertes en el
territorio de estos _____ 27
   4. El teniente de gobernador Lope de Azócar opone resistencias a la
administración de Ruiz de Gamboa: este último lo apresa y lo envía fuera de Chile ___ 28
   5. Últimas campañas del gobernador Ruiz de Gamboa _____ 33
   6. Felipe II nombra gobernador de Chile a don Alonso de Sotomayor: antecedentes
de este militar _____ 35
   7. Viaje de Sotomayor desde España con una división auxiliar _____ 38
   8. Llega a Chile y se recibe del gobierno _____ 43
   9. Juicio de residencia de Martín Ruiz de Gamboa _____ 47

Capítulo IX. Primeros años del gobierno de don Alonso de Sotomayor (1583-
1586). Continúa la guerra sin ningún resultado definitivo _____ 51
   1. Abolición de la «tasa de Gamboa» y restablecimiento del servicio personal de los
indígenas _____ 51
   2. El nuevo gobernador hace salir a campaña a su hermano don Luis _____ 54

3. Primera campaña de don Alonso de Sotomayor en Chile: conociendo la escasez de recursos militares, envía a pedir refuerzos al Perú y España _____ 55

4. Funda el gobernador tres fuertes en el territorio enemigo sin conseguir imponer a los indios. La miseria y cansancio de sus tropas da origen a alarmantes conspiraciones que el gobernador castiga con la mayor severidad _____ 60

5. Continuación de la guerra sin resultados eficaces. Historiadores del gobierno de don Alonso de Sotomayor (nota) _____ 63

6. El piloto Juan Fernández descubre las islas que llevan su nombre, y halla un rumbo que abrevia la navegación entre el Perú y Chile _____ 68

Capítulo X. Exploración del estrecho de Magallanes por Sarmiento de Gamboa (1580). Fundación de colonias en sus costas. Expedición de Tomás Cavendish (1583-1587) _____ 74

1. El virrey del Perú envía a Pedro Sarmiento de Gamboa a explorar el estrecho de Magallanes _____ 74

2. Primeros accidentes del viaje: una de las naves da la vuelta al Perú _____ 78

3. Sarmiento de Gamboa pasa el estrecho, continúa su viaje y llega a España _____ 83

4. Felipe II resuelve mandar construir fortificaciones en el estrecho de Magallanes: primeros contratiempos de esta empresa _____ 86

5. La escuadra española intenta dos veces embocar al estrecho: las rivalidades de los jefes producen el descontento y el general Flores de Valdés se vuelve a España _____ 88

6. Pedro Sarmiento de Gamboa reúne cinco naves, penetra en el estrecho de Magallanes y funda dos poblaciones _____ 91

7. Una violenta tempestad lo arrastra a las costas del Brasil y, después de numerosas aventuras, regresa a España _____ 94

8. El corsario inglés Tomás Cavendish penetra en el estrecho de Magallanes _____ 98

9. Fin desastroso de las colonias fundadas por Sarmiento _____ 101

10. Campaña de Cavendish en los mares de Chile: combate de Quintero _____ 104

11. Expedición de Merrick al estrecho de Magallanes: influencia de estos viajes en los progresos de la geografía _____ 111

Capítulo XI. Fin del gobierno de don Alonso de Sotomayor (1587-1592) _____ 114

1. El virrey del Perú, alarmado por las hostilidades de los corsarios, resuelve socorrer a Chile, levanta tropas y envía una división auxiliar _____ 114

2. Don Alonso de Sotomayor no puede emprender operaciones decisivas contra los araucanos: falsa noticia de reaparición de los corsarios _____ 117

3. El rey de España hace partir 700 soldados auxiliares para Chile: el marqués de Cañete los hace volver del istmo de Panamá y envía en su lugar un refuerzo de 200 hombres_____ 120

4. Campaña de don Alonso de Sotomayor en el territorio araucano: fundación de la plaza fuerte de San Ildefonso de Arauco _____ 125

5. Pasa al Perú el maestre de campo García Ramón a pedir socorros y regresa a Chile con una compañía _____ 129

6. La escasez de tropas impide renovar las operaciones: Sotomayor se traslada al Perú y sabe allí que ha sido separado del gobierno _____ 131

Capítulo XII. Estado administrativo y social de Chile al terminar el siglo XVI __ 135

1. Población de Chile al terminar el siglo XVI; los españoles _____ 136
2. Los esclavos _____ 141
3. Los indios de servicio _____ 143
4. Rápida disminución de estos indios en Santiago y La Serena; arbitrios inventados para reemplazarlos _____ 146
5. Ineficacia de la acción de los misioneros para civilizar a aquellos indios _____ 149
6. Los mestizos: ayuda que prestan muchos de ellos a los indios en la guerra contra los españoles _____ 151
7. Dificultades que ofrecía el gobierno de la colonia: competencias constantes de las autoridades _____ 153
8. La guerra era la preocupación general: incremento del poder militar de los indios y decadencia de los españoles _____ 156
9. Manera de hacer la guerra a los indios, usada a fines del siglo XVI: ineficacia de las correrías militares de los españoles; relajación introducida en la disciplina de las tropas _____ 160
10. Frecuentes y ruidosas competencias entre los poderes civil y eclesiástico; condición del clero de esa época. La inquisición de Lima crea el cargo de comisario en Chile: establecimiento de la bula de cruzada; el cabildo de Santiago se hace representar por medio de sus apoderados en el concilio provincial de Lima 166
11. Pobreza del erario real de Chile; rentas públicas y contribuciones, ventas de oficios _____ 176

12. La industria minera, su decadencia _____ 181
13. La agricultura y las otras industrias derivadas de ella _____ 184
14. Administración local; los trabajos del Cabildo. Corridas de toros _____ 187
15. Costumbres: gran número de días festivos; criminalidad _____ 191
16. Primeras escuelas _____ 193
17. La descripción histórica y geográfica de Chile _____ 196

Capítulo XIII. Primeros años del gobierno de Óñez de Loyola (1592-1595). El corsario inglés Hawkins en el Pacífico _____ 201

1. Antecedentes biográficos del gobernador Martín García Óñez de Loyola _____ 201
2. Se recibe del gobierno de Chile: pobreza y postración en que se hallaba este país. El gobernador envía un emisario a impetrar socorros del Perú y él se traslada al sur a dirigir las operaciones militares _____ 203
3. Primera campaña de Óñez de Loyola: concibe esperanzas de pacificar el territorio 206
4. El virrey del Perú aplaza el envío de refuerzos y socorros a Chile _____ 207
5. Llega al Pacífico el corsario inglés Ricardo Hawkins; su permanencia en Valparaíso y su viaje al Perú _____ 209
6. Derrota y captura de Hawkins en el puerto de Atacames _____ 215
7. La ciudad de Santiago niega al gobernador los socorros que pedía: Óñez de Loyola prosigue la campaña y funda la ciudad de Santa Cruz _____ 220
8. Envía a España a su secretario a pedir socorros al rey _____ 224

Capítulo XIV. Fin del gobierno de Óñez de Loyola (1595-1598): su derrota y muerte _____ 227

1. Establecimiento de los jesuitas en Chile: milagros que se contaban acerca de su viaje _____ 227
2. Arribo de los padres agustinos y su establecimiento en Santiago _____ 231
3. Óñez de Loyola pide en vano socorros de tropas al marqués de Cañete: el sucesor de éste le envía una pequeña columna de auxiliares _____ 233
4. Nueva campaña de Óñez de Loyola contra los araucanos; establecimiento de un fuerte en Purén que los españoles tienen que abandonar después de repetidos contrastes. Fundación de la ciudad de San Luis en la provincia de Cuyo _____ 236

5. Llegan a Chile otros refuerzos enviados por el virrey del Perú, pero son insuficientes para renovar la guerra; y los vecinos de Santiago se niegan a socorrer al gobernador ___241

6. Sale Óñez de Loyola de la Imperial para socorrer a Angol; es derrotado y muerto en Curalava ___243

Capítulo XV. Gobierno interino de Pedro de Viscarra (1599). Nuevos desastres; arribo de otro Gobernador ___ 250

1. Llega a Santiago la noticia de la derrota y muerte de Óñez de Loyola; el licenciado Pedro de Viscarra es nombrado gobernador interino___250

2. Rápido desarrollo de la sublevación de los indios: combates frecuentes en los alrededores de Arauco, de Angol y de Santa Cruz; desastres sufridos por los españoles___253

3. Los indios sublevados marchan sobre la Imperial. Desastres repetidos que sufren los defensores de esta ciudad: derrota y muerte del corregidor Andrés Valiente; sublevación de los indios de Villarrica ___258

4. Los españoles despueblan la ciudad de Santa Cruz y los fuertes inmediatos. Los indios atacan la ciudad de Concepción y son rechazados; crítica situación del reino según el gobernador Viscarra ___263

5. Llega al Perú la noticia de los desastres de Chile. El Virrey resuelve socorrer este país y nombra gobernador a don Francisco Quiñones: antecedentes biográficos de este capitán___267

6. Llega a Chile el nuevo gobernador: socorre la plaza de Arauco y alcanza otras pequeñas ventajas___270

7. Felipe III comunica a las colonias americanas su exaltación al trono español por muerte de su padre. Historiadores de estos sucesos (nota) ___274

Capítulo XVI. Gobierno interino de don Francisco de Quiñones (1599-1600). Los corsarios holandeses en la costa de Chile. Desastres en la guerra ___ 281

1. Los indios asaltan e incendian Chillán. El capitán Miguel de Silva restablece en esta región el prestigio de las armas españolas___281

2. Empresas navales de los holandeses contra las posesiones españolas de ultramar 285

3. Sale de Holanda una expedición de cinco buques para llegar a los mares de Asia por el estrecho de Magallanes; penalidades de su navegación hasta penetrar en el océano Pacífico_____287

4. Dos de esas naves llegan a la costa de Chile: desastres que sufren sus tripulaciones al querer desembarcar en los territorios ocupados por los indios; después de permanecer algunos días en negociaciones con los españoles, continúan su viaje a los mares de Asia_____291

5. Otra nave holandesa es arrastrada a los mares australes y descubre tierras desconocidas; llega a Valparaíso en un estado miserable y se rinde a los españoles 296

6. Los indios asaltan y destruyen la ciudad de Valdivia _____299

7. Llegan a esa región socorros del Perú; los indios atacan Osorno y prenden fuego a la ciudad, pero son rechazados_____301

8. Terrible situación de los españoles al comenzar el año de 1600: alarma general. El gobernador Quiñones pide al rey que le envíe un sucesor _____305

9. Habiendo recibido algunos socorros, el gobernador sale a campaña en auxilio de las ciudades sitiadas. Alcanza dos victorias sobre los indios y llega a la Imperial _308

10. Los españoles despueblan las ciudades de la Imperial y de Angol _____311

Capítulo XVII. Fin del gobierno de Quiñones. Nuevas correrías de los corsarios holandeses en las costas de Chile. Gobierno interino de Alonso García Ramón (1600-1601) _____ 319

1. Sale de Holanda una segunda expedición corsaria bajo el mando de Oliverio van Noort: su viaje por el estrecho de Magallanes_____319

2. Correrías de este corsario en las costas de Chile _____322

3. Llega a Chiloé Baltasar de Cordes con otra nave holandesa y se apodera de la ciudad de Castro _____326

4. Penosa campaña de Francisco del Campo en Chiloé: derrota a los holandeses y recupera Castro_____328

5. Partida de los corsarios de Chiloé; terribles venganzas ejercidas por los españoles sobre los indios _____332

6. Últimos días del gobierno de Quiñones. Nuevos desastres en el sur: alarmas e inquietudes en Santiago _____334

7. Llega a Chile Alonso García Ramón con el título de gobernador interino _____337

8. Sus aprestos para salir a campaña _____341

9. Marcha a Concepción, se prepara para expedicionar a las ciudades australes, pero no lleva a cabo esta empresa _____ 343

Capítulo XVIII. Alonso de Ribera. Principios de su gobierno (1601)_____ 347

1. Llega a Madrid la noticia del levantamiento de los indios de Chile. El capitán don Bernardo de Vargas Machuca se ofrece a pacificar este país con 400 hombres: el rey y sus consejeros desatienden esa proposición _____ 347
2. Es nombrado Alonso de Ribera gobernador de Chile: antecedentes biográficos de este personaje _____ 351
3. Su viaje a Chile _____ 358
4. Su rompimiento con García Ramón, y vuelta de éste al Perú _____ 362
5. Estado del ejército de Chile al arribo de Ribera _____ 366
6. Primera campaña de Ribera en el territorio enemigo: socorre la plaza de Arauco y regresa a Concepción _____ 373
7. Llega a Mendoza un refuerzo de 500 hombres enviados por el rey de España _____ 376

Capítulo XIX. Gobierno de Alonso de Ribera; establecimiento de una línea fortificada de frontera (1601-1603) _____ 381

1. Trabajos administrativos de Ribera: sus aprestos para la nueva campaña _____ 381
2. Pretende establecer una línea fortificada de frontera para ocupar progresivamente el territorio enemigo: resultado de este primer ensayo _____ 385
3. Campañas y sufrimientos de los españoles en Osorno y su comarca: son socorridos por una división enviada por el gobernador Ribera _____ 389
4. Toma y destrucción de Villarrica _____ 394
5. Ribera pide al rey nuevos socorros de tropas y de dinero _____ 396
6. Campaña de Ribera en el verano de 1602 y 1603 _____ 399
7. Queda restablecida la tranquilidad al norte de Biobío _____ 403

Capítulo XX. Gobierno de Alonso de Ribera: sus dificultades en la administración interior. Sus últimas campañas: es separado del mando de Chile (1603-1605) _____ 406

1. Alonso de Ribera contrae matrimonio sin permiso del rey _____ 406
2. Dificultades que le atrae su carácter impetuoso y autoritario _____ 409
3. La familia de Lisperguer burla la autoridad del gobernador _____ 411

4. Don fray Reginaldo de Lizárraga, obispo de Concepción _____ 416
5. Ruidosas competencias entre el gobernador Ribera y el obispo de Santiago, Pérez de Espinosa _____ 421
6. Nueva campaña contra los indios hasta las ciénagas de Purén y de Lumaco en los primeros meses de 1604. El rey manda crear un ejército permanente en Chile ___ 427
7. Miserias y sufrimientos en las ciudades australes: despoblación definitiva del fuerte de Valdivia y de la ciudad de Osorno _____ 435
8. Llegan a España noticias del ningún resultado de la guerra de Chile: el rey nombra gobernador y capitán general de este país a don Alonso de Sotomayor ____ 439
9. Ilusiones de Ribera acerca del resultado de sus planes de pacificación _____ 444
10. Última campaña de Alonso de Ribera en el territorio enemigo _____ 446
11. Es separado del mando de Chile y parte a hacerse cargo del gobierno de Tucumán. Historiadores del primer gobierno de Alonso de Ribera (nota) _____ 449

Capítulo XXI. Gobierno de Alonso García Ramón. Infructuosas tentativas de ofrecer la paz a los indios (1605-1606) _____ **456**

1. Alonso García Ramón es nombrado gobernador de Chile por el virrey del Perú. Recibe la orden de suprimir el servicio personal de los indígenas _____ 456
2. El nuevo gobernador desembarca en Concepción con el padre Luis de Valdivia: se recibe del mando y recorre los fuertes de la frontera celebrando parlamentos con los indios para ofrecerles la paz _____ 460
3. Poca confianza que inspira la paz: García Ramón se prepara para emprender una nueva campaña en la primavera próxima, y pasa a Santiago a hacer sus aprestos _____ 464
4. Llega a Chile un socorro de 1.000 hombres enviados de España _____ 466
5. El gobernador y las otras autoridades representan al rey la insuficiencia del situado para pagar el ejército de Chile y obtienen que sea elevado a una suma mayor _____ 470
6. Campaña de García Ramón al territorio enemigo _____ 474
7. Miserable condición de los españoles que permanecían cautivos entre los indios: el gobernador intenta rescatarlos, pero con escaso resultado _____ 477
8. Fundación del fuerte de San Ignacio de Boroa _____ 481
9. La guerra se mantiene en todas partes: ilusiones de García Ramón en los progresos alcanzados en la última campaña. El padre Valdivia da la vuelta al Perú ___ 483

10. La guerra contra los indios queda autorizada por el papa. Terrible desastre de los españoles en Boroa ___486

Capítulo XXII. Gobierno de García Ramón: sus últimas campañas y su muerte. Fundación definitiva de la Real Audiencia (1606-1610) ___ **491**

1. La noticia del levantamiento de los indios obliga al gobernador a salir de nuevo a campaña; despuebla el fuerte de Boroa___491

2. Alarma general producida por esos desastres; se piden nuevos refuerzos a España y al Perú ___495

3. El sistema de conquista gradual planteado por Ribera comienza a producir buenos resultados: nueva campaña de García Ramón en el verano de 1607-1608___499

4. Felipe III aumenta el situado del reino de Chile, decreta otros premios para los militares de este país y manda crear una real audiencia en Santiago ___502

5. Limitados socorros de tropa que llegan del Perú. El gobernador emprende campaña en el verano de 1608-1609 ___505

6. Fundación de la Real Audiencia; el rey autoriza la esclavitud de los indios que se tomasen prisioneros. Quedan sin efecto las cédulas por las cuales el rey había mandado abolir el servicio personal de los indígenas ___508

7. Última campaña de García Ramón ___517

8. Su muerte ___519

Libros a la carta ___ **523**

Brevísima presentación

La vida

Diego Barros Arana (1830-1907). Chile.
Era hijo de Diego Antonio Barros Fernández de Leiva y Martina Arana Andonaegui, ambos de clase alta. Su madre murió cuando él tenía cuatro años, y fue educado por una tía paterna que le dio una formación muy religiosa.

Estudió en el Instituto Nacional latín, gramática, filosofía, historia santa y francés. Su interés por la historia se despertó tras sus lecturas del *Compendio de la historia civil, geográfica y natural* del Abate Molina, las *Memorias del general William Miller*, la *Historia de la revolución hispanoamericana* del español Mariano Torrente y la *Historia física y política de Chile* de Claudio Gay.

Su trabajo historiográfico se inició en 1850, tras la publicación de un artículo en el periódico *La Tribuna* sobre Tupac Amaru y de su primer libro, *Estudios históricos sobre Vicente Benavides y las campañas del sur*.

Barros Arana se decantó en política por el liberalismo y se enfrentó a los círculos católicos. Fue opositor encarnizado del gobierno de Manuel Montt, y su casa fue allanada en busca de armas (que en efecto se ocultaban allí). Tras este incidente tuvo que exiliarse en Argentina, donde hizo amistad con Bartolomé Mitre.

Regresó en 1863 y fue nombrado rector del Instituto Nacional, y ocupó el decanato de la Facultad de Filosofía y Humanidades de la Universidad de Chile, así como la rectoría.

Su paso por el instituto desencadenó una tormenta que quebró la alianza de gobierno conocida como Fusión Liberal-Conservadora.

En la etapa final de su vida se dedicó a su obra historiográfica y fue enviado a Argentina en una misión para definir los fronteras.

Tomo III

Parte III. La Colonia desde 1561 hasta 1610 (Continuación)

Capítulo VIII. Gobierno interino de Ruiz de Gamboa (1580-1583).
Arribo a Chile de Don Alonso de Sotomayor (1583)

1. El mariscal Martín Ruiz de Gamboa toma el gobierno de Chile por disposición testamentaria de Rodrigo de Quiroga. 2. El gobernador decreta la ordenanza denominada «tasa de Gamboa», para abolir el servicio personal de los indígenas: ineficacia de esta reforma. 3. Fundación de la ciudad de Chillán con el nombre de San Bartolomé de Gamboa: el gobernador pretende someter a los indios rebeldes estableciendo fuertes en el territorio de estos. 4. El teniente de gobernador Lope de Azócar opone resistencias a la administración de Ruiz de Gamboa: este último lo apresa y lo envía fuera de Chile. 5. Últimas campañas del gobernador Ruiz de Gamboa. 6. Felipe II nombra gobernador de Chile a don Alonso de Sotomayor: antecedentes de este militar. 7. Viaje de Sotomayor desde España con una división auxiliar. 8. Llega a Chile y se recibe del gobierno. 9. Juicio de residencia de Martín Ruiz de Gamboa.

1. El mariscal Martín Ruiz de Gamboa toma el gobierno de Chile por disposición testamentaria de Rodrigo de Quiroga

Por real cédula de 28 de octubre de 1573, Felipe II, como solía hacerlo en otras ocasiones, había autorizado expresamente a Rodrigo de Quiroga para designar su sucesor. Esta concesión tenía por objetivo evitar las competencias y dificultades a que de ordinario daba lugar el fallecimiento de los gobernadores en Indias. La persona que Quiroga designase debía gobernar con amplitud de poderes y de atribuciones hasta que el virrey del Perú o el mismo rey de España nombrase otro gobernador.

Quiroga había hecho uso de esa autorización en favor de la persona que poseía su confianza más ilimitada. En 16 de febrero de 1577, hallándose en Perquilauquén, cuando marchaba al sur a abrir la campaña contra los araucanos, había expedido una extensa provisión cuya parte dispositiva está encerrada en las cláusulas siguientes. «Atento que al presente voy con el ejército de Su Majestad a la guerra y pacificación de los indios rebelados de este reino, donde podría sobrevenirme la muerte en alguna batalla o reencuentro, como en semejantes ocasiones suele acontecer, sin tener lugar de testar, o por estar como estoy muy fatigado de cierta enfermedad de catarro; y haciendo lo que a la hora de mi muerte podría hacer, confiando de vos el mariscal Martín Ruiz de Gamboa que sois caballero, hijodaldo, gran servidor de Su Majestad, por la presente, en nombre de Su Majestad, os elijo y nombro en mi lugar para que, después de mi muerte, en el entretanto que por Su Majestad o por el dicho visorrey del Perú otra cosa se provea y mande, seáis gobernador y capitán general y justicia mayor de estas provincias de Chile.»[1]

El cabildo de Santiago guardaba desde entonces esta provisión. Apenas hubo fallecido el gobernador, el 25 de febrero de 1580, envió emisarios al sur a comunicar a Ruiz de Gamboa este acontecimiento, y a pedirle que a la mayor brevedad se trasladase a Santiago a recibirse del mando. El mariscal se hallaba entonces en el asiento de Chillán, donde había establecido el año anterior una fortaleza. Creyendo que su ausencia del campamento en esas circunstancias pudiera dar origen a que se sublevaran otra vez los indios sometidos, Ruiz de Gamboa envió sus poderes a Santiago de Azócar y a Juan Hurtado, vecinos ambos de la ciudad de Santiago, para que a su nombre prestasen el juramento de estilo ante los cabildos de las ciudades del norte, sin cuyo requisito no podía ser reconocido en el carácter de gobernador. Llenadas estas formalidades, Ruiz de Gamboa fue proclamado en ese rango el 8 de marzo de 1580.[2]

Después de esta proclamación, Ruiz de Gamboa entró de lleno en el ejercicio de sus funciones. Pero su permanencia en el poder, aun en el carácter de gobernador interino, dependía de la resolución del virrey del Perú. A pesar de las recomendaciones especiales que Rodrigo de Quiroga había hecho en todas circunstancias de su sucesor, pasó más de un año sin que el virrey lo confirmara en el puesto a que había sido elevado.[3] Ruiz de Gamboa esperó también que,

---

1   Esta provisión, inserta en el acta del recibimiento de Ruiz de Gamboa, en 8 de marzo de 1580, se halla en el libro 6 del cabildo de Santiago, a fojas 98-100; pero ha sido publicada por don Miguel Luis Amunátegui en la *Cuestión de límites entre Chile y la República Argentina*, tomo II, capítulo 5.
2   Todos estos documentos están consignados en el acta del cabildo de Santiago que hemos citado más arriba. Conviene explicar aquí cierta coincidencia de nombres que puede dar origen a error al que lea esos documentos sin alguna atención. En ese tiempo, como lo veremos más adelante, era teniente de gobernador, por separación del licenciado Calderón, el doctor Lope de Azócar; y éste fue el que recibió el juramento a los apoderados de Ruiz de Gamboa, uno de los cuales se llamaba Santiago de Azócar, lo que ha dado motivo a que alguna vez se confunda a esos dos individuos.
3   En agosto de 1577 el virrey del Perú, don Francisco de Toledo, había pedido a Quiroga que le designase una persona que pudiera ocupar el gobierno interino de Chile. Con fecha de 26 de enero de 1578, Quiroga contestó lo que sigue: «Acerca de lo que vuestra excelencia me manda le avise de las personas que hay en este reino en quien concurran

en premio de sus dilatados servicios, el rey le diera la propiedad de este cargo; pero el arrogante capitán sufrió, como lo veremos más adelante, un doloroso desengaño.

2. El gobernador decreta la ordenanza denominada «tasa de Gamboa», para abolir el servicio personal de los indígenas: ineficacia de esta reforma

El gobernador interino se detuvo muy pocos días en el asiento de Chillán, donde había recibido la noticia de la muerte de su suegro. Tan luego como hubo tomado las providencias que consideraba más urgentes para el resguardo de esas posiciones, dejó allí noventa soldados a cargo del capitán Hernando de Alvarado, y se trasladó apresuradamente a Santiago. Hallábase aquí a fines de marzo, y se ocupaba en comunicar al rey de España y al virrey del Perú las últimas ocurrencias de la colonia, y en pedir a uno y a otro que se le confirmara en el cargo de gobernador de Chile.[4]

---

    las calidades que se requieren para usar en el cargo de gobernador después de mis días, yo quisiera tener tan buen conocimiento que en la elección no hubiera error alguno y; aunque por mi corto talento pudiera excusarme, diré lo que entiendo por cumplir lo que vuestra excelencia me manda. De los caballeros que en este reino están, me parece que el mariscal Martín Ruiz de Gamboa es uno a quien se podía encargar el gobierno de esta tierra por su antigüedad y prudencia y experiencia y calidad de persona. Y para el cargo de teniente me parece que le podría servir el licenciado Joan de Escobedo que está en opinión de buen letrado y de mucha experiencia. Yo tengo cédula de Su Majestad para nombrar gobernador al tiempo de mi muerte que gobierne este reino hasta que vuestra excelencia provea. Plegue a la divina majestad que la persona que apareciere nombrada por mí merezca ser confirmada de Su Majestad y de vuestra excelencia». Carta inédita de Quiroga, etc. A pesar de esta empeñosa recomendación, el virrey Toledo no confirmó a Ruiz de Gamboa en el cargo de gobernador interino sino en 24 de abril de 1581, esto es, catorce meses después de la muerte de Quiroga. La provisión del virrey, inserta en el acta del Cabildo de 28 de junio de ese año, se registra en el libro 6° de acuerdos, fojas 152 a 155, pero también ha sido publicada por don Miguel L. Amunátegui en el libro y capítulos citados.

4   En el Archivo de Indias encontré una carta de Ruiz de Gamboa a Felipe II, escrita en Santiago a 31 de marzo de 1580, en que le da cuenta de la muerte de Quiroga y le pide que lo confirme en el cargo de gobernador de Chile, que estaba desempeñando interinamente por disposición testamentaria de su suegro. Habla allí de la nobleza de sus padres que por ser de casa antigua lo ponía en la obligación de servir al rey. «Hace, agrega enseguida, treinta y tres años que pasé a estas partes (primero al Perú y después a Chile) habiendo militado antes en las galeras que don Bernardino de Mendoza traía a su cargo a nombre de Vuestra Majestad». Cuando esta carta llegó a la Corte, ya el rey había nombrado gobernador de Chile sin tener noticia de la muerte de Quiroga.

Pero Ruiz de Gamboa estaba preocupado por otros trabajos. Se recordará la insistencia con que el rey había mandado que se regularizase en Chile el sistema de repartimientos, sustituyendo por un tributo pecuniario el trabajo obligatorio o servicio personal impuesto a los indígenas. Quiroga había demostrado al rey las enormes dificultades que había para llevar a cabo esta reforma, desde que el estado de barbarie de los indios hacía imposible el reducirlos a una vida social en que tuvieran alguna industria y pudieran pagar esos tributos. El rey y sus consejeros, incapaces de apreciar este orden de dificultades, y creyendo que la simple conversión de los indios al cristianismo iba a transformarlos como por milagro en hombres civilizados, repitieron sus órdenes con particular insistencia. En la Corte se tenía noticia más o menos cabal de los malos tratamientos de que eran víctimas los indios de Chile; y había llegado a creerse como verdad incuestionable que la prolongación de la guerra era producida por esos tratamientos; y que los bárbaros sometidos a un régimen más benigno no habrían negado la obediencia al rey de España.

Desde el último año del gobierno de Quiroga, se hacían en Chile los trabajos preparatorios para dar cumplimiento a las órdenes repetidas del soberano. «La visita (de los repartimientos) se anda haciendo, escribía entonces Ruiz de Gamboa al virrey del Perú, y dando orden en hacer tasa, porque según la desorden que tienen en el servicio de los indios, conviene la haya. El gobernador mi señor (Quiroga) da mucha prisa en esto.»[5] Una vez en Santiago, Ruiz de

---

Existe, además, otra carta de Ruiz de Gamboa al rey, escrita en Santiago el mismo día 31 de marzo de 1580, la cual ha sido publicada con muchos descuidos en el II tomo, págs. 119-124, de los *Documentos* que acompañan la obra de don Claudio Gay. En ella no hace el gobernador interino la petición que dejamos copiada.

5   Carta de Ruiz de Gamboa al virrey del Perú, de 1 de abril de 1579, Manuscrita. El obispo de Santiago, don fray Diego de Medellín, que en su correspondencia con el rey le da amplias noticias sobre los malos tratamientos de que eran víctimas los indios, se atribuye una parte principal en la reforma de los repartimientos ejecutada en 1580 por Ruiz de Gamboa, lo que no aparece en los otros documentos. Cuenta a este respecto que en la cuaresma de ese año dispuso que dentro de su obispado no se admitiera a la confesión a ningún encomendero que no presentase una cédula o contraseña dada por el prelado. El obispo, por su parte, no daba este permiso sino cuando el encomendero había firmado una solicitud en que se pedía nueva tasa (de los tributos de los indios) para tranquilidad de su conciencia, porque ciertamente no lo haciendo así no estaban dispuestos para ser absueltos». Carta al rey del obispo Medellín de 4 de junio de 1580 citada por don Crescente Errázuriz, Orígenes de la iglesia chilena, capítulo 25. Es posible que por este medio se recogieran muchas firmas para aquella solicitud; pero este hecho, de cuya autenticidad no podemos dudar,

Gamboa dio cima a sus trabajos, y en mayo de 1580 expidió la célebre ordenanza que lleva su nombre.

Ruiz de Gamboa y sus consejeros se propusieron extirpar los abusos mediante los cuales se habían hecho ilusorias las garantías acordadas a los indígenas por la tasa de Santillán. Se recordará que bajo el gobierno de don García Hurtado de Mendoza, y después de laboriosos afanes, se había querido regularizar el servicio personal y obligatorio de los indios sometidos, limitando sus tareas, fijando la parte que les correspondía en los beneficios de las industrias en que debían trabajar y asegurándoles ciertos derechos con los cuales se creía protegerlos contra la miseria, contra la barbarie y contra la codicia de sus amos.[6] Pero la tasa de Santillán, como hemos visto, había sido una infructuosa tentativa para crear una organización social que carecía de base. Al mismo tiempo que los encomenderos protestaban por un estado de cosas que limitaba o hacía nulas sus utilidades, los indios, incapaces por su barbarie de apreciar las disposiciones legales con que se pretendía mejorar su condición, se habían resistido cuanto les era dable a someterse a este trabajo regularizado. Había resultado de aquí que aquella célebre ordenanza cayó en desuso a poco de promulgada; y la condición de los infelices indios de encomienda siguió siendo comparable a la de los esclavos, si no peor.

La ordenanza de 1580, que ha recibido en la historia el nombre de «tasa de Gamboa», no nos es conocida en su forma original; pero las referencias que a ella se hacen en los documentos contemporáneos, y las noticias que nos han transmitido los antiguos cronistas, nos permiten apreciar su importancia y el carácter general de sus disposiciones. En reemplazo del servicio personal forzoso, que debía ser abolido para siempre, los indios de repartimiento quedaban obligados a pagar un tributo pecuniario de 9 pesos anuales en el obispado de Santiago y de solo siete en el obispado de la Imperial. La ordenanza creaba, además, los cargos de corregidores de indios, funcionarios encargados de velar por el cumplimiento de esas disposiciones y de impedir los excesos de

---

deja conocer la calidad de la fe de los españoles del siglo XVI. El precepto de la confesión era de origen espiritual; pero bajo aquel régimen, el que no lo cumplía, incurría en penas corporales. Así pues, los encomenderos, por no sufrir estas penas, firmaban la solicitud en que se pedía la reforma de las encomiendas; pero como veremos más adelante, fueron los enemigos implacables de la ordenanza que estableció el tributo pecuniario en vez del trabajo obligatorio.

6 V. part. II, capítulo 20, § 4.

los encomenderos que en violación de ella quisieran hacer trabajar a sus vasallos. Esos funcionarios debían ser gratificados con una porción del tributo que pagasen los indios; pero la mayor parte de este tributo formaba la renta de los encomenderos.[7]

Pero esta reforma iba a descontentar a todos, y no produjo en último resultado ninguna innovación práctica. Los encomenderos se creyeron perjudicados en sus intereses, con el establecimiento del nuevo régimen que venía a reducir considerablemente sus entradas, y desde luego, comenzaron a hacer todo género de esfuerzos para obtener su abrogación. Los obispos de Santiago y de la Imperial, que por su parte no habían cesado de pedir la abolición del servicio personal, creyeron que el tributo pecuniario impuesto a los indios era demasiado oneroso, y si aceptaron la reforma por no suscitar mayores resistencias, esperaban obtener en breve una reducción del tributo. Sin embargo, la dificultad mayor para la planteación de la reforma era la que oponían los mismos indios o, más propiamente, la que nacía del estado social de estos. El pago regular de impuestos suponía una población más o menos civilizada, con industria propia, que le permitiera procurarse algunos productos, y con noción de los cambios para convertir esos productos en dinero con que pagar el tributo. Los indios de Chile no estaban en situación de apreciar las ventajas que podía procurarles la tasa de Gamboa. Dejados por un momento libres del trabajo obligatorio, se abandonaron a su ociosidad habitual, no tuvieron cómo pagar el impuesto y fueron otra vez reducidos a trabajar en beneficio de sus amos como compensación de los tributos pecuniarios a que se les había sometido. Antes de mucho tiempo, la nueva ordenanza cayó en desuso, y luego fue derogada casi por completo.[8]

---

7   El padre Rosales, que probablemente conoció las disposiciones textuales de la «tasa de Gamboa», es, según creemos, el cronista que ha dado más extensas noticias acerca de ellas. Véase su *Historia general*, lib. IV, capítulo 45, § 3.

8   Ruiz de Gamboa, en su correspondencia con el rey le informaba prolijamente sobre el favorable resultado de esta reforma. «Los indios de guerra, decía en una de sus cartas, están ya muy blandos especialmente en ver que a todos los de paz los he reducido a tasa líquida, y el buen tratamiento que ahora se les hace para que en pagando su tributo queden libres. Y van entendiendo el beneficio que de ello les viene, de tal suerte que como a padre me la piden a voces por la apetecer en tanto grado, y también por haberlos favorecido mucho y dado lugar a que tengan libertad de pedir su justicia porque antes no la tenían con el servicio personal por estar como estaban tan oprimidos por sus mismos encomenderos». Carta inédita de Ruiz de Gamboa de 22 de marzo de 1582. Estos informes, más que hijos

3. Fundación de la ciudad de Chillán con el nombre de San Bartolomé de Gamboa: el gobernador pretende someter a los indios rebeldes estableciendo fuertes en el territorio de estos

La estación de invierno que entonces comenzaba, debía producir, como sucedía cada año, una suspensión de hostilidades en la guerra del sur. Ruiz de Gamboa, sin embargo, tan pronto como se hubo desocupado de los afanes que le impuso la formación de aquella ordenanza, salió de Santiago a dirigir personalmente las operaciones militares. A mediados de junio de 1580 se hallaba en el asiento de Chillán. El 25 de ese mes echó allí los cimientos de una ciudad a la que dio el nombre de San Bartolomé de Gamboa, y que los contemporáneos y la posteridad han seguido llamando con la denominación indígena. El gobernador mandó construir una iglesia, plantó en la plaza el rollo tradicional, como signo de jurisdicción urbana, instituyó cabildo y repartió solares a cerca de cien vecinos.[9]
La fundación de esta ciudad tenía por objetivo mantener en quietud a los indios de la región bañada por el río Itata e impedir que los rebeldes del sur pudieran comunicarse con los habitantes del lado norte de ese río.

Ruiz de Gamboa siguió su viaje al sur y llegó a la región de Valdivia. Allí se sostenía la guerra desde años atrás sin conseguir dominar la insurrección

---

de la ilusión del que los dictaba, eran el fruto de un plan preparado para presentar ante el soberano el estado del país bajo el aspecto más favorable. Se hace muy difícil creer que Ruiz de Gamboa no hubiese reconocido en 1582 la ineficacia de aquella ordenanza.
Mientras tanto, el rey recibía por otros conductos informes más seguros y más verdaderos. Bernardino Morales de Albornoz, veedor de la real hacienda de Chile, escribía a Felipe II lo que sigue, con fecha de 26 de septiembre de 1583: «El mariscal Martín Ruiz de Gamboa que por fin y muerte de Rodrigo de Quiroga sucedió en el gobierno de este reino, pareciéndole convenir al servicio de Dios y de Vuestra Majestad, tasó los indios de esta tierra que están de paz hará tres años, mandando diesen su tributo en oro y otras cosas; y como es gente bárbara e indómita, no solamente no pagan el tributo que se les impuso pero hasta ahora han disipado las tres partes de los ganados y demás haciendas que tenían». Aun suponiendo que Morales de Albornoz fuese órgano de las exigencias de los encomenderos, debe reconocerse que esa exposición debía tener mucho de verdad.

9 Existen divergencias entre los cronistas para la designación del año en que fue fundada la ciudad de Chillán por haber sido destruidos los documentos en que constaba la fundación, y por falta de otros datos, lo que ha sido causa de que se confunda el fuerte primitivo que existió allí, con la ciudad establecida más tarde. Aquél fue construido por Ruiz de Gamboa en 1579, y en el mismo sitio fue fundada la ciudad el 25 de junio de 1580. Véase Mariño de Lobera, libro III, capítulo 22. Estuvo establecida en su principio a cerca de tres kilómetros al sur de la ciudad actual.

que, por el contrario, tomaba mayor cuerpo cada día. Todo el verano anterior había sido necesario sostener constantes combates contra los indios para desorganizar las juntas en que preparaban la resistencia. Los españoles habían obtenido ordinariamente la victoria en esos combates, pero no habían conseguido intimidar a los indios que después de cada desastre volvían a reunirse y a recomenzar la lucha. El gobernador discurrió un arbitrio que creía eficaz para dominar la insurrección. Consistía éste en construir fortificaciones en los lugares en que los enemigos solían reconcentrar sus fuerzas y preparar la resistencia. Esas fortificaciones «de poco aparato y ruido respecto de no usar los indios de piezas de batir ni otras máquinas bélicas para derribar murallas», dice un cronista contemporáneo, eran formadas en pocos días con maderos y ramas. En cada una de ellas colocaba el gobernador unos cuarenta soldados españoles, los cuales no solo bastaban para la defensa del fuerte sino que podían recorrer los campos vecinos dispersando las juntas de indios.

Este sistema debía dar buenos resultados a los españoles, pero exigía un número de soldados mucho más considerable que aquél del que podían disponer. Así pues, queriendo continuar las operaciones militares, Ruiz de Gamboa se convenció de que le era indispensable pedir a las otras ciudades socorros de tropas y de dinero. Con este fin hizo partir para Santiago al capitán Pedro Olmos de Aguilera, uno de los vecinos más importantes de la Imperial y uno de los militares más considerados en el ejército del sur. La comisión confiada a éste iba a suscitar las más serias dificultades.

4. El teniente de gobernador Lope de Azócar opone resistencias a la administración de Ruiz de Gamboa: este último lo apresa y lo envía fuera de Chile

Desde los últimos días de 1579, desempeñaba en Santiago el cargo de teniente gobernador el doctor Lope de Azócar. Se sabe que los funcionarios de este rango, a la vez que poseían el carácter de segundo jefe de la colonia, y que como tal presidían las sesiones de los cabildos, tenían a su cargo la administración de justicia, atribución de la más alta importancia, desde que, después de la supresión de la audiencia, el teniente de gobernador formaba por sí solo el más alto tribunal del reino, de cuyos fallos se podía apelar en ciertos casos solo ante el Cabildo o ante la audiencia de Lima. El doctor Lope de Azócar había llegado a Chile con nombramiento real a reemplazar al licenciado Calderón, y con mayor amplitud de facultades. El rey había dispuesto que la audiencia de Lima no pudiese removerlo de su puesto ni tomarle residencia durante los cinco años que debía durar en el desempeño de esas funciones. Pretendía, además, el doctor Azócar que por virtud de ese nombramiento, a él tocaba legalmente reemplazar al gobernador de Chile en los casos de ausencia y de enfermedad.[10]

Apenas había el doctor Azócar entrado en el desempeño de sus funciones, cuando ocurrió la muerte del gobernador propietario. Parece que aquel funcionario había esperado reemplazar a Quiroga en el mando del reino, y que la designación de Ruiz de Gamboa lo descontentó sobremanera. A pesar de todo, él no opuso dificultad alguna al recibimiento del gobernador interino, a quien rindió homenaje ante el cabildo de Santiago. Pero cuando Lope de Azócar pudo imponerse del estado de la opinión en la colonia, y cuando vio surgir un vivo descontento contra Ruiz de Gamboa, debió creer que le sería sumamente fácil el reemplazarlo en el gobierno.

En efecto, en aquellas reducidas asociaciones de soldados más o menos rudos e indisciplinables, germinaban con maravillosa prontitud los odios y las

---

[10] El doctor Lope de Azócar fue nombrado teniente de gobernador de Chile por Felipe II en 1578. Llegó a Lima a principios del año siguiente, y no habiendo buque listo en que continuar su viaje, emprendió su marcha por tierra. En Arica, a 15 de septiembre de 1579, escribía al rey para darle cuenta de las penalidades de esos caminos, y de que allí había encontrado un buque en que trasladarse a Chile. «Voy con salud, dice, y muy contento, y no siento el trabajo del camino por ir sirviendo a vuestra majestad como lo haré siempre». Sin embargo, en esa misma carta pide con toda instancia que se le dé una plaza de oidor de la audiencia de Charcas, «atento, dice, que he sido colegial en el colegio de Osuna, y allí he leído cuatro años cánones y leyes, y estoy sirviendo a Vuestra Majestad».

Llegó a Santiago el doctor Lope de Azócar a fines de ese mismo año. La primera vez que hallamos su nombre es en la sesión celebrada por el Cabildo en casa del gobernador Rodrigo de Quiroga, entonces gravemente enfermo, el 1 de enero de 1580 para la elección de alcaldes y regidores. Uno de sus primeros afanes fue tomar al licenciado Calderón la residencia a que estaba obligado todo funcionario de su rango.

Como se sabe, el licenciado Calderón había pasado en Chile en constantes disputas y competencias con el gobernador, motivo por el cual Quiroga se había querellado ante el rey. Sin embargo, parece que ese licenciado gozaba de favor en la Corte. En 3 de diciembre de 1589, el doctor Azócar pedía con mayor instancia al rey otro destino, y le decía lo siguiente: «Al licenciado Calderón, a quien yo tomé residencia, que estuvo aquí poco más de cuatro años, le hizo Vuestra Majestad merced de nombrarle por visitador de la audiencia de Panamá y oidor de la audiencia de Chuquisaca (Charcas o La Plata) con 4.000 pesos de salario». El doctor Azócar, recordando el tiempo que hacía que él estaba sirviendo fuera de España, pedía una remuneración semejante.

pasiones más violentas. En el curso de esta historia, el lector habrá podido ver siempre a los conquistadores, desde los primeros días de su arribo a Chile, divididos en bandos, envueltos en pendencias de toda clase y agitados por las más violentas pasiones a los unos contra los otros. Ninguno de los gobernadores había podido sustraerse a este género de dificultades. Todos ellos habían tenido que sufrir las hostilidades francas o encubiertas de enemigos persistentes que habían formulado contra ellos las más violentas acusaciones. Ruiz de Gamboa tenía en Chile numerosos enemigos, todos los adversarios de su suegro y todos los que se creían desairados en sus pretensiones a repartimientos y a puestos militares. Esta oposición se había hecho más formidable y poderosa después de la promulgación de la ordenanza llamada «tasa de Gamboa». La abolición del trabajo personal obligatorio de los indígenas, causaba los mayores perjuicios a los encomenderos. La explotación de los lavaderos de oro debía suspenderse y, aun, el cultivo de los campos y el cuidado de los ganados debían experimentar las consecuencias de la escasez de trabajadores que había producido aquella reforma. Los vecinos de Santiago, no queriendo resignarse a una situación que consideraban ruinosa para ellos, habían enviado sus agentes cerca del virrey del Perú para representarle los males que esa ordenanza comenzaba a producir, y hacían todo género de esfuerzos para obtener su derogación.[11] Esos agentes, según se desprende de algunos de los memoriales que presentaron al virrey

---

11 Cuenta Mariño de Lobera en el capítulo 26 del libro III de su *Crónica del reino de Chile*, que uno de esos agentes fue el antiguo maestre de campo Lorenzo Bernal de Mercado, que pasaba al Perú a pretexto de reclamar la remuneración de sus servicios, noticia que está de acuerdo con otros documentos. En efecto, el cabildo de Santiago envió a Lima como procuradores suyos a ese capitán y a don Francisco de Irarrázabal con instrucciones para reclamar contra aquella ordenanza. Este último recibió, además, otro encargo subsiguiente: el de asistir en Lima y como apoderado del cabildo de Santiago, al concilio provincial de 1582, a que habían sido convocados todos los obispos de la arquidiócesis, y volvió del Perú con el título de familiar de la Santa Inquisición, cuyo tribunal habíase fundado en Lima en 1570. Irarrázabal y Bernal de Mercado estuvieron de vuelta en Santiago en octubre de 1582, según se desprende del acuerdo del Cabildo del 12 de dicho mes. Después de muchas diligencias, casi no habían hecho otra cosa que enviar a España los antecedentes de estas reclamaciones. Otro de los agentes de los encomenderos de Santiago fue fray Cristóbal Núñez, fraile dominicano, enviado a Lima con autorización del prior de su orden, fray Bernardo Becerril. Conservo en copia dos curiosos memoriales presentados al virrey del Perú por el padre Núñez. En uno de esos memoriales pide al virrey que quite el gobierno de Chile a Ruiz de Gamboa, y que lo dé al doctor Lope de Azócar, lo que confirma la existencia de un complot fraguado por este último.

del Perú, llevaban el encargo de pedir la remoción del gobernador interino, Ruiz de Gamboa, y el nombramiento en su reemplazo del doctor Lope de Azócar.

En esas circunstancias llegaba a Santiago el capitán Pedro Olmos de Aguilera, enviado, como dijimos, por el gobernador interino Ruiz de Gamboa para obtener socorros de gente y de dinero con que continuar la guerra en el sur. Ya no se creía, como en años atrás, que la pacificación definitiva de toda aquella región podría llevarse a cabo con un refuerzo de uno o dos centenares de auxiliares. Calculábase entonces que el sometimiento de los indios de Arauco y Tucapel o, más propiamente, de todo el país, comprendido entre los ríos Itata y Cautín, que en el lenguaje de los solados se llamaba «la guerra vieja», exigía 450 soldados; y otros tantos a lo menos «la guerra nueva», es decir, la sublevación más reciente de Valdivia, Villarrica y Osorno.[12] El sostenimiento de fuerzas tan numerosas exigía, además, recursos pecuniarios mucho más considerables que aquellos de que hasta entonces habían podido disponer los gobernadores de Chile. Pero si siempre habría sido imposible procurarse en el país esos recursos en aquella vasta escala, en esos momentos una exigencia mucho más limitada debía suscitar las mayores dificultades.

Esto fue lo que sucedió. Los vecinos de Santiago opusieron la más marcada resistencia a pagar las derramas o impuestos de dinero y de caballos decretados a nombre del gobernador; y por lo que respecta al contingente de soldados, querían que el capitán Olmos de Aguilera llevara solo los desertores del ejército que se hallaban presos en la ciudad. El doctor Lope de Azócar, el teniente de gobernador, instigaba esta resistencia, creyendo quizá que tales complicaciones podrían llevarlo al mando superior de todo el reino.[13] Se le ha

---

12 He encontrado este cálculo en un curioso manuscrito anónimo sumamente deteriorado que hallé en la Biblioteca Nacional de Madrid, en un tomo marcado J 53. Tiene por título estas palabras: *Esta es una relación e instrucción por la cual podría conseguirse paz y asiento en este reino de Chile*. Aunque las muchas roturas del manuscrito no permiten comprender siempre el sentido de este memorial, he podido tomar allí algunos datos valiosos para apreciar el estado militar de Chile por los años de 1580.

13 Ni los documentos primitivos, ni la *Crónica* de Mariño de Lobera en el lugar citado, dan más detalles acerca de la resistencia opuesta por el teniente de gobernador a las órdenes de Ruiz de Gamboa. El padre Rosales, que ha contado estos hechos con abundancia de pormenores en el libro IV, capítulo 49 de su Historia general, refiere que el doctor Azócar no solo se opuso abiertamente a que los vecinos de Santiago obedeciesen aquellas órdenes sino que después de haber tenido algunos altercados con el capitán Olmos de Aguilera, quiso apresar a éste; pero que no consiguió su intento por haberse Aguilera asilado en el

acusado de que entonces no tuvo dificultad para sostener en público que era a él a quien correspondía el gobierno interino de Chile, y de que en este carácter no solo autorizó que se levantasen informaciones para enviar al Perú en contra del gobernador sino que prohibió expresamente que se suministraran los recursos que pedía el capitán Olmos de Aguilera.

Hallábase el gobernador en los términos de Valdivia y de Osorno, es decir, a más de 150 leguas de la capital, cuando tuvo noticia de tan graves ocurrencias. En esos días, seguramente a fines de mayo (1581), el invierno horriblemente lluvioso en aquella región, había puesto intransitables los caminos y senderos que frecuentaban los españoles en sus penosos viajes. El gobernador, sin embargo, no se arredró por nada. Poniéndose a la cabeza de unos cuarenta soldados de su confianza, emprendió resueltamente la marcha a Santiago, dispuesto a reprimir con toda energía cualquier intento de sublevación. El 22 de junio Ruiz de Gamboa llegaba a un cuarto de legua de la ciudad.

Debió producirse en Santiago una gran alarma al saberse el próximo arribo del gobernador, y que éste venía con una buena escolta. El Cabildo determinó salir a recibirlo, llevando a su cabeza al mismo doctor Azócar en su carácter de teniente general y justicia mayor del reino. «Sed preso en nombre del rey», le dijo Ruiz de Gamboa al verlo llegar a su presencia. Lope de Azócar, sacando del pecho una cédula real, repuso que desempeñaba funciones que lo ponían a cubierto de tales golpes de autoridad. Pero esta garantía que le aseguraba su título no le sirvió de nada. Dos de los capitanes que acompañaban al gobernador, se arrojaron sobre el doctor Azócar, lo derribaron de la mula que montaba y lo llevaron preso a la ciudad. Tres días después era transportado a Valparaíso, encerrado en un buque, que había en el puerto, y sometido a juicio, para ser enviado al Perú con un proceso en forma en que se hizo constar los delitos de que se le acusaba.

Ruiz de Gamboa, entretanto, reunía en Santiago al cabildo de la ciudad, exhibía una provisión del virrey del Perú de fecha de 24 de abril de ese mismo año, en que lo confirmaba en el cargo de gobernador interino de Chile, y se hacía reconocer y jurar obediencia en este carácter. Si realmente hubo en la

templo de la Merced, en donde permaneció sin salir hasta que volvió a Santiago el gobernador. Ignoro qué fundamento tengan estas noticias consignadas en una crónica escrita más de medio siglo después, y de que no se hace mención en las relaciones contemporáneas que han llegado hasta nosotros.

capital algún conato de insurrección, la actividad resuelta de Ruiz de Gamboa desorganizó toda la trama y mantuvo la tranquilidad y la obediencia. Cuando dos meses después el gobernador informaba al rey acerca de esos sucesos, no solo le decía que el doctor Azócar había tratado de sublevarse contra los verdaderos representantes de la autoridad real sino que, en año y medio que desempeñó el cargo de justicia mayor, había cometido «agravios y desafueros y manifiestas injusticias, y robos, y cohechos y fuerzas y otras cosas indinas de tratar en cartas». Y justificando su conducta por la prisión del teniente de gobernador, Ruiz de Gamboa agregaba estas palabras: «Yo entiendo que en ello, restaurando esta tierra, hice servicio señalado a Dios nuestro señor y a Vuestra Majestad y gran bien general de españoles y naturales».[14]

5. Últimas campañas del gobernador Ruiz de Gamboa

Aquella actitud enérgica y resuelta asumida por el gobernador, volvemos a repetirlo, bastó para restablecer la más absoluta tranquilidad. Ruiz de Gamboa permaneció cuatro meses en la capital y, en este tiempo, consiguió imponer su voluntad y hacerse dar los auxilios que había pedido. Reunió una columna de 150 hombres, obtuvo de algunos mercaderes que le vendiesen a crédito las ropas más indispensables para vestir de cualquier modo a sus soldados, «que a veces, dice el mismo gobernador, andan en carnes», y a título de derramas consiguió que en Santiago y en algunos puntos de los caminos del sur se le suministrasen los caballos y los víveres que necesitaba para sus tropas. No parece que el gobernador tuviera por entonces desconfianza del capitán Juan

---

14 La prisión del doctor Lope de Azócar, que dio origen a los sucesos de que hablaremos más adelante, debió preocupar mucho la opinión. Sin embargo, el acta del Cabildo del 22 de junio da solo cuenta del recibimiento de Ruiz de Gamboa por el cabildo de Santiago, pero no menciona la prisión del teniente gobernador que acababa de tener lugar en ese mismo día. Mariño de Lobera, libro III, capítulo 26, ha contado este hecho con accidentes que no se encuentran en los documentos, y que deben ser exactos; pero todavía se hallan más pormenores en el capítulo antes citado de la obra del padre Rosales. Ruiz de Gamboa ha dado cuenta al rey de este suceso en tres cartas diferentes, de 31 de agosto de 1581, y de 22 de marzo y 31 de octubre de 1582, y en las tres hace al doctor Azócar las acusaciones más tremendas y destempladas, como puede verse por las palabras que de la primera de ellas hemos copiado en el texto. En el Archivo de Indias encontré, además, una carta del doctor Azócar a Felipe II, escrita en Lima el 13 de mayo de 1582, en que se queja amargamente de la conducta de Ruiz de Gamboa. Todos estos documentos me han permitido dar alguna luz sobre estos sucesos.

de Barahona que quedó desempeñando el cargo de corregidor de Santiago; pero en 15 de septiembre de 1582, hallándose en la ciudad de Villarrica, confió ese puesto al capitán Andrés López de Gamboa, que por ser su sobrino, debía inspirarle la más absoluta confianza en su fidelidad.

Estos auxilios no mejoraban grandemente la situación. Dirigiéndose al rey en aquellos días, Ruiz de Gamboa le pintaba aquel estado de cosas en los términos siguientes: «Si Vuestra Majestad con brevedad no provee de remedio, yo no hallo manera para que este reino se pueda sustentar si no es con grandísimo peligro de se perder. Y no es justo que llegue a ese término un reino tan bueno como éste, que para haberle de sustentar crea Vuestra Majestad que no tengo tan solo una hora de sosiego, mirando de día y de noche donde me puede suceder alguna desgracia para luego personalmente acudir a ello, porque donde no me hallo parece que se deja caer todo, y hay siempre mil descuidos; y así tengo por mejor, hasta tanto que Vuestra Majestad sea servido de enviar el remedio, andar siempre sobre todo, aunque me cueste la vida, pues en ninguna cosa la puedo emplear mejor que en servicio de Vuestra Majestad».[15] En términos análogos pedía socorros a don Martín Enríquez, que en esa época acababa de llegar de México a gobernar el virreinato del Perú.[16] La experiencia, sin embargo, había comenzado a enseñar que los socorros de tropa que llegaban de este país, lejos de ser de alguna utilidad, eran una causa de desmoralización en los ejércitos de Chile.

La primavera de ese año de 1581 fue como siempre la época de la renovación de las operaciones de la guerra. La nueva ciudad de Chillán se vio amenazada por los indios enemigos, y fue necesario que sus pobladores se mantuvieran constantemente sobre las armas. Más al sur, las hostilidades se repitieron con los mismos caracteres de cada año. Ruiz de Gamboa, persuadido de que su deber no le permitía darse descanso, salió de Santiago el 17 de octubre. A su paso por Chillán supo que el capitán Miguel de Silva, que mandaba la guarnición española en aquella plaza, y que estaba destinado a adquirir una gran celebridad en estas guerras, había derrotado pocos días antes a los

---

15 Carta inédita de Ruiz de Gamboa a Felipe II, escrita en Valdivia a 22 de marzo de 1582.
16 Don Martín Enríquez, después de haber desempeñado el virreinato de Nueva España, fue trasladado al Perú para reemplazar a don Francisco de Toledo, y tomó el mando de este país en septiembre de 1581. Habiendo fallecido en marzo de 1583, la real audiencia de Lima tomó el gobierno interino del virreinato.

indios comarcanos. Desde ese lugar, Ruiz de Gamboa comenzó a renovar las campeadas, es decir, la persecución tenaz de los indios y la destrucción de sus sembrados. Habiendo reforzado la guarnición de las ciudades vecinas al Biobío, marchó a Valdivia, donde repitió las mismas hostilidades, sin acometer empresas más serias y decisivas.

El gobernador sabía perfectamente que con las fuerzas que tenía a sus órdenes no podía pretender pacificar toda la tierra de guerra. Esperaba confiadamente recibir del Perú y de España los socorros que había pedido para abrir una campaña más resuelta y eficaz. Pero Ruiz de Gamboa sufrió antes de mucho un doloroso desengaño. El virrey del Perú, don Martín Enríquez, falleció en marzo de 1583 antes de haber podido enviar a Chile el menor auxilio. En España, el rey había mandado preparar un refuerzo considerable; pero desconociendo, como de ordinario, los méritos de sus servidores de América, Felipe II había dado a otro capitán el mando de esas tropas y el gobierno de este país.

6. Felipe II nombra gobernador de Chile a don Alonso de Sotomayor: antecedentes de este militar

Desde tiempo atrás llegaban a la Corte noticias e informes muy desfavorables sobre los sucesos de Chile. Rodrigo de Quiroga había sido objeto de numerosas quejas. Acusábasele, a veces, de gravísimas faltas en la administración y de favoritismo para repartir entre sus deudos todas las gracias y provechos que podía dar el país; pero sobre todo se le reprochaba su incapacidad para el gobierno a causa de la decrepitud a que había llegado. «El gobernador está muy viejo, y muy lleno de enfermedades y malo, decía uno de esos informes. Este reino ha menester por gobernador un caballero mozo, de capa y espada, y mucha prudencia para el reparo de tanta ruina de guerra y paz, y que sea de fuera del reino, porque los de acá que lo podrían ser, están viejos y cansados y llenos de afición y pasión, y no es menester sino quien dé lo que Vuestra Excelencia (debe) a los que han servido, y que tenga experiencia de guerra, porque acá está estragada la milicia, y que conozca los hombres de quienes se pueda ayudar. Y haciendo esto acabarse ha la guerra que, aunque este reino está tan arruinado, digno es de cualquier merced que se le haga así por su gran fertilidad y buen temple como por su mucha riqueza y otras cualidades. Y crea Vuestra Excelencia que hay en él gente de tantas partes y buenas y valientes como Su Majestad tiene en sus reinos, tanto por tanto, y los que nacen de nuestra nación, tienen lo mismo.»[17] En términos análogos llegaron a España muchos otros informes. Felipe II debió persuadirse de que la conquista y pacificación definitiva de todo el reino de Chile, era una obra fácil y hacedera, si como se le pedía en esas representaciones, se confiaba el gobierno del país a un hombre de condiciones diferentes a las de los militares que entonces tenían a su cargo la dirección de la guerra. Buscando para Chile un gobernador que fuese extraño a las pasiones y rencillas que dividían a los españoles de este país, y que uniese al vigor de la juventud la práctica y la experiencia de un buen soldado, Felipe II acordó en marzo de 1581 dar ese cargo a un capitán distinguido del ejército de Flandes, llamado don Alonso de Sotomayor, y revestirlo de todo el poder y de toda la autoridad que se creían necesarios para el buen éxito de la empresa que se le encomendaba. El rey, sin embargo, quiso guardar a Rodrigo de Quiroga consideraciones que no acostumbraba tener por sus servidores de América. Creyéndolo vivo todavía, lo separaba del mando porque la vejez y las enfermedades le impedían ejercer el gobierno, pero le acordaba para el resto de sus días una pensión igual a la mitad de su renta.[18]

Don Alonso de Sotomayor contaba en esa época treinta y cinco años de edad, y ya se había conquistado un nombre recomendable de soldado valiente y discreto. Nacido en la ciudad de Trujillo, en Extremadura, e hijo de una familia noble, se había enrolado en el ejército a la edad de quince años, sirvió en Italia hasta 1567, y luego pasó a Flandes, donde España estaba empeñada en sofocar

---

17 Carta del capitán Juan del Campo de San Miguel al virrey del Perú, escrita en Santiago a 10 de junio de 1579. Esta carta, que se conserva en el Archivo de Indias, fue enviada en su original por el virrey Toledo a Felipe II para que se impusiese del estado de los negocios de Chile.

18 El nombramiento de don Alonso de Sotomayor, que lleva la fecha de 19 de marzo de 1581, ha sido publicado con la más prolija exactitud por don Miguel L. Amunátegui, en el capítulo 6 del tomo II de *La cuestión de límites*. Esta real cédula fue expedida cuando no se tenía noticia alguna en la Corte de la muerte de Rodrigo de Quiroga, ocurrida, como se recordará trece meses antes. Era, en efecto, una verdadera destitución; pero contenía una cláusula honrosa para este gobernador, a quien se le mandaba, además, pagar una asignación vitalicia. He aquí las palabras del rey: «Tenemos por bien que vos don Alonso de Sotomayor, caballero de la Orden de Santiago, seáis nuestro gobernador y capitán general de las provincias de Chile, en lugar del adelantado Rodrigo de Quiroga, que al presente lo es, y por estar viejo y enfermo, somos informados que no puede acudir como conviene a la pacificación de aquellas provincias, y así habemos acordado de le mandar dar en su casa por su vida la mitad del salario que tiene en los dichos cargos».

una rebelión que apenas nacía, pero que antes de mucho había de hacerse poderosa e irresistible. Don Alonso de Sotomayor peleó en esas guerras bajo las órdenes del duque de Alba, de don Juan de Austria y de Alejandro Farnesio, los tres generales más famosos de su siglo, y se distinguió en muchas de las batallas que era preciso sostener casi cada día. Empleósele con frecuencia en peligrosos reconocimientos y en combates de avanzadas, y siempre desplegó un valor incontrastable. Su cuerpo estaba lleno de honrosas cicatrices. «En el cerco de Leide le dieron un arcabuzazo en una pierna que le rompió una canilla. Y en el asalto de Audeguater (Oudernade) dieron al dicho don Alonso la vanguardia; y después de haber peleado sobre la batería, le dieron un arcabuzazo en la boca de que estuvo a la muerte y le llevó la mitad de las quijadas y ocho dientes, haciéndole la lengua pedazos.» Sotomayor desempeñó, además, comisiones de la mayor confianza como emisario de sus jefes, y comprobó siempre un celo incontrastable por los intereses de su soberano y un juicio poco común.[19]

En 1580 había llegado a Madrid en desempeño de una comisión del servicio. Prendado el rey de la discreción que don Alonso había desplegado en cuan-

---

[19] Los antecedentes biográficos de don Alonso de Sotomayor han sido contados con muy poco método, aunque con abundancia de pormenores, por un escritor español de escaso mérito, pero que gozó de la confianza de ese capitán, y que disfrutó de todos sus papeles. Nos referimos a un librito de 83 fojas en 4º menor dado a luz en Madrid en 1620 con el título de *Relación de los servicios que hizo a Su Majestad don Alonso de Sotomayor*, por el licenciado Caro de Torres. Este libro era hasta hace pocos años una de las más raras curiosidades bibliográficas de la literatura histórica de Chile. En 1864 lo reimprimí en el tomo V de la Colección de historiadores de Chile con una extensa noticia biográfica del autor. Por lo demás, los servicios de don Alonso de Sotomayor en las guerras de Flandes están recordados por algunos historiadores. El padre Faminio Strada refiere en su célebre historia De Bello Belgico, Amsterdam, 1648, libro III, pág. 160, que en 1579 fue enviado por el gobernador de los Países Bajos a pedir auxilios de dinero al rey de España.

El capitán Alonso Vásquez, autor de una valiosa obra titulada Los sucesos de Flandes y Francia del tiempo de Alejandro Farnese, que solo se ha visto la luz pública en los últimos años, 1879-1880, cita en dos ocasiones con elogio el nombre de don Alonso de Sotomayor, y en el tercero y último tomo, haciendo un resumen biográfico de los más célebres capitanes de esas guerras, dice lo que sigue: «Don Alonso de Sotomayor, natural de la ciudad de Trujillo, que murió en Madrid en 1610, del consejo de guerra de S.M.C.; siendo capitán de lanzas españolas en Flandes, hizo cosas muy señaladas, mostrando en todas las ocasiones que se ofrecieron, ser muy valiente y gallardo caballero, porque peleó con los rebeldes con mucho ánimo, y lo que aprendió en la escuela de Alejandro Farnesio lo aprovechó muy bien en las Indias, y lució de manera que se sacó mucho fruto de sus servicios, y los hizo tan peculiares y estimados como de un tan honrado caballero se podía desear».

tos encargos se le habían dado, le otorgó la gracia del hábito de caballero de la orden de Santiago, y le mandó que no se alejara de la corte ya que quería ocuparlo en la campaña que en esos días se preparaba sobre Portugal. Pero entonces se recibieron en Madrid nuevas y más alarmantes noticias de Chile. Se sostenía aquí desde treinta años atrás una guerra encarnizada. Un puñado de indios bárbaros y despreciables había detenido a los españoles en su carrera de conquistas, y parecía desafiar el poder del monarca más poderoso de Europa. Los refuerzos que el rey y sus representantes enviaron para secundar la conquista de Chile, habían sido ineficaces. De nuevo se reclamaban socorros para evitar la ruina completa de las colonias que en ese país habían fundado los españoles. Ante una situación semejante, Felipe II acordó enviar a Chile auxilios más copiosos que los que hasta entonces había podido prestarle, y nombrar un gobernador que por sus antecedentes fuese una esperanza de victoria. Su elección, como ya dijimos, recayó en don Alonso de Sotomayor.

7. Viaje de Sotomayor desde España con una división auxiliar

En esa época, Felipe II preparaba también el envío de una expedición naval al estrecho de Magallanes, para fundar en él algunas poblaciones españolas y cerrar ese camino, no solo a los ingleses, que habían osado penetrar en él bajo las órdenes de Drake, sino a todas las naciones extranjeras. El rey había mandado reunir con este motivo en el río de Sevilla una flota de veintitrés navíos de alto bordo, bajo el mando del general Diego Flores de Valdés; y se alistaban con toda actividad 5.000 hombres y los recursos necesarios para llevar a cabo esta importante empresa.[20] Don Alonso de Sotomayor recibió orden de alistar sus tropas y de emprender su viaje a Chile en aquella escuadra.

Provisto de la real cédula en que se le nombraba gobernador de Chile, y de la autorización para levantar en España y en nombre del rey un cuerpo de soldados auxiliares, don Alonso se trasladó a Trujillo, residencia de su familia. Desde allí despachó agentes de confianza a Medina del Campo, Valladolid, Tordesillas, Toledo, la Mancha, Guadalajara, Alcalá y a diversos lugares de Extremadura y de Andalucía. Llevaban estos la orden de reunir gente y de tenerla lista en Sevilla antes de fines de julio de 1581, que era la época designada para la partida.

---

20 Temiendo complicar nuestra narración histórica, dejamos para referir más adelante, en un capítulo especial (véase el capítulo 10), los sucesos que dieron origen al pensamiento de establecer poblaciones españolas en el estrecho, y el desenlace de esta tentativa.

Pero el cumplimiento de este encargo ofrecía entonces los mayores problemas. En los campos y en las ciudades, los hombres trataban de sustraerse a esos reclutamientos forzosos con que se formaban los ejércitos para las interminables y penosísimas guerras que España estaba obligada a sostener. Las partidas encargadas de reclutar gente debían dar caza a los labriegos y proletarios que se escondían por todas partes, prefiriendo la miseria más cruel en su propia patria a las aventuras de la vida militar en países lejanos. Las expediciones a América, y sobre todo a Chile, el más apartado de sus rincones, donde se sostenía una guerra interminable con tribus bárbaras que nadie podía domar, eran particularmente temidas por los españoles de esos tiempos. Agréguese a esto que desde el año anterior reinaba en Sevilla una epidemia que ocasionaba muchas muertes; y que las gentes tenían miedo de ir a embarcarse a aquella ciudad.[21] A pesar de estos inconvenientes, y venciendo todo orden de contrariedades, Sotomayor alcanzó a reunir más de 600 hombres aptos para la guerra. De la gente reclutada por sus comisionados, el gobernador de Chile permitió volver a sus hogares a los individuos casados, lo que redujo su columna a 600 hombres.

A pesar del empeño con que se habían hecho todos los aprestos, la expedición no estuvo lista hasta dos meses después de la época fijada por el rey. El duque de Medina Sidonia, capitán general de Andalucía, se dio tanta prisa en despacharla, que el 25 de septiembre (1581), a pesar de que el tiempo anunciaba temporal formidable, la hizo zarpar del puerto de Sanlúcar de Barrameda. Pocos días después la escuadra recalaba al puerto de Cádiz a reparar sus averías. La tempestad había causado la pérdida de tres de las naves con casi todas sus tripulaciones; y las restantes estaban tan quebrantadas, que necesitaron dos meses de trabajo para repararse. Aun después de ejecutadas estas obras, solo diecisiete naves estuvieron en estado de emprender de nuevo el viaje.[22]

---

21   Carta inédita de don Alonso de Sotomayor a Felipe II, escrita en Trujillo el 12 de junio de 1581. Don Diego Ortiz de Zúñiga, en sus *Anales eclesiásticos y seculares de Sevilla*, 2ª edición, Madrid, 1796, tomo IV, pág. 115, habla de esta epidemia, de una manera tan vaga que sería imposible caracterizar la enfermedad. En cambio, recuerda las plegarias, rogativas y procesiones de ciertos santos mediante cuyo soberano auxilio el mal tuvo alguna templanza».

22   Antonio de Herrera *Historia general del mundo bajo el reinado de Felipe II*, Madrid, 1601, parte II, libro X, capítulo 17.

Este retardo debilitó la columna destinada a Chile. «Con la arribada de la armada, me han faltado algunos (soldados) de enfermedades y otros huidos», escribía don Alonso de Sotomayor. En efecto, al partir de Cádiz el 30 de noviembre siguiente, solo tenía consigo 520 hombres.[23] Entre ellos figuraban algunos capitanes distinguidos en las campañas de Flandes, y que debían adquirir todavía mayor celebridad en las estériles guerras de Arauco. Eran estos don Luis de Sotomayor, hermano mayor del gobernador, Francisco del Campo y Alonso García Ramón, de quienes tendremos que hablar más de una vez en adelante.[24]

No pretendemos referir aquí los accidentes de aquella navegación. Después de más de un año de peripecias y de aventuras en el océano Atlántico y en las costas del Brasil, los expedicionarios se hallaban en la isla de Santa Catalina en los primeros días de enero de 1583, reparando las averías que habían sufrido en una infructuosa tentativa para acercarse al estrecho de Magallanes. La escuadra española estaba reducida en esos momentos a once naves útiles, tantos eran los quebrantos sufridos en aquellas navegaciones. El general Diego Flores de Valdés, resuelto a llevar a cabo la empresa que se le había encomendado, tomó ocho de esas embarcaciones y se hizo a la vela hacia el sur. Don Alonso de Sotomayor, informado de que le sería más fácil llegar a Chile por la vía de tierra, en vez de dar la vuelta por el estrecho, como traía pensado, se dirigió al Río de la Plata llevando toda su gente en las otras tres naves (6 de enero de 1583), y teniendo por guía a un piloto portugués, llamado Pedro Díaz, que pasaba por práctico en la navegación de aquel río. A pesar de esta precaución, Sotomayor perdió allí una de sus naves, con una parte de la ropa y de las armas que traía de España, pero tuvo la fortuna de salvar a toda la gente. Rebajando la obra muerta de los otros dos buques para hacerlos más ligeros, pudo remontar el río y llegar por fin a la recién fundada ciudad de Buenos Aires.[25]

---

23 Carta inédita de Sotomayor a Felipe II, escrita en Cádiz el 28 de noviembre de 1581.
24 Don Alonso de Sotomayor trajo, además, a Chile otro hermano llamado don Francisco. Éste, sin embargo, se volvió a España a fines de 1583, llevando las cartas del gobernador al rey, y con encargo de demostrar en la Corte las necesidades en que se hallaba este país y los medios de remediarlas.
25 Don Alonso de Sotomayor ha dado cuenta al rey de las peripecias de este viaje en dos cartas escritas una en la isla de Santa Catalina y la otra en la ciudad de Santa Fe, a orillas del Paraná. Como creo importante conocer las dificultades que en esos tiempos era preciso vencer en tales expediciones, he anotado aquí algunos de los incidentes relativos a Sotomayor y al refuerzo de tropas que traía a Chile; pero más adelante, en el capítulo

En esta región se habían multiplicado ya los caballos con admirable rapidez. Don Alonso de Sotomayor pudo procurarse a poco costo los que necesitaba; pero tuvo, además, que adquirir carretas, toldos, ropas y los aparatos convenientes para el transporte de la artillería. «Todo esto tomé, decía él mismo, a mercaderes y personas particulares que conmigo venían, asegurándoles la paga de las haciendas reales que hay en estos reinos (Chile), obligándoles mis sueldos; y llegado acá no ha habido con qué satisfacerles.»**26** Deseando llegar cuanto antes al término de su viaje y tomar las riendas del gobierno, don Alonso dejó a su hermano a cargo de las tropas en la ciudad de Santa Fe, y se puso en marcha para Chile con solo ocho compañeros esperando pasar las cordilleras antes que las nieves del invierno las hicieran intransitables.

Por más prisa que se diera, Sotomayor no alcanzó a lograr su intento. «Llegué a las provincias de Cuyo, dice él mismo, en 12 de abril (1583), y por estar la cordillera cerrada con mucha nieve, no pude pasar a Chile, y así hice alto en la ciudad de Mendoza hasta septiembre.» En efecto, el 12 de abril llegaba a la ciudad de San Juan, y allí se hacía recibir por el Cabildo en el carácter de gobernador. Diecisiete días más tarde, el 29 de abril, Sotomayor entraba a la ciudad de Mendoza, donde fue igualmente recibido en el mismo elevado rango. En esos momentos, la estación estaba muy avanzada para pasar la cordillera con algunas tropas; y, como por otra parte, no hubiese llegado aún su hermano don Luis, el gobernador se determinó a esperar allí la vuelta de la primavera.**27**

---

    especial en que se contará la historia de los primeros ensayos de población en el estrecho de Magallanes, hallará el lector más amplias noticias acerca de este viaje.
    En la segunda de las cartas citadas, dice don Alonso de Sotomayor que para remontar sin peligro el río de la Plata hasta Buenos Aires, mandó arrasar los dos buques que le quedaban. No creo que esta expresión pueda explicarse de otra manera que por la rebaja de la obra muerta de las naves.
26   Carta inédita de don Alonso de Sotomayor a Felipe II, Santiago, 22 de diciembre de 1583.
27   Indudablemente, parecerá a primera vista raro que habiendo llegado Sotomayor a la provincia de Cuyo el 12 de abril y el 29 a Mendoza, no pasara enseguida la cordillera por estar cerrada con mucha nieve, como él mismo dice, siendo que esa cordillera está ordinariamente expedita hasta algo más tarde que esa fecha. Contribuirá a explicar este hecho la circunstancia de que los españoles contaban entonces el tiempo en América según el antiguo calendario (el juliano), es decir, con una anticipación de diez días sobre el tiempo verdadero, de tal suerte que para ellos el equinoccio de otoño había caído ese año el 11 de marzo en vez del 21, y que contaban 12 de abril cuando, en realidad, estaban en el 22. La reforma gregoriana, operada en 1582, fue introducida inmediatamente en España; pero en las colonias de esta parte de América no fue conocida sino más tarde, seguramente

Desde sus primeros pasos en América, don Alonso de Sotomayor había comenzado a comprender las dificultades que lo aguardaban en el cumplimiento de la comisión que le había confiado el rey. En Buenos Aires y en Santa Fe, dos ciudades de nueva fundación, y enteramente desligadas de toda mancomunidad de intereses con Chile, no había encontrado el menor socorro sino pagándolo a precio de oro. Su hermano don Luis, que lo seguía más atrás en su viaje hacia la cordillera, y que traía a su cargo las tropas auxiliares que venían de España, tuvo que soportar contrariedades mucho mayores todavía. La gente que marchaba a sus órdenes, comenzó a desertarse. «Las justicias y vecinos de Santa Fe, agrega don Alonso, por quitarle la dicha gente, poníanles (a los soldados auxiliares) por delante que venían a este reino (Chile) a ser esclavos, y que el camino que habían de traer era de manera que todos perecerían en él y en los ríos que habían de pasar, y que ellos los encubrirían y encaminarían a Potosí. En suma, hacían sus diligencias posibles por todas vías para quedarse con los soldados, y así todos los que fueron a las ciudades del Río de la Plata por vitualles, y los que el río arriba iban de escolta con la artillería y municiones, se nos huyeron y quedaron, aunque eran de los que más nos confiábamos, encubriéndolos, como tengo dicho, las mismas justicias.» En su viaje al través de las pampas, la columna auxiliar estuvo perdida, y tal vez se habría dispersado completamente en aquellas vastas soledades, si no hubiese encontrado a los exploradores que don Alonso hizo partir de Mendoza. «Ocupeme, dice, en que se descubriese el camino que don Luis, mi hermano, había de traer, el cual se descubrió, aunque con mucho trabajo y dificultad por la grande aspereza de montes y espinos. Los que descubrieron el dicho camino hallaron a don Luis y su gente en el río Cuarto, que vierte desde estas cordilleras al Río de la Plata. Estaban acongojadísimos y afligidos por no saber ni tener luz del camino que se había de traer.» Después de sufrir todo género de privaciones y de molestias en la travesía de aquellas inhospitalarias llanuras durante los meses más rigurosos del invierno, la columna expedicionaria llegaba a Mendoza el 15 de agosto en el estado más miserable de desnudez. «Tenían los soldados tan descalzos y desnudos que rompía el corazón el verlos.» La deserción, que comenzó a hacerse

---

en 1584. Así, pues, todas las fechas de 1583 que aquí damos, necesitan una corrección mediante la cual se les trasladará a diez días más tarde, para que correspondan al calendario español de ese año.

sentir en España, como ya dijimos, durante el viaje había enrarecido de tal suerte las filas de esa división, que su número apenas pasaba de 400 hombres.[28]

8. Llega a Chile y se recibe del gobierno

Don Alonso de Sotomayor venía de España mal prevenido contra Ruiz de Gamboa, el gobernador interino de Chile. Acompañábalo desde la metrópoli Ramiro Yáñez de Saravia, hijo, como se recordará, del gobernador de este nombre. Después de haber servido con poca fortuna en la guerra de Arauco, Yáñez de Saravia había hecho el viaje a la Corte a querellarse de Ruiz de Gamboa porque no lo había dejado en posesión de un repartimiento de indios. En España, además, había tenido poderes del cabildo de Santiago para representar contra la ordenanza que el presidente interino de Chile había dado para suprimir el servicio personal obligatorio de los indígenas. Sotomayor había recibido de ese capitán prolijos informes sobre las cosas de Chile; y esos informes eran, como debe suponerse, desfavorables a los hombres que gobernaban este país después de la separación del doctor Bravo de Saravia.

En Mendoza, Sotomayor recibió noticias que parecían confirmar estos informes. Supo allí que Chile, empobrecido por la guerra, estaba además fraccionado y revuelto por las divergencias y rivalidades entre los mismos españoles. La supresión del trabajo personal de los indígenas por la ordenanza llamada «tasa de Gamboa», había producido entre los encomenderos el más vivo desconten-

---

28 «Carta de don Alonso de Sotomayor a Felipe II, escrita en Santiago a 26 de septiembre de 1583. Sotomayor nos ha dejado muchas cartas relaciones de esta naturaleza. Sin embargo, según creo, ninguna de ellas ha sido publicada, ni conocida antes de ahora. En mi colección, conservo copia fiel de casi todas, y extensos extractos de las menos importantes; y esta circunstancia me permite dar a esta parte de mi libro el interés de la novedad.

Acerca del número de soldados a que quedó reducida la división auxiliar, Sotomayor dice solamente: «Esta gente ha pasado grandes calamidades en 280 leguas de camino que hay de Buenos Aires a Cuyo, y la gran cantidad de ríos. Llegaron día de Nuestra Señora de agosto a la ciudad de Mendoza pasados de 400 soldados con don Luis». El veedor de la real hacienda, Bernardino Morales de Albornoz, en carta escrita al rey en 26 de septiembre de 1583, dice que la división de Sotomayor había quedado reducida a 430 hombres, «porque los demás por pasar las gobernaciones diferentes, se le huyeron la mayor parte dellos, y otros se murieron». El gobernador elogia la constancia que desplegaron esas tropas en su marcha. «En río Cuarto, dice, donde hacía mucho frío y falta de leña, aunque tiempo seco, padecieron sumo trabajo; y Vuestra Majestad debe mucho a esta gente, y particularmente al sargento mayor Francisco del Campo y a los capitanes, porque mediante su cuidado y trabajo han llegado estos soldados».

to, de tal suerte que a lo menos, a juzgar por las apariencias, Ruiz de Gamboa debía haber caído en el mayor desprestigio. Todo hacía creer a Sotomayor que era urgente poner remedio a aquel estado de cosas. Por otra parte, según las noticias que él mismo traía, en esos momentos los ingleses habían preparado una nueva expedición naval a las costas del Pacífico, y era preciso hacer llegar a Chile la noticia para poner este país en estado de defensa. Así, pues, a pesar de hallarse en lo más riguroso del invierno, y de hallarse la cordillera cubierta de nieve hasta su base, don Alonso hizo partir de Mendoza el 3 de julio, dos mensajeros de confianza con comunicaciones importantes para el cabildo de Santiago. «Hice nombramiento, dice él mismo, de cinco personas las más calificadas que supe, y de los oficiales reales para que tuviesen el gobierno de este reino (Chile), y la administración de la justicia hasta que yo llegase.»[29] Sotomayor había elegido por sus representantes a cinco individuos de buena posición en la colonia, pero que figuraban entre los más desafectos al gobernador interino Ruiz de Gamboa.

En Santiago, entretanto, se pasó largo tiempo sin que se tuviera la menor noticia del próximo arribo del nuevo gobernador. Eran entonces tan raras y difíciles las comunicaciones entre las diversas colonias del rey de España, que solo en 6 de junio de 1583, se supo en la capital, y esto por una carta de la audiencia de Charcas de 15 de abril anterior, que Felipe II había nombrado un

---

29 Los representantes nombrados por Sotomayor fueron el maestre de campo Lorenzo Bernal de Mercado, que debía asumir el cargo de corregidor y de teniente de gobernador de la ciudad de Santiago, y los capitanes Diego García de Cáceres, Pedro de Lisperguer, Gaspar de la Barrera y Pedro Ordóñez Delgadillo. El primero de estos capitanes era entonces uno de los soldados más viejos y respetables de la conquista, puesto que había venido a Chile en 1540 con Pedro de Valdivia, y siempre había conservado una posición respetada; pero era suegro de Ramiro Yáñez de Saravia, y era uno de los más decididos adversarios de Ruiz de Gamboa.

El cronista Córdoba y Figueroa, que ha referido estos sucesos en el capítulo 10 del libro III de su *Historia de Chile*, con los errores que abundan en las crónicas generales, refiriéndose a un manuscrito perdido de Ugarte de la Hermosa, da una lista de los apoderados de Sotomayor que contiene seis nombres, uno de los cuales es el del capitán Alonso de Reinoso. Este error ha sido repetido por otros cronistas posteriores, por Olivares entre ellos. Se recordará que Alonso de Reinoso había perecido en un naufragio en 1567, según contamos en el capítulo 3, § 6 de esta tercera parte de nuestra historia.

El poder dado por don Alonso de Sotomayor en la ciudad de Mendoza y con fecha de 26 de junio de 1583, no nombra más que a una sola persona, al capitán Diego García de Cáceres, que fue el que prestó el juramento, y quien se recibió interinamente del gobierno de Chile. Seguramente los otros debían figurar como consejeros.

nuevo gobernador para Chile, que éste había desembarcado en el Río de la Plata, y que traía un refuerzo considerable de soldados. Pero si estas noticias debían ser recibidas con satisfacción en Santiago, la misma carta anunciaba otra de un carácter alarmante, esto es, que una escuadrilla inglesa estaba próxima a llegar al Pacífico, y advertía la necesidad de prepararse para resistirla. El cabildo de Santiago acordó el mismo día mandar hacer ese año grandes sembrados en todos los corregimientos del reino para que no faltasen los víveres con que alimentar las nuevas tropas, dispuso que se domasen cuantos potros se pudiera, y que se fabricasen celadas, sillas y demás arneses y arreos que era posible hacer en el país. Para prepararse contra la amenaza de la escuadrilla inglesa, el cabildo de Santiago no pudo tomar otra medida que hacer redoblar la vigilancia que desde la expedición de Drake se mantenía en las costas de Chile para descubrir la aparición de naves sospechosas o enemigas.[30]

Mes y medio más tarde, el 18 de julio, llegaban a Santiago los dos mensajeros despachados de Mendoza por don Alonso de Sotomayor. Los vecinos de la capital, en su mayor parte reñidos con el gobernador interino Ruiz de Gamboa por la reforma radical de los repartimientos, acogieron con entusiasmo la noticia del arribo de su sucesor. El cabildo de Santiago se reunió el mismo día, recibió

---

30 Cabildo de Santiago de 6 de junio de 1583, a fs. 129 y 130 del libro 6. La primera noticia que se tuvo en Chile del nombramiento y viaje de don Alonso de Sotomayor, llegó a Santiago en los primeros días de junio de 1583 por un camino que casi no podía esperarse. Los pormenores en que vamos a entrar enseguida harán conocer la irregularidad de las comunicaciones en aquella época en estas colonias.
En diciembre de 1582 la escuadra de Flores de Valdés encontró en la isla de Santa Catalina (costas del Brasil) un buque español que conducía algunos frailes para las provincias del Río de la Plata. Contaban estos que poco antes habían sido atacados por tres corsarios ingleses, la expedición de Fenton que tendremos que recordar más adelante. Véase el capítulo 10, § 5. Uno de esos religiosos, fray Juan de Rivadeneira, habiendo llegado felizmente a Santiago del Estero, escribió desde allí el 19 de marzo de 1583 a Hernando de Lerma, gobernador de Tucumán, y le daba cuenta del viaje de los corsarios ingleses al Pacífico, y de la venida a Chile de don Alonso de Sotomayor. La real audiencia de Charcas tuvo noticias de estas ocurrencias, y el 15 de abril despachó un chasque a Chile a fin de que las autoridades estuviesen prevenidas. El pliego de la audiencia de Charcas estaba dirigido al gobernador de Chile; pero intencionalmente venía abierto para que pudiera imponerse de su contenido cualquier funcionario que desempeñase sus veces. Así, pues, el corregidor López de Gamboa dio cuenta de todo al cabildo de Santiago en 6 de junio; y allí se acordó mandar preparar armas y celadas, colocar vigías en la costa para inspeccionar los movimientos de los corsarios, despachar aviso al virrey del Perú, y disponer que en Chile se hicieran sembrados más considerables para que las tropas que venían de socorro no careciesen de víveres. Véase el acuerdo del Cabildo de 6 de junio de 1583, manuscrito.

el juramento de estilo prestado en nombre de Sotomayor por el capitán Diego García de Cáceres, y reconoció sin vacilar a éste en el carácter de gobernador interino. Queriendo festejar honrosamente al nuevo gobernador, el Cabildo acordaba al día siguiente que con tiempo se construyera para recibirlo, un arco triunfal de adobes y madera pintada, con las armas del rey, de la ciudad y de Sotomayor, que se comprara para éste un buen caballo, y que se hiciera un palio de damasco con cordones y borlas, para que bajo de él hiciera su entrada solemne. Bernal de Mercado, en su rango de corregidor y de teniente de gobernador en Santiago, en virtud del nombramiento que le envió Sotomayor, quedó con el mando interino en la ciudad.[31] Los primeros cuidados de estos mandatarios accidentales se redujeron, como contaremos más adelante, a preparar informaciones para revocar la «tasa de Gamboa», y restablecer el trabajo obligatorio de los indígenas.

No tardó mucho en llegar a Chile el nuevo gobernador. Sin temer las nieves ni el rigor de la estación, don Alonso de Sotomayor se había puesto en camino a cordillera cerrada, seguido solo por algunos de sus capitanes, y llegaba a Aconcagua el 17 de septiembre (viejo estilo). Allí salió a encontrarlo una comitiva presidida por un alcalde de Santiago, Gaspar de la Barrera; y el gobernador hacía su entrada solemne en la capital dos días después.[32] «Fui muy bien recibido y con gran contentamiento de este reino», escribía Sotomayor dando cuenta al rey de su arribo a Chile; pero tenía cuidado de bosquejarle enseguida en unas cuantas frases el estado de miseria y de aniquilamiento en que encontraba este país. «Hallo este reino, decía, afligidísimo, pobre y disipado de todos los

---

31   Acuerdos del cabildo de Santiago de 18, 19 y 23 de julio de 1583, en las fs. 236 a 242 del libro 6. El Cabildo acordó levantar un arco de adobes y madera con las armas de la ciudad y las del nuevo gobernador para recibir a éste, y comprar un caballo y una silla para que hiciera su entrada solemne. Sobre este asunto trataba todavía en sesión de 9 y 23 de agosto. No he hallado en los libros del Cabildo la cuenta clara de los gastos que ocasionaron estos preparativos. En sesión de 6 de diciembre se presentó al cabildo Bartolomé de Azomi cobrando «30 pesos de la hechura de las puertas del arco por donde entró el señor gobernador, y de la hechura de las varas del palio». El Cabildo mandó pagarle 14 pesos por todo.

32   Acuerdo del cabildo de Santiago de 19 de septiembre de 1583. Carta de Sotomayor a Felipe II de 26 de septiembre del mismo año. Las palabras «viejo estilo» y «nuevo estilo» corresponden al uso del antiguo y del nuevo calendario. Como hemos dicho antes, los españoles se regían ese año en Chile por el antiguo calendario, de manera que en realidad Sotomayor se recibió del mando en Santiago el 29 de septiembre.

medios que me pueden ayudar. La gente de guerra que hay en él, (por causa) de muchos servicios, licenciosa y libre, acostumbrada a grandes socorros. La que yo traigo, desnuda y perdida; y (a) los unos y los otros les parece (que) mi venida ha sido para remediarlos a todos y cumplirles sus pretensiones. Los mercaderes muy pobres por las derramas continuas que se les han echado. Los vecinos consumidos. La caja de Vuestra Majestad tan pobre que no alcanza a (pagar) los salarios de los oficiales y míos, de manera que por todas partes me veo imposibilitado para conseguir lo que deseo. Y así, ha de ser forzoso ir haciendo y hacer muchos agravios, y quitar la hacienda a todos para reparar este reino y que no se acabe de perder; y ante Dios me descargo de todo lo que en esto hiciere por Vuestra Majestad y su real consejo de las Indias.»[33] Ante una situación semejante, el primer cuidado de don Alonso de Sotomayor fue despachar a Lima al capitán Pedro de Lisperguer, provisto de cartas y poderes para representarlo ante la Real Audiencia que accidentalmente estaba gobernando el virreinato. El gobernador de Chile traía consigo una real cédula por la cual Felipe II mandaba que el virrey del Perú le prestara los socorros que pudiera necesitar para la empresa que le había encomendado. El capitán Lisperguer debía, pues, pedir en Lima auxilios de gente, de armas, de vestuario y de dinero para abrir cuanto antes una nueva campaña contra los araucanos.[34]

9. Juicio de residencia de Martín Ruiz de Gamboa

La situación del nuevo gobernador distaba tanto de ser desembarazada y tranquilizadora, que desde los primeros días de su arribo a Chile ya hablaba al rey de dejar el mando. «Llórame el corazón, decía, de ver este reino tan destruido y tan cerca de perderse.» Y en otra parte de su carta añadía: «Lo que más me confunde es la poca conformidad que veo en todos los que me han de aconsejar, y cuán encontrados son los pareceres, atendiendo solamente a sus pasiones y fines particulares, y así tengo más necesidad que otro de ser ayudado de la

---

33 Carta de Sotomayor a Felipe II de 26 de septiembre de 1583.
34 El capitán Pedro de Lisperguer era regidor del cabildo de Santiago. Esta corporación, por acuerdo de 24 de septiembre, lo autorizó para que la representase en todas las gestiones que tenía pendientes en Lima, ante el virrey, ante la audiencia, el Arzobispo y el concilio provincial. Pedro de Lisperguer recibió autorización especial del Cabildo para que gastase «todo lo que fuere menester para los negocios que esta ciudad y Cabildo tiene y tuviere, y se le ofrecieren, así en el santo concilio provincial como en la real audiencia de los Reyes, como en la audiencia arzobispal, etc., etc.»

mano de Dios, porque en esta tierra, hablando con Vuestra Majestad desnudamente, solo en él se puede confiar, no por faltar en los vasallos fidelidad, sino por sobrar pasiones que están tan enconadas y en tantos que tengo por más dificultoso el conformarlos que el acabar la guerra. Y así ha de serme forzoso para no hacer un gran borrón ir con mucho tiento, hasta irme enterando de todo y de la manera que este reino se podrá sosegar y tener justicia».[35]

En efecto, las divisiones entre los mismos españoles, estaban entonces más apasionadas que en cualquier otro tiempo. Seguramente, don Alonso de Sotomayor tenía el deseo de sustraerse a estas rivalidades, pero no le fue posible el dejar de tomar injerencia. Al llegar a Santiago, se hospedó en la casa de García de Cáceres, enemigo reconocido de Ruiz de Gamboa. Queriendo reparar algunas injusticias, don Alonso removió ciertos repartimientos que había dado su predecesor, y oyendo las quejas que se levantaban contra la «tasa de Gamboa», se mostró dispuesto a derogarla. No se necesitaba de más para colocarse abiertamente en uno de los bandos que dividían a los colonos.

Ruiz de Gamboa se hallaba en Chillán cuando supo que había sido reemplazado en el gobierno. En el momento, se puso en camino para Santiago llamado por don Alonso de Sotomayor. En el primer tiempo, las relaciones entre ambos fueron más o menos respetuosas sino cordiales. Ruiz de Gamboa impuso a su sucesor del estado de la guerra de Arauco, y le dio su parecer sobre la manera de llevarla a término. «Yo entrara en la guerra, en su compañía, decía Ruiz de Gamboa, y le ayudara muy de veras como quien desea el servicio de Su Majestad y bien de este reino. No lo puedo hacer porque me veo obligado a volver por mi honra, porque es recia cosa querer oscurecer lo que yo tan de veras he servido.»[36] El gobernador cesante, en efecto, no pudo salir a campaña porque estuvo sometido al juicio de residencia, que fue muy ardiente y apasionado.

Venía don Alonso de Sotomayor expresamente provisto por el rey con el título de juez de residencia. Habiéndose hecho recibir en este carácter por el cabildo de Santiago,[37] dictó las providencias convenientes para la apertura del juicio. Llovieron contra Ruiz de Gamboa las más graves acusaciones. En esos momentos llegaba del Perú el doctor Lope de Azócar, y venía deseoso de tomar venganza de la prisión y proceso a que aquél lo había sometido. Ruiz de

---
35   Carta de Sotomayor a Felipe II de 31 de octubre de 1583.
36   Carta de Ruiz de Gamboa a Felipe II de 15 de febrero de 1585.
37   Acuerdo del cabildo de Santiago de 25 de noviembre de 1583, fojas 252 y 253 del libro 6.

Gamboa fue reducido a prisión en los últimos días de 1583, en las casas del cabildo de Santiago, de donde se le dejó salir con fianza de carcelería. Parece que al fin se reconoció que muchas de las faltas que se le imputaban eran falsas imputaciones o hechos que no tenían la gravedad que se les atribuía. El gobernador absolvió a Ruiz de Gamboa de aquellas acusaciones; pero esto no satisfizo del todo al viejo militar. «Aunque (Sotomayor) muestra estar muy arrepentido, escribía al rey en febrero de 1585, y dice públicamente haberlo engañado mis émulos, y está bien desengañado, todavía me conviene dar cuenta de mí a Vuestra Majestad.» Ruiz de Gamboa esperaba entonces una provisión de la audiencia de Lima para emprender el viaje a España a justificar su conducta ante el mismo rey. Creo, sin embargo, que no realizó nunca este viaje. Vivía aún en Santiago diez años después, en 1593, alejado de toda injerencia en los negocios administrativos.[38]

---

38   El proceso de residencia de Ruiz de Gamboa no ha llegado hasta nosotros, o a lo menos no he podido verlo nunca. Sin embargo, en otros documentos he logrado recoger las noticias que siguen:
El doctor Lope de Azócar, como se recordará, había sido arrestado en Santiago por Ruiz de Gamboa en junio de 1581, y remitido a Lima en calidad de preso para que se le sometiera a juicio. Allí se le dejó en libertad, pero se le juzgó. En carta escrita a Felipe II desde Lima en 13 de mayo de 1582, Lope de Azócar le da cuenta de este proceso, y le dice que ha sido absuelto de todo cargo y repuesto en su destino. Cuando Ruiz de Gamboa tuvo noticia de esta resolución, se manifestó altamente descontento. El 31 de octubre de 1582, hallándose en Villarrica, escribía al rey sobre este negocio, y hablando del doctor Azócar decía que en el término de año y medio que desempeñó su destino de teniente general, había «hecho notorios agravios, manifiestas injusticias, y por vías indirectas adquirido mucha suma de pesos de oro». Así, pues, Ruiz de Gamboa apeló de esa sentencia ante el rey. Ante una actitud tan resuelta, el doctor Lope de Azócar no se atrevió a volver a Chile bajo el gobierno de Ruiz de Gamboa. Según se ve por los libros del Cabildo, solo volvió a este país cuando supo que estaba gobernando don Alonso de Sotomayor, y entró de nuevo en sus funciones el 6 de diciembre de 1583. Entonces cabalmente se iniciaba el proceso de residencia de Ruiz de Gamboa. Lope de Azócar se convirtió en el más ardoroso acusador de aquél; y se dio trazas para obtener declaraciones contra su enemigo. Ruiz de Gamboa ha recordado estos hechos en cartas dirigidas al rey en 15 de febrero y en 20 de noviembre de 1585, en que se queja amargamente de él, y del mismo don Alonso de Sotomayor. Aunque son muy extensas, y contienen muchos hechos, están escritas con tanto desorden que no bastan para dar una idea cabal del proceso de residencia. El desenlace final de éste, se desprende de esas cartas y aparece confirmado en el capítulo 28 del libro III de la *Crónica* de Mariño de Lobera.
Carecemos casi absolutamente de noticias acerca de los últimos años de Martín Ruiz de Gamboa. En 1593, el licenciado Francisco Pastene, hijo del capitán Juan Bautista, hizo rendir en Santiago una información de sus servicios ante el teniente gobernador licencia-

do Pedro de Viscarra, y presentó entre otros testigos al mariscal Ruiz de Gamboa, que en efecto dio una declaración favorable. En junio de ese mismo año de 1593, Ruiz de Gamboa daba en Santiago por encargo del gobernador Óñez de Loyola, un informe acerca del estado militar de Chile. Gamboa debía tener entonces unos ochenta años aproximadamente. No hemos vuelto a hallar su nombre en documento alguno posterior.

Capítulo IX. Primeros años del gobierno de don Alonso de Sotomayor (1583-1586). Continúa la guerra sin ningún resultado definitivo

1. Abolición de la «tasa de Gamboa» y restablecimiento del servicio personal de los indígenas. 2. El nuevo gobernador hace salir a campaña a su hermano don Luis. 3. Primera campaña de don Alonso de Sotomayor en Chile: conociendo la escasez de recursos militares, envía a pedir refuerzos al Perú y a España. 4. Funda el gobernador tres fuertes en el territorio enemigo sin conseguir imponer a los indios. La miseria y cansancio de sus tropas da origen a alarmantes conspiraciones que el gobernador castiga con la mayor severidad. 5. Continuación de la guerra sin resultados eficaces. Historiadores del gobierno de don Alonso de Sotomayor (nota). 6. El piloto Juan Fernández descubre las islas que llevan su nombre, y halla un rumbo que abrevia la navegación entre el Perú y Chile.

1. Abolición de la «tasa de Gamboa» y restablecimiento del servicio personal de los indígenas

Apenas recibido del gobierno de Chile, don Alonso de Sotomayor tuvo que contraer su atención a la reforma de la ordenanza que con el nombre de «tasa de Gamboa», había intentado suprimir el servicio personal de los indígenas, reemplazándolo por un tributo pecuniario. Esa ordenanza dictada, como se sabe, en virtud de órdenes terminantes del rey, contaba en Chile sus más decididos sostenedores en el gobernador interino Ruiz de Gamboa, que le había dado su nombre, y en los obispos de Santiago y de la Imperial, que creían que la nueva condición creada para los indios, iba a facilitar su conversión al cristianismo. En cambio, los colonos encomenderos perjudicados en sus intereses por aquella innovación, no habían dejado recurso por tocar por conseguir que fuera derogada.

Uno de los más prestigiosos entre ellos, el capitán Lorenzo Bernal de Mercado, había ido a Lima a gestionar cerca del virrey contra aquella ordenanza. Los padres dominicanos de Santiago se habían puesto abiertamente de parte de los encomenderos; y por encargo del prior fray Bernardo de Becerril, había también partido para Lima fray Cristóbal Núñez, con encargo de representar al virrey los males que se seguirían de la subsistencia de esa ordenanza. El padre Núñez, además, había ido a acusar a todos los partidarios de la tasa de Gamboa, al obispo de Santiago y al gobernador interino, y a pedir que éste fuera reemplazado por el doctor Lope de Azócar. Todas estas diligencias, sin embargo, no produjeron ningún resultado. El virrey no se atrevió a derogar una ordenanza dictada por mandato expreso y repetido del soberano.

A mediados de 1583, la situación se había modificado en cierta manera. Los dos obispos de Chile habían partido el año anterior para el Perú con el objetivo de asistir al concilio provincial a que los convocaba el arzobispo de Lima. En julio de ese mismo año se encargaba del gobierno de Chile el capitán Diego García de Cáceres a quien, desde Mendoza, había designado para ello don Alonso de Sotomayor, y era acompañado en el mando por otros cuatro capitanes igualmente desafectos a aquella ordenanza. El primer afán de esos gobernantes accidentales fue el preparar la derogación de aquella ordenanza. «Pidieron pareceres, dice un antiguo cronista, a los principales letrados del pueblo, y en particular a fray Cristóbal de Ravaneda, provincial y comisario de la orden del seráfico patriarca San Francisco, el cual lo dio por escrito extensamente, inclinándose a que no hubiese tasa, por parecerle que así los encomenderos como los mismos indios la llevaban con pesadumbre. Y la causa era porque los encomenderos pretendían sacar lo más que pudiesen sin peso ni medida, y los indios sentían esto menos por darlo (según el antiguo sistema) poco a poco, de suerte que, aunque al cabo del año habían dado mucho más de la tasa, lo tenían por menor daño.»[39]

Este informe de los religiosos franciscanos, y la opinión que los dominicanos habían dado poco antes acerca de la abolición del servicio personal de los indígenas, debían tener una influencia decisiva en el ánimo del nuevo gobernador.

---

[39] Mariño de Lobera, libro III, capítulo 29. No conozco el informe dado en esta ocasión por el provincial de los franciscanos fray Cristóbal de Ravaneda, a no ser que sea tal un memorial sin firma ni fecha que con los documentos de esta época hallé en el Archivo de Indias, y en el cual el autor discute teológicamente si puede reducirse a los indios a esclavitud e imponérseles el trabajo forzado, y se decide por la afirmativa, en razón de que esos indios habían dado la paz y se habían sometido al rey de España, de manera que su levantamiento posterior los colocaba en la situación de súbditos rebeldes.

En la sección de manuscritos de la Biblioteca Nacional de Madrid, en un volumen marcado J 53, encontré, en cambio, una copia antigua del informe dado en esa ocasión por fray Bernardo Becerril, prior de los dominicanos de Santiago. Ese informe, desfavorable a la tasa de Gamboa, propone los arbitrios o medidas con que debiera reemplazarse; pero su forma literaria es de tal naturaleza que es sumamente difícil, y casi imposible, el descubrir el sentido de muchos de sus pasajes.

Don Alonso de Sotomayor, por otra parte, resuelto a renovar en breve las operaciones militares contra los araucanos, quería exigir de los encomenderos subsidios de gente, de caballos y de víveres, y pudo convencerse de que mientras subsistiese el régimen creado por la tasa de Gamboa, te sería imposible procurarse tales auxilios. Determinó entonces derogar aquella ordenanza, creando un régimen intermediario entre la supresión absoluta del servicio personal y el sistema que había existido antes en virtud de la tasa de Santillán. «Teniéndolo resuelto, dice el mismo don Alonso, lo comuniqué con los obispos que a la sazón llegaron de Lima; y como lo que tenía acordado no era con su parecer, pusiéronme en ello muchas dificultades, particularmente el de la Imperial, por ser hombre escrupuloso y aun escabroso; y por no arrojarme ni descomponerme con ellos y con algunos otros religiosos que también desean en todo hacer cabeza de juego, me determiné dejar la dicha tasa en el ser que estaba en cuanto al tributo, descargando a los naturales de corregidores y fincas, que son ciertas demasías que se les llevaba para repartir en quien el mariscal quería.»[40]

Pero después de esos primeros pasos, la abolición de aquella ordenanza no podía tardar mucho. En efecto, antes de largo tiempo, el gobernador la declaró derogada en el obispado de Santiago; e introdujo tales modificaciones en su aplicación en el obispado de la Imperial, que pudo considerarse igualmente derogada.[41] Aquella tentativa para suprimir el servicio personal de los indígenas, no había producido ninguno de los resultados que de ella se esperaban. Los tres años de ensayo de esa reforma, habían sido fatales para los encomenderos, cuyas rentas sufrieron una notable disminución. Los indios, por su parte, aprovecharon la exención del trabajo obligatorio para volver a sus hábitos de holgazanería, no pudieron pagar el tributo que se les había impuesto, y fueron ahora víctimas de los malos tratamientos de los corregidores que la ordenanza había instituido para su defensa, y de los abusos de los encomenderos que los hacían trabajar contra las disposiciones de la ley.

---

40 Carta de don Alonso de Sotomayor a Felipe II, de 22 de diciembre de 1583. La palabra finca, a la cual se le da en el uso vulgar una significación muy diferente, era empleada por los conquistadores en una acepción más correcta. Daban ese nombre a una porción de terreno en que el corregidor u otra persona tenía derecho para cobrar una renta o impuesto.

41 Constan estos hechos en dos cartas inéditas de Ruiz de Gamboa a Felipe II, de 15 de febrero y de 20 de noviembre de 1585. La falta de otros documentos nos impide precisar más estos hechos y fijar las fechas precisas de estas providencias.

2. El nuevo gobernador hace salir a campaña a su hermano don Luis

Don Alonso de Sotomayor había llegado a Chile resuelto a abrir pronto la campaña contra los indios rebelados. Cuando quiso hacer los preparativos, encontró tantas dificultades por la escasez de recursos, que un momento casi desesperó de poder llevar a cabo su propósito. «Por no hallarme con ropa para vestir la gente que he traído y la que está aquí, y por no tener pólvora, escribía él mismo, podríase perder el no salir este verano a la guerra, que fuera de gran efecto, aunque saliera al cabo de él.»[42] Uno de los más caracterizados funcionarios de la colonia llegó a creer casi irrealizable esa empresa. «Yo tengo por dificultoso, decía, consiga don Alonso el efecto a que vino, porque de la gente que trae la que ha llegado a esta ciudad con tan larga peregrinación, viene tan desnuda que es gran compasión verla; y la pobreza de esta tierra tanta que por balance y cuentas de la renta que Vuestra Majestad tiene en este reino no llega un año con otro a 22.000 pesos, y los gastos de la guerra tan excesivos respecto del poco aprovechamiento que Vuestra Majestad tiene, que las cajas reales de este reino están empeñadas en más de 300.000 pesos; y a mi cuenta, los trabajos de Chile son mayores que jamás han sido porque con tan poca gente y moneda como tiene don Alonso, es imposible acudir a todo lo necesario.»[43]

Sin embargo, haciendo todo género de diligencias, y limitando sus aspiraciones a enviar al sur una columna de 200 arcabuceros, pudo el gobernador lograr su intento. A fines de diciembre esas tropas estaban listas para salir a campaña bajo las órdenes de don Luis de Sotomayor. «Van tan mal vestidos, decía don Alonso, que si no fuera tan urgente necesidad, no me atreviera a enviarlos. Los demás, por no haber con que vestirlos, no saldrán este verano a hacer ninguna facción, ni (podré) cubrirles las carnes hasta que venga lo de Lima. Para arrancar de aquí los que van con don Luis, he hecho tantos agravios y sinrazones que si mi buena fe no me salva y el ir enderezado que de esto sea servido Dios y Vuestra Majestad, me temblaran las carnes del castigo que en los dos tribunales (el real y el divino) se me diera.»[44]

La campaña de ese verano fue casi del todo insignificante. Don Luis de Sotomayor salió de Santiago a fines de diciembre de 1583, pasó por Chillán,

---

42   Carta de Sotomayor al rey, de 31 de octubre, de 1683.
43   Carta al rey del veedor Morales de Albornoz, de 26 de septiembre de 1583.
44   Carta de don Alonso de Sotomayor al rey, de 6 de diciembre de 1583.

Concepción y Angol, tuvo más adelante un combate con los indios de las inmediaciones de Purén, y luego se trasladó a las ciudades del sur, sin atreverse a penetrar en las provincias de Mareguano y Tucapel, que eran el corazón de la guerra araucana. Las hostilidades de los españoles casi se limitaron ese año a la destrucción de los sembrados de los indios y a la persecución de las partidas que encontraban en su camino. En los términos de Valdivia, de Villarrica y de Osorno, don Luis de Sotomayor hizo campeadas de la misma naturaleza, sin poder lisonjearse con la idea de haber impuesto pavor a los enemigos. Uno de sus capitanes, el famoso Bernal de Mercado, sostuvo en esa campaña un combate que por sus incidentes dio que hablar a los contemporáneos. Las tropas de su mando, sorprendidas en la montaña vecina a la ciudad de Angol, donde habían ido en busca de unas minas, fueron atacadas de improviso por un cuerpo numeroso de indios, y estuvieron a punto de sucumbir; pero Bernal y los suyos desplegaron tanto arrojo en medio del peligro que consiguieron abrirse paso y dispersar a sus enemigos.[45]

3. Primera campaña de don Alonso de Sotomayor en Chile: conociendo la escasez de recursos militares, envía a pedir refuerzos al Perú y España

En la primavera siguiente, el gobernador estaba presto para entrar más eficazmente en campaña. La revocación de la tasa de Gamboa le había permitido contar con recursos suministrados por los encomenderos de Santiago. Probablemente le llegaron también algunos de los auxilios que había pedido a Lima. Así, pues, aparte de los 200 hombres que permanecían en las ciudades del sur bajo las órdenes de don Luis de Sotomayor, el gobernador tuvo sobre las armas en octubre de 1584, un cuerpo de tropas con que se creyó en estado de abrir la campaña. El 14 de dicho mes, partía de Santiago a la cabeza de esas tropas. El doctor Lope de Azócar, que había vuelto del Perú, y que había reasumido su cargo de teniente de gobernador, salió también a campaña para ayudar a don Alonso con sus consejos y para efectuar la visita judicial de las ciudades del sur.

---

45 Los documentos contemporáneos apenas mencionan esta campaña de don Luis de Sotomayor. Mariño de Lobera la ha referido en los capítulos 30 y 31 del libro III de su *Crónica*, pero no consigna ocurrencias importantes.

Obedecía don Alonso de Sotomayor a un plan militar que podía ser muy juicioso, pero que era irrealizable dados los recursos de que disponía. Consistía éste en guarnecer regularmente las ciudades fundadas por los españoles y, aun, en fundar otros establecimientos en sitios estratégicos, poniéndolos en situación de que no pudieran ser atacados por el enemigo; y en dejar fuera de las ciudades sólidos destacamentos que corriesen la campaña en persecución constante de los indios para no darles tiempo de reunirse en cuerpos considerables. El nuevo gobernador, como todos aquellos de sus predecesores que no conocían por experiencia propia las condiciones de la guerra contra los araucanos, debía hacerse las más risueñas ilusiones sobre el resultado de sus planes.

Después de visitar la naciente ciudad de Chillán, el gobernador estableció su campo en Quinel, a corta distancia de la ribera izquierda del río Itata. En estas inmediaciones, donde permaneció quince días, se le reunieron algunos pequeños destacamentos, de manera que cuando pasó revista a sus tropas contó 390 soldados españoles y 300 indios auxiliares. Allí distribuyó los puestos de la milicia entre los más acreditados de sus capitanes; y como estos no estuvieran de acuerdo en sus pareceres sobre los lugares por donde debía comenzarse la campaña, don Alonso de Sotomayor tomó resueltamente la dirección personal de las operaciones.

Habiendo llegado a Angol, hizo salir una columna de 150 hombres bajo las órdenes del sargento mayor Alonso García Ramón. Llevaba éste la orden de no dejar hombre vivo de cuantos pudiese haber a la mano en aquella tierra, escribe un antiguo cronista; y ese caudillo, que por primera vez entraba en campaña contra aquellos bárbaros, «se dio tan buena maña que cogió a los indios descuidados, y dio en ellos con toda su furia, sin perdonar niño ni mujer que topase, por atemorizar a los demás con tan áspero castigo; y habiendo muerto hasta 200 personas, se volvió con el pillaje a la ciudad de los infantes (Angol)». Terminada esta primera correría, el gobernador dejó en aquella ciudad los bagajes de sus tropas, y poniéndose a la cabeza de 280 soldados montados a la ligera, salió nuevamente a campaña (20 de diciembre de 1584). El doctor Azócar quedaba en Angol con el resto de las fuerzas españolas.

Don Alonso de Sotomayor penetró de improviso en Purén, trasmontó enseguida la cordillera de la Costa y recorrió los distritos de Tucapel y Arauco sin encontrar en ninguna parte una resistencia organizada. «Pasé por todo lo que está de guerra, en la costa y en los llanos de estos contornos, dice el mismo gobernador, sin sucederme guazavara (combate) ni reencuentro ninguno, porque no se concertaron las juntas que suelen hacer, ni les di tiempo para ello. Tomáronse algunos indios e indias, de que se hizo justicia.»**46** La guerra, en efecto, se hacía de nuevo con todo rigor para aterrorizar a los bárbaros. Los españoles incendiaban las habitaciones de los indios, daban desapiadadamente muerte a los prisioneros o les cortaban las manos para enviarlos de parlamentarios cerca de los caudillos enemigos. Estas atrocidades, sin embargo, no doblegaban el ánimo de aquellos incontrastables guerreros. Ellos mismos prendían fuego a sus propias chozas para no dejar a los españoles la satisfacción de destruirlas, y se retiraban a los bosques con sus mujeres e hijos a esperar la ocasión propicia para tomar venganza.

Desde diez años atrás vivía entre ellos, como ya dijimos, un mestizo llamado Alonso Díaz, que había sabido ganarse la voluntad de los indios de aquella comarca hasta el punto de tomarlo estos por caudillo en sus correrías. Ese mestizo, a quien los bárbaros daban el nombre de Painenaucu, era, según la expresión del jefe español «hombre mañoso y de industria». En vez de presentar a los conquistadores frecuentes combates, ese caudillo quería obligarlos a hacer largas e inútiles correrías para caer sobre ellos en el momento en que pareciesen rendidos por la fatiga. Cuando los españoles salían del valle de Arauco por entre los bosques y estrechuras de la sierra, Alonso Díaz cayó sobre la retaguardia y sostuvo un corto, pero reñido combate. Aunque los indios ocupaban una posición ventajosa y, aunque al principio pudieron hacer algunos daños al enemigo, no solo fueron dispersados sino que perdieron a su jefe que cayó prisionero.

La suerte del turbulento mestizo no podía ser dudosa. Sin embargo, supo darse trazas para conservar la vida por algún tiempo más. Suministró al gobernador noticias importantes acerca de la situación de los indios y, en particular, de dos individuos que prestaban un eficaz apoyo a los rebeldes. Eran estos un soldado conocido con el nombre de Jerónimo Hernández, español de nacimiento según unos, mestizo según otros, arcabucero hábil que podía enseñar a los salvajes el manejo de las armas de fuego, y un mulato desertor que había compartido con el mismo Alonso Díaz el rango de caudillo de los indios. García Ramón, a la cabeza de cuarenta soldados, partió en busca de ambos, y fue a

---

46 Carta de Sotomayor a Felipe II, de 9 de enero de 1585.

sorprenderlos en Talcamávida.**47** «Dieron con ellos, escribe el gobernador, y el mulato estaba tan sobre aviso que no se pudo tomar, aunque se dio con él, porque se echó en el río Biobío. Recobrose sí el español, que fue de importancia.» Alonso Díaz, que se mostraba dispuesto a seguir sirviendo a los españoles y que en efecto habría podido prestarles útiles servicios fue, sin embargo, ahorcado poco tiempo después por creérsele en comunicación con los indios enemigos. Alguna vez ha pretendido la historia realzar su figura convirtiéndolo en generalísimo de los araucanos, y suponiéndole cierta elevación de sentimientos y de patriotismo hasta atribuirle el propósito de libertar a su patria de la dominación extraña. El estudio más detenido de los hechos y de los documentos, no nos permite ver en ese caudillo más que uno de esos tipos más o menos vulgares de osados y astutos merodeadores dispuestos a servir en cualquiera de los bandos contendientes.**48**

Don Alonso de Sotomayor se hallaba de vuelta en Angol el 9 de enero de 1585. Allí supo que su hermano don Luis, que sostenía la guerra en los términos de las ciudades del sur, continuaba expedicionando en aquellas comarcas sin obtener resultado alguno medianamente decisivo. Aquella campaña de solo veinte días había dado a conocer al gobernador las condiciones especiales de la guerra que era preciso sostener con los araucanos, el carácter pertinaz de estos bárbaros y las ventajas que con las sierras, las quebradas, los ríos y las ciénagas, les ofrecía el suelo de su patria para la prolongación de la lucha. Don Alonso adquirió la convicción de que aquella guerra no podía terminarse sino contando con tropas y con elementos muy superiores a los que hasta entonces se habían puesto en servicio, y que aun así, sería necesario mantenerse sobre las armas durante algunos años con fuerzas suficientes que se impusiesen al enemigo. A su juicio, el sistema usado hasta entonces de hacer correrías en el territorio enemigo era completamente ineficaz. «Los efectos que se harán

---

47 Hemos dicho en otra parte que los españoles del siglo XVI daban el nombre de Talcamávida al pequeño valle que nosotros llamamos de Santa Juana, al sur del Biobío, y río de por medio del Talcamávida actual.

48 La generalidad de los cronistas ha referido estos hechos con no pocos errores en los detalles y en la cronología; pero es quizá la historia que lleva el nombre de don Claudio Gay la que ha reunido mayores equivocaciones a este respecto en el capítulo 10 del tomo II. Nosotros tomamos principalmente por guía las cartas de don Alonso de Sotomayor, las cuales no ofrecen ninguna divergencia importante con esta parte de la *Crónica* de Mariño de Lobera.

campeando con bagajes y ganado, decía el gobernador, serán destruirles las comidas (a los indios), y no todas, porque no es posible ni tenemos amigos que llevar, que son los que más destruyen, y la gente se cansa y gasta mucho. Y acaecerá un año andar y no topar sino alguna vieja, si ellos no quieren pelear, porque la tierra es tan áspera, y ellos andan tan sueltos, y nosotros tan embalumados[49] con las cargas, ganados y servicio que no se hace más efecto del que digo. Y cada día nos van hurtando caballos; y si invernamos, como es fuerza, en el campo, quedan nuestra gente y caballos de manera tan desacomodada que se aventura mucho con ella. Y cuando de esta suerte se pacificase, no hay seguridad ninguna para que estos (indios) conserven la paz.»[50] El gobernador exponía allí mismo que el único medio de someter y de dominar aquella comarca, era fundar ciudades y fuertes sólidamente defendidos, de donde saliesen con frecuencia partidas ligeras a tajar los campos y a deshacer las juntas de indios de guerra.

Pero, para ejecutar este plan, el gobernador de Chile juzgaba indispensable el tener bajo sus órdenes un ejército de 1.000 hombres a lo menos, y el contar con los recursos necesarios para equiparlo y vestirlo. Persuadido de que con estos auxilios en dos o tres años pondría de paz toda la tierra, don Alonso despachó desde Angol al capitán Juan Álvarez de Luna a pedirlos empeñosamente a la Audiencia que gobernaba provisoriamente en el Perú. Con la misma actividad escribía al monarca español para darle cuenta del estado de la guerra, y para reclamar el envío de una nueva división de auxiliares. Recomendábale en sus cartas que enviara estos refuerzos por la vía de Buenos Aires, que según él, era el camino más corto.[51] «Si me los envían para el diciembre que viene, decía

---

49 Embalumados, cargados desordenadamente, complicados.
50 Carta de Sotomayor a Felipe II, de 9 de enero de 1585.
51 Es curioso el pasaje de la carta de don Alonso de Sotomayor en que pide que se le envíe por Buenos Aires el socorro que solicita. Dice así: «Si Vuestra Majestad fuese servido enviar de España gente por el Río de la Plata, vendrá en cinco meses por el camino que yo traje. Y si esto fuere, será necesario que los navíos en que vinieren no pasen de 200 toneladas, y que traigan por lastre cada navío dos docenas de carretas con todo su aderezo y hasta 1.000 ducados empleados en acero y hierro, y espadas con sus guarniciones, y plomo, y guarniciones de espadas, y puños, y ruán de cofre y de fardo, y paños no finos, y jabón, y cuchillos, y frenos de la jineta, y algunas cotas de malla gruesa. Y la persona que trajere la gente a cargo traiga cédulas de Vuestra Majestad de manera que por ellas le avíen en Buenos Aires, Santa Fe y Córdoba si llegaren a estas ciudades, y que teman que han de ser castigados si no lo hacen, y usan de la desorden que conmigo en sonsacarme la gente. El

el gobernador, y un navío, el año siguiente que lleguen, lo estará (pacificado); y cuanto más se dilate esta provisión y más limitadamente se me enviare tanto más se alargará esta guerra; y lo que ahora se acabaría con 100.000 pesos, si se dilata (el socorro) costará a Vuestra Majestad más de 500.000.»

4. Funda el gobernador tres fuertes en el territorio enemigo sin conseguir imponer a los indios. La miseria y cansancio de sus tropas da origen a alarmantes conspiraciones que el gobernador castiga con la mayor severidad

La captura del mestizo Alonso Díaz, que durante diez años había servido entre los araucanos, y que hasta les había servido de caudillo, no tuvo influencia alguna en la suerte posterior de la guerra. A mediados de enero, el gobernador se hallaba acampado en las inmediaciones de Angol, persuadido quizá de que la correría que acababa de hacer en territorio enemigo habría amedrentado a los bárbaros. Sin embargo, una noche (16 de enero de 1585) se vio acometido de improviso por un ejército formidable. Los indios habían tomado todas las precauciones para dar aquella sorpresa, y ejecutaron su plan con tanta habilidad y con tanto concierto, que en el principio pusieron a los españoles en el mayor aprieto. En ese conflicto, el sargento mayor García Ramón, reuniendo a su lado algunos arcabuceros, y aprovechando la luz de la Luna, restableció el orden, concertó la defensa y acabó por dispersar al enemigo.

En ese mismo verano, y sin aguardar los refuerzos que había pedido a España y al Perú, don Alonso de Sotomayor comenzó a poner en ejecución su plan de campaña. Habiéndose trasladado con la mayor parte de sus tropas a las orillas del Biobío, mandó construir en el lugar denominado Millapoa, un fuerte en cada una de las riberas, para cortar las comunicaciones entre los araucanos y los indios del norte, y para hacer que de esas fortalezas saliesen frecuentemente partidas ligeras a recorrer la comarca vecina y a imponer terror a sus bárbaros habitantes. Poco más tarde, mandó levantar otro fuerte semejante en

---

viaje que ha de traer esta gente en tomando a Buenos Aires es que comprando allí bueyes así para las carretas como para comer, hasta la tierra de Chile, vengan caminando por las orillas del Río de la Plata arriba hasta el río Cuarto, que habrá setenta leguas, y en llegando al río Cuarto vayan subiendo por el río Cuarto arriba, que allí hallarán maíz y indios que les guíen tratándoles bien, por los mismos caminos y alojamientos que trajo mi gente, hasta la ciudad de Mendoza, que es una de las de este reino de la otra parte de la cordillera».

Purén, donde colocó también un pequeño destacamento. El gobernador esperaba establecer en breve un pueblo en cada uno de esos lugares, persuadido de que éste era el medio más eficaz de reducir esas tribus, y de que los socorros que esperaba serían suficientes para realizar este sistema de conquista.

Aquellos fuertes, sin embargo, no impusieron respeto a los indios. Don Alonso de Sotomayor se resolvió a pasar en esos lugares todo el invierno, y cuidó de tomar las medidas convenientes para la defensa de esas posiciones; pero esto no impidió que los españoles se viesen forzados a sostener frecuentes combates que, si no importaban una derrota de sus destacamentos, producían entre estos el cansancio y la fatiga. Aquella lucha tenaz, interminable, en que los indios, frecuentemente derrotados, volvían de nuevo a la pelea con mayor porfía después de cada desastre, no podía dejar de producir más tarde o más temprano el aniquilamiento de las fuerzas de los conquistadores.

La situación militar de los españoles se hacía cada día más precaria. Aunque su número y sus elementos militares eran ahora muy superiores a los que poseían en los primeros tiempos de la conquista, el poder de los indios, sus armamentos, sus recursos y su experiencia militar se habían también incrementado considerablemente. Los conquistadores habían recibido frecuentes refuerzos del exterior; pero estos eran siempre inferiores a los que pedían y, por otra parte, llegaban con gran atraso. A mediados de 1585, cuando Sotomayor estaba esperando los auxilios que había reclamado con tanta instancia, llegó a Valparaíso un buque llamado San Juan de Antona, que traía del Perú alguna carga surtida para los mercaderes, y una cantidad de pólvora y de fierro para el gobernador. La explosión casual de una botija de pólvora hizo volar el buque con toda su carga y con toda su tripulación. «Ésta ha sido, decía el gobernador, la mayor desgracia que al presente podía venir a este reino, así por la gran necesidad que en él había de todo lo que en él venía, como por quedar destruidas (arruinadas) muchas personas de él, y todos los mercaderes que continuaban esta navegación, perdidos.»[52] La falta de esa pólvora debió, en efecto, producir una profunda impresión en el ánimo de los jefes españoles, y no poco desaliento en el de la tropa.

La condición de esa tropa era la más triste y miserable que se puede figurar. Aquellos soldados que rara vez recibían paga, mal comidos y peor equipados,

---

52 Carta de don Alonso de Sotomayor al virrey del Perú, de 1 de febrero de 1586.

vestidos casi siempre con trajes andrajosos, estaban obligados a soportar las mayores privaciones y todo género de sufrimientos. «Sé decir a Vuestra Excelencia, escribía don Alonso de Sotomayor al virrey del Perú, que en todo el tiempo que he estado en Flandes y en Italia no he visto gente de guerra más humilde y obediente al castigo, ni a quien Su Majestad deba más. Pero la necesidad es tan grande y tan poca la confianza que tienen de que han de ser socorridos, que le podría poner en desesperación, como ya se ha visto.» Este descontento de la tropa, producido por la miseria, inspiraba de tiempo atrás los más vivos temores. «El nuevo camino (de las cordilleras y Río de la Plata) que ha descubierto don Alonso, escribía a Felipe II uno de los oficiales reales, plegue a Dios que no sea cuchillo de este reino, dando alas a los soldados para que viéndose tan rotos y desnudos, causen en él desventuras difíciles de remediar.»[53]

Ya antes de esa época, algunos soldados españoles de las tropas de Chile habían tramado su deserción para ir a establecerse en la región desconocida del otro lado de los Andes;[54] pero desde que después del viaje de don Alonso de Sotomayor se sabía que por allí se podía llegar a España más prontamente que por el Perú, debían repetirse esas tentativas. En efecto, a fines de 1585 se descubrieron dos proyectos de esa clase. «En el uno, dice el gobernador, tenían concertado huirse treinta hombres y gente principal, y matar al doctor Azócar, teniente general. Esto fue en Santiago, estando yo en la guerra, cuando se quería sacar gente para traer a ella.»[55] El otro complot fue todavía mucho más trascendental y peligroso, y dio lugar a un castigo severo.

Durante los meses de primavera, el gobernador salió a visitar las ciudades del sur. Habíase detenido en la Imperial cuando recibió noticia de graves ocurrencias que lo obligaron a volver sobre sus pasos. El maestre de campo García Ramón había partido para Santiago a recoger el contingente con que esta ciudad contribuía cada año para la guerra. Por ausencia suya, mandaba en el fuerte de Purén el capitán Tiburcio de Heredia que, como aquél, era un militar probado en las guerras de Flandes. «Viéndose algunos soldados pobres, hambrientos, afligidos y sin esperanza de remuneración de sus trabajos, dice un antiguo cronista, acordaron de amotinarse.» Su plan se reducía a apoderarse de

---

53 Carta de Morales de Albornoz a Felipe II, de 26 de septiembre de 1583.
54 Véase lo que hemos contado, parte III, capítulo 1, § 8.
55 Carta citada de Sotomayor al virrey del Perú. Ni éste ni los otros documentos que tenemos a la vista, dan más detalles acerca de este complot.

las mejores armas, pasar a Angol, a los fuertes del Biobío, a Chillán y a Santiago mismo, reunir todos los descontentos y marcharse enseguida al otro lado de los Andes. Pero por más secreto que se emplease en esta confabulación, el capitán Heredia, que se hallaba enfermo, tuvo noticia de ella, y por medio de una carta escrita en lengua flamenca, llamó a Purén al gobernador. Disimulando su propósito, don Alonso de Sotomayor, efectuó algunas mudanzas en la guarnición del fuerte, mandó trasladarse a Angol a los que creía comprometidos en aquella conspiración, y allí los condenó a todos ellos a muerte y les hizo aplicar la pena de garrote. «Con esto se aquietaron, escribía el gobernador, aunque su necesidad y trabajo es de manera que no estoy fuera de temer alguna desgracia.»[56]

5. Continuación de la guerra sin resultados eficaces.
Historiadores del gobierno de don Alonso de Sotomayor (nota)

A pesar de tantas contrariedades, Sotomayor estaba persuadido de que había alcanzado señaladas ventajas contra los indios. Algunas tribus de las inmediaciones de Angol, particularmente las que poblaban los campos vecinos a la gran cordillera, habían dado la paz en la primavera de 1585 y, aun, habían prestado sus servicios a los españoles para ayudarlos en sus faenas agrícolas. Pero con estas muestras de sumisión solo habían querido que no se les destruyesen sus sembrados, y que se les permitiera hacer sus cosechas. El gobernador, que se había dejado engañar en estos tratos, creía también que la insurrección de los indios de Villarrica, Valdivia y Osorno había sido dominada por su hermano don Luis; y que los tremendos castigos aplicados a los prisioneros, habían escarmentado para siempre a esas tribus. El gobernador no comprendía que la quietud accidental de aquellos bárbaros importaba solo un momento de tregua después de la cual habían de volver sobre las armas con la misma porfía y la misma resolución. En sus cartas a Felipe II y al virrey del Perú, habla confiadamente de las ventajas alcanzadas en la guerra; pero no cesa de

---

[56] Carta citada de Sotomayor al virrey del Perú. El gobernador no da allí muchos detalles acerca de esta conspiración, ni siquiera señala el número de los soldados que mandó ahorcar. Mariño de Lobera, libro III, capítulo 36, consigna más pormenores, pero no todos los que pueden interesar. Este cronista refiere estos hechos como ocurridos después de la partida a España de don Luis de Sotomayor, que tuvo lugar en los primeros días de febrero de 1586. La correspondencia del gobernador con el virrey del Perú, sirve para desvanecer esta equivocación.

pedir que a la mayor brevedad se le envíen socorros de gente, de armas y de municiones «para que vaya adelante y se concluya una guerra tan pesada».

Pero esos socorros no llegaban nunca. La tardanza de las comunicaciones, por una parte, y los problemas y dificultades por los que entonces pasaba la monarquía española, eran causa de que no se atendieran con la prontitud conveniente aquellos pedidos. El 1 de febrero de 1586, don Alonso de Sotomayor despachaba un nuevo emisario. Era éste su propio hermano don Luis, que llevaba encargo de representar al virrey en Lima y al rey en Madrid la situación de la guerra de Chile y la urgente necesidad de enviar sin tardanza los auxilios tantas veces pedidos. «Tengo la guerra de manera que no puede dejar de acabarse, decía entonces el gobernador; y si se dilata y no viene el socorro tal como lo he pedido, irá esto alargándose. Y si no viene ninguno, sin duda se perderá porque la guerra consume mucha gente, y cada día va a menos. Y si, además, no viene el socorro que es menester, y viene limitado, no sirve sino de reparar daños de atrás, como por experiencia se ha visto en este reino en los socorros que a él han vertido.»[57] En otra carta, escrita once días después, don Alonso daba cuenta al virrey en términos más premiosos todavía, de los apuros de su situación. «Se me han enfermado muchos soldados, le decía, por el excesivo trabajo que han tenido y muerto algunos; y otros muchos que la guerra consume cada día, y van disminuyendo las fuerzas, de manera que a esta hora me hallo en este campo con no más de 220 soldados; y de ellos la tercia parte enfermos de esta peste de paperas que de ese reino (el Perú) vino y; aunque estoy fortificado, las escoltas que cada día salen por yerba y comida, van muy aventuradas.»[58]

Mientras tanto, al mismo tiempo que los españoles se reducían en número y se desalentaban por el desamparo en que se hallaban, los araucanos se hacían cada día enemigos más formidables. «Tienen tanto conocimiento estos indios en las cosas de la guerra, decía también el gobernador, que conociendo esto (la situación de los españoles) no aflojan más (que) un tiempo que otro. Y vanse haciendo tan soldados que cada día les vemos salir con nuevas invenciones. Saben formar escuadrones con mucha orden, hacer emboscadas, andar y hacer asaltos a caballo de día y de noche en indios de paz que están cerca de las ciudades, y dar trasnochadas a caballo, y a ocho y diez leguas tomar lenguas

---

57 Carta de Sotomayor al virrey del Perú, de 7 de febrero de 1586.
58 Carta de Sotomayor al virrey del Perú, de 18 de febrero de 1586.

por momentos de lo que queremos hacer, hacemos estar suspensos con juntas falsas, finalmente no hay ardid que no se les entienda.» Estos infatigables y astutos enemigos no se limitaban ya a esperar a los españoles en los bosques o serranías por donde estos tenían que pasar. A principios de febrero, llevaron su osadía hasta ir a robar el ganado que Sotomayor tenía cerca del fuerte de Purén bajo la vigilancia de los indios de servicio. Fue necesario trabar con ellos un reñido combate, en que los bárbaros, haciéndose fuertes en la ciénaga vecina, pelearon con el ardor que solían desplegar en la guerra. Los fuegos de arcabuz hicieron entre ellos grandes estragos y acabaron por dispersarlos; pero los defensores del fuerte tuvieron también dos muertos y seis heridos, lo que era una pérdida enorme para ellos.[59]

Pocos días después, aquellos mismos bárbaros acometían una empresa más audaz todavía. Pusiéronse de acuerdo con algunos de los indios sometidos que servían en la ciudad de Angol, y con el mayor sigilo prepararon un golpe de mano que estuvo a punto de ser funesto a los españoles. En la noche del 24 de febrero (1586) esos falsos servidores prendieron fuego a las casas en que vivían. Como éstas eran casi en su totalidad construcciones provisorias cubiertas con techos de paja, el incendio se propagó con admirable rapidez. En esos mismos momentos un centenar de indios de guerra, montados en buenos caballos, y seguidos de mucha gente de a pie, penetraba en la ciudad por tres puntos distintos, y caía sobre los españoles que abandonaban sus habitaciones para salvarse de las llamas. En esa tarde había llegado a Angol don Alonso de Sotomayor con cincuenta soldados; y se disponía a seguir su viaje en la mañana siguiente para los fuertes del Biobío, de manera que estas tropas estaban sobre las armas, puede decirse así. Ellas pusieron en dispersión a los indios asaltantes, los persiguieron tenazmente en los campos vecinos a pesar de la oscuridad de la noche, y salvaron a la ciudad de un incendio total. El fuego había destruido una tercera parte del pueblo; pero, aunque sus defensores perdieron en la refriega a muchos de sus servidores, no pereció esa noche un solo español.[60]

---

59   Carta citada de 7 de febrero.
60   En varias crónicas y documentos se habla con más o menos pormenores de este asalto nocturno de Angol, sin fijar la fecha de la noche en que tuvo lugar. Pero don Alonso de Sotomayor lo ha contado en una carta al virrey del Perú escrita en la misma ciudad el día siguiente, 25 de febrero de 1586; y esta carta, inédita hasta ahora, nos sirve de guía en nuestra narración.

Esta derrota, sin embargo, no amedrentó a los indios de aquella comarca. Lejos de eso, persistieron en su plan de hostilidades renovando los ataques a las posiciones que ocupaban los españoles, interceptando las comunicaciones entre los diversos destacamentos y manteniéndolos en constante alarma. De esta manera, los defensores de los fuertes que había fundado el gobernador, pudieron considerarse como sitiados dentro de sus trincheras y bastiones. El mismo don Alonso de Sotomayor, que había concebido muchas esperanzas de pacificar a los indios por este sistema de fundación de fuertes, comenzó a comprender que le era imposible persistir en él mientras no contase con mayores tropas y con mayores recursos. Sus soldados, incapaces por su número para dominar a los indios, tenían que soportar toda clase de privaciones y de fatigas para conservarse en los puntos que ocupaban. Los defensores del fuerte de Purén, sobre todo, constantemente bloqueados por los indios, sobrellevaron largo tiempo esas penalidades; pero cuando se les acabaron los víveres y las municiones y adquirieron la convicción de que no podían ser socorridos, abandonaron la plaza para replegarse a la vecina ciudad de Angol. El fuerte de Purén fue demolido hasta los cimientos por los indios de aquella comarca a fines de 1586.

En medio de los afanes y zozobras que este estado de guerra debía imponer a los gobernantes de Chile, vieron estos reagravarse en breve su situación por la presencia de nuevos peligros. En los primeros días del año siguiente se supo que los corsarios ingleses habían vuelto a dejarse ver en las costas de Chile, y que disponían ahora de fuerzas más considerables que las que tenían la primera vez. Esta inesperada noticia venía a crear nuevos motivos de alarma y de inquietud en aquella colonia probada ya por tantos sufrimientos y por tan profundas perturbaciones.[61]

---

[61] Don Alonso de Sotomayor es uno de los pocos gobernadores de Chile que haya merecido el honor de tener un historiador especial. Un escritor andaluz llamado Francisco Caro de Torres, obedeciendo, sin duda alguna, a un encargo de familia, publicó en 1620 en Madrid un tomito de 83 fojas en 4 que lleva este título: *Relación de los servicios que hizo a Su Majestad del rey don Felipe segundo y tercero don Alonso de Sotomayor*. Su autor, aunque licenciado en leyes en la famosa universidad de Salamanca, dista mucho de ser un escritor de nota y, más aún, un prolijo investigador de los sucesos que se propone narrar. Pero habiendo vivido largos años al lado de Sotomayor, y habiendo podido disponer de sus papeles, ha conseguido trazar no una verdadera biografía de ese personaje en que pueda conocerse su carácter y la historia de su tiempo sino, simplemente, como lo indica el título del libro, una relación descarnada de sus servicios, acompañada de documentos. En esta

relación cuenta muy sumariamente los sucesos ocurridos en Chile bajo el gobierno de Sotomayor; lo que parecerá tanto más extraño cuando se recuerde que Caro de Torres vivió cuatro años en este país, y que fue testigo de vista de la guerra obstinada que sostenían los araucanos. Esa parte de su libro está exenta de errores, pero es tan escasa de noticias que presta muy poco auxilio al historiador. En él se hallará, solo, lo repetimos, una reseña general de los servicios de ese personaje durante todo el curso de su vida, y por esto cuidamos de reimprimirlo, como ya dijimos, en el tomo V de la *Colección de historiadores de Chile*, con una extensa noticia biográfica del autor. Aunque Caro de Torres volvió a hablar de los servicios de don Alonso de Sotomayor en otro libro que publicó en 1629 con el título de *Historia de las órdenes militares de Santiago, Calatrava y Alcántara*, no ha dado allí noticias más amplias sobre su gobierno en Chile.

Las campañas militares del tiempo de don Alonso de Sotomayor, aunque ofrecen un escasísimo interés, dieron asunto para un poema épico o, más propiamente, para una crónica rimada que no ha llegado hasta nosotros. Fernando Álvarez de Toledo, capitán andaluz, aficionado a consignar en octavas reales sus recuerdos militares, compuso dos poemas narrativos de esa clase. Uno de ellos, titulado *La Araucana*, como el de don Alonso de Ercilla, estaba destinado, al parecer, a contar los hechos ocurridos bajo los gobiernos de Sotomayor y de Óñez de Loyola. El otro, con el título de *Purén indómito*, refería los sucesos inmediatamente posteriores, es decir, los desastres que se siguieron a la muerte del último de estos dos gobernadores. Habiendo descubierto en Madrid en 1859 el manuscrito de este último poema, lo di a luz en Leipzig, dos años después, y hoy está al alcance de todos los aficionados a este género de estudios. En cambio, el primero de ellos, es decir, *La Araucana*, parece perdido irremediablemente, y solo lo conocemos por los cortos fragmentos que han consignado en sus historias respectivas los padres jesuitas Ovalle y Rosales. Este último, como lo declara expresamente en el capítulo 52 del libro IV de su *Historia general*, ha seguido por guía el poema perdido de Álvarez de Toledo en los capítulos que destina al gobierno de Sotomayor. A esta circunstancia debemos atribuir el que esos capítulos, aunque desordenados e insuficientes para dar una idea clara y cabal de los hechos, no adolezcan de los graves y frecuentes errores que se hallan en las páginas anteriores de la misma historia. A esta circunstancia debe atribuirse igualmente el hallar en esos capítulos de un libro de propósito serio, accidentes a todas luces fabulosos con que el poeta pensó sin duda engalanar su relación, y que un criterio más sólido que el del padre Rosales debió desechar. Nos bastará recordar entre los sucesos de esta clase el desafío entre el cacique Cadiguala y Alonso García Ramón, referido en el capítulo 54 del libro IV. Por lo demás, la misma ausencia de fechas y de un encadenamiento cronológico, deja ver que el autor ha tenido por guía una de esas crónicas, como son los poemas narrativos, en que se descuidan estas condiciones de la historia. De todas maneras, si estos capítulos del padre Rosales no pueden ser tomados por guía seguro de información, son útiles para comprobar en ellos las noticias recogidas en otras fuentes.

La *Crónica* de Mariño de Lobera destina once capítulos al gobierno de don Alonso de Sotomayor. No se hallará tampoco en ellos el cuadro regular y completo de los sucesos de ese tiempo; pero sí un conjunto abundante de noticias más o menos prolijas, y casi siempre exactas, que son útiles al historiador. Aunque en nuestra relación hemos seguido principal y casi exclusivamente los documentos contemporáneos, y en especial la correspondencia de don Alonso de Sotomayor con Felipe II y con el virrey del Perú, esos capítulos de Mariño

6. El piloto Juan Fernández descubre las islas que llevan su nombre, y halla un rumbo que abrevia la navegación entre el Perú y Chile

Tuvo lugar, aproximadamente en esta época, un descubrimiento geográfico al parecer de muy modestas proporciones, pero que debía ejercer una gran influencia en los progresos de la navegación y del comercio de las colonias del Pacífico.

La navegación entre el Callao y Valparaíso imponía hasta entonces a los españoles, como hemos tenido ocasión de observarlo tantas veces, un penoso trabajo y una considerable pérdida de tiempo. Así, mientras el buque que iba de Chile al Perú empleaba un mes y a veces menos en su viaje, se consideraba feliz si a su vuelta podía llegar a Coquimbo o a Valparaíso en tres meses. La causa de este retardo es muy sencilla de explicarse. La navegación se hacía sin alejarse de la costa, y las naves encontraban en su marcha los vientos constantes del sur, fenómeno de que se daban cuenta cabal los pilotos de esa época y, además, eran contrariadas por la corriente que partiendo del polo austral, recorre aquellas costas, y acerca de cuyo influjo no se tenía entonces el menor conocimiento. En otra parte hemos contado[62] que el virrey del Perú, don Andrés Hurtado de Mendoza, tuvo el pensamiento de emplear galeras para este viaje y destinar para remeros a los malhechores de las diversas colonias.

Entre los pilotos que hacían la navegación de Chile al Perú hubo uno llamado Juan Fernández, que tuvo la audacia de separarse de la costa buscando para este viaje un nuevo rumbo que había de inmortalizar su nombre. Volviendo del Perú en 1574, descubrió un poco al sur del paralelo 26, un grupo de tres islas pequeñas, despobladas, estériles y desprovistas de agua, a las cuales los españoles dieron el nombre de Desventuradas, creyendo equivocadamente que eran las mismas que había reconocido Magallanes en su navegación al través

---

de Lobera nos han sido de grande utilidad, sobre todo para conocer algunos accidentes que no se recuerdan en las cartas del gobernador o a que apenas se hace referencia.

Como simple indicación bibliográfica recordaremos aquí que el célebre cronista Antonio de Herrera ha consagrado algunas páginas de su *Historia general del mundo bajo el reinado de Felipe II*, a dar un resumen sumario de los sucesos ocurridos en Chile bajo los primeros ocho años del gobierno de don Alonso de Sotomayor. Esas páginas, dadas a luz en el tomo III (publicado en Madrid en 1612) forman el capítulo 18 del libro V de la parte III de aquella extensa y prolija historia.

62 Véase la parte II, capítulo 20, § 7, tomo II.

del océano Pacífico, yendo del estrecho que lleva su nombre al archipiélago de las Marianas.[63]

Juan Fernández, como la mayor parte de los pilotos de su tiempo, servía indiferentemente en mar o en tierra. Bajo el gobierno de Martín Ruiz de Gamboa, peleó «en la pacificación y allanamiento de los indios rebelados contra el real servicio», dice el título de las tierras que se le dieron algunos años más tarde; pero luego volvió a la vida de marino, por la cual tenía la más decidida afición. Su sagacidad de piloto experimentado, le hizo buscar un nuevo camino para abreviar aquellos penosos y largos viajes que se hacían entonces. Saliendo del Callao, probablemente por los años de 1583 o 1584,[64] Juan Fernández se alejó de la costa para tomar altura, favorecido por los vientos alisios, y doblando

---

[63] Esta indicación cronológica es una de las más seguras que conocemos acerca de los descubrimientos de Juan Fernández. Fue consignada en 1579 por el almirante Pedro Sarmiento de Gamboa en la *Relación y derrotero del viaje*, etc. en la página 50 de la edición de Madrid de 1768; y se halla repetida por Bartolomé de Arjensola en el libro III, pág. 111 de su *Conquista de las Molucas*, Madrid, 1609.

Las islas que Magallanes denominó Desventuradas no son las mismas que descubrió Juan Fernández. Aquel famoso navegante, al salir del estrecho, se alejó del continente americano, hizo rumbo hacia el noroeste y entre las latitudes de 16 y 10° halló las dos islas desiertas, muy apartada una de otra, a que dio ese nombre. Véase la carta del gran océano construida por el jefe de escuadra don José de Espinoza, y publicada en Londres en 1812, en la cual el derrotero de Magallanes está trazado con bastante prolijidad.

[64] Son tan inciertas las noticias que se tienen acerca del viaje de Juan Fernández por falta de documentos coetáneos, y por el silencio de los cronistas de esa época, que la fecha de su descubrimiento no se puede fijar con precisión absoluta. Don Antonio de Alcedo, en su *Diccionario geográfico de las Indias occidentales*, Madrid, 1783, tomo II, página 529, lo coloca sin fundamento alguno en 1563; y la misma fecha da Óscar Peschel en su *Geschichte der Erdkunde* (*Historia de la geografía*), Munich, 1877, 21 edición, pág. 356. El doctor don Juan Luis de Arias en la memoria citada, lo fija en 1572.

Sin embargo, debemos recordar aquí cierto pasaje de un libro que compuso en el Perú don fray Baltasar de Ovando, obispo de la Imperial de Chile, y que forma una especie de descripción geográfica de estos dos países escrita con muy poco método y con poco cuidado literario. En el capítulo 83 se leen las líneas siguientes: «Gobernando el mismo don Alonso de Sotomayor, se descubrieron en el paraje del puerto de Santiago de Chile, en 32°, dos o tres islas grandes despobladas, los puertos llenos de pescado, de mucha arboleda, de gran cantidad de aves que se dejaban tocar con las manos, tórtolas, palomas torcazas y otras, de donde se ha traído mucho pescado y bueno. Los puertos no son seguros de las travesías. Distan de tierra poco más de cien leguas». Estas noticias no pueden referirse sino a las islas de Juan Fernández; y según el obispo Ovando, que fue contemporáneo, y que escribió en 1605, su descubrimiento tuvo lugar bajo el gobierno de Sotomayor, es decir, entre 1583 y 1592. Esta indicación por vaga que sea es, sin embargo, la que fija con más precisión la época del descubrimiento de esas islas.

enseguida al sur este, describiendo al efecto un ángulo, cuyos lados medían centenares de leguas, llegó a Valparaíso en un mes. Había recorrido una distancia mucho mayor en la tercera parte del tiempo que empleaban sus contemporáneos en el mismo viaje cuando seguían invariablemente la prolongación de la costa. Una tradición constante, consignada por algunos escritores posteriores, refiere que el éxito del viaje de Juan Fernández fue considerado obra de hechicería, que el sagaz piloto fue procesado por la inquisición de Lima, y que le costó mucho trabajo demostrar a sus jueces que la abreviación del tiempo empleado en su navegación, era el resultado natural de haber tomado un rumbo en que se podían utilizar los mismos vientos reinantes que parecían tan contrarios a aquella navegación. El hecho no es en manera alguna improbable; y lejos de eso es característico de las ideas y preocupaciones de la época, pero nunca hemos visto los documentos contemporáneos en que debíamos hallar los pormenores relativos a ese curiosísimo proceso.

En este primer viaje, o en algún otro que hizo enseguida, Juan Fernández descubrió el pequeño grupo de islas volcánicas que lleva su nombre y que recuerda su gloria de explorador. La más grande de ellas ofrecía una residencia favorable al hombre, buen clima, bosques pintorescos, aguas dulces y cristalinas, gran abundancia de peces y de mariscos; pero todo dejaba ver que jamás había sido pisada por un ser humano. El descubrimiento de esas islas, sin embargo, llamó muy poco la atención de los contemporáneos, tan habituados estaban a oír hablar cada día de grandes y desconocidas extensiones de territorio halladas por los exploradores. La tradición popular, basándose quizá en las mismas relaciones que hacía Juan Fernández, se empeñó más tarde en dar prestigio a ese descubrimiento refiriendo que éste había visitado un vasto y misterioso continente.

Contose, en efecto, que Juan Fernández refería además a sus amigos que, habiéndose alejado 40° hacia el oeste de las costas del Perú, había visto un país

---

El documento más antiguo en que hayamos encontrado referencia a los descubrimientos de Juan Fernández, es de 1588. El virrey del Perú, conde del Villar, había preparado el envío de un socorro de tropas a Chile; y el 8 de febrero de ese año daba sus instrucciones a los jefes que debían traerlo. Encargábales que se alejaran de tierra, «porque estoy informado, agregaba, que es de más brevedad la navegación que se usa de pocos años a esta parte de navegar por el golfo sin ver tierra». Estas palabras aluden, sin duda alguna, a la modificación introducida por Juan Fernández en esa navegación, y en cierto modo parecen corroborar la noticia dada por el obispo Ovando en su libro inédito.

que como era fácil reconocer, formaba parte de un continente. Según la tradición, Fernández y sus compañeros hallaron allí una comarca agradable, fértil, de clima templado y habitada por gentes blancas. Los indígenas de esa tierra eran de la estatura de los europeos, bien dispuestos y ágiles, y estaban vestidos con hermosas telas. Civiles y hospitalarios, ofrecieron a los extranjeros todas las producciones del país. Fernández, encantado por haber descubierto la costa de este continente tan ardientemente deseado, se hizo a la vela de esta nueva tierra para trasladarse a Chile, proponiéndose guardar un profundo secreto sobre este descubrimiento, y reunir los recursos necesarios para volver allí. Añadíase, además, que Juan Fernández murió antes de ejecutar este proyecto, y que al fin su descubrimiento cayó en olvido. En esta tradición conservada hasta mucho tiempo después, no es posible ver sino uno de esos cuentos maravillosos de países encantados por que tenían tanta afición los españoles del siglo XVI, y a los cuales daban fácilmente crédito.

Sin embargo, un cuarto de siglo más tarde, cuando ya los descubrimientos más positivos de Mendaña (en 1567 y 1595), y de Quiros (en 1606) habían revelado a los españoles la existencia de las tierras de la Oceanía meridional, se pedía al rey que mandara adelantar las exploraciones en esa región para dilatar los territorios de sus estados y para propagar la religión católica, y entonces se le hablaba de los pretendidos viajes de Juan Fernández como de un hecho incuestionable.[65] Mucho más tarde todavía, se daba crédito a esa tradición;[66] y,

---

[65] El documento a que nos referimos es un Memorial al rey nuestro señor sobre hacer descubrimientos en el hemisferio austral en continuación de los de Mendaña y Quiros, presentado a Felipe III hacia los años de 1609 o 1610 por el doctor Juan Luis Arias. Este curioso documento, como los otros que se refieren a estas exploraciones, fue mantenido en secreto para que los extranjeros no se aprovechasen de las noticias que contiene. Sin embargo, en 1773 fue publicado en castellano, en Edimburgo, en 26 páginas en 4 por el célebre geógrafo inglés Alejandro Dalrymple. Contiene este memorial las noticias que damos en el texto acerca del pretendido descubrimiento de Juan Fernández, que el autor recibió del capitán Pedro Cortés, que entonces se hallaba en España, y que había conocido personalmente en Chile a aquel piloto. En este documento se dice que el viaje de Juan Fernández tuvo lugar en 1572.

[66] Dalrymple, *Voyages dans la mer du sud*, traductor Fréville, París, 1774, página 125. J. B. Eyrié, erudito geógrafo francés, autor del artículo «Jean Fernández» de la *Biographie Universelle*, de Michaud, volumen XIV, página 580, ha seguido fielmente el capítulo citado de Dalrymple. El almirante inglés James Burney, en su notable *History of the discoveries in the South Sea*, Londres, 1803, que habrá de servirnos en más de un punto de nuestra obra, da cuenta de los viajes de Juan Fernández en los capítulos 15 y 18, y discute la dificultad

aunque la situación y la descripción de las tierras que se dicen descubiertas por ese piloto, no corresponden a ninguna región conocida, como no corresponden tampoco las indicaciones que se dan acerca de sus habitantes, se ha creído reconocer en esa expedición el primer descubrimiento de la Nueva Zelanda, situada mucho más al occidente que las tierras que Fernández había podido ver en ese viaje.[67]

Todo nos induce a poner en duda ese pretendido descubrimiento. La misma duda nos inspiran las noticias que los cronistas nos han dejado sobre los últimos años de la vida de Juan Fernández. Cuentan que tomó posesión de las islas que llevan su nombre, que se estableció en la mayor de ellas, que por su situación más inmediata al continente, recibió el nombre de Más-a-Tierra.[68] Pero se sabe que este piloto siguió haciendo la navegación entre Chile y el Perú durante todo el gobierno de don Alonso de Sotomayor; y que estando casado en el primero de estos países, y habiendo obtenido una concesión de tierras en el distrito de La Ligua, fue confirmado en ella por un auto del gobernador don Martín García Óñez de Loyola, de 19 de diciembre de 1592. Recordando allí los servicios de Juan Fernández, el gobernador señala «en particular el descubrimiento que hizo de la nueva navegación del Perú a este dicho reino, navegando en treinta días lo que en más de un año se hacía, y en otras cosas tocantes al

---

que hay para aceptar el pretendido descubrimiento de un continente austral. Sin embargo, como lo observa Burney, el hecho de circular estas noticias por aquellos años, revelaría que la creencia en la existencia de un continente del sur había adquirido entonces gran firmeza».

67 Desborough Cooley, *Histoire générale des voyages*, traductor Joanne, París, 1840, lib. IV, chap. 16. R. H. Major, *Early voyages to Terra Australis*, Londres, 1859, págs. 20-22. Es posible que la tierra más occidental que descubrió Juan Fernández en sus viajes, fuera la pequeña isla de Pascua, poblada, en efecto, por indios pacíficos y hospitalarios, y donde existían ídolos de gran tamaño que dejaban ver una antigua civilización. La tradición desfigurada por las exageraciones, convirtió, sin duda, a aquella isla en un continente poblado por hombres civilizados.

68 Padre Diego de Rosales, *Historia general de Chile*, libro II, capítulo 17. Refiere este historiador que Juan Fernández llevó gente y ganado a esas islas, que estableció pesquerías y fabricación de aceite de lobos, y que habiendo muerto sin hijos, legó ese establecimiento a uno de sus compañeros, el cual lo donó a los jesuitas. El padre Rosales agrega que siendo él mismo provincial de la Compañía de Jesús, intentó poblarla de nuevo «para que la religión se aprovechase de las utilidades que en aquella isla tiene». Este proyecto no se llevó a cabo por entonces.

servicio real como bueno y leal vasallo».[69] En ese documento no se mencionan para nada las islas que había hallado en sus viajes el hábil navegante, tan poco caso parece haberse hecho de ellas por ese entonces.

Pero si este descubrimiento no fue de gran importancia, el rumbo hallado por Juan Fernández para trasladarse del Perú a Chile importó, como ya dijimos, un gran progreso. En vez de una navegación de tres meses, que en ocasiones solía extenderse mucho más, el viaje pudo hacerse en uno solo, dando así grandes facilidades al comercio y a las comunicaciones administrativas.

---

69 Este título de tierras y las instrucciones antes citadas del virrey del Perú, conde del Villar, son los únicos documentos contemporáneos en que hemos podido hallar noticias acerca del viaje de Juan Fernández. Ni en las cartas de los gobernantes de Chile ni en los dos cronistas de ese tiempo, Mariño de Lobera y Caro de Torres, hemos encontrado la menor referencia a estos sucesos.
Don Benjamín Vicuña Mackenna en su libro reciente *Juan Fernández: historia verdadera de la isla de Robinson Crusoe*, Santiago, 1883, páginas 92 y 93, ha reunido algunas otras noticias acerca de los últimos años de este explorador. Según ellas, Juan Fernández, casado con una señora llamada doña Francisca de Soria, falleció antes de 1604, dejando un hijo legítimo nombrado Diego, entonces niño de pocos años, en cuya representación se seguía poco más tarde un litigio por los deslindes de la estancia que había heredado.
Acerca de la vida anterior de este piloto, he hallado en algunas compilaciones biográficas españolas, que nació en Cartagena (España) en 1536, pero ignoro absolutamente sobre qué fundamento descansa esta noticia, y no le he dado crédito. Algunos historiadores, guiados por la identidad de nombres, suponen que el descubridor de esas islas es un piloto español que vino al Perú en 1534 con Pedro de Alvarado, que sirvió a las órdenes de Almagro y que como cosmógrafo dio en 1537 un informe pericial en las competencias entre ese capitán y Francisco Pizarro acerca de los límites de sus gobernaciones. Por mi parte, estoy persuadido de que se trata de dos personas enteramente distintas. Leyendo los antiguos documentos y los historiadores primitivos de la conquista de América, he encontrado varios individuos que se llamaban Juan Fernández, lo que revela solo que éste era entonces, como es ahora, un nombre muy común.
Diego Barbosa, el insigne bibliógrafo portugués, en su *Bibliotheca Lusitana*, tomo II, Lisboa, 1747, pág. 657, coloca bajo el nombre de Joao Fernández, un manuscrito portugués titulado *Tratado da navegaçao de Chile contra o sul*. Barbosa dice allí que su autor Juan Fernández, era capitán y piloto mayor muy experimentado en los mares de las Indias occidentales, siendo el primero que navegó de Chile contra el sur, cuya navegación se hacía antes de practicarla él en seis meses, la que después se ejecutó en treinta días». No tengo otra noticia acerca de ese manuscrito, que quizá contenía pormenores curiosos.

Capítulo X. Exploración del estrecho de Magallanes por Sarmiento de Gamboa (1580). Fundación de colonias en sus costas. Expedición de Tomás Cavendish (1583-1587)

1. El virrey del Perú envía a Pedro Sarmiento de Gamboa a explorar el estrecho de Magallanes. 2. Primeros accidentes del viaje: una de las naves da la vuelta al Perú. 3. Sarmiento de Gamboa pasa el estrecho, continúa su viaje y llega a España. 4. Felipe II resuelve mandar construir fortificaciones en el estrecho de Magallanes: primeros contratiempos de esta empresa. 5. La escuadra española intenta dos veces embocar al estrecho: las rivalidades de los jefes producen el descontento y el general Flores de Valdés se vuelve a España. 6. Pedro Sarmiento de Gamboa reúne cinco naves, penetra en el estrecho de Magallanes y funda dos poblaciones. 7. Una violenta tempestad lo arrastra a las costas del Brasil y, después de numerosas aventuras, regresa a España. 8. El corsario inglés Tomás Cavendish penetra en el estrecho de Magallanes. 9. Fin desastroso de las colonias fundadas por Sarmiento. 10. Campaña de Cavendish en los mares de Chile: combate de Quintero. 11. Expedición de Merrick al estrecho de Magallanes: influencia de estos viajes en los progresos de la geografía.

1. El virrey del Perú envía a Pedro Sarmiento de Gamboa a explorar el estrecho de Magallanes

La campaña naval de Francisco Drake había sembrado la consternación y el espanto en las costas del Pacífico. Después de sus correrías y depredaciones en los mares de Chile, el audaz corsario se presentó de improviso en el Callao en la noche del 15 de febrero de 1579, se apoderó por sorpresa de algunos buques y abandonó el puerto antes de amanecer. El virrey don Francisco de Toledo desplegó en esas circunstancias una gran actividad. Se trasladó inmediatamente al Callao, y equipando dos naves, tripuladas por buena tropa, las mandó salir con toda presteza en alcance del corsario. Todo aquello fue trabajo perdido. Esos buques regresaron poco después al puerto, declarando que no habían podido hallar al enemigo. «Como la mar es tan ancha, decía el virrey, y él (Drake) ha ido con tanta prisa corriéndola, no ha podido ser habido.»[70] Parece, sin embargo, que ese alto funcionario no quería descubrir en ese docu-

---

[70] Carta del virrey Toledo al gobernador del Río de la Plata, publicada en la introducción del *Viaje al Estrecho de Magallanes*, de Pedro Sarmiento de Gamboa.

mento la causa verdadera del mal éxito de la expedición. «Aunque iba en esos buques gente honrada, escribe un antiguo cronista, de miedo se volvieron; y don Francisco de Toledo castigó por ello a muchos.»[71] La atrevida e inesperada aparición de los ingleses había producido la confusión y el terror en estas colonias hasta el punto que la nave solitaria de Francisco Drake no halló quién osara atacarla en las costas del Perú.

Se supo entonces que el corsario inglés se había dirigido a las costas del norte; pero todos temían su vuelta. Nadie acertaba a creer que Drake saliera del Pacífico por otro camino que el estrecho de Magallanes, y se esperaba verlo reaparecer antes de mucho en los mares del sur. Luego llegaron de Chile otras noticias más alarmantes todavía. Las autoridades españolas de este país comunicaban que Drake había penetrado en el Pacífico con tres naves, que se ignoraba el paradero de dos de ellas, pero que podían dejarse ver un día u otro, y que sembrarían a su turno la desolación en los puertos a que arribasen. Estas noticias daban origen a la mayor alarma en todo el litoral. «No sabían las gentes qué hacerse, dice un antiguo documento, y cesaban las contrataciones por estar los mercaderes temerosos en aventurar sus haciendas y los navegantes en navegar.»[72]

El virrey don Francisco de Toledo, después de consultarse con la audiencia de Lima, resolvió organizar una escuadrilla y despacharla al estrecho de Magallanes para cerrar definitivamente este camino a los enemigos del rey de España. En esa época, las mercaderías europeas que llegaban al Callao, eran traídas una vez al año por una flota que salía de Panamá navegando en conserva. Cuando esa flota hubo arribado al puerto, el virrey hizo comprar por cuenta de la Corona los dos navíos más fuertes, más nuevos y más veleros, y mandó que sin pérdida de momento y sin reparar en gastos, se hicieran en ellos las reparaciones y los aprestos necesarios a fin de habilitarlos para la empresa que preparaba. Cada uno de ellos debía llevar dos piezas de artillería, veinte arcabuces y sesenta hombres de tripulación. Se resolvió, además, que entre ambas llevasen en piezas un buque menor, a que daban el nombre de bergantín, para armarlo donde hubiera de convenir.

---

71 Antonio de Herrera, *Historia general del mundo*, part. III, lib. V, capítulo 13.
72 *Derrotero de la navegación* de Pedro Sarmiento de Gamboa, pág. 2.

El mando de esta escuadrilla fue dado por el virrey a Pedro Sarmiento de Gamboa, marino gallego que se había ilustrado en diversos viajes de exploración, y a quien se atribuía un carácter resuelto y conocimientos náuticos muy poco comunes entre sus compatriotas de América.[73] Sarmiento era el

[73] Todas las antiguas relaciones que he podido consultar, son muy deficientes de noticias acerca de la vida anterior de este célebre marino. Al conferirle el mando de esta expedición, don Francisco de Toledo declara que lo ha elegido, «por la experiencia que de vuestra persona se ha hecho en las jornadas de guerra que se han ofrecido así en la mar como en la tierra de diez años a esta parte que yo estoy en este reino». El padre José de Acosta, que debió conocerlo personalmente, y que, sin duda, era un juez autorizado para dar su opinión, califica a Sarmiento de «hombre docto en astrología», esto es, en astronomía, en el capítulo II, lib. III de su Historia natural de las Indias. La relación de su derrotero lo hace merecedor de este elogio.

Ignoro qué fundamento tuvo el grave presidente De Brosses, para escribir en su *Histoire des navigtions aux terres australes*, tomo I, pág. 199, estas palabras: «Sarmiento étoit un homme vain et menteur». Este historiador no conoció el diario de navegación escrito por Sarmiento; y las noticias que da acerca de su viaje, son tomadas de la relación de Arjensola que citaremos más adelante. Es cierto que según las antiguas relaciones, y según el mismo diario, Sarmiento de Gamboa no pecaba por un exceso de modestia, y que también prestaba fácil crédito a muchas de las patrañas más o menos maravillosas que creían los exploradores españoles acerca de los países que visitaban; pero ni por uno ni por otro capítulo merece la amarga censura del célebre historiador francés.

Pedro Sarmiento de Gamboa es con justicia acreedor a que se le hubiese dedicado un ensayo especial para el estudio de su biografía y de sus exploraciones. Sin embargo, no ha sido objeto de ningún trabajo de mediana extensión. La Biblioteca marítima española, obra póstuma de don Martín Fernández de Navarrete, le ha destinado diez páginas (tomo II, pág. 616-625) contraídas casi enteramente a la bibliografía; pero este autor, dejó, además, un borrador de una sumaria biografía de Sarmiento de Gamboa, que en 1848 fue publicado en el tomo I, pág. 235 y ss. de su Colección de opúsculos. Aunque nosotros podríamos extendernos mucho más para dar a conocer la vida de este célebre navegante, solo debemos reunir aquí aquellas noticias que pueden tener cabida en nuestro libro.

Nacido en Pontevedra de Galicia por los años de 1530, Sarmiento de Gamboa hizo en su juventud los mejores estudios de matemáticas y astronomía que entonces podían hacerse. Aprendió, además, muy bien el latín que hablaba con gran facilidad. Él mismo ha referido que hallándose más tarde prisionero en Inglaterra, se entendió en latín con varios personajes a quienes tuvo que tratar, y entre ellos con la misma reina Isabel, que lo hablaba elegantemente. En 1550 tomó servicio por su rey, y cinco años después pasó al Perú. Aunque se tienen escasas noticias acerca de sus ocupaciones de esa época, parece, por el tenor de algunos de sus escritos, que hizo muchas y muy variadas navegaciones.

En 1567, gobernando interinamente el Perú el licenciado García de Castro, gallego también y gran protector de sus paisanos, Pedro Sarmiento le propuso el proyecto de descubrir muchas islas y tierras que debían hallarse al occidente del Perú. García de Castro mandó equipar dos naves que puso bajo las órdenes de su sobrino Álvaro de Mendaña, dando a Sarmiento el mando de una de ellas. Esta expedición memorable, que dio por resultado el descubrimiento de las islas de Salomón, y que realzó el nombre de Sarmiento de Gamboa,

primer jefe de la expedición, aunque su título era solo el de capitán superior. Debía mandar personalmente una de las naves llamada Nuestra señora de la Esperanza, y llevar a su lado como piloto mayor a un italiano natural de Córcega, que los antiguos cronistas llaman Antón Pablo Corzo, porque así solía firmarse; y que según lo que de él sabemos, debió ser un marino experimentado y entendido. El otro buque, denominado San Francisco, fue puesto bajo el mando de Juan de Villalobos, con el título de almirante,[74] y teniendo a su bordo en el rango de piloto a aquel Hernando Lamero dueño del buque de que se había

---

no ha sido contada hasta ahora sino imperfectamente, a pesar de que no faltan los documentos y relaciones primitivas. Así, para no citar más que las piezas publicadas, debemos recordar dos que se hallan en copia en la preciosa colección de Muñoz, y que han sido impresas por don Luis Torres de Mendoza, en el tomo V, págs. 210-285, de su *Colección de documentos* inéditos. Esas dos relaciones bastan para formar la historia cabal de esa expedición y para rectificar los numerosos errores que acerca de ella circulan generalmente.

En 1571 se hallaba en el Cuzco acompañando a don Francisco de Toledo en su visita de las provincias del interior del virreinato. Este funcionario, deseando hacer desaparecer de las historias que entonces corrían impresas, los errores que se contaban acerca de los antiguos señores y pobladores del Perú, encargó «a Pedro Sarmiento de Gamboa, cosmógrafo y de entendimiento muy capaz para ello», que recogiese y ordenase todas las noticias que fuera posible reunir. El mismo Sarmiento ha dado cuenta al rey de estos hechos en una carta escrita en el Cuzco el año siguiente, pero se encuentran también noticias en el capítulo 25 de la crónica del gobierno del virrey Toledo (por Tristán Sánchez) que hemos citado en otra parte, y que ha sido publicada en el tomo VII de la Colección de Torres de Mendoza.

Parece que después de la partida de Drake del Callao en febrero de 1579, Sarmiento salió en busca y llegó hasta Panamá sin lograr encontrarlo. Pero las indicaciones que acerca de este hecho he hallado en las fuentes más auténticas, son de tal manera vagas que no es posible aceptar nada como incuestionablemente positivo, y mucho menos lo que aparece en algunas relaciones menos autorizadas que los documentos. Desgraciadamente, el libro citado de Tristán Sánchez ha llegado a nosotros incompleto, y estamos privados de una buena fuente de informaciones para la historia de la segunda parte del gobierno del virrey Toledo.

Aunque Sarmiento de Gamboa, según se desprende de sus escritos, era un tipo acabado de la devoción española de los siglos XVI y XVII, siempre dispuesto a ver milagros portentosos en los sucesos más comunes o en los fenómenos más naturales, no se vio libre en su calidad de cosmógrafo de las persecuciones de la inquisición de Lima. Se le acusó de haber sostenido que cuando en esta ciudad eran las doce del día, en España estaba entrando la noche, noción astronómica que algunos sacerdotes piadosos calificaban de herética. Sería curioso conocer los incidentes de este proceso, los documentos que a él se refieren y la defensa de Sarmiento de Gamboa.

74 La voz almirante, de origen arábigo, que don Alfonso el sabio traducía por «cabdillo», o jefe de los navíos y gente de mar, ley 24, tít. 9, part. II, era empleada por los españoles en el siglo XVI para designar al oficial de más rango de la armada, después de su general.

apoderado Drake en Valparaíso, y que como se recordará había vuelto al Callao a anunciar la aparición de los ingleses en estos mares. Aunque no se ahorraron diligencias para completar la tripulación de la escuadrilla y, aunque el virrey ofrecía salarios crecidos a los marineros y soldados, costó afanes considerables y no poco tiempo el reunir la gente necesaria para el viaje. «Hubo mucha dificultad y trabajo, dice un documento que hemos citado más atrás, porque como era jornada de tanto trabajo y tan peligrosa y de tan poco interés, nadie se quería determinar a ella, y así muchos se huyeron y escondieron.»[75]

Por fin todo estuvo listo para el viaje en los primeros días de octubre de 1579. El 9 de ese mes, el virrey Toledo reunió en su palacio de Lima a los jefes y oficiales de la expedición. Después de dirigirles un grave discurso para excitar su ánimo a servir a Dios y al rey, entregó solemnemente al capitán expedicionario la bandera que debía llevar de insignia durante el viaje. Sarmiento de Gamboa y sus compañeros besaron respetuosamente la mano del virrey, y al despedirse de éste recibieron su bendición. Dos días después, el domingo 11 de octubre, el capitán superior y sus oficiales se confesaban y comulgaban como era costumbre hacerlo al acometer empresas de esta clase, prestaron enseguida con todo el aparato del caso el juramento de fidelidad al rey, y poco más tarde se hicieron a la vela.

2. Primeros accidentes del viaje: una de las naves da la vuelta al Perú

Sarmiento de Gamboa debía sujetar su conducta a las prolijas instrucciones que le dio el virrey y que él había jurado cumplir con escrupulosa puntualidad. Su principal deber sería explorar detenidamente todo el estrecho de Magallanes, observar si los ingleses se habían establecido en alguna parte de él, estudiar los puntos en que pudieran construirse fuertes o defensas para cerrar el paso a los enemigos de la España y levantar al efecto la carta geográfica de todos los lugares que reconociese. Sarmiento de Gamboa debía, además, llevar un diario prolijo de navegación en que anotase todas las circunstancias del viaje, la

---

En el título de tierras dado por don Alonso de Sotomayor en 18 de marzo de 1590 a Hernando Lamero se refiere que el virrey le confió el cargo de tercer jefe de la expedición destinada al estrecho de Magallanes; y que en este carácter debía tomar el mando de la escuadra en caso de muerte de Sarmiento o de Villalobos. Lamero, sin embargo, como contaremos más adelante, no consiguió continuar el viaje.

75 *Derrotero* de Pedro Sarmiento, pág. 5.

condición de las tierras que explorase y las noticias que pudiese recoger acerca de los habitantes de esas regiones; y ese diario, de que debían sacarse varias copias, sería leído cada día en público a las tripulaciones a fin de comprobar la verdad de lo que allí se asentase, y firmado, además, por los escribanos, pilotos, maestres y capellanes de cada nave. Una de éstas, por designación del capitán, seguiría su viaje a España a comunicar el resultado de la exploración. La otra regresaría al Perú con las noticias que hubiese recogido después de terminar la exploración del estrecho. Los expedicionarios llevaban un surtido considerable de tijeras, peines, cuchillos, anzuelos, botones de colores, cascabeles y cuentas de vidrio para obsequiar a los indios de las costas del estrecho y ganarse su voluntad.

PERSONAJES NOTABLES (1561-1578)

1. Pedro de Villagrán. 2. Lorenzo Bernal de Mercado. 3. Licenciado Juan de Herrera. 4. Juan Matienzo. 5. Doctor Bravo de Saravia. 6. Doctor Lope de Azócar.

Aunque el virrey recomendaba a sus capitanes que usasen siempre la mayor prudencia, hacía una excepción expresa a este encargo. «Si encontrare o tuviere noticia, decía, del navío en que va Francisco Draquez, corsario inglés que ha entrado en esta mar y costa del sur, y hecho los daños y robos que sabéis, procuraréis de lo prender, matar o desbaratar peleando con él, aunque se arriesgue cualquiera cosa a ello, pues lleváis bastante gente, munición y armas para poderlo rendir conforme a la gente y fuerza que él lleva o puede llevar: y esto haréis con gran diligencia sin perder en ello ocasión, pues sabéis de cuanta importancia será para el servicio de Dios nuestro Señor y de Su Majestad y bien de estos reinos que este corsario sea preso y castigado; y Dios nuestro Señor, en cuyo servicio se hace, os dará fuerza para ello. Y prendiéndolo, vos y vuestros oficiales y soldados seréis muy bien gratificados del robo mismo que llevan hecho, y se os harán otras mercedes, y así os lo prometo en nombre de Su Majestad real. Y si otros corsarios toparedes, acometeréis y haréis lo que más conviniere, teniendo siempre esperanza en Dios nuestro Señor, que os dará esfuerzo y fuerza para contra sus enemigos: y esto os ponga más ánimo.»[76] De esta manera, el fanatismo español daba el carácter de guerra sagrada a las expediciones dirigidas contra los corsarios ingleses. No es extraño que aquellos navegantes anotasen en su diario todos los accidentes felices del viaje como milagros operados por Dios y los santos.

A poco de haberse alejado del Callao, los expedicionarios reconocieron averías en la nave capitana, y les fue forzoso el ir a repararlas a Pisco. Allí compraron, además, algunas provisiones. Por fin, el 21 de octubre se hicieron resueltamente al mar, siguiendo el derrotero descubierto en años atrás por el piloto Juan Fernández para acortar el tiempo de la navegación hacia el sur. En efecto, en la mañana del 17 de noviembre, Sarmiento y Villalobos se encontraban a la latitud de 50°, en frente de un canal que se abría al sureste, y que debió parecer a los exploradores una boca para entrar al estrecho que buscaban. Aquel canal, designado por Sarmiento con el nombre de Golfo de la Santísima Trinidad, fue prolijamente reconocido desde los buques y por medio de los botes de la escuadrilla. Los españoles contaron muchas islas, dieron a los canales, a las bahías y a muchos otros sitios denominaciones castellanas que hasta ahora conservan, y tomaron solemnemente posesión de esas tierras en nombre del rey de España; pero después de pasar cerca de dos meses en aquel laberinto de islas y de canales, empeñados en las más prolijas exploraciones y soportando las más penosas fatigas, volvieron a salir al océano seguramente por el estrecho de Nelson de las cartas modernas. Cuando en nuestro tiempo se examinan estas cartas, y cuando pretendemos trazar en ellas los itinerarios descritos en los antiguos derroteros, llegamos a formarnos una idea de las dificultades con que tenían que luchar esos valientes exploradores. Sarmiento, como Ladrilleros en años anteriores, estuvo a punto de embocar el estrecho de

---

76 Las instrucciones dadas a Sarmiento de Gamboa por el virrey Toledo, fechadas en Lima a 9 de octubre de 1579, han sido impresas en las págs. 8-29 del Derrotero citado, y son un documento de verdadero interés histórico. El art. IX, por el cual se encarga que se recojan todos los informes referentes a los indios que habitaban la región vecina al estrecho, sus leyes, costumbres, religión, etc., recomendaba a los expedicionarios que se informaran si allí se producía la especería, es decir, la pimienta, los clavos de olor, canela, jengibre, nuez moscada, etc. Tan escasas y erradas eran las nociones de geografía física de esa época, que se creía hallar en las inmediaciones del estrecho de Magallanes las producciones de los países más ardientes de la Tierra. Más adelante veremos que Sarmiento estaba persuadido de haber hallado en esa región la canela y el clavo de olor.

Magallanes por el canal que hoy llamamos Smith; y, sin embargo, después de haber afrontado todo género de peligros, no se resolvió a buscar ese camino, y prefirió volver al océano para tomar otra entrada más abierta.[77]

Durante su permanencia en aquellos canales, Sarmiento había hecho armar el pequeño bergantín que traía en piezas del Perú. Esa embarcación fue destruida poco después por un deshecho temporal. Pero esta desgracia no fue la única ni siquiera la mayor que experimentaron los exploradores. Los dos jefes de la expedición, el capitán superior Sarmiento de Gamboa y el almirante Juan de Villalobos, se llevaban mal desde los primeros días de la campaña; y sus divergencias, añadidas a las otras contrariedades, hacían más difícil y penosa su situación. El primero de ellos, cuya relación es el único testimonio que nos queda acerca de estas diferencias, refiere que Villalobos no pensaba más que en abandonar la empresa dando la vuelta al norte, y que con este propósito había suscitado todo género de dificultades. Es posible que las cosas hayan ocurrido así, porque a lo menos la marcha posterior de los sucesos confirma esas acusaciones; pero debe también tenerse en cuenta que el capitán Pedro Sarmiento de Gamboa debió ser un hombre de carácter difícil, que en cada una de las expediciones en que tomó parte tuvo pendencias de la mayor gravedad con sus compañeros.[78]

---

[77] El diario de navegación de Sarmiento de Gamboa se titula *Relación y derrotero del viaje y descubrimiento del estrecho de la Madre de Dios, antes llamado de Magallanes*; y de él sacó tres copias, según el encargo del virrey del Perú. En 1768 fue publicado con todo esmero por don Bernardo de Iriarte en un hermoso volumen en 4, con el título de *Viaje al estrecho de Magallanes por el capitán Pedro Sarmiento de Gamboa*, con otros documentos y relaciones que se refieren a este navegante. Ese derrotero se halla, además, reimpreso casi íntegramente y con algunas notas útiles y oportunas, en el tomo VII del *Anuario hidrográfico de Chile*, págs. 413-542. Es una relación prolija de todos los accidentes del viaje, frecuentemente con detalles de escasa o ninguna utilidad, y con abundantes indicaciones de milagros, pero que constituye un documento de la mayor importancia para la historia de la hidrografía de esa región. Aunque los datos puramente cosmográficos carecen de la conveniente seguridad, a punto de darse aproximadamente las latitudes, y con notables divergencias entre las cifras halladas por los diversos observadores y pilotos de la misma expedición, se puede seguir casi sin tropiezo el itinerario de Sarmiento delante de una carta moderna. Contribuye, es verdad, a este resultado la circunstancia de que como mediante la edición que hizo don Bernardo de Iriarte, el derrotero de Sarmiento era conocido de los hidrógrafos y exploradores modernos, estos han respetado los nombres que aquél dio a muchos de los canales, cabos, bahías, etc.

[78] Pedro de Sarmiento de Gamboa es justamente famoso por tres expediciones memorables. 1.º La de 1567 con Álvaro de Mendaña que dio por resultado el descubrimiento de las

Bajo este aspecto, el célebre explorador no forma excepción entre los capitanes españoles de ese siglo, casi siempre propensos a enredarse en cuestiones enconadas que creaban entre ellos los odios profundos de que dan prueba los documentos que nos han legado.

El 21 de enero de 1580, durante una noche de tempestad deshecha, los dos buques expedicionarios se separaron para no volver ajuntarse. El navío San Francisco, sacudido por los vientos del norte, fue apartado de tierra y arrastrado después de tres días de tormenta y de peligros, hasta la latitud de 56º. El piloto Hernando Lamero pudo observar allí que al sur del estrecho de Magallanes no existía el continente austral de que hablaban los geógrafos.[79] En vez de detenerse en aquellas latitudes para tratar de reunirse con la nave capitana, el almirante Villalobos, apenas pasada la tormenta, dio la vuelta al norte auxiliado por vientos favorables. Antes de mediados de febrero entraba al puerto de Valdivia a renovar sus provisiones. Como los vecinos de esa ciudad se hallaran entonces estrechados por la sublevación de los indígenas, el almirante Juan de Villalobos y el piloto Hernando Lamero bajaron a tierra con su gente y se entretuvieron todo el resto del verano en hacer la guerra a los indios de Valdivia y de sus inmediaciones.[80]

---

islas de Salomón. 2.º La de 1579 al estrecho de Magallanes con Juan de Villalobos. 3.º La de 1581 para poblar en el estrecho en compañía de Diego Flores Valdés. Sobre las tres ha dejado Sarmiento relaciones noticiosas e interesantes; pero por esas relaciones se ve que en cada una de ellas tuvo pendencias y enojosas cuestiones con sus socios, a quienes hace las más duras y persistentes acusaciones.

[79] Acosta, *Historia natural de las Indias*, lib. III, capítulo 11. La relación de este historiador no es suficientemente clara y prolija en este punto en que pudo suministrar noticias que no hallamos en otras fuentes; pero refiere con toda precisión que adquirió sus informaciones de Hernando Lamero, piloto del navío almirante. Es curioso que a pesar de las indicaciones de éste acerca de la configuración de la región del sur del estrecho, y de las que daban los corsarios ingleses, se hubiera seguido creyendo hasta el segundo decenio del siglo siguiente, en la existencia del continente austral que formaba la costa sur del estrecho.

[80] Mariño de Lobera *Crónica del reino de Chile*, lib. III, capítulo 19, 20 y 21. Bartolomé Leonardo de Arjensola, en su *Historia de la conquista de las Molucas*, lib. III, ha referido este viaje de Sarmiento teniendo a la vista su derrotero manuscrito y otros documentos de la época. Cuenta allí que Villalobos, regresando al Perú sin haber penetrado en el estrecho, tocó en la isla de la Mocha, cuyos pobladores, según él, habían tratado amistosamente a Francisco Drake. Agrega que el almirante español se fingió «luterano» y que así obtuvo víveres de los indios; pero que por engaño tomó prisioneros a unos treinta caciques de la isla y los entregó a las autoridades de Chile. Algunos historiadores posteriores han aceptado en todos sus detalles estas noticias.

3. Sarmiento de Gamboa pasa el estrecho, continúa su viaje y llega a España

La tempestad que había dispersado a los exploradores, puso también en grave peligro a la nave capitana que mandaba en persona Sarmiento de Gamboa. Después de dos días de zozobras, esa nave se halló el 23 de enero cerca de tierra, a la vista de un canal abierto y despejado y en frente de un promontorio que el jefe expedicionario denominó cabo del Espíritu Santo. Era el cabo Deseado de los primeros exploradores, llamado Pilares más tarde, situado, como se sabe, en la boca occidental del estrecho. Sarmiento, persuadido de que aquél era el canal que buscaba, penetró resueltamente en él, pero durante algunos días no quiso alejarse mucho de su embocadura. Esperaba que el navío San Francisco se le reuniera en esos lugares para seguir el viaje en conserva.

Sarmiento se ocupó durante esos días en reconocer las costas vecinas, de que tomaba posesión en nombre del rey de España con todas las solemnidades

---

Don Alonso de Sotomayor, que tuvo a la vista una información de los servicios de Hernando Lamero, cuenta estos sucesos en la forma que sigue en el citado título de tierras que dio a este piloto en 1591. «Habiendo salido en cumplimiento de ello (de la comisión dada por el virrey del Perú) en la nave almiranta, hecho la navegación con el rumbo que llevabades por la orden que se había dado, y descubristes la primera boca del dicho estrecho que estaba a 52° y medio; y habiéndola conocido y queriendo entrar por ella, se os había rompido la vela mayor de la nave almiranta; por lo cual, y por haber sobrevenido la noche os había sido forzoso esperar el día siguiente con claridad para tomar razón de lo que se os había ordenado, y que por haberos impedido el dicho almirante no lo habíades puesto en ejecución, en la cual jornada habiades gastado más de 4.000 pesos, y habiades llevado a vuestra costa y mensión cuatro esclavos que también vinieron en ella, como todo costaba y pareció por recaudos firmados por don Francisco de Toledo. Y de vuelta del dicho estrecho, habiades entrado en la ciudad de Valdivia de estas provincias de Chile por haberse alzado el distrito de los naturales de ella y de otras tres ciudades, y habiades sido elegido por la justicia y regimiento de ella por capitán para la defensa y castigo de los dichos naturales, y habiades salido a la guerra dándoles muchas batallas, y muértolas mucha cantidad de indios, y después os habiades juntado con el corregidor y maestro de campo, y habiades levantado muchos fuertes, que había sido parte para que aquella tierra no se perdiese, como todo constaba asímismo. Y que estando pacificada la dicha ciudad, habiades salido de Valdivia para dar aviso al virrey de todo lo sucedido, y llegado que fuistes con el navío que traiades al puerto del Carnero, provincia de Arauco, habiades saltado en tierra, y haciendoós inglés, y por industria y maña que habiades tenido, habiades embarcado cuatro caciques y tres capitanes y al (indio) maestre de campo de la guerra y los habiades llevado a la ciudad de los Reyes y entregado al señor visorrey». Según don Alonso de Sotomayor, este hecho de Hernando Lamero había servido para hacer que los indios desconfiaran de los ingleses.

de estilo. Entró en relaciones con los indios fueguinos que se acercaban a los canales, les obsequió algunas bagatelas para obtener de ellos noticias acerca de los ingleses, y al fin se apoderó por la fuerza de tres de esos salvajes con el propósito de hacerlos servir de intérpretes en las exploraciones subsiguientes. Pero si el jefe expedicionario conservaba todavía su resolución y su aliento para continuar la empresa en que estaba empeñado, el descontento comenzaba a aparecer entre sus subalternos. Un soldado llamado Bonilla intentó «cierta sedición grave; y el general, dice el diario de la navegación, lo prendió y después lo castigó (lo ahorcó seguramente) como convenía al servicio de Su Majestad». Pocos días después, el desaliento de la tripulación había tomado mayores proporciones. La separación del navío almirante que muchos se explicaban como un naufragio, y los temores que infundía la navegación en mares tempestuosos y desconocidos, produjeron un general descontento. Los pilotos de la nave se acercaron a Sarmiento para pedirle que diera la vuelta al Perú si no quería poner a prueba la bondad divina que hasta entonces los había protegido. El capitán fue inflexible en su determinación, y el 6 de febrero, cuando hubo perdido la esperanza de que se le reuniera el otro buque, dio la vela hacia el oriente y continuó la exploración prolija y paciente del estrecho.

Por fortuna, el tiempo parecía favorecer aquella empresa. El 10 de febrero, Sarmiento doblaba el promontorio más austral del continente, al cual daba el nombre de cabo de Santa Águeda, y tomando rumbo hacia el norte comenzó a reconocer la costa oriental de la península que nosotros llamamos de Brunswick. Habiendo desembarcado allí a orillas de un arroyo que denominó río de San Juan, el capitán explorador mandó decir la primera misa que se hubiera celebrado en aquella región, y plantando una cruz en una altura vecina, tomó el 12 de febrero de 1580 posesión de todo el estrecho y de las islas y tierras adyacentes en nombre del rey de España. Invocando la bula por la cual Alejandro VI había hecho donación del nuevo continente a los soberanos de Castilla, Pedro Sarmiento de Gamboa recordaba solemnemente que estaba excomulgado *latae sententiae* cualquier individuo de cualquiera dignidad, estado o condición que se atreviese a navegar ese estrecho con cualquier pretexto que fuese, sin permiso de Felipe II, sus herederos y sucesores. «Hago saber a todos, añadía más adelante, que para hacer este viaje y descubrimiento tomé por abogada y patrona a la serenísima señora nuestra reina de los ángeles, santa María madre de Dios, siempre virgen. Por lo cual, y por los milagros que Dios nuestro señor por su intercesión ha usado con nosotros en este viaje y en los peligros que hemos tenido, puse por nombre a este estrecho de la Madre de Dios, puesto que antes se llamaba estrecho de Magallanes.» Todas estas declaraciones fueron absolutamente infructuosas. Los enemigos del rey de España, así ingleses como holandeses, siguieron navegando esos canales, sin tomar para nada en cuenta las excomuniones con que se les amenazaba. La posteridad ha conservado a aquel estrecho el nombre ilustre de su inmortal descubridor.

El resto de la exploración no ofreció grandes dificultades. Sarmiento estudiaba prolijamente el canal y las costas buscando los lugares en que pudieran fundarse ciudades y construirse fortificaciones. Las observaciones que anotaba en su diario, son una mezcla confusa de noticias bastante exactas y precisas sobre la hidrografía y la navegación, y de errores sobre la historia natural, la física terrestre y la cosmografía. Apoyándose en los pretendidos informes de uno de los indios que llevaba en su nave, el jefe expedicionario va hasta asentar que la región vecina al estrecho producía el algodón y la canela «que es la mayor prueba, dice, de tierra templada». El 21 de febrero, habiendo desembarcado en la costa norte, en la ensenada que llamó de San Gregorio, Sarmiento fue atacado por algunos indios patagones, y aun recibió un flechazo que lo hirió levemente. Por fin, tres días después, el 24 de febrero, salía del estrecho sin nuevos inconvenientes y emprendía su navegación al través del océano en busca de las costas de España.

Una serie de aventuras esperaba todavía a Sarmiento de Gamboa en esta última parte de su viaje; pero ella casi no tiene cabida en nuestra historia. En las islas de Cabo Verde tuvo que sostener combate con un corsario francés a quien puso en fuga. Le fue forzoso, además, reprimir con toda dureza un conato de insurrección de que solo ha dejado la siguiente constancia en su diario: «Este mismo día (19 de junio) se hizo justicia del alférez (Juan Gutiérrez de Guevara) y se le dio garrote por traidor a la corona de Su Majestad y por hombre sedicioso y deshonrador de la real seña y bandera, y porque quiso impedir este descubrimiento». Habiendo comprado allí una pequeña embarcación, Sarmiento la puso bajo las órdenes del piloto Hernando Alonso, y lo despachó para Nombre de Dios. Dejando su nave en ese puerto, el piloto Alonso debía atravesar la región del istmo de Panamá, y llevar al virrey del Perú la noticia completa del viaje que acababa de ejecutar Pedro de Sarmiento y de los nuevos aprestos que, según se anunciaba en Cabo Verde, hacían entonces los ingleses para atacar otra vez las posesiones españolas de América. Ese fiel emisario desempeñó puntualmente la comisión que se le confiaba, mientras Sarmiento, después de tocar en las islas Azores, desembarcaba en España, probablemente en Sevilla, en la segunda mitad de agosto de 1580, y se dirigía a dar cuenta al rey del resultado de su expedición. Si en realidad no había hecho ningún descubrimiento geográfico, llevaba consigo una extensa y valiosa descripción del estrecho que había explorado, y grandes proyectos para cerrar definitivamente ese camino a los enemigos de España.[81]

4. Felipe II resuelve mandar construir fortificaciones en el estrecho de Magallanes: primeros contratiempos de esta empresa

Felipe II se hallaba entonces en Extremadura, empeñado en llevar a término la conquista del Portugal. Pedro Sarmiento de Gamboa fue recibido por el rey en la ciudad de Badajoz a fines de septiembre de 1580. Allí expuso los accidentes de su viaje, mostró sus diarios de navegación y las cartas que había levantado, y se empeñó en probar que era posible cerrar a los extranjeros el paso al Pacífico, si se construían en las angosturas del estrecho de Magallanes algunos fuertes provistos de buena artillería. En la junta en que se trató enseguida este negocio, hubo diversidad de pareceres. Algunos consejeros del soberano, y entre ellos

---

[81] El viaje de Sarmiento de Gamboa desde el Perú a España por el estrecho de Magallanes en 1579 y 1580, es memorable en la historia de la geografía, por más que no importe un descubrimiento propiamente tal. La mejor fuente de informaciones sobre esta expedición, es el diario y derrotero que hemos citado en las páginas anteriores; pero ha sido contado, además, en algunos libros que merecen tomarse en cuenta. Hemos citado las historias contemporáneas de Acosta y de Arjensola, y debemos recordar aquí la *Historia general del mundo* en que el cronista Antonio de Herrera consagra a este viaje todo el capítulo 1 del libro VI de la II parte, y la *Description des Indes Occidentales*, Leyde, 1640, del geógrafo flamenco Juan de Laet, que le destina el capítulo 2 del libro XIII. El presidente De Brosses, que no conoció el diario original de Sarmiento, ha referido su expedición apoyándose en los antiguos historiadores, en las págs. 199-216 del tomo 1 de su célebre *Histoire des navigations aux terres australes*, París, 1756. Después de la impresión del derrotero en 1768, las relaciones históricas han sido más prolijas, más exactas y más completas al tratarse de este viaje. Nos limitaremos a recomendar las dos mejores, la de don José Vargas Ponce, en la II parte de la *Relación del último viaje al estrecho de Magallanes*, Madrid, 1788, y la del comandante James Burney que ocupa todo el capítulo 1 del II tomo de su notable *Chronological history of the voyages and discoveries in the South Sea*, Londres, 1806.

el famoso duque de Alba, don Fernando Álvarez de Toledo, consideraron quimérico el proyecto de Sarmiento, persuadidos de que las fortificaciones de que se trataba serían ineficaces para el objetivo. Después de oír nuevos informes, el rey se decidió en favor de la empresa y mandó preparar en Sevilla veintiséis navíos de alto bordo. El mando de esa flota fue confiado al general Diego Flores de Valdés, hombre experimentado en la navegación de las Indias.

Sarmiento llegó a creerse desairado por esa designación. Había ido a la ciudad de Tomar donde Felipe II tenía convocadas las cortes de Portugal para resolver definitivamente la incorporación de este reino a la monarquía española. En vez de un permiso que solicitó del monarca para volverse al Perú, Sarmiento recibió el título de gobernador y capitán general de la región vecina al estrecho de Magallanes, con el encargo de acompañar a Flores de Valdés en esa expedición y de dirigir los trabajos de las fortalezas en los puntos que creyera más conveniente. El rey, temeroso de las nuevas correrías de los corsarios ingleses en el Pacífico, puso gran empeño en la organización de esa escuadra, pero solo consiguió que a mediados de septiembre de 1581 estuvieran listos más de 4.000 hombres y las municiones, víveres y materiales para esta empresa. Se recordará que en esa ocasión debía también partir para América don Alonso de Sotomayor, con el título de gobernador de Chile y con 600 soldados que traía para consumar la conquista de este país.

Desde que comenzaron a hacerse los aprestos, habían aparecido la discordia y las rivalidades entre los jefes de la empresa. Sarmiento, que nos ha dejado, entre muchos otros documentos, una prolija relación de toda esta campaña, refiere que Flores de Valdés descuidó por completo los trabajos de organización, y que puso todo su empeño en impedir que él, Sarmiento, saliese de España en su compañía. Estaríamos inclinados a creer estas noticias que con tanta insistencia repite, si no conociéramos por sus propios escritos que siempre vivió envuelto en rencillas y dificultades con las personas que estaban asociadas a sus trabajos y que no vaciló nunca en hacerles las más graves y repetidas acusaciones. Queriendo sin duda poner término a estas rivalidades, el rey deslindó cuidadosamente las facultades de ambos en las instrucciones que les dio en Lisboa con fecha de 20 de agosto de 1581.

La empresa se inició con un verdadero desastre, precursor de los que habían de seguirse más tarde. La escuadra expedicionaria estaba fondeada en el puerto de Sanlúcar de Barrameda. Contra la opinión de los pilotos, y «sin atención de tiempos ni parecer de marineros», dice Sarmiento, el duque de Medina Sidonia, gobernador de Andalucía, la hizo sacar a remolque del puerto el 25 de septiembre, ordenando que sin demora se hiciese a la vela. El viejo marino, que se explicaba los cambios de tiempo y las tempestades del océano por las fases de la Luna, preveía una gran catástrofe si la escuadra salía al mar en las inmediaciones del novilunio. En esta ocasión, el tiempo pareció dar razón a las preocupaciones meteorológicas de Sarmiento. A poco de haberse alejado de la costa, sobrevino uno de esos horribles temporales que suelen hacerse sentir en aquellos mares después del equinoccio de otoño. La escuadra entera estuvo en el más inminente peligro. Cinco de esas naves, una de las cuales era la misma en que Sarmiento había hecho su viaje por el estrecho de Magallanes, se fueron a pique durante la tempestad con cerca de 800 hombres, y las restantes tuvieron que volver a Cádiz a reparar sus averías.[82] Allí fue necesario recomenzar los aprestos navales; y allí también renacieron con mayor fuerza las rivalidades y competencias de los jefes de la expedición.

5. La escuadra española intenta dos veces embocar al estrecho: las rivalidades de los jefes producen el descontento y el general Flores de Valdés se vuelve a España

Por fin, el 9 de diciembre las naves salvadas de la tormenta, y convenientemente reparadas, se hacían de nuevo a la vela. Después de demorarse un mes entero en las islas de Cabo Verde, la escuadra entraba el 24 de marzo de 1582 en la bahía de Río de Janeiro. Los jefes expedicionarios creyeron que estaba muy avanzada la estación para intentar el viaje del estrecho, y determinaron detenerse allí hasta la primavera próxima. En ese puerto tuvieron que sufrir contrariedades de diferentes clases. Una fiebre epidémica que los contemporáneos llaman «mal del seso», hizo estragos en las tripulaciones y causó la muerte de más de 150 hombres. La broma o polilla de mar (*teredo navalis*), causó en

---

82   Aunque hemos contado estos mismos sucesos en el capítulo 8, § 7, al referir el viaje a Chile de don Alonso de Sotomayor, que salió de España en esta escuadra, estamos obligados a referirlos de nuevo ahora y con mayor amplitud de detalles, creyendo hacer así más clara nuestra narración.

las naves averías que eran difícil reparar.[83] Se desertaron algunos marineros y soldados sin que fuera posible impedirlo. Aprovechándose de las competencias y dificultades de los jefes, no faltaron entre los subalternos quienes comenzasen a sustraer y dar en venta las provisiones de la escuadra. En cambio de esto, las autoridades portuguesas de la ciudad que acababan de reconocer la soberanía de Felipe II, recibieron favorablemente a los españoles; y el gobernador, que era un célebre capitán llamado Salvador Correa, se esmeró en prestarles los auxilios que le permitía el estado precario de aquella colonia entonces sumamente pobre. Para distraer la ociosidad de su gente, y para completar sus aprestos, Sarmiento hizo fabricar dos casas portátiles de madera, que pensaba armar en los primeros establecimientos que fundara en el estrecho.

La permanencia de los expedicionarios en Río de Janeiro, se prolongó más de siete meses. El 1.º de noviembre de 1582, la escuadra española, compuesta ahora de solo dieciséis buques, zarpaba de ese puerto en busca del estrecho de Magallanes.[84] Esta tentativa, sin embargo, no fue coronada por un éxito feliz. Lejos de eso, los expedicionarios, sin conseguir embocar el estrecho, perdieron uno de sus buques y con él 350 hombres. Este desastre determinó al general Flores de Valdés a dar la vuelta al norte; pero aquellos contratiempos y las rivalidades constantes de los jefes habían desmoralizado por completo la expedición. Al llegar a un puerto de la costa del Brasil, situado a la latitud de 28º,

---

83 A consecuencia de esas averías, los españoles se vieron obligados a abandonar dos de sus buques. Pedro Sarmiento de Gamboa, en la relación que nos sirve de guía, ha contado estos hechos con evidentes exageraciones, sacando de todo cargo contra Diego Flores de Valdés. Después de referir los estragos causados en los buques por la broma, agrega: «Y aun hasta el hierro se había de tal manera corrompido, cosa inaudita, que con las manos se podía moler, y así lo que iba labrado de palas y azadas y hachas, con las manos se deshacía como papel, y al menor golpecito se deshacía en tierra».

84 Navarrete en la biografía de Sarmiento que hemos citado, Vargas Ponce en la noticia histórica de los viajes a Magallanes, pág. 234, y Burney en la obra citada, capítulo 2, dicen que la expedición salió de Río de Janeiro a fines de noviembre; mientras que Herrera, Historia general del mundo, part. II, lib. X, capítulo 17 señala el 2 de octubre como fecha de la partida. La relación de Sarmiento que nos sirve de guía, dice expresamente que la expedición salió «por Todos Santos» (1 de noviembre). El distinguido historiador brasilero don Francisco Adolfo de Varnhagen, vizconde de Porto Seguro, ha dado una noticia muy sumaria de la estadía de estos expedicionarios en Río de Janeiro, en la sección XXI del tomo I de su *Historia geral do Brazil*.

que los contemporáneos denominaban don Rodrigo,[85] perdieron otro buque; y recibieron, además, la noticia muy alarmante de la presencia en aquellos mares de tres buques ingleses y corsarios que acababan de saquear una nave española.[86] A pesar de los desastres sufridos, los españoles estaban en situación de despejar de enemigos todas esas costas y de llevar a cabo la empresa proyectada en el estrecho de Magallanes. En la isla de Santa Catalina el general Flores de Valdés mandó que tres de sus naves, que consideraba inutilizadas para la campaña, regresaran a Río de Janeiro, y concertó el llevar a cabo otra tentativa para embocar el estrecho. Entonces, sin embargo, convino en que don Alonso de Sotomayor se separase con otras tres naves para dirigirse a Buenos Aires y tomar allí el camino de tierra que debía traerlo a Chile, según ya contamos en otra parte.[87]

La escuadra española partió esta vez en los primeros días de enero de 1583 en demanda del estrecho. Un mes más tarde se hallaba en su embocadura; pero cuando comenzó a penetrar en él, la marea y los vientos contrarios la obligaron a retroceder. Este contratiempo, que habría podido repararse fácilmente, acabó por frustrarlo todo. Después de muchas peripecias que no tenemos para qué contar aquí, los expedicionarios arribaban de nuevo a Río de Janeiro a prin-

---

85   Este puerto, situado al sur de la isla de Santa Catalina, debía su nombre a don Rodrigo de Acuña, comandante de una de las naves de la expedición, que don fray García Jofré de Loaysa sacó de España en 1525 para ir a las Molucas. Véase vizconde de Porto Seguro, *Historia geral do Brazil*, tomo I, sec. VII, pág. 107.
86   La presencia de corsarios franceses e ingleses en las costas del Brasil era bastante frecuente en aquellos años. Recorrían esos mares, sea para dar caza a las naves españolas, sea para cargar palo brasil, madera de tinte que se vendía en Europa con grandes utilidades. Pedro Sarmiento de Gamboa, que ha consignado en su relación el hecho de los tres buques ingleses, dice que su capitán se llamaba Funtonuy. Al leer los nombres extranjeros en los antiguos documentos españoles, casi parece imposible llegar a restituirlos en su verdadera forma, y los escritos de Sarmiento no forman excepción en este punto. Así, él llama Telariscandi a Cavendish, Guinsar a Windsor, Guaterales a Sir Walter Raleigh, Burgulley a Burleigh. El Funtunuy de su relación es Edward Fenton, jefe de una expedición corsaria que salió de Inglaterra en mayo de 1582, y que después de muchas peripecias sostuvo en la costa del Brasil un combate con tres de las naves de la expedición española en enero de 1583. Luke Ward, segundo jefe de la expedición inglesa, ha contado esos sucesos en su diario de navegación publicado en el tercer volumen de la célebre colección de Hakluyt. Thomas Leliard, escritor inglés, autor de una prolija *Naval history of England*, que tenemos a la vista en su traducción francesa, Lyon, 1751, ha escrito sobre la relación de Ward y sobre otros documentos, el capítulo 11 de la parte II, que es muy noticioso sobre estos sucesos y que completa los informes que se hallan en los documentos españoles.
87   Véase el capítulo 8, § 7 de esta misma parte de nuestra historia.

cipios de mayo con pérdida de otros buques y en el estado de la más completa desorganización. Allí los esperaban cuatro buques cargados de provisiones que el rey de España había hecho partir en su auxilio. El soberano, además, les recomendaba que conservasen la paz y la concordia para consumar la empresa que se les había confiado; pero nada era capaz de mantenerlos unidos. A principios de junio, el general Flores de Valdés, hastiado, sin duda, de tantas contrariedades, y creyendo tal vez irrealizables los proyectos de Sarmiento, reunió los mejores buques de su escuadra, el mayor número de su gente y una buena provisión de víveres, y dio la vuelta a España.

6. Pedro Sarmiento de Gamboa reúne cinco naves, penetra en el estrecho de Magallanes y funda dos poblaciones

Tantos problemas y dificultades habrían doblegado sin duda a muchos hombres. Pedro Sarmiento de Gamboa, sin embargo, desplegó en esas circunstancias una entereza verdaderamente excepcional. Sin reparar en esfuerzos y sacrificios, logró aderezar y abastecer cinco naves que quedaban a sus órdenes, las puso bajo el mando inmediato del capitán Diego de la Ribera con el título de general de la armada y, aunque huían los soldados españoles para no tomar parte en una campaña que según creían, debía ser desastrosa, alcanzó a reunir en diversos puntos de aquella costa hasta 550 hombres. El 2 de diciembre de 1583, a los dos años completos de su salida de España, Sarmiento zarpaba de Río de Janeiro resuelto a dar cima a la empresa que se le había encomendado.

Su fuerza de voluntad iba a allanar todos los obstáculos. En efecto, el 1 de febrero de 1584, Sarmiento embocaba felizmente el estrecho de Magallanes, y en los cinco días subsiguientes avanzó hasta catorce leguas. Las mareas y los vientos lo hicieron retroceder a su pesar en cierto desorden y con no poco peligro; pero el obstinado explorador se sobrepuso a todo; y desembarcando con 300 hombres en la orilla norte del estrecho el 5 de febrero, y a poca distancia de su boca oriental, tomó solemnemente posesión de esos lugares en nombre del rey de España. Como hallase en las inmediaciones un pequeño valle convenientemente regado, Sarmiento determinó fundar allí un pueblo que debía llamarse Nombre de Jesús. «Luego, dice la relación que nos sirve de guía, arboló una cruz donde había de ser la iglesia, y en la plaza puso el árbol de la ejecución de la justicia (el rollo). Trazó luego la iglesia; y el gobernador, con una azada en las manos, cavó los primeros golpes para el cimiento del altar mayor. Pedro Sarmiento puso en el hoyo la primera piedra, puso una gran moneda de plata, con las armas y nombre de Su majestad con año y día, testimonio e instrumento, escrito en pergamino embreado entre carbón, por ser incorruptible, dentro de una botija, con el testimonio de la posesión.» Ejecutadas todas las ceremonias religiosas que los españoles acostumbraban celebrar en semejantes casos, Sarmiento trazó las calles de la ciudad, repartió solares a sus vecinos e instituyó cabildo. Al referir estos hechos, el gobernador ha encarecido la valía de sus trabajos, y ha hecho de las condiciones climatológicas y de las producciones animales y vegetales de aquella región, un cuadro sumamente lisonjero.[88]

La verdad, sin embargo, no correspondía a tales ilusiones. Los compañeros de Sarmiento no podían disimularse las penurias que les aguardaban en aquel país, y se sentían inclinados a abandonar la empresa en que se les había hecho tomar parte. Una noche, el general de la armada Diego de la Ribera y el piloto mayor Antón Pablos, el mismo que acompañaba a Sarmiento desde su salida del Perú en 1579, levaron anclas y tomaron el camino de España llevándose consigo tres de las naves de la expedición.[89] Otra de ellas, que no se hallaba en buen estado, había sido varada en la playa para sacarle cuanto contenía y para aprovechar la tablazón. Así, pues, los españoles que quedaban establecidos en el estrecho, no pudieron contar desde entonces más que con una sola embarcación, la nave María, incapaz por su porte de proporcionarles pasaje a todos ellos, sea para volver a España o para trasladarse a las colonias más cercanas.

---

[88] Cuenta, en efecto, Sarmiento que en esos lugares los españoles hallaron una gran abundancia de mariscos y de peces, cuya pesca no ofrecía dificultad. «Y tal soldado hubo, agrega, que a manos tomó más de ciento muy grandes». Refiere, además, que hallaron «en las matas (matorrales) una gran cantidad de garbanzos, dulces como miel, menores que los de España». «Y buscando por aquellos despoblados raíces, hallamos unas dulces y sabrosas como chirivías, que podían servir de pan asadas y cocidas, y unas delgaditas, de cierto género de confites de piñones no es más gustoso, ni dulce, ni cordial. Hallamos tanta cantidad de uvas negras de espino sabrosas y sustento que a grandes sacos las traían y comían». Esta clase de exageraciones o si se quiere, de mentiras, sobre las producciones de un país, es frecuente en los documentos del tiempo de la conquista, cuando cada descubridor se empeñaba en demostrar la riqueza del país de que quería posesionarse y a que deseaba atraer pobladores. Ya veremos a los colonos perecer de hambre en la misma tierra que Sarmiento adornaba con tantas y tan peregrinas producciones.

[89] El general de la armada Diego de la Ribera y el piloto Antón Pablos, llegaron felizmente a Sevilla con sus tres naves el 21 de septiembre de 1584.

Ese contratiempo no hizo vacilar a Sarmiento en sus resoluciones. Lejos de eso, comenzó a tomar sus medidas para fundar una nueva población. Mandó que la única nave que le quedaba marchase adelante llevando las provisiones, armamentos y demás materiales necesarios, hasta cierto lugar que había explorado en su primer viaje; y él mismo, poniéndose a la cabeza de unos cien hombres armados, emprendió el 4 de marzo su marcha por tierra cuidando de no apartarse mucho de la costa. Los padecimientos de esta jornada fueron extraordinarios. Los españoles tuvieron que defenderse de los ataques de los indios patagones, y luchar con toda clase de privaciones, y especialmente con la escasez de víveres y a veces de agua dulce. Sarmiento que ha referido estas penalidades, cuenta, sin embargo, que en los inhospitalarios campos de la región oriental del estrecho, él y sus compañeros encontraron algunas frutas silvestres, huevos de avestruces, diversos animales y peces con que pudieron satisfacer el hambre. Este uso de alimentos desconocidos estuvo a punto de costarles caro. «En los árboles, refiere Sarmiento, había unos racimos de agallones verdes, blandos, de sabor de castañas; y los soldados hallándolos sabrosos, los comían como pan, de que a muchos se les vino a hinchar la barriga hasta reventar, y se hacían como piedras en el estómago.» La leña era escasa en una gran porción de esos lugares, pero en cambio, los expedicionarios encontraron otro combustible para cocer sus alimentos. «Hay por aquí, agrega Sarmiento, gran cantidad de piedra negra, que echándola en el fuego, arde como aceite mucho tiempo, mejor que carbón de piedra de Francia.»

Después de veinte días de marcha, los expedicionarios llegaban a un puerto situado en la costa oriental de la actual península de Brunswick, cerca de un riachuelo que en su primer viaje Sarmiento había denominado río de San Juan. «A 25 de marzo de 1584, con la divina gracia, en nombre de la Santísima Trinidad, tomó posesión en forma por Su Majestad y eligió regidores y cabildo, y ellos alcaldes ordinarios, los cuales confirmó el gobernador en nombre de Su Majestad eligiendo luego árbol de justicia, y trazó la ciudad, la cual nombró rey don Felipe.» Con gran actividad, los españoles cortaron maderas en los bosques vecinos y construyeron con ellas las paredes de la iglesia, del depósito de municiones y de las casas o chozas en que debían residir; las cubrieron con techos de paja, y plantaron palizadas para defenderse de los indios. Sarmiento nombró corregidor y alcalde mayor de la nueva ciudad a su sobrino Juan Suárez de Quiroga, que había tomado parte en la expedición con el cargo de capitán de la nave María. En las inmediaciones del pueblo se colocaron seis cañones para su defensa.

7. Una violenta tempestad lo arrastra a las costas del Brasil y, después de numerosas aventuras, regresa a España

Se hace difícil creer que después de aquella jornada, Sarmiento continuara haciéndose ilusiones acerca del clima y de los recursos de ese país. Sin embargo, en sus relaciones no cesa de recomendar la feracidad del suelo, la abundancia de la pesca y de la caza, y la variedad de las producciones, entre las cuales contaba también los más valiosos frutos de la zona tórrida.[90] Sus compañeros, cuyas provisiones se hacían más y más escasas cada día, que estaban obligados a pescar lobos marinos para alimentarse y que comenzaban a experimentar la falta de vestuarios, no disimulaban su descontento. Desde fines de marzo comenzaron a hacerse sentir fríos intensos por la entrada repentina del invierno. «En quince días continuos, dice Sarmiento, no hizo sino nevar de noche y de día, y todos los bosques perdieron la hoja dentro de dos días.» Las privaciones y penalidades consiguientes al cambio de estación, debieron parecer insoportables a aquellos colonos, y estimularon la insurrección.

Residía entre ellos un antiguo soldado que en Río de Janeiro había tomado la sotana de clérigo, para libertarse de la prisión en que estaba encerrado por un grave delito. Previendo los sufrimientos que esperaban a los españoles en aquellos lugares, concibió el descabellado proyecto de fugarse de la colonia en una chalupa, y atrajo a su plan a un individuo llamado Antonio Rodríguez y a otras personas disponiéndose, en caso necesario, para dar muerte al gobernador. En las colonias nacientes del nuevo mundo, el castigo de tales atentados no se

---

[90] Cuenta Sarmiento que cuando los primeros fríos del invierno despojaron de sus hojas a los árboles del bosque, algunos de ellos conservaron su follaje, con la circunstancia singular y maravillosa de que en torno de ellos, a diez pasos a la redonda, no cayó nieve, mientras todo el resto del campo estaba cubierto de ella. «Queriendo más especularlo (observarlo), agrega, se vido ser la corteza canela fortísima, y el fruto clavo de lo de Gilolo (la mayor de las islas Molucas). Estaba en flor a la sazón, que es como jazmín blanco, y dentro de ocho días, caída la flor, quedó el clavo verde, del tamaño del que se come, de catorce a dieciséis en cada punta de rama, y en medio una madre gruesa, y donde a veinte días estaba rojo, y comenzaba a madurar y ponerse negro». Sarmiento termina este pasaje diciendo que por haberse vuelto antes de tiempo de aquellos lugares, no alcanzó a ver en completa madurez los pretendidos clavos de olor.

hacía esperar largo tiempo. Descubierto el complot, Rodríguez fue decapitado, y su cabeza colocada en la picota. Sarmiento, según él mismo refiere, aplicó a los otros cómplices una pena menor; y consiguió así afianzar el mantenimiento del orden.[91]

Todo hacía presumir que las penalidades que se experimentaban en aquella ciudad, debían sufrirse igualmente en la otra población que había quedado fundada cerca de la boca del estrecho con la denominación de Nombre de Jesús. Sarmiento quiso visitarla, y al efecto se embarcó en su buque el 25 de mayo con unos treinta hombres.[92] En poco más de veinticuatro horas llegó felizmente a su destino; pero apenas había comenzado a embarcar las armas y municiones que quería transportar a la ciudad de don Felipe, se levantó una furiosa tempestad que cortó las amarras de su buque y lo arrojó fuera del estrecho sin que nadie pudiera dar otra dirección a la nave.

Sarmiento no volvió más a aquellos lugares. Podría sospecharse que previendo el fin trágico que estaba reservado a las colonias recién fundadas en el estrecho, había querido alejarse artificiosamente de ellas para no hacerse responsable de la catástrofe. Sin embargo, sus memoriales y relaciones consignan la historia de sus esfuerzos para volver a Magallanes y para proveer de víveres a la gente que había dejado allí. Cuenta en ellos que, arrastrado por olas furiosas durante más de veinte días, llegó al fin al Brasil en los últimos extremos de la miseria sin más víveres que una media pipa de harina de mandioca, y con muchos de sus compañeros enfermos por el frío. Allí comenzó para el viejo marino una larga serie de aventuras, muy interesantes sin duda, pero cuya narración no es de este lugar. Sarmiento consiguió con gran trabajo despa-

---

91   Sarmiento, que ha referido este hecho en la relación citada, no da más detalles acerca de esta conspiración y de su castigo. El soldado Tomé Hernández, en la importante declaración que habremos de citar muchas veces más adelante, refiere otros pormenores que no carecen de importancia. Hernández cuenta que él mismo descubrió a Sarmiento la conspiración que había sorprendido casualmente, que el general hizo cortar la cabeza a tres de los cómplices y que el clérigo, que se llamaba Alonso Sánchez, quedó preso en la nave, y volvió después al Brasil con Sarmiento.

92   Sarmiento refiere en este lugar que ese día observó un gran eclipse de Luna que «no es notado ni calculado, dice, en las efemérides ni repertorios de estas partes»; y «que duró dos horas y media en tinieblas». No sabemos a qué efemérides puede referirse Sarmiento, pero es indudable que el eclipse total de Luna ocurrido el 24 de mayo de 1584 estaba anunciado, así como lo hallamos registrado en la *Chronologie des éclipses de Pingré*, París, 1766.

char de Río de Janeiro un buque con víveres para socorrer a los colonos del estrecho; pero esa nave no pudo llegar a su destino. Él mismo recorrió diversos puertos del Brasil en busca de los elementos que necesitaba para adelantar su empresa; pero a fines de septiembre de 1584, volviendo de Pernambuco, y hallándose cerca de Bahía, su nave fue arrojada a la costa por un viento de travesía, y hecha mil pedazos. A pesar de tantas contrariedades, Sarmiento consiguió equipar otra nave, un simple barquichuelo de 60 toneladas, proveerlo de víveres y municiones y hacerse a la vela para Magallanes en enero de 1585. En el camino y a la altura de 33°, los expedicionarios se vieron asaltados por una tormenta «tan espantable, dice Sarmiento, que fue juzgada la más terrible que hubimos visto, que todos los elementos andaban hechos un ovillo». Su nave, después de sufrir las más serias averías, tuvo que recalar de nuevo al Brasil.

La estación estaba ya muy avanzada para hacer otra tentativa de expedición al estrecho. Sarmiento tuvo que soportar todo género de contrariedades, la escasez de recursos, la rebelión de sus marineros y la desconfianza general con que eran mirados sus proyectos. Por otra parte, aunque el gobernador de Río de Janeiro, Salvador Correa, le facilitó algunos socorros; las poblaciones que entonces existían en la costa del Brasil no se hallaban en estado de suministrar muchos recursos. Sarmiento, convencido de la ineficacia de sus esfuerzos, resolvió trasladarse a España a buscar los auxilios que necesitaba. En efecto, el 22 de junio de 1586, partió de Bahía; pero no alcanzó a realizar su intento. Dos meses después, su nave era apresada por una escuadrilla inglesa, en las cercanías de las islas Azores, y él mismo llevado prisionero a Plymouth. Su detención en Inglaterra no duró más que dos meses. Acogido favorablemente por la misma reina Isabel, que se dignó acordarle una audiencia, y habiéndose interesado por él algunos caballeros de la Corte, y entre ellos el célebre Walter Raleigh, Sarmiento recibió su libertad el 30 de octubre de 1586,[93] junto con un

---

93   La relación de Sarmiento, tanto en su original como en las copias, y en la edición que de ella se ha hecho, dice en 22 de junio de 1586. Sin embargo, la circunstancia de que Sarmiento habría permanecido más de un año en el Brasil sin intentar empresa alguna, ha hecho dudar de la exactitud de esa fecha, y creer que partió de Bahía en 22 de junio de 1585. Mientras tanto, en el Archivo de Indias de Sevilla, donde existen muchos documentos relativos a los viajes de Sarmiento de Gamboa, hay dos cartas originales de éste, escritas en Río de Janeiro el 3 y el 5 de octubre de 1585, en que da cuenta al rey de las infructuosas tentativas que ha hecho para socorrer las colonias del estrecho, y le pide urgentemente socorros. Esta indicación no deja lugar a duda de que la fecha que se halla

presente en dinero para sus gastos de viaje; pero no llegó a España sino dos años después. A su paso por Gascuña fue apresado por un caudillo hugonote, y encerrado enseguida en una dura prisión, de donde no se le permitió salir sino cuando hubo pagado un fuerte rescate. Felipe II, el poderoso rey de las Españas, tuvo en esa ocasión que entrar en tratos con los caudillos protestantes de Francia, que regatear la suma que estos pedían por devolver la libertad al titulado gobernador del estrecho de Magallanes, y, por fin, que pagarles 6.000 ducados en dinero y cuatro buenos caballos. Cuenta Sarmiento de Gamboa que en esta prisión, en que no se le ahorraron padecimientos, estuvo tullido por la humedad, encaneció y perdió los dientes; pero al volver a España y al dar cuenta a su rey de sus trabajos y de sus esfuerzos, pareció recobrar su vigor y pudo, en efecto, prestar nuevos servicios a su soberano.[94]

---

    en el memorial de Sarmiento es la verdadera, esto es, que partió del Brasil en junio de 1586.
    Pero, aparte de esto, esta fecha está confirmada por los historiadores y por los documentos ingleses. Thomas Leliard, *Hist. navale d'Angleterre*, refiere en el capítulo 20 de la parte II, la captura de Sarmiento en 1586, por dos naves de una escuadrilla equipada por el famoso Walter Raleigh, lo que confirma la relación del mismo Sarmiento que cuenta su prisión como ocurrida el 11 de agosto de ese año.

[94] Hemos dicho que Pedro Sarmiento de Gamboa no ha sido hasta ahora objeto de un estudio especial que correspondiese a la importancia de sus servicios; y que las reseñas biográficas que conocemos, aun la citada de Navarrete, que es la mejor, son muy sumarias y deficientes. Nosotros no hemos podido hacer otra cosa que indicar los rasgos principales de su vida, y detenemos solo en lo que se relaciona con los dos viajes al estrecho de Magallanes. Como últimas noticias, apuntaremos que en 1592 Pedro Sarmiento servía con el rango de almirante o segundo jefe de la armada de galeones que salía de Sevilla a cargo del general Juan de Uribe Apallua en conserva de la flota de Nueva España.
    En los archivos españoles hay, como dijimos, numerosos documentos relativos a los viajes de Pedro Sarmiento. Del mayor número de ellos hay copia en el Depósito Hidrográfico de Madrid, según se ve en la *Biblioteca marítima española*, de don Martín Femández de Navarrete, tomo II, pág. 621, y estaban destinadas a la impresión si se hubiera continuado la célebre Colección a que este distinguido erudito debe principalmente su renombre. Desgraciadamente, casi todos ellos permanecen inéditos hasta ahora. Pero don Juan Bautista Muñoz había copiado algunos a fines del siglo pasado, y con ellos había completado una buena parte del tomo 37 de su valiosa colección de manuscritos. En 1866, don Luis Torres de Mendoza aprovechó una de esas piezas y la insertó en el tomo V de su *Colección de documentos inéditos de Indias*, donde ocupa 134 páginas. Es una exposición escrita por Sarmiento a su vuelta a España de este segundo viaje, y firmada en el Escorial el 15 de septiembre de 1589, para ser presentada al rey. Allí se halla la historia completa de toda la expedición desde sus primeros aprestos, con gran abundancia de detalles y accidentes y escrita con bastante claridad. Pero esa relación refleja también todas las pasiones de que estaba animado su autor, y es en su mayor parte una violenta y sostenida

8. El corsario inglés Tomás Cavendish penetra en el estrecho de Magallanes

Cuando Sarmiento llegaba a España a dar noticias a Felipe II de las colonias que había fundado en el estrecho de Magallanes y a pedirle auxilios para proseguir esas conquistas, ya los referidos establecimientos habían dejado de existir, y aquella región había sido recorrida de nuevo por los corsarios ingleses. El beneficio pecuniario que produjo la expedición de Drake, estimuló, como debe comprenderse, la codicia de otros aventureros. A pesar de que oficialmente se mantenía aún la paz entre Inglaterra y España, las empresas de esta clase y otras hostilidades más o menos francas y desembozadas, eran frecuentes en aquellos años entre ambas naciones, y preparaban una estrepitosa ruptura.

En Inglaterra se equiparon casi a un mismo tiempo varias expediciones para distintos puntos ocupados por los españoles, o donde era posible apoderarse de sus navíos. Sir Francis Drake partía en septiembre de 1585 al frente de una escuadrilla dirigida contra las Antillas y las costas vecinas. Sir Walter Raleigh despachaba el año siguiente otra escuadrilla contra las costas de España y las islas Azores. En este mismo año zarpaban también de Plymouth dos expediciones diferentes con rumbo al estrecho de Magallanes para penetrar a los mares

---

acusación contra el general Diego Flores de Valdés y contra todos aquellos que Sarmiento contaba entre sus adversarios y enemigos. Esta pasión puede de alguna manera extraviar el criterio del lector; pero de todos modos, en esa memoria se encuentra casi todo lo que se necesita para conocer bien los sucesos de esa expedición, junto con las exageraciones de que hemos dado noticia.

Esa relación fue conocida por don José Vargas y Ponce. Abreviando considerablemente las noticias que ella contiene, ha podido escribir las siete páginas que consagra a la segunda expedición de Sarmiento en su reseña histórica de los viajes a Magallanes. Esta reseña ha sido muy útil al comandante Burney para completar las noticias que acerca del segundo viaje de Sarmiento ha consignado en su *Chronological history* etc., que hemos citado. Aunque Burney no conoció en su forma original la relación de Sarmiento, el capítulo 2 del tomo II, que consagra a este viaje apoyándose en otros documentos, es generalmente exacto, y bien estudiado, como lo es casi siempre todo el material de aquella notable obra. Además de Arjensola que en el lib. IV de su citada *Historia de la conquista de las Molucas* refiere este segundo viaje de Sarmiento a Magallanes, y de Antonio de Herrera que lo ha contado en los capítulos 17 y 18 del lib. X, part. II de su *Historia general del mundo*, conviene indicar aquí que en la continuación de la Historia de España de Mariana, que escribió el padre Mariana, se encuentran referidas con más o menos exactitud, pero muy sumariamente, las dos expediciones de aquel célebre marino en los caps. 7 y 14 del lib. VIII.

del sur. Lord George Clifford, conde de Cumberland, que adquirió una gran celebridad en las guerras marítimas de la época, equipó a sus expensas una de esas expediciones, pero ella no realizó sus propósitos, y ni siquiera consiguió llegar al Pacífico.[95] La otra, que vino a sembrar el terror en estos mares, tenía a su cabeza a uno de los más audaces capitanes que haya producido la marina inglesa.

Era este Tomás Cavendish, más comúnmente llamado Candish no solo por la generalidad de los escritores españoles sino, también, por algunos de los viejos historiadores ingleses. Hijo de un caballero de antigua familia del condado de Suffolk, Cavendish había heredado una regular fortuna que disipó en galanterías y en el lujo de la Corte. Habiendo hecho en 1585 una expedición a la nueva colonia de Virginia bajo las órdenes de Sir Richard Grenville, Cavendish obtuvo un limitado beneficio pecuniario, pero adquirió junto con la experiencia náutica, el gusto por las empresas de viajes lejanos. Apenas vuelto a Inglaterra, invirtió «los restos de su fortuna», según la expresión de un antiguo historiador, en equipar una escuadrilla que lo llevase a las regiones en que Drake había cosechado tantas riquezas.

En efecto, antes de mediados de 1586, Cavendish tenía listos 123 hombres entre marineros y soldados, y tres embarcaciones, la mayor de las cuales, llamada Desire, no medía más de cien toneladas. Había cuidado, además, de acopiar

---

[95] La escuadrilla equipada por el conde de Cumberland constaba de cuatro embarcaciones y unos 250 hombres; y tenía entre sus capitanes algunos marinos de verdadero mérito. Salió de Plymouth el 17 de agosto de 1585 (viejo estilo) y llegó a las costas del Brasil en enero del año siguiente. Allí se suscitó una diferencia entre los dos jefes principales, Roberto Withrington que proponía permanecer en esas costas para atacar los establecimientos portugueses, y Cristóbal Lister, que insistía en pasar el estrecho de Magallanes para hostilizar las posesiones españolas del Pacífico. En el principio, este último hizo prevalecer su opinión; pero habiendo experimentado un violento temporal, la escuadrilla desistió de su intento y después de diversas peripecias, regresó a Plymouth a fines de septiembre de 1587. Uno de los individuos que hicieron esta campaña, John Sarracoll, escribió una rápida reseña de ella, que se halla publicada en el III vol. de la célebre colección de Hakluyt, pág. 769 y ss, Th. Leliard, en el capítulo 19, lib. II de su *Histoire navale*, y el comandante Burney, en el capítulo 4 del tomo II de *Chronological history*, que hemos citado tantas veces, han trazado la historia de esta expedición. Aquellos expedicionarios se apoderaron en las costas del Brasil de algunos buques portugueses. En uno de ellos cayó prisionero López Vaz, autor de una corta, pero muy noticiosa historia de todas estas navegaciones hasta el año 1585. Su manuscrito fue traducido al inglés y publicado en el III vol. de la célebre colección de Hakluyt.

víveres para dos años, y de reunir todas las cartas geográficas que pudieran indicarle los derroteros que le convenía seguir. Provisto de una patente real que lo autorizaba para emprender este viaje, y asumiendo el título de general de su armada, Cavendish zarpó de Plymouth el 21 de julio de 1586.**96** Su navegación fue bastante feliz; pero habiendo tenido que demorarse por diversos motivos en las costas de África primero, y luego en una isla situada un poco al sur de Río de Janeiro, solo llegó el 17 de diciembre a un puerto de la costa de Patagonia a que dio el nombre del mayor de sus buques, que los españoles tradujeron más tarde dando a ese lugar la denominación de Puerto Deseado. Allí se detuvieron varios días los expedicionarios para renovar algunas provisiones. Ese puerto no tenía sino aguadas distantes, escasas y de mala calidad, y los marineros que fueron a buscarlas para lavar sus ropas, tuvieron que rechazar los ataques de los salvajes patagones. En cambio, los lobos marinos, «cuya carne cocida o asada, dice el historiador de la expedición, no difiere en nada de la del cordero», y los pingüinos o pájaros niños cogidos en una isla situada un poco al sur, y que según el mismo escritor «tienen muy buen gusto», les suministraron víveres en abundancia que fueron conservados en sal en las bodegas de los buques. Terminados estos trabajos, se hicieron nuevamente a la vela para embocar el estrecho.

    Cavendish no experimentó las contrariedades que otros sufrieron a la entrada del estrecho. En efecto, el 3 de enero de 1587 pasó delante del cabo de las Once mil Vírgenes; y en la tarde del 6 del mismo mes iba a fondear cerca de la Primera Angostura. Durante la noche divisó muchos fuegos en la orilla norte. En la mañana siguiente, habiéndose acercado un bote a la playa, supo el comandante inglés que se hallaban allí algunos españoles. Compadecido de su miseria, les hizo ofrecer por un marinero que hablaba castellano, que los tomaría a bordo y los llevaría al Perú. En el principio los españoles se negaron a aceptar este ofrecimiento, temerosos de ser asesinados por los ingleses; pero considerando la suerte horrible que les esperaba en aquellos lugares, cambia-

---

96   Conviene advertir que los documentos ingleses que se refieren a este viaje, cuentan la cronología según el antiguo calendario, y que por tanto están atrasados diez días sobre el calendario gregoriano por el cual se regían los españoles desde 1582. Así, pues, estos últimos contaban 31 de julio cuando los ingleses contaban 21. Sin esta observación previa, sería imposible, como lo veremos más adelante, armonizar las fechas de ciertos sucesos según los datos consignados en los documentos ingleses y en los documentos españoles.

ron de determinación. Desgraciadamente, en estas conferencias se perdió un tiempo precioso, y como Cavendish quisiera aprovechar un viento favorable que comenzaba a soplar, mandó levar anclas para proseguir su viaje y abandonó despiadadamente a aquellos infelices. Uno solo de ellos, un soldado natural de Badajoz llamado Tomé Hernández, había alcanzado a asilarse en los buques para recibir la protección de los ingleses. Por los informes de éste supieron los expedicionarios ingleses la tragedia desastrosa de que había sido teatro aquella región.

9. Fin desastroso de las colonias fundadas por Sarmiento

Pedro Sarmiento de Gamboa, como contamos, había salido del estrecho de Magallanes en mayo de 1584, y no había podido volver a visitar las dos colonias que acababa de fundar allí, ni tampoco hacerles llegar los socorros que éstas necesitaban tan premiosamente. En aquellas dos ciudades quedaban cerca de 400 hombres, cien en Nombre de Jesús y cerca de 300 en rey don Felipe. Esas fuerzas habrían bastado para defenderse de los indios y para cimentar sólidamente la dominación española en aquellos lugares; pero la escasez de víveres y el rigor del clima, debían frustrar esos proyectos. En agosto de ese mismo año, cuando los fríos habían llegado a hacerse insoportables y cuando no tenían nada que comer ni leña para calentarse por la falta de monte en todos los alrededores, los habitantes de Nombre de Jesús abandonaron esta población, y siguiendo la orilla del mar fueron a la otra colonia a implorar socorro. Pero esta última no estaba en situación de prestar auxilios de ninguna clase. El jefe que mandaba en ella, dispuso que saliesen 200 hombres y que buscando sus alimentos en los mariscos de la playa, fuesen a establecerse más cerca de la embocadura del estrecho para ponerse en comunicación con cualquier buque que quisiese penetrar en él, y darle aviso de la gente que quedaba en el interior. Todas sus expectativas fueron frustradas. Se pasaron más de dos años sin que se divisara una sola embarcación en esos canales.

Mientras tanto, la miseria más espantosa comenzó a hacerse sentir entre aquellos infelices. Las provisiones que los españoles habían llevado consigo, se agotaron por completo. Los fríos crueles de dos largos inviernos los habían atormentado sobremanera y producido el desaliento. La baja temperatura que reinaba constantemente, inutilizó los sembrados que habían hecho de semillas europeas y en que habían fundado tantas esperanzas. La pesca que les suministraba algún alimento era, en realidad, un recurso demasiado precario, sobre todo para una agrupación tan considerable de gente, y les imponía, además, fatigas que no era posible soportar en toda estación. El hambre comenzó a hacer sus horribles estragos causando la muerte del mayor número de los pobladores de esas colonias. Cuando se hubo perdido toda esperanza de recibir socorros de cualquier parte, el jefe militar que mandaba en la ciudad del rey don Felipe, hizo construir dos buques pequeños, y embarcando allí los únicos cincuenta hombres que le quedaban vivos, pretendió salir del estrecho y buscar su salvación en los establecimientos que los españoles mantenían más al norte. Esta tentativa fue una nueva decepción. Uno de esos buques se hizo pedazos en los arrecifes cuando solo habían andado seis leguas, y no siendo posible transportar toda la gente en el otro barco, fue necesario desistir del proyectado viaje. Los españoles pasaron todavía otro invierno más, el de 1586, en aquella región inhospitalaria, sufriendo todas las penalidades del hambre, diseminados en partidas de tres o cuatro personas para poder sustentarse, mariscando durante el día, y recogiéndose en pobres chozas durante la noche. En enero de 1587, cuando Cavendish penetró en el estrecho, solo quedaban vivos quince hombres y tres mujeres de los 400 que tres años antes había desembarcado allí el gobernador Sarmiento de Gamboa.[97]

---

[97] El desastroso fin de las colonias fundadas por Sarmiento es imperfectamente conocido o, más bien, no se tienen acerca de él noticias minuciosas y precisas. En marzo de 1620, cerca de cuarenta años después de los sucesos que acabamos de narrar, se hallaba en Lima Tomé Hernández; y habiendo oído el virrey, príncipe de Esquilache, relatar estos hechos, mandó que ese soldado prestase ante escribano una declaración de todo lo ocurrido en las poblaciones fundadas por Sarmiento, y de las circunstancias que pudieran ilustrar a los marinos para la navegación del estrecho. Hernández declaró todo lo que recordaba, pero no pudo individualizar muchos accidentes más o menos importantes, de tal suerte que su declaración, muy útil sin duda desde que no nos quedan otros documentos sobre los mismos hechos, deja mucho que desear como fuente de informaciones. La declaración de Tomé Hernández fue publicada en 1768 por don Bernardo de Iriarte como apéndice al Viaje al estrecho de Magallanes, de Sarmiento de Gamboa.
La relación inglesa de Francis Pretty, de que hablaremos más adelante, consigna los mismos hechos al referir las noticias que Cavendich recogió acerca de aquellas colonias. En el fondo está conforme con la declaración de Tomé Hernández, pero difiere mucho en los accidentes. Nos bastará recordar que según la relación inglesa en enero de 1587 quedaban vivos todavía veintitrés españoles, dos de los cuales eran mujeres. Pretty cuenta claramente que uno solo fue recogido por la escuadrilla de Cavendish. Sin embargo, algu-

Los expedicionarios ingleses tuvieron conocimiento de esta trágica historia por las relaciones de Tomé Hernández. Todo hacía creer que los pocos españoles que quedaban vivos tendrían en poco tiempo un fin semejante al de sus otros compañeros; sin embargo, no se hizo ninguna tentativa para sacarlos de aquella miserable situación. Lejos de eso, sin querer detenerse algunas horas, los corsarios continuaron su viaje hasta el sitio mismo en que Sarmiento había fundado la ciudad del rey don Felipe. «El día subsiguiente (9 de enero), escribe el historiador de la expedición, habiendo dejado atrás algunas islas llenas de esas mismas aves pingüines, vimos los restos de la fortaleza. Tenía cuatro bastiones, y en cada uno de ellos había un cañón de fierro, que los españoles habían enterrado, pero que Cavendish desenterró y transportó a sus buques. La situación era agradable y ventajosa, con agua y con bosques inmediatos, y en la mejor situación del estrecho de Magallanes. Se había construido una iglesia, y los españoles habían ejercido una severa justicia, pues se encontró una especie de horca en que pendía un hombre de esa nación... El éxito de esa empresa hizo conocer que el cielo no favorecía los designios de los fundadores de esa colonia... Cuando se agotaron todas sus provisiones, no habiendo podido recibir otras de España, murieron en su mayor parte de hambre, y se encontraban todavía los cadáveres tendidos con sus ropas, dentro de las casas.» Cavendish y sus compañeros dieron a aquel lugar el nombre terriblemente triste de Puerto del Hambre, que le han conservado los geógrafos.

Prosiguiendo su viaje, las expediciones doblaron, el 14 de enero, la punta más austral del continente americano, a la cual dieron el nombre de cabo Froward (porfiado, pertinaz), sin duda a causa de la dificultad que tuvieron para hacer avanzar sus naves por la falta de viento propicio que casi siempre se hace sentir en aquellos canales.[98] Pasado ese promontorio, Cavendish no pudo tampoco seguir adelante con la rapidez que quería. Su escuadrilla tuvo que detenerse por falta de viento en varios puntos de aquellas costas que ha descrito el historiador de la expedición. Por fin, el 24 de febrero, penetraba con

---

nos escritores poco atentos han referido más tarde que se salvaron los veintitrés, como se lee en Leliard, *Histoire navale*, lib. II, capítulo 24.

98   Las primeras relaciones inglesas escriben Froward. Algunos viajeros y geógrafos posteriores han escrito Froward, lo que ha sido causa de que se hayan buscado otras etimologías a este nombre, sin encontrar ninguna satisfactoria.

rara felicidad en el vasto océano Pacífico. Había empleado cincuenta y tres días en recorrer el estrecho de Magallanes de uno a otro mar.

10. Campaña de Cavendish en los mares de Chile: combate de Quintero

Aunque los ingleses no hallaron en el océano las tempestades deshechas que suelen tener lugar en aquellas latitudes, tuvieron, sin embargo, que experimentar fuertes vientos del sur, que si bien los hacían avanzar rápidamente, separaron al menor de sus buques. Habiéndose acercado los otros dos a la isla de la Mocha, los indios araucanos que la poblaban atacaron con sus arcos y flechas a los ingleses que intentaban desembarcar, pero sustrayéndose cautamente a los tiros de las escopetas. Por el contrario, en la isla de Santa María, donde se reunieron las tres embarcaciones el 15 de marzo, los ingleses fueron obsequiados como amigos. El día siguiente, Cavendish, acompañado por setenta hombres, desembarcó en esa isla. Los indígenas, tomándolos por españoles, les obsequiaron cerdos, aves caseras, pescado seco y maíz; pero los ingleses cargaron, además, trigo, cebada y papas de unos depósitos que hallaron almacenados, y que según sus conjeturas, eran los tributos que los isleños debían pagar a los españoles. Por fin, el 18 de marzo, esto es, el 28 de marzo del calendario de los españoles, se hacían nuevamente al mar; y acercándose a la costa o alejándose de ella, según les convenía, fueron a fondear al puerto de Quintero el 30 del mismo mes, esto es, el 9 de abril de 1587.[99]

Las autoridades españolas de las ciudades del sur de Chile, habían tenido noticia del arribo de los corsarios a nuestros mares, y comunicaron el aviso a todas partes con la mayor actividad. El maestre de campo de Alonso García Ramón escribía lo que sigue: «En 30 días del mes de marzo del presente año de 87, a las nueve del día, en la mar de las provincias de Chile, frontero de la ciudad y puerto de la Concepción, se vieron en alta mar tres navíos, uno grande y otros dos menores, y un barco pequeño o lancha tras de ellos, y todos juntos a la vela,

---

[99] Las fechas que hemos apuntado al referir este viaje, son las que da Francis Pretty, el historiador primitivo de la expedición de Cavendish. Como su cronología, volvemos a repetirlo, está ajustada al antiguo calendario, es menester adelantarlas diez días para hacerlas coincidir con las fechas de los documentos españoles. Así, pues, los ingleses salieron de la isla de Santa María el 28 de marzo y fondearon en Quintero el 9 de abril. Sin esta explicación no se comprendería bien el encadenamiento de los sucesos que siguen.

y el mayor se acercó a reconocer el dicho puerto de la Concepción, y luego dio la vuelta a la mar juntándose con los dichos, siguiendo su viaje hacia la ciudad de Santiago. Y donde a dos días que fue 1 de abril, se volvieron a manifestar 20 leguas más abajo de la Concepción en paraje de un pueblo de indios que se llama Chanco; y allí el dicho navío mayor batió las velas y los demás llegaron a él, a manera de querer comunicarse, y la lancha se acercó a tierra junto a dicho pueblo de Chanco; y como no les respondiese nadie, se volvió con los dichos navíos, los cuales como a tres leguas a la mar prosiguieron su viaje llevando derrota a la costa de Santiago y de Lima».[100]

Este aviso produjo una gran excitación en todo Chile. El rechazo de Drake en las inmediaciones de Coquimbo había demostrado que los corsarios no eran invencibles; y el deseo de escarmentarlos seriamente y de poner término a sus depredaciones, exaltaba el ardor de todos los que en este país se hallaban en situación de llevar una espada. Por otra parte, esos corsarios no solo eran enemigos del rey de España sino que, a la vez, eran herejes, luteranos, como entonces se decía, de tal suerte que las hostilidades que contra ellos se emprendieran, debían considerarse una guerra santa. En Santiago se organizaron apresuradamente tres compañías de tropas para acudir adonde fuere necesario. Dos de ellas, que debían mandar los capitanes Ramir Yáñez de Saravia y Jerónimo de Molina, y en que se enrolaron muchos vecinos notables de Santiago, eran compuestas de militares más o menos experimentados en el ejercicio de las armas; pero la tercera compañía fue formada de clérigos de misa y de órdenes menores y se dio por jefe al licenciado Francisco Pastene, provisor del obispado.[101] El capitán Marcos de Vega, corregidor de Santiago, debía tomar el mando de todas esas fuerzas cuando saliesen a campaña. Mientras

---

100 El aviso inédito de García Ramón que extractamos en el texto, lleva la fecha de 2 de abril de 1587. Fue remitido al Perú en un buque llamado Mariana, y estuvo en conocimiento del gobierno del virreinato antes de fines de ese mes.

101 Todos estos sucesos fueron contados en octavas reales por el capitán Fernando Álvarez de Toledo en su poema titulado *La Araucana*, en que refiere el gobierno de don Alonso de Sotomayor. Pero ese poema, como se sabe, no ha llegado hasta nosotros, y solo lo conocemos por los cortos fragmentos que ha copiado el padre Alonso de Ovalle en su *Histórica relación*, etc. Uno de esos fragmentos se refiere cabalmente a estos mismos hechos, pero ni él ni lo que cuenta el padre Ovalle en esa parte de su obra, ni la relación que nos dejó el padre Rosales en el capítulo 54, lib. IV de su *Historia general*, escrita, sin duda alguna, teniendo a la vista el poema de Álvarez de Toledo, bastan para dar una idea clara de esos sucesos.

tanto, dictó las órdenes del caso para mantener la más escrupulosa vigilancia en toda la costa.

Los ingleses, como ya dijimos, fondearon en Quintero el 9 de abril. Buscaban el puerto de Valparaíso, pero los nublados que les ocultaban la tierra los extraviaron, obligándolos a pasar algunas leguas más adelante. Cuando abrió el día, se hallaron en Quintero, y resolvieron fondear allí.[102] Inmediatamente divisaron en una altura vecina un hombre que montaba a caballo, y que se alejaba de

---

Los documentos españoles contemporáneos son escasos y deficientes. Existen sin embargo, tres informaciones de méritos, que si bien tienen los mismos inconvenientes de esa clase de documentos que quieren dar al interesado el papel principal en el suceso, arrojan alguna luz para la historia. Esas informaciones son las siguientes:

1.º Una levantada en Santiago en 1634 por Tomás de Cuevas para acreditar sus servicios y los de su padre, el capitán Luis de Cuevas, natural de Santiago de Chile, en que aparece que éste sirvió con brillo en esa jornada, distinguiéndose por hechos de particular valor.

2.º Otra levantada en 1612 por el maestre de campo don Diego Flores de León en que hace constar los servicios de su suegro el capitán Jerónimo de Molina Parraguez, y al cual los testigos atribuyen una parte principal en estos sucesos. Existen impresas dos relaciones de méritos del referido maestre de campo, que son simples resúmenes de aquellas informaciones. A pesar de eso, y a causa del reducido número de ejemplares que debió imprimirse, son documentos de la mayor rareza.

3.º Otra información de servicios del licenciado Francisco Pastene levantada en Santiago en 1593 ante el licenciado Pedro de Viscarra, teniente de gobernador. Prestaron declaración el general Martín Ruiz de Gamboa, que vivía alejado de toda intervención en los negocios públicos; fray Francisco de Paredes, visitador de la orden de la Merced; y el padre jesuita Luis de Valdivia, que acababa de llegar a Chile, y que por tanto era solo testigo de oídas de lo que se refería a los sucesos de 1587. Los tres testigos están contestes en que Francisco Pastene, provisor del obispado de Santiago, salió a la cabeza de los clérigos y se batió contra los ingleses de Cavendish, pero no hay acuerdo en el número de clérigos guerreros que componían su cohorte. Un testigo dice que eran 26, otro 30 y otro 40. El rey Felipe III, acordando a Francisco Pastene en cédula dada a 12 de junio de 1608 una buena encomienda en premio de sus servicios, recuerda que salió a batirse contra los ingleses a la cabeza de 40 clérigos.

El licenciado Francisco Pastene no era clérigo, sin embargo. Era hijo del capitán Juan Bautista, teniente de Pedro de Valdivia en el mar; había estudiado con lucimiento la jurisprudencia en Lima; y el obispo Medellín, no teniendo en la diócesis ningún eclesiástico con los conocimientos necesarios, confió a Pastene el empleo de provisor del obispado. Más tarde figuró en la colonia en el desempeño de varios cargos concejiles.

Los libros capitulares de Santiago no contienen indicación alguna sobre estos sucesos. El 3 de abril de 1581 el Cabildo celebró sesión, pero ésta fue interrumpida sin duda por la noticia de la presencia de los corsarios en nuestras costas, y no sancionó ningún acuerdo. En la sesión siguiente, de 20 de abril, no se trató de este negocio.

102 Así aparece de la declaración antes citada de Tomé Hernández que, como se sabe, se hallaba en uno de los buques ingleses.

carrera. Era indudablemente uno de los vigías colocados en aquellos lugares, que iba a dar aviso del arribo de los temibles extranjeros. Sin alarmarse por ello, Cavendish desembarcó poco después con treinta hombres de su tripulación. Antes de una hora aparecieron tres jinetes armados de lanzas y adargas, que se acercaron a corta distancia de los ingleses. El jefe de estos envió adelante a dos de sus hombres, acompañados de Tomé Hernández, para que les sirviera de intérprete. Los soldados españoles hicieron entender por señas que no dejarían acercarse más que a un solo hombre; y entonces fue despachado Tomé Hernández con el encargo de solicitar algún socorro de víveres. Cavendish creía, sin duda, que el haber salvado a ese español de la muerte horrible que le estaba reservada, aseguraría su lealtad; pero Hernández, deseoso de reunirse a sus compatriotas, no vaciló en abandonar a los protectores a quienes debía la vida y en preparar la asechanza que se iba a organizar contra ellos. Así, pues, habiendo ido dos veces de un campo a otro con recado de negociaciones, montó en un caballo que los soldados españoles habían traído, y partió con ellos a galope para las tierras del interior. Después de este accidente, los ingleses se hicieron mucho más desconfiados, mantuvieron cerca de ellos una estricta vigilancia, y en la noche se volvieron a bordo. En los campos vecinos habían visto algún ganado, pero era tan montaraz que no les fue posible coger o matar un solo animal.

La tranquilidad que reinaba en todos los alrededores, hizo creer a los ingleses que allí no podían hallar una resistencia considerable. En la mañana del día siguiente, 10 de abril, desembarcaron en número de más de cincuenta, y se pusieron en marcha ordenada hacia el interior.[103] Avanzaron así siete u ocho millas con la esperanza de descubrir alguna población de españoles. No vieron nada, sin embargo. No había allí ni ciudad ni aldea, ni se veía un solo hombre,

---

103 Tomé Hernández, que tuvo que referir estos hechos en la declaración que prestó en Lima en 1620, ha tratado de justificar su conducta del cargo de ingratitud por haber tomado parte en las maquinaciones que se preparaban contra los hombres a quienes debía la vida. Cuenta, al efecto, que al principio de la conferencia con los soldados de tierra, comenzó por decirles que los tripulantes de aquellos buques eran también españoles que venían del estrecho de Magallanes faltos de comida, por lo cual solicitaban socorros de víveres. Pero, añade, que estando en estos tratos, vio que los ingleses hacían avanzas ocultamente a veinticinco hombres para apoderarse de aquellos españoles; y que esta falsía lo decidió a abandonar a sus salvadores. La relación del texto, basada en los documentos ingleses, nos parece más verosímil.

español o indio; y, sin embargo, el campo que recorrieron era ameno, no parecía extraño a todo cultivo, y estaba poblado de ganados y de caballos. Después de este reconocimiento en que no pudieron obtener informes de ninguna naturaleza, los ingleses se volvieron al puerto y se recogieron a sus buques al anochecer sin ser molestados por nadie. Esa corta exploración aumentó su confianza, a tal punto que, en la mañana siguiente, 11 de abril, bajaba a tierra una parte de las tripulaciones y se internaba confiadamente un cuarto de milla a hacer aguada para los buques y a lavar la ropa.

En esa misma mañana había llegado a las inmediaciones el corregidor de Santiago con las tres compañías armadas en la ciudad. Todos sus soldados llegaban a caballo y, aunque habían hecho una marcha rápida, y probablemente de trasnochada, no vacilaron un instante en caer de sorpresa sobre los ingleses. Un combate empeñado en esas condiciones no podía ser de larga duración. Los españoles que, sin duda alguna, pasaban de cien hombres bien montados, cargaron con toda rapidez sobre los enemigos desprevenidos, mataron a algunos, prendieron a otros, y pusieron a los más en completa fuga. Pero los ingleses, por su parte, eran soldados sólidos y resueltos. Llegados a la playa para tomar sus botes, y viéndose acosados por sus perseguidores, se parapetaron en las rocas y comenzaron a hacer un nutrido fuego de arcabuz. Los buques, a su vez, dispararon su artillería sobre los españoles y contuvieron a estos, facilitando así el embarco de los fugitivos.

Las pérdidas respectivas ocasionadas por esta corta pelea, han sido muy exageradas por los contrarios. Parece, sin embargo, fuera de duda que los españoles no tuvieron un solo hombre muerto; y que los ingleses perdieron por todo doce hombres, de los cuales, cuatro fueron muertos y los restantes prisioneros.[104] Pocos días más tarde, seis de ellos fueron ahorcados en la

---

104 Francis Pretty, el historiador inglés de la expedición, dice que en la jornada de Quintero los españoles tuvieron veinticuatro muertos, afirmación absolutamente desautorizada desde que los ingleses no pudieron saber a punto fijo lo que había sucedido en tierra, y desmentida, además, por las relaciones españolas, de que aparece que estos no tuvieron un solo muerto. Mientras tanto, los españoles, y entre ellos, Tomé Hernández, dicen que los ingleses tuvieron doce muertos y nueve prisioneros. Pero la relación de Pretty habla solo de la pérdida de doce hombres entre muertos y prisioneros, da sus nombres y especifica el buque a que pertenecía cada uno. Todo hace creer que ésta es la verdad; y que los prisioneros fueron ocho, dos de los cuales fueron indultados de la pena de muerte impuesta a los otros seis.

plaza pública de Santiago, «los cuales fueron tan dichosos, dice un piadoso historiador, que por este medio ganaron su salvación, porque, convertidos a nuestra fe católica romana y bien dispuestos, murieron con señales de su predestinación».**105** Los historiadores ingleses, como debe suponerse, no participan de la misma opinión, y los que han tenido que referir estos sucesos, han condenado la ejecución de aquellos prisioneros como un acto de la más innecesaria e inhumana crueldad.

Cavendish permaneció en Quintero cinco días más. Cuenta el historiador de su expedición que en esos días se ocuparon las tripulaciones en completar su provisión de agua, sin que se renovara el ataque de parte de las fuerzas de tierra; pero es dudoso que las cosas pasaran de esa manera. Es más probable que los ingleses quedaran allí esperando que se les presentara oportunidad de rescatar a sus compatriotas que dejaban en tierra; y se sabe que durante ese tiempo se ocuparon en cazar pájaros niños en unos islotes vecinos, para conservarlos en sal. Por fin, se hicieron a la vela para el norte el 15 de abril (o el 5, según el calendario que ellos seguían). Diez días más tarde desembarcaban en la costa del desierto de Atacama, en el lugar que ya entonces era conocido con el nombre de Morro Moreno, con el propósito de procurarse algunas provisiones de los indios changos, que poblaban esa región. Los expedicionarios creyeron que aquellos salvajes formaban una raza degradada, sumida en la más baja escala de la civilización. «Sus habitaciones, dice uno de los historiadores de la expedición, consistían en unos pocos palos colocados en unas estacas, sobre los cuales se habían puesto unas cuantas ramas. Un cuero tirado por el suelo daba una alta idea de lujo. Sus alimentos consistían en pescado pútrido y crudo; y sus canoas para pescar eran construidas con dos cueros inflados... Cuando uno de ellos moría, era enterrado con todos los objetos de su propiedad, como lo observaron los ingleses abriendo una sepultura.»

Continuando su viaje al norte, apresaron varias embarcaciones desde que llegaron a las costas del Perú. En los primeros días de mayo capturaban en las inmediaciones de Arica un buque pequeño que iba de Chile a llevar al virrey del Perú la noticia de la presencia de los corsarios en estos mares. Los despachos de que era portador habían sido arrojados al mar; pero Cavendish supo

---

105 Padre Diego de Rosales, *Historia general del reino de Chile*, lib. IV, capítulo 55. Casi las mismas textuales palabras se leen en el capítulo 5 del lib. VI de la *Histórica relación* del padre Alonso de Ovalle.

descubrir la verdad aplicando a los tripulantes de ese buque un tormento que consistía en comprimir los dedos pulgares en un tomillo. Había a bordo un flamenco viejo, a quien se le amenazó con la pena de horca, y a quien se le puso la soga al cuello sin que quisiera confesar cosa alguna. Al fin, uno de los españoles lo descubrió todo; después de lo cual, el buque fue quemado. Aquellos prisioneros, que poco más adelante fueron dejados libres en la playa, tuvieron la fortuna de que Cavendish ignorase la suerte que en Chile habían corrido los ingleses que fueron apresados en la jornada de Quintero. Sin esa circunstancia, seguramente todos ellos habrían sido ahorcados.

El resto de la campaña de Cavendish no pertenece a nuestra historia. El atrevido corsario recorrió las costas del Perú y de la Nueva España, se dirigió enseguida a las Filipinas, y después de hacer en todas partes muchas y muy ricas presas a los españoles, y de esparcir el terror en sus dilatadas colonias, doblaba el cabo de Buena Esperanza y volvía a Inglaterra satisfecho del resultado de su empresa. «Cavendish llegó a Plymouth el 9 de septiembre de 1588, después de una ausencia de dos años y seis semanas, escribe uno de sus biógrafos. Poco después reapareció en Londres entrando al Támesis en gran triunfo. Las velas de su buque eran de damasco, y sus marineros estaban vestidos de seda. Él mismo, según se cuenta, había reunido el dinero suficiente para comprar un hermoso condado; pero pronto fue disipado en las más desenfrenadas calaveradas, y después de tres años solo le quedaba con que comprar los barcos para una segunda expedición.»[106]

---

106 La primera noticia que se tuvo de este viaje fue una corta reseña publicada con las iniciales N. H. y con el título de *Worthy and famous voyage of Master Thomas Candish*, en 1589, en el tomo III de la colección de Hakluyt. (Collection of voyages and navigations), donde solo ocupa cuatro grandes páginas, de 809 a 813. Es una relación rápida y sumaria, insuficiente para dar una idea exacta de esa campaña. Pero en 1600, al reimprimirse esa misma parte de la colección de Hakluyt, se insertó otra mucho más extensa y más completa, escrita por Francis Pretty, uno de los que hicieron la campaña naval con Cavendish, cuyo nombre contrae y convierte también en Candish. Esta relación, escrita sin aparato ni pretensiones por un testigo y actor de los sucesos que cuenta, fue publicada por primera vez en latín en Francfort en 1599, y reimpresa en inglés el año siguiente, y forma la mejor fuente de informaciones acerca de aquella expedición, y como tal ha sido ampliamente utilizada por los historiadores subsiguientes. Las tablas de latitudes, anclajes, sondajes y otras indicaciones náuticas, son la obra de Thomas Fuller, piloto del Desire, la nave capitana que montaba Cavendish.

De entre las numerosas relaciones posteriores de este viaje, debemos recordar la que contiene el capítulo 5 del tomo II de la obra citada de Burney, la que se lee en las páginas

11. Expedición de Merrick al estrecho de Magallanes: influencia de estos viajes en los progresos de la geografía

Las últimas noticias que tenemos acerca del desastre final de las colonias que fundó Sarmiento de Gamboa en el estrecho de Magallanes, nos han sido transmitidas por los individuos de otra expedición inglesa mucho menos famosa, y también mucho menos afortunada que la que mandó Tomás Cavendish.

Los beneficios alcanzados por éste en la campaña naval de que acabamos de hablar, avivó en Inglaterra la fiebre por esta clase de empresas. Un individuo llamado John Chidley, acerca del cual carecemos de más amplias noticias, organizó una expedición de cinco naves, dos de las cuales eran considerables para ese tiempo, puesto que medían 300 toneladas y llevaban más de 400 hombres. Salieron de Plymouth el 5 de agosto de 1589, con el designio de llegar al mar del sur pasando por el estrecho de Magallanes. En la costa de Berbería, sin embargo, la escuadrilla se dispersó; y de toda ella solo continuó su viaje al sur una de las naves, la Delyght (Delicia), que tenía noventa y un hombres

---

96-105 del libro igualmente citado del geógrafo alemán J. G. Kohl, y las que se hallan en algunas de las biografías de Cavendish. Entre éstas, la mejor que conozco es una publicada en Edimburgo en 1831, sin nombre de autor, pero de Southey, en uno de los tomos, de la Family library, del librero Murray, que lleva por título *Lives and voyages of Drake, Cavendish and Dampier*. Aunque la biografía de Cavendish no ocupa más de cuarenta páginas (los caps. 5 y 6 del libro), están nutridos de hechos prolijamente estudiados y pueden dar una noticia exacta y cabal de la vida y carácter del célebre corsario.

La expedición de Cavendish ha sido referida por algunos poetas castellanos, además de Álvarez de Toledo, cuya *Araucana*, como ya dijimos, no ha llegado hasta nosotros. El arcediano don Pedro del Barco de Centenera ha consagrado a ella los tres últimos cantos de su Argentina, Lisboa, 1602; pero conocía tan poco los sucesos de Chile, que allí dice:

«Thomas Candis pasó bien el Estrecho,
Más no tomó jamás en Chile puerto».

El doctor don Pedro de Peralta Barnuevo, en su detestable, pero noticioso poema titulado Lima fundada, Lima, 1732, ha recordado estas expediciones de Sarmiento y de Cavendish destinándoles algunas octavas del canto V. Pero los españoles de esa época desconocieron tan completamente los documentos y relaciones de origen español, que Peralta se ve obligado a buscar sus noticias en escritores extranjeros de segunda mano, y sobre todo en el resumen sumario que de estos viajes ha hecho el astrónomo y geógrafo jesuita Juan Bautista Riccioli en sus *Geographiae et hydrographiaa reformatae libri XII*, Bolonia, 1661, obra abundante de sabias investigaciones, pero muy sumaria y deficiente en la historia de los viajes.

de tripulación, bajo el mando de Andrew Merrick. Parece que las otras naves regresaron a Inglaterra sin atreverse a proseguir la campaña.

Con la esperanza de reunirse a sus compañeros, el capitán Merrick se dirigió a Puerto Deseado, en las costas patagónicas. Permaneció allí diecisiete días sin encontrar ninguno de los buques que buscaba. Aunque la expedición inglesa había quedado reducida a una sola nave y, aunque ésta misma había perdido, por enfermedades o por accidentes, dieciséis hombres de su tripulación, Merrick resolvió continuar su viaje al Pacífico. El 1 de enero de 1590 penetraba en el estrecho de Magallanes, pero se detuvo algunos días en una de sus islas para renovar sus provisiones mediante la salazón de pájaros niños, y allí tuvo la desgracia de perder, durante una tempestad, el bote de su buque con los quince hombres que lo montaban. A pesar de este contratiempo, no desistió de su intento. Al llegar al sitio en que estuvo fundada la ciudad del rey don Felipe, los expedicionarios tomaron a bordo un español que era el único resto que quedaba de las tropas que Sarmiento había llevado a esa región. Contaba ese infeliz la historia de sus padecimientos, habiendo visto perecer de hambre a sus compañeros, y viviendo él mismo sometido a las mayores penalidades.

El resto del viaje de Merrick fue un tejido de contratiempos y de desgracias. Habiendo perdido su bote, los ingleses construyeron otro con las tablas de sus cofres; y enviaron siete hombres a tierra, pero todos ellos fueron asesinados por los salvajes. Varias veces intentaron proseguir su navegación hacia el Pacífico y, aun, consiguieron doblar el cabo Froward; pero siempre fueron rechazados por vientos contrarios, perdieron tres anclas y más de treinta hombres de tripulación, y bajo la amenaza de una sublevación de los marineros que quedaban vivos, dieron la vuelta atrás después de seis semanas de lucha constante contra los elementos. El 14 de febrero entraban de nuevo en el océano en un estado desastroso de miseria. En las costas del Brasil encontraron un buque portugués que habría podido procurarles algún socorro; pero éste, sin sospechar que los ingleses no se hallaban en situación de pelear, fue a encallarse a la costa para evitar el combate. Privados de todo auxilio, los ingleses sufrieron las penalidades más horribles a su regreso a Europa. El 30 de agosto, fondeaban en Cherburgo, en Francia; pero solo quedaban vivos seis individuos. Los demás, y entre ellos el capitán Merrick y el español recogido en el estrecho, habían sucumbido al hambre y a las privaciones de aquel viaje desastroso.[107]

Después de la frustrada tentativa de poblar en el estrecho de Magallanes, que hemos referido extensamente en las páginas anteriores, los españoles desistieron por completo de tales proyectos. Aquellas exploraciones no sirvieron tampoco por entonces al progreso de las ciencias geográficas por el empeño que pusieron en no divulgar los derroteros de sus pilotos ni las descripciones de los países recién visitados. Así, pues, en el resto de Europa, y en la misma España, solo se tuvieron en esa época noticias vagas e inciertas acerca de aquellos viajes. No sucedía lo mismo con los diarios de navegación de los corsarios ingleses. Publicados casi inmediatamente en extracto o por entero en Inglaterra, traducidos a otros idiomas, eran luego utilizados por los geógrafos de otros países, y contribuían a completar o a modificar las noticias que se tenían acerca de nuestro globo. Aquellos viajes, emprendidos con un simple objeto de lucro y sin ningún propósito científico, tuvieron, sin embargo, una influencia capital en los progresos de la geografía.[108]

---

107 Los accidentes de este viaje han sido consignados en una relación escrita por William Magoths, de Bristol, compañero de Merrick en la expedición, y uno de los seis individuos que tuvieron la fortuna de regresar a Europa. Ha sido igualmente publicada en el tomo III de la colección de Hakluyt.

108 Es curioso seguir, en estas viejas relaciones y en los mapas que las acompañan, el progreso lento, pero constante de la geografía y de la cartografía. Una relación de los viajes de Drake y de Cavendish publicada en holandés por Cornelio Clasz, Amsterdam, 1598, contiene un mapa de la extremidad austral de América, en que están trazados los derroteros de esos dos navegantes. Ese mapa es la obra del grabador Jodocus Hondius (Hondt), artista flamenco que adquirió una gran celebridad por trabajos de esta especie. Era entonces creencia general que el estrecho de Magallanes separaba América de un vasto continente austral que debía extenderse hasta el polo. Pero como esos viajeros comunicaban noticias diferentes, según las cuales las tierras del sur del estrecho eran muchas islas grandes y pequeñas, Hondius ha puesto allí varias islas de contornos de pura imaginación que ocupan el lugar de la Tierra del Fuego, y al sur de ellas, más o menos donde está el cabo de Hornos, la isla pequeña a que Drake había dado el nombre de Isabel, la cual, como sabemos, estaba situada dentro del estrecho de Magallanes. Como 6° más al sur todavía, Hondius dibuja el contorno imaginario del continente austral. Sin embargo, estas nociones no alcanzaron mucho crédito por entonces, y los mapas posteriores hasta la expedición de Schouten y Le Maire, siguieron dibujando el estrecho de Magallanes con algunas islas pequeñas, pero cerrado al sur por aquel continente austral imaginario.

Capítulo XI. Fin del gobierno de don Alonso de Sotomayor (1587-1592)

1. El virrey del Perú, alarmado por las hostilidades de los corsarios, resuelve socorrer a Chile, levanta tropas y envía una división auxiliar. 2. Don Alonso de Sotomayor no puede emprender operaciones decisivas contra los araucanos: falsa noticia de reaparición de los corsarios. 3. El rey de España hace partir 700 soldados auxiliares para Chile: el marqués de Cañete los hace volver del istmo de Panamá y envía en su lugar un refuerzo de 200 hombres. 4. Campaña de don Alonso de Sotomayor en el territorio araucano: fundación de la plaza fuerte de San Ildefonso de Arauco. 5. Pasa al Perú el maestre de campo García Ramón a pedir socorros y regresa a Chile con una compañía. 6. La escasez de tropas impide renovar las operaciones: Sotomayor se traslada al Perú y sabe allí que ha sido separado del gobierno.

1. El virrey del Perú, alarmado por las hostilidades de los corsarios, resuelve socorrer a Chile, levanta tropas y envía una división auxiliar

La reaparición de los corsarios ingleses en el Pacífico había sembrado la mayor consternación en todas las poblaciones de la costa. En el principio, los españoles se forjaron risueñas ilusiones en los servicios que podían prestarles las colonias y los fuertes que el rey había mandado construir en el estrecho de Magallanes. La reciente expedición de Cavendish era el más doloroso desengaño que pudieran recibir. Entonces se supo la suerte desastrosa que habían corrido aquellos establecimientos, y se comprendió que el mar del sur quedaba abierto a los enemigos de España.

Hasta entonces los gobernantes del Perú habían mirado con cierta indiferencia los persistentes pedidos de socorros que les dirigía don Alonso de Sotomayor. La Audiencia y los virreyes habían declarado que no era posible sacar de Lima los refuerzos de gente que se pedían. «Se ha visto, decía el virrey conde del Villar, que aún para poner 200 hombres de presidio en el Callao, puerto de esta ciudad de los Reyes, no se han hallado.»[109] Pero si las alarmas y peligros de la guerra de Arauco no habían bastado para procurar al gobernador

---

[109] Provisión inédita de don Fernando de Torres y Portugal, conde del Villar Donpardo, virrey del Perú, dirigida en 2 de julio de 1587 a las autoridades de Potosí.

de Chile los auxilios que reclamaba, no sucedió lo mismo desde que se tuvieron las primeras noticias concernientes a los corsarios.

En efecto, en septiembre de 1586 había recibido el virrey comunicaciones de Madrid del carácter más alarmante. El estado de las relaciones entre España e Inglaterra hacía temer que pronto saldrían de este país expediciones armadas para los mares del sur, y hasta se anunciaba la partida de algunas naves con que se pretendía renovar la atrevida campaña de Drake. El 11 de septiembre, el virrey convocó en Lima a la Real Audiencia, y después de madura discusión, renovada el 8 de octubre, acordó mandar que los vecinos de las ciudades del interior se pusiesen a su costa sobre las armas y se apercibiesen para marchar a Lima y al Callao al primer llamamiento que se les hiciera, para defender estas plazas contra las agresiones de los corsarios.[110] Algunas de esas ciudades se ofrecieron gustosas a concurrir con su gente; pero otras, las más apartadas sobre todo, expusieron para no enviar su contingente respectivo, diversas razones, la principal de las cuales era la necesidad de defenderse ellas mismas contra las posibles sublevaciones de los indígenas de esos lugares.

Nueve meses más tarde, la alarma era todavía mucho mayor en el Perú. No solo se recibieron nuevas noticias de los aprestos bélicos que se hacían en Inglaterra sino que se supo de una manera positiva que los corsarios habían penetrado al Pacífico y que ejercían sus hostilidades en las costas de Chile y del Perú. El virrey, de acuerdo también con la real audiencia de Lima y con los oficiales reales o tesoreros del Perú, dispuso con fecha de 2 de julio de 1587 que en el distrito de Potosí se levantase con toda brevedad un cuerpo de 400 hombres para marchar en auxilio del reino de Chile. Dos oficiales de la confianza del virrey, los capitanes don Luis de Carvajal y don Fernando de Córdoba, debían organizar esas tropas y tomar el mando de ellas. No parece que costó mucho trabajo el reunir esa gente y el equiparla, pudiendo disponer del tesoro real de aquellas provincias, tesoro bien provisto con el derecho de quinto que pagaban las minas de plata; pero cuando llegó el caso de ponerla en camino, fue necesario expropiar caballos y tomar otras medidas más o menos violen-

---

110 Acuerdos de 11 de septiembre y 8 de octubre y provisión del virrey del Perú de 14 de octubre de 1586. Ms.

tas.[111] Al fin, a principios del año siguiente, el socorro de tropas con poco más de 300 hombres se hacía a la vela para Chile.

El virrey del Perú había alistado dos navíos mercantes para el transporte de la tropa. El 22 de febrero de 1588 daba desde Lima sus instrucciones a los capitanes Córdoba y Carvajal. Mandábales que, al salir del Callao, se alejaran de tierra, «porque estoy informado, decía el virrey, que es de más brevedad la navegación que se usa de pocos años a esta parte de navegar por el golfo, sin ver tierra» (el rumbo que había descubierto Juan Fernández en 1584); y que se dirigiesen al puerto de Concepción. Les ordenaba terminantemente que durante su navegación procuraran no encontrarse con ninguna nave enemiga, y que si contra toda previsión se toparen con alguna, rehusasen el entrar en combate por cuanto los dos navíos que montaban no estaban preparados para acción de guerra. Recomendábales que durante el viaje cuidasen de evitar en las naves las pendencias y juramentos, tan comunes entre soldados y gente de mar; «y para que se haga de esta manera, agrega, y se sirva Nuestro Señor de la dicha jornada, procurarán que se confiesen con los religiosos que para ello llevan, aunque ya lo han hecho en el puerto».[112]

---

111 Por cédula de 2 de enero de 1572, Felipe II había autorizado al virrey del Perú para que «gastase con moderación lo que fuese necesario para enviar algún socorro a Chile». El conde del Villar se apoyó ahora en esa real cédula para disponer los gastos que demandaba este socorro. Según los documentos, se pagaron 1.000 pesos de plata ensayada y marcada a cada uno de los capitanes, 300 pesos a cada uno de los dos alféreces, 200 a cada uno de los dos sargentos y 200 a cada soldado. Todos estos debían armarse y equiparse con este socorro; pero según otros documentos, esa cantidad era del todo insuficiente para el objetivo por el precio excesivo que tenían los artículos de armamento. Así dice uno de ellos, «un arcabuz tasado y retasado, cuesta 60 pesos; y una cota o cuera de ante otros 60; y para vestidos y pertrechos, 130 pesos; y para silla y alquileres de caballo hasta el puerto de Arica, 50 pesos». Todos los documentos relativos a la organización y equipo de esta división, se reunieron en un expediente que encontré en los archivos españoles y de que tomé la copia que me suministra estos datos. De esos documentos aparece que a fines de septiembre de 1587 estaba listo el socorro; pero que no podía ponerse en marcha por falta de caballos, y que en organizarlo se habían gastado 55.000 pesos ensayados y marcados de plata.

112 Según las órdenes anteriores del virrey del Perú, el refuerzo organizado por los capitanes don Luis de Carvajal y don Fernando de Córdoba, debía haberse embarcado en Arica. El cronista Mariño de Lobera, que cuenta estos hechos en el capítulo 37 del lib. III de su *Crónica del reino de Chile*, dice que en efecto, ese cuerpo de tropas se embarcó en Arica, en donde, añade equivocando las fechas en un año entero, se habían reunido los auxiliares en noviembre de 1588.

2. Don Alonso de Sotomayor no puede emprender operaciones decisivas contra los araucanos: falsa noticia de reaparición de los corsarios

Los gobernantes de Chile habían pasado también días de mortal inquietud con motivo de la presencia de los corsarios ingleses en nuestras costas. Celebraron como un gran triunfo el combate de Quintero, y parece que la ejecución de los seis ingleses cogidos en aquella jornada fue un motivo de fiestas en Santiago. Sin embargo, se habían reservado otros dos prisioneros para que el gobernador pudiese recoger algunos informes útiles. Don Alonso de Sotomayor, que por entonces se hallaba en Angol, supo, sin duda, por ellos que la expedición de Cavendish no era la única que había salido de Inglaterra para los mares del sur. Habiendo pasado a Santiago, Sotomayor convocó «número de caballeros y personas de experiencia, y les pidió memoria sobre la guarda de esta mar y costa del sur contra los luteranos». Se indicó allí la conveniencia de construir tres galeones para la defensa de las costas de Chile, utilizando al efecto algunos puertos como Concepción y Valdivia; donde había maderas abundantes, y donde se habían construido otras embarcaciones menores. Pero este proyecto estaba subordinado al de concluir primero la guerra contra los araucanos para tener afianzada la paz interior, de tal suerte que en aquella misma junta se trató principalmente de pedir al rey nuevos socorros de gente.[113]

En efecto, la guerra araucana se sostenía más o menos en el mismo pie, con una serie no interrumpida de alarmas y de combates, pero sin operaciones militares medianamente decisivas. El maestre de campo García Ramón había

---

En la Biblioteca Nacional de Madrid, en un tomo de manuscritos marcado J 55, fol. 412, hallé el original de las instrucciones dadas en Lima por el virrey del Perú, el 2 de febrero de 1588 a los capitanes Carvajal y Córdoba, y allí se ve que estos partieron del Callao. Creo, sin embargo, que los soldados reunidos en Potosí y Charcas se hallaban en Arica, donde comenzaron a llegar en noviembre de 1587, y que los dos buques salieron del Callao en febrero del año siguiente, pasaron a tomarlos en aquel puerto. Solo así pueden concordarse las noticias consignadas en dos documentos autorizados.

El licenciado Francisco Caro de Torres, el biógrafo de don Alonso de Sotomayor, vino a Chile en esta ocasión en calidad de cabo o segundo jefe de una de las compañías según él mismo lo ha referido en el prólogo de su Historia de las tres órdenes militares, Madrid, 1629. En el fol. 177 vto. de este mismo libro, donde habla más extensamente de este refuerzo nombrando a los jefes que lo trajeron, dice que se componía de 300 hombres, pero no indica ni la fecha en que partió del Perú ni el puerto en que se embarcó.

113 Carta inédita de Juan de Ocampo San Miguel a Felipe II, escrita en la Imperial en diciembre de 1587, con la cual incluía el informe que había dado en la junta reunida en Santiago.

desplegado en esta lucha sólidas dotes militares; pero tanto él como don Alonso de Sotomayor se habían convencido de que los elementos y recursos de que podían disponer, eran insuficientes para llevarla a término, y esperaban los socorros que habían pedido con tanta insistencia para emprender una campaña más eficaz.

Cuando llegaron a Chile los socorros enviados por el virrey del Perú, Sotomayor debió experimentar una verdadera decepción. Los 300 hombres que venían del Perú, eran del todo insuficientes para intentar operaciones más o menos eficaces contra los indios rebeldes. El gobernador debió comprender que mientras no recibiese los refuerzos de tropas que su hermano don Luis había ido a pedir a España, él estaría obligado a mantenerse a la defensiva en las posiciones que ocupaba en el territorio araucano. Pero, aparte de que sus soldados se veían en la necesidad de sostener frecuentes combates contra los indios que iban a atacarlos en aquellas posiciones o en sus alrededores, no faltaban a los españoles otros motivos de inquietud.[114]

El 8 de abril de 1588, se hallaba en la Imperial don Alonso de Sotomayor. Pocas horas antes de amanecer, llegaba a la ciudad un emisario despachado de Valdivia por el coronel Francisco del Campo. Comunicaba éste que cuatro días atrás, unos indios de las inmediaciones habían visto al ponerse el Sol tres navíos misteriosos pintados de negro, que andaban volteajeando como si quisieran reconocer la costa. En el momento mismo dispuso Sotomayor que partieran chasques a Santiago con pliegos abiertos para que pudieran leerlos todas las autoridades del camino. Recomendaba en ellos que el maestre de campo García Ramón, en la ciudad de Concepción, y el corregidor de Santiago tomasen las

---

[114] Los cronistas posteriores refieren con algunos pormenores más o menos dignos de crédito, los sucesos de estas campañas, acerca de las cuales hallamos muy pocas noticias en los documentos y en los escritos de los contemporáneos, y por esto mismo se hacen sospechosos aquellos informes. Ésta es la época en que se hace figurar a Janequeo, heroína araucana que por vengar a su marido toma las armas y ejecuta proezas que le han dado un nombre legendario en nuestras tradiciones. El examen de todos los antecedentes nos autoriza a creer que Janequeo, así como los sucesos en que se la hace intervenir, son una creación del capitán poeta Fernando Álvarez de Toledo en su *Araucana*, y que de allí los tomaron los padres Ovalle, *Histórica relación*, lib. VI, capítulo 6 y 7, y Rosales, *Historia general*, lib. IV, capítulo 56. Los historiadores posteriores han repetido sin crítica ni examen lo que cuenta el padre Ovalle y han dado cierto cuerpo a sucesos que son absolutamente fabulosos, y acerca de los cuales no se halla la menor noticia en los cronistas contemporáneos, Mariño de Lobera y Caro de Torres, ni tampoco en los documentos de ese tiempo.

medidas de precaución, e hiciesen llegar a Lima por mar y por tierra el aviso de la reaparición de los corsarios ingleses en las aguas del Pacífico.

Aquella noticia era, sin embargo, absolutamente falsa. Ningún español había visto los tales buques; y el anuncio que se daba de su presencia en estos mares, no tenía más fundamento que el simple dicho de algunos indios, esto es, la más sospechosa fuente de informaciones. A pesar de eso, produjo en toda la costa una alarma y una perturbación que hacen conocer cuál era el terror que infundían los corsarios ingleses. El conde del Villar, virrey del Perú, recibió la comunicación del gobernador de Chile en la noche del 10 de mayo. Poniéndose al trabajo inmediatamente, despachó en la misma noche chasques a todas partes para ordenar a los corregidores del litoral que se previniesen contra cualquiera tentativa de los corsarios, que «hiciesen meter los indios, plata, comida, ganados, caballos y otras cosas, tierra adentro, y que así mismo hiciesen descargar los barcos y navíos que estuviesen cargados en las dichas costas». Con igual actividad, mandó aprestar en el Callao algunos buques para hacerlos salir contra los corsarios, y enganchar marineros para tripularlos. El aviso de la anunciada reaparición de los ingleses fue comunicado a Panamá y a Nueva España, y en todas partes produjo la misma alarma y ocasionó gastos y perjuicios de consideración.

Durante más de dos meses estuvieron llegando a Lima nuevos avisos acerca de los buques enemigos. Los corregidores de la costa de Arica y de Loa, comunicaban que los indios de esos lugares habían visto pasar a los corsarios; y el terror que estos inspiraban, daba cuerpo a aquellas falsas noticias. En Lima se mantenían sobre las armas las tropas de la guarnición y las que se habían reunido de los pueblos vecinos. Los vigías colocados cerca del Callao contaban que de noche solían verse por intervalos en el mar faroles misteriosos, lo que revelaba la proximidad de enemigos que querían ocultar sus movimientos para caer de sorpresa. Se hicieron salir algunas embarcaciones para recoger noticias; pero solo a fines de julio, y después de haber hecho gastos tan considerables como inútiles, se vino a comprender que esas alarmas carecían de fundamento, y se dio la orden de desorganizar una parte de aquellos aprestos, dejando, sin embargo, algunas tropas para guarnecer los buques del Callao.[115]

---

115 He tenido a la vista un grueso expediente en que el virrey del Perú había reunido todos los documentos relativos a estos sucesos, desde el primer aviso enviado de la Imperial por el gobernador de Chile, don Alonso de Sotomayor, hasta la orden dada en 28 de julio de

La tranquilidad comenzó a restablecerse; pero esas falsas noticias habían producido la más viva inquietud en toda la costa y perjudicado sobremanera al comercio de Perú y Chile.

3. El rey de España hace partir 700 soldados auxiliares para Chile: el marqués de Cañete los hace volver del istmo de Panamá y envía en su lugar un refuerzo de 200 hombres

En febrero de 1586, según hemos contado,[116] don Alonso de Sotomayor había enviado a España a su hermano don Luis a pedir al rey los socorros de tropas que consideraba indispensables para consumar la pacificación de Chile. Ese emisario llegó a España en los últimos días de aquel año, y se presentó en la Corte en los primeros del siguiente, en los momentos menos favorables para tratar los negocios que se le habían encomendado y para obtener los auxilios que iba a reclamar. Ni Felipe II ni sus consejeros se hallaban en estado de prestar atención a los negocios de las apartadas colonias del Nuevo Mundo. Hacían entonces los aprestos navales más considerables que jamás hubiera hecho nación alguna. Juntaban armas y tropas para enviar contra Inglaterra una expedición, a la cual se le había destinado el apodo de «invencible». Don Luis de Sotomayor perdió así todo el año de 1587, sin poder conseguir cosa alguna.

Por fin, en julio de 1588 la armada española, dispersada por las tempestades, fue completamente batida por las naves inglesas. Todo hacía temer que las costas de España y de sus posesiones coloniales iban a verse infestadas por los vencedores. En esas circunstancias se pensó en enviar a Chile los auxilios que se estaban pidiendo desde tiempo atrás. Reuniéronse, al efecto, 700 hombres regularmente equipados, y se les tuvo listos en Sevilla para embarcarlos. Según el encargo expreso de don Alonso de Sotomayor, se tenía pensado el enviarlos a Chile por el Río de la Plata; pero este pensamiento halló no poca resistencia. Después de consultar la opinión de hombres prácticos, se resolvió que la división auxiliar marchase a Chile en la flota de Tierra Firme, es decir, para pasar al océano Pacífico al través del istmo de Panamá.[117]

 1588, para proceder al desarme de algunos de los aprestos hechos anteriormente. Esos documentos revelan la intensidad de la alarma producida por esas falsas noticias.
116 Capítulo 9, § 5.
117 Este negocio dio lugar a un largo cambio de notas y de informes en que se emitieron los pareceres más contradictorios. Don Luis de Sotomayor, que poseía una gran experiencia

En esa época, Felipe II acababa de nombrar un nuevo virrey para el Perú. En reemplazo del conde del Villar, viejo y achacoso, que de tiempo atrás pedía que se le enviase un sucesor, el rey había conferido ese elevado cargo a don García Hurtado de Mendoza, cuarto marqués de Cañete. Era éste aquel antiguo gobernador de Chile (1557-1560) que se había ganado tan gran reputación en América y en España, por sus victorias sobre los araucanos y por atribuírsele el haber pacificado a estos bárbaros. El marqués de Cañete estaba listo para partir para el Perú en la flota que debía hacerse a la vela en marzo de 1589. El rey dispuso que en ella se embarcase también don Luis de Sotomayor con los 700 auxiliares que traía para Chile. Vencidas todas las dificultades, aquella flota zarpaba del puerto de Cádiz el 13 de marzo.[118] Contra todas las previsiones, atravesó el océano tranquilamente, sin ser inquietada en ninguna parte por las naves inglesas. Después de tocar en el puerto de Cartagena de Indias, llegaba, por fin, a Nombre de Dios el 8 de junio siguiente, es decir, con cerca de tres meses de navegación.

En ese lugar, halló el marqués de Cañete los tesoros que anualmente salían del Perú para España. Consistían en su mayor parte, en barras de plata pertenecientes a la Corona y a particulares, y representaban de ordinario, cada año, el

---

en la materia, se pronunció por el camino de Panamá. En la Casa de Contratación de Sevilla se celebró una junta, a que fueron citados, entre otros personajes, Diego de la Ribera, general de la flota de Tierra Firme y antiguo compañero de Sarmiento de Gamboa en su segunda expedición al estrecho de Magallanes, y el piloto Gonzalo de Mesa, que había formado parte de esta misma expedición, y que, en 1583, había acompañado a don Alonso de Sotomayor hasta la ciudad de Buenos Aires. Aquella junta tuvo lugar el 25 de octubre de 1588, y las opiniones vertidas allí fueron favorables a que se prefiriese el camino de Panamá. Parece que estos pareceres decidieron de la elección del gobierno.

118 La flota de Tierra Firme, que traía a Nombre de Dios las mercaderías y correspondencia que se enviaban a Chile y al Perú, para ser transportadas al través del istmo de Panamá, debía salir de España una vez al año, y estaban designados para esto los últimos meses del año. Sin embargo, las hostilidades de los corsarios ingleses produjeron tal perturbación que había desaparecido toda regularidad. Así, en los años de 1583, 86 y 88 no hubo partida de flota para Tierra Firme, según se ve en una memoria presentada a Felipe V, a principios del siglo XVIII, por el capitán de mar y guerra don Bartolomé Garrote, en que propone ciertas reformas en este ramo de la administración. La flota de 1589, venía mandada por el general don Diego de la Ribera. Salió de Sanlúcar de Barrameda el 29 de febrero, y se detuvo en Cádiz hasta el 8 de marzo. Habiendo salido al mar, se vio forzada por el mal tiempo a volver al puerto el día siguiente. Por fin, el 13 de marzo zarpaba definitivamente de Cádiz.

valor de algunos millones de pesos.[119] Las correrías anteriores de los corsarios ingleses en el mar de las Antillas, habían enseñado a estos la importancia que tenían esos cargamentos que partían de las Indias. Todo hacía temer que en esa ocasión la flota encargada de transportar a España aquellos tesoros, sería asaltada en el océano por las naves inglesas, que el año anterior habían obtenido tan señaladas victorias. Queriendo proveer a su defensa, el marqués de Cañete dispuso que don Luis de Sotomayor se reembarcara inmediatamente con los 700 hombres que traía de socorro a Chile, y que diera la vuelta a España para defender a aquella flota contra cualquier ataque del enemigo. El marqués era el jefe superior de la expedición, y a él venían sometidos todos los oficiales de mar y de tierra. Era, además, virrey del Perú, y como tal le estaban subordinados todos los mandatarios de Chile. Sus órdenes fueron ejecutadas puntualmente, sin hallar dificultades de ninguna especie.[120]

Aquella grave resolución iba a privar al reino de Chile de los auxilios que sus gobernantes estaban reclamando con tanta insistencia desde algunos años atrás. Al dar cuenta al rey de su conducta, don García Hurtado de Mendoza le anunciaba que iba a organizar en los dominios de América un cuerpo de tropas con que llevar a término la pacificación de Chile. Pero cuando mandó levantar en Panamá la bandera de enganche, no alcanzó a reunir 200 hombres, no tanto por la escasez de gente sino por la resistencia que todos oponían para pasar a servir en las penosas e interminables guerras de Chile. Ese puñado de aventureros colecticios fue, sin embargo, transportado al Perú para completar allí el equipo de la división auxiliar.

El marqués de Cañete se recibió en el puerto del Callao del gobierno del virreinato el 2 de diciembre de 1589. Ocupose en enviar el socorro a Chile; pero, juzgando por los recuerdos de sus propias campañas en este país, en la época en que los indios araucanos no tenían caballos ni habían adquirido la experiencia de la guerra que tuvieron después, creía que más que un ejército

---

119 En esos años el solo mineral de Potosí producía a la Corona una entrada anual de millón y medio de pesos por el derecho de quinto. El rey, siempre escaso de dinero, no dejaba de pedir en toda ocasión que se le remitieran las mayores cantidades posibles para atender a la premiosa situación que le creaban las constantes guerras europeas.

120 Fray Caro de Torres, *Historia de las órdenes militares*, lib. III, capítulo 3, § 8. Id. *Relación de los servicios de don Alonso de Sotomayor. Virreyes del Perú. Marqués de Cañete don García Hurtado de Mendoza*, capítulo 8. Hemos dicho que ésta es una obra incompleta, pero muy noticiosa, escrita por Tristán Sánchez, tesorero real de Lima.

considerable se necesitaba el impulso vigoroso que podía imprimir a las operaciones un jefe entendido y resuelto. En esta seguridad se limitó a completar dos compañías de cien hombres cada una, les dio por jefes a los capitanes Pedro Páez de Castillejo y Diego de Peñalosa Briseño, y los proveyó regularmente de armas y de ropa. Para el transporte de esos soldados, el virrey equipó un galeón cuyo mando fue dado al piloto Hernando Lamero, tan experimentado en la navegación de estos mares. «Antes de la partida, dice un cronista contemporáneo, fue el virrey al navío y les habló y animó a todos para la jornada, dándoles a entender que a Su Majestad hacían mucho servicio, y que él quedaba en su lugar para gratificarles y remunerarles. A cada uno de por sí dio licencia firmada de su nombre para poder volverse pasados dos años, que fue la merced que todos pidieron»;[121] exigencia que explica perfectamente el disgusto con que esos soldados pasaban a servir en Chile. La división auxiliar zarpó del Callao en la noche del 25 de diciembre de 1589 con la orden expresa de desembarcar en Concepción.

El marqués de Cañete quedaba persuadido de que esa pequeña división bastaría para someter definitivamente a los indomables araucanos. Al llegar al Perú había recibido una carta en que con fecha de 14 de julio de 1589, el cabildo de Santiago lo felicitaba por su elevación al rango de virrey, le hacía presente el recuerdo respetuoso y simpático que de su administración conservaban las ciudades de Chile, y le pedía que continuara dispensando su protección a este país. Debiendo corresponder a esta manifestación, el marqués contestó en los términos que siguen: «Señores: recibí vuestra carta de 14 de julio, y veo muy bien el contento que habrá dado mi venida a estos reinos, pues está tan extendido en todos ellos el amor y gran voluntad que tengo a ése, que no fue la menor causa de aceptar yo este cargo por tener yo más aparejo de acudir a las necesidades que se me representan de esa tierra y ciudad a que particularmente le tuve tanta siempre. Y para que esto se conozca, he querido enviar antes de entrar en la ciudad de los Reyes ese navío de armada con la persona del almirante Hernando Lamero de Andrade, que lleva 200 soldados muy escogidos y todos bien vestidos, armados y socorridos; y el navío es de los mejores que Su Majestad tiene, y muy artillado, y llevan orden de ir a desembarcar a la Concepción para ahorrar las pesadumbres y costos que de ir a esa ciudad

---

121 Tristán Sánchez, libro citado, capítulo 15.

(Santiago) se les podían recrecer, y también porque estando en aquel paraje alcanzando tan buena parte del verano, pueda entrar el señor gobernador en el estado de Arauco, y poblar en él, porque esto es lo que quiere Su Majestad. Y vosotros, señores, como tan buenos y leales vasallos suyos, que con tanta costa y trabajo habéis ayudado siempre a su servicio y a la conquista de ese reino, os encargo de la parte de Su Majestad y de la mía os ruego, lo continuéis acudiendo a la entrada de Arauco con toda vuestra posibilidad y fuerzas, porque yo tengo sin ninguna duda que con estos 200 hombres y los que allá hay, habrá los que bastan y aun sobran para poder allanar y poblar todo el estado de Arauco; y hecho esto con muy poca gente, se sustentarán las demás ciudades. Y deseo tanto el buen suceso de las cosas de ese reino que seguramente podéis creer que tengo de atender a ellas con más voluntad y veras que a las de este del Perú, con gente, armas y ropa, de lo cual no se lleva ahora más por no haber llegado los navíos en que se aguarda. En otro navío irá con ella el capitán Jerónimo de Benavides. Y como yo tengo tantas noticias de las cosas de por allá, no hay guerra de importancia en Chile si no es de Andalicán (Colcura) hasta Purén por Arauco; y esto es lo que se ha de allanar y poblar, y para ello acudiré yo con la voluntad y cuidado que digo, y así se lo escribo al señor gobernador. Callao, 25 de diciembre de 1589. El marqués de Cañete».[122]

---

122 La carta del marqués de Cañete está inserta en el acta del Cabildo de 17 de febrero de 1590, que existe inédita en el folio 421 del libro 6 de acuerdos de la corporación. Los redactores de la *Historia política de Chile*, que lleva el nombre de don Claudio Gay, dieron a conocer en el tomo II, pág. 165, algunos fragmentos de esta carta tomándolos de una copia de la historia manuscrita de Pérez García.
Al insertar este documento debemos hacer dos aclaraciones. 1.ª El capitán Jerónimo de Benavides de que habla esta carta, era el emisario que el cabildo de Santiago había enviado al Perú para felicitar al virrey. Volvió a Chile en octubre de 1590 con el cargo de alguacil mayor. 2.ª En un pasaje de su carta, el marqués de Cañete dice que envía este socorro antes de entrar en la ciudad de los Reyes, lo que podría dar lugar a que se creyese descubrir un error en nuestra relación, cuando decimos que ese alto funcionario se había recibido del mando el 2 de diciembre. En efecto, habiendo llegado al Callao el 28 de noviembre, el marqués comenzó a desempeñar sus funciones en pleno uso del gobierno, y sin salir de ese puerto, el 2 del mes siguiente, pero no hizo su entrada solemne a Lima sino el 6 de enero de 1590. Véase la obra citada del tesorero Tristán Sánchez. Ya hemos dicho que todo lo que de ella queda está publicado en el tomo VII de la *Colección*, de Torres de Mendoza.

4. Campaña de don Alonso de Sotomayor en el territorio araucano: fundación de la plaza fuerte de San Ildefonso de Arauco

Don Alonso de Sotomayor se hallaba en Santiago el 17 de febrero de 1590 cuando tuvo noticia del arribo a Concepción de aquel refuerzo de tropas. Supo entonces que en lugar de los 700 hombres que su hermano había sacado de España, y entre los cuales había muchos ejercitados en la guerra, el nuevo virrey del Perú le enviaba solo unos 200 aventureros recogidos de cualquier modo, y que venían a Chile casi en la condición de forzados. Vio además, por su propia correspondencia, que tenía poco que esperar de aquel alto funcionario que se mostraba tan convencido de que ese corto refuerzo bastaría para consumar la pacificación de Chile.

Mientras tanto, ese socorro no mejoraba considerablemente la situación de Sotomayor, ni lo ponía en estado de acometer operaciones importantes y decisivas contra los araucanos. Sin embargo, tuvo que emprender prontamente su marcha a Concepción para recibirse de aquel socorro y para disponerse a cumplir las órdenes del virrey. El gobernador de Chile había recibido en esa misma ocasión las instrucciones más precisas y perentorias para poner en ejecución un plan de campaña agresiva contra los indios araucanos. Don García Hurtado de Mendoza, firmemente persuadido de que la guerra de Chile no presentaba ahora mayores dificultades de las que había ofrecido treinta años atrás, y exagerándose extraordinariamente la importancia de las victorias alcanzadas por él en aquella época, mandaba a Sotomayor que penetrara resueltamente en el corazón del territorio enemigo y que repoblara las ciudades y fuertes que los bárbaros habían destruido. La ejecución de este plan de campaña exigía, sin duda alguna, fuerzas mucho más considerables que aquéllas de que podía disponer don Alonso de Sotomayor. Sin embargo, eran tan imperiosas y decisivas las órdenes del virrey del Perú, que tanto el gobernador como los jefes de su ejército, aun conociendo los inconvenientes de ese plan, se dispusieron a acometer aquella aventurada empresa. La estación de verano estaba entonces muy adelantada. Por esto mismo, quedó resuelto que se esperaría la primavera próxima para abrir la campaña, aprovechando, entretanto, aquellos meses en reunir la gente y en hacer los demás aprestos. Sotomayor partió de Santiago el 7 de octubre de 1590, dejando el mando de la ciudad al licenciado Pedro de Viscarra que el día antes había llegado del Perú con el título de teniente gobernador de Chile.

Al llamamiento general a las armas, respondieron las ciudades del reino enviando sus contingentes. Así, pues, cuando en noviembre de 1590 don Alonso de Sotomayor revistó sus tropas en las cercanías de Angol, contó 515 soldados españoles o criollos, de los cuales 250 eran arcabuceros. Poco tiempo antes, los indios enemigos habían sufrido un desastre en aquellos alrededores, de tal suerte que por entonces las tropas de Sotomayor no tuvieron nada que temer. Los españoles habían comenzado, además, a levantar allí una fortaleza. Pero desde que estuvieron reunidas todas las tropas, el gobernador se dispuso para emprender la campaña al corazón del territorio enemigo. Sus fuerzas fueron divididas en cinco compañías que puso bajo el mando respectivo de capitanes probados y dignos de su confianza.

Partiendo de las orillas del Biobío, del sitio llamado Millapoa, don Alonso de Sotomayor recorrió los campos denominados entonces de Talcamávida (hoy Santa Juana) sin encontrar en ninguna parte resistencia alguna. Atravesando enseguida la cordillera de la Costa por las serranías de Mareguano, teatro de tantos y tan reñidos combates en las campañas anteriores, los españoles llegaron por fin a las alturas conocidas desde tiempo atrás con el nombre de cuesta de Villagrán. En ese lugar había tomado sus posiciones el enemigo, detrás de palizadas y de hoyos encubiertos, como acostumbraba fortificarse. Espesos pelotones de bárbaros habían salido adelante a inquietar a los españoles, provocándolos a combate para atraerlos a los sitios mejor defendidos. Sotomayor y sus capitanes no se dejaron engañar por esas estratagemas. Debiendo forzosamente pasar por esas alturas para penetrar en el valle de Arauco, comenzaron por detenerse allí para estudiar el terreno, y para colocar sus bagajes en lugar seguro; y distribuyendo enseguida convenientemente sus escuadrones de jinetes y sus compañías de arcabuceros, atacaron con toda resolución las posiciones de los indios. El combate duró más de dos horas; pero casi desde las primeras cargas pudo conocerse la superioridad de los españoles. Obligaron a los araucanos a abandonar sus posiciones avanzadas; y cuando estos se replegaron a las alturas, fueron también batidos allí y puestos al fin en completa dispersión con pérdida de un número considerable de sus guerreros. Los españoles tuvieron muchos heridos, pero no perdieron más que un oficial portugués muerto por descuido por uno de sus propios soldados.[123]

Después de esta victoria, los españoles avanzaron tranquilamente hasta Arauco. A corta distancia del sitio donde había existido anteriormente una fortaleza, dos veces destruida por los indios, y a orillas del río Carampangue, echó Sotomayor los cimientos de una plaza militar a que dio el nombre de San Ildefonso.[124] La hizo rodear de buenas y sólidas murallas, y mandó construir casas matas y las demás obras necesarias para la defensa y para aposento de la guarnición. Poniéndose enseguida a la cabeza de unos 180 soldados, el gobernador recorrió los campos vecinos, y llegó hasta los sitios en que se habían levantado la ciudad de Cañete y el fuerte de Tucapel. Aunque batió a los indios rebeldes que encontró en su camino, obligándolos a dispersarse, tomándoles algunos prisioneros, y destruyéndoles sus sembrados, el gobernador comprendió que esas ventajas alcanzadas tan fácilmente no tenían importancia alguna, porque los indios obedecían, ahora como antes, al plan de guerra con que siempre habían cansado y debilitado a sus opresores. Así, pues, en vez de pensar en repoblar esas ciudades, según lo dispuesto por el virrey del Perú, Sotomayor dio la vuelta al fuerte de Arauco y contrajo toda su atención a mantenerse allí en condiciones favorables para la defensa, almacenando las provisiones enviadas de Concepción o recogidas en las campeadas en el territorio enemigo.

---

123 Esta campaña y esta nueva batalla de la cuesta de Villagrán, han sido referidas por dos contemporáneos: Mariño de Lobera, lib. III, capítulo 38, y el capitán Fernando Álvarez de Toledo en su *Araucana*. Hemos dicho que este poema no ha llegado hasta nosotros, pero lo conocieron los jesuitas Ovalle y Rosales, y ellos han utilizado ampliamente su relación. Aun el primero de estos ha reproducido algunos fragmentos del poema. Conviene, sin embargo, advertir que tanto Mariño de Lobera como Álvarez de Toledo dan una noticia muy incompleta de los sucesos, a tal punto que ni siquiera se encuentra en sus relaciones indicación alguna cronológica. Se sabe si que estos sucesos ocurrieron en los últimos días de 1590 o en los primeros del año siguiente. La relación de Caro de Torres es todavía más vaga.
Entre los documentos en que se refiere esta campaña, nos ha sido particularmente útil una carta inédita dirigida al rey y escrita en Santiago en 12 de marzo de 1591 por el licenciado Pedro de Viscarra, que en su carácter de teniente gobernador, estaba hecho cargo del mando durante la ausencia de Sotomayor.

124 El nombre dado a la plaza de Arauco induce a creer que la nueva fundación tuvo lugar el 23 de enero de 1591. Ese día celebraban los españoles la fiesta de San Ildefonso, arzobispo de Toledo.

Pero la situación de los españoles se hacía más y más difícil. Obligados a limitar las conquistas de la nueva campaña a la sola plaza de San Ildefonso, se hallaban sitiados, por decirlo así, dentro de sus murallas, y sin poder comunicarse con las otras colonias más que por el mar. Todos los campos vecinos quedaban en poder de los bárbaros y, por tanto, debían ser teatro de asechanzas y emboscadas contra los que quisieran recorrerlos. Los defensores de la plaza estaban obligados a hacer frecuentes salidas a los alrededores. Esta vida de alarmas y de fatigas, al paso que cansaba y destruía a la guarnición, demostraba que la pacificación definitiva de aquella comarca era mucho más difícil de todo lo que se había creído. Por otra parte, las viruelas, introducidas por primera vez en Chile treinta años atrás, y convertidas en enfermedad endémica en el país por sus reapariciones más o menos frecuentes, sobre todo en los meses de otoño, mostraron ese año una recrudescencia excepcional. En la plaza de San Ildefonso perecieron algunos soldados españoles; pero aquella cruel enfermedad hizo estragos horribles entre los indios auxiliares y de servicio, a tal punto que según refieren los cronistas, no quedó uno solo vivo de 1.300 que eran. «Ni el maestre de campo ni los capitanes tenían quién les ensillase el caballo», refiere uno de ellos. Contra su costumbre, los españoles se veían obligados a segar la hierba para sus animales, a cargar sus bagajes y a hacer todos los menesteres que siempre encomendaban a los yanaconas o indios de servicio. Parece también que, en esta ocasión, las viruelas causaron gran mortandad entre los indios de guerra; pero si esa peste los obligó a mostrarse por el momento menos belicosos, y, aun, a fingirse dispuestos a dar la paz, no desistieron por eso de su obstinada resolución de no someterse efectivamente a los españoles.[125]

---

125 Algunos cronistas posteriores han referido que esta recrudescencia de la viruela, que fue general en todo el país, fue ocasionada por el contagio traído por los auxiliares que llegaron del Perú a fines de 1591 con García Ramón. Hay en esto un error evidente, como se descubre en la correspondencia cambiada ese año entre el virrey del Perú y el gobernador de Chile. Lo que ha dado lugar a este error es que la epidemia que había hecho grandes estragos en el otoño de aquel año, se repitió a principios de 1592.

5. Pasa al Perú el maestre de campo García Ramón a pedir socorros y regresa a Chile con una compañía

Queriendo prepararse para emprender en la primavera próxima una campaña más eficaz contra los indios araucanos, resolvió don Alonso de Sotomayor pedir nuevos socorros de tropas al virrey del Perú. Creía tener el más perfecto derecho para reclamar estos auxilios, desde que aquel alto funcionario lo había privado de los 700 hombres que el rey le enviaba de España. Pero importaba enviar al Perú un hombre caracterizado y de experiencia que explicase al virrey las verdaderas condiciones de la guerra de Chile, tanto más desfavorables a los españoles que lo que fueron treinta años atrás, y la necesidad absoluta que había de enviar prontamente esos socorros. El gobernador confió este encargo a su maestre de campo Alonso García Ramón, que en toda circunstancia había demostrado tanta resolución como prudencia.

El emisario del gobernador de Chile llegaba a Lima a mediados de julio de 1591. Después de dar al marqués de Cañete todos los informes que podían servir para ilustrarlo acerca de la situación penosa en que quedaba este país, García Ramón presentó un memorial en que detallaba sumariamente lo que creía necesario para que «se concluya guerra tan envejecida y costosa, el reino tenga quietud y los soldados que en él sirven, algún premio de sus trabajos». Pedía allí 300 hombres bien equipados, 70.000 pesos en ropas para vestir a los soldados que quedaban en Chile, un navío que recorriese las costas de este país protegiendo las operaciones militares y un auxilio de municiones y de armas, entre las cuales reclamaba muy especialmente seis piezas de artillería. En una junta, o consejo de gobierno, que celebró el virrey con la real audiencia de Lima y con los oficiales reales o tesoreros del rey, se acordó dar al gobernador de Chile estos socorros.[126] Debían partir del Perú a fines de septiembre o a principios de octubre para que sirviesen en la campaña que iba a abrirse el verano siguiente.

Sin embargo, cuando comenzaron a hacerse los aprestos, aparecieron dificultades de todo orden. Don Alonso de Sotomayor había repetido sus instancias por cartas posteriores para que se le enviasen los socorros que tenía pedidos; pero el virrey no encontraba gente que quisiera enrolarse en la división destina-

---

126 Acta de la junta celebrada en Lima el 30 de julio de 1591. Este documento existe inédito en el Archivo de Indias, en un legajo de piezas concernientes a los socorros enviados a Chile por este virrey.

da a Chile, ni poseía recursos abundantes para enviar los otros auxilios. En vez de los 300 hombres de que se había hablado anteriormente, solo se reunieron 106. El virrey los equipó regularmente y adquirió, además, parte de la ropa y de los otros subsidios que se le habían pedido con tanta insistencia; pero ese escasísimo socorro no correspondía a las exigencias del gobernador de Chile. A fines de octubre, partían los auxiliares del Callao en dos buques destinados a Concepción, trayendo por jefe al maestre de campo García Ramón.[127]

La apurada situación de los servidores del rey de España en América, teniendo que atender a las más premiosas necesidades del servicio público sin contar con los recursos indispensables para ello, está perfectamente bosquejada en una extensa carta que en esa ocasión escribió el virrey del Perú al gobernador de Chile. «Justo es que vuestra merced, decía en ella, no esté tan atrás en las cosas que pasan en España para que conforme a ello acomode las de ese reino. Su Majestad tiene la guerra que vuestra merced sabe, en Flandes, en Inglaterra y ahora en Francia por ayudar a la parte de los católicos; y esto lo ha obligado a pedir servicio y empréstito entre los grandes y chicos de todos sus reinos. Me ha mandado que se varen en tierra las galeras que están en este puerto para excusar la gran costa que hay con ellas, y quite los presidios; y que la armada se entretenga de otros arbitrios sin tocar a su real hacienda, y que los oficios se vendan como lo voy haciendo, y que los salarios se reformen, y que en esta tierra no se gaste un solo real de su hacienda sino que se le envíe sin quedar ninguno. Y de ese reino no me dice más de que tenga cuenta con él y favorecerle y ayudarle, y esto con una generalidad, no expresando que en ello se gaste cosas de su hacienda. Y conforme a ello, no sé cómo ha de tomar el haber gastado después que vine a este reino más de 300.000 pesos[128] en los

---

127 El marqués de Cañete, queriendo premiar los servicios prestados en Chile por García Ramón, le dio un pequeño repartimiento de indios que había quedado vacante en el Cuzco. En las cuentas de los gastos ocasionados por la adquisición y envío de estos socorros, y que figuran entre los documentos de que habla la nota anterior, están anotadas algunas cantidades pagadas al piloto Juan Fernández por el transporte de varios artículos y otros servicios prestados en esas circunstancias. Probablemente éste es el mismo descubridor de las islas que llevan su nombre, aunque ese nombre era entonces tan común entre los españoles que se le halla frecuentemente en las crónicas y documentos relativos a los sucesos más lejanos y diversos.

128 La copia de esta carta que existe en el Archivo de Indias, dice claramente «300.000 pesos»; pero me inclino a creer que es un error de pluma y que debía decir 60.000 pesos. En efecto, de las cuentas enviadas a España por el mismo marqués de Cañete sobre lo

socorros que he enviado y ahora van, y en navíos de armada que han ido; y así yo no me atreveré a enviar más socorro de gente ni de ropa sin expresa cédula de Su Majestad, como se lo escribo y doy cuenta de todo... Y así convendrá que vuestra merced eche su cuenta y considere que está en tierra rica de oro y llena de muchos y muy buenos mantenimientos y costa de mar, y más entera de indios que otra ninguna, y acomode vuestra merced esto como lo han hecho cuantos gobernadores hay y ha habido en las Indias, y para que se sustente y viva la gente con lo que hay en la tierra como se ha hecho hasta ahora, y no echarse tan de todo punto sobre lo que hay en las cajas reales.»[129] El virrey del Perú, defendiendo con tanta decisión los caudales que estaba encargado de administrar, trazaba en esa carta el cuadro poco literario es verdad, pero bastante claro y comprensivo, de la situación deplorable en que se hallaba el tesoro del poderoso rey de España.

6. La escasez de tropas impide renovar las operaciones: Sotomayor se traslada al Perú y sabe allí que ha sido separado del gobierno

A pesar de la exigüidad de los socorros que en esta ocasión enviaba a Chile, el virrey marqués de Cañete insistía empeñosamente en su plan de establecerse fijamente en el corazón del territorio enemigo. «El poblar vuestra merced a Arauco, Tucapel y Purén, decía en la carta citada, lo tengo por muy útil y necesario; y estas poblaciones, entiendo que se sustentarán las de Arauco y Tucapel con cada cien hombres, y estos con repartirles los indios que hubiere en el distrito del lugar, algunos por vía de repartimiento y otros de materiales (trabajadores) para hacer sus casas y labrar sus chacras. Y con la compañía de arcabuceros de a caballo y otros cien soldados que ahora envío y otros ciento de los que allá hubiere, entiendo sustentarán muy bien los dos pueblos de Arauco y Tucapel, que me parecen ahora los más forzosos. Crea vuestra merced que

---

gastado en el socorro de Chile, aparece la inversión siguiente en cada uno de los años que se expresan: 1589: 460 pesos; 1590; 36.502 pesos; 1591: 24.407 pesos. Todo lo cual da un total de 61.369 pesos, que era lo que hasta octubre de 1591 se había gastado en los socorros enviados a Chile. A estas cifras habría que agregar aún 2.272 pesos importe de socorros enviados en 1592, y 1.120 pesos en 1593, para hacer la suma de 64.761 pesos ensayados, o sea, castellanos de plata.

[129] Carta inédita del marqués de Cañete a don Alonso de Sotomayor, Lima, octubre 18 de 1591.

todas las Indias se han ganado y conservado poblando; y los pobladores son los que los asientan y traen los indios de paz, y así lo han hecho cuantos buenos capitanes ha habido en ellas.»

La verdad de esta última observación del marqués de Cañete, era indisputable. Sin duda alguna, la guerra de campeadas en el territorio enemigo podía hacer a éste más o menos daño; pero la pacificación de los bárbaros no debía conseguirse sino fundando y sosteniendo ciudades en medio de ellos. Este plan, sin embargo, no podía ponerse en ejecución con las fuerzas diminutas que tenía bajo sus órdenes el gobernador de Chile. El refuerzo de 106 hombres que traía del Perú García Ramón, y que llegaron a Chile en los primeros días de diciembre de 1591, no mejoraba en nada su situación ni le permitía pensar en otra cosa que en mantenerse a la defensiva. Por otra parte, las viruelas, que habían destruido a los indios auxiliares, continuaban haciendo los más desastrosos estragos entre los soldados españoles, y causándoles pérdidas que un escritor contemporáneo avalúa en un tercio del número de sus tropas. Pero todavía tuvieron los españoles que experimentar otra desgracia. Incendiose el fuerte de Arauco con los bastimentos, ropas y municiones que en él había; y fue necesario que el gobernador contrajese toda su actividad a la reconstrucción de aquellas fortificaciones para poner a sus defensores fuera del peligro de verse atacados por los bárbaros. «El estado de los soldados, dice un documento de esa época, estaba el más flaco y necesitado, porque en diecisiete meses, desde el fin del año 90 hasta abril del 92 faltaron cerca de 300 soldados, y los que quedaron, muy mal tratados y destruidos por causa del incendio y quema del fuerte de Arauco, donde se les quemó toda la poca ropa que tenían.»[130] El gobernador se vio forzado a dejar pasar todo el verano sin intentar siquiera llevar a cabo la proyectada fundación de ciudades.

Seguramente, en 1581, cuando salía de España, don Alonso de Sotomayor debió abrigar la confianza de que en pocos meses había de dar cima a la pacificación absoluta y definitiva de Chile. En abril de 1592, después de cerca de nueve años de gobierno, se sintió, sin duda, abrumado por la más amarga decepción al ver el ningún resultado de sus campañas y la inutilidad de sus esfuerzos. Pero tantas contrariedades no alcanzaron a abatir su espíritu. Creyó

---

130 Copio estas palabras de una información inédita todavía, que en diciembre de 1594 hizo levantar en las ciudades del sur el gobernador de Chile Martín Óñez de Loyola, para hacer constar el estado de este país cuando él se recibió del mando.

que todavía era tiempo de hacer un nuevo esfuerzo para dar cima a la empresa que había acometido, y se persuadió de que si obtenía los socorros que solicitaba, habría de asentar para siempre el dominio de su rey en el territorio araucano. Queriendo aprovechar los meses en que el invierno imponía tregua a las operaciones militares, y convencido, además, de que nadie mejor que él podría hacer comprender en Lima las condiciones de la guerra, el gobernador determinó trasladarse inmediatamente al Perú. Confió al coronel Francisco del Campo el mando de las tropas establecidas en Valdivia y en las otras ciudades australes, y al maestre de campo García Ramón el de los acantonamientos más vecinos al Biobío; y en los últimos días de abril se puso en marcha para Santiago. Quería arreglar aquí algunos asuntos administrativos antes de tomar el buque que debía conducirlo al Perú. Por fin, el 30 de julio se embarcaba en Valparaíso en la entera persuasión de que antes de cinco meses estaría de vuelta en Chile con algunos auxilios de tropa y de municiones para abrir en el verano próximo una campaña eficaz contra los araucanos. El día siguiente (31 de julio de 1592), se recibía del mando superior del reino el licenciado Pedro de Viscarra, letrado anciano y circunspecto, que cerca de dos años antes había llegado de España con el título de teniente de gobernador y justicia mayor del reino de Chile.[131]

Don Alonso de Sotomayor llegó al Callao en los últimos días de agosto. Al querer iniciar sus gestiones para obtener los socorros que buscaba, supo que había dejado de ser gobernador de Chile.[132] En efecto, el 18 de septiembre de 1591, Felipe II había firmado una real cédula por la cual Sotomayor debía

---

131 Acta del Cabildo de 31 de julio de 1592, en el libro 6 de acuerdos, inédito todavía. El licenciado Pedro de Viscarra, que debía desempeñar más tarde un papel muy importante en la colonia, llegó a Santiago, como ya dijimos, el 6 de octubre de 1590, y entró luego en funciones reemplazando al doctor Lope de Azócar. De los libros capitulares, aparece que el licenciado Viscarra presidía el Cabildo en sesión del 12 de octubre de 1590. Entonces tenía en sus manos el gobierno por ausencia de Sotomayor, que había salido a campaña.

132 El padre Alonso de Ovalle, que en su *Histórica relación* ha referido más o menos extensamente el gobierno de Sotomayor, cuenta en el capítulo 8 del lib. VI que cuando este gobernador llegó al Callao, el virrey del Perú le ordenó que sin bajar a tierra se volviese a Chile. Añade que, sin embargo, el virrey revocó su orden cuando leyó una exposición que le envió Sotomayor, a causa de la cordura que éste manifestaba en ese escrito, y que por esto «no solo dio orden para que desembarcase sino para que se le hiciera un gran recibimiento, saliendo a ello la ciudad y Cabildo»; y sigue contando cómo fue recibido. El padre Rosales ha consignado con menos accidentes el mismo hecho en el capítulo 48. lib. IV de su *Historia general*. Sin embargo, todo aquello no pasa de ser una invención, nacida, sin duda, de la orden que recibió Sotomayor de volver a Chile a dar su residencia.

quedar separado del mando. En esa provisión confiaba el gobierno de este país a Martín Óñez de Loyola, caballero de la orden de Calatrava. Este capitán, que había adquirido cierto renombre en el Perú por una feliz campaña contra el último descendiente de los incas, se hallaba entonces ocupado en hacer sus preparativos para entrar en campaña contra los araucanos. El monarca y sus más caracterizados consejeros persistían en creer que la reducción de esos bárbaros era una empresa más o menos posible, y que su éxito dependía no tanto de las fuerzas y recursos que se pusieran en acción, como de las dotes del jefe a quien se le confiara el mando.

Parece que después de su separación del gobierno, demostró don Alonso de Sotomayor la misma entereza que en los días en que ejerció el mando. Volvió a Chile a dar cuenta de sus actos en el juicio de residencia a que estaban obligados los altos funcionarios de la administración colonial. Todo hace creer que Sotomayor no había dejado en este país ardientes enemigos, y que en aquel proceso faltaron los apasionados acusadores que tantas amarguras habían ocasionado a otros mandatarios. Así, pues, su residencia fue un verdadero triunfo para él. El juez de la causa, el licenciado Luis Merlo de la Fuente, que vino expresamente del Perú para residenciarlo,[133] declaró que don Alonso había ejercido el mando con cuidado y limpieza, y que por tanto era acreedor a cualquiera merced que quisiera hacerle el soberano. Con esa sentencia volvió Sotomayor al Perú en viaje a España; pero fue detenido por el virrey marqués de Cañete para confiarle el gobierno de la provincia de Panamá amenazada entonces de una invasión inglesa que tenía por jefe a Francisco Drake, el más obstinado y temible enemigo del poder español. Don Alonso de Sotomayor pudo prestar en esa ocasión a su rey servicios mucho más importantes que los que había prestado hasta entonces, y esos servicios le han granjeado un alto renombre en la historia de su tiempo; pero, aunque tendremos que recordar más adelante algunos de ellos, no entra en el cuadro de nuestro libro referirlos detenidamente.[134]

---

133 El licenciado Luis Merlo de la Fuente, que más tarde ocupará muchas páginas de nuestra historia, llegó a Chile a fines de 1592. El 29 de diciembre de este año fue recibido por el Cabildo en su carácter de juez de residencia para juzgar la conducta de don Alonso de Sotomayor.

134 El libro de Caro de Torres titulado *Servicios* de don Alonso de Sotomayor, que hemos citado tantas veces, muy breve y sumario en la parte que se refiere a la vida de este personaje en Chile, se extiende y dilata al contar su gobierno en Panamá y la resistencia que allí organizó

Capítulo XII. Estado administrativo y social de Chile al terminar el siglo XVI

1. Población de Chile al terminar el siglo XVI; los españoles. 2. Los esclavos. 3. Los indios de servicio. 4. Rápida disminución de estos indios en Santiago y La Serena; arbitrios inventados para reemplazarlos. 5. Ineficacia de la acción de los misioneros para civilizar a aquellos indios. 6. Los mestizos: ayuda que prestan muchos de ellos a los indios en la guerra contra los españoles. 7. Dificultades que ofrecía el gobierno de la colonia: competencias constantes de las autoridades. 8. La guerra era la preocupación general: incremento del poder militar de los indios y decadencia de los españoles. 9. Manera de hacer la guerra a los indios, usada a fines del siglo XVI: ineficacia de las correrías militares de los españoles; relajación introducida en la disciplina de las tropas. 10. Frecuentes y ruidosas competencias entre los poderes civil y eclesiástico; condición del clero de esa época. La inquisición de Lima crea el cargo de comisario en Chile: establecimiento de la bula de cruzada; el cabildo de Santiago se hace representar por medio de sus apoderados en el concilio provincial de Lima. 11. Pobreza del erario real de Chile; rentas públicas y contribuciones, ventas de oficios. 12. La industria minera, su decadencia. 13. La agricultura y las otras industrias derivadas de ella. 14. Administración local; los trabajos del Cabildo. Corridas de toros. 15. Costumbres: gran número de días festivos; criminalidad. 16. Primeras escuelas. 17. La descripción histórica y geográfica de Chile.

---

contra los ingleses. En ese libro encontrará el lector abundantes noticias para conocer el resto de la vida de Sotomayor. Ya hemos dicho que siendo este libro sumamente raro en la edición de Madrid de 1620, nosotros la reimprimimos en el tomo V de la Colección de historiadores de Chile.

Más adelante habremos de contar cómo, por real cédula de 7 de enero de 1604, Felipe III nombró otra vez a don Alonso de Sotomayor gobernador de Chile, y los motivos que éste tuvo para no aceptar el cargo, como también contaremos la oposición que en su carácter de miembro de la junta de guerra de Madrid opuso en los primeros meses de 1610, pocos días antes de morir, a la adopción del sistema de guerra defensiva propuesto por los jesuitas para reducir a los indios de Chile. Aquí recordaremos solo que por cédula de 5 de septiembre de 1609, mandó Felipe III que se le pagaran en Chile 5.000 pesos anuales como producto de una encomienda de indios en Aconcagua, cédula que registró el cabildo de Santiago a fojas 28 del libro 6 de sus acuerdos. La muerte de Sotomayor, ocurrida en mayo de 1610, no le permitió gozar de este beneficio.

1. Población de Chile al terminar el siglo XVI; los españoles

Hemos llegado en nuestra narración a uno de los períodos más críticos y lastimosos de la historia patria. Al terminar el siglo XVI, todo el edificio de la conquista estuvo amenazado de ruina, las armas españolas sufrieron los desastres más espantosos, y los bárbaros, robustecidos por una serie no interrumpida de triunfos, casi alcanzaron a deshacerse absolutamente de sus opresores. Antes de entrar a referir estos graves sucesos, que ocuparán los capítulos siguientes, debemos suspender un momento nuestra relación para agrupar algunas noticias de otro orden que contribuirán a dar a conocer las causas y la elaboración de aquel cataclismo.

El establecimiento de los españoles en el Nuevo Mundo no había sido provocado por causas análogas a las que produjeron la colonización entre los pueblos antiguos ni a las que han estimulado la emigración en otros países.[135] La exuberancia de la población que hace difícil la vida en la madre patria, o las persecuciones políticas o religiosas que obligan a desterrarse a cierta clase de habitantes, han determinado de ordinario la colonización de apartadas regiones, a donde los inmigrantes van a fijarse buscando una nueva patria en que puedan hallar la fortuna y la tranquilidad de un hogar estable. Los españoles del siglo XVI no se hallaban en uno ni en otro caso. Estimulados por un espíritu inquieto y batallador, que constituía un carácter encamado en la raza por la lucha secular contra los moros, ellos corrían en busca de aventuras que podían enriquecerlos rápidamente, en un mundo nuevo que las primeras noticias que de él tuvieron, y más que todo, la pasión por lo maravilloso, pintaban como cuajado de los más espléndidos tesoros. Muy pocos de esos primeros inmigrantes pertenecían en la metrópoli a las clases agricultoras, que son las que se fijan más sólidamente en el país a donde llegan. Eran, con pocas excepciones, soldados que salían

---

135 «El primer establecimiento de las diferentes colonias europeas en América no ha tenido por causa un interés tan sencillo y tan evidente como aquel que dio lugar al establecimiento de las antiguas colonias griegas y romanas», decía el eminente economista Adam Smith. Y más adelante agrega: «El establecimiento de las colonias europeas en América y en las Indias orientales no ha sido un efecto de la necesidad; y aunque la utilidad que de él ha resultado haya sido muy grande, todavía no es completamente clara y evidente. Esta utilidad no fue sentida a la época del primer establecimiento: ella no fue el motivo ni de este establecimiento ni de los descubrimientos que se originaron, y aun hoy día (1776), la naturaleza de esta utilidad, su extensión y sus límites no son quizá cosas perfectamente comprendidas». Adam Smith, *Wealth of nations*, book. IV, chap. 7.

de los ejércitos del rey, con la esperanza de labrarse en lejanas y temerarias empresas una posición que les habría sido muy difícil alcanzar en España. Su pensamiento era volver en poco tiempo más a la madre patria a gozar de las riquezas recogidas en aquellas riesgosas expediciones.[136] Esto fue lo que hicieron muchos de los primeros conquistadores de América después que adquirieron una fortuna más o menos considerable, repartiéndose los tesoros que encontraron acumulados por los indígenas. Los menos afortunados de entre ellos, los que quedaron esperando mayores beneficios que los alcanzados en los primeros días, tuvieron que dedicarse a la industria, y contra sus deseos, fueron en la mayor parte los que al fin se resignaron a establecerse en estos países, que por otra parte les presentaban condiciones ventajosas para vivir ellos y sus familias en cierto bienestar. Se comprende que bajo la influencia de este espíritu, la población española de América no podía incrementar considerablemente en los primeros tiempos.

Pero influyeron, además, otras causas para limitar la población española en las nuevas colonias. Previendo, sin duda, la despoblación gradual de España, deseando, también, evitar la fuga de malhechores o de deudores alzados, y el que pasasen a América hombres peligrosos, la ley dispuso que nadie pudiera embarcarse sin un permiso acordado por el rey o por la Casa de Contratación. Ese permiso no era, como podría creerse, un simple pasaporte que se daba a todo el que lo pedía. Muy al contrario de eso, era preciso hacer constar que el interesado no tenía ningún impedimento legal para salir de España, que ni él ni sus mayores habían incurrido en pena por delito de judaísmo o herejía, y el objetivo de su viaje. Como todos los que pasaban al Nuevo Mundo debían

---

[136] Otro economista muy distinguido ha caracterizado perfectamente este espíritu de los primeros pobladores españoles de América, en las palabras siguientes: «Los que fundaron las primeras colonias fueron en su mayor parte aventureros que buscaban, no una patria adoptiva sino una fortuna que pudieran llevar consigo para gozar de ella en su propio país. Los primeros entre ellos encontraron con qué satisfacer su codicia, por grande que ella fuese. Después de haber agotado los recursos anteriormente reunidos por los indígenas, fueron obligados a recurrir a la industria para explotar las minas de los nuevos países y las riquezas mucho más preciosas de su agricultura. Nuevos colonos los reemplazaron, que en su mayor parte conservaron el mismo espíritu, el deseo no de vivir en la abundancia en sus tierras y de dejar al morir una familia feliz y una reputación sin mancha, sino el deseo de ganar mucho para ir a gozar en otra parte de la fortuna que hubiesen adquirido. Este motivo introdujo los medios violentos de explotación, en el primer rango de los cuales es menester contar la esclavitud». J. B. Say, *Traité d' economie politique*, lib. I, capítulo 19.

embarcarse en Sevilla en las flotas que salían cada año, era posible mantener una estricta vigilancia en el cumplimiento de estas disposiciones. Cada capitán de buque estaba obligado a declarar bajo juramento que no llevaba consigo ningún hombre que no estuviese provisto de este permiso. Los que burlaban estas precauciones estaban sometidos a severas penas. Por lo que toca a los extranjeros, les estaba absolutamente prohibido el pasar a América, o solo podían hacerlo mediante una autorización que era mucho más difícil conseguir. Trabas análogas impedían a los colonos trasladarse de una provincia a otra. Los virreyes y los gobernadores estaban aquí autorizados para conceder esos permisos bajo las mismas condiciones y para imponer penas a los que las violasen.[137]

Como hemos podido observar en otras partes de nuestra historia, en algunas de las colonias españolas de América se había tenido también el propósito de limitar el número de sus habitantes de origen europeo. Se creía que la afluencia de soldados y de aventureros que venía de la metrópoli a abrirse camino en las guerras de la conquista, y a buscar fortuna en las minas del nuevo mundo, era una causa de perturbaciones y de revueltas desde que estos países no podían ofrecer riquezas abundantes para todos. En el Perú no solo no se quería recibir nuevos colonos sino que se pensó en hacer salir a muchos de los que se

---

[137] Sería, sin duda, muy curioso el poder fijar con exactitud la cifra de la población española de América en los diversos períodos o cuartos del siglo XVI; pero los documentos y las relaciones de esa época contienen muy pocos datos seguros de este orden. En esa época, ni durante todo el siglo siguiente, ninguno de los Estados de Europa, ni aun los más adelantados, formó censos ordenados y exactos de su población; de tal suerte que los datos consignados en los documentos descansan sobre conjeturas más o menos fundadas. En América, las noticias de este orden son todavía más inciertas y deficientes. Se ha calculado, quizá con exageración, que en 1547, cuando Gonzalo Pizarro se hizo dueño absoluto del Perú, este país, que había atraído un número más considerable de pobladores europeos que cualquiera otra colonia del Nuevo Mundo, contaba solo 6.000 habitantes de origen español. El milanés Jerónimo Benzoni, que con permiso del rey de España vivió en América doce años (1541-1553), a su vuelta a Europa, publicó en Venecia en 1565 *La historia del Mondo Nuovo*, obra notable, varias veces reimpresa y traducida luego al francés, al latín y al alemán. Es una especie de relación de los viajes del autor, en que ha incorporado con método la descripción general de estos países, noticias acerca de sus habitantes, y la historia sumaria, pero bien hecha de la conquista, juzgando de todo con criterio bastante seguro, y revelando con franqueza los horrores cometidos por los españoles. Allí asienta que la población europea de la América por los años de 1550 debía ser de 15.000 almas, y aunque esto es un simple cálculo, debe estimarse como muy aproximativo conociendo la seriedad y la competencia del que lo ha hecho.

habían establecido allí. El desarme de algunos cuerpos de tropas después de las revueltas que se siguieron a la conquista, había dejado sin ocupación a muchos de los pobladores españoles. Los gobernantes tuvieron empeño en alejarlos de ese territorio, haciéndolos salir con varios pretextos o razones. Se recordará que esto se llamaba «descargar la tierra».[138]

En Chile, por el contrario, los gobernadores, desde Pedro de Valdivia hasta don Alonso de Sotomayor, habían hecho toda clase de diligencias para traer pobladores europeos. No solo pedían refuerzos de tropas a España y a las otras colonias sino que tomaban medidas de todo orden, muchas veces violentas y represivas, para impedir que pudieran salir del país los que habían venido a él. Uno de esos gobernadores escribía con este motivo las palabras siguientes: «Este reino tiene necesidad de que en él haya mucha gente, porque lo que en otros de estas partes podría ser dañoso, en éste no lo es, antes puestos los hombres en esta tierra, toman asiento».[139] Se solicitaban colonos españoles para engrosar el número de los soldados que salían a la guerra y para dar pobladores a las nuevas ciudades y vida a la industria que comenzaba a nacer. Pero antes de mucho, Chile adquirió una triste nombradía. Contábase de él en España y en América que poseía un suelo fértil y un clima benigno, pero que sus minas rendían poco oro, y que sus indígenas eran salvajes obstinados y feroces con quienes era necesario sostener una lucha acompañada por las mayores penalidades, y a la cual no se le divisaba término. Resultó de aquí que a pesar del empeño puesto por los gobernantes de Chile, la población española de este país se incrementó lentamente y en una escala bastante reducida.

En 1583, en la época en que don Alonso de Sotomayor llegaba a Chile a hacerse cargo del mando superior, la población viril de origen español de todo el reino, según un cálculo que merece confianza, no alcanzaba a 1.100 hombres; y al terminarse el gobierno de ese capitán, cuando habían venido de España y del Perú los refuerzos de que hemos dado cuenta, esa misma población no podía elevarse a mucho más de 2.000 hombres.[140] Se ha calculado que

---

138 Véase la pág. 250 del tomo I, y 83 del tomo II de esta historia.
139 Carta de Martín Ruiz de Gamboa al rey, 31 de marzo de 1580.
140 «Halló don Alonso, cuando tomó la gobernación, en toda esta provincia que tiene de largo casi 300 leguas desde Chiloé que es la primera población que hacia el estrecho hasta Copiapó que es la postrera hacia el Perú, menos de 1.100 hombres de toda edad, y de estos más de la mitad viejos y enfermos con todas estas dificultades». Carta inédita a Felipe II del tesorero Bernardino Morales de Albornoz, Santiago, septiembre 26 de 1583.

hasta esa última época, Chile había recibido en soldados venidos del exterior más de dos veces ese número; que en ese tiempo habían nacido en el país más de 1.000 hijos de españoles; y que estos habían hecho las campañas contra los indios; pero las guerras, las pestes y seguramente la salida del país de un número considerable de individuos, limitaban el incremento de la población.[141]

Esos 2.000 individuos de origen español que poblaban Chile el año de 1592, vivían repartidos en diez pequeñas y modestísimas aldeas, a las cuales, sin embargo, se les daba el pomposo nombre de ciudades.[142] La más populosa de todas ellas era indudablemente Santiago; pero debía contar entonces unos 500

---

141 A fines de 1593, el gobernador de Chile Martín García Óñez de Loyola envió al Perú al sargento mayor Miguel de Olaverría a pedir al virrey socorros de tropa para proseguir la guerra contra los indios. Este emisario continuó su viaje a España, y allí escribió un extenso y curioso memorial que existe en el Archivo de Indias. Pasa en revista los principales hechos de aquella guerra, describe el territorio, sus ciudades, sus habitantes y consigna noticias del mayor interés. Aunque ese memorial carece de fecha, se ve por su contenido y por los hechos que acabamos de recordar, que ha debido ser escrito en 1598. Allí hace una reseña de los diversos auxilios de tropas que desde los primeros tiempos recibieron los gobernadores de Chile, todos los cuales le dan un total de más de 3.670 hombres. A esta cifra había que agregar más de 1.000 hijos de españoles nacidos en Chile, «y otra mucha cantidad que han ido del Perú sueltos por mar y por tierra, desterrados y de su voluntad». Se sabe que un número considerable de esos soldados había conseguido por un medio u otro salir de Chile, que muchos habían muerto en la guerra o a causa de las epidemias, y que otros se habían hecho frailes. De los documentos de esa época aparece también que morían muchas personas ahogadas en el paso de los ríos. Así se comprende que la población no aumentase con la rapidez que era de suponer.

He tenido a la vista un estado, seguramente incompleto, formado a fines de 1593 para fundar la petición de socorros que debía hacer en el Perú el sargento mayor Miguel de Olaverría, en que se anotan las reducciones que por un motivo o por otro había sufrido el ejército de Chile desde principios de noviembre de 1591; y que en su total ascendían a 233 individuos. Esta cifra se descompone de la manera siguiente: Muertos de viruela, 48; de otras enfermedades, 40; en la guerra contra los indios, 13; ahogados en el paso de los ríos, 19; asesinados por sus camaradas, 8; ahorcados por la justicia, 10; muerto por su propio caballo, 1; «de su muerte», probablemente suicidado, 1; ordenados de clérigos o frailes, 42; fugados de Chile y licenciados por el gobernador para salir del país, 51. El estado no contiene indicación alguna sobre la mortalidad de mujeres y niños.

142 Eran estas ciudades: La Serena, Santiago, San Bartolomé o Chillán, Concepción, Angol, Imperial, Villarrica, Valdivia, Osorno y Castro. Dentro de la gobernación de Chile existían, además, las ciudades de San Juan y de Mendoza, situadas al oriente de los Andes; pero por su posición geográfica y por las dificultades de las comunicaciones a través de las cordilleras, que permanecían cerradas por la nieve durante la mitad del año, esas dos ciudades podían considerarse en cierto modo segregadas, a tal punto que ellas no contribuían con sus contingentes de soldados para el sostenimiento de la guerra araucana. Así, pues, en el cómputo de 2.000 varones españoles que damos a Chile en 1592 partiendo de los datos

habitantes españoles o hijos de españoles. Algunas de las otras llamadas ciudades, como Chillán y Castro, no tenían de tales más que el nombre; y el número de los vecinos de cada una de ellas no podía pasar de cincuenta o sesenta. La población española de los campos era escasísima en esa época, y enteramente accidental, limitada a ciertos períodos del año. Los conquistadores se reunían en los pueblos no solo para disfrutar de mayores comodidades sino para precaverse de los ataques y asechanzas de los indios que poblaban sus estancias. La guerra era, como sabemos, la preocupación principal de esa gente. Tenían más o menos la obligación de servir en ella todos los hombres que estaban en estado de llevar armas. Había, además, cuerpos regularizados de tropa cuyos individuos habían venido de España y del Perú expresamente enganchados para la guerra. Sin embargo, los gobernadores de Chile no pudieron sacar ordinariamente a campaña más de 500 soldados. Limitándonos a dejar aquí constancia de estas cifras, tendremos ocasión en las páginas siguientes de consignar algunas noticias acerca de la vida industrial y militar de aquella población.

2. Los esclavos

Al lado de los españoles vivían los negros esclavos que aquellos habían introducido. No hallamos en los documentos ni en las antiguas relaciones indicación alguna para establecer ni aproximadamente siquiera el número de esclavos de origen africano que había entonces en Chile. Parece, sin embargo, que ese número fue siempre muy limitado. El alto precio a que se vendían los negros en el Perú, era motivo más que suficiente para que no pudieran poseer muchos esclavos los encomenderos de Chile. Por esto mismo, no se aplicaba a los negros a los trabajos industriales, esto es, al cultivo de los campos, que se

---

que nos da el tesorero Morales de Albornoz, no debe incluirse la población española de aquellas dos ciudades que, sin duda alguna, no pasaría entonces de 300 almas.
En un memorial anónimo y muy destrozado, acerca de la guerra de Chile que encontré en un volumen de manuscritos de la Biblioteca Nacional de Madrid, y que según su tenor parece ser de 1580, hallé algunos datos que confirman las noticias que hemos dado acerca de la población de Chile en esos años. Así, hemos leído en él que las ciudades de Valdivia, Villarrica y Osorno podían dar por junto hasta 120 hombres de armas.
En carta de Óñez de Loyola al rey, escrita en Concepción en 19 de enero de 1598, hallamos algunas indicaciones que confirman los datos y cifras anteriores. «En los más de los pueblos, dice allí, no hay cien hombres donde más; y en los más no pasan de sesenta». Según esa carta, los pueblos más importantes de Chile eran en esa época Santiago y Osorno. Aparece allí que algunos de los otros no tenían más que dos casas cubiertas con tejas.

hacía por medio de los indios de encomienda. Los esclavos eran destinados al servicio doméstico de las familias. En algunas ocasiones salían a la guerra como escuderos o asistentes de sus amos. Estos, además, acostumbraban arrendar sus esclavos para que desempeñasen los oficios más humildes de la administración pública: los de pregoneros y verdugos.

Sometidos por las ideas y las costumbres de la época a los castigos casi discrecionales que podían aplicarles sus amos, dominados por un despotismo que debía mantenerlos en el más abyecto embrutecimiento, los negros sabían buscarse sus distracciones en fiestas y borracheras y en juegos de azar. Se fugaban con frecuencia del lado de sus amos, se asilaban en los campos y a veces se convertían en salteadores de caminos. La autoridad pública dictó entonces ordenanzas y reglamentos para reprimir estos desmanes con castigos verdaderamente terribles. En marzo de 1569, la real audiencia de Lima sancionaba una ordenanza de policía y buen gobierno de la ciudad de Santiago, que seguramente no contiene más prescripciones que las que en distintos años había dictado el Cabildo de esta ciudad.[143] Hay allí tres artículos concernientes a los esclavos por los cuales, bajo la pena de azotes, y, en ciertos casos, de enclavarles una mano en la picota, se les prohíbe andar en la calle después del toque de queda, llevar armas y hacerse servir por indias o por indios, como lo hacían los señores encomenderos.

Pero existe, además, una ordenanza especial referente a los negros esclavos que da la medida de la manera como eran tratados esos infelices. El domingo 10 de noviembre de 1577, el licenciado Calderón, teniente de gobernador bajo la administración de Rodrigo de Quiroga, hacía pregonar en la plaza y en las calles de Santiago, un decreto de once artículos que podría llamarse el código penal de los esclavos de la Colonia. De autoridad propia, sin consultar a nadie, y sin esperar la aprobación de ningún poder superior, el teniente gobernador establecía las penas que debían aplicarse a los esclavos: que huyesen de la casa de sus amos, que usaren armas, que se reuniesen en borracheras, que jugasen prenda de valor o que tuviesen parte en robos y salteos, y esas penas eran: los azotes, la amputación de uno o de los dos pies y, en ciertos casos, la muerte. Puede dar una idea del rigor de esa ordenanza la lectura de cualquiera

---

[143] La ordenanza de 30 de marzo de 1569, conservada en el cabildo de Santiago, fue impresa por don Claudio Gay según una copia sacada en 1788, y se halla en el tomo I, págs. 187-210 de los *Documentos* que acompañan a su historia.

de sus artículos. «Ítem, dice el segundo de ellos, cualquier esclavo o esclava que estuviere huido fuera del servicio de su amo más de tres días y menos de veinte, el que lo prendiere, ora sea alguacil o no lo sea, tenga de derechos 10 pesos, los cuales pague el amo de tal esclavo o esclava, al cual esclavo o esclava le sean dados 200 azotes, por las calles públicas por la vez primera, y por la segunda 200 azotes y se desgarrone de un pie, y por la tercera al varón se le corten los miembros genitales y a la mujer las tetas.»[144] Todavía son más inhumanas algunas de las otras disposiciones.

3. Los indios de servicio

La condición de los esclavos africanos solo era comparable a la de los indios de servicio. En el curso de los capítulos anteriores hemos indicado en qué consistía el sistema de las encomiendas y cómo este sistema organizó la esclavitud de los indios, sometiéndolos al trabajo servil a beneficio de los encomenderos.[145] Más tarde, en 1559, bajo el gobierno de don García Hurtado de Mendoza, el licenciado Hernando de Santillán había intentado regularizar ese trabajo estableciendo por medio de reglas fijas los deberes recíprocos de los indios y de sus amos, a fin de asegurar a aquellos una existencia menos dura, y alguna utilidad como fruto de su trabajo.[146] Pero la codicia de los encomenderos hizo ilusorias las disposiciones de esas ordenanzas. Como se recordará, el trato de los indios siguió siendo inhumano y vejatorio, produjo quejas de todas clases que llegaron hasta el trono del rey, y dio origen a la ordenanza denominada tasa de Gamboa.[147] Esta ley suprimía la servidumbre de los indios, los libertaba del trabajo personal a que estaban sometidos por la constitución de las encomiendas y los sometía al pago de un impuesto en dinero en beneficio de sus encomenderos.

Esta reforma, como hemos tenido ocasión de observarlo en otras partes, no podía producir los resultados que se buscaban. Los indios de Chile vivían en un

---

144 La ordenanza del licenciado Calderón sobre esclavos, no ha sido publicada nunca, ni creo que exista en los archivos de Chile. En la sección de manuscritos de la Biblioteca Nacional de Madrid hallé una copia antigua, autorizada por escribano, con la certificación de haber sido pregonada en Santiago en la forma usada en tales casos. De allí tomé la copia que poseo de este curioso documento.
145 Véase parte III, capítulo 6, § 6 a 9.
146 Véase parte II, capítulo 20, § 4.
147 Véase parte III, capítulo 28, § 2.

estado tal de barbarie que era absolutamente imposible reducirlos a un régimen de disciplina social que los inclinara a un trabajo ordenado y que los pusiera en condición de pagar aquellos impuestos. Eximidos del servicio personal, debían volver fatalmente a sus antiguos hábitos y a su ociosidad incorregible. La tasa de Gamboa, después de un ensayo desventurado de tres años, en que, sin duda, ni siquiera se cumplieron lealmente sus disposiciones, y de los más apasionados debates, fue derogada por don Alonso de Sotomayor en los primeros días de su gobierno.[148] Los indios volvieron a quedar sometidos al régimen antiguo.

La institución de las encomiendas debía servir sobre todo al cultivo de los campos y a la explotación de las minas. En efecto, los indios sometidos habían sido destinados por sus amos a los lavaderos de oro y a los trabajos agrícolas, es decir, a las siembras y plantaciones, y al pastoreo de los ganados. Se les ocupaba, además, en la construcción de las casas, en el carguío y transporte de la madera y de otros materiales, y con frecuencia, sobre todo a las mujeres, en el servicio doméstico.[149] El trato de esos infelices, según se ve en los documentos y en las antiguas relaciones, era casi siempre cruel e inhumano. Las ordenanzas de Santillán primero, y más tarde algunas disposiciones de don Alonso de Sotomayor, cuando derogó la tasa de Gamboa, habían establecido que los indios tuviesen una parte en los beneficios de las industrias a que fueran destinados; pero en la práctica, esas disposiciones se cumplían de la manera más abusiva que es posible imaginar. El encomendero creía haber satisfecho sus deberes con dar a los indios algunas piezas de ropa de escaso valor y el alimento durante el tiempo de faena. Los que eran destinados a los trabajos agrícolas, vivían al menos en sus chozas al lado de los suyos; pero los que debían partir a las minas y a los lavaderos, quedaban separados de sus familias durante ocho meses del año.

En las ciudades del sur, aun en los lugares en que los indios parecían haber dado la paz, el servicio de las encomiendas distaba mucho de estar establecido bajo bases tranquilizadoras. En torno de los pueblos, los españoles habían

---

148 Véase parte III, capítulo 9, § 1.
149 Las indias eran ocupadas en las casas de los españoles como nodrizas de sus hijos. Resultaba de aquí que todos los niños de origen español hablaban entonces la lengua chilena alternativamente con el castellano. Solo un siglo más tarde, cuando la población indígena de pura raza india se hizo más escasa, comenzó a desaparecer gradualmente el antiguo idioma nacional.

plantado viñedos y arboledas, y criaban ganados; pero no podían salir al campo sin ciertas precauciones, sin andar armados y en compañía, para no verse atacados de sorpresa, ni podían tampoco dejar sus caballos o sus bueyes fuera de la ciudad una o dos noches seguidas, sin peligro de que se los robasen los indios comarcanos.[150] Aun dentro de los mismos pueblos, los españoles vivían en continua zozobra, temiendo muchas noches verse asaltados por los indios, lo que producía, en ocasiones, escenas de la más dolorosa consternación.

«La ciudad y obispado de Santiago es de muy diferente gente y constelación de tierra que esta otra, escribía uno de los gobernadores de Chile. Los naturales de ella son los más miserables, más abatidos y los más pobres de libertad que creo que el mundo tiene, de manera que están ya puestos y son tratados como si no tuviesen uso de razón, porque el modo del gobierno que han tenido les ha hecho tan incapaces que hasta el comer y vestir se les da por nuestra mano.»[151] Los indios, en efecto, vivían en esta región del territorio, tranquilos y enteramente sometidos al penoso régimen que se les había impuesto; pero esa sumisión no los eximía de los peores tratamientos de parte de sus amos y del desprecio más absoluto de parte de la autoridad. Las ordenanzas de policía y las demás disposiciones referentes a ellos, y de que hemos dado algunas noticias en otra parte,[152] llevaban el sello del ultrajante despotismo con que eran tratados esos infelices.

Un rasgo particular dará a conocer mejor aún el espíritu de esas disposiciones. Los días festivos en que se suspendía todo trabajo, los indios y los esclavos se reunían en los alrededores de la ciudad y se entregaban a diversiones que se convertían pronto en bulliciosas borracheras. Existía un funcionario nombrado por el gobernador que tenía por encargo visitar los asientos de indios, corregir las idolatrías, perseguir a los hechiceros y castigar las borracheras; pero la acción de ese empleado era más o menos ineficaz. El 25 de enero de 1583, el Cabildo acordaba «que para que se eviten las borracheras de los indios, cada uno de los señores regidores por su tanda,[153] salgan cada domingo uno con su alguacil a poner remedio en ello y castigar los borrachos, y averiguar quién

---

150 Carta inédita del gobernador Óñez de Loyola al rey, escrita en Concepción a 19 de enero de 1598.
151 Carta citada de Óñez de Loyola.
152 Véase la parte II, el capítulo 9, § 8 y 10.
153 Turno.

les vende el vino y traer presos los culpados; y como no se cometan delitos de muerte o heridas, que estos han de remitir a la justicia trayendo presos los culpados, en los demás (delitos) los puedan castigar como mejor les pareciere, tresquilando y azotando los indios, negros y mulatos que hicieren las dichas borracheras, así fuera como en la cárcel pública, como mejor les pareciere, para lo cual les dan poder a los tales comisarios y comisión en forma».[154] Así, pues, el regidor de turno quedaba autorizado para aplicar penas discrecionales a los pobres indios.

4. Rápida disminución de estos indios en Santiago y La Serena; arbitrios inventados para reemplazarlos

Al terminar el siglo XVI, los indios de servicio habían sufrido una notable disminución. «Tendrá esta ciudad (Santiago) hasta 4.000 indios naturales, escribía en esos años un sagaz observador, y tenía cuando se pobló más de 60.000. Han venido en tanta disminución por ser los indios más trabajados que hay en aquel reino, y los que más han acudido con sus personas y haciendas al sustento de la guerra y cargas de ella.» «Los indios, dice en otra parte, han venido en tanta disminución que no se saca casi oro en todo el reino, y apenas son bastantes a sustentar y cultivar las haciendas y ganados de sus encomenderos.»[155] Las frecuentes epidemias de viruelas, y las otras enfermedades creadas por la imposición de trabajos penosos y sostenidos a que esos indios no estaban habituados, habían hecho estragos considerables entre ellos; pero parece que la destrucción producida por la guerra fue todavía mucho mayor. En efecto, cada vez que los gobernadores salían a campaña, llevaban consigo una columna más o menos numerosa de indios auxiliares que servían para el transporte de los bagajes y que peleaban denodadamente en las batallas. Los encomenderos, que defendían a sus indios de servicio por la utilidad que les producían, protestaban contra ese procedimiento; y el cabildo de Santiago se había hecho en muchas ocasiones órgano de esas quejas. Pero todo esto no sirvió de nada ni modificó en lo menor aquella costumbre.

---

154 Acuerdo del cabildo de Santiago de 25 de enero de 1583. En 12 de abril del mismo año, el procurador de ciudad Marín Hernández de los Ríos pide al Cabildo con nueva insistencia que reprima y corrija las borracheras de los indios; lo que deja ver que las visitas dominicales de los regidores no habían producido resultado eficaz.
155 Informe citado del sargento mayor Miguel de Olaverría.

Por lo demás, los indios de servicio acudían gustosos a la guerra, y en ella prestaban a los españoles la más decidida cooperación. No era la simpatía hacia sus opresores lo que los movía; pero la guerra, por penosa que fuese, era una ocupación mucho más cómoda y sobre todo más adaptada a las inclinaciones naturales de esos bárbaros, que los penosos trabajos de la agricultura y de las minas. «Los indios que están de paz, escribía al rey uno de los gobernadores de Chile, huelgan y procuran que la guerra se alargue, porque con esto sirven y tienen mucha libertad.»[156] La guerra, además, halagaba los instintos de destrucción y de rapiña de los indios. El gobernador que acabamos de recordar, indica también que eran estos auxiliares los que ejecutaban las mayores destrucciones en las casas y sembrados del enemigo.

Cuando la disminución de los indios de servicio en las regiones del centro y del norte de Chile comenzó a tomar proporciones considerables, los encomenderos y los gobernantes se alarmaron seriamente. Los distritos de La Serena y de Santiago podían quedarse sin trabajadores para sus campos y para sus minas. Entonces, como se recordará,[157] se solicitó y se obtuvo del virrey del Perú, don Francisco de Toledo, la autorización para sacar del territorio araucano los indios que se cogiesen como prisioneros de guerra, para transportarlos a las provincias del norte, donde se les desgobernaría de un pie para que no pudiesen volver a sus tierras. Comenzó a ejecutarse este sistema bajo el gobierno de Rodrigo de Quiroga; pero como la guerra no proporcionaba un número suficiente de prisioneros para repoblar aquellas provincias, la codicia discurrió un arbitrio cruel que más tarde vino a ser un origen de desastres. Los indios tranquilos y pacíficos de Valdivia y sus contornos eran arrancados de sus hogares por la fuerza o por engaño y transportados por mar a Santiago y a Coquimbo. Un gobernador que ha comparado este tráfico al que entonces hacían los navíos negreros en la costa de África, ha consignado algunos rasgos que merecen recordarse. «La mujer, dice, que iba al recaudo de su amo a su hacienda, dejando al marido y a los hijos, aparecía navegando la mar; y era con tanto exceso esto que vendían los indios públicamente a trueque de ropa, caballos, cotas y otras cosas; y los vecinos de estas ciudades de arriba (Valdivia y Osorno) hacían presentes a sus amigos y conocidos de Santiago; y aquí alcan-

---
156 Carta inédita de don Alonso de Sotomayor a Felipe II, de 9 de enero de 1585.
157 Véase parte III capítulo 6, § 3.

zaban del gobernador un mandamiento de amparo con que los indios quedaban en perpetua esclavonía.»**158** Estas crueldades fueron la causa del levantamiento de los indios de Valdivia y de las otras ciudades australes y de la guerra que desde entonces tuvieron que sostener los españoles en aquellos lugares.**159**

Se creería que estas atrocidades eran la obra exclusiva de tal o cual mandatario; pero lejos de eso, eran la expresión de un estado social. En 1588, don García Hurtado de Mendoza, que acababa de ser nombrado virrey del Perú, expuso a Felipe II que en las costas de Chile había ciertas islas pobladas por indios belicosos que después de tomar parte en las guerras de Arauco se refugiaban allí huyendo de los castigos de que eran merecedores. Esas islas, agregaba el virrey, eran el asilo natural de los corsarios ingleses; y convenía por tanto sacar de allí a aquellos indios y llevarlos a La Serena, donde había gran

---

158 Carta citada de Óñez de Loyola al rey. El mismo hecho está consignado en muchos otros documentos y en las crónicas.

159 Martín García Óñez de Loyola daba cuenta al rey en otra carta de los castigos terribles y de las crueles mutilaciones que se ejecutaban sobre los indios, y le decía las palabras siguientes: «Hallé en tanta manera esta costumbre recibida por ley entre los ministros de justicia, que sin intervención de ella cada particular le parecía que no delinquía en hacer esto; y así se ve en este reino multitud de indios cojos, mancos, sin manos o con una sola, ciegos desnarizados y desorejados, que son tan buenos predicadores generalmente todos que con la manifestación de su lástima suben de punto nuestra crueldad, tanto que incitan y animan a morir primero que rendirse, y así es general proposición suya que les pesa de que el Sol que a nosotros calienta les caliente a ellos». Carta inédita de Óñez de Loyola a Felipe II de 17 de enero de 1598.

Al estudiar la historia de la colonización de estos países a la luz de los documentos, y al recordar los horrores de que iba acompañado el establecimiento de los europeos, no se puede hallar exagerado el siguiente pasaje de un distinguido publicista francés de nuestros días: «La verdad obliga a declarar, dice Jules Duval, que en su expansión al través del mundo, los pueblos cristianos y civilizados se han mostrado, en cuanto a sus relaciones entre metrópolis y colonias, y en la conducta de los colonos con los indígenas, inferiores a los pueblos antiguos, a los romanos no menos que a los griegos y a los fenicios. Por un fenómeno muy lamentable y difícil de conciliar con la superioridad general del cristianismo y del mundo moderno sobre el paganismo y el mundo antiguo, el sentimiento de familia y de fraternidad inspirado por el corazón, aconsejado por la razón y por la fe, ha sido reemplazado por un cálculo de explotación de parte de las metrópolis, por planes de atropello y de exterminio de parte de los colonos. Así, no hay páginas más lastimosas en toda la historia humana que las que cuentan la fundación de las colonias modernas, donde el hombre se muestra poderoso por el genio, heroico por el valor, admirable aun por el trabajo, pero ávido sin vergüenza y cruel sin remordimientos, más allá de todo lo que la antigüedad pagana había visto jamás». J. Duval, art. «Colonisation», en el *Dictionnaire général de la politique*, de M. Maurice Block.

escasez de trabajadores. La resolución del monarca a esta consulta es característica de esa época. «Sobre la mudanza de los indios de las islas, dice, que se le remita (encargue) al mismo virrey para que allá del Perú lo comunique con letrados teólogos si se puede hacer sin escrúpulo de conciencia lo que refiere, y también con otras personas que de poco tiempo a esta parte sirven en el estado de Chile, para entender la conveniencia.» Los letrados y teólogos de Lima resolvieron el negocio en contra de los indios. Decíase que estos se habían sometido voluntariamente al rey de España; y que al sublevarse más tarde, se habían colocado en la condición de súbditos rebeldes.[160]

La falta de trabajadores en Santiago y La Serena llegó a ser alarmante a pesar de estos expedientes. Hemos referido que a fines del siglo XVI, los indios de servicio se hacían tan escasos que los encomenderos comenzaron a abandonar los trabajos de los lavaderos de oro. Los encomenderos de San Juan y de Mendoza, que no tenían ocupación que dar allí a sus indios y que por tanto no recogían ningún provecho de sus repartimientos, discurrieron un arbitrio singular para proporcionarse una entrada. Obligaban a los indios a pasar la cordillera, y daban en arriendo sus servicios en Santiago y en La Serena, obteniendo así un beneficio que era estimado por ellos como el tributo legal que les era debido.[161]

5. Ineficacia de la acción de los misioneros para civilizar a aquellos indios

Los conquistadores se habían hecho la ilusión de que antes de mucho tiempo habrían convertido a los indios americanos en hombres más o menos civilizados, en cristianos fervientes y sumisos, y en súbditos fieles del rey de España. Estaban persuadidos de que el agua del bautismo tenía un poder maravilloso para transformar como por encanto el orden de ideas de los salvajes y para hacerles olvidar sus antiguas supersticiones y acoger con ardor la nueva doctrina que se les enseñaba. Las relaciones de algunos misioneros, los cuentos que referían de los prodigios operados por medios de sus conversiones, había

---

160 El memorial de don García Hurtado de Mendoza, no tiene fecha, pero todo en él deja ver que es del año de 1588. La providencia del soberano está consignada en una papeleta que se guarda en los archivos junto con aquel memorial. La resolución de los letrados de Lima fue remitida a España, y se conserva con aquellos antecedentes.

161 Carta inédita de Óñez de Loyola al rey de 19 de enero de 1598. *Descripción geográfica del Perú y de Chile* por el obispo de la Imperial don fray Baltazar de Ovando, capítulo 70. Este procedimiento dio lugar a largas cuestiones a principios del siglo siguiente.

fortificado esa creencia general. Esos misioneros habían visto en muchas partes que algunas tribus bárbaras aceptaban las ceremonias de la religión nueva, y no podían convencerse de que la pretendida conversión de esas tribus estaba reducida a eso solo. La cultura intelectual de los conquistadores y de los misioneros no alcanzaba a ponerlos en situación de comprender que esas transformaciones repentinas de un estado social son imposibles, y que las civilizaciones inferiores no se transforman ni con los cambios de gobierno que imponían los conquistadores ni con la nueva religión que enseñaban los misioneros.

Hemos visto en otras partes la eficacia que los conquistadores de Chile atribuían a sus prácticas religiosas como elemento civilizador. Don García Hurtado de Mendoza salía a campaña llevando en la vanguardia una cruz alta rodeada de clérigos y de frailes como si marchase a una procesión. El primer deber que se imponía a los encomenderos era el de doctrinar a sus vasallos haciéndoles enseñar el cristianismo. En las ciudades se obligaba a los indios a ir a misa y a concurrir a las procesiones y a las demás fiestas de la Iglesia. Pero, al paso que los negros esclavos se aficionaban a estas ceremonias, indudablemente sin comprender su alcance ni su espíritu religioso, y que formaban cofradías y hermandades, los indios, aun los más sumisos, se resistían obstinadamente al ejercicio de las prácticas piadosas.

A este respecto, es instructivo un pasaje que nos ha dejado en un libro muy curioso un capitán contemporáneo de esos sucesos, y tan discreto como observador. «Comenzando, dice, por las cosas de la fe, en cuanto a las muestras exteriores que son las que se pueden juzgar que hacen los indios, digo que se les pegan tan mal todas ellas que es llevarlos como por los cabellos a que se junten a rezar la doctrina y oraciones como lo acostumbran todas las familias de españoles para doctrinarlos cada noche en sus mismas casas; y esto hacen aun los que son nacidos y criados en ellas. Para juntarlos los domingos y fiestas a las ordinarias procesiones a que los sacerdotes los constriñen, van de tan mala gana que los demonios no huyen más de las cruces que ellos de las que en tal ejercicio les obligan a llevar. El ir a los divinos oficios y el sentir algo bueno de ellos o de nuestros sermones los (indios) que a ellos son enviados, es cosa perdida, y lástima ver cuan en balde van a lo uno y a lo otro, y el poco caso que hacen de todo, por ser gente que no es menester menos dificultad para encaminarla a la iglesia que para apartarlas de las tabernas. Yo he hablado con algunos religiosos, clérigos y frailes, doctrineros en pueblos de indios encomendados, preguntándoles cómo tomaban los indios las cosas de nuestra religión; y riéndose de su vano trabajo, me decían de su sequedad y despegamiento mucho más de lo que tengo dicho, y que en las confesiones nunca trataban verdad, ni jamás daban muestras de Dios en ningún tiempo, trabajo, ni enfermedad.»[162] Todo nos demuestra que la predicación de los misioneros y la implantación de las fiestas y ceremonias religiosas fueron absolutamente ineficaces para acelerar un solo paso la civilización de los indios de servicio.

6. Los mestizos: ayuda que prestan muchos de ellos a los indios en la guerra contra los españoles

La vida de familia, el contacto frecuente e íntimo con los españoles, la adopción de las armas, de los útiles, de los alimentos y de los trajes de estos, debía ser, como elemento civilizador de aquellos bárbaros, mucho más eficaz que la predicación religiosa y que las ceremonias del culto. Siendo mucho más accesibles a la inteligencia de los salvajes, aquellos medios debían despertar su curiosidad y excitar en su espíritu nuevas necesidades que habían de ser precursoras de algún desarrollo de sus facultades. Este contacto de los españoles con los bárbaros produjo, además, las uniones legales o clandestinas de muchos soldados con las indias, y el nacimiento de numerosos mestizos. «Participando de las luces de su padre, y sin abandonar enteramente las costumbres de su raza materna, dice un célebre publicista moderno, el mestizo

---

[162] González de Nájera, *Desengaño y reparo de la guerra de Chile*, lib. V, capítulo 2 ejs. II. Estos hechos están confirmados por otros escritores, algunos de ellos eclesiásticos, como tendremos ocasión de señalarlo en muchas de nuestras páginas subsiguientes; pero no es extraño hallar en las antiguas crónicas las historias fabulosas de los prodigios operados por la conversión de los indios merced al trabajo de los misioneros. Aunque el estudio más superficial de los documentos revela la ineficacia de los esfuerzos de esos misioneros, aquellas invenciones han sido repetidas por algunos escritores modernos, y lo serían, aun, sin los progresos de las ciencias sociales, que han venido a demostrar hasta la evidencia la imposibilidad de cambiar repentinamente el estado social de un pueblo por medio de una nueva religión. «Tanto valdría esperar, dice un filósofo insigne de nuestros días, que germinase la semilla arrojada sobre una desnuda roca, como aguardar que una religión suave y filosófica se establezca entre salvajes bárbaros y feroces». H. T. Buckle, *History of the civilisation of England*, chap. 5. Acerca de la confusión que algunos pueblos de civilización inferior han hecho de las creencias cristianas cuando se les creía convertidos a la nueva religión, son instructivos algunos pasajes del célebre viajero estadounidense Stephens en sus *Incidents of travels in Central America*, Nueva York, 1852, tomo II, chap. II.

forma el lazo natural entre la civilización y la barbarie. En todas partes donde los mestizos se han multiplicado, se ha visto a los salvajes modificar poco a poco su estado social y cambiar sus costumbres.»[163] En Chile, el nacimiento de los mestizos debía conducir a ese mismo resultado, dando origen a la cohesión y a la unificación de las dos razas en la mayor parte del territorio; pero esta evolución se verificó lentamente y, aun, y durante algún tiempo pareció ser un peligro para la raza conquistadora.

«Los mestizos de Chile, dice un escritor que los conoció de cerca, entre sus naturales defectos tienen una cosa buena, que es ser por excelencia buenos soldados, en lo cual se aventajan a todos los soldados de las Indias.»[164] En la guerra desplegaban dotes militares de primer orden, un valor a toda prueba, robustez física y constancia moral para soportar los mayores sufrimientos, y una viveza particular para aprovechar cualquiera coyuntura favorable para burlar al enemigo. Su conocimiento del idioma de los indios los convertía en los intérpretes obligados durante la campaña y les daba cierta importancia cerca de los jefes. Pero mirados de ordinario con el más altanero desprecio por los soldados y por los capitanes, que parecían considerarlos en un rango semejante al de los mismos indios, víctimas muchas veces de los peores sufrimientos, abandonaban con frecuencia el servicio de los españoles y pasaban a engrosar los ejércitos de los indígenas.

Los mestizos, desertores del campo español, comenzaban por ser tratados con desconfianza por los indios, pero acababan por ganarse su voluntad y por tomar un gran ascendiente sobre ellos. Debían abandonar su nombre y tomar otro indígena que simbolizara algunas cualidades militares. Alonso Díaz, aquel mestizo que durante largos años combatió contra los españoles bajo los gobiernos de Quiroga, de Ruiz de Gamboa y de Sotomayor, era conocido entre los indios con el nombre de Paiñenancu o, más propiamente, Paiñancu, que significaba águila grande. La superioridad de su inteligencia, su conocimiento de las armas y de la táctica militar de los españoles, convertían pronto a estos auxiliares en jefes de los indios de guerra. Algunos de ellos sabían forjar el hierro, y fabricaban frenos, espuelas, puntas para las lanzas y otros instrumentos. Más de una vez quisieron enseñar a los indios el manejo de las armas de fuego;

---

163 A. de Tocqueville, *De la démocratie en Amérique*, chap. 18.
164 González de Nájera, obra citada, lib. III, des. I, capítulo I.

y como la falta de pólvora fuese un obstáculo para la introducción de esta reforma, hubo un mestizo llamado Prieto, que pretendió fabricarla en el campamento de los araucanos. Se comprende que los auxiliares de estas condiciones debían prestar a los indios una valiosa ayuda.[165]

7. Dificultades que ofrecía el gobierno de la colonia: competencias constantes de las autoridades

A pesar de la existencia turbulenta y agitada que tenía que llevar la naciente colonia, la administración pública se asentaba gradualmente. Merced a la acción enérgica de los mandatarios y al vigor de las leyes, el principio de autoridad se había robustecido bastante en medio de aquellas asociaciones de hombres, en gran parte, de condición poco favorable para vivir en paz y en orden.

Sin embargo, si los actos de abierta desobediencia a los mandatos de la autoridad, no eran frecuentes, la resistencia legal, es decir, las dificultades y complicaciones nacidas de la interpretación dada a las leyes y a su manera de cumplirlas, se hacía sentir casi cada día. Los funcionarios que desempeñaban las diversas ramas de la administración pública, estaban siempre envueltos en gestiones y en reclamos de todo orden, y rodeados de gentes que no hacían oír su voz sino en favor de sus intereses y de sus pasiones. Don Alonso de Sotomayor, a los dos meses de haberse recibido del gobierno, trazaba al rey en los términos que siguen los obstáculos que le creaba aquel estado de cosas: «En el tiempo que he estado en este reino, he conocido cuántas y cuán grandes dificultades hay en él para que Dios y Vuestra Merced sean bien servidos del que le gobierna, porque las más de las cosas que se tratan se encuentran unas con otras. El que le hubiere de gobernar, para hacerlo bien como conviene, ha menester las partes siguientes: ser mozo para trabajar, soldado para la guerra y de experiencia en ella porque no hay voto que tomar seguro en este reino por las diferencias que tienen todos en sus pasiones particulares que traen loco al que nuevamente entra. En cosas de negocios de Estado, ha menester

---

165 Sobre los mestizos auxiliares de los indios puede verse el libro citado de González de Nájera, lib. II, punto IV. Este mismo fenómeno de la unión de los mestizos con la raza indígena, abandonando en muchas ocasiones a los europeos y pasándose al enemigo para hacer la guerra al lado de éste, se ha observado igualmente en las otras colonias españolas y, aun, en las colonias francesas. Véase Charlevoix, *Histoire de la Nouvelle France*, tomo II, pág. 345.

ser letrado porque todos los de este reino lo son, y parece que el Diablo les ayuda porque para peticiones y negocios de papeles no hay hombre que no presuma. Y por confiarse en esto y en que el que gobierna ha de estar sujeto a una residencia a donde todos se juntan para perseguir la capa caída, vanse con esta esperanza a las barbas al que gobierna».[166]

Estas dificultades habrían sido mucho menores si siempre hubiera reinado una regular armonía entre los representantes de la autoridad. Pero lejos de suceder esto, vivían envueltos en continuas competencias, porque la misma ley, que deslindaba sus atribuciones, era con frecuencia, origen de dificultades. Se sabe que al lado del gobernador había un funcionario nombrado por el rey, provisto del título de teniente de gobernador o teniente general, y encargado de administrar justicia y de reemplazar a aquél en sus ausencias. El acuerdo entre aquellos dos altos funcionarios era sin duda alguna indispensable; pero, por el contrario, sucedía que, como se recordará, vivían siempre en controversias y competencias; y ellas daban origen a que la colonia se dividiera en dos bandos muy apasionados. «Conviene que Vuestra Majestad no envíe teniente general en la forma que hasta aquí lo ha habido, decía Sotomayor al rey en otra carta, sino que el tal venga subordinado al gobernador, o que el gobernador lo nombre con salario competente, porque aquí hay letrados de ciencia y experiencia, y cuando aquí faltaren está Lima a la mano; porque de otra manera estará siempre este reino dividido en dos bandos; y ya se tiene experiencia de lo que sucedió al gobernador Rodrigo de Quiroga con el licenciado Calderón, y al mariscal Martín Ruiz de Gamboa con el doctor Azócar.»[167] El rey dejó las

---

166 Carta inédita de Sotomayor a Felipe II, de 6 de diciembre de 1583. «En esta tierra, hablando con Vuestra Majestad desnudamente, decía Sotomayor en otra carta, solo en Dios se puede confiar, no por faltar en los vasallos fidelidad, sino por sobrar pasiones, que están tan enconadas y en tantos que tengo por más dificultoso el conformarlos que acabar la guerra».

167 Carta inédita de Sotomayor a Felipe II, de 31 de octubre de 1583. Estas competencias de autoridades tomaban en ocasiones el carácter más alarmante, como ocurrió en el caso del doctor Azócar que hemos contado en el capítulo 8, § 4 de esta misma parte de nuestra historia. El maestre de campo Lorenzo Bernal de Mercado, escribiendo al virrey del Perú en 15 de junio de 1579, le da cuenta en términos análogos de las rivalidades entre el gobernador Quiroga y el licenciado Calderón, atibuyéndoles gran importancia en la situación lastimosa del reino.

Don Alonso de Sotomayor que, como se ve por el fragmento de carta que copiamos en el texto, conocía los inconvenientes de estas competencias, comenzó por cultivar las mejores relaciones con el doctor Azócar. En dos cartas al rey, escrita una en Angol en 9 de enero de

cosas como estaban, seguramente con el pensamiento de que por este medio se conseguiría la vigilancia recíproca de ambos funcionarios; y las competencias y rivalidades entre los gobernadores y sus tenientes, continuaron siendo una causa de entorpecimientos y de dificultades en la marcha de la administración. Más adelante veremos que estas competencias eran igualmente violentas en la lucha casi constante en que vivían las autoridades civiles con los obispos y con los demás representantes del poder eclesiástico.

1585 y otra en Purén en 1 de febrero de 1586, don Alonso hace muchas recomendaciones de su teniente gobernador. En la segunda, después de referir que éste lo ha acompañado algún tiempo en la campaña, pide para él un puesto de oidor de la audiencia de Lima por creerlo «un juez muy recto y amigo de hacer justicia como lo ha hecho en este reino». Por su parte, el doctor Lope de Azócar no escaseaba los elogios al gobernador en las cartas que escribía al rey. En una de 9 de febrero de 1586, fechada en Santiago, le dice entre otras cosas lo que sigue: «Del estado de los negocios de este reino, en cuanto toca a la guerra y pacificación de los indios rebelados, el gobernador envía relación larga de ella a Vuestra Majestad con que me excuso hacerlo yo al presente. Solo digo que ha hecho el dicho gobernador tres fortalezas en fronteras de los enemigos con que quedan guardados los términos y confines de él conquistados. Y después que está en este reino ha trabajado y trabaja muy bien en la guerra de él, en la cual tiene mucho andado y grandísima necesidad de socorro de gente, armas y con qué vestir los soldados: si éste le viene a tiempo y cual él lo pide, con el favor de Dios se acabará de pacificar este reino, el cual socorro ha pedido a vuestro visorrey del Perú». Esta buena armonía de aquellos dos funcionarios no duró largo tiempo. Tengo a la vista una carta inédita, como las anteriormente citadas, del doctor Azócar a Felipe II escrita en Santiago a 3 de diciembre de 1589. En ella le pinta el estado lastimoso del país, el desorden y abandono en la administración, el no cumplimiento de las ordenanzas y cédulas del rey, el atropello que el gobernador hace de la autoridad judicial de su teniente, y el malbarato de los dineros del rey; y pide que se mande a Chile un visitador provisto de poder amplísimo sobre los gobernadores para remediar estos males. Esta carta es una verdadera acusación de don Alonso de Sotomayor.

Removido el doctor Azócar del puesto de teniente de gobernador, el rey lo confió al licenciado Pedro de Viscarra, letrado viejo que había servido largos años en el Perú, y que llegó a Chile, como ya dijimos, el 6 de octubre de 1590. El sucesor de Sotomayor, Martín García Óñez de Loyola lo presenta al rey, en carta de 19 de enero de 1598, como un hombre de experiencia y no mato, pero tan débil por su edad que podían hacer muchas gentes lo que querían con él, obligándolo a torcer la justicia en beneficio de los intereses particulares. Todos estos hechos revelan que casi siempre era imposible el acuerdo entre los dos más altos funcionarios que el rey enviaba a esta colonia; y que sus competencias y sus discordias debían ser un motivo de escándalo y de perturbación.

8. La guerra era la preocupación general: incremento del poder militar de los indios y decadencia de los españoles

Pero cualesquiera que fuesen las atenciones que los negocios públicos imponían a los gobernantes de Chile, su preocupación principal era la guerra araucana. La porfiada resistencia de aquellos bárbaros groseros y casi desnudos, humillaba el orgullo español. El rey no solo no podía sacar de este país recursos para su erario sino que se veía obligado a hacer frecuentes desembolsos para socorrerlo. Los colonos estaban condenados a vivir en una intranquilidad constante, a desatender con frecuencia sus familias y sus intereses para salir a campaña, y a imponerse sacrificios pecuniarios que debían parecerles abrumadores. No es extraño que el rey y los colonos tuvieran interés en consumar la pacificación definitiva del país. Cuando se registran los documentos de esa época o las crónicas coetáneas, casi se creería que aquella sociedad no conoció otra ocupación ni otras necesidades que las que creaba el estado de guerra, tanta es la abstracción que allí se hace de los asuntos que no son puramente militares.

Desde la insurrección que costó la vida a Pedro de Valdivia, la guerra había estado primeramente circunscrita a una pequeña porción del territorio comprendido entre los ríos Biobío y Tirúa; y si las hostilidades se hicieron sentir en otras partes, los promotores de ellas fueron los indios de aquella región. En el lenguaje de los soldados españoles, ésta se llamaba la guerra vieja porque databa de 1553. Pero, bajo el gobierno de Quiroga, y como consecuencia de las tropelías cometidas para transportar a Coquimbo y a Santiago los indios sometidos, los de Valdivia, de Villarrica y de Osorno, que por largo tiempo habían vivido en paz, empuñaron las armas y sostuvieron una lucha obstinada contra los españoles, que le dieron el nombre de la guerra nueva. Bajo el gobierno de don Alonso de Sotomayor, habiéndose corregido en parte los abusos que la producían, esta última guerra entró en un período de tregua que no debía ser de larga duración. Cuando aquellos indios supieron poco más tarde que los españoles habían sufrido grandes descalabros, tomaron de nuevo las armas con mayor resolución y consiguieron independizarse de sus opresores.

La prolongación de aquella guerra humillaba, como ya hemos dicho, el orgullo español. El monarca, sus consejeros y sus más altos representantes en América, no podían persuadirse de que los soldados castellanos, vencedores en millares de batallas en Europa y en América, fuesen impotentes para vencer y dominar a los indios araucanos; y creían ligeramente las acusaciones que se formulaban contra los gobernadores de Chile haciéndolos responsables de la tardanza en la terminación de la guerra. De allí provenían los cambios repentinos de gobernadores y las esperanzas que hacía nacer cada uno. El nuevo mandatario, por su parte, tomaba las riendas del gobierno lleno de confianza y de ilusiones, ofreciendo a veces pacificar en poco tiempo a los indios revelados, para sufrir en breve el más doloroso desengaño. Dos años de guerra, y a veces uno solo, bastaban para desprestigiar en Chile a gobernantes que habían tomado el mando revestidos de una gran popularidad.

Aquella situación era el resultado de causas múltiples que no era fácil apreciar a la distancia, pero que conocieron perfectamente algunos de los más entendidos capitanes que militaron en Chile. La primera de esas causas era, sin duda, la resolución incontrastable de esos bárbaros para resistir sin descanso a la dominación extranjera. Ni los halagos más artificiosos ni los castigos más terribles podían doblegar su obstinación.[168] La misma guerra, por otra parte, había centuplicado su poder. Habían aprendido de los españoles el uso de algunas armas defensivas, y entre ellas de ciertos coseletes de cuero de vaca que les resguardaba perfectamente el pecho contra las lanzas y las espadas del enemigo. Poseían, además, caballos que ellos sabían manejar con la más admirable maestría, y con los cuales formaban escuadrones de 500 o 600 guerreros que, moviéndose con una maravillosa rapidez, daban asaltos inesperados a los campamentos y a los pueblos de los españoles, o robaban sus ganados y destruían sus sembrados durante la noche. «Es tanto el ánimo que se les ha infundido a los indios, viéndose con tan gran número de caballería, escribe un capitán español, que con ella se atreven a embestir nuestras escoltas y otro cualquier cuerpo de gente, aunque esté con las armas en las manos; habiendo perdido mucha parte del respeto y temor que antes tenían a las de fuego. Y es de manera el ímpetu de sus acometimientos que todo lo atropellan y desbaratan, siendo muy poco el daño que reciben, y muy grande la alegría de la victoria, especial-

---

[168] «He visto justiciar una infinidad de ellos, dice un capitán español, y cuando los llevan a ahorcar, piden señalando con la mano que los ahorquen de la rama más alta del árbol o que más les cuadra; y cuando se les manda cortar las manos, apenas se les derriba una cuando de su voluntad, sin decírselo, ponen la otra». Informe citado del mayor Olaverría. Rasgos análogos se encuentran consignados en los escritos de casi todos los contemporáneos.

mente si llevan por despojos cabezas de españoles o prisioneros.»[169] De sus enemigos aprendieron también los indios el arte de fortificar sus campamentos con trincheras y palizadas. Cuarenta años de combates y de asechanzas habían desarrollado especialmente su inteligencia en todo aquello que se relaciona con la guerra. «No pelean sino a su ventaja, decía otro capitán español, y cuando les está bien que es lo que les aprovecha y más nos daña en sus emboscadas, cubiertas con cebo, usando de otros mil ardides y engaños con mucha sutileza. En conclusión, no ignoran ningún ardid ni engaño de los que pueden usar en la guerra, lo que causa admiración ver tan dispuestos y propios unos bárbaros en materia y cosas tan delicadas como son las de la guerra.»[170] Habíanse perfeccionado en las artes del disimulo para fraguar una traición fingiéndose amigos, y conocían todos los expedientes para robar el ganado de los españoles o para poner fuego a sus campamentos y a sus sembrados. Pero su habilidad mayor consistía en evitar los combates, cuando así les convenía, dispersándose artificiosamente y burlando la persecución del enemigo.

Los españoles, por su parte, habían aumentado considerablemente sus fuerzas; pero su poder era mucho menor respecto del que ahora tenían los indios. En vez del centenar de soldados con que Valdivia había hecho las primeras campañas, tenían ordinariamente un cuerpo de 500 hombres y; sin embargo, su situación militar había desmejorado tanto que no podían llevar a cabo ninguna de las empresas que ejecutaron los primeros conquistadores, y que solo lograban sostenerse en los puntos en que la guerra no era muy enérgica y eficaz. Al paso que los indios, orgullosos con las victorias alcanzadas, habían cobrado confianza en su poder y esperaban cada día obtener triunfos más considerables y decisivos, los españoles se sentían casi desalentados y comenzaban a perder la esperanza de ver terminada la pacificación de ese territorio. Las ilusiones

---

169 González de Nájera, lib. II, punto III, capítulo 2. Toda esta parte de la obra del capitán español está destinada a explicar el sistema de guerra de los indios y los progresos que en ella habían hecho.

170 Olaverría, informe citado. Don Alonso de Sotomayor, en carta dirigida al virrey del Perú con fecha de 7 de febrero de 1586, le decía a este respecto lo que sigue: «Los indios vanse haciendo tan soldados que cada día les vemos salir con nuevas invenciones. Saben formar escuadrones con mucha orden, hacer emboscadas, andar y hacer asaltos a caballo de día y de noche en indios de paz que están cerca de las ciudades, y dar trasnochadas a caballo, y a ocho y diez leguas tomar lenguas por momentos de lo que pensamos hacer, hacernos estar en suspenso con nuestras fuerzas; finalmente no hay ardid de guerra que no se les entienda».

que abrigaron en los primeros días de la conquista se habían desvanecido más o menos completamente. Chile no era para ellos el país cuajado de oro que su imaginación se había forjado cuarenta años atrás, sino por el contrario, una de las provincias más pobres del rey de España, un suelo fértil para los mezquinos trabajos de la agricultura, pero incapaz de enriquecer a sus conquistadores, y donde era preciso vivir en constante guerra con indios salvajes e indomables. En 1546, cuando Pedro de Valdivia hizo su primera campaña a la región del sur, le había sido necesario prohibir a muchos de sus soldados que saliesen en su compañía, para evitar que se despoblara Santiago. Ahora costaba un trabajo enorme el conseguir que esta ciudad suministrase algunos auxiliares.

Pero había otros signos más palpables todavía del cansancio producido entre los conquistadores por aquel estado de cosas. Cada día se hacía mayor el número de los capitanes y soldados que dejaban las armas y se hacían clérigos o frailes para vivir en paz y en descanso. No eran raros los casos de soldados, españoles de nacimiento, que abandonaban el servicio militar y se iban a vivir entre los mismos indios, prefiriendo llevar una existencia miserable en medio de los bárbaros, a los azares y contingencias de una guerra a la que no se veía término. Aunque Chile, por sus condiciones geográficas y por la dificultad de las comunicaciones en aquella época, estaba condenado a vivir en un aislamiento casi semejante al de una isla, se habían visto numerosos casos de deserción, unos al través de la cordillera, y otros por el océano, en débiles embarcaciones, y despreciando los peligros de la navegación y las persecuciones y tremendos castigos decretados por las autoridades. Cuando Sotomayor penetró en Chile por la cordillera de los Andes, uno de los oficiales reales de Santiago, que era hombre de gran sagacidad, exclamó: «El nuevo camino que ha descubierto don Alonso, plegue a Dios que no sea cuchillo de este reino, dando alas a los soldados para que viéndose tan rotos y desnudos, causen en él desventuras difíciles de remediar».[171] En efecto, desde entonces aumentaron las deserciones de soldados españoles por aquella parte, sin que tampoco disminuyera el número de los que se fugaban al Perú.[172]

Pero aun muchos de los capitanes y soldados que no pensaban en desertar del servicio, dejaban ver por todos los medios su desencanto por la suerte de la

---

171 Carta inédita del veedor Bernardino Morales de Albornoz a Felipe II, de 26 de septiembre de 1583.
172 Véase la nota 7 de este mismo capítulo.

guerra y por los beneficios que había de producirles. En los primeros tiempos, nada les halagaba más que la esperanza de obtener un repartimiento de tierras y de indios. Cincuenta años más tarde, al expirar el siglo XVI, todo aquello había cambiado. «Repartimientos en propiedad, decía uno de los gobernadores, no los quieren aceptar los soldados de alguna presunción; y tales ha habido que después de aceptado lo han dejado, y siendo como es la gente que sirve a Vuestra Majestad en este reino la más pobre que hay entre sus vasallos».[173] En el principio, los soldados no solo servían sin paga, y con la esperanza de obtener una encomienda que los enriqueciese, sino que parecían no poner a la duración de sus servicios otro límite que el tiempo que tardase la pacificación definitiva del país. Más tarde fue necesario comenzar a pagarles un salario fijo por el tesoro real, y establecer un plazo determinado de dos o más años para el tiempo de su enrolamiento.

9. Manera de hacer la guerra a los indios, usada a fines del siglo XVI: ineficacia de las correrías militares de los españoles; relajación introducida en la disciplina de las tropas

La guerra que los españoles hacían a los indios variaba en su alcance y en sus propósitos, según los medios de que podían disponer. Cuando sus fuerzas eran considerables, cuando contaban con los elementos necesarios para emprender nuevas fundaciones, entraban resueltamente en el territorio enemigo y echaban los cimientos de ciudades o de fuertes con que creían asentar su dominación. Pero a estas operaciones que podríamos llamar capitales, se seguían otras que tenían por objeto aterrorizar a los indios, privarlos de sus recursos y obligarlos, según se creía, a pedir o a aceptar la paz. Eran éstas las correrías militares a que los españoles daban el nombre de campeadas. Durante años enteros, después de haber abandonado las ciudades que no podían sostener en el territorio enemigo, los españoles limitaron toda su acción a este género de operaciones militares, repitiendo periódicamente las mismas empresas sin resultado alguno definitivo.

Sabemos que en los inviernos se establecía casi invariablemente una especie de tregua, durante la cual los gobernadores fijaban su residencia en Santiago y se ocupaban en los asuntos de administración civil. Llegada la primavera, se

---

173 Carta inédita de Óñez de Loyola, de 17 de enero de 1598.

anunciaba la reapertura de la campaña. El servicio militar obligaba a todos los colonos que se hallaban en estado de llevar las armas. Un gran número de ellos, sin embargo, se eximía de esta obligación por favor o por cohecho, o anunciando su propósito de tomar las órdenes sacerdotales, o fingiendo enfermedades, de tal manera que el contingente con que concurrían las ciudades no guardaba nunca relación con el número de sus pobladores.[174] «Comenzaba la gente a salir de Santiago para la guerra a fines de agosto, escribe uno de los gobernadores, y acababan de salir a 15 de octubre, y algunas veces a fin de él. Venían sueltos hasta el río de Maule, donde les tenían puestos almacenes de comida y caballos y otros pertrechos que allí les repartían conforme les parecía a los oficiales mayores que lo habían menester.»[175] En esa parte del camino, la soldadesca se creía autorizada para cometer todo género de desmanes, para arrebatar víveres y cabalgaduras y para estropear inhumanamente a los pobres indios. Al pasar el Maule, esto es, al acercarse al teatro de la guerra recorriendo campos en que podían ser sorprendidas, las tropas formaban un cuerpo más compacto y ordenado, tomaban algunas precauciones en las marchas y en los campamentos, y llegaban a Concepción en todo el mes de noviembre o en la primera mitad de diciembre. «Lo más ordinario, agrega el gobernador que acabamos de recordar, entraban en la guerra después de pascua de Navidad, y andaban en ella en las ocasiones que se ofrecían y parecía más convenir hasta la semana santa, y luego se tomaban a deshacer.» Las primeras lluvias del otoño eran la señal de suspender las operaciones. Los diversos contingentes de tropa volvían entonces regularmente a las ciudades de donde habían partido.

Son indescribibles los padecimientos y privaciones de cada una de esas campañas. En nombre del rey y a expensas de su tesoro, se habían comprado provisiones para la tropa; pero, sea por el desgobierno o por las inmorales especulaciones a que esas compras podían dar lugar, las tropas eran pésimamente alimentadas, y vivían sobre todo de la rapiña ejercida sobre el enemigo y hasta sobre los españoles por cuyas estancias atravesaban. Los otros ramos de la administración militar estaban peor atendidos todavía. En aquellos ejércitos

---

174 González de Nájera, obra citada, lib. III, des. III, capítulo 2.
175 *Relación del modo y orden de militar que había en este reino de Chile hasta la llegada del gobernador Alonso de Rivera* (1601). Este valioso documento, cuyo original se conserva en el Archivo de Indias, ha sido publicado por don Claudio Gay en el tomo a de Documentos, págs. 144-159.

no había nada que se asemejase a hospital militar ni a cuidado regular con los enfermos o con los heridos. Además de que los sistemas curativos entonces en uso, fuera de ciertas prácticas para atender a los heridos, eran en su mayor parte absurdos, eran aplicados por simples curanderos porque no había médicos militares, y muchas veces faltaban en todo el país.[176] Después de cada campaña, los soldados volvían a sus hogares extenuados de fatiga, para tomar descanso durante el invierno.

Estas operaciones, como lo probó una dolorosa experiencia, no tuvieron eficacia alguna para acercar el término de la guerra. Los españoles iban seguidos de un número considerable de indios auxiliares, a veces 2 y 3.000; y como

---

176 Según la relación antes citada, en 1601 no había en todo el reino de Chile ningún doctor en medicina. Sin embargo, había habido algunos licenciados o bachilleres que gozaron de gran crédito. Sus sistemas curativos guardaban relación con el estado de atraso científico de la España. En ellos entraban por mucho lo maravilloso y la influencia de los astros, es decir, la posición de los planetas y las fases de la Luna. En 1570, al reunirse las cortes españolas en la ciudad de Córdoba, los procuradores de la nación pidieron (petición 71) que ninguna persona pudiera graduarse de médico en las universidades, si antes no había obtenido el grado de bachiller en astrología, alegando que por no entender los movimientos de los planetas y los días críticos, yerran muchas curas». Es verdad que estas doctrinas astrológicas aplicadas a la medicina tenían entonces gran crédito en casi toda Europa; pero en España conservaron su imperio hasta el siglo pasado. Es famoso en los anales de las aberraciones del espíritu humano un libro titulado *Conversaciones instructivas*, escrito por el padre capuchino fray Francisco de los Arcos, y publicado en Pamplona en 1786. En él se recomienda empeñosamente el sistema astrológico para hacer el pronóstico de las enfermedades, porque no se puede negar que las estrellas y cuerpos celestes causan en el cuerpo humano muchos y varios efectos; y la Luna como más inmediata a nosotros, y por la variedad de sus mudanzas, es de los que más influyen».

Aunque el libro del padre Arcos produjo entre las personas ilustradas de su tiempo una explosión de risa, según Sempe y Guarinos, *Biblioteca española de escritores del reinado de Carlos III*, por la extravagante credulidad del autor, es cierto que la medicina española estaba en esa época atrasada en mucho más de un siglo de la ciencia del resto de Europa. José Townsend, médico inglés que viajaba en España por los años de 1786 y 1787, consigna la noticia siguiente: «He observado en general que los médicos con quienes he tenido ocasión de conversar, son discípulos de su favorito doctor Piquer, que negaba, o a lo menos ponía en duda la circulación de la sangre». Townsend, *Journey through Spain*, Londres, 1791, tomo III, pág. 281. Don Antonio Ferrer del Río en su estimable *Historia del reinado de Carlos III*, lib. VI, capítulo 2, tomo IV, pág. 54, refiere que cuando ese soberano resolvió que se hiciese el aseo de las calles de Madrid, «le presentaron informes de médicos en que se defendía el absurdo de ser elemento de salubridad la basura». Podríamos señalar muchos otros hechos de esta misma naturaleza, pero los que hemos indicado bastarán para demostrar que los médicos de la colonia no debían recomendarse por una gran ciencia.

sabían perfectamente que habían de hallar muy escasos recursos en el territorio en que debían expedicionar, estaban obligados, además, a llevar consigo «una gran máquina de caballos y ganados y bagajes», dice un capitán experimentado en aquella guerra. «Hacían entrada en el estado (Arauco) añade, por una de sus provincias; y por no hallar en ellas cuerpo con quien pelear ni acometer respecto de retirarse los rebeldes en sus guaridas y montañas huyendo de estas fuerzas hasta hallar ocasión más a sus propósitos y ventaja, entendían (se ocupaban) los gobernadores en talar las comidas de los indios que hallaban en los llanos y valles, discurriendo por todas las provincias y haciendo gran estrago y destrozo en ellas.»[177] «Los efectos que se harán campeando con bagaje y ganado, decía uno de los militares de más experiencia en esa guerra, serán destruirles las comidas y no todas, porque no es posible ni tenemos (indios) amigos que llevar, que son los que más destruyen; y la gente se cansa y gasta mucho. Y acaecerá un año andar y no topar sino alguna vieja, si ellos no quieren pelear porque la tierra es tan áspera, y ellos andan tan sueltos y nosotros tan embalumados con las cargas, ganados y servicio que no se hace más efecto del que digo, y cada día nos van hurtando caballos... Y cuando de esta suerte se pacificasen, no hay seguridad ninguna para que estos conserven la paz.»[178] No era raro, en efecto,

---

177 Miguel de Olaverría, informe citado.
178 Carta a Felipe II de don Alonso de Sotomayor, de 9 de enero de 1585. El maestre de campo González de Nájera es todavía más explícito que don Alonso de Sotomayor para explicar los importantes servicios que en la guerra prestaban los indios auxiliares. Dice así: «Los indios amigos sustentan en la guerra nuestros caballos, son los que fabrican nuestros fuertes y barracas, y los que atrincheran y fortalecen nuestros cuarteles. Son seguros y diligentes mensajeros para despachar cartas por tierras peligrosas en casos de avisos importantes. Pasan a nado caudalosos ríos sin mojar las cartas, llevándolas levantadas en alto con la mano o palo hendido. Son los más capitales enemigos que tienen los indios rebelados o de guerra, y de quienes reciben los mismos rebelados mayores ofensas, demás de ser con ellos cruelísimos, porque como ladrones de casa, saben la tierra y a donde los han de hallar. Son sueltos y diestros en andar por los montes como criados en ellos, a donde siguen y dan alcance a los contrarios, mejor que nuestros españoles, a los cuales son diestros y seguros guías en sus correrías y trasnochadas. Abren paso con hachas a nuestro campo, haciendo camino en lo cerrado de boscaje. Son fieles centinelas y atalayas en las emboscadas que hacen nuestros españoles, y en las que ellos ponen son muy sufridos y cuidadosos. No hay langostas, tempestad, ni el mismo fuego que así destruya y abrase las mieses y casas de los enemigos, cuanto lo son ellos cuando marchan por sus tierras; y en suma, pelean con valor hasta morir por los nuestros. Todos estos oficios hacen estos amigos en nuestra ayuda y favor, especialmente si no se les hacen agravios de nuestra parte». *Desengaño y reparo de la guerra de Chile*, págs. 491-2.

que algunas tribus de indígenas fingieran dar la paz para salvar sus sembrados de la destrucción que los amenazaba; pero terminada la cosecha, volvían de nuevo a sublevarse. Antes de mucho, también, los indios, «como tan sagaces y astutos, dice el mismo capitán Olaverría, discurrieron el hacer sus sementeras en quebradas y sitios escondidos, de difícil acceso, y donde no hay hombres humanos que puedan entrar ni ir, en donde se les da con mucha abundancia por la grandísima fertilidad de aquella tierra; y así proceden estos indios el día de hoy seguros de no verse con necesidad de bastimentos, y las sementeras que al presente hacen en los llanos, es más de vicio que de necesidad». Muchas veces, los españoles andaban semanas enteras sin descubrir un solo enemigo o hallando únicamente a algunas pobres mujeres que parecían incapaces de suministrar informes de ninguna naturaleza. Pero cuando algunos de ellos se apartaban de su campamento o del grueso de la división, eran casi indefectiblemente atacados de improviso, y con frecuencia muertos en esos lances. Los indios, por otra parte, aprovechaban con rara habilidad cualquiera coyuntura favorable para presentar combate en los sitios que juzgaban ventajosos o para asaltar por sorpresa el campo de los españoles; y si bien pocas veces obtenían un verdadero triunfo, conseguían, al menos, fatigar a los españoles, tomarles algunos caballos y privarles de muchos de sus recursos.

    Una guerra tan larga, tan monótona, tan desprovista de sucesos de un carácter medianamente decisivo, debía por fuerza producir el cansancio y el desaliento, y crear costumbres militares bastante relajadas y contrarias a la severa disciplina. Se recordará que el arribo de los auxiliares reunidos en el Perú había sido fatal para la moralidad del ejército español de Chile, desde que habían sido enrolados casi por fuerza hombres de varias condiciones, muchos de ellos de malos antecedentes, viciosos y extraños al servicio militar. Conociendo los inconvenientes que ofrecían tales auxiliares, los gobernadores habían pedido con instancia al rey que enviara militares españoles que se suponían habituados al ejercicio de las armas. Los soldados y los oficiales habían perdido toda confianza en el arribo de los auxilios que se pedían a España, o creían que llegarían demasiado tarde, por lo cual los designaban con el apodo burlesco y proverbial de «socorro de Escalona».[179] Como hemos referido, las deserciones de solda-

---

[179] Escalona es una villa de la provincia de Toledo en España, que está situada sobre una altura a cuyo pie corre el río Alberche. A consecuencia de esta situación se creía que en caso de un incendio, la villa no podría ser socorrida, sino cuando el fuego la hubiera consumido.

dos españoles se habían hecho frecuentes, a pesar de las enormes dificultades que para ello presentaba la topografía del país, y de los severos castigos que se aplicaban a los desertores que eran sorprendidos. Pero la relajación de la disciplina militar se reflejaba en otros hechos más palpables y más graves todavía: en el desorden en los combates, en la falta de vigilancia en los campamentos y en los fuertes, en la desobediencia a los jefes y en faltas de todo orden. «Por haber de sustentar la guerra precisamente, escribía uno de los gobernadores, se disimulan libertades que en otras partes fueran delitos notables. Es un hábito asentado de muchos años atrás el disimular a los soldados, robos de ganado y de otras cosas que, aunque es verdad que esto hasta aquí ha habido en tanta abundancia y vale tan poco, de hoy más viene a tener aprecio.»[180]

A la sombra de aquel estado de cosas, habíanse introducido vicios y corruptelas en la compra de los artículos necesarios para la provisión de las tropas. Los documentos contemporáneos contienen abundantes referencias a este orden de hechos; pero hay uno sobre todo que suministra un dato muy curioso. «Recibe gran daño la hacienda real y este reino, decía uno de los capitanes de ese ejército, en dar remedio en las armas que se compran por su majestad, en que ha gastado gran suma de pesos de oro en todo género de ellas, señaladamente en cotas y arcabuces que han comprado gran número y a precios grandes; y de todas ellas no se conocen a su majestad casi ningunas, porque a los que se dan disponen de ellas como cosa suya deshaciéndolas o sacándolas del reino... Hay cota que se ha vendido una y seis veces.»[181] La desastrosa situación creada por una guerra que duraba ya más de cuarenta años había comenzado a dar origen a esas inmorales especulaciones que suelen desarrollarse en medio de circunstancias análogas.

La prolongación indefinida de la guerra, la poca confianza que se tenía en verla llegar a término, habían enervado, como se ve, la actividad y la energía

---

Nació de allí el proverbio siguiente: «El socorro de Escalona, cuando le llega el agua es quemada toda la villa»; o más abreviadamente «el socorro de Escalona», para designar los auxilios que no llegaban nunca, o que llegaban cuando la catástrofe estaba consumada. Véase Covarrubias, *Tesoro de la lengua castellana*, Madrid, 1611; fol. 361 vuelto. En Chile se decía por esos años «Socorro de España, socorro de Escalona», para significar que llegaría cuando estuviese perdido el reino.

180 Carta al rey del gobernador Óñez de Loyola, de 19 de enero de 1598.
181 Carta del capitán Juan del Campo San Miguel al virrey del Perú, escrita en Santiago a 10 de junio de 1579.

de los españoles, al paso que habían ejercido una influencia opuesta sobre los indios que con tanto ardor sostenían su independencia. La lucha contra los europeos había desarrollado las facultades de esos bárbaros, estimulando, es verdad, sus feroces instintos bélicos, pero afinando a la vez su inteligencia para llegar a discurrir los medios de acción y de defensa en que no habían pensado nunca. Si después de medio siglo de contacto con hombres más civilizados, conservaban todavía muchas de las costumbres más repugnantes de los salvajes, y entre ellas el uso de comer carne humana,[182] habían aprendido, en cambio, que su interés y su conveniencia estaban por disminuir los horrores de la guerra. Así, como ya hemos tenido ocasión de hacerlo notar, se les ve perdonar la vida de algunos prisioneros y ofrecerlos en canje a sus enemigos. Este solo hecho importaba un progreso inconmensurable en el desenvolvimiento moral de esos bárbaros.

10. Frecuentes y ruidosas competencias entre los poderes civil y eclesiástico; condición del clero de esa época. La inquisición de Lima crea el cargo de comisario en Chile: establecimiento de la bula de cruzada; el cabildo de Santiago se hace representar por medio de sus apoderados en el concilio provincial de Lima

Las competencias de autoridades eran, como hemos dicho, una enfermedad crónica de la administración colonial. Pero las más graves y dificultosas no eran aquéllas de que hemos hablado, sino las que se suscitaban a cada paso entre el poder civil y el eclesiástico. Los monarcas españoles habían creído establecer la Iglesia americana bajo un régimen que les asegurara su más tranquilo predominio; pero su vigilancia no podía extenderse a todos los detalles de la administración y, de un modo o de otro, habían de surgir complicaciones y dificultades.

Felipe II se enorgullecía con el título de campeón de la fe; y en la vida pública como en la vida privada, no dejaba jamás de demostrar su celo por la religión católica y por los ministros del culto. El cronista Cabrera de Córdoba refiere que ese monarca mandó decapitar a un individuo que había dado una bofetada a un canónigo de Toledo.[183] Bajo su protección, la Iglesia española alcanzó el

---

[182] El canibalismo de los indios araucanos a fines del siglo XVI consta de diferentes documentos. Nos limitamos aquí a recordar la carta citada del capitán del Campo San Miguel, y la obra del maestre de campo González de Nájera.

[183] Luis Cabrera de Córdoba, *Felipe II*, lib. XI, capítulo II.

más alto grado de prosperidad, y mereció de la munificencia real la fundación de conventos, de iglesias y de todo género de piadosas instituciones. El clero secular y regular llegó a poseer riquezas considerables que permitían a los prelados eclipsar con su lujo a los más grandes señores. En 1579, los procuradores representaban al rey en las cortes de Madrid «que las iglesias y monasterios y obras pías van ocupando la mayor parte de las haciendas del reino»; tan alarmante era al Estado aquella enorme acumulación de riquezas. Sin embargo, ese soberano había cuidado de imponer en todo su voluntad y de mantener al clero bajo su absoluta dependencia y sumisión.

Había conseguido este resultado conservando y defendiendo el derecho de proveer por sí mismo a los beneficios eclesiásticos, y la facultad de presentar al papa a los individuos a quienes quería elevar al episcopado. Sostuvo estas prerrogativas contra las pretensiones de la Santa Sede con una entereza incontrastable, y usó de ellas con una pertinacia que no podía dejar de afirmar y de robustecer su poder. Elegía para las mitras vacantes a sacerdotes que reconociesen siempre deberle su elevación, lo hacía sentir así a los nombrados, y reclamaba de ellos la expresión reverente de su gratitud. Felipe II consiguió así mantener sujeto al episcopado español por el reconocimiento de los beneficios pasados, y por la esperanza de nuevos favores. A pesar de su ardoroso fanatismo, el rey sostenía enérgicamente que «no es obligado el príncipe seglar a cumplir los mandatos del papa sobre cosas temporales». Proclamando este principio, tuvo cuestiones y competencias con la curia romana, defendió con toda resolución sus prerrogativas de soberano independiente, y las sacó triunfantes. En estos conflictos, el rey exigía que los obispos estuvieran de su parte y; en efecto, ordinariamente le fueron fieles y sumisos. Uno de ellos, el de Cuenca, don Gaspar de Quiroga, desobedeció expresamente al papa, se negó a publicar una bula sin consentimiento del soberano, y se atrajo las censuras eclesiásticas y la excomunión. Felipe II, en cambio, lo colmó de distinciones, lo hizo visitador eclesiástico de Nápoles, consejero de justicia, inquisidor general y, por último, arzobispo de Toledo y primado de la Iglesia de España. Con esta política tuvo a sus órdenes el clero más dócil y sumiso que podía apetecer un monarca del siglo XVI.[184] Solo después de la muerte de Felipe II, cuando el cetro cayó en

---

184 Véase sobre este punto el capítulo que acabamos de citar del libro de Cabrera de Córdoba. Ese capítulo se titula así: «Como hacía don Felipe la distribución de los bienes eclesiásticos y presentación de obispos». Esta faz de la política de ese monarca está bien estudiada

manos de sus ineptos sucesores, los reyes no tuvieron energía para poner a raya las pretensiones y demasías del clero.

Pero la acción del rey no podía hacerse sentir con igual regularidad en la metrópoli y en las más apartadas colonias. En estas últimas, los obispos se hallaban demasiado lejos del soberano, y en las competencias que provocaban al poder civil, creían tener que entenderse no con ese soberano sino con sus agentes subalternos. En Chile, como en las otras colonias de América, los obispos suscitaban a cada paso dificultades y problemas a los gobernadores y a sus delegados, y con una arrogancia provocadora, pero que estaba fundada en la ignorante superstición de aquella época, amenazaban a sus contenedores con la pena de excomunión. «Hase introducido tomar los obispos, provinciales y comisario del santo oficio tanta autoridad, escribía don Alonso de Sotomayor, que el que gobierna no es señor de hacer más de lo que ellos quieren.»[185] Bajo la administración de Rodrigo de Quiroga, esta absorción de poderes y estas competencias fueron más ruidosas que nunca, y tomaron un carácter de acritud que debió preocupar mucho a los contemporáneos.[186] El nombramiento de párrocos en que quería el rey que el gobernador tuviese una parte principal, dio lugar a dificultades y competencias mediante las cuales el obispo de la Imperial pretendía negar al poder civil toda intervención; pero en que este último logró hacer respetar sus prerrogativas. Poco más tarde, en 1597, los vecinos encomenderos de La Serena pidieron a Quiroga que moderase el salario que ellos estaban obligados a pagar a los sacerdotes que con el carácter de curas doctrinaban a los indios de sus encomiendas. El gobernador,

---

por Prescott, *History of Philip II*, book VI, chap. 12 y, aun, por Lafuente, *Historia general de España*, tomo XV, págs. 111-136. Otro célebre historiador moderno, ha caracterizado muy bien este rasgo de la política española del siglo XVI con las palabras siguientes: «Los arzobispos, los obispos y todo el clero fueron enteramente adictos a aquél a quien debían su fortuna actual y de quien esperaban su fortuna futura. En vez de adherirse a Roma, que no podía protegerlos contra el rey, ellos se adhirieron al rey que tenía el poder y aun el deseo de protegerlos contra Roma. Eran los súbditos más obedientes de su señor; y aun contribuían de buena voluntad a los gastos del estado». Leopold Ranke, *L' Espagne sous Charles V Philippe II et Philippe III*, trad. Haiber, pág. 250. Bajo el reinado de Felipe III, como lo veremos más adelante, este estado de cosas se modificó considerablemente, y el rey, influenciado por válidos que explotaban la debilidad de su carácter, dejó que el clero se arrogara un poder que nunca había tenido.

185 Carta de Sotomayor al rey, de 6 de diciembre de 1583.
186 Véase el capítulo 6, § 1 de esta misma parte de nuestra historia.

creyéndose suficientemente autorizado por el rey para entender en esa clase de negocios, accedió a aquella petición. Pero el obispo de Santiago, don fray Diego de Medellín, no quiso reconocer al poder civil la facultad de reformar los salarios de los curas, sosteniendo que estos salarios debían ser fijados por el obispo con arreglo a las prescripciones del sínodo del obispado. Sin detenerse ante ninguna consideración, exigió de Quiroga, bajo pena de excomunión y de multas, que en un plazo perentorio revocara su auto. Fue necesario transigir la cuestión adoptando un arbitrio provisorio, mientras el monarca o en su lugar el virrey del Perú, daba una resolución definitiva.[187]

Estas ruidosas competencias absorbían casi por completo toda la actividad del clero. Ya hemos visto que la acción de éste fue absolutamente nula en la reducción de los indígenas. Las llamadas conversiones de los indios de que hablan algunos cronistas, no habían producido el menor resultado ni para acelerar la civilización de la raza conquistada ni para modificar la miserable condición a que se le había reducido. El territorio de Chile sometido a los españoles, había sido distribuido en doctrinas o curatos, y se había colocado a la cabeza de cada uno de ellos un eclesiástico encargado de enseñar la religión a los indios que poblaban el distrito. Estos sacerdotes recibían un salario pagado por los encomenderos; pero según los documentos de la época, se preocupaban poco de la conversión y de la predicación; llevaban en los campos una vida relajada, y servían a los encomenderos en la administración y cuidado de sus estancias y chacras.[188] Aunque el número de eclesiásticos era relativamente muy considerable, siempre faltaban quienes quisieran encargarse de las doctrinas que no estaban abundantemente dotadas. Uno de los más inteligentes y activos gobernadores de Chile, Alonso de Rivera, decía pocos años más tarde al rey que no había podido hallar un eclesiástico que fuese a desempeñar el curato de la nueva ciudad de Chillán, «porque los clérigos de esta tierra no quieren prebendas sino en Santiago, ni se mueven de allí sino es con gran interés de dinero».[189]

Es justo también reconocer que el clero que en esa época había en Chile, probablemente con muy escasas excepciones, no estaba en manera alguna preparado para prestar mayores servicios a la causa de la civilización. Si bien es

---

187 Carta de Rodrigo de Quiroga al virrey del Perú, de 3 de julio de 1579.
188 Véase sobre esto el memorial de fray Cristóbal Núñez de que hablaremos más adelante.
189 Alonso de Rivera, *Relación del modo y orden militar*, etc.

cierto que llegaban de España algunos religiosos que quizá habían hecho ciertos estudios, el mayor número del clero debía ser formado por frailes o clérigos turbulentos y pendencieros dispuestos a tomar las armas contra los indios y a mezclarse, como se mezclaban, en las agitaciones civiles de los mismos españoles. Pero además de esto, en Chile mismo tomaban las órdenes sacerdotales muchos individuos que no habían de llevar a ese estado un gran contingente de cultura. «En este reino han acostumbrado, y lo hacen los obispos de Santiago, decía el gobernador Ruiz de Gamboa, a dar órdenes a muchos soldados de orden sacra, sin ser muchos de ellos idóneos para ello, de que se sigue no poco inconveniente, porque además de la insuficiencia dicha, procuran muchos soldados ordenarse por quitarse de la guerra; y así por esta vía se ha consumido la tercia parte de los que en este reino militaban, y va en tanto aumento, o por mejor decir desorden, que entiendo en breve tiempo habrá más clérigos que legos; y es justo Vuestra Majestad sea servido mandar se remedie porque, aunque ha hecho instancia, no basta.»[190]

---

190 Carta de Ruiz de Gamboa a Felipe II, de 31 de agosto de 1581. El hecho de que muchos españoles se hacían clérigos y frailes para no salir a la guerra, consta de numerosos documentos y de las cartas de casi todos los gobernadores. En una nota anterior de este mismo capítulo, hemos recordado que en solo los años de 1592 a 1593 habían tomado el hábito cuarenta y dos individuos del reducido ejército de Chile.
A este respecto es particularmente instructiva una representación hecha al rey y al Consejo de Indias en 1597 por Domingo de Erazo, secretario del gobernador Óñez de Loyola, a quien éste había enviado a España a solicitar auxilios de tropas y de armas. En ella hallamos bajo el núm. 20 la petición que sigue: «Ítem. Acostumbran muchos soldados de aquel reino (Chile) por huir de la guerra y excluirse de las obligaciones y trabajos de ella, tomar hábito de religión y salir con él de Chile, y luego desampararlo en otra provincia con gran ofensa de Dios y del servicio de Su Majestad. Y a otros admiten para sacerdotes sin habilidad ni suficiencia para ello, y los ordenan los obispos; y a todos los que quieren les den grados y corona por librarlos de la guerra. Y así en el dicho reino hay más gente de manteo y sotana que soldados. Y aunque los gobernadores procuran por todos medios reparar el daño que de ello se sigue rogándoselo a los prelados y religiosos, y algunas veces sacándolos de ellas por fuerza, no se puede remediar; y sucede continua discordia y escándalo sobre ello; y sabe Dios si el administrar sus santos sacramentos ministros ignorantes e inútiles, acostumbrados a mil graves pecados y a los homicidios de la guerra, permite que hagan tan poco fruto y provecho entre aquellos endurecidos e incrédulos indios que están tan secos y duros en la fe como antes que se les predicara. Y demás de ello, conforme a lo que disponen y ordenan los concilios y sumos pontífices, no pueden recibir en las dichas órdenes y religión a semejantes soldados que han recibido y deben muchas pagas y socorros de la real hacienda sin que los vuelvan y restituyan, ni tampoco sin prevenir las diligencias de limpieza de costumbres que mandan los dichos concilios; y así es muy necesario que Vuestra Alteza se sirva de poner entero remedio en ello».

Pero esta facilidad para conferir las órdenes del sacerdocio, según aparece en otros documentos de la época, había ido mucho más lejos todavía. En 1582 se hallaba en Lima el padre dominicano fray Cristóbal Núñez, encargado, como se recordará, de gestionar por la revocación de la ordenanza denominada «tasa de Gamboa». En uno de los memoriales que presentó al virrey del Perú, comienza por estas palabras: «El obispo de Santiago de Chile (Medellín) por sus muchos años y vejez, es muy fácil en muchas cosas contra la conciencia. En especial, ha tenido mucha rotura en ordenar mestizos; y a lo que se platica y yo he visto, el uno es indio, y dos son muy ignorantes porque no saben leer ni han estudiado. Y lo mismo ha ordenado a criollos y otra gente de Castilla, que son en público muy faltos de ciencia y de *vita et moribus*, a los cuales luego provee en curazgos de indios». Fray Cristóbal Núñez continúa exponiendo la relajación de las costumbres del clero, el abandono de los intereses puramente religiosos, y la intervención de los curas doctrineros en los negocios de encomiendas con el carácter de administradores o de factores de los encomenderos.[191] Estos denuncios dieron origen a diversas providencias dictadas por el rey para corregir aquellos abusos.

Si el elemento religioso no había podido ejercer influencia alguna para civilizar a los indios, ni tampoco había contribuido a morigerar a los españoles corrigiendo sus costumbres y reprimiendo los malos instintos de la soldadesca,

---

[191] Los memoriales de fray Cristóbal Núñez al virrey del Perú son dos. Uno versa sobre asuntos administrativos y temporales, y el segundo sobre negocios espirituales. Ninguno de ellos tiene fecha; pero es indudable que son de 1582. La redacción de ambas piezas es de tal manera defectuosa, que en algunos pasajes cuesta cierto trabajo el hallarle sentido; y esto no puede atribuirse a error de copia, porque he examinado por mí mismo los originales que encontré en la Biblioteca Nacional de Madrid, en un volumen de manuscritos marcado J 53. Los hechos contenidos en esos memoriales, y seguramente estos mismos documentos, fueron comunicados al rey, el cual mandó inmediatamente que se suspendieran las ordenaciones de mestizos y que se prohibiera a los eclesiásticos el tener tratos y comercio, y el ser factores o administradores de encomiendas. Informado de nuevo de que sus órdenes no se cumplían, el rey las repitió más imperiosamente. El obispo de Santiago expuso al rey que los mestizos que había ordenado, hijos naturales de algunos conquistadores, no eran más que «tres o cuatro, todos hábiles para sus oficios y para la conversión de los indios», seguramente por conocer el idioma de estos; y que los eclesiásticos de su diócesis eran tan pobres que no tenían con qué negociar, «y si cae uno enfermo, dice, esle forzoso irse al hospital». Véase la carta del obispo Medellín al rey de 20 de enero de 1590, publicada por don Crescente Errázuriz entre los documentos de sus *Orígenes de la Iglesia de Chile*, págs. 541-544.

servía, en cambio, para mantener viva la devoción que constituía uno de los rasgos distintivos del carácter nacional. Los habitantes de Chile podían ser acusados de cualquier delito y de cualquier vicio; pero no era posible poner en duda su fervor en el cumplimiento de las prácticas religiosas, ni su odio a los herejes, a los judíos y a los pretendidos brujos. Ellos supieron con vivo contento que en 1570 se había establecido en Lima el tribunal de la inquisición, encargado, como los tribunales análogos de España, de perseguir y castigar a los herejes y hechiceros. El cabildo de Santiago reconoció en su carácter público al representante oficial, o comisario de la Santa Inquisición, encargado de apresar y de remitir a Lima a los individuos sospechosos de herejía o de hechicería. Este cargo, tan odioso según las ideas de la civilización moderna, fue, sin embargo, muy codiciado durante toda la era colonial, y llegó a constituir un título de honor y de prestigio para el personaje que lo desempeñaba, y un timbre de gloria para su familia y para sus descendientes.[192]

Este espíritu de devoción se manifestaba todavía por otros hechos. Los colonos, resistentes al pago de cualquier impuesto civil, no oponían la menor dificultad a las contribuciones de carácter religioso. En 1509, el papa Julio II había decretado en favor de los reyes de España la bula llamada de la Santa Cruzada, que otros pontífices completaron más tarde por disposiciones posteriores. Era un permiso acordado a los fieles para eximirse de la abstinencia de ciertos alimentos en los días de ayuno. El rey gozaba del beneficio de vender a sus vasallos aquel permiso; pero estaba obligado a renovar la concesión pontificia cada seis años, y a invertir el producto de la venta de la bula en la guerra

---

[192] El tribunal de la inquisición fue mandado fundar en el Perú por una real cédula de Felipe II, fechada en Madrid a 7 de febrero de 1569. En enero del año siguiente llegó, a Lima el funcionario encargado de esta fundación, y el tribunal quedó definitivamente instalado en 1570, siendo virrey don Francisco de Toledo. El primer auto de fe tuvo lugar el 15 de noviembre de 1573, y fue su primera víctima un pobre francés acusado de hereje, esto es, de ser protestante.

El tribunal de Lima nombró enseguida familiares o comisarios en las diversas ciudades del virreinato. Para la de Santiago de Chile, designó a uno de los vecinos más considerados e importantes, a Cristóbal de Escobar. Por muerte de éste, en 30 de enero de 1582 confió el mismo cargo a don Francisco de Irarrázabal, «para tener, dice el nombramiento, a quien encomendar las cosas que se ofrecen del santo oficio de la inquisición en la dicha ciudad de Santiago». Estos familiares gozaban de muchos privilegios que aumentaban considerablemente su prestigio. Entre ellos figuraba el de tener por jueces en las causas criminales, excepto en ciertos casos prolijamente detallados, a los mismos inquisidores, lo que se juzgaba una honrosa prerrogativa.

contra los infieles. Ya en 1529, Carlos V estuvo facultado por el papa para vender la bula en América; pero no pudo establecerse con toda regularidad. Por fin, en 3 de marzo de 1573, Gregorio XIII extendió expresamente esa concesión a las Indias; y el monarca español, siempre a caza de recursos para reponer su exhausto tesoro, estableció en sus dominios de ultramar este nuevo ramo de entradas fiscales.[193] Las luchas interminables en que vivía envuelto contra

---

193 Según el breve pontificio de marzo de 1573, las bulas se concedían por un período de seis años; pero el mismo Gregorio XIII, por otro breve de 5 de septiembre de 1578, declaró que la predicación de la bula se hiciera en las Indias de dos en dos años, medida que parecía destinada a aumentar la entrada que debía producir la venta. Por las instrucciones dictadas a este respecto, se estableció que hubiera bulas de tres categorías: «Las que toman los indios y negros y cualesquier personas que sirven a otras, dice Solórzano, está tasada en 2 reales de plata; en los demás españoles, en 8 y los que tienen algún cargo y oficio real o indios en encomienda, en 16», pero esta tarifa sufrió diferentes modificaciones.

El lector podrá hallar recopiladas casi todas las disposiciones concernientes a las bulas en un curioso, pero desordenado libro que lleva por título *Compendio de las tres gracias de la santa cruzada, subsidio y excusado*, etc., por el licenciado Alonso Pérez de Lara, alcalde del crimen de la audiencia de Lima, Madrid, 1610. Pero se puede, además, encontrar concerniente a la venta de bulas, noticias sobre las disposiciones posteriores a esa fecha en la *Política indiana*, de Solórzano, lib. IV, capítulo 25; y en capítulo 32, parte II, lib. 11 del *Gazophilacium regium perubieum*, Madrid, 1775, de don Gaspar de Escalona Agüero.

No es posible fijar ni siquiera aproximadamente la entrada que proporcionaba a la Corona el ramo de bulas. Corría este negocio a cargo de funcionarios especiales, independientes de los otros administradores de la real hacienda, y ellos mantenían en la mayor reserva los datos acerca de su producido y de su inversión. Se sabe sí que la renta creada a la Corona por las bulas era muy considerable, por cuanto todos los súbditos del rey estaban obligados a comprarlas, aun, cuando no hicieran uso del permiso que ellas acordaban. Escalona y Agüero, en el libro y lugar citados, dice a este respecto lo que sigue: «Lo procedido de la limosna de esta santa bula es una de las rentas más considerables que Su Majestad tiene en las Indias».

Los mismos funcionarios encargados del expendio de esta bula, eran los que vendían otra que en esa época debía ser muy productiva, y que era denominada de composición. Por esta bula, dice el doctor don Alonso de la Peña Montenegro, obispo de Quito, «se pueden componer hasta la cantidad de 900 ducados, que hacen 1.237 pesos castellanos y 4 reales; y esta cantidad se compone con treinta bulas de composición, que por cada una de ellas se dan de limosna 12 reales castellanos, que es la tasa que tiene puesta el comisario general: de manera que quien tiene 41 pesos mal ganados, estando inciertos los dueños, se puede componer con una bula, dando de limosna 12 reales; y a este respecto se irán sacando más bulas, conforme a la cantidad que tiene mal ganada, hasta los 1.237 pesos 4 reales, y si se quiere componer de más cantidad, ha de recurrir al comisario general que está en Lima, a quien ha de dar cuenta los comisarios particulares, para que con acierto del tribunal de Lima se haga». Montenegro, *Itinerario para párrocos de indios*, Madrid, 1668, lib. V, trat. 1, sec. 21. Del beneficio de estas bulas se aprovechaban muchos sacerdotes, que habiendo recogido cantidades considerables de dinero a cuenta de misas, habían perdido

173

los turcos, los berberiscos y los protestantes, le permitían cumplir la condición impuesta por el papa de invertir los productos de la bula en hacer la guerra a los infieles y a los herejes.

La bula se publicó por primera vez en Chile a fines de 1577. Hízose con este motivo una solemne procesión, los predicadores anunciaron desde el púlpito las gracias acordadas por el papa a los que compraran la bula, y, enseguida, ésta fue distribuida a todos los habitantes, porque su adquisición era estrictamente obligatoria, y todos ellos, así españoles como indígenas, estaban en el deber de recibirla y de pagarla. «La predicación de la bula de la Santa Cruzada, escribía en esos días Rodrigo de Quiroga, se ha concluido en este reino; y a cargo del tesorero Valmaceda está la cobranza de las bulas que se han distribuido entre vecinos y moradores y naturales de estas provincias. Hele enviado a mandar que envíe todo el oro que hubiere recogido al tesorero que está en esa ciudad (Lima).»[194] Este gobernador no dice, sin embargo, en aquella comunicación a cuánto ascendieron las entradas que recibió el tesorero real por las primeras ventas de bulas.

La devoción de los colonos, tanto en Chile como en las demás provincias del Nuevo Mundo, era explotada también por otros procedimientos y por otras personas menos caracterizadas que el poderoso rey de España. Ciertos eclesiásticos o legos, que se daban el título de cuestores o demandantes, y a quienes el vulgo denominaba buleros, recorrían las ciudades y los campos, como había acostumbrado hacerse en la metrópoli y en los otros países de Europa, vendiendo bulas e indulgencias, exigiendo donativos para tal o cual iglesia, y recogiendo por estos medios beneficios considerables.[195] Seguíanse de aquí abusos y fraudes, a que Felipe II quiso poner remedio por las cédulas expedidas en 1571 y 1582 en que prohibía expresamente tales pedidos de los llamados cuestores, pero no habiéndose conseguido con ellos el remedio del mal, Felipe III daba en 2 de diciembre de 1609 órdenes más precisas todavía al virrey del Perú, marqués de Montesclaros. Desde entonces quedó prohibido el

---

la memoria de ellas sin haberlas dicho; pero el obispo Montenegro encuentra irregular este procedimiento, y opina por qué no podía darse este alcance a las bulas de composición.

194 Carta inédita de Rodrigo de Quiroga al virrey del Perú, de 26 de enero de 1578.

195 La existencia de estos cuestores o demandantes era general en casi toda Europa antes de la reforma religiosa del siglo XVI. El concilio de Trento los prohibió expresamente por el capítulo 9 de su sesión XXI. Don Diego Hurtado de Mendoza ha hecho un retrato admirable de aquellos buleros o bulderos en una de las mejores páginas de su *Lazarillo de Tormes*.

expender otras bulas que las que vendía el rey, y el pedir limosna de ese orden sin un permiso expreso del soberano. Este permiso, sin embargo, se concedía con gran facilidad; y así hallamos más adelante numerosas reales cédulas en que el rey autorizaba el recoger erogaciones en sus dominios de las Indias para construir iglesias, levantar altares o canonizar algún santo en España. Los colonos de América contribuyeron siempre generosamente para tales obras.

No existían aún en Chile las numerosas cofradías, ni tenían lugar las frecuentes procesiones y fiestas religiosas que se introdujeron más tarde bajo la iniciativa de los padres jesuitas; pero no faltaban tampoco las funciones de este orden. El cabildo de Santiago creía cumplir uno de los deberes de su institución disponiendo que se recogieran limosnas en la ciudad para que cada lunes se dijese en la catedral una misa por las ánimas del purgatorio, o designando capellán para que cada día se dijese misa en tal iglesia. Pocos meses más tarde, esa misma corporación acordaba «que porque viene cerca la cuaresma, los cabildos que se hubieren de hacer en la dicha cuaresma sean los jueves de cada semana en lugar de los viernes», para que los capitulares pudiesen oír los sermones que se predicaban en estos últimos días.[196]

Esta acendrada devoción de todas las autoridades y de todos los pobladores de la colonia, no iba, sin embargo, hasta abandonar por un solo instante las prerrogativas y privilegios del rey y del poder civil. Lejos de eso, tanto el gobernador como los cabildos seculares defendían esos derechos con un tesón incontrastable. En 1582 debía celebrarse en Lima un concilio provincial autorizado por el rey y convocado por el arzobispo Mogrovejo, canonizado por la iglesia con el nombre de Santo Toribio. Los dos obispos de Chile habían sido invitados como sufragáneos de la iglesia metropolitana de Lima, y se preparaban a partir para esa ciudad. El cabildo de Santiago, recordando las viejas prácticas españolas en casos análogos, acordó hacerse representar en el concilio, por cuanto «esta ciudad tiene pleitos en la dicha ciudad de los Reyes (Lima) que trata con el señor obispo y prebendados de esta ciudad sobre los diezmos y otras cosas»; y resolvió que cuatro individuos que debían ser tenidos por los hombres más ilustrados de Santiago, redactasen las instrucciones a que habían de someterse los representantes del Cabildo.[197] Un mes más tarde, daba su poder a los capi-

---

196 Cabildo de 28 de septiembre de 1582. Íd. de 8 de febrero de 1583.
197 Cabildo de 27 de abril de 1582. Los cuatro individuos designados al efecto fueron: el alcalde Agustín Briseño, el regidor Alonso de Córdoba, el capitán Alonso Álvarez Berrío, vecino

tanes don Francisco de Irarrázabal y Gaspar Verdugo «para parecer en el santo concilio provincial, y en él pedir lo contenido en el dicho poder, y lo que a ellos les pareciere convenir a este Cabildo y ciudad».[198]

11. Pobreza del erario real de Chile; rentas públicas y contribuciones, ventas de oficios

El cuadro de la situación de Chile a fines del siglo XVI, que resulta de los hechos que hemos agrupado en las páginas anteriores, dista mucho de ser halagüeño. Pero parecerá mucho más triste todavía cuando se conozca el estado de la riqueza pública y particular de la colonia. «La pobreza de esta tierra es tanta, decía en 1583 uno de los tesoreros del rey, que por balances y cuentas de la renta que Vuestra Merced tiene en este reino no llega, un año con otro, a 22.000 pesos; y los gastos de la guerra tan excesivos respecto del poco aprovechamiento que Vuestra Merced tiene, que las cajas reales de este reino están empeñadas en más de 300.000 pesos, y a mi cuenta los trabajos de Chile mayores que jamás han sido.»[199] «Hallo este reino afligidísimo, pobre y disipado de todos los medios que me pueden ayudar, escribía en la misma época don Alonso de Sotomayor. La gente de guerra que hay en él, licenciosa y libre, acostumbraba a grandes socorros. La que yo traigo, desnuda y perdida. Los mercaderes muy pobres por las continuas derramas que se les han echado. Los vecinos consumidos. La caja de Vuestra Merced tan pobre que no alcanza a los

---

de la ciudad, y Juan Hurtado. Nueve años antes, en 1573, al anunciarse la convocación de un concilio provincial en Lima, el cabildo de Santiago se había apresurado a nombrar al general Fernando de Aguirre y al licenciado Juan de Herrera para que lo representasen en aquella asamblea. Por ausencia de ambos debían tomar la representación Cristóbal de Ovando y el licenciado Alonso Velásquez. Acuerdo de 12 de febrero de 1573. Los nombramientos hechos en esta ocasión y en 1582 eran, a juicio del cabildo de Santiago, el uso de un derecho perfecto e incuestionable.

198 Cabildo de 26 de mayo de 1582. En la época en que el Cabildo hizo este nombramiento, don Francisco de Irarrázabal se hallaba en Lima, de donde volvió el año siguiente con el título de comisario de la Santa Inquisición, sin que el concilio hubiese terminado sus trabajos. El cabildo de Santiago, en sesión de 26 de septiembre de 1583, confirió sus poderes para que continuara representándolo en el concilio, al capitán Pedro de Lisperguer, que por encargo del gobernador Sotomayor pasaba al Perú a pedir socorros de tropas. Los representantes del cabildo de Santiago iban provistos de algunos fondos para atender a los gastos que exigiese el desempeño de su comisión.

199 Carta a Felipe II del veedor Jerónimo Morales de Albornoz de 26 de septiembre de 1583.

salarios de los oficiales y mío.»**200** «Dios nuestro señor se ha servido, decía un minucioso observador, poner las cosas de aquel reino en tan miserable estado que no se puede conocer de qué ha resultado tanto mal en una de las tierras más floridas y ricas del mundo, pues generalmente estantes y habitantes, todos padecen de suma pobreza por no hallar en qué ganar ni en dónde valerse, con tanta inquietud que no tienen sosiego ni seguridad en sus casas por sacarlos de ellas cada hora para la guerra y solo contribuyendo para ella de sus pocas haciendas, dejando desamparadas sus casas, llenas de mil necesidades y de mujer y de hijos... Los vecinos encomenderos están sus casas hechas hospitales con los continuos gastos de la guerra, y tan empeñados y pobres que no tienen de qué sustentarse por la disminución de sus rentas, que es cosa de lástima ver las casas llenas de hijas de un gran número de conquistadores, hombres de muchos merecimientos y valor, sin que tengan género de remedio para tomar estado, ni aun para sustentarse... Finalmente, está el pobre reino tan consumido, sin sustancia y en lo último, que es bien menester cuidar aquel cuerpo enfermo y que está en los fines (dándole) algún remedio que le aproveche.»**201**

Y, sin embargo, al mismo tiempo que se pintaba con los más negros colores el estado de miseria a que la guerra había reducido a Chile, se daban las noticias más lisonjeras acerca de la riqueza y de la fertilidad de su suelo y de la benignidad de su clima. Desde Pedro de Valdivia, todos los gobernadores habían repetido los mismos conceptos sobre el particular. Aquellos de sus subalternos que habían tenido que escribir un memorial o que dar un informe, habían consignado juicios análogos para recomendar que no se abandonase la conquista de este país, como llegó a temerse más de una vez. «El temple de esta tierra es de mucha salud, escribía Ruiz de Gamboa, y la fertilidad es muy grande, pues sola ella ha sido parte para haber podido sustentar tantos años de guerra, y lo es tanto en extremo, que en todo lo descubierto de las Indias no tiene Vuestra Merced mejor pedazo de reino, ni de más calidades, y todo ello costa de mar con puertos maravillosos.»**202** Don Alonso de Sotomayor, dirigiéndose al rey de España, no vacilaba en decirle que Chile era la mejor tierra que el monarca poseía en todos sus vastos dominios;**203** y hablando con el virrey,

---
200 Carta al rey de don Alonso de Sotomayor, 26 de septiembre de 1583.
201 Olaverría, informe citado.
202 Carta a Felipe II de Ruiz de Gamboa, de 31 de marzo de 1580.
203 Carta a Felipe II de Sotomayor, 9 de enero de 1585.

de quien dependía, iba más lejos todavía, asegurándole que Chile era «el reino más rico, fértil y sano que hay en el mundo, y de donde se ha de avituallar el Perú».[204] Esta insistencia para recomendar la riqueza natural de Chile debió influir poderosamente en la resolución del rey de España y de sus más caracterizados representantes en América, de no desistir de una empresa que lejos de producir beneficios a la metrópoli, le imponía considerables desembolsos.

En efecto, las entradas que Chile producía al tesoro real, lejos de tener un aumento, iban de año en año, en notable disminución. En 1568, los oficiales reales o tesoreros del rey evaluaban en 35 o 40.000 pesos la sola renta anual que producía el impuesto sobre las minas y los lavaderos de oro.[205] Existía, además, ahora otro impuesto, el de almojarifazgo, o de aduana, que gravaba las mercaderías que entraban al país, y cuyo producto se computaba en 2.000 o 2.500 pesos por año. Sin embargo, entonces mismo las entradas no bastaban para cubrir los gastos más indispensables de la administración, el erario real tenía que solicitar frecuentes anticipos de los contribuyentes, y estaba adeudado en

---

204 Carta de don Alonso de Sotomayor al virrey del Perú, de enero 1 de 1586.
205 Tengo a la vista un curioso informe inédito dado en esa época por el contador Francisco de Gálvez, uno de los oficiales reales de Santiago, que consigna las noticias que asentamos en el texto, y que nos permite agrupar aquí algunos otros datos que se juzgarán interesantes. El contador Gálvez estimaba, como dejamos dicho, en algo como 40.000 pesos de oro las rentas públicas de Chile en 1568, bajo el gobierno de la Real Audiencia: veamos ahora el presupuesto de gastos más indispensables de la administración en esos años. Sueldo del presidente, oidores y fiscal, 20.000 pesos; íd. de los tres oficiales reales, 3.333 pesos; íd. de nueve corregidores de las nueve ciudades, 9.000 pesos; íd. de Lorenzo Bernal de Mercado, por el cargo de general de las tropas, 1.500 pesos; pensión anual que en virtud de una real cédula debía pagarse a Alonso Ruano, 600 pesos; socorro de vino y aceite a los conventos de San Francisco y de Santo Domingo para el servicio divino y para las lámparas de las iglesias, cuyo costo estaba avaluado en más de 1.000 pesos. En este presupuesto no figuran más que los gastos fijos, y no los eventuales de ropa, víveres y armas para las tropas, las cuales no recibían entonces salario alguno.
El socorro que la devoción del rey había acordado a los dos conventos a que nos referimos, se extendió en breve a otras instituciones de ese género. Como las viñas habían prosperado extraordinariamente, el vino que se daba era el que se cosechaba en el país. Los olivares no se habían propagado tanto, y la producción de aceite debía ser muy limitada. Los españoles se alumbraban entonces con sebo y con un aceite extraído de la semilla de madi (madia Mol.) o melosa de nuestros campos.
Existía, además, otra contribución en esa época, el diezmo o impuesto de un 10 % sobre la producción de la agricultura y de la ganadería; pero este impuesto, que daba entonces una renta muy reducida, estaba aplicado a pagar el sueldo de los obispos y canónigos, y el sostenimiento del culto.

más de 100.000 pesos. Pero la considerable reducción de los indios de servicio, de que hemos hablado más atrás, y seguramente también el agotamiento relativo de las tierras auríferas, disminuía notablemente la producción y por lo mismo las rentas de la Corona. En 1571 el gobernador Bravo de Saravia las estimaba en 30 o 32.000 pesos de oro.[206] Doce años más tarde, en 1583, el veedor Jerónimo Morales de Albornoz, decía al rey que aquellas rentas, computadas un año con otro, no alcanzaban a 22.000 pesos, mientras que las deudas del erario pasaban ya de 300.000.

Los gobernadores de Chile habían querido en muchas ocasiones remediar en parte siquiera este estado de cosas, satisfaciendo las más premiosas necesidades con impuestos extraordinarios en oro, en mercaderías y en ganados, que se exigían de los vecinos. Pero estas contribuciones, conocidas con el nombre de derramas, al paso que producían un resultado verdaderamente mezquino, irritaban a los pocos contribuyentes sobre los cuales se las hacía gravar. Los gobernadores mismos habían reconocido los inconvenientes que ofrecía este impuesto. El almojarifazgo, o derecho de aduana, como consecuencia natural del empobrecimiento del país, no tomaba tampoco desarrollo; y la venta de las bulas implantada en Chile en 1578, y cuyo producto debía aplicarse a la guerra contra los infieles, no debió dar en sus principios un resultado muy brillante por la despoblación del país.

Por un momento se creyó hallar una fuente regular de entradas en un expediente financiero muy practicado entonces en la metrópoli. Las angustiosas penurias del tesoro español habían aconsejado a los soberanos de la casa de Austria la adopción de un arbitrio que desde tiempo atrás existía en otros países y particularmente en Francia, y de que no sería difícil hallar vestigios en la España misma durante los últimos siglos de la Edad Media. Consistía éste en la venta en pública almoneda de algunos cargos del Estado, u oficios, como entonces se les llamaba, expediente muy peligroso para la moralidad y el buen servicio, si no se tomaban las más prolijas precauciones. En España, sin embargo, no se extendió la venta de oficios más que a ciertos cargos concejiles, como los de regidor de los cabildos, o a algunos del orden forense, como escribanos, alguaciles, defensores de ausentes y otros que no eran pagados por el fisco sino por los individuos que reclamaban los servicios de esos funcionarios. La

---
206 Carta de Bravo de Saravia a Felipe II, de 15 de octubre de 1571.

venta de oficios fue implantada en el Perú por el virrey don García Hurtado de Mendoza. La adopción de esta medida fue recomendada por ese virrey al gobernador de Chile, don Alonso de Sotomayor, en 1591; pero los beneficios que produjo en aquellos años fueron de bien escasa importancia.[207] La pobreza del país, lo escaso de su población y la limitadísima vitalidad industrial que en él existía, eran motivos más que suficientes para que la venalidad de los oficios no produjera entonces mayores beneficios. Más tarde, la venta de los cargos de regidores perpetuos de los cabildos, estimulando la vanidad de los colonos y abriéndoles la puerta de los únicos honores a que podían aspirar, constituyó una entrada más considerable.

Al paso que las rentas públicas sufrían la disminución que dejamos indicada, y mientras los nuevos impuestos daban tan exiguos resultados, las necesidades de la administración aumentaban sin cesar. Los capitanes y soldados que servían en el ejército, no aspiraban como antes a que se les premiara con un repartimiento de tierras y de indios, sino que exigían que se les pagase un sueldo

---

[207] Carta de don García Hurtado de Mendoza a Sotomayor, Lima, octubre 18 de 1591.

Un documento importante que tenemos a la vista, nos permite conocer lo que produjo en Chile la venta de oficios desde 1591 hasta principios de 1598. La venta de las depositarias de Santiago, esto es, de los cargos de guardadores de bienes de difuntos, de menores, etc., produjo 7.800 pesos; la depositaria de La Serena, 1.200 pesos; una escribanía de Chiloé, 150; otra escribanía de Concepción, 900 pesos, de ellos 600 en una cuenta que debía el tesoro real y los 300 restantes en vacas y carneros; la escribanía de registros y de minas de todo el reino, 1.400 pesos; la vara de alguacil mayor de todo el distrito de Coquimbo, 900 pesos. Carta al rey de Martín García Óñez de Loyola sobre materias de hacienda, escrita en Concepción en 12 de enero de 1598.

La venalidad de los cargos públicos subsistió en Chile hasta la revolución de la independencia, y solo fue abolida definitivamente por un senado consulto de 7 de agosto de 1821, que lleva la firma de don Bernardo O'Higgins, como contraria «a la razón y a los principios de nuestra regeneración». Ese sistema facultaba a los compradores de oficios a venderlos a otras personas, o a renunciarlos en favor de sus deudos. Aun, en muchas ocasiones se compraba el cargo para que quedara en una familia durante dos generaciones, es decir, el hijo después del padre. Sin embargo, la venalidad de los oficios, por más inmoral que parezca, no dio lugar a grandes abusos, y en general los cargos comprados se ejercían con pureza.

En Francia, donde la venta se extendía a algunos cargos militares, judiciales y de hacienda, fue causa de la creación de numerosos destinos innecesarios y dio lugar a quejas y a censuras como las que se hallan en muchos pasajes de Voltaire; pero tuvo también defensores inteligentes y discretos, que creían ver en ella un medio de facilitar a las clases no privilegiadas el acceso a los puestos públicos. En este sentido, Montesquieu la ha justificado en el capítulo 19, lib. V, de su *Espíritu de las leyes*. La revolución suprimió en Francia la venalidad de los oficios o cargos públicos en agosto de 1789.

fijo. En efecto, el sistema de tropas pagadas había comenzado a introducirse, y antes de mucho iba a hacerse general en todo el ejército; pero imponía al erario sacrificios que éste no podía satisfacer. El rey dispuso que algunos sueldos de la administración pública, y entre ellos el de teniente gobernador, se pagasen por las cajas de Potosí. El tesoro real del Perú tenía que hacer frecuentes y considerables gastos, no solo para enviar algunas columnas de auxiliares sino para dar socorros de armas y de vestuario a las tropas de Chile. Pocos años más tarde se estableció el envío regular de una cantidad de dinero que con el título de situado, debía servir para llenar el déficit que la administración civil y la guerra dejaban cada año en el tesoro de Chile.[208]

12. La industria minera, su decadencia

Sabemos que durante los primeros tiempos del establecimiento de los españoles, la industria principal, por no decir la única, a que contrajeron toda su actividad, fue la minería, o mejor dicho, la explotación de los lavaderos de oro en que habían esperado hallar riquezas maravillosas. Antes de mucho tiempo debieron considerarse defraudados en sus esperanzas, visto el mezquino provecho que les resultaba de esta industria; pero su codicia los engañaba sin cesar, y frecuentemente se anunciaban nuevos descubrimientos que venían a estimular sus ilusiones. Pusiéronse trabajos en distintos puntos del territorio, en Andacollo y en Choapa, sobre todo, y se extraía, en efecto, algún oro; pero luego era preciso abandonar muchas de esas faenas, no solo porque la producción no correspondía a las esperanzas sino por la escasez de trabajadores.

El más famoso de estos pretendidos descubrimientos fue uno que se anunció en las provincias del sur en 1578, bajo el gobierno de Rodrigo de Quiroga. «Nuestro señor, escribía entonces un hombre muy conocedor del país, fue servido proveer a la mayor necesidad, que unos indios de servicio descubrieron unas minas de oro en la ciudad Imperial que comienzan menos de una legua de ella y van dos, seis y diez adelante; y en todas partes se halla oro en cantidad, de a 23 quilates. Y con comenzar a sacar oro en ellas este verano pasado tarde y tibiamente y poca gente, se sacaron más de 70.000 pesos. Tienen una difi-

---

208 El situado, de que tendremos que ocuparnos más adelante, se estableció en 1600; y fue entonces cuando se introdujo en Chile por primera vez la moneda acuñada. Habiéndose mandado que el ejército de Chile constara de 2.000 hombres, los gastos se hicieron muy considerables, y el situado llegó a subir a cerca de 300.000 pesos de nuestra moneda.

cultad, ser hacia la tierra de guerra y en ella, que es menester algún asiento de minas o presidio de gente española. Ellas son muy ricas, ciertos los que viven allá arriba que no les faltarán minas en ellas en sus días.»[209] Estas noticias circularon con gran rapidez dentro y fuera de Chile, y obtuvieron fácilmente crédito. El capitán Lorenzo Bernal de Mercado, informando al virrey del Perú acerca de los sucesos de Chile, le dice que aquellos depósitos auríferos son tan extensos que no podrán acabarse nunca, y que no abriga «duda ninguna que consiguiéndose paz y que enviando el virrey persona que lo mueva todo, los navíos irán de Chile lastrados de plata y oro». El resultado no correspondió a esas ilusiones; y antes de mucho, los trabajos fueron abandonados.

En los primeros tiempos, según lo hemos referido en otras páginas de esta historia, la explotación de los lavaderos se hacía imponiendo a los indios un trabajo durísimo que se prolongaba la mayor parte del año. Pero las ordenanzas posteriores, y más que todo el convencimiento que adquirieron los encomenderos de que ese sistema destruía a los trabajadores, habían regularizado de otra manera las faenas. «En las ciudades de Valdivia, la Imperial, Villarrica, Osorno y Castro, dice un precioso informe escrito en 1568 que tenemos a la vista, se saca oro en las quebradas y arroyos desde primero de octubre hasta postrero de marzo, porque lo demás del año es de muchas aguas y no se puede en él sacar oro. En el cual tiempo se han echado a las dichas minas el sesmo de los indios que cada vecino tiene, y dándoles herramientas y de comer y doctrina (enseñanza religiosa). Del oro que sacan se les da el sesmo, que es conforme a una ordenanza que en este reino hizo el licenciado Santillán... En esta ciudad de Santiago y en la de La Serena se saca oro en las quebradas, arroyos y dos ríos que se dicen Quellota e Cura-oma (probablemente Choapa) desde primero de febrero hasta último de septiembre, que es el tiempo que suele haber aguas, porque en estas ciudades, para sacar algún oro, tienen necesidad de que llueva, lo cual es al contrario en las ciudades de que se habla antes. En el cual tiempo echan a las minas los indios que el licenciado Santillán señaló a cada vecino,

---

[209] Carta al virrey del Perú de Juan del Campo San Miguel, de 10 de junio de 1579. Las mismas noticias están consignadas en otras dos cartas dirigidas igualmente al rey, y ambas inéditas, por Lorenzo Bernal de Mercado, en 15 de junio, y por Martín Ruiz de Gamboa en 1 de abril del mismo año.

dándoles herramientas, de comer y doctrina. Del oro que sacan, se les da el sesmo.»[210]

Hemos referido en otra parte que el oro en polvo tal como salía de los lavaderos, circuló como moneda hasta que se estableció la fundición real.[211] Los dueños de ese oro estaban en la obligación de hacerlo fundir para pagar entonces el derecho del quinto que, como se sabe, constituía la entrada principal del tesoro.[212] Estas prescripciones dieron lugar a un expediente que no dejaba de ser embarazoso para el fisco. Los mercaderes que había entonces en Chile, y los que venían del Perú, estaban obligados a vender a crédito las ropas y las armas que servían para el ejército. No pudiendo hacerse pagar por otros medios, esos mercaderes adquirían de los encomenderos el oro en polvo; y al presentarlo en la fundición real, pagaban las cuotas correspondientes al derecho de quinto con las libranzas que se les adeudaban por la venta de sus mercaderías. Como el tesoro no quería privarse por completo de esas entradas, se estableció en la práctica que los mercaderes solo pudieran pagar en esa forma la mitad del valor de los derechos correspondientes al oro que presentaban, reservándose el resto de sus créditos para cobrarlo en otra ocasión. Resultaba de aquí que esos negociantes vendían sus mercaderías por dos y tres veces su valor, para reponerse de las pérdidas y contingencias de tales especulaciones. «Si las cajas de este reino, decía un observador muy competente, no debiesen nada a mercaderes y otras personas, de cosas que se les han tomado y toman para la dicha guerra, entraría enteramente en las reales cajas el dicho quinto con el cual compraríamos las cosas de que se tuviese necesidad la tercia parte mas barato de lo que se compra por lo librar en que se pague de la manera que está dicha.»[213]

---

210 Informe antes citado del contador Francisco de Gálvez. Este valioso documento, que permanece inédito, fue copiado por mí del manuscrito original, conservado en los archivos españoles. No tiene fecha alguna; pero por las referencias que allí se hacen, deduzco que debe haber sido escrito entre los años de 1568 y 1571.
211 Véase la parte II, capítulo 9, § 5.
212 Según hemos referido en otro lugar, parte II, capítulo 21, § 6, una real cédula de 21 de febrero de 1554, redujo este derecho al décimo durante cinco años, y elevándolo enseguida de año en año, volvió a quedar en el quinto.
213 Informe citado del contador Francisco de Gálvez. Estas contingencias a que estaba expuesto el comercio, las derramas o contribuciones extraordinarias que solían imponerse con bastante frecuencia, y las dificultades de las comunicaciones, era causa de que las mercaderías que venían del exterior tuvieran precios horriblemente caros. En 1 de junio de

Aunque no tenemos datos medianamente prolijos acerca de la producción del oro en aquellos años, todo nos hace creer que fue generalmente escasa, y que el modesto beneficio de esa industria tenía por razón no la existencia del metal, que en ninguna parte se hallaba en gran abundancia, sino el trabajo gratuito de los indios de encomienda, que hacía muy económica la explotación de los lavaderos de oro. Pero, según hemos dicho, la extracción de muchos de esos indios para hacerlos servir en la guerra, y la muerte de muchos otros por las epidemias y el exceso de trabajo, ejercieron una gran influencia en la suspensión de esas faenas. Algunas redujeron el número de trabajadores, otras se paralizaron por completo. Se pensó en traer esclavos comprados en el Perú para continuar la explotación de los lavaderos; pero esos esclavos de origen africano tenían un alto precio, y no solo aquella industria no permitía hacer tales desembolsos sino que los encomenderos de Chile carecían de recursos para comprar negros en número considerable. Las tentativas que más tarde se hicieron para transportar a las provincias del norte los prisioneros tomados en la guerra de Arauco, o los indios de servicio de las ciudades del sur, produjeron, como se recordará, los resultados más desastrosos.[214] A fines del siglo XVI los trabajos de los lavaderos estaban casi completamente abandonados, pero se hablaba todavía mucho de las grandes riquezas auríferas del suelo chileno. Según la tradición vulgar, se habían hallado granos de oro puro del tamaño de una nuez, de un huevo, «de un ladrillo de jabón, y muchas veces se hallan mayores», dice un distinguido militar español.[215] Estas fábulas, hijas de las ilusiones creadas por la ignorancia y la codicia, circularon largo tiempo mantenidas por la tradición, y, aun, fueron consignadas en algunos escritos.

1582 el cabildo de Santiago acordaba enviar a Lima 200 pesos para comprar los clavos que se necesitaban para la obra de la catedral, visto el alto precio que habría sido necesario pagar si se hubiesen comprado en Chile. Don Alonso de Sotomayor, dando cuenta al rey de la carestía que había hallado en este país, le dice: «En esta tierra vale tan poco un peso como un real de España». Carta de 6 de diciembre de 1583.

214 Véase parte III, capítulo 6, § 3, y el § 4 del presente capítulo.

215 Hemos dicho, bajo la autoridad del gobernador Alonso de Rivera y del sargento mayor Miguel de Olaverría, que a fines del siglo XVI casi no se explotaban en Chile los lavaderos de oro. El maestre de campo González de Nájera, que estuvo en Chile en los primeros años del siglo siguiente, halló la tradición fabulosa de las grandes riquezas minerales de este país, de la abundancia de oro, del tamaño extraordinario de las pepas que se hallaban casi por todas partes, y en especial en el territorio ocupado por los indios. Nájera ha consignado estas fabulosas tradiciones en el capítulo 9, rel. II del lib. I de su libro.

13. La agricultura y las otras industrias derivadas de ella

Pero si la minería o, más propiamente, la explotación de los lavaderos de oro había llegado a este grado de decadencia, la agricultura, en cambio, había tenido una marcha ascendente. El suelo de Chile y su clima benigno y templado habían correspondido largamente a los esfuerzos y a las esperanzas de los agricultores españoles. Los ganados europeos, las vacas, los caballos, los asnos, los cerdos, las ovejas y las cabras así como las aves caseras, se habían propagado con admirable rapidez; y los árboles frutales, las hortalizas y los cereales traídos de España, se habían extendido con la mayor facilidad. Los productos de la ganadería, sobre todo, sumamente caros en el principio, habían llegado a tener precios ínfimos. «Es toda aquella tierra, dice el escritor que acabamos de citar, tan fértil y abundante de mantenimientos en todas las partes que se cultivan, que casi todos los de las tierras de paz y pobladas comen de balde; y por ninguna parte poblada se camina en las mismas tierras de paz, que sea menester llevar dinero para el gasto del mantenimiento de personas y caballos; por lo que, aunque hay gente pobre en aquella tierra, no hay ningún mendigante.»[216]

La naciente agricultura de Chile carecía, sin embargo, de mercados en que expender sus productos. La población española, como sabemos, no alcanzaba a 3.000 individuos. No se necesitaba de una gran producción para satisfacer las necesidades de esa gente. El comercio de exportación había tomado tan escaso vuelo que todo él estaba reducido a un poco de trigo y de vino que se llevaba al Perú. Resultaba de aquí que los estancieros y agricultores de Chile, no teniendo mercados para sus productos, daban muy limitada extensión a los cultivos, y que en algunas ocasiones se hiciera sentir en el país la falta de trigo y de maíz. Cada vez que se anunciaba el próximo arribo de alguna división de auxiliares, la autoridad, en previsión de una escasez de cereales, mandaba que se aumentasen los sembrados.[217] Precauciones análogas tomaba el Cabildo respecto de los ganados, no porque faltasen propiamente para el consumo, sino porque se

---
216 González de Nájera, lib. II, rel. II, capítulo 2.
217 En acuerdo de 28 de septiembre de 1582, el cabildo de Santiago requería al corregidor para que en atención de haber llegado nueva del próximo arribo de un socorro de tropas, y de que «hay gran falta de mantenimientos», mande por medio de los corregidores de distrito que «se siembre cantidad de maíz, porotos, papas para que se puedan sustentar así la gente que viene de fuera como la que está al presente». En 6 de junio del año siguiente, al saber que en pocos meses más debería llegar a Chile un nuevo gobernador con un socorro

hallaban lejos de las ciudades, o porque se temía que pudiesen venderse para llevarlos a otra parte.[218] Esta intervención de la autoridad en la dirección de los trabajos industriales, dejaba ver el celo con que esos mandatarios velaban por los intereses comunales, pero permite también percibir los errores económicos a que obedecían, y que eran la expresión fiel de las ideas dominantes en esa época. En 1583, habiendo comenzado a tomar cierto desarrollo la exportación de sebo y de velas para el Perú, hubo un momento en que se temió que esos artículos pudiesen escasear en Chile. Sin duda alguna que esta circunstancia habría estimulado la producción; pero el Cabildo, constituyéndose en protector de la comunidad, prohibió que se siguieran sacando aquellos artículos fuera del país.[219] La modesta industria de la colonia debía vivir siglos enteros en la postración bajo el peso de las leyes y ordenanzas dictadas con arreglo a aquellos principios.

El clima y el suelo de Chile habían favorecido la introducción de la mayor parte de los cultivos europeos; y, como ya hemos dicho, las primeras cosechas debieron hacer comprender a los españoles el porvenir que reservaba a este país el cultivo de los frutos de la zona templada. Los españoles, sin embargo, poco conocedores de las condiciones climatológicas de la vegetación, así como esperaban hallar la canela y el clavo de olor en los campos vecinos al estrecho de Magallanes, pretendieron introducir en Chile el cultivo de algunas plantas de la zona tórrida que no podían rendir más que un producto muy contingente y mezquino. En La Ligua y en Copiapó tuvieron plantaciones de caña y dos ingenios para la fabricación de azúcar. «Esos dos ingenios, escribía en 1582 un testigo de vista, han destruido los indios que en ellos había, y los muy poquitos

---

de tropas, el Cabildo acuerda que se mande hacer mayores sembrados para que no falten los víveres.

218 En acuerdo de 28 de febrero de 1583, el cabildo de Santiago resolvió «que por cuanto hay gran desorden en que se vende mucha suma de ganados de esta ciudad y sus términos para llevar fuera de esta parte del Maule, y queda esta república muy falta y desproveída de ganados, de suerte que se espera habrá gran falta de carne muy presto si no se pone remedio», se encargase al procurador de la ciudad que haga las gestiones del caso para impedir que se continúe la extracción de ganado. En 11 de octubre del mismo año el Cabildo acuerda recordar al corregidor la necesidad de hacer traer ganado a la ciudad «por cuanto al presente hay gran falta de carneros para el proveimiento, especialmente por haber llegado la gente de guerra». Acuerdos de esta clase eran más o menos frecuentes por esos años.

219 Acuerdo del cabildo de Santiago de 8 de julio de 1583.

que quedan, los van consumiendo.»[220] Antes de mucho, fue necesario abandonar esos cultivos artificiales que solo ocasionaban pérdidas o que no daban más que un beneficio insignificante; pero más tarde volvieron a renovarse todavía estos infructuosos ensayos.

Como derivaciones de los trabajos agrícolas, se habían establecido, además, otras industrias que si no alcanzaron a una gran prosperidad, tuvieron al menos una existencia más estable que la de los ingenios de azúcar. Fabricábanse vinos ordinarios para exportar al Perú, y se habían establecido muchos molinos, pequeños y de modestas condiciones, pero capaces de producir toda la harina que se consumía en el país. Los españoles, además, tuvieron obrajes de lana, es decir, telares para tejer, en que fabricaban paños ordinarios o jergas, de gran expendio en la colonia. A fines del siglo XVI, tenían también en el distrito de Santiago dos tenerías o curtidurías de cueros que prestaban un señalado servicio.[221] El cultivo del cáñamo permitía la fabricación de cuerdas de todas clases y de mechas para dar fuego a los arcabuces. Aunque había en Chile buenos herreros que sabían reparar las armas ofensivas y defensivas y, aun, fabricar algunas de ellas, los españoles preferían por el menor precio y por la mayor facilidad de construcción, el hacer cascos y corazas de cuero que presentaban bastante resistencia a las picas y a las flechas de los indios. La vida industrial de los pobladores de Chile en aquella época no llegaba más allá.

Hay, en efecto, un hecho curioso que demuestra la poca actividad de aquellas poblaciones. La elaboración de la sal por medio de la evaporación de las aguas marinas, es una industria rudimentaria que ejercida en su mayor sencillez, no supone gran esfuerzo ni gran inteligencia. A fines del siglo XVI los habitantes de Chile no la habían planteado todavía, y estaban obligados a pagar 12 pesos por cada fanega de sal a los mercaderes que la traían del Perú.[222]

14. Administración local; los trabajos del Cabildo. Corridas de toros

La acción administrativa de los cabildos no se ejercía solo en los actos que hemos señalado. Si nos faltan los documentos para conocer el desarrollo de la

---

220 *Memorial* citado de fray Cristóbal Núñez al virrey del Perú. Hasta hoy conserva el nombre de Ingenio una estancia situada al oriente del pueblo de la Ligua donde se ensayó el cultivo de la caña y la fabricación de azúcar.
221 Consta así del acta del cabildo de Santiago de 28 de enero de 1584.
222 Obando, obispo de la Imperial, *Descripción inédita de Chile y del Perú*, capítulo 73.

administración local en los otros pueblos de Chile, tenemos los datos suficientes para apreciar el de Santiago, y ellos nos sirven también para estimar el estado del país.

Santiago era entonces una pobre aldea de menos de 1.000 habitantes de origen español. Sus calles tristes y solitarias, apenas estaban diseñadas por los escasos edificios que había, y por las tapias o estacadas que cerraban los solares.[223] Las cabras y los puercos pacían libremente por esas calles, y bebían en la fuente de la plaza, en compañía de perros sueltos y sin amos que se habían propagado extraordinariamente.[224] El Cabildo, sin embargo, hacía reparar los caminos de los alrededores y se afanaba por mantener el aseo y la policía de la ciudad, y por dotarla de algunas comodidades de que solo disfrutan las poblaciones considerables. En 1582 acordaba «que se haga una casa de alhóndiga en el corral de las casas de este cabildo para que se metan las comidas que se han de vender en esta ciudad».[225] Siete años antes, en 1575, el Cabildo, reconociendo que el agua del río era malsana, había acordado traer a la ciudad el agua de los manantiales de Tobalaba, situados al oriente de Santiago, en las faldas inferiores de la cordillera; y como le faltaran recursos para ejecutar esta obra, acordaba pedir erogaciones a los vecinos.[226] Se sabe que ese proyecto solo ha sido llevado definitivamente a cabo en nuestros días, cerca de tres siglos después de haber sido propuesto por el Cabildo de 1575.

La conservación de los bosques había preocupado siempre al cabildo de Santiago. A pesar de todo su empeño y de las providencias dictadas varias veces, la imprevisión de las gentes continuaba la obra destructora. Es agra-

---

223 En 1577 muchos solares de la ciudad estaban abiertos todavía, de tal suerte que ni siquiera se veían diseñadas las calles. En 29 de octubre de ese año, el Cabildo ordenó por pregones que en el término de treinta días fueran cerrados todos los solares, bajo la pena de declararlos abandonados y sin dueños si así no se hacía.

224 En acuerdo de 12 de abril de 1583, el procurador de ciudad Martín Hernández de los Ríos, pedía en el Cabildo que «se repare el camino de las carretas y que se maten los perros cimarrones», y el 19 del mismo mes y año, el Cabildo mandaba que no se permitiera andar puercos en las calles ni en los bordes de la fuente, bajo pena de perder los animales.

225 Acuerdo de 7 de diciembre de 1582. Bajo el gobierno de Pedro de Valdivia, los españoles, como se recordará, habían proyectado la fundación de un tiánguez, o mercado público, a que querían atraer a los indios para acostumbrarlos a hacer tratos con los españoles. Ese mercado, que no lograron cimentar definitivamente, era una especie de feria en que se revendía toda clase de objetos. La alhóndiga proyectada en 1582, estaba destinada a guardar solo víveres, y era quizá una especie de depósito o granero público.

226 Acuerdos del cabildo de Santiago de 15 y de 25 de febrero de 1575.

dable poder consignar aquí un acuerdo sobre esta materia que hace honor al Cabildo de 1582. «Por cuanto, los montes de esta ciudad, dice, están asolados y destruidos por no haber habido orden en el cortar de la leña y madera de ellos, y conviene que se remedie porque no se acabe de destruir y asolar, y los (hombres) venideros no carezcan de la dicha madera y leña para sus edificios y gasto de sus casas, por tanto acordaban y acordaron que de aquí adelante ninguna persona de cualquier estado, calidad y condición que sea, así español como indio o negro o mulato, sea osado a cortar madera de ningún género, para edificio de casas si no fuese con licencia expresa de este Cabildo; y que por tiempo de seis años no se corte en manera alguna, con licencia ni sin ella, ningún género de madera, ni de la con que se hacen rayos ni otra alguna» en los campos vecinos a Santiago.[227] Estas prohibiciones, sin embargo, fueron ineficaces para impedir la destrucción de los bosques.

El Cabildo se preocupaba también de procurar al pueblo fiestas y diversiones; y entre ellas daba la preferencia al paseo del estandarte el día del patrono de la ciudad, de que hemos hablado en otra parte, y a las corridas de toros. Se creía hallar en estas últimas un entretenimiento muy conforme a los gustos populares, y también un ejercicio caballeresco destinado a estimular el espíritu guerrero y la agilidad indispensable en la carrera de las armas. En España, como en sus colonias, tomaban entonces parte en esas fiestas no los toreadores de oficio, nacidos de baja condición, sino hombres de un rango más elevado, muchas veces los nobles que querían lucir su destreza en la equitación y en la esgrima. Las corridas de toros tenían lugar en Santiago en la misma plaza mayor, los días de grandes festividades religiosas, el aniversario del apóstol patrón de la ciudad, y el 8 de septiembre en que se celebraba la natividad de la Virgen María, u otros tan solemnes.[228]

Estas fiestas tan concurridas y celebradas por el pueblo español estuvieron, sin embargo, suspendidas durante algunos años bajo el reinado de Felipe II.

---

[227] Acuerdo del cabildo de Santiago de 20 de julio de 1582. Tal vez tengan interés para algunos de nuestros lectores los datos siguientes sobre el precio de la madera en esos años. En 28 de marzo de 1584, el cabildo de Santiago acordó que se comprasen a Alonso de Riberos las 120 vigas que se necesitaban para techar la catedral, «de a 28 y 30 pies de largo a un peso y medio cada una, sacadas, desbastadas y puestas en el cargadero».

[228] En 14 de julio de 1582, el Cabildo mandó construir, a expensas de los vecinos y encomenderos, cierros y barreras para cercar la plaza principal durante las corridas de toros, a fin de que estos animales no pudieran escaparse y hacer daños en las calles.

El papa San Pío V, considerándolas origen de muertes y de heridas de los que en ellas tomaban parte, las prohibió bajo la pena de excomunión, y prohibió también bajo la misma pena que asistiesen a ella los sacerdotes. Pudo más, sin embargo, la pasión popular. Las cortes celebradas en Córdoba en 1570, y las que se reunieron en Madrid en 1573, pidieron al rey el restablecimiento de esas diversiones como medio, se decía, de fomentar la cría de caballos de guerra y los ejercicios militares. Felipe II contestó favorablemente a estas peticiones, y habiendo consultado este negocio con el papa, y solicitado su venia, autorizó el restablecimiento de las corridas de toros. El papa Gregorio XIII, sucesor de San Pío V, había consentido en este restablecimiento, a condición de que tales diversiones no tuvieran lugar en los días de fiesta (prescripción que no fue respetada), y que se tomasen todas las precauciones necesarias para impedir cualquier accidente de muerte desastrada. Desde entonces desaparecieron por completo todos los escrúpulos.

Esta resolución, sin embargo, no debió ser generalmente conocida en América. Pocos años más tarde, en efecto, se suscitaba en Santiago la misma duda de si había o no pecado mortal en asistir a las corridas de toros, y esa duda produjo una gran perturbación en las conciencias. Estando para hacerse una de esas fiestas en septiembre de 1582, el Cabildo celebró el acuerdo siguiente: «Por cuanto en esta dicha ciudad hay gran escándalo sobre el correr de los toros diciendo no poderse correr sin incurrir en pena de excomunión, y porque a sus mercedes (los capitulares) les consta que en la corte real de Su Majestad y en la ciudad de los Reyes de los reinos del Perú se corren al presente, hallándose presentes a ellos Su Excelencia y señores inquisidores, por lo cual se entiende que pues Su Excelencia y señores inquisidores se hallan presentes, deben de poderse correr lícitamente sin pena; por tanto para que se haga información de lo susodicho, y se trate con el señor provisor de esta ciudad que dé licencia para ello porque no cese el arte militar, pues tan necesario es que se ejerza en esta tierra por estar de guerra, como está, que el procurador y mayordomo de esta ciudad en nombre de ella solicite este negocio y haga la información del caso».[229] No ha llegado hasta nosotros la información

---

229 Acuerdo del cabildo de Santiago de 31 de agosto de 1582. Conviene advertir aquí que estaba prohibido a los eclesiásticos el asistir a las corridas de toros por la bula del papa San Pío V, que hemos recordado anteriormente, y por otras disposiciones. Véase entre éstas la constitución 26, ses. III del concilio de Toledo de 1568, y la const. I, par. III del título V, lib. III

levantada en aquellas circunstancias ni tampoco el fallo pronunciado entonces por el provisor de la diócesis de Santiago. Pero todo nos hace creer que este funcionario autorizó solemnemente aquella diversión. La asistencia de los inquisidores, que eran los más caracterizados defensores de la fe, a las corridas de toros de Madrid y de Lima, debió parecer un argumento decisivo en favor de ellas. En consecuencia, esos sangrientos y bárbaros combates siguieron siendo el entretenimiento favorito de los habitantes de Chile.

15. Costumbres: gran número de días festivos; criminalidad

Aquella sociedad no se distinguía por la austeridad de costumbres ni por la práctica de las virtudes cristianas; pero profesaba una devoción persistente e incontrastable. La guarda de las fiestas, es decir, la abstención de todo trabajo los domingos y los otros días destinados a celebrar algún aniversario religioso, era observada con todo rigor; pero el cumplimiento de este precepto debía ser un poderoso estímulo a la ociosidad, a que por otra parte eran muy aficionados los españoles de ese siglo. La misma devoción, además, creaba constantemente nuevos días festivos para celebrar algún piadoso aniversario, de tal suerte que antes de mucho tiempo los días de descanso llegaron a formar cerca de la tercera parte del año. El concilio provincial reunido en Lima en 1582 quiso regularizar este punto de disciplina eclesiástica; y, en efecto, en su cuarta sesión, celebrada en 13 de octubre del año siguiente, fijó que los días de fiesta y de guarda fuesen treinta y cinco, además de los domingos y de aquellos establecidos por costumbre aprobada o que los privilegios legítimos tienen admitidos.[230] Aunque

---

del concilio mexicano de 1585, ambos publicados en el V tomo de la colección de Tejada. El concilio limense de 1582 no prohíbe, sin embargo, expresamente a los eclesiásticos el concurrir a las corridas de toros, sin duda por el convencimiento de que la pasión por esa clase de fiestas era más poderosa que todas las prescripciones con que se pretendiera combatirla.

230 Concilio limense de 1582-83, ses. IV, capítulo 9. Las constituciones sinodales de este concilio, señalado impropiamente con el número de 3°, fueron publicadas en Madrid en 1591, y reimpresas en Sevilla en 1614. En esta misma ciudad y en el mismo año se publicó también, con el título de sumario de sus decisiones, la traducción castellana de sus acuerdos. Existe, además, la edición latina hecha en Roma en 1684 bajo el cuidado de Montalvo. Estas antiguas ediciones son de la mayor rareza. El lector, sin embargo, puede hallarlas en el VI tomo, págs. 27-71, de la *Collectio maxima conciliorum omnium Hispanix et Novi Orbis*, Edic. de Roma, 1753-55, del cardenal Aguirre. Don Juan Tejada y Ramiro en su Colección de cánones de los concilios de la iglesia española, Madrid, 1855, ha dado en el V tomo solo un extracto de las decisiones de este concilio, si bien ha publicado algunos documentos

no tenemos noticia exacta de los días declarados especialmente festivos en los obispados de Chile, puede asegurarse que a fines del siglo XVI el descanso era obligatorio más de cien días del año, lo que basta por sí solo para dar una idea de la ociosidad de aquellos tiempos.

Es cierto que según las declaraciones del concilio limense, que también consignan otros concilios americanos, la observancia de este precepto no obligaba más que a los españoles y a sus hijos. Para los neófitos, es decir, para los indios de servicio, el número de días festivos fuera de los domingos, quedó reducido a doce. Declarábase que los indios eran dueños de guardar o no los otros días festivos; y que en caso de trabajar en ellos, podían hacerlo en sus propios menesteres, y no en las faenas de los encomenderos. Pero estas prescripciones eran letra muerta en la práctica. Bastaba la licencia del ordinario, esto es, del cura doctrinero, para que los indios fueran obligados a destinar a los trabajos de sus amos los días festivos que aquellas constituciones sinodales querían acor-

---

relacionados con él y útiles para la historia. Montalvo, el director de la edición antes citada de 1684, publicó el año anterior en Roma una extensa vida de Santo Toribio Mogrovejo con el título de *El Sol del Nuevo Mundo* ideado y compuesto en las esclarecidas operaciones del bienaventurado Toribio arzobispo de Lima, y allí, lib. III capítulo 3, ha hecho un breve resumen de las resoluciones del concilio.

Los treinta y cinco días festivos establecidos por el concilio limense en 1583 eran los siguientes: Navidad de Jesucristo, diciembre 25; san Esteban, diciembre 26; san Juan Evangelista, diciembre 27; La Circuncisión, enero 1.º; La Epifanía, enero 6; La Purificación de la Virgen, febrero 2; san Matías, febrero 25; la Anunciación, marzo 25; La Resurrección y los dos días siguientes, movible; san Marcos, abril 25; san Felipe y Santiago, mayo V; La Invención de la Cruz, mayo 3; La Ascensión, movible; Pentecostés con los dos días siguientes, movible; La Trinidad, movible; Corpus Christi, movible; san Bernabé, junio 11; san Juan Bautista, junio 24; san Pedro y san Pablo, junio 29; santa María Magdalena, julio 22; apóstol Santiago, julio 25; La Transfiguración, agosto 6; san Lorenzo, agosto 10; La Asunción, agosto 15; san Bartolomé, agosto 24; Navidad de la Virgen, septiembre 8; san Mateo, septiembre 21: san Miguel, septiembre 29; san Lucas, octubre 18: san Simón y san Judas, octubre 28; Todos Santos, noviembre 1.º; san Andrés, noviembre 30; La Concepción, diciembre 8; santo Tomás, diciembre 21. Descontadas tres de esas fiestas que debían caer en domingo, los otros días festivos quedaban fijados en 35.

El concilio mexicano de 1585 fue más lejos todavía. Por una de sus disposiciones, la 1.ª del título III del lib. II, estableció que además de los domingos hubiera 49 días festivos en que bajo pena de pecado mortal era absolutamente prohibido todo trabajo. Como tres de estos coincidían con los domingos, quedaban en realidad reducidos a 46, que agregados a los 52 domingos, formaban cerca de la tercera parte del año. Por lo demás, esta abundancia de días festivos estaba encarnada en las costumbres españolas, y sancionada por los concilios provinciales de la península. Así, el de Valencia de 1565, había fijado por la constitución I del título IV, que se guardasen allí 38 días de fiesta fuera de los domingos.

darles para atender sus propios sembrados y sus cosechas. De esta manera, la codicia de los encomenderos convirtió en su provecho aquellas disposiciones dictadas, al parecer, en favor de los indios.

Los documentos de esa época, como hemos tenido ocasión de recordarlo antes de ahora, se contraen casi exclusivamente a los negocios militares, y son muy sobrios en sus indicaciones respecto de los hechos de otro orden. Sin embargo, hallamos en ellos, así como en los antiguos cronistas, no pocas referencias a los frecuentes crímenes que se cometían. La ordenanza sobre los negros esclavos que hemos citado en otra página de este mismo capítulo, revela que los campos y sobre todo los caminos, eran muchas veces teatro de salteos. Se refieren, además, crímenes de otro orden, asesinatos originados por móviles misteriosos y que debieron causar una profunda impresión.[231] Parece indudable que bajo la devoción más fervorosa, aquellos hombres abrigaban las pasiones más violentas y concentradas, que eran terribles en sus odios y en sus venganzas, y que éstas eran casi siempre sangrientas. Si esos hechos aislados no bastan para dar una idea aproximativa acerca de aquella faz de la sociedad de esa época, hay datos de otro orden que son más ilustrativos. Al principiar este capítulo hemos citado un cuadro estadístico en que está anotada la disminución que había sufrido la población de Chile desde fines de 1591 hasta fines de 1593. Allí aparece que en ese tiempo hubo ocho individuos de origen español asesinados por algunos de sus compatriotas, y diez ahorcados por la justicia. Cuando se toma en cuenta que en esa época la población española en Chile constaba solo de unos 3.000 hombres, se comprende que la criminalidad debía haber tomado las más alarmantes proporciones.

16. Primeras escuelas

Se sabe que por aquellos años las personas que poseían algunos recursos y que se interesaban por dar a sus hijos una educación literaria, los enviaban

---

[231] Mariño de Lobera refiere en la pág. 326 los seis asesinatos cometidos en Santiago por Bernabé Mejía, vecino principal de la ciudad, en personas de su propia familia, seguramente a fines del año de 1569; y en la pág. 409 cuenta el infanticidio cometido por Juan Caballero allá por el año de 1581, bajo el gobierno interino de Ruiz de Gamboa. Rodrigo de Quiroga, escribiendo al virrey del Perú en 26 de enero de 1568, le habla del asesinato misterioso de un caballero llamado García Suárez cuyo autor no había podido descubrirse, si bien circulaban muchas sospechas que harán «padecer, dice, las famas de algunos que por ventura están inocentes y sin culpa».

a Lima a hacer sus estudios en la universidad que allí existía. En otra parte hemos referido que el obispo de la Imperial, don fray Antonio de San Miguel, había pedido a Felipe II que se crease un establecimiento semejante en Chile; y se recordará que este proyecto quedó en informe.[232] Sin duda alguna que no podía esperarse un gran progreso científico de una universidad modelada sobre las de España del siglo XVI, ni mucho menos que ella tendiese al libre desenvolvimiento del espíritu. La política sombría de Felipe II había querido aislar a sus súbditos del movimiento intelectual del mundo para evitar la propagación de las ideas que comenzaban a abrirse camino en los otros pueblos de Europa, y con ese propósito había prohibido bajo la pena de destierro perpetuo y de confiscación de bienes, que ningún español, eclesiástico o seglar, saliese de España «a estudiar, ni enseñar ni aprender, ni a estar ni residir en universidades ni colegios fuera de estos reinos».[233] Este sistema de encierro y de exclusión, tenía por fuerza que ser mucho más eficaz en las colonias de América, y debía producir en ellas como resultado natural el mantenimiento de sus universidades en una situación estacionaria y rutinaria, que las hacía impenetrables a todo progreso. Pero Chile ocupaba una posición tan humilde entre esas colonias, era tan diminuta su población y tan escasos sus recursos, que ni siquiera pudo contar con los modestos beneficios que habría debido procurarle una institución de esa clase.

Así, pues, sus primeros establecimientos de educación tuvieron proporciones mucho menores todavía. El más antiguo de estos fue una escuela de gramática dependiente de la catedral de Santiago, en que unos cuantos niños criollos de la ciudad aprendían el latín necesario para la práctica del sacerdocio. Esta escuela funcionaba, según parece, el año de 1578, y era su maestro el cura Juan Blas, «el mejor eclesiástico que acá está, decía el obispo Medellín. Sabe muy bien la lengua de la tierra y la del Perú, ha oído artes y teología en Lima, y es muy buen cantor y gentil escribano» (pendolista).[234] Sucesor de éste, debió ser otro clérigo llamado Francisco de la Hoz a quien recomendaba el obispo en 1585 como hombre conocedor de la lengua de la tierra y buen doctrinero de los indígenas.[235] El año siguiente, la escuela de la catedral tenía ocho alumnos,

---

232 Parte III capítulo V, § 9.
233 Pragmática dada en Aranjuez en 22 de noviembre de 1559.
234 Carta a Felipe II del obispo Medellín, 4 de marzo de 1578.
235 Carta a Felipe II del obispo Medellín, 18 de febrero de 1585.

todos ellos tonsurados y de órdenes menores, que prestaban sus servicios en la iglesia y que por esto mismo solicitaban del Cabildo las exenciones y privilegios correspondientes a su estado.[236]

Aquella escuela, que debió ser el primer origen del seminario conciliar de la diócesis, servía exclusivamente para enseñar el latín a los jóvenes que querían tomar las órdenes sacerdotales. Pero aproximadamente en la misma época, un vecino de Santiago llamado Gabriel Moya abría una escuela pública de gramática, esto es, de lengua latina. Aunque según él mismo exponía, «era muy útil y necesaria en esta ciudad para el bien de los hijos de los vecinos de ella», Moya se vio en la necesidad, en septiembre de 1580, de pedir al Cabildo algún auxilio para «ayuda de costa, porque no se puede sustentar con lo poco que gana». En efecto, aquella escuela no subsistió largo tiempo, y seguramente dejó de funcionar a principios de 1583 por escasez de alumnos y por insuficiencia de sus entradas. El Cabildo no había podido prestarle más que un socorro poco importante de dinero.[237] Pero en esa misma época se dirigía al rey de España, y haciendo apoyar su petición por el obispo de Santiago, solicitaba la creación de una escuela de gramática sostenida por el real tesoro, en atención a que la pobreza del país no permitía a sus moradores el enviar a sus hijos a estudiar a Lima. Señalábase, además, otro inconveniente a este viaje. Hasta entonces, todos los niños hijos de españoles hablaban corrientemente la lengua chilena a consecuencia de su trato frecuente con los indígenas ocupados en el servicio de sus casas. El Cabildo y el obispo observaban que esos jóvenes olvidarían en el Perú aquella lengua, cuyo uso era tan útil para la conversión de los indios. Todo hacía esperar que el soberano atendería esta solicitud, apoyada en razones que se creían tan poderosas.

Felipe II, en efecto, la acogió favorablemente. Mandó fundar en Santiago una cátedra de gramática «para que la juventud del reino de Chile, decía el soberano, pueda aprender latinidad. Y al que la leyere, agrega enseguida, se le den cada un año de nuestra real caja 450 pesos de oro». Pero esa real cédula no pudo cumplirse. Gabriel Moya había muerto o había abandonado el país, y no se halló en todo Chile un hombre que pudiera regentar la escuela de gramática. Algunos años más tarde, en enero de 1591, el monarca mandaba que aquella

---

236 Acuerdos del cabildo de Santiago de octubre de 1586 y enero de 1587.
237 Acuerdos inéditos del Cabildo de 2 de septiembre de 1580, 27 de enero y 10 de agosto de 1581, y 16 de noviembre de 1582.

asignación fuese pagada con el producto de almojarifazgo, a los padres dominicanos de Santiago para el sostenimiento de una cátedra de gramática en el convento que tenían en esta ciudad.[238] Más adelante tendremos que hablar de esta institución al dar cuenta del establecimiento de las escuelas conventuales.

Hasta entonces, sin duda, los hijos de españoles que aprendían a leer y a escribir, adquirían estos conocimientos en su propio hogar, bajo el cuidado de sus padres o de otra persona de la familia. En 1584, un vecino de Santiago llamado Diego de Céspedes solicitó permiso del Cabildo para fundar una escuela de primeras letras.[239] Según las prácticas de la época, ese establecimiento debió estar sometido a los reglamentos dictados por el Cabildo y a la tarifa que debía respetar en la percepción del honorario que podía cobrar a sus discípulos. Pero la escuela de Céspedes no debió tener una larga duración, o a lo menos no hallamos la menor referencia a ella en los documentos de los años subsiguientes que hemos tenido a la vista.

17. La descripción histórica y geográfica de Chile

Datan igualmente de este período los primeros trabajos para formar una descripción histórica y geográfica de Chile. Carlos V había instituido en años atrás el oficio de cronista de Indias con el encargo de escribir la historia de estos países. En 1572, siendo cronista Juan López de Velasco, mandó Felipe II que se le remitieran a España todas las relaciones históricas que se hubiesen formado en estos países, así como las noticias concernientes a «la religión, gobierno, ritos y costumbres que los indios han tenido y tienen, y la descripción de la tierra, naturaleza y calidades de las cosas de ella».[240] Pero más tarde, en 1575, Felipe II mandaba hacer en todos los pueblos de España relaciones históricas y estadísticas, y fijaba prolijamente las circunstancias que debía tener cada una de ellas para formar así un conjunto de noticias que, si se hubieran recogido

---

238 Real cédula dada en Madrid en 21 de enero de 1591, recopilada entre las *Leyes de Indias*, con el núm. 54, tít. XXII, lib. I.
239 Acuerdo inédito del Cabildo de 22 de mayo de 1584.
240 Real cédula dada en San Lorenzo en 16 de agosto de 1572. El lector hallará esta real cédula publicada íntegra en las primeras páginas de las dos obras siguientes: Fray Pedro Simón, *Noticias historiales de la conquista de Tierra Firme*, Cuenca, 1626, 1 vol. fol. y fray Antonio Caulín, *Historia de la Nueva Andalucía*, Madrid, 1779, 1 vol. fol. Seguramente, en virtud de esta real cédula fue enviado a España el manuscrito de la *Historia de Chile*, de Góngora Marmolejo, terminada en 1575.

con puntualidad, habrían sido del más alto interés para los historiadores modernos.[241] Estas instrucciones fueron comunicadas igualmente a América; y los gobernadores de estos países buscaron a los más ilustrados de sus habitantes para confiarles este trabajo. En Chile tocó a Rodrigo de Quiroga el deber de hacer ejecutar esta obra.[242]

El territorio chileno, por su prolongación de norte a sur, por su estrechez de oriente a poniente, por el paralelismo de sus dos grandes cadenas de montañas, y por el de éstas con el mar, presenta caracteres geográficos tan marcados y distintos, que sin gran trabajo puede comprenderse su configuración general. En efecto, desde los primeros días de la Conquista, los españoles se habían formado una idea bastante exacta de la geografía de Chile. Las cartas de Valdivia y de algunos de los otros gobernadores, el poema de Ercilla y la crónica de Góngora Marmolejo, contienen a este respecto abundantes noticias que dejan ver un espíritu observador bien dirigido.[243] En cambio, la ignorancia

---

241 Las instrucciones dadas por Felipe II para la formación de estas relaciones históricas y geográficas han sido publicadas por don Modesto Lafuente, en su *Historia general de España*, part. III, lib. II, capítulo 24. Es sensible que no se hayan conservado todas las memorias que se escribieron para corresponder a tan extenso y prolijo programa.

242 Carta inédita de Rodrigo de Quiroga al rey de España, de 12 de enero de 1579.

243 Es notable, sobre todo, una corta descripción del territorio chileno que hallamos en una carta de don Alonso de Sotomayor al rey. «Estas provincias, dice allí, corren derechamente norte sur. Tienen de largo más de 300 leguas y de ancho 18 a 20. Cuéntase el ancho desde una gran sierra que llaman la cordillera nevada hasta la mar. Entre esta gran sierra y la mar está otra sierra que corre norte sur; y aunque no es nevada ni tan áspera como la grande, tiene cuatro leguas de travesía, y en parte es montuosa y muy cómoda para los indios de guerra, porque en todas partes de ella se les dan todas sus comidas. Entre esta sierra pequeña y la gran cordillera son los llanos; y en ellos están todas las ciudades de estas provincias, excepto la Concepción y Valdivia, que son puertos; y Castro que es el último pueblo, y está en una isla. Desde esta sierra pequeña a la mar hay cuatro, cinco o seis leguas de tierra que corre norte sur. Es muy fértil y monstruosa en partes y de grandes quebradas y donde está el valle de Arauco y Tucapel, y otros muchos valles y poblaciones de indios que son iguales en fertilidad y ánimo a estos dos lebos. Esto que hay desde la sierra pequeña a la mar se llama la costa; y lo que hay de la sierra pequeña a la gran cordillera se llama los llanos. En esta costa hay tres o cuatro puertos pequeños y mal seguros, y con muchos azares, excepto el de Concepción; y todo lo demás de la costa es brava. Para entrar de los llanos a la costa, se ha de atravesar la sierra, que es de cuatro leguas y de muy peligrosos pasos». Carta inédita de don Alonso de Sotomayor, Angol, enero 9 de 1585.

Los españoles habían observado, además, con bastante atención, las condiciones climatológicas y muchos de los fenómenos naturales de Chile, y se daban acerca de ellos explicaciones de varias clases, hijas en su mayor parte del gran estado de atraso científico de la época, la falta de un criterio medianamente asentado en la observación de la naturaleza, hacía incurrir a esos mismos hombres en los errores más monstruosos cuando querían explicarse la causa de los fenómenos naturales que veían o penetrar un poco más allá de lo que era palpable por los sentidos. Así se comprende que se forjaran las más extrañas ilusiones sobre las riquezas minerales de Chile, que atribuyeran a muchas de las plantas de su suelo maravillosas cualidades curativas, y que creyesen descubrir la influencia de un poder sobrenatural, y la intervención de milagros en los más comunes accidentes meteorológicos, y en casi todos los hechos que de alguna manera llamaban su atención. A pesar de estos inconvenientes, las descripciones que en esos años hubieran podido hacerse en Chile obedeciendo a las órdenes reiteradas de Felipe II, habrían sido documentos muy importantes para la historia si en este país se hubiesen hallado algunas personas capaces de ejecutar ese trabajo.

Pero en Chile eran entonces sumamente escasos los hombres de alguna instrucción a quienes poder encomendar esta obra. Rodrigo de Quiroga primero, y Martín Ruiz de Gamboa más adelante, repartieron la tarea por ciudades, confiando el encargo en cada una de ellas a las personas que ellos consideraban más competentes. No conocemos las memorias que compusieron estos comisionados, pero sí sabemos que el gobernador no quedó muy satisfecho del resultado del encargo. Véase lo que a este respecto escribía Martín Ruiz de Gamboa en marzo de 1582: «Vuestro virrey don Martín Enríquez, dice, envió a este reino el mandato de Vuestra Majestad acerca de la relación y descripción de la tierra, lo cual mandé poner luego por obra para que en todas las ciudades se hiciesen. Y así van las que se han hecho de la mayor parte de las de este reino. Y por haber andado en la guerra y no me hallar en cada ciudad particularmente, van hechas conforme a la capacidad y talento de las personas a que fue cometido, y así no van como yo quisiera. Solo la que se hizo en esta ciudad de Valdivia, parece haberse hecho con más curiosidad y orden. Las demás

---

de la época y de España. Así, por ejemplo, el obispo Obando (Lizarraga) de la Imperial, en el capítulo 73 del libro inédito que hemos citado tantas veces, da reglas que considera infalibles para predecir los temblores: «Conócese fácilmente, dice, cuando ha de venir el temblor: si a la puesta de Sol o dos horas antes, a la parte de la mar hay una banda (así la llaman los marineros) de nubes que corren norte sur, es cierto aquella noche u otro día el temblor». Sobre las virtudes medicinales de ciertas yerbas se daban también las explicaciones más singulares o se atribuían a milagro los hechos más comunes y naturales.

que restan por venir, irán en el primer navío».[244] El autor de la descripción de Valdivia, según sabemos por otros documentos, era un soldado viejo llamado Pedro Cuadrado Chavino, que había militado treinta años en América, y veintidós de ellos en Chile, que ocupaba sus ratos de ocio en escribir la historia de estas guerras y en hacer observaciones astronómicas, y que vivía en Valdivia muy pobre y cargado de familia.[245] No debe extrañarse que bajo aquel régimen

244 Carta inédita de Ruiz de Gamboa al rey, escrita en Valdivia a 22 de marzo de 1582.
245 Cualquiera que fuese el mérito literario de las relaciones y descripciones trabajadas en Chile en aquella ocasión, debían tener un alto valor como documento histórico. Persuadido de esto, las busqué empeñosamente en 1859 y 1860 en el Archivo de Indias depositado en Sevilla, pero no hallé una sola, lo que me hizo creer que habrían sido entregadas al cronista López de Velasco, y que al fin se habrían extraviado. Encontré, sin embargo, una carta autógrafa de Pedro Cuadrado Chavino en que se declara autor de la relación concerniente a la ciudad de Valdivia; habla de otros trabajos suyos y solicita del rey alguna gracia en premio de sus servicios. Por la luz que arroja sobre la persona de este desconocido cronista y sobre el estado de la ilustración en Chile en aquella época, la publicamos enseguida.
«Cesárea Real Majestad. Habiendo como ha más tiempo de treinta años que pasé a estas partes de Indias a servir a Vuestra Majestad he consumido los veintidós en este reino de Chile haciendo lo que por vuestros gobernadores me ha sido mandado. Donde los ratos que he tenido ocio de la guerra los he consumido y gastado en escribir los hechos, trances y acontecimientos de esta tierra, los cuales no voy a ofrecer a Vuestra Majestad por hallarme cargado de mujer y muchos hijos, e impedido de vejez y pobreza. Y ahora de nuevo me fue cometido hacer la descripción de esta ciudad y provincia de su jurisdicción, la cual va toda de mi mano con la más verdad y mayor fidelidad que me ha sido posible. Y ahora de nuevo últimamente se me ha mandado observar el eclipse de la Luna y sus sombras, que ha de ser a los 19 de junio de este año de 82, lo cual sería contra orden de naturaleza por ser aquel día conjunción de la Luna y el Sol, y es cosa infalible no poderse la Luna eclipsar sino en el plenilunio, ni el Sol sino en la conjunción suya con la Luna; el cual orden no se ha pervertido después que el mundo fue criado si no fue al punto de la muerte de nuestro Redentor, que se eclipsó el Sol siendo plenilunio. Y así es el parecer de muchos astrónomos que a los 19 de junio año de 82 habrá eclipse del Sol pequeño, sobre lo cual son estas formales palabras: Joanis stadii Sol exoriens decima nona junii hora 16, scrup. 42. momento aliquo at infima sui orbis pte. a Luna pertingetur ea tamen exiguitate ut vix oculis excipi poterit, quam alii plus quam quadrante sui diametri in latitudine 48 partium depingetur. Con todo eso se cumplirá el mandamiento de Vuestra Majestad si en el plenilunio de la dicha Luna se eclipsare, dando el tiempo lugar, que en aquel mes suele ser muy tempestuoso por ser en la fuerza del invierno. A Vuestra Majestad humildemente suplico conceda perdón a mi atrevimiento, y se reciba la voluntad con que doy el aviso, y sea servido acordarse de mi pobreza y necesidad con un hospital que Dios me ha dado, y que estoy sin feudo ni premio de mis servicios, para que pueda mejor en servicio de Vuestra Majestad a quien Dios guarde por felices siglos con aumento de todo el universo, como vuestros leales vasallos deseamos. De Valdivia, de este reino de Chile, y de marzo 20 de 1582. C.R.M. (cesárea real majestad). Besa los reales pies a Vuestra Majestad el más humilde y leal vasallo. Pedro Cuadrado Chavino».

social cupiera una situación semejante al hombre que desempeñaba en la colonia los cargos de astrónomo y de cronista.

No sabemos si se ejecutó en todas sus partes el programa trazado por el rey para tener la descripción completa de sus colonias. Nos consta solo que se enviaron a España muchas descripciones parciales, pero desgraciadamente han desaparecido, y el historiador se ve privado de la luz que habrían podido suministrarle.

No han llegado hasta nosotros las observaciones de este astrónomo de Valdivia. Sus cartas nos hacen conocer que ha debido cometerse un error en la transmisión de la orden por la cual el rey mandaba observar el eclipse a que ella se refiere. En efecto, en el novilunio de junio (20 de junio en Europa, a las seis de la mañana, hora de París) tuvo lugar un eclipse de Sol; y fue éste seguramente el que se mandó observar; pero el gobernador de Chile, o sus secretarios, poco versados en astronomía, encargaban a Cuadrado Chavino que ese día examinase un eclipse de Luna, imposible, como él mismo lo observa, en la posición que ese día debía ocupar aquel astro.

Capítulo XIII. Primeros años del gobierno de Óñez de Loyola (1592-1595). El corsario inglés Hawkins en el Pacífico

1. Antecedentes biográficos del gobernador Martín García Óñez de Loyola. 2. Se recibe del gobierno de Chile: pobreza y postración en que se hallaba este país. El gobernador envía un emisario a impetrar socorros del Perú y él se traslada al sur a dirigir las operaciones militares. 3. Primera campaña de Óñez de Loyola: concibe esperanzas de pacificar el territorio. 4. El virrey del Perú aplaza el envío de refuerzos y socorros a Chile. 5. Llega al Pacífico el corsario inglés Ricardo Hawkins; su permanencia en Valparaíso y su viaje al Perú. 6. Derrota y captura de Hawkins en el puerto de Atacames. 7. La ciudad de Santiago niega al gobernador los socorros que pedía: Óñez de Loyola prosigue la campaña y funda la ciudad de Santa Cruz. 8. Envía a España a su secretario a pedir socorros al rey.

1. Antecedentes biográficos del gobernador Martín García Óñez de Loyola

El sucesor que el rey había dado a don Alonso de Sotomayor era, según ya dijimos, Martín García Óñez de Loyola,[246] noble hidalgo guipuzcoano, que vestía el hábito de caballero de la orden de Calatrava y que ya gozaba de gran renombre en estos países. Óñez de Loyola había llegado muy joven al Perú, en 1568, al lado del virrey don Francisco de Toledo como capitán de su guardia, y luego se ilustró por una afortunada empresa militar. En 1572, organizaba el virrey en el Cuzco una expedición militar contra Tupac Amaru, el último descendiente de los incas, que mantenía en la sierra una porción del antiguo prestigio de su raza, y con ella la resistencia a la dominación extranjera. Con el simple rango de capitán y a la cabeza de una columna de vanguardia, Óñez de Loyola alcanzó sobre los indios una señalada victoria un día que salieron a cerrarle el paso en un áspero desfiladero, y probó en ese combate un valor heroico junto con una gran fuerza muscular luchando cuerpo a cuerpo con un soldado enemigo que pretendía arrojarlo abajo de una barranca. Batidos en ese sitio, los indios se replegaron al otro lado de las montañas, y pasando ríos y campos despoblados, fueron a asilarse en lugares donde nunca habían penetrado los europeos. El capitán

---

246 Véase el § 6 del capítulo 11. La cédula de 18 de septiembre de 1591 por la cual Óñez de Loyola fue nombrado gobernador de Chile, fue publicada por don Miguel L. Amunátegui en el capítulo 7 del segundo tomo de *La cuestión de límites*, etc. tantas veces citada.

Óñez de Loyola se ofreció a ir en su seguimiento; y efectivamente, poniéndose a la cabeza de unos veinticinco soldados escogidos, emprendió una peligrosísima campaña de varios días. Después de hacer las marchas más penosas, cayó sobre el campamento del titulado inca, lo tomó prisionero con sus mujeres, hijos y servidores, y los condujo al Cuzco en medio de una fiesta triunfal. «El último que entró a la ciudad, dice un escritor contemporáneo, era el capitán Loyola con el inca Tupac Amaru preso con una cadena de oro al cuello.»[247] Se sabe que ese pobre indio fue inhumanamente decapitado después de una farsa de proceso.

Esta jornada hizo la reputación y la fortuna de Óñez de Loyola. Desempeñó el importante cargo de corregidor en varios pueblos del Perú, y poseía bienes considerables que le permitían llevar en todas partes una vida cómoda y ostentosa. Además del repartimiento que se le había dado en premio de sus servicios, contaba con los bienes asignados a su esposa. Era ésta una india de la familia real de los incas, sobrina del infeliz Tupac Amaru, y bautizada con el nombre de Beatriz Clara Coyal.[248] Así, pues, cuando apenas cumplía cuarenta años, aproximadamente en 1588, Óñez de Loyola se hallaba en una de las más ventajosas posiciones que podía ofrecer el Perú. Pero la ambición de gloria y de mando, revestida con el nombre de amor al servicio de su rey, debía precipitarlo a nuevas empresas en que había de hallar al fin una suerte desastrosa. Por recomendación, sin duda, del virrey Toledo, estuvo nombrado gobernador del Paraguay. En abril de 1592, cuando se disponía a emprender por tierra el largo y penoso viaje para llegar a su gobernación, recibió en Lima la cédula de Felipe II por la cual le confiaba el mando de Chile. En la Corte debía creerse, sin duda, que Óñez de Loyola era el general más competente de las Indias para someter a los bárbaros rebelados, y que él habría de terminar en pocos años la prolongada

---

247 Tristán Sánchez, *Gobierno del virrey don Francisco de Toledo*, capítulo XXX, publicado como ya hemos dicho, en el tomo VIII de la *Colección de Documentos inéditos de Indias*, de Torres de Mendoza. Ese cronista es quien consigna las mejores noticias que conozcamos acerca de estos sucesos. La relación que hace el inca Garcilaso en los capítulos 16 y 17 del lib. VIII de la *Segunda parte de los comentarios reales* seguida generalmente por los escritores posteriores, es muy inexacta y carece de toda indicación cronológica. Cuenta allí que Óñez de Loyola, que fue simple capitán en esa campaña, tuvo el mando superior de todas las tropas españolas, siendo que el verdadero jefe designado por el virrey fue Martín Hurtado de Arbieto, vecino antiguo y principal del Cuzco.

248 La palabra coya no es propiamente un apellido. En quechua significa reina, princesa de sangre real.

guerra de Arauco. Él mismo concibió seguramente esas ilusiones al aceptar gustoso el cargo más difícil que el rey de España podía dar en el Nuevo Mundo.

2. Se recibe del gobierno de Chile: pobreza y postración en que se hallaba este país. El gobernador envía un emisario a impetrar socorros del Perú y él se traslada al sur a dirigir las operaciones militares

Hemos contado que el 31 de julio de 1592 había partido de Valparaíso el gobernador de Chile don Alonso de Sotomayor para ir a solicitar nuevos auxilios de tropa del virrey del Perú. Su arribo al Callao, a fines de agosto, determinó a Óñez de Loyola a acelerar su viaje, no solo para no dejar largo tiempo a Chile bajo el régimen de interinato sino, también, para aprovechar la próxima primavera expedicionando contra los araucanos rebelados. En efecto, pocos días después se embarcaba apresuradamente acompañado solo de sus criados, y encargaba a su familia, que entonces residía en el Cuzco, que lo siguiera en primera oportunidad. Tomando el derrotero hallado por Juan Fernández, que abreviaba tanto aquella navegación, Óñez de Loyola llegaba a Valparaíso el 23 de septiembre.

A la primera noticia de su arribo, el cabildo de Santiago hizo los ostentosos aprestos de costumbre para recibirlo. Óñez de Loyola entró solemnemente a la capital el 6 de octubre; y después de prestar el juramento de estilo, tomó en sus manos las riendas del gobierno.[249] Cualesquiera que fuesen las ilusiones que traía sobre la pronta pacificación del país, debió sufrir casi inmediatamente un doloroso desencanto. Chile no contaba con tropas suficientes para someter a los indios rebelados. La prolongación de la guerra, la pobreza del erario, que no permitía atender debidamente a sus necesidades, y la relajación de la disciplina habían desmoralizado a esas tropas y producido el desconcierto en la administración militar. Los vecinos encomenderos habían acudido hasta entonces a la guerra, o enviado a sus servidores y prestado auxilios de caballos y de dinero; pero ahora se decían arruinados, y habían solicitado del gobierno del Perú que se les eximiese de tales cargos. La real audiencia de Lima, de acuerdo con el virrey marqués de Cañete, había resuelto que los gobernadores de Chile no podrían echar nuevas derramas, esto es, imponer a la población otras contri-

---
249 Cabildo de ese día en el libro 6.º de acuerdos, inédito todavía.

buciones extraordinarias. Se creía que el ejército permanente bastaba para la defensa del país.

Aquella resolución creaba los mayores embarazos al nuevo gobernador. Cuando éste conoció la escasez de recursos del tesoro para hacer frente a las necesidades de la guerra, solicitó de los vecinos de Santiago un empréstito voluntario de 12 o 14.000 pesos, «con la obligación, decía, de que si Su Majestad no tuviese por bien de mandarlo pagar, lo pagaría el mismo gobernador de su propia hacienda». Pero este arbitrio produjo un resultado sumamente mezquino. Sea que los moradores de Santiago creyeran ilusoria esta garantía o, lo que es más probable, que su pobreza no les permitiese hacer préstamos de mediana consideración, las cantidades recolectadas por ese medio fueron insignificantes. Antes de mucho tiempo, Óñez de Loyola acordaba pedir de nuevo a las personas que de su propia voluntad lo quisiesen hacer, «sirvan a Su Majestad graciosamente con lo que cada uno buenamente pudiera, de alguna cantidad de oro, caballos y armas por la mucha falta que hay de ellas».[250] En virtud de esta petición se recogieron por vía de donativos algunas especies, ganados y caballos; pero según los documentos de esa época, estos últimos eran en su mayor parte de pésima calidad y casi inútiles para la guerra.

Al partir de Lima, Óñez de Loyola había recibido del virrey la promesa de que antes de muchos meses le enviaría un socorro de tropas. Don Alonso de Sotomayor, que debía volver a Chile a someterse al juicio de residencia, debía ser el encargado de conducir ese contingente. Pero Sotomayor llegó a Valparaíso a fines de diciembre de 1592,[251] sin traer consigo un solo hombre del socorro prometido. Aunque todo hacía creer que era sumamente difícil el organizar en el Perú un cuerpo de auxiliares, Óñez de Loyola acordó enviar inmediatamente un mensajero de confianza a dar cuenta de la situación del reino. Su elección recayó en el sargento mayor Miguel de Olaverría, hombre

---

250 Provisión de Óñez de Loyola dictada el 19 de enero de 1593. Se halla inserta en el acuerdo del Cabildo de 6 de febrero siguiente, a fojas 476 del libro 6.º inédito todavía.

251 En el mismo buque en que venía Sotomayor llegó a Chile el licenciado Luis Merlo de la Fuente en el carácter de juez de residencia y fue reconocido como tal por el cabildo de Santiago el 29 de diciembre de 1592. Más tarde, como lo veremos, desempeñó un gran papel en la administración de la colonia. Con ellos llegó también del Perú la familia de Óñez de Loyola.

experimentado en la guerra de Chile, en que servía desde diez años atrás, y dotado además de mucha actividad y de una clara inteligencia.[252]

Aunque la situación de la colonia no era muy favorable para emprender nuevas campañas, el gobernador no quiso dejar pasar ese verano sin hacer alguna tentativa. Resuelto a no volver a la capital sino cuando hubiese terminado la pacificación del país, había determinado llevar consigo a su familia y establecer su residencia en Concepción. En efecto, a mediados de febrero de 1593 partía de Santiago, a la cabeza de 110 hombres que había reunido, y acompañado por una numerosa comitiva.[253] Durante la marcha, Óñez de Loyola examinaba atentamente el estado del país y la condición de los indios de encomienda, y decretó varias providencias y nombramientos con que creía mejorar la administración pública.[254] Por fin, a mediados de marzo hacía su entrada a Concepción y comenzaba a entender en los negocios de la guerra.

El fuerte de Arauco, defendido por una débil guarnición que mandaba Alonso García Ramón, estaba entonces cercado por los araucanos; y sus alrededores eran el teatro de frecuentes combates. El gobernador, sin arredrarse por los peligros de un camino en que los indios habían obtenido en otras ocasiones tan señaladas victorias, resolvió salir en socorro de aquella plaza con 220 hombres que pudo sacar de Concepción. Durante su marcha no halló enemigos que intentaran cerrarle el paso, sin duda porque los bárbaros estaban a la sazón

---

[252] El poder conferido por Óñez de Loyola al sargento mayor Miguel de Olaverría, de que hallé copia autorizada en el Archivo de Indias, fue extendido en Nancagua, en la estancia del capitán Nicolás de Quiroga, el 20 de febrero de 1593. El gobernador se hallaba allí de viaje para el sur.

[253] De los libros del cabildo de Santiago, aparece que Óñez de Loyola presidía el acuerdo de 6 de febrero de 1593; y que el 21 del propio mes se hallaba en Teno.
Uno de los últimos decretos que firmó el gobernador en Santiago fue un nombramiento que lleva la fecha de 4 de febrero y que por más de un título merece recordarse. En él designaba a Juan Guerra «por médico, cirujano y barbero del hospital de Santiago, con dos carretadas de leña, y dos carneros, y una fanega de harina cada semana para su sustento, y tres botijas de vino cada mes, teniéndolo de cosecha el hospital». Además de dejarnos ver la pobreza del erario en esa época, este nombramiento demuestra la poca consideración en que se tenía la profesión de médico hasta confundir sus servicios con los del barbero. De los documentos presentados por Juan Guerra, aparece que éste había practicado largos años la medicina y la cirugía, y que después de rendir exámenes, había obtenido su título, o licencia para curar, del protomedicato de Lima.

[254] Estos diversos nombramientos, consignados en los libros del Cabildo, sirven para fijar el itinerario de Óñez de Loyola. El 24 de febrero, hallándose en el asiento de Peteroa, nombró al capitán Jerónimo de Benavides, corregidor de Santiago y su distrito.

ocupados en hacer sus cosechas; pero una vez en Arauco pudo comprender mejor las dificultades de la situación. El número y el estado de las tropas de su mando no solo no le permitían acometer nuevas empresas militares sino que no bastaban siquiera para mantenerse a la defensiva. Los soldados se cubrían apenas con miserables harapos, estaban mal alimentados y no recibían sueldo alguno hacía más de un año. Todo dejaba ver un deplorable estado de cosas, y una ruina inminente si Chile no era socorrido del exterior.

3. Primera campaña de Óñez de Loyola: concibe esperanzas de pacificar el territorio

Ante los peligros de aquella situación, Óñez de Loyola quiso oír el parecer de los militares más experimentados en la guerra araucana, para arreglar su conducta y para tener un fundamento en que apoyar las peticiones de socorros que había hecho a España y al Perú. El 12 de abril de 1593 se reunieron, en efecto, en la plaza de Arauco los militares más caracterizados del ejército para dar su opinión acerca de una serie de preguntas que les hacía el gobernador.[255] Otros capitanes que se hallaban lejos del teatro de la guerra, dieron su informe por escrito.[256] La opinión del mayor número de aquellos militares estuvo uniforme. Las tropas que había en el país, decían ellos, no bastaban para defenderlo un año más; y, aunque convenía fundar nuevas poblaciones en el territorio de guerra, era forzoso no solo desistir por entonces de este intento sino pensar en evacuar la plaza de Arauco. Óñez de Loyola llegó a persuadirse de que aquellos informes producirían una profunda impresión en el ánimo del virrey del Perú. En esta seguridad resolvió enviar a Lima un nuevo emisario, y eligió para este encargo al maestre de campo Alonso García Ramón, que solicitaba hacer este

---

[255] Acudieron a esta junta, Alonso García Ramón, maestre de campo; Francisco Jufré, alférez general; Lorenzo Bernal de Mercado, antiguo maestre de campo; Francisco del Campo, coronel y los capitanes: Rafael Puerto Carrero, Juan Ruiz de León, Pedro Cortés, Juan de Gumera, Antonio de Avendaño, Francisco Herriández Ortiz, Miguel de Silva y Jinés Navarrete. El acuerdo celebrado por ellos, así como los otros documentos que a él se refieren, se conservan en el Archivo de Indias de Sevilla.

[256] Fue uno de ellos el mariscal Martín Ruiz de Gamboa, antiguo gobernador de Chile, que vivía en Santiago lejos de toda intervención en los negocios públicos. Su informe, que se conserva también en el Archivo de Indias, lleva la fecha de 20 de junio de 1593.

viaje, y que mejor que nadie podía informar detalladamente acerca del estado del país y de los inmensos peligros de su situación (fines de abril de 1593).[257]

Pero era preciso esperar algunos meses antes que llegasen esos socorros. Óñez de Loyola desplegó en aquellas circunstancias gran fuerza de voluntad y mucho celo en el desempeño del difícil cargo que le había confiado el rey. Contra el parecer de muchos de sus capitanes, mantuvo en pie la plaza de Arauco. Ofreció la paz a los indios; y algunas tribus, en efecto, fingieron someterse. Dispuso que se hicieran campeadas en el territorio enemigo para destruir los sembrados de los indios rebeldes y para contener a estos en sus correrías; y estas operaciones, repetidas en mayor escala en el verano siguiente, fueron practicadas con bastante felicidad. A pesar de que apenas podía disponer de unos 200 hombres, el gobernador mantuvo durante más de un año la superioridad de sus armas sobre los indios araucanos. Aquella situación era puramente accidental, y la rebelión de estos bárbaros debía hacerse sentir en breve con mucho mayor fuerza; pero Óñez de Loyola llegó a concebir la ilusión de que con los refuerzos que esperaba del Perú, podría acabar de pacificarlos para siempre.

4. El virrey del Perú aplaza el envío de refuerzos y socorros a Chile

Esos socorros, sin embargo, tardaban demasiado, y no habían de llegar por entonces. El virrey del Perú no tenía estimación personal por el gobernador de Chile, ni nunca había creído que éste era el hombre capaz de consumar la empresa que le encomendaba el rey de España. Había entregado con repugnancia a Óñez de Loyola el nombramiento real y, como sabemos, no le había dado ningún auxilio. Más tarde informaba a la Corte en contra suya, indicando la conveniencia de confiar el gobierno de Chile a otra persona más a propósito para desempeñar este cargo.[258] Pero aun cuando el marqués de Cañete hubie-

---

257 La carta en que Óñez de Loyola da cuenta al virrey del Perú del envío de aquellos antecedentes y del viaje del maestre de campo García Ramón, fue escrita en Concepción el 21 de abril de 1593. Este último debió partir muy poco después. García Ramón iba disgustado con el gobernador, a quien atribuía prevención en contra suya y de quien había recibido algunos desaires. Por esto mismo, no volvió a Chile durante todo el gobierno de Óñez de Loyola. El virrey del Perú le dio el cargo de corregidor de Arica, que desempeñó algunos años.

258 Francisco Caro de Torres, el biógrafo de don Alonso de Sotomayor, que residía entonces en el Perú, y que tenía motivos para estar bien impuesto de todo, escribe lo que sigue en otro libro, *Historia de las órdenes militares*, lib. III, capítulo 3, § 9: «En recibiendo los despachos (Óñez de Loyola) se partió para su gobierno no gustoso ni favorecido del marqués

ra querido socorrer a Chile, los sucesos de que vamos a hablar más adelante, se lo habrían impedido.

Como contamos, en febrero de 1593 había partido para el Perú el sargento mayor Miguel de Olaverría, enviado por Óñez de Loyola a pedir socorros al virrey. Las gestiones que hizo con este propósito fueron absolutamente ineficaces. En enero de 1594, cansado, sin duda, de las dilaciones que oponía el virrey, Olaverría se presentó a la real audiencia de Lima por medio de un extenso memorial acompañado de documentos y de informes. Exponía allí las penurias por que pasaba el reino de Chile, la extraordinaria disminución de sus tropas por causa de la guerra, de las epidemias y de la deserción o abandono del país, la pobreza suma que se experimentaba, y el peligro que había de ver despoblarse sus ciudades y, por fin, desaparecer toda la obra de la conquista si no se le prestaban los socorros más indispensables. En consecuencia, pedía que se enviasen a Chile 500 soldados de refuerzo, 60.000 pesos en dinero para pago de sueldos atrasados y para otros gastos urgentes, y otros 40.000 cada año hasta que se consumase la pacificación definitiva del país. Los términos apremiantes en que estaba concebida esta petición, dejaban ver la urgencia que había en socorrer al gobernador de Chile.

La audiencia de Lima celebró acuerdo solemne para tratar de este asunto el 28 de enero. El marqués de Cañete, que se había conquistado en Chile la reputación de general y de administrador, y que creía conocer mejor que nadie este país, expuso en esa junta algunas generalidades de poco fundamento acerca de los errores que se habían cometido en la dirección de la guerra, y sostuvo con toda decisión que el Perú no podía suministrar los socorros que se le pedían. Chile, según él, se «hallaba tan estragado y tan desacreditado que desde este reino (el Perú) tenía por muy dificultoso proveer por ahora de todo el remedio que es necesario para el dicho socorro, porque los trabajos de la guerra que ha más de treinta y cinco años que dura, tiene la gente tan gastada, rota, pobre

---

de Cañete, que no le dio gusto la provisión pareciéndole que era menester persona muy ejercitada para aquel gobierno». El virrey, en carta a Felipe II de 20 de enero de 1595, informaba desfavorablemente acerca de los trabajos de Óñez de Loyola en la pacificación de Chile. El rey le contestaba en 17 de diciembre del mismo año lo que sigue: «En lo que toca al gobierno de Chile y aquella guerra en que decís procede Martín García de Loyola con tan poca esperanza de que se consigan los buenos efectos que se desean, por cuya causa os parece convendría proveer aquellos cargos en otra persona, voy mirando lo que convendrá y de lo que me pareciere proveer os avisaré».

y descontenta que huelgan más los que están en ésta que los echen a galeras que ir a pasarlos allá; y así si no fuese con mucha fuerza y trabajo, tenía por imposible que se pudiese enviar tan gran socorro como se pide».[259] En vista de esta exposición, se acordó que se levantasen tropas en Panamá y Tierra Firme hasta completar una columna de 300 auxiliares, y que se les enviase oportunamente a Chile para que en septiembre u octubre de ese mismo año pudieran entrar en campaña. Siendo necesario que las tropas que servían en este país se mantuviesen a la defensiva hasta que llegaran aquellos refuerzos, la Audiencia resolvió que «se enviasen 40.000 pesos de socorro en dineros y en hierro y herraje por cuenta de la dicha real hacienda».

Pero si estas resoluciones correspondían de alguna manera a los deseos y pedidos del gobernador de Chile, aquella junta tomó otro acuerdo que debía tener las más graves consecuencias. «Ordénese al gobernador por ahora, decía, que no saque a los vecinos y moradores de las ciudades de aquel reino para la guerra, ni les eche derramas para ella, y que solamente les obligue a que cada ciudad de la comarca invíen la cantidad de comidas de los frutos de sus haciendas que hubieren menester.» Esta resolución iba a ser causa de los más serios problemas en la administración.

5. Llega al Pacífico el corsario inglés Ricardo Hawkins; su permanencia en Valparaíso y su viaje al Perú

El sargento mayor Olaverría se hallaba de regreso en Chile a principios de marzo de 1594. El resultado de sus trabajos en el Perú no era en modo alguno satisfactorio. Traía, sin embargo, la promesa de ciertos auxilios de tropa que debían llegar a entradas de la primavera; pero, como vamos a verlo, accidentes inesperados vinieron a distraer la atención del virrey del Perú y a frustrar las esperanzas del gobernador de Chile. Los corsarios ingleses habían vuelto a inquietar las posesiones españolas del Pacífico.

Los beneficios pecuniarios obtenidos por Drake y por Cavendish en sus correrías marítimas, habían estimulado en Inglaterra la pasión por las empresas lejanas. Hemos referido la historia de una infructuosa expedición intentada en 1589.[260] Dos años después, el mismo Tomás Cavendish equipaba una flotilla

---

259 Acta del acuerdo celebrado por la real audiencia de Lima el 28 de enero de 1594. Ms.
260 Parte III, capítulo 10, § 11.

de cinco naves con 400 hombres, y zarpaba de Plymouth el 26 de agosto (1591) con el propósito de penetrar por el estrecho de Magallanes y de repetir la campaña que lo había hecho famoso y que le había proporcionado tantas riquezas. Esta vez fue, sin embargo, mucho menos feliz que en su primera expedición. Apresó algunas naves portuguesas, se apoderó de la ciudad de Santos en la costa del Brasil y penetró en el estrecho en abril del año siguiente; pero combatido por vientos contrarios, y desmoralizadas sus tripulaciones por la desobediencia de algunos de los capitanes, se vio obligado a volver atrás. Abandonado por éstos, Cavendish, después de numerosas contrariedades, que no tenemos para qué contar aquí, falleció a bordo de su buque cuando regresaba a Inglaterra. Uno de sus subalternos, John Davis, célebre marino que se había ilustrado por sus exploraciones en las costas septentrionales de América, se le había separado poco antes y había vuelto al sur a continuar los reconocimientos. Davis descubrió entonces las islas Falkland o Malvinas (14 de agosto de 1592), entró enseguida en el estrecho de Magallanes, hizo infructuosamente tres tentativas para llegar al Pacífico y, al fin, se vio obligado a volver atrás, y a regresar a Europa. El 11 de junio de 1593, después de las más penosas aventuras y de sufrimientos de todo orden, entraba al puerto de Bearhaven, en Irlanda, con solo dieciséis compañeros, de los setenta y seis que habían formado la tripulación de su buque.[261]

---

[261] La segunda expedición de Cavendish es de muy escasa importancia para la historia de la geografía, y es, como se ve por el resumen rapidísimo que hacemos, extraña a la historia de Chile. Por esta razón no entramos en más pormenores; pero debemos a lo menos indicar las fuentes en que el lector hallará más amplias noticias.

La célebre colección de Hakluyt, vol. III (ed. de 1600), págs. 842-868, contiene una importante relación escrita por John Jane, uno de los compañeros de Cavendish. Las noticias consignadas allí pueden completarse con otras dos relaciones publicadas por Purchas, *Pilgrimes in five bookes of voyages*, Londres, 1625-1626, vol. IV, una de ellas escrita por el mismo Cavendish durante su última enfermedad, y la otra, no siempre digna de crédito, por Anthony Knyvet, que también hizo el viaje, y que dejado por muerto en la costa del Brasil, vivió algunos años entre los salvajes y los portugueses. Entre las numerosas relaciones posteriores, debemos recomendar las que se hallan en la vida anónima de Cavendish que hemos citado más atrás (cap. 10, nota 37), y en Burney, *Chronological history*, vol. II, chap. 7. Robert Southey ha consagrado algunas páginas a esta expedición en su *History of Brasil*, Londres, 1819, vol. I, chap. 12. Conviene advertir que la cronología de estas diversas relaciones está arreglada al calendario antiguo, atrasado, como se sabe, en diez días sobre el calendario que habían comenzado a usar los españoles desde 1582.

En esos mismos días zarpaba de Plymouth con destino al Pacífico otra flotilla inglesa, equipada por sir Ricardo Hawkins. Era éste un caballero de treinta y cinco años de edad, hijo de uno de los más ilustres marinos de Inglaterra, de quien había heredado el espíritu de empresa y de aventuras, distinguiéndose en algunas expediciones navales. Según sus propias palabras, no se proponía cometer en los mares del sur las depredaciones que habían hecho temibles a sus dos predecesores. «Resolví, dice él mismo, hacer un viaje a las islas del Japón, las Filipinas y Molucas, el reino de China, y las Indias orientales por el camino del estrecho de Magallanes y el mar del sur. El principal fin de nuestro viaje era hacer un perfecto descubrimiento de todas aquellas partes a donde llegase, con sus longitudes, latitudes, la configuración de sus costas, sus puertos, ciudades y pueblos, sus modos de gobierno, con las comodidades que esos países ofrecen y aquéllas que les faltan.»[262] No es creíble que estos fueran los verdaderos y únicos propósitos de su viaje; pero sea lo que fuere, el desenlace de esta empresa debía frustrar todos sus planes.

La flotilla de Hawkins se componía de solo tres naves, la más grande de las cuales era mandada por él mismo. La reina Isabel, protectora de la empresa, había dado a esa nave el nombre de The Dainty (la Linda). Habiendo zarpado de Plymouth el 13 de junio de 1593, a finales de octubre, Hawkins se hallaba en las costas del Brasil y entraba al puerto de Santos en busca de víveres. No pudiendo conseguirlos, tocó en otros puntos de la costa, donde apresó un buque portugués cargado de provisiones; pero allí se vio obligado a quemar una de sus naves. Antes de muchos días, fue abandonado por la otra. El capitán de ésta, Ricardo Thariton, que había acompañado a Cavendish en su primer viaje, y que también lo había abandonado, se separó de Hawkins durante una

---

262 Sir Ricardo Hawkins escribió la historia de su expedición en un volumen que lleva este título: *The observations of Sir R. Hawkins Knight, in his voyage into the South sea*, con 169 páginas en folio, impreso en Londres en 1622, el mismo año de la muerte del autor. Es una relación difusa que contiene digresiones y anécdotas casi desligadas del asunto principal, pero que es entretenida y que deja ver un verdadero talento de escritor. El autor termina su libro con la historia de su derrota, y promete una segunda parte en que se proponía contar su cautiverio, y que nunca publicó. El volumen original era sumamente raro, y casi no se conocían más que las ediciones hechas en forma más o menos abreviada, en las colecciones de viajes; pero en 1857 fue reimpreso en Londres bajo la dirección del capitán C. R. Dainkwater Betune, de la marina inglesa, en uno de los tomos de viajes que ha dado a luz la Sociedad Hakluyt. He tenido a la vista un ejemplar de esta esmerada reimpresión.

tempestad ocurrida a fines de diciembre a la altura del Río de la Plata. Las fuerzas expedicionarias quedaron reducidas a un solo buque, la Dainty.

Hawkins no se desanimó, sin embargo, por tamaña contrariedad. Lejos de eso, continuó resueltamente su viaje al sur; y el 2 de febrero de 1594 estuvo enfrente de las islas Malvinas, de que se creía primer descubridor, pero que, como sabemos, ya había visto el capitán Davis.[263] Haciendo enseguida rumbo al oeste, penetró en el estrecho de Magallanes el 19 de febrero. La navegación de esos canales, que a otros viajeros había ocupado algunos meses, no detuvo a Hawkins más que cuarenta días. Los ingleses aprovecharon este tiempo para renovar sus provisiones mediante la caza de pingüinos y de gansos de mar (*bernicla inornata* o *anser antarticus*) que conservaban en sal. Por fin, el 29 de marzo entraban al Pacífico, y antes de mucho fondeaban enfrente de la isla de la Mocha.[264] En ese lugar permanecieron tres días. Haciéndose pasar por españoles, entraron en relaciones con los habitantes de la isla, que eran indios sometidos, y obtuvieron de ellos algunos víveres en cambio de mercaderías europeas.

Cuando Hawkins quiso continuar su viaje a las costas de Chile y del Perú, se vio contrariado de ordinario por uno de esos furiosos vientos del norte que se hacen sentir en aquellas latitudes a entradas del invierno. Un favorable cambio de viento le permitió seguir adelante alejándose siempre de la costa. Cuenta Hawkins que llevaba el propósito de no acercarse a tierra para no ser

---

263 La relación de Hawkins adolece, a lo menos en esta parte, de graves errores en la fijación de las latitudes, de tal manera que si no tuviéramos otros documentos, no sabríamos que las islas halladas por él, y a las cuales dio el nombre de Tierra Virgen de Hawkins, en honor de la reina Isabel, eran realmente las Malvinas. Purchas, obra citada, vol. IV, ha publicado la relación de John Ellis, que también hizo el viaje, y en ella hay datos suficientes para esclarecer este punto.

Hawkins es considerado generalmente el descubridor de las Malvinas. Él mismo, que salió de Inglaterra sin tener la menor noticia del viaje de Davis, creía ser el primer europeo que las hubiese visitado.

264 La relación de Hawkins, escrita muchos años después de este viaje, es generalmente muy sobria en fechas; y algunas de las que contiene no inspiran gran confianza. Así, por ejemplo, dice que llegó a la Mocha el 19 de abril, y que allí o en sus inmediaciones se demoró trece días antes de continuar su navegación. Ahora bien, a causa de la diferencia de calendarios, el 19 de abril de los ingleses era el 29 de los españoles; y se sabe de positivo que el 24 de este mes Hawkins llegaba a Valparaíso, lo que no se puede comprender sino suponiendo que partió de la Mocha a lo menos cuatro o cinco días antes de esta última fecha.

descubierto por el enemigo; pero que sus oficiales desaprobaban este plan como poco productivo, y que se vio obligado a modificarlo para buscar en los puertos algunas presas. En efecto, el 24 de abril de 1594 llegaba de improviso a Valparaíso. Hawkins llevaba en su nave setenta y cinco hombres valerosos y resueltos, contaba con buenos cañones y podía estar seguro de que en ese puerto no había de hallar una resistencia eficaz. Sin dificultad se apoderó de cuatro barquichuelos mercantes que se hallaban anclados en la bahía y que estaban cargados de vino, gallinas, provisiones y frutas. Los galpones o bodegas que había en tierra, contenían abundantes mercaderías, telas ordinarias, tablas, sebo, vino y otras provisiones, pero todas ellas tenían poco valor para los ingleses, o eran de tu naturaleza que por su volumen no habrían podido hallar cabida en la bodega de la Dainty. Luego se les presentó la ocasión de hacer una presa más valiosa. Ignorando la presencia de los ingleses en el puerto, arribó un buque que venía de Valdivia conduciendo una remesa de oro en polvo, y muchos cajones de manzanas para llevar al Perú. Los marineros de Hawkins, habiéndose apoderado del buque y de su carga, destrozaban ávidamente esos cajones creyendo hallar en ellos un tesoro más valioso. Los corsarios quedaron desde entonces en pacífica posesión de la bahía. Hawkins, por un impulso de galante caballerosidad, propio de su rango, hizo desembarcar y envió a su dueño, el equipaje de una señora española que había tomado pasaje para el Perú en uno de los buques apresados en el puerto.

La presencia de los ingleses en Valparaíso produjo una gran consternación en Santiago. El 26 de abril se reunía apresuradamente el cabildo de la capital para acordar las medidas que debían tomarse en defensa del puerto y del reino. Era corregidor el capitán Jerónimo de Benavides, y a él tocó organizar la resistencia. Don Alonso de Sotomayor, que todavía se hallaba en Chile, entendió también en aquellos aprestos. Si los españoles estaban seguros de derrotar al enemigo en caso de que osase desembarcar, carecían de los medios para atacarlo en sus naves. Sin embargo, resolvieron construir apresuradamente en una quebrada vecina, y lejos de la vista de los ingleses, algunas balsas de madera y de carrizo. Pensaban embarcar en ellas toda la gente de que pudieran disponer y aprovechar las tinieblas de la noche para dar el abordaje a la nave enemiga. Al mismo tiempo, despacharon mensajeros al norte para poner sobre aviso a las autoridades de La Serena, y ver modo de hacer llegar al Perú la noticia de esta nueva aparición de los ingleses.[265]

Pero estos aprestos exigían algún tiempo, y según se creía, los corsarios no habrían de querer demorarse mucho en Valparaíso. Así, pues, los armadores de los barcos apresados prefirieron entrar en negociaciones con Hawkins, que se mostraba avenible. En efecto, este capitán retuvo solo uno de los buques en que esperaba hallar un tesoro escondido, soltó incondicionalmente otro y entregó los tres restantes por un rescate de 2.500 ducados, por más que su valor fuese estimado en 20.000. Con la misma liberalidad, dio suelta a todos los marineros que había apresado, y solo retuvo consigo al piloto Alonso Pérez Bueno, para aprovechar los conocimientos prácticos de éste en la navegación de aquella costa. Terminados estos arreglos, Hawkins se dio a la vela en la mañana del 2 de mayo sin ser inquietado por nadie.

Apenas se hubo alejado del puerto la nave enemiga, dispuso el corregidor Benavides que a toda prisa se equipase una de las embarcaciones que acababan de soltar los ingleses. Eligiose para esto una galizabra, buque pequeño de vela latina, que podía aprestarse en pocas horas, y que por su ligero andar debía hacer el viaje con mayor rapidez. Tomó el mando de esa embarcación el capitán Juan Martínez de Leiva, piloto experimentado en la navegación de estos mares, y que en esta ocasión dio pruebas de su pericia y de su actividad. Habiendo zarpado de Valparaíso el mismo 2 de mayo, ocultó sus movimientos a los corsarios, se adelantó a ellos, y llegó al Callao después de un viaje de solo quince días.[266] La imprevisión de Hawkins por no haber destruido las naves de

---

265 En el libro original de actas del cabildo de Santiago aparece un hecho digno de recordarse. Reunida la corporación el 26 de abril, el secretario o escribano de la corporación asentó con una letra casi ininteligible el encabezamiento del acuerdo, y dejó enseguida dos páginas y media en blanco para escribir las resoluciones. Al final de esas dos páginas y media pusieron su firma los capitulares; pero no se escribió jamás el acuerdo tomado en esa ocasión. Ignoramos, por ese motivo, cuáles fueron sus decisiones; pero conocemos algunas de ellas por el libro citado de Hawkins. Hallándose prisionero en Lima, Hawkins trató allí a don Alonso de Sotomayor, y supo por éste el proyecto que se había tenido de atacarlo con las balsas de que hablamos en el texto. Hawkins creía equivocadamente que en 1594 era gobernador de Chile el mismo Sotomayor, y este error ha sido repetido por alguno de los historiadores posteriores.

266 Las relaciones españolas que tendremos que citar más adelante, dicen expresamente que la galizabra despachada de Chile llegó al Callao el 17 de mayo. El poeta Oña, que escribía ese mismo año en Lima su poema *Arauco domado*, ha consagrado los dos últimos cantos a referir la historia de la persecución de Hawkins, a quien llama, como el mayor número

que se había apoderado y la tardanza que puso en su viaje, perdiendo un tiempo precioso en apresar unos buques pescadores cerca de Arica, fueron causa de que fracasase su empresa, como vamos a verlo.

6. Derrota y captura de Hawkins en el puerto de Atacames

El 17 de mayo a las dos de la tarde, llegaba a Lima la noticia de la reaparición de los ingleses en el Pacífico, y de su próximo arribo a los mares del Perú. El virrey se hallaba en cama, postrado por la gota. Inmediatamente, sin embargo, se puso en pie y reunió las corporaciones para discutir lo que convenía hacer en esas circunstancias. Acordose allí juntar tropas para acudir a la defensa de cualquier punto de la costa en que el enemigo pretendiese desembarcar, y con el mayor empeño se mandó equipar una escuadrilla de tres naves que saliese al encuentro de los corsarios. Tanta actividad se desplegó en estos aprestos que antes de ocho días estuvieron listas esas tres naves, artilladas con setenta y cuatro cañones de bronce, y tripuladas por 300 hombres. El mismo celo se tuvo en poner sobre aviso, por medio de chasquis o emisarios, a las autoridades de la costa del norte, y en hacer llegar por la vía marítima, comunicaciones a Panamá y a la Nueva España para que en esta ocasión no se dejara escapar de estos mares a los corsarios ingleses.

La lentitud que Hawkins ponía en sus operaciones dio lugar a que pudieran hacerse estos aprestos. Por otra parte, la presencia del enemigo en aquellas costas, las noticias que se recibían de Arica de estar reducido a una sola nave por haber quemado la otra que sacó de Valparaíso, y la seguridad que se tenía de poder capturarlo, habían producido tal entusiasmo en Lima, que algunos caballeros de buena posición se ofrecían gustosos a salir en la expedición y a sostener a sus expensas los soldados que los acompañaban. El virrey dio el

---

de los españoles, Richarte Aquines. Véase como ha referido en el canto XVIII, oct. 30, la rapidez con que llegó a Lima el aviso enviado de Chile:

«Partido, pues, el tardo inglés pirata
del ensenado mar Valparaíso,
con el despojo próspero que quiso
de muchos bastimentos, oro y plata:
e despachó volando una fragata
al ínclito marqués con el aviso,
la cual en quince, vino como un rayo
a siete sobre diez del mes de mayo.»

mando de la escuadrilla a don Beltrán de Castro y de la Cueva, noble caballero de Galicia, hermano de la Virreina e hijo del conde de Lemos, acostumbrado en Italia al mando de tropas, pero poco práctico en empresas marítimas. Con el título de general, y con el carácter de su consejero, puso a su lado a Miguel Ángel Filipón, militar extranjero, italiano según parece, pero que había servido largos años con lucimiento al rey de España en el Perú, y que en esta ocasión iba a distinguirse particularmente.[267]

El resultado de esta lucha no podía ser dudoso vista la desproporción de los recursos de cada contendiente y la imposibilidad absoluta en que se hallaban los ingleses de recibir refuerzos. El 4 de junio se avistaron por primera vez en frente de Chincha, y a la vista de la costa. Los españoles seguros de su superioridad, quisieron empeñar el combate. Hawkins, sin embargo, lo evitó hábilmente; y aprovechándose de la oscuridad de la noche, y de una tempestad que había perturbado a los contrarios, se retiró hacia el norte. Esta operación, con todo, no hacía más que retardar el desenlace de la expedición, desde que, según todos los antecedentes, el corsario inglés no habría podido escaparse de caer en manos de los españoles sino volviendo a las costas de Chile para repasar el estrecho de Magallanes o engolfándose en el gran océano para regresar a Europa por los mares de la India.

En efecto, el virrey, que mantenía la más estricta vigilancia en muchos puntos de la costa, estaba al corriente de casi todos los movimientos de los corsarios. Hawkins había dejado en libertad algunas pequeñas embarcaciones que había apresado en Arica, y sus tripulantes llevaron al Callao noticias útiles para preparar la resistencia. Al acercarse al puerto de Huanchaco, el capitán inglés permitió desembarcar al piloto Pérez Bueno, que había apresado en Valparaíso; y ese piloto suministró al virrey informes muy importantes sobre la fuerza y los recursos del enemigo. Con estos avisos, don Beltrán de Castro partió de nuevo

---

[267] Los documentos contemporáneos y las relaciones más autorizadas, elogian sobremanera a este Miguel Ángel Filipón, como puede verse en Oña, canto XVIII, oct. 86, 87 y 88.
Como era natural entre españoles y en el siglo XVI, el virrey hizo embarcar en la escuadra seis capellanes. Dos de ellos eran jesuitas, otros dos mercedarios y los dos restantes dominicanos. Uno de estos últimos fue fray Baltasar de Obando, más conocido con el nombre de fray Reginaldo de Lizárraga, poco más tarde obispo de la Imperial. En el libro que escribió en forma de descripción histórico-geográfica de Chile y del Perú, y que permanece inédito, ha destinado los capítulos 50, 51 y 52 a referir la historia de esta campaña naval; pero su relación no abunda en pormenores ni ofrece un interés particular.

del Callao y emprendió la persecución de los ingleses. Navegaba cerca de la costa, reconociendo todas las ensenadas y caletas, cuando en la tarde del 1 de julio, al doblar una puntilla, descubrió a la Dainty en la bahía de Atacames, en la provincia de Esmeraldas, del reino de Quito. Inmediatamente se trabó el combate, pero la noche vino a interrumpirlo después de las primeras descargas. Renovose en la mañana del día siguiente, 2 de julio, y se sostuvo casi todo el día. A pesar de que su inferioridad de fuerzas debía hacerles presumir que indefectiblemente habían de ser derrotados,[268] los ingleses pelearon con el mayor heroísmo; y solo en la tarde, cuando tenían muchos muertos y heridos, cuando su nave había sufrido grandes destrozos, y cuando toda resistencia parecía imposible, acordaron rendirse bajo la condición de ser tratados según las reglas de la guerra, es decir, con garantía para sus personas.

Queriendo reparar sus averías y curar sus heridos, don Beltrán de Castro mandó a sus naves hacer rumbo a Panamá, que era la ciudad de alguna importancia que tenía más cerca. Desde allí despachó, en 1 de agosto, sus comunicaciones al virrey del Perú, que debía hallarse en la mayor inquietud, sin saber el resultado de la campaña. Eran tan lentas y difíciles las comunicaciones marítimas en esa época, que se pasó todavía un mes y medio más antes que se supiese en Lima el triunfo de las armas españolas. «Llegaron a esta ciudad de los Reyes (las comunicaciones de don Beltrán) miércoles en la noche, a 14 de septiembre de este dicho año de 1594, que se celebraba la fiesta de la Cruz de que es su excelencia (el virrey) devotísimo, dice una prolija y curiosa relación contemporánea. Y la misma hora fue al monasterio de San Agustín, donde visitó el santísimo sacramento y el crucifijo traído de Burgos, que está en una capilla de este convento, dando gracias por tan célebre e importante victoria; y por más regocijarla, anduvo por las calles, acompañado de sus criados y de otros muchos caballeros y vecinos que acudieron con sus hachas encendidas;

---

268 Según las relaciones españolas, los ingleses eran 120, de los cuales hubo 27 muertos y 17 heridos; pero Hawkins dice que la Dainty, solo tenía 75 hombres. Nosotros creemos que ésta es la verdad. Entre los españoles que fueron heridos en este combate se contaba aquel Tomé Hernández que Cavendish había recogido en el estrecho de Magallanes, y que lo abandonó en el puerto de Quintetos. Véase el capítulo 10, § 10.
Según las relaciones españolas, la última jornada de este combate y la rendición de Hawkins tuvieron lugar el sábado 2 de julio de 1594, día de la Visitación de la Virgen. El capitán inglés fija esta fecha diez días atrás; pero esta diferencia es solo aparente, y resulta, como hemos dicho, del uso de diverso calendario.

y el viernes siguiente por la tarde, demás de las gracias que en cada parroquia y convento en particular se habían dado, se hizo una muy solemne y general procesión que salió de la catedral y fue a santo Domingo y a san Agustín, y el sábado se corrieron toros, y se van haciendo otras fiestas y regocijos.»[269]

Estas fiestas se prolongaron en Lima muchos días más, y se repitieron con nuevo entusiasmo cuando llegaron los prisioneros tomados en el combate. En medio de la excitación y del júbilo producidos en el Perú por el triunfo, se habría querido condenar a muerte a todos los prisioneros con desprecio de la palabra empeñada por el jefe vencedor. Se habló de entregarlos a la inquisición para que, ya que no era posible ejecutarlos como piratas, los juzgase como herejes y los condenase a las llamas en un solemne auto de fe. El virrey consultó sobre el particular a todas las corporaciones de Lima; pero mientras tanto, Hawkins había despertado una simpatía general. Contábanse los rasgos de la bondad con que había tratado a sus prisioneros, de la generosidad con que devolvía algunas de las presas y del espíritu caballeresco que lo distinguía en todos sus actos.[270] El mismo marqués de Cañete, sea que quisiera cumplir los compro-

---

[269] Copio estas palabras de una relación que el virrey del Perú mandó escribir y publicar en Lima, y que, como las piezas de esa clase, suplían entonces a los diarios de nuestra época para la circulación de las noticias de mayor interés. Se titula así: *Relación* de lo que sucedió desde 17 de mayo de 1594 que don G. Hurtado de Mendoza, virrey del Perú tuvo aviso de haber entrado al mar del Sur Richarte Aquines con un navío, hasta el 2 de julio, día de nuestra señora que don Beltrán de Castro y de la Cueva lo desbarató, venció y rindió. Esta curiosísima relación, abundante en los más prolijos pormenores, y dispuesta con método y claridad, fue escrita por Pedro Balaguer de Salcedo, correo mayor del Perú, y publicada por Antonio Ricardo, primer impresor del virreinato. Las noticias que acerca de este combate de Suárez de Figueroa en el IV libro de los *Hechos de don García Hurtado de Mendoza*, son indudablemente extractadas de aquella relación, pero contienen mucho menos pormenores.

[270] El poeta Oña que, como ya hemos dicho, escribía su poema el mismo año de 1594, se ha hecho el órgano de esos sentimientos en una estrofa del canto XVIII de su poema en que hace el siguiente retrato de Hawkins:

«Richarte el pirata se decía,
y Aquines por blasón, de clara gente,
mozo, gallardo, próspero, valiente,
de proceder hidalgo en cuanto hacía:
y acá, según moral filosofía,
(dejando lo que allá su ley consiente)
afable, generoso, noble, humano,
o crudo, riguroso, ni tirano.»

misos contraídos por don Beltrán de Castro, sea que obedeciese a sus propias inspiraciones, defendió a Hawkins contra los que pedían su muerte, y, aun, lo dejó vivir en Lima en completa libertad. Consultado el rey sobre el particular, contestaba lo que sigue, en cédula de 17 de diciembre de 1595: «En cuanto al castigo del general inglés y los demás que se tomaron en el dicho navío, por haber entendido que es persona de calidad, lo que en esto ha parecido es que se haga justicia conforme a la calidad de las personas». En virtud de esta decisión, Hawkins fue remitido, el año siguiente, a España, donde sufrió todavía una larga prisión.[271]

Hemos dicho que Oña ha destinado los dos últimos cantos de su poema a referir la historia de esta campaña naval; pero interrumpe su relación antes de haber contado el término del combate de Atacames. Lope de Vega lo ha referido también en verso en los cantos II, III y IV de su *Dragontea*.

Don Diego de Santisteban Osorio, en el canto VI de la parte V de la continuación de la *Araucana* ha contado también en verso la expedición de Hawkins sin noticias particulares, y sin otros datos que los que entonces debieron publicarse en España en las relaciones que se imprimían como los periódicos de nuestro tiempo.

Dos poetas posteriores, el conde de la Granja, don Luis Antonio de Oviedo y Herrera, en su poema Santa Rosa de Lima Madrid, 1711, canto X y don Pedro de Peralta Bamuevo en su Lima fundada, Lima, 1732, canto V, han recordado esta victoria de las armas españolas. Pero existe, además, con el título de Sátira Beltraneja, una relación inédita hasta ahora, escrita en más de 700 versos octosílabos, por algún español de Lima para hacer la burla de don Beltrán de Castro, del virrey y de la Virreina. Aunque esta pieza no posea un relevante mérito literario ni contenga noticias particulares sobre aquellos sucesos, ella nos da a conocer que en medio de las fiestas con que se celebraba en Lima el triunfo sobre los ingleses, había algunas personas que se reían de las pretendidas glorias de esa fácil empresa.

271 El cronista Antonio de Herrera, que ha contado la expedición de Hawkins en los capítulos 24 y 25 del libro X de la III parte de su Historia general del mundo bajo el reinado de Felipe II, refiere como sigue el cautiverio de ese capitán: «Don Beltrán de Castro, como honrado caballero, tuvo siempre en su casa a Ricardo Aquines, y le trató muy bien y procuró que se le diese libertad, y se le dio al capitán y piloto; pero disputose mucho si don Beltrán podía empeñar palabra real no siendo general sino comisario, con otro que lo era inmediatamente de una reina; y en la ciudad de los Reyes se concluyó que convenía guardarle la palabra, pues no era corsario, y que el rey no podía hacer leyes en la mar del sur que no fuesen muy conformes a las otras leyes militares. Y en medio de estas disputas, llegó orden de traerle a Castilla, a donde estuvo preso algunos años; y solicitando don Beltrán que su palabra se guardase, se murió. Y pareciendo convenía que el castigo fuese notable, para que nadie se atreviese a entrar en la mar del sur, duró la prisión hasta que, entrando el conde de Miranda por presidente del consejo, le hizo dar libertad, afirmándose en que en los casos de guerra, las palabras de los capitanes del rey, dadas en el hecho, como éste fue, y condicionalmente, se debían cumplir, pues de otra manera no se rindiera; y así quedó satisfecho don Beltrán de Castro, aunque muerto».

Tal fue el desenlace de la tercera expedición de los corsarios ingleses a las colonias españolas del Pacífico. El desastre sufrido por Hawkins debía necesariamente entibiar el entusiasmo de los aventureros que en Inglaterra soñaban en realizar empresas semejantes a las de Drake y de Cavendish; y en efecto, veremos pasar muchos años sin que salgan de Inglaterra expediciones de esa clase para nuestros mares. Contribuyó igualmente a este resultado el cambio ocurrido en la política inglesa después de la muerte de la reina Isabel. Mientras tanto, otros enemigos de España menos poderosos por su número, pero igualmente temibles por su constancia y su resolución, los holandeses, renovaron poco más tarde estas expediciones y sembraron muchas veces la alarma y la perturbación en estos países.

7. La ciudad de Santiago niega al gobernador los socorros que pedía: Óñez de Loyola prosigue la campaña y funda la ciudad de Santa Cruz

Los graves sucesos que acabamos de referir habían preocupado por completo al virrey del Perú. Le había sido imposible enviar a Chile los socorros que desde el año anterior tenía prometidos; y que en este país eran reclamados con gran instancia. La situación interior de Chile, además, había empeorado considerablemente. A las alarmas producidas por los peligros de la guerra araucana, se habían agregado los quebrantos e inquietudes a que estuvo sometido el comercio por las pérdidas pecuniarias y por la presencia de los corsarios en nuestras costas.[272] A pesar de las constantes penurias del erario real, el gober-

---

No ha entrado en nuestro propósito el referir en todos sus accidentes la historia de la expedición de Hawkins, sino consignar los hechos más inmediatamente relacionados con la historia de Chile. El lector encontrará amplias noticias en los libros y relaciones que hemos citado en las páginas de más atrás; o en las obras de algunos escritores modernos. Entre éstos debemos recordar a Burney que en la obra tantas veces citada, ha consagrado todo el capítulo 9 del II tomo a la expedición de Ricardo Hawkins al Pacífico.

272 Algunos cronistas posteriores han referido que la ciudad de Santiago pasó entonces por días de amargura y de dolor por sucesos de otro orden. Contose que en uno de los buques apresados en Valparaíso, Hawkins había hallado un crucifijo de madera, y que lo había destrozado y arrojado al mar. Todo hace creer que este hecho es inexacto; pero, según los cronistas que lo refieren, habría sido causa de una gran consternación y habría dado origen a procesiones y otras fiestas religiosas en desagravio de aquel pretendido sacrilegio.

No es raro hallar entre los cronistas que hablan de estos sucesos, algunos que atribuyen la derrota de Hawkins a obra de milagro. El padre Calancha, en su *Crónica moralizada de los agustinos*, Barcelona, 1638, lib. I, capítulo 45, núm. 2, cree que el autor de este prodigio

nador Óñez de Loyola decidió que se construyese en la primavera siguiente un fuerte en el puerto de Valparaíso; pero seguramente no pudo llevarse a cabo esta obra. Sin duda, cuando se daba principio al trabajo llegó a Chile la noticia de la derrota y captura de Hawkins, y desde entonces debió creerse innecesaria la fortificación del puerto.[273]

En esos momentos, por otra parte, Óñez de Loyola se preparaba para expedicionar contra los indios rebeldes. Convencido de que por entonces no podía recibir los socorros que con tanta insistencia había pedido al Perú, creyó que las complicaciones de la situación lo autorizaban a reclamarlos de los vecinos de Santiago. Con fecha de 10 de julio de 1594, el gobernador daba sus amplios poderes al sargento mayor Miguel de Olaverría. Trasladose éste a la capital, y sin tomar en cuenta las resoluciones dictadas en enero anterior por el virrey del Perú y por la audiencia de Lima, comenzó a reunir, en nombre del gobernador, gente, caballos y armas para la próxima campaña.

Esta actitud produjo una excitación general en la ciudad. Todo el mundo protestaba de la conducta del gobernador y de su representante. El Cabildo se reunió el 17 de septiembre para tratar de este negocio. «Los vecinos y moradores de esta ciudad, estantes y habitantes de ella, y su jurisdicción, se dijo allí, están muy afligidos y claman en las plazas contra los apercibimientos para ir a

---

fue el santo Cristo de Burgos que se adoraba en Lima, y al cual habíase encomendado el virrey del Perú al disponer esta empresa. Como el lector puede ignorar el origen de esta efigie, tal vez tengan algún interés las noticias siguientes:

Se adora en la catedral de Burgos, en España, un Cristo crucificado, de tamaño natural, de mala escultura, y cuyas manos y pies están forrados con verdadera piel humana, y cuya cabeza sujeta también por un trozo de piel humana, se presta para darle algún movimiento. Aunque aquella efigie tiene un aspecto rechazante y no se puede mirar sin horror, recordando la manera como ha sido construida, la superstición popular le atribuía los milagros más repetidos y portentosos. Los religiosos agustinos de Lima trajeron de España una reproducción de esa efigie del mismo tamaño, y probablemente formado con los mismos materiales. La fama de los milagros que hacía, cundió prontamente; y, sin duda, comenzó a producir pingües beneficios en mandas y donativos. Los padres mercedarios de Santiago quisieron tener también un Cristo de Burgos, y, en efecto, se procuraron uno análogo. En 8 de julio de 1594 solicitaban permiso del cabildo de Santiago para tomar una parte de la calle a fin de construir una capilla en que colocar esa efigie.

273 Acerca de este proyecto no hallo otra referencia en los documentos contemporáneos que las palabras siguientes, consignadas en el acuerdo de 17 de septiembre de 1594 del cabildo de Santiago, a fojas 592 del 6.º libro de actas, inédito hasta ahora: «En este día se recibió una carta de su señoría el gobernador de este reino que trata acerca de lo que importa hacer el fuerte en el puerto de Valparaíso».

la guerra y contra las derramas que se les imponen; y los predicadores en los púlpitos, y las mujeres por las calles cargadas con sus hijos, lloran y piden a Dios por los daños que reciben.» El Cabildo acordó hacer probanza de estos hechos, demostrar que tales actos del gobernador eran ilegales y, por último, despachar al sur a uno de sus miembros a que reclamase ante aquel alto funcionario por el cumplimiento fiel de las resoluciones dictadas por el virrey del Perú. La elección de los capitulares recayó en el capitán don Francisco de Zúñiga, regidor y fiel ejecutor de la ciudad.[274]

No era posible resistir a exigencias sostenidas con tanta resolución y apoyadas, además, en mandatos tan claros y terminantes como los que invocaba el cabildo de Santiago. Óñez de Loyola se vio obligado a desistir de sus pretensiones, y no pudo contar con el contingente de tropas que esperaba. Esta contrariedad, además, minaba su poder, y lo ponía en una situación sumamente falsa. El año siguiente, como lo veremos más adelante, debía ser desobedecido por las mismas ciudades del sur cuando reclamaba de ellas socorros para atender a las más premiosas necesidades de la guerra.[275]

En medio de estas dificultades que ponían el poder de los españoles al borde de su ruina, los araucanos, incapaces de conocer aquella situación, no acometieron por entonces ninguna empresa audaz que hubiera podido hacer peligrar la dominación de sus opresores. El gobernador Óñez de Loyola, reuniendo todas las fuerzas de que podía disponer, hizo o mandó hacer diversas correrías en el territorio enemigo y, aun, dispersó en una ocasión un cuerpo considerable de indios que se había reunido en la ciénaga de Lumaco, al sur de Purén. Sin tomar en cuenta lo diminuto de sus fuerzas para llevar a cabo nuevas fundaciones, en el otoño de 1594 había establecido un fuerte con el propósito de que impusiese respeto a los indios de Catirai y de Mareguano, es decir, de aquella parte de la cordillera de la Costa que siempre había estado de guerra. Eligió para ello el lugar denominado Millapoa, al lado izquierdo del Biobío, y a muy corta distancia del punto en que sus aguas son engrosadas por las del caudaloso Laja o Nivequeten. El fuerte recibió el nombre de Santa Cruz.

Satisfecho con los pequeños triunfos que había alcanzado sobre los indios, y creyendo sinceras las protestas de sumisión de algunas tribus, Óñez de Loyola

---

274 Acuerdo del cabildo de Santiago, de 17 de septiembre de 1594, a fojas 597 del libro 6.º
275 Constan estos hechos de diversas informaciones mandadas levantar por Óñez de Loyola, y de las representaciones que el sargento mayor Olaverría dirigía en 1595 al virrey del Perú.

llegó a persuadirse de que aquella situación, enteramente accidental y provisoria, era el resultado de sus esfuerzos y de sus cálculos. A fines de 1594 mandó levantar una información en que constase el estado favorable que presentaban los negocios militares y la miseria a que, entre tanto, había llegado el país. Fueron llamados a declarar los militares más distinguidos del ejército y los eclesiásticos de más prestigio de las ciudades del sur. «Los cuales dichos capitanes y las personas referidas, dice la información, dijeron que el estado presente de todos los vecinos y moradores de todo este dicho reino y sus naturales, en particular los soldados, en ningún tiempo han estado en mayor necesidad, miseria y trabajo por no haber venido, desde que el dicho gobernador entró en el gobierno, ningún socorro de gente ni moneda, y haber continuado y acudido todos a la guerra, despoblando las dichas ciudades y sus presidios los vecinos y moradores, y que con haber hecho esto este presente año con más rigor y general sentimiento que en ningún otro, no se han podido juntar más de 174 hombres, toda la mayor parte de ellos legítimamente impedidos por ser casados y tener muchos hijos y familia.»[276] Esta información debía ser enviada a España para demostrar al rey la urgencia que había en Chile de socorros de tropas y de armas, y la confianza que debían inspirarle el celo y la inteligencia del gobernador Óñez de Loyola.

Antes de mucho tiempo, aquel fuerte fue elevado al rango de ciudad. El 1 de enero de 1595, después de las aparatosas ceremonias que en casos análogos solían usar los españoles, Óñez de Loyola hincó una lanza, dice el acta oficial de la fundación, e hizo levantar un árbol de justicia en presencia de todos los capitanes y soldados de su campo; y porque todas las buenas obras de este mundo son frutos del árbol de la santa cruz, y para que de ella resulte el amparo y fuerza necesaria para la defensa, predicación y aumento de la fe y ley evangélica, puso por nombre a la dicha ciudad «Santa Cruz de Óñez» y a la iglesia

---

[276] Información levantada en el asiento de Santa Cruz en los últimos días de diciembre de 1594, y conservada inédita en el Archivo de Indias. Declararon en esta información fray Alonso de Tiano, comendador del convento de la Merced, y antiguo soldado de Flandes, de Italia y de Chile; el vicario Bernabé Salinas, el sargento mayor Miguel de Olaverría, que estaba de vuelta del Perú, veinticinco capitanes y tres oficiales reales o administradores del tesoro.

mayor «La exaltación de ella».[277] Aquella ciudad, fundada con tanto aparato iba, sin embargo, a tener una existencia efímera.

8. Envía a España a su secretario a pedir socorros al rey

El virrey del Perú, como hemos visto, no había prestado al gobernador de Chile los auxilios que éste había pedido con tanta insistencia. Apremiado por los peligros de su situación, Óñez de Loyola resolvió entonces despachar un emisario a España y recurrir al rey para que lo socorriese con tropas y con armas. Su elección recayó en su propio secretario Domingo de Eraso, hombre activo e inteligente que gozaba de toda su confianza. Debía éste hacer el viaje por Buenos Aires, trasladarse de allí a España, y pedir al rey que, con la brevedad posible, enviase a Chile una columna de 500 o 600 hombres bien armados y amunicionados. En esa época, se tenía ya muy mala idea de los auxiliares que se enganchaban en el Perú, y se quería, además, que los soldados que viniesen de España no tocasen siquiera en este país para evitar que, oyendo allí las noticias tan desfavorables que se tenían de la guerra de Chile, se desertasen, como había sucedido en otras ocasiones.[278] Eraso debía, además, manifestar al rey

---

277 Los cronistas que han contado estos sucesos, no han podido fijar con exactitud la fecha de esta fundación. En el Archivo de Indias encontré el acta original en que consta esa fecha y el nombre verdadero de la ciudad, que nos han llamado Santa Cruz de Loyola y otros Santa Cruz de Coya, por el título de la esposa del gobernador, como también un plano o diseño de la población.
Seis años más tarde, en febrero de 1601, el gobernador Alonso de Rivera, censurando esta fundación por lo mal elegido del sitio, hace una prolija descripción de él en un memorial que hemos citado en otras ocasiones, y que se halla publicado, con algunos errores de copia, entre los Documentos publicados por don Claudio Gay. Véase el tomo II, pág. 155. La ciudad de Santa Cruz estuvo fundada en una loma pintoresca, alta y llana, situada al oriente del estero de Millapoa o Rele, y a cerca de una legua de las orillas del Biobío.

278 Son interesantes a este respecto dos de los capítulos de un extenso memorial en que Eraso pedía al rey en 1597 el envío de estos socorros. Dicen así: «Núm. 20. Ítem, conviene que la dicha gente se lleve de estas partes (España) y no del Perú, por los inconvenientes que la experiencia ha enseñado, y particularmente ser imposible juntar el dicho número ni otro de consideración en aquel reino (el Perú), como el mismo Visorrey avisó y desengañó al dicho gobernador; porque los hombres que son de alguna estimación y virtud tienen ocupaciones y asiento, y no lo dejarían por ningún interés y premio; y los que siguen la ociosidad y vicios, vagando de un pueblo en otro, demás de ser inútiles y perjudiciales para ejercicio de honra y trabajo, si fuese posible se meterían debajo de la tierra o a servir en galeras, por no ir a la guerra de Chile. Y si algunos de ellos se determinasen sería por solo coger el excesivo dinero que se les da adelantado, y procurar de huir luego que llegasen, como siempre lo ha hecho toda la mayor parte de la gente que en diversos tiempos se ha

que el gobernador de Chile cansado con tantos años de residencia y de servicios en América, deseaba que se le enviase un sucesor para volver a España a obtener el premio de sus méritos y vivir en tranquilidad sus últimos días.

Eraso partió de Chile a principios de 1595, y poco más tarde se embarcaba en Buenos Aires en viaje para España. En esa época la navegación en las costas del Brasil ofrecía serios peligros por la presencia de naves inglesas. Eraso se vio retardado por un naufragio, y, aun, llegó a contarse en Chile que había muerto en un combate naval contra los corsarios. Al fin, en 1597 llegaba a la Corte y daba principio a sus gestiones con toda la actividad y con todo el celo que las circunstancias exigían. Desgraciadamente, la situación de la metrópoli era la menos favorable para que aquella misión pudiera producir el efecto que se buscaba. El rey, gravemente enfermo, casi moribundo, apenas podía prestar alguna atención a los negocios públicos, y ésa era absorbida por las graves dificultades de la guerra de Francia. Su tesoro, por otra parte, estaba completamente agotado, de manera que le habría sido poco menos que imposible el dispensar a Chile el menor socorro. Eraso presentó, sin embargo, un extenso

> llevado del Perú, intentando muchos motines, alteraciones y latrocinios, sin que jamás haya sido de provecho ni servicio ninguno de ellos para la dicha guerra; y los que siempre han continuado y al presente la sustentan son los soldados que de este reino (España) se han enviado, y los criollos nacidos en las mismas provincias (Chile); y es imposible resultar de mala causa buen efecto, ni formar buena ciudad y república con gente facinerosa, criada con ociosidad y vicio. Y cada uno de ellos cuesta en el Perú cerca de 300 ducados antes que se embarque. Y habiendo de ser las dichas poblaciones principal muralla y fin de la dicha guerra, y en los sitios y provincias más nobles de toda aquella tierra, es justo fundarlas con gente segura y virtuosa que estimando la comodidad que allá se le hiciere procure su conservación y aumento con sosegado ánimo y voluntad. Núm. 14. Ítem, es de la misma consideración y conveniencia el llevar la dicha gente por el Río de la Plata, desviándola de la vista y noticia del Pirú, porque no la tengan de la mala opinión en que semejantes inútiles y fugitivos han puesto a Chile, ni ocasión de quedarse en los puertos y tierra de aquel reino (el Perú), y sobre todo por la dilación y mucha cantidad de la real hacienda que por la vía de Tierra Firme costaba su llevada, y por el dicho Río se ahorra, por cuanto todo el tiempo del año van desde Lisboa a los puertos del Brasil muchas urcas flamencas a cargar los azúcares, palo y otros géneros de aquella costa».
>
> Poco más tarde, el 26 de marzo de 1599, un fraile dominicano de mucha autoridad, y que había sido provincial de su orden, escribía al rey desde Santiago una larga carta en que, después de darle cuenta de los últimos sucesos de Chile, le pedía con instancias que socorriese este país. En ella encontramos las palabras siguientes: «La gente que se envía del Perú no vale nada, que es gastar plata sin género de provecho, porque como está hecha a los vicios de las Indias, y ya son holgazanes y viciosos, prueban muy mal acá. La gente de Castilla es la que aquí ha mostrado valor».

memorial en que daba noticia prolija del estado en que quedaba este país, del peligro que corría de perderse y de la urgencia que había de socorrerlo. El Consejo de Indias oyó atentamente su solicitud, reconoció la conveniencia de enviar los auxilios que se pedían, y hasta formuló un acuerdo en que se fijaba el número de tropas que deberían componer el contingente, las armas y enseres que convenía enviar, y el salario y los premios que podrían darse a los oficiales y soldados que pasasen a servir en Chile durante seis años o a establecerse definitivamente en este país. Sin embargo, Domingo de Eraso partía de España de vuelta para América a principios de 1598, sin traer otra cosa que la promesa muy incierta, sin duda, de que el reino de Chile sería socorrido.[279] Ya veremos cómo esos socorros habían de llegar cuando una catástrofe enorme había producido males verdaderamente irreparables.

---

[279] El memorial de Eraso, sin fecha alguna, se conserva original en el Archivo de Indias, y contiene noticias acerca de Chile que, como se verá en otras notas, nos han sido de gran utilidad. Domingo de Eraso se hallaba en Panamá en septiembre de 1598. Allí halló cartas de Óñez de Loyola y un nuevo poder de éste para que siguiera representándolo en la Corte en las gestiones que debía hacer para obtener socorros. Eraso reemplazó ese poder en favor del capitán Juan López de Arauz que residía en Madrid, y siguió su viaje a Chile. Cuando llegó a este país, Óñez de Loyola había muerto.

Capítulo XIV. Fin del gobierno de Óñez de Loyola (1595-1598): su derrota y muerte

1. Establecimiento de los jesuitas en Chile: milagros que se contaban acerca de su viaje. 2. Arribo de los padres agustinos y su establecimiento en Santiago. 3. Óñez de Loyola pide en vano socorros de tropas al marqués de Cañete: el sucesor de éste le envía una pequeña columna de auxiliares. 4. Nueva campaña de Óñez de Loyola contra los araucanos; establecimiento de un fuerte en Purén que los españoles tienen que abandonar después de repetidos contrastes. Fundación de la ciudad de San Luis en la provincia de Cuyo. 5. Llegan a Chile otros refuerzos enviados por el virrey del Perú, pero son insuficientes para renovar la guerra; y los vecinos de Santiago se niegan a socorrer al gobernador. 6. Sale Óñez de Loyola de la Imperial para socorrer a Angol; es derrotado y muerto en Curalava.

1. Establecimiento de los jesuitas en Chile: milagros que se contaban acerca de su viaje

En vez de los auxilios de tropas que Óñez de Loyola reclamaba con tanta insistencia para adelantar la guerra araucana, el reino de Chile había recibido por estos años dos nuevas órdenes religiosas: los jesuitas y los agustinos. Los primeros de estos, de institución reciente, debían ejercer en breve una preponderante influencia en el gobierno de todas las colonias del rey de España, y un predominio casi absoluto en estas nuevas asociaciones. Estamos por esto en el deber de referir con algunos pormenores la historia de su establecimiento en Chile para que se comprendan mejor las causas de su rápido desarrollo y del poder inmenso de que se vieron revestidos antes de mucho tiempo.

Según los historiadores de la Compañía de Jesús, su arribo a Chile y la fundación de sus primeras casas de residencia fueron la obra de una serie no interrumpida de portentosos milagros que debían tener un prestigio irresistible en la imaginación supersticiosa de los soldados españoles de esa época. Una señora española llamada doña Catalina de Miranda, que había venido a Chile en compañía de la esposa de Pedro de Valdivia y que, ya muy anciana, vivía en Santiago a fines del siglo XVI, contaba, llena de unción, que en Sevilla había visto a san Francisco de Borja, poco más tarde general de los jesuitas, con el rostro circundado por una aureola de luz sobrenatural; que desde entonces se sintió embargada por este recuerdo, y que, al fin, doce años antes del arribo de los jesuitas a Chile, el cielo se dignó revelarle que no moriría sin ver a esos religiosos establecidos en este reino.[280] Felipe II, que atribuía a los jesuitas un poder maravilloso para la conversión de los infieles y la extirpación de las herejías, dispuso, por cédula de 11 de febrero de 1579, que pasasen a Chile algunos padres; pero esto no pudo conseguirse entonces por «trazas del infierno, dice uno de los más graves historiadores de la orden, que, presintiendo temeroso cuán cruda guerra habían de publicar contra sus huestes en Chile los invictos soldados de esta compañía, se ingeniaba por mil modos para estorbar que no fijasen la planta victoriosa en aquel país, donde han conseguido tan esclarecidos trofeos del abismo».[281]

Pero este pretendido triunfo del infierno no fue de larga duración. En 1590 el padre Juan Román obtenía de Felipe II tres nuevas cédulas,[282] por las cuales se le debían suministrar los recursos necesarios para pasar a Chile con siete jesuitas. Acatando este mandato, el virrey del Perú, de acuerdo con el superior de los jesuitas de Lima, aprobó, sin embargo, la elección de otros seis religiosos y de dos hermanos coadjutores que se creían más adecuados para esta empresa. Dos de aquellos, ordenados hacía poco en el Perú, eran chilenos de nacimiento, y como todos los hijos de españoles de este país, hablaban corrientemente la lengua de los indígenas, lo que los hacía aptos para la predicación. Se dio el cargo de jefe de esta colonia al padre Baltasar de Piñas, anciano catalán de más de setenta años, que había conocido personalmente a san Ignacio de Loyola, que en 1555 había sido uno de los jesuitas arrojados a pedradas de Zaragoza por el pueblo amotinado, y que en Europa y en América había desplegado un

---

[280] Padre Luis de Valdivia en la vida del padre Juan Suárez inserta en el tomo III de las *Vidas ejemplares de algunos claros varones de la compañía de Jesús*, del padre Juan Eusebio Nieremberg, Madrid, 1636, pág. 683. Padre Álvaro Cienfuegos, La *heroica vida, virtudes y milagros del grande San Francisco de Borja*, Madrid, 1702, lib. IV, capítulo 12. El padre Diego de Rosales, cuenta, además, que el arribo de los jesuitas a Chile fue revelado por Dios a una india que se había hecho monja. Véase la *Historia general del reino de Chile*, lib. V, capítulo 2.

[281] Padre Pedro Lozano, *Historia de la compañía de Jesús de la provincia del Paraguay*, Madrid, 1754, lib. II, capítulo I, núm. 2.

[282] Cédulas de 12 y 19 de septiembre y 3 de octubre de 1590.

celo ardoroso por la propagación de la orden.[283] Los ocho jesuitas zarparon del Callao el 9 de febrero de 1593.

Era aquélla la época del año más favorable para semejante navegación. Los historiadores de la orden refieren, sin embargo, que el demonio, presintiendo «la guerra que los padres le iban a declarar si soldados tan valientes y esforzados llegaban a Chile», suscitó la más violenta tempestad que hasta entonces se hubiera visto en aquellos mares. Cuando el barco estaba a punto de perecer, los padres sacaron una reliquia del apóstol san Matías, «y lanzándola al mar, fue lo mismo sentir las aguas su contacto que abatir su orgullo, y suceder la más serena bonanza en vez de la borrasca más deshecha».[284] Poco después escasearon los víveres a tal punto que los viajeros no tenían más alimento que algunas costras de bizcocho; pero el padre Piñas se retiró a la cámara, tuvo un momento de oración, y luego acudió en torno de la nave un cardumen tal de peces, y era tanta la mansedumbre con que estos se dejaban tomar, que fue fácil hacer una abundantísima provisión para el resto del viaje.[285]

Después de treinta y nueve días de navegación, los jesuitas llegaban a La Serena, el 12 de marzo, y aquí daban principio a sus trabajos y predicaciones, y operaban un nuevo prodigio. «Alojaron a los padres, dice uno de sus historiadores, en una casa desierta que hacía años que nadie se atrevía a ser su inquilino por los horribles espantos y tremendas visiones con que el demonio atemorizaba a cuantos entraban en ella. Al principio experimentaron los padres muchos de aquellos efectos; pero no hicieron caso ni se acobardaron. Acudieron a Dios con sus fervorosas oraciones para librar aquella casa y toda la ciudad de tan malas bestias, conjurándolos con los exorcismos de la iglesia; y los infernales

---

283 Además de las noticias que acerca de este religioso se hallan en las historias de la Compañía, pueden consultarse sus biografías especiales en las tres obras siguientes: padre Anello Oliva (napolitano), Catálogo de algunos varones ilustres en santidad en la provincia del Perú de la compañía de Jesús, Sevilla, 1632, fol. 15; padre Juan Eusebio Nieremberg, obra citada, pág. 687 y padre Lozano, obra y libro citados, donde destina dos extensos capítulos, 8 y 9, a referir la vida completa del padre Piñas.

284 Padre Lozano, obra citada, lib. II, capítulo I, núm. 9. Padre Miguel de Olivares, *Historia de los jesuitas en Chile*, capítulo 1, § 3. Los jesuitas traían consigo otras reliquias que debieron producir en Chile una gran impresión. Una de ellas era, según contaban, la cabeza de una de las once mil vírgenes, a la cual hicieron un relicario de plata en forma de castillo, refiere el padre Alonso de Ovalle en el capítulo 5 del lib. VIII de su *Histórica relación del reino de Chile*, Roma, 1646.

285 Lozano, obra y lugar citados.

espíritus obedecieron al imperio de los ministros del evangelio, dejando libre la casa y la ciudad.»[286]

Estos milagros, que en nuestro tiempo hacen asomar la risa a los labios, eran generalmente creídos en el siglo XVI. La gran mayoría de los españoles de ese siglo vivía por la imaginación en un mundo singular, en que todo se resolvía por medio de prodigios maravillosos. Así, pues, la noticia del arribo de los jesuitas a La Serena, y la fama de los milagros que operaban, produjo en Santiago la más viva satisfacción. Del poder sobrenatural que se atribuía a esos religiosos, debía esperarse la cesación de todos los males horribles que afligían a la colonia, de la guerra interminable del sur y de la miseria general del país. Así se comprende que los vecinos de Santiago hicieran grandes preparativos para acoger a los jesuitas con un recibimiento digno de los beneficios que esperaban de su presencia.

Los padres evitaron, sin embargo, el aparatoso recibimiento con que se les aguardaba. Hicieron su entrada a la ciudad al amanecer del día 12 de abril, y fueron a hospedarse al convento de los padres dominicanos. Visitados allí por los vecinos más importantes de Santiago, los jesuitas manifestaron su propósito de dar misiones en todas partes, pero sin tener una residencia fija. Esta resolución excitó el celo de las gentes. Juntáronse inmediatamente erogaciones pecuniarias bien superiores a lo que podía esperarse de la pobreza del país, y con ellas se compraron, a una cuadra de la plaza principal, dos espaciosos solares que habían sido de Rodrigo de Quiroga, y se dio principio a la construcción de la iglesia y de la primera residencia de los recién llegados.

Cuentan los historiadores de la orden que aquellos primeros jesuitas hallaron a los pobladores de Chile en el estado más lastimoso de desmoralización. «Este famoso reino, dice uno de ellos, se hallaba tan inculto y lleno de malezas en lo moral, que solo se conocía el vicio, y no se sabía de qué color era la virtud.» La lascivia, la codicia y el orgullo estaban triunfantes. «Veíase, añade, el vicio aplaudido y la virtud despreciada.»[287] Aquella relajación de costumbres en una sociedad en que imperaba el más exaltado fanatismo religioso, en que el

---

286 Padre Olivares, obra y lugar citados. El padre Lozano cuenta igualmente este milagro al terminar el capítulo 1 del lib. II de su obra.
287 Olivares, obra y capítulo citados, § 5. El cuadro del estado de Chile en aquella época que ha trazado el historiador de los jesuitas es muy poco lisonjero para los eclesiásticos seculares y regulares que entonces había en el país.

clero gozaba de un prestigio ilimitado, y en que se explicaban como milagros prodigiosos los sucesos más ordinarios, revelaba que la religión, tal como la entendían y como la practicaban los conquistadores, era un pobre elemento de civilización. Los jesuitas, sin embargo, se explicaron de una manera muy diferente las causas de aquella desmoralización. El sencillo historiador, cuyas palabras acabamos de citar, dice que entonces las gentes no se confesaban más que una vez al año, por semana santa; y que, además, faltaban los predicadores a punto de que era preciso pagar 100 pesos por un sermón. Para remediar ese estado de cosas, los padres jesuitas instituyeron numerosas cofradías, inventaron fiestas y procesiones casi para cada día; pero el resultado de sus trabajos no correspondió más que en parte a sus propósitos. Como tendremos ocasión de verlo más adelante, desde entonces se repitieron sin cesar las invenciones más absurdas de milagros, se multiplicaron las funciones religiosas, la Compañía de Jesús comenzó a amontonar riquezas inmensas, pero la moralidad pública no ganó nada con tales innovaciones.

2. Arribo de los padres agustinos y su establecimiento en Santiago

La introducción de los religiosos de la orden de san Agustín tuvo lugar poco más tarde, y fue también acompañada de historias de prodigios. Contábase que algunos años antes se había visto en la casa del capitán Francisco de Riberos a Jesús Nazareno, vestido con el traje de fraile agustino; que en la misma casa se había hallado una efigie de bulto de aquel santo y una bandada de cuervos negros, aves que nunca se habían visto en el país, y que demostraban que ese sitio estaba destinado para convento. En efecto, estos antecedentes sirvieron para que los propietarios cedieran más tarde la casa a los primeros religiosos que llegaron a Chile. Como se ve, a fines del siglo XVI hubo una recrudescencia de superstición que se manifestaba por el crédito con que eran acogidas estas absurdas invenciones.

En enero de 1595 salieron del Callao tres religiosos agustinos, que venían a Chile a fundar su primer convento bajo la dirección de fray Cristóbal de Vera. En Santiago se les dio un espacioso solar en el barrio de la Cañada; pero luego la donación del capitán Riberos, de que hemos hablado más arriba, les permitió levantar una iglesia modestísima y establecer su residencia en la calle principal de la ciudad, a dos cuadras de distancia de la plaza mayor. Apenas instalados en aquel lugar, una catástrofe inesperada puso en gran conflicto a esos religiosos. En la noche del 12 de diciembre de 1595, el fuego destruyó la mayor parte de los nuevos edificios, que debían ser puramente provisorios. A no caber duda, el incendio era intencional. En la enmaderación de un departamento del edificio, que se salvó de las llamas, se hallaron manojos de astillas embreadas, sujetos con pajuelas y colocados convenientemente para propagar el fuego. Las sospechas recaían sobre los religiosos franciscanos, que se llevaban mal con los agustinos; pero desde que se trató de instruir un proceso, fue imposible llegar al esclarecimiento de la verdad. Cuando se quiso tomar declaraciones a los presuntos culpables, el provincial de los franciscanos, fray Antonio de Olivares, sostuvo que solo él podía ser juez de los frailes de su orden. El corregidor de Santiago, capitán Nicolás de Quiroga, y el provisor del obispado, licenciado Melchor Calderón, que era a la vez canónigo tesorero de la catedral, parecían interesados en acallar aquel proceso escandaloso, lo que dio lugar a que se les creyera cómplices o encubridores del crimen. El cronista de los padres agustinos ha referido a este respecto que una efigie del santo fundador que salvó milagrosamente de las llamas, fijó sus ojos airados sobre aquellos dos altos funcionarios.[288] Todo fue inútil, sin embargo: los autores del incendio quedaron impunes, y, sobre todo, amparados ante la opinión por el empeño que se había puesto en echar un velo sobre todo aquello.

Este ruidoso acontecimiento y el empeño que se puso en ocultar a los culpables, fueron ineficaces para desprestigiar a la nueva orden. Los padres agustinos conservaron, a pesar de todo, su valimiento en Santiago y, luego, pudieron establecer nuevas casas de residencia en otras ciudades del reino. Más aún; el 10 de septiembre de 1596, el cabildo eclesiástico, que gobernaba la diócesis en sede vacante por muerte del obispo Medellín, celebraba en la catedral una aparatosa reunión con el cabildo civil, y ambos acordaban declarar al patriarca san Agustín por abogado contra la langosta, constituir en día festivo su aniversario dentro de la ciudad, y fijar las procesiones y fiestas que debían hacérsele.[289] En

---

288 Fray Bernardo de Torres, *Crónica de la provincia peruana del orden de ermitaños de San Agustín*, Lima, 1654, lib. I, capítulo 6. El padre Torres envuelve su relación en cierto misterio que no permite descubrir cuál fue la orden religiosa complicada en el incendio del primer convento de los agustinos; pero he podido tener a la vista y originales, muchas de las piezas del proceso iniciado en 1596 para descubrir a los autores de aquel crimen.

289 Se ha perdido el libro de acuerdos del cabildo de Santiago correspondiente a los años de 1596-1601; pero he tenido a la vista una copia contemporánea de esta acta, autorizada

esa misma época, los padres agustinos levantaban una información legal para dejar probado que en el incendio del convento había habido milagro, por cuanto el fuego había respetado el lugar en que se hallaban las efigies de los santos. La fama de este milagro realzó el crédito de los agustinos, y favoreció los legados y donaciones que los piadosos habitantes de Chile hicieron poco más tarde a los religiosos agustinos.[290]

3. Óñez de Loyola pide en vano socorros de tropas al marqués de Cañete: el sucesor de éste le envía una pequeña columna de auxiliares

Mientras los pobladores de Santiago vivían preocupados con esta repetición de milagros y de prodigios, Óñez de Loyola sostenía en el sur la guerra contra los indios araucanos bajo las peores condiciones. A pesar de la debilidad de sus fuerzas, fundó una pequeña fortaleza en la ribera norte del Biobío a que dio el nombre de Jesús, y en los primeros meses de 1595 resolvió expedicionar el distrito de Tucapel para destruir los sembrados de los indios de guerra. Con este objetivo partió de Santa Cruz a la cabeza de setenta soldados. Era de temerse que los araucanos cayesen sobre esta nueva ciudad, que quedaba desguarnecida. El gobernador, en vista de este peligro, mandó que el corregidor de Chillán, Juan Guirao, acudiese con los vecinos encomenderos de ese distrito a defender Santa Cruz durante los quince días que debía durar la campaña. Pero esta orden fue el origen de una escandalosa desobediencia, declarada con la más insólita arrogancia, con las armas en la mano y con amenazas que hacían desaparecer todo respeto.[291] Por fortuna, los indios que entonces no eran vigorosamente atacados por los españoles, se mantenían más o menos tranquilos, sin comprender que las circunstancias les eran favorables para tentar una campaña enérgica y resuelta.

En esos momentos habían desaparecido los temores que inspiraba el año anterior la presencia de los corsarios en estos mares. Todo hacía creer que el

---

por el escribano de cabildo Ginés de Toro Mazote.
290 Conservo en mi poder algunas de las piezas del expediente seguido por el padre presentado fray Diego de Castro para probar la autenticidad del milagro de que se habla en el texto.
291 Representación inédita del sargento mayor Olaverría al virrey del Perú y a la audiencia de Lima en agosto de 1595.

virrey del Perú, libre de inquietudes por este lado, se hallaría en situación de enviar a Chile los socorros que se le habían pedido con tanta urgencia y que cada día eran más indispensables. En junio de 1595, Óñez de Loyola despachó de nuevo al Perú al sargento mayor Olaverría provisto de los más amplios poderes. Para obtener los auxilios que necesitaba el reino de Chile, Olaverría debía gestionar ante el virrey y ante la Real Audiencia; y en caso de denegación a su demanda, estaba facultado para dirigirse a España y dar cuenta al rey de estas ocurrencias.

Olaverría se hallaba en Lima en los primeros días de agosto, e inmediatamente inició sus trabajos dirigiendo sus representaciones a la Real Audiencia. Atribuyendo la tranquilidad relativa de los araucanos a efecto de la pericia militar de Óñez de Loyola, exponía en sus memoriales que este gobernador, aunque contando con mucho menos recursos que sus predecesores, había obtenido los más favorables resultados y que llevaría la guerra a una terminación segura y definitiva si se le enviaban los socorros que exigía. Reclamaba, en consecuencia, que le diesen «300 soldados para que suplan la falta de los vecinos y encomenderos, 12.000 pesos de plata ensayada para comprar bastimentos en cada un año, y, sobre todo, 100.000 pesos para socorrer el año que viene la gente de guerra, la cual de hoy en cuatro meses estará desnuda y necesitada». En los memoriales subsiguientes, Olaverría pidió, además, al virrey la suspensión de las ordenanzas que prohibían al gobernador de Chile el hacer servir en la guerra a los vecinos encomenderos y moradores de todo el reino.

Pero estas reclamaciones, por justas y fundadas que pareciesen, iban a estrellarse contra la obstinada desconfianza del virrey respecto de las aptitudes del gobernador de Chile, contra su profunda convicción de que la guerra de este país era mal dirigida y, sobre todo, contra su resolución inflexible de limitar cuanto le fuese dable los gastos del tesoro real. Después de imponerse de las repetidas representaciones de Olaverría, el marqués de Cañete resolvió, con fecha de 4 de septiembre, «que atento a las causas referidas, y a lo que Su Majestad tiene ordenado y mandado a su señoría, está con resolución de enviar 400 hombres armados y pertrechados de bastimentos y las municiones necesarias que son con los que se entiende se acabará aquella guerra en el estado que está. Y porque tiene entendido que estos 400 hombres se levantarán con más facilidad y a menos costa de Su Majestad en Tierra Firme que en este reino, enviará capitanes a aquella tierra para que los levanten y traigan en los navíos de Su Majestad, de manera que puedan estar en el reino de Chile por San Juan del año que viene de 96; y con esto se podrá excusar la vejación y molestia que reciben los vecinos con los apercibimientos ordinarios. Y en los demás dineros y cosas que pide, está su señoría aguardando respuesta de Su Majestad en lo que sobre esto le tiene consultado». Los repetidos esfuerzos de Olavarría para tener una resolución más eficaz y un socorro más pronto, fueron enteramente infructuosos.[292]

Todo hace creer que el virrey marqués de Cañete no pensó nunca en socorrer a Chile con los refuerzos que prometía en aquella provisión. Sintiéndose viejo y enfermo, y deseando volver a España a atender sus intereses particulares que por entonces no se hallaban en buen estado, y a solicitar en la Corte el premio de sus servicios, había pedido con instancias al rey que lo relevase del gobierno del Perú. Felipe II, por cédula de 10 de marzo de 1595, había accedido a su demanda, y nombrado en su reemplazo a don Luis de Velasco, que a la sazón desempeñaba el virreinato de Nueva España. Cuando el marqués de Cañete ofrecía socorrer a Chile, tenía ya conocimiento de la resolución del rey, y sabía que su sucesor debía llegar en breve al Perú. Así, pues, no tomó las medidas convenientes para formar la columna de auxiliares que tenía ofrecida, y se alejó de Lima en mayo de 1596 dejando al virrey Velasco el encargo de entender en estos negocios.[293]

---

[292] En 1598, Óñez de Loyola envió a España todos los documentos relativos a estas peticiones de socorros, y se conservan inéditos en el Archivo de Indias. El sargento mayor Miguel de Olaverría no volvió más a Chile. Siguió su viaje a España, y allí tomó con empeño la defensa de Óñez de Loyola. Fue entonces, por los años de 1599, cuando escribió su importante informe sobre las cosas de Chile que se conserva original en el Archivo de Indias, y que fue publicado por don Claudio Gay en el II tomo de *Documentos* que acompañan a su historia. Por el caudal de noticias, por la seriedad de propósitos del autor, y hasta por el arte literario, ese informe es una pieza capital para estudiar los primeros años de nuestra historia. Miguel de Olaverría que, a no caber duda, era un hombre inteligente y observador, había llegado a Chile con don Alonso de Sotomayor, y tuvo, por tanto, tiempo para conocer bien el país y para recoger datos seguros acerca de su historia anterior.

[293] El marqués de Cañete, cuando iba de partida, encontró en Paita a su sucesor, y allí lo impuso del estado de las cosas de Chile y de la dificultad que había en el Perú para levantar gente con que socorrer ese país. Sin embargo, el primer cuidado de Velasco al llegar a Lima fue disponer que se organizase la columna auxiliar de que hablaremos más adelante. Constan estos hechos de una carta inédita del virrey Velasco al gobernador Óñez de Loyola, escrita en el Callao en 11 de octubre de 1596.

El nuevo virrey se recibió del mando el 24 de julio de 1596. Impuesto de la azarosa situación en que se hallaba el reino de Chile, mandó inmediatamente levantar una columna de tropas auxiliares cuyo mando confió a su propio sobrino don Gabriel de Castilla, mancebo de pocos años que merecía todo el afecto del virrey.[294] Pero cuando se levantó la bandera de enganche, y cuando el tambor llamaba a los voluntarios, las gentes abandonaban los pueblos huyendo del servicio militar, y sobre todo negándose a servir en un país cuya guerra de cerca de medio siglo, infundía por todas partes el desaliento y el terror. Los agentes del virrey se vieron en la necesidad de pagar adelantados a cada soldado 150 pesos, y a prometerles con toda seriedad que el término de servicio no duraría más que un año. Aun así, solo fue posible reunir 215 hombres, muchos de los cuales eran muchachos inútiles todavía para el servicio militar.[295] Esa columna partía del Callao el 11 de octubre con el propósito de alcanzar a servir en la campaña que debía emprenderse en Chile el verano próximo.

4. Nueva campaña de Óñez de Loyola contra los araucanos; establecimiento de un fuerte en Purén que los españoles tienen que abandonar después de repetidos contrastes. Fundación de la ciudad de San Luis en la provincia de Cuyo

En efecto, un mes más tarde llegaban a Valparaíso esas tropas y se trasladaban enseguida a Santiago para terminar su equipo militar. Óñez de Loyola se había lisonjeado de que en esta ocasión los vecinos de la capital harían un esfuerzo para ayudarlo con algunos auxiliares, con caballos y con armas para abrir la próxima campaña. Un agente suyo, el capitán Miguel de Silva, había

---

[294] El 3 de abril de 1603, el factor de la real hacienda del Perú formulaba cargos contra el virrey Velasco por los sueldos considerables pagados por el desempeño de estas comisiones a su pariente don Gabriel de Castilla, del cual dice «que sería de edad de dieciocho años». Véanse los documentos publicados en el tomo 52 de la *Colección de documentos inéditos para la historia de España*, págs. 484 y 531.

[295] Algunos cronistas que escribieron sobre estos sucesos con completo desconocimiento de los documentos, han llegado a asentar que este socorro era compuesto de 700 hombres, error que, como infinitos otros del mismo origen, se encuentra repetido en la *Historia de Chile* de Gay. Véase el tomo II, pág. 236. La cifra que nosotros damos en el texto es la misma que consigna la carta citada del virrey Velasco a Óñez de Loyola. Este último, dando cuenta al rey en marzo de 1597 de los sucesos de la guerra, le dice que aquel refuerzo era de 200 hombres, «aunque la mitad de ellos sin provecho por ser muy muchachos y desarmados».

llegado a Santiago a reclamar estos socorros; pero encontró en casi todos los habitantes la más obstinada resistencia a abandonar sus casas y a contribuir a los gastos de la guerra. Solo unos pocos de ellos se prestaron a acudir al llamamiento del gobernador. Reuniéronse, sin embargo, algunas provisiones, en parte compradas con los dineros del tesoro real y, en parte, recogidas por vía de donativo. El mismo gobernador, impuesto de estas dificultades, mandó suspender esos trabajos, pidiendo que para el año siguiente los vecinos de Santiago le prestasen un apoyo más eficaz para continuar la guerra.[296]

El 10 de enero de 1597 se hallaban reunidos en Quinel, a corta distancia de Chillán, los auxiliares que acababan de llegar del Perú, los pocos voluntarios que salieron de Santiago, y un cuerpo regular de indios amigos. Óñez de Loyola les pasó revista, reconoció al capitán don Gabriel de Castilla en el rango de maestre de campo, y enseguida emprendió la marcha al sur para ocupar las ciénagas de Lumaco y de Purén en donde se hacían fuertes los araucanos, ejecutando, además, frecuentes correrías con que inquietaban alternativamente a los pobladores de Angol y de la Imperial. Las tropas españolas constaban de solo 300 soldados; pero esas fuerzas bastaron para desbaratar a los indios en numerosos encuentros. Óñez de Loyola levantó en Purén un fuerte a que dio el nombre de San Salvador de Coya. Durante muchos días, aquellos alrededores fueron el teatro de una guerra incesante y obstinada. Aprovechándose de la ausencia del gobernador con una parte de sus tropas, los indios sitiaron esa fortaleza, pero sus defensores resistieron resueltamente, y dieron tiempo a que Óñez de Loyola acudiera en su auxilio. Los bárbaros fueron al fin puestos en derrota, de tal suerte que al terminarse el verano, en el mes de marzo, la comarca parecía momentáneamente pacificada.[297]

Sin duda, el gobernador Óñez de Loyola debió hacerse esta ilusión. Creía, sin embargo que el sometimiento de los araucanos no sería definitivo sino cuando, contando con un número mayor de tropas, pudiese fundar una ciudad en el sitio en que había levantado el fuerte de San Salvador y, sobre todo, cuando repoblase la ciudad que había existido en años atrás en la región de Tucapel. Para conseguir este resultado, determinó enviar al Perú al maestre de campo don Gabriel de Castilla a pedir nuevos auxilios al virrey, y redobló sus instancias

---
296 Carta del cabildo de Santiago al gobernador, de 5 de enero de 1597.
297 Carta inédita de Óñez de Loyola al rey, conservada en el Archivo de Indias sin fecha, pero cuyo tenor revela que fue escrita en marzo del 1597.

a la ciudad de Santiago a fin de que el verano próximo contribuyese con un contingente regular para proseguir la guerra. Sus ilusiones debieron fortificarse con los avisos que le daban los españoles del fuerte de Arauco. Comunicaban estos que los indios de Tucapel, cansados de tan largas guerras, y escarmentados por sus derrotas y por las miserias que sufrían, estaban dispuestos a dar la paz. Engañado por estas promesas, el gobernador resolvió trasladarse a esos lugares en los primeros días de abril (1597) para tocar en breve un doloroso desengaño. A pesar de las primeras lluvias del invierno, que en ese año fueron formidables, atravesó la cordillera de Nahuelbuta, y llegó hasta la plaza de Arauco. Mientras se ocupaba allí en reunir a los caciques comarcanos para tratar de la paz, los indios de Purén volvían a tomar las armas, trababan repetidos combates contra los defensores del fuerte de San Salvador y ponían a estos a punto de sucumbir. La situación de los españoles en aquellos lugares comenzaba a hacerse insostenible, teniendo que mantener una guerra porfiada cuando las lluvias torrentosas de un invierno excepcional habían aumentado las aguas de los ríos y hecho intransitables los campos.

Óñez de Loyola, sin embargo, conservó su completa energía. Sin arredrarse por los peligros de toda clase que lo rodeaban, marchó resueltamente en socorro del fuerte amenazado, cuyos defensores eran en su mayor parte soldados novicios y bisoños que no podían inspirar mucha confianza. Trasmontando de nuevo la cordillera de la Costa en la estación más desfavorable, pasando ríos torrentosos a vado o en balsas según las ocasiones, y a veces a nado, llegó al fuerte de San Salvador en los momentos en que era más necesaria su presencia. Los indios, con una habilidad bien superior a lo que podía esperarse de su estado de barbarie, habían comenzado a desviar la corriente del río de Lumaco para anegar el sitio en que estaban establecidos los españoles. Fue necesario abandonar ese lugar, y construir en otro vecino unas palizadas detrás de las cuales se levantaron galpones y ranchos de paja para resguardo de la tropa y para encerrar las municiones.

Estos trabajos imponían a aquellos soldados sufrimientos y fatigas que casi es imposible describir. El invierno de 1597, como hemos dicho, fue excepcionalmente lluvioso. En todo el territorio, la crecida extraordinaria de los ríos causó daños de la mayor consideración. En Santiago, el Mapocho salió de madre, inundó las calles de la ciudad, destruyó muchas casas y heredades y causó la muerte de un número considerable de personas. En las provincias del sur, como sucede siempre en Chile, las lluvias fueron todavía más abundantes. Óñez de Loyola y sus compañeros estaban obligados a trabajar las palizadas y ranchos en medio de tempestades deshechas, y pisando sobre el agua y el fango, sin tener abrigo ni de día ni de noche. El gobernador contrajo una inflamación a la vista que lo puso a punto de perder el ojo derecho. Las dificultades para comunicarse con las ciudades de Angol y de la Imperial, y para hacer llegar los víveres más indispensables para el mantenimiento de aquella guarnición, habrían sido invencibles para hombres menos enérgicos que aquellos resueltos soldados.

PERSONAJES NOTABLES (1578-1598)

1 Yo el rey (Felipe II) 2 Pedro Sarmiento de Gamboa 3 Martín García Óñez de Loyola 4 Licenciado Pedro de Vizcarra 5 Fray Cristóbal Núñez

Cinco meses resistieron en ese lugar. En septiembre se hallaban estrechamente sitiados por los indios, pero se defendían sin descanso. Una mañana, Óñez de Loyola había hecho salir setenta soldados a batir en las cercanías un cuerpo enemigo. Después de perder ocho hombres, volvían rechazados por los bárbaros, cuando estalló un violento incendio en los ranchos y galpones de los españoles. El fuego era un accidente del todo casual, motivado por el descuido de un muchacho; pero produjo una gran alarma y dio lugar a la más espantosa y desordenada confusión. Los españoles perdieron muchos de sus caballos y una buena parte de sus provisiones; y se vieron forzados a abandonar el sitio que ocupaban, y a replegarse a Angol. Pero aquel incendio y esta retirada fueron causa de que la insurrección de los indios tomase mucho mayor cuerpo. En efecto, durante la primavera, los bárbaros se mantuvieron sobre las armas haciendo correrías en toda aquella comarca, e inquietando a los indios que servían de auxiliares a los españoles. El capitán Miguel de Silva, que defendía la plaza de Arauco, desplegó en esa ocasión tanta sagacidad para penetrar los proyectos de los enemigos como audacia para combatirlos.[298]

---

298 Óñez de Loyola ha consignado todos estos hechos en una extensa carta dirigida al rey desde Concepción con fecha de 17 de enero de 1598. La correspondencia de este gobernador es muy copiosa, y contiene un abundante caudal de noticias; pero están expuestas

Aun en medio de las angustias producidas por aquel estado de cosas y, sobre todo, por la escasez de gente, los españoles que poblaban la gobernación de Chile, persistían en la antigua costumbre de esparcirse en una vasta extensión de territorio y de fundar nuevas ciudades. Bajo el gobierno de Óñez de Loyola, el año de 1596, según el mayor número de los cronistas, fue fundada en la región de Cuyo, al otro lado de los Andes, la ciudad de San Luis, condenada por su alejamiento y por su escasez de pobladores, a llevar por largos años una existencia oscura y miserable. Aunque se le dio el nombre de San Luis de Loyola, en honor del gobernador de Chile, seguramente su fundación fue la obra exclusiva de los vecinos de Mendoza, estimulados por la esperanza de beneficiar los terrenos auríferos que existían en aquellos lugares.[299]

---

sin método ni orden, en forma poco concreta, con gran redundancia de palabras, y sin aquella claridad que ha hecho justamente célebre la correspondencia de Pedro de Valdivia, el primer gobernador de Chile.

299 Los cronistas colocan en esta misma época o, más propiamente, en el año de 1596, la fundación de la tercera ciudad de la provincia de Cuyo, a la cual se dio el nombre de San Luis de Loyola, llegando a asentar algunos que el gobernador de Chile destinó a este objeto una parte de las tropas que trajo del Perú don Gabriel de Castilla, pero sin indicar quién fue el encargado de esta fundación ni el día de la fecha en que tuvo lugar. Los documentos contemporáneos que he tenido a la vista no mencionan este hecho; y, aun, por su espíritu se deja ver que no es posible que Óñez de Loyola se desprendiera de una porción de sus tropas, por pequeña que fuese, para destinarla a esta lejana y entonces poco útil fundación. Sin embargo, es indudable que la ciudad de San Luis fue fundada bajo el gobierno de Óñez de Loyola, y que recibió el nombre de éste. Así lo dicen expresamente el maestre de campo, Alonso González de Nájera, *Desengaño y reparo de la guerra de Chile*, página 44, que estuvo allí el año de 1600, cuando venía de España; y el sargento mayor Miguel de Olaverría en el valioso informe que acerca del reino de Chile escribió por los años de 1599.

Me inclino a creer que la fundación de la ciudad de San Luis fue la obra exclusiva de los vecinos de Mendoza, sin intervención directa de las autoridades de este otro lado de la cordillera, lo que explicaría el silencio que a este respecto guardan los documentos. Quizá en su origen esa ciudad fue un asiento para explotar los lavaderos de oro que por algún tiempo dieron renombre a ese lugar. Por lo demás, el pueblo de San Luis no solo era sumamente pobre sino que, durante muchos años, fue casi del todo desconocido. El obispo Lizárraga, que escribía en 1605 la descripción histórico-geográfica de Chile, que hemos citado tantas veces, no lo nombra siquiera en los capítulos 69 y 70 que destina a describir la provincia de Chile. El mismo silencio guarda el cronista Antonio de Herrera en el capítulo 22 de su Descripción de las Indias, escrita en 1601 con conocimiento más o menos completo de toda la geografía americana de esa época.

5. Llegan a Chile otros refuerzos enviados por el virrey del Perú, pero son insuficientes para renovar la guerra; y los vecinos de Santiago se niegan a socorrer al gobernador

El gobernador quedaba aguardando los nuevos refuerzos que había pedido al Perú. En efecto, en 23 de abril de 1597, llegaba a Lima el maestre de campo don Gabriel de Castilla a dar cuenta al virrey de los graves sucesos de Chile y a reclamar el envío de otros socorros.[300] Las noticias que éste llevaba no eran muy aparentes para estimular el entusiasmo de las gentes incitándolas a venir a este país. Sin embargo, el virrey mandó el 7 de junio, que se publicase al son de pífanos y tambores un bando solemne, por el cual se abría un nuevo enganche de voluntarios para socorrer a Chile. Ofrecía allí que a cada soldado se le pagarían en el acto del enganche 150 pesos de a 9 reales de plata, si no tuviese armas; pero que esta prima sería de 200 pesos para los que se presentasen provistos, a sus propias expensas, de arcabuz y de cota. El virrey aseguraba que los que quisieran engancharse bajo tales condiciones, no estarían obligados al servicio militar más que durante un año cabal, al cabo de cuyo tiempo quedarían libres de dejar las armas y volverse al Perú. A pesar de tan ventajosas condiciones, después de cerca de tres meses de diligencias, solo alcanzaron a reunirse 140 hombres, y de ellos había cerca de cincuenta inútiles para el servicio militar por su corta edad. Todos ellos fueron provistos de arcabuces; pero no pudieron hallarse cotas más que para una parte de la columna. El virrey, además, suministró en esta ocasión veinte botijas de pólvora, cuatro piezas de artillería y siete mosquetes, arma de fuego que entonces comenzaba a reemplazar a los arcabuces, y que era superior a estos por su mayor precisión y por su mayor calibre. Don Gabriel de Castilla salió del Callao con estos auxilios el día 9 de octubre, y llegaba a Valparaíso el 1 de noviembre, después de veintidós días de navegación.[301]

En previsión del arribo de este socorro, y pensando siempre en abrir contra los araucanos una campaña más decisiva el verano siguiente, el gobernador Óñez de Loyola había reclamado de los vecinos de Santiago que le prestasen los auxilios prometidos de hombres y de caballos. El mismo maestre de campo, don Gabriel de Castilla, había traído del Perú una provisión del virrey en que,

---
300 Carta inédita de don Luis de Velasco al rey, Lima 23 de abril de 1597.
301 Bando del virrey Velasco, de 7 de junio de 1597. Ms. Carta de don Gabriel de Castilla al presidente Óñez de Loyola, escrita en Valparaíso el 1 de noviembre del mismo año.

revocando las ordenanzas anteriores, disponía que los vecinos de las ciudades de Chile acudieran a la guerra en la forma usada en los años pasados. Pero la prolongación de la lucha había fatigado ya a todo el mundo. En Santiago se renovaron las resistencias con tanta resolución que los agentes del gobernador no pudieron conseguir más que algunos caballos, casi todos inútiles para el servicio, y apenas lograron determinar a unos pocos individuos a salir a campaña. Después de inútiles diligencias para engrosar su columna y para reunir los elementos más indispensables para la guerra, el maestre de campo partía para el sur en los últimos días de 1597 casi sin llevar más contingente que los soldados que acababan de llegar del Perú.

Privado de los recursos que esperaba y que le eran indispensables para abrir una campaña eficaz, el gobernador permanecía en las ciudades del sur reducido a la más absoluta inacción. Venciendo no pocas dificultades y apelando a todo género de halagos y promesas, había conseguido que los soldados enganchados en Lima en 1597 para servir solo un año, consintiesen en seguir sirviendo algún tiempo más. Esas fuerzas, sin embargo, eran insuficientes para tomar la ofensiva. Tres años antes había resuelto pedir auxilios al rey de España; y al efecto había enviado a la Corte a su secretario Domingo de Eraso, que era persona de toda su confianza. En el capítulo anterior hemos referido cuán ineficaces habían sido las gestiones de éste para obtener esos socorros. El gobernador, impuesto solo de los retardos que Eraso había sufrido en su viaje, le repitió con nueva instancia sus instrucciones y sus encargos, acompañando extensas relaciones de los sucesos de Chile que debían ser presentadas al rey. A las noticias consignadas en sus cartas y a las que debía suministrar al soberano el agente enviado de Chile, el gobernador quiso agregar otras que no pudieran infundir recelos. Al efecto, mandó levantar una extensa y prolija información en que quedasen probados sus trabajos por el real servicio, la escasez de los recursos con que había contado, la pequeñez de los auxilios que había recibido del Perú, y sobre todo, la resistencia de la ciudad de Santiago para contribuir con soldados y con otros auxilios para el sostenimiento de la guerra.[302] Aquella

---

302 Esta extensa información contiene muchas noticias sobre los sucesos de esos años, y constituye un documento útil para esta parte de la historia. Existe una copia antigua en un tomo de manuscritos de la Biblioteca Nacional de Madrid, marcado J 53. Don Pascual de Gayangos publicó la mayor parte de esta información en las págs. 442-504 del tomo IV Memorial histórico español, a continuación de la crónica de Góngora Marmolejo; pero

información debía seguramente inducir al rey a prestar a Chile los socorros que se le pedían.

6. Sale Óñez de Loyola de la Imperial para socorrer a Angol; es derrotado y muerto en Curalava

Pero, por más interés que se desplegara en la Corte para enviar esos socorros, habían de llegar demasiado tarde. El reino de Chile estaba amenazado de una catástrofe horrenda y al parecer inevitable, que algunas personas habían podido prever. A poco de haber llegado a Santiago los primeros jesuitas, fueron algunos de ellos a las ciudades del sur, y allí recibieron la más favorable acogida del gobernador. Era éste pariente inmediato, probablemente sobrino carnal de san Ignacio de Loyola, el fundador de la Compañía de Jesús. Este solo hecho lo habría determinado a recibir con gran satisfacción a los jesuitas, si no hubieran bastado para ello las ideas religiosas de todo representante de Felipe II. Aquellos padres acompañaban a Óñez de Loyola en 1596 cuando se hallaba en la plaza de Arauco empeñado en atraer a la paz a los indios comarcanos, y fueron presentados a esos indios por medio de un discurso en que se hacía una curiosa apología de la orden. «Tened entendido, dijo el gobernador, que estos padres son muy diferentes en su proceder y costumbres del resto de los españoles: no buscan oro ni plata, ni otro algún logro temporal.» Óñez de Loyola manifestó, además, el más decidido empeño en que los jesuitas establecieran casas de residencia en aquellos lugares, y al efecto les señaló solar para convento en la ciudad de Santa Cruz. Pero los jesuitas debieron informar al padre provincial del Perú acerca de lo que veían en esas ciudades; y éste, previendo la próxima catástrofe que les amenazaba, no solo no accedió a aquella piadosa súplica sino que mandó que se retirasen a toda prisa para que «no quedasen envueltos en la ruina».[303]

---

dejó sin imprimir algunas declaraciones que si no agregan datos nuevos, confirman las noticias consignadas en otras piezas. Al escribir estas páginas, he tenido a la vista una copia completa de esa información que hice sacar en 1859.

Las cartas dirigidas por Óñez de Loyola al rey en enero de 1598 son documentos bastante noticiosos, que como se habrá visto en nuestras notas, nos han sido de gran utilidad.

303 Lozano, *Historia de la compañía de Jesús del Paraguay*, lib. III, capítulo 7, núms. 2 y 3. Este cronista explica enseguida, con el criterio más singular, la causa de los graves sucesos que pasamos a referir. Según él, los grandes desastres que sufrieron los españoles fueron un castigo evidente del cielo por los vicios que se habían introducido entre ellos, por sus

Óñez de Loyola, sin embargo, tenía más confianza en aquella situación. Estaba persuadido de que los indios se hallaban más o menos sometidos, y de que en ningún caso podrían intentar un levantamiento general que pusiese en peligro la estabilidad de la dominación española. Privado, como hemos visto, de los refuerzos y socorros que esperaba, el gobernador pasó el último verano (1597-1598) sin acometer ninguna empresa contra los indios. A su vez, estos mismos, satisfechos de no vivir inquietados en sus tierras, se mantuvieron tranquilos, o solo hicieron pequeñas correrías, todo lo cual hacía creer a los más ilusos de los españoles que aquella paz relativa era la consecuencia de su poder. En esta seguridad, Óñez de Loyola se trasladó a Concepción en el mes de abril y pasó una parte del invierno al lado de su familia, entendiendo en los negocios administrativos y preparándose para recomenzar la guerra con más decisión y energía en la primavera siguiente. En este tiempo, además, visitó la plaza de Arauco, a la cual había elevado poco antes al rango de ciudad con el nombre de San Felipe.[304] El gobernador estaba persuadido de que los indios que poblaban esa región de la costa habían dado la paz de una manera estable.

Sin arredrarse por las resistencias que los vecinos de Santiago habían opuesto para asistir a la guerra, el gobernador repitió sus órdenes para que salieran a campaña aquellos que estuviesen en estado de cargar las armas, y para que los otros contribuyeran con caballos y víveres. En fuerza de estas exigencias, a principios de noviembre siguiente salieron de Santiago sesenta jinetes con que la ciudad contribuía a la guerra.[305] De la misma manera, despachó a Lima al capitán Jerónimo de Benavides a pedir una vez más al virrey que le enviase algunos auxilios para continuar la guerra, representándole sobre todo que las tropas de Chile se hallaban casi desnudas y faltas de municiones. Esperando recibir estos auxilios antes del verano, Óñez de Loyola se trasladaba

---

rencillas y discordias, por los pasatiempos y la holganza en que vivían, por el lujo y profanidad de sus trajes que excitaban la lascivia, todo lo cual haría pensar que los bárbaros que obtuvieron la victoria, tenían costumbres más austeras y mayor virtud que sus enemigos. El padre Rosales y los otros historiadores jesuitas, exceptuando por supuesto al abate Molina, que es mucho más inteligente y mucho más ilustrado, obedecen al mismo criterio.

304 Tengo a la vista un certificado original dado por Óñez de Loyola «en la ciudad de San Felipe de Arauco a 16 de junio de 1598».

305 Uno de ellos era el capitán Fernando Álvarez de Toledo, el autor del *Purén indómito*. Este contingente se hallaba en Chillán en los últimos días de diciembre, cuando llegó allí la noticia de la muerte del gobernador.

a Valdivia en la primavera para visitar las ciudades del sur, y para obtener de ellas algunos destacamentos de tropas con que engrosar su ejército. En efecto, en aquella plaza, así como en Osorno y en Villarrica, juntó un corto número de soldados, y luego pasó a la Imperial con un objeto idéntico y a esperar que se le reuniesen todos los contingentes que pensaba utilizar en la próxima campaña.

Hallábase en la Imperial desde mediados de diciembre, haciendo estos aprestos, cuando fue sorprendido por una alarmante noticia. El capitán Hernando Vallejo, corregidor de Angol, le comunicaba, por medio de un indio, que los bárbaros de Purén habían recomenzado sus correrías hasta en las cercanías de aquella ciudad, y que habían dado muerte a dos españoles que se aventuraron a alejarse un poco de un fortín inmediato, que llamaban Longotoro. Temeroso de verse atacado por los bárbaros, el capitán Vallejo llamaba urgentemente en su auxilio al gobernador. Sin pérdida de tiempo, Óñez de Loyola se puso a la cabeza de unos cincuenta hombres que tenía disponibles, y de 300 indios auxiliares; y en la tarde del 21 de diciembre partía de la Imperial en marcha para Angol. El capitán Andrés Valiente, corregidor de esa ciudad, quedó encargado de enviarle enseguida las otras tropas que allí se fueran reuniendo.

El camino que el gobernador tenía que andar, aunque muchas veces recorrido por los españoles, ofrecía entonces los mayores peligros. Su extensión era solo de unas veinte leguas; pero, además de que el terreno es accidentado y montuoso, sobre todo en su primera parte, los expedicionarios debían pasar forzosamente por las cercanías de las temibles ciénagas de Purén y de Lumaco, que desde años atrás servían de asilo a los indios de guerra. Óñez de Loyola, sin embargo, no se arredró por nada. Sea confianza en la superioridad de sus tropas, sea persuasión de que los araucanos estaban poco inclinados a recomenzar las hostilidades, el gobernador no solo se aventuraba a expedicionar por aquellos lugares con una pequeña división sino que parecía mirar en menos las más vulgares precauciones que aconseja la prudencia militar. El primer día de marcha se alojó en un lugar denominado Paillachaca, a una legua de la Imperial, y allí pasó la noche en la más absoluta tranquilidad. En la tarde siguiente, después de una jornada de nueve a diez leguas recorridas en uno de los días más ardientes y abrumadores del verano, llegaron los españoles a un sitio llamado Curalava o Curalau (la piedra partida), a orillas del río Lumaco, encajonado allí por altas barracas, y acamparon sin cuidado cerca de una loma, sin tomar siquiera ninguna medida de vigilancia para reconocer los alrededores y para prevenir un ataque. En su imprevisión, desensillaron sus caballos y los soltaron en el campo, para entregarse al descanso, como si no tuvieran nada que temer.

Los pobladores indígenas de aquella comarca estaban prevenidos de la marcha del gobernador. Se ha contado que el indio mismo que le llevó el aviso del corregidor de Angol, había dado la voz a los bárbaros, y que estos se preparaban desde días atrás para cortarle el camino. Pelantaro, caudillo de los indios de esa región, y guerrero experimentado en estas campañas, reunió su gente en número de 300 hombres según unos, y de 600 según otros, y dividiéndolos en tres cuadrillas, tomó él mismo el mando de una, y confió las otras a Anganamón y Guaquimilla, indios bravos y astutos, el primero de los cuales había de conquistar más tarde un gran renombre. Ocultando artificiosamente sus movimientos, colocaron solo en las alturas vecinas algunos espías que les comunicasen todos los accidentes de la marcha de los españoles. Al saber que estos quedaban acampados en Curalava, se prepararon para atacarlos con toda resolución.

La noche favoreció la ejecución de los planes de los indios. La Luna, en los últimos días de la menguante, debía salir casi al amanecer, de manera que reinaba una oscuridad completa, que protegía la marcha silenciosa de los indios. Cuando estuvieron sobre el campo de los enemigos, comenzaban a asomar en el oriente las primeras luces del 23 de diciembre. Los centinelas españoles, que habían velado la última parte de la noche, se habían retirado a dormir a sus tiendas, en la confianza de que no había nada que temer. Reinaba en el campamento el más absoluto descuido, en el momento en que los indios, haciendo oír los discordantes sonidos de sus trompetas, y apareciendo por todos lados, producían entre sus enemigos la más indescriptible confusión. En el primer empuje, los bárbaros derribaron las tiendas de los españoles, y enredando a estos como gorriones en la red, según la pintoresca expresión de un soldado poeta, dieron principio a la matanza. Un solo soldado alcanzó a disparar su arcabuz, y ése fue muerto en el acto, de un macanazo. El gobernador no tuvo tiempo para vestir su armadura; empuñó, sin embargo, la espada y el escudo, y rodeado por unos pocos de sus compañeros, trató de organizar la resistencia, o a lo menos de pelear hasta morir. Su resolución fue absolutamente estéril. El terror se había introducido a tal punto en el campamento, que algunos españoles que habrían podido sostener la lucha, con pocas probabilidades de triunfo, es cierto, se arrojaron al río, despeñándose por la barranca para perecer ahogados o hechos pedazos. Óñez de Loyola y dos de los suyos, que estaban a su lado, hicieron, según se cuenta, prodigios de valor, pero sucumbieron antes de mucho, traspasados por las picas de los indios.

Desde la tragedia de Tucapel, en que pereció el gobernador Pedro de Valdivia en 1554, los españoles no habían sufrido un desastre más completo que éste, si bien en otros combates habían perdido un número mayor de soldados. En Curalava sucumbieron casi todos los españoles, soldados, frailes, letrados que acompañaban al gobernador, aproximadamente cuarenta y cinco hombres, y un número considerable de indios auxiliares.[306] Solo escaparon con vida algunos de estos indios que pudieron fugar, un clérigo natural de Valdivia, llamado Bartolomé Pérez, que fue hecho prisionero, pero que más tarde fue canjeado, y Bernardo de Pereda, soldado español que quedó por muerto en el campo con veintitrés heridas, y que después de las más penosas aventuras durante setenta días, llegó sano y salvo a la Imperial. Los españoles perdieron, además, todos sus caballos y sus armas, algún tesoro que conducían de las ciudades del sur, y el archivo del gobernador. Pero aquel desastre fue, por sus consecuencias morales, mucho más trascendental que por sus pérdidas mate-

---

[306] Entre los muertos, las relaciones contemporáneas recuerdan particularmente al capitán Juan Guirao, antiguo corregidor de Angol, y al capitán Galleguillos, de quienes cuenta Álvarez de Toledo que sucumbieron al lado del gobernador, el secretario de éste o, más propiamente, el escribano de la gobernación Hernando Rodríguez de Gallegos, y dos religiosos franciscanos, fray Juan de Tovar y fray Miguel Rosillo, y el lego de la misma orden fray Melchor de Arteaga. El primero de estos fue recordado en los conventos de franciscanos de Chile con el título de mártir. Las antiguas relaciones no están contestes en el número de los muertos en esta jornada. Unas reducen a cuarenta y otras elevan a sesenta el número de soldados españoles que Loyola había sacado de la Imperial; pero los documentos más fidedignos, y entre ellos un poder dado pocos meses más tarde por el cabildo de esa ciudad, lo fijan en cincuenta. Aparece también de esas relaciones que los indios tomaron vivos dos prisioneros, además del clérigo Pérez, y que luego les dieron muerte. Puede, pues, estimarse en cuarenta y cinco el número de españoles muertos en la jornada, el cual es inferior al de los que sucumbieron en febrero de 1554, en la desastrosa derrota de Marigueñu, o cuesta de Villagrán. Es más difícil aún el establecer la cifra de los indios auxiliares que perecieron en esta jornada. Dicen algunos que Óñez de Loyola salió de la Imperial con cien individuos de esta clase, y otros elevan su número a 300, en cuyo aserto suponemos que hay una grande exageración. De todas maneras, en ésta como en las otras derrotas, se salvaron muchos de estos indios, sea confundiéndose mañosamente entre las turbas de los vencedores, sea ocultándose en los bosques y tomando la fuga.

riales. Como vamos a verlo en los capítulos siguientes, la derrota y muerte del gobernador debían ser la señal de un espantoso cataclismo que puso al borde de una ruina completa toda la obra de la conquista.[307]

El trágico fin de Óñez de Loyola avivó hacia su persona las simpatías de casi todos los que por cualquier motivo tuvieron que comunicar su muerte. En los documentos de la época se habla generalmente de él con respeto y con estimación. Ensalzábase sobre todo su piedad religiosa. «El gobernador pasado, escribía el padre Riveros en una carta que hemos citado anteriormente, era muy cristiano que confesaba y comulgaba cada ocho días, honestísimo, amigo de gente virtuosa, muy circunspecto y mirado en gastar la real hacienda, y muy cuidadoso en su gobierno, y sobre todo, gran trabajador en la guerra; que por acudir a ella, se olvidaba de mujer y hija casi todo el año con tenerlas muy cerca de donde andaba.» Este retrato parece verdadero, pero es incompleto. Óñez de Loyola, como lo testifican otros documentos, habría descollado entre los más devotos españoles del siglo XVI, desplegó siempre una gran actividad en el servicio militar, y soportaba con firmeza las privaciones de aquella guerra constante y sostenida que imponía tantos sufrimientos y fatigas. Su correspondencia revela que conoció muchos de los errores de la administración colonial, los abusos

---

[307] La derrota de Curalava y la muerte del gobernador Óñez de Loyola, han sido referidas en muchos documentos de la época, con acuerdo en el conjunto, pero con divergencia en los pormenores. Nosotros hemos seguido principalmente la relación que hace el capitán Fernando Álvarez de Toledo en los cantos I y II del *Purén indómito*. Se sabe que este poema es una crónica en verso en que el autor ha referido con bastante exactitud muchos de los sucesos militares de esa guerra de que él mismo fue testigo. Más adelante tendremos ocasión de dar noticias acerca de este autor y de su libro.

Álvarez de Toledo se hallaba en Chillán cuando ocurrieron estos sucesos. Refiere que el día de Santo Tomás (21 de diciembre de 1598), en que Óñez de Loyola salió de la Imperial, se vieron en Chillán algunos prodigios que anunciaban la catástrofe, nubes que se abrían en el cielo dejando ver combatientes misteriosos, aves desconocidas, etc. El padre Rosales, que en esta parte de su Historia ha seguido fielmente a Álvarez de Toledo, prohija estas pueriles invenciones y aumenta nuevos detalles en el capítulo 7 del lib. V, contando, además, que algunas personas que presintieron la catástrofe en la Imperial, se empeñaron en demostrar al gobernador que difiriese su partida, y que éste se obstinó en su primera determinación. Como se sabe, el elemento maravilloso desempeña un papel principal en casi todas las crónicas de esa época.

La crónica de Mariño de Lobera se termina con los sucesos de 1595, que podría llamarse la era de la prosperidad del gobierno de Óñez de Loyola, a quien da por vencedor de los araucanos y por pacificador de Chile. Todo hace creer que los últimos capítulos de esta crónica, muy sumarios e incompletos, son la obra exclusiva del jesuita Escobar, que dio nueva forma a esa obra.

que se habían introducido y las crueldades de que eran víctimas los indios, y que se propuso buscar el remedio contra tantos males. Pero todo deja ver que su poder intelectual estaba más abajo de lo que reclamaba la situación en que se le había colocado; que sin comprender todos los peligros de esa situación, llegó a creer que la tranquilidad transitoria de los indios era la consecuencia de sus esfuerzos y de sus trabajos, y no divisó el abismo que amenazaba sepultar en su seno a toda la dominación español en este país.[308]

---

[308] La familia de Óñez de Loyola, establecida en Concepción desde principios de 1593, era compuesta de solo dos personas, la esposa y una hija del gobernador. Era aquélla una india peruana de la familia de los incas, bautizada con el nombre de Beatriz, y generalmente conocida con el de Coya, que equivocadamente se toma como un apellido, cuando era un título de las princesas de sangre real de aquel país. Su hija, doña Ana María Óñez de Loyola, recibió un poco más tarde, por derecho de herencia de sus mayores, un valioso repartimiento de indios en el Perú, lo que le permitió contraer un ventajoso casamiento con un caballero español llamado don Juan Enríquez de Borja. Un antiguo cronista que ha consignado esta noticia, añade que el rey dio a la hija de Óñez de Loyola el título de marquesa de Oropesa, por el nombre de un pueblo del Perú, y que le asignó además una renta en premio de los servicios de su padre. Véase el padre Alonso de Ovalle, *Histórica relación del reino de Chile*, lib. IV, capítulo 14. Esta noticia ha sido repetida por casi todos los cronistas subsiguientes; pero nunca he visto los documentos referentes a la fundación de ese título.

Capítulo XV. Gobierno interino de Pedro de Viscarra (1599). Nuevos desastres; arribo de otro Gobernador

1. Llega a Santiago la noticia de la derrota y muerte de Óñez de Loyola; el licenciado Pedro de Viscarra es nombrado gobernador interino. 2. Rápido desarrollo de la sublevación de los indios: combates frecuentes en los alrededores de Arauco, de Angol y de Santa Cruz; desastres sufridos por los españoles. 3. Los indios sublevados marchan sobre la Imperial. Desastres repetidos que sufren los defensores de esta ciudad: derrota y muerte del corregidor Andrés Valiente; sublevación de los indios de Villarrica. 4. Los españoles despueblan la ciudad de Santa Cruz y los fuertes inmediatos. Los indios atacan la ciudad de Concepción y son rechazados; crítica situación del reino según el gobernador Viscarra. 5. Llega al Perú la noticia de los desastres de Chile. El virrey resuelve socorrer este país y nombra gobernador a don Francisco de Quiñones: antecedentes biográficos de este capitán. 6. Llega a Chile el nuevo gobernador: socorre la plaza de Arauco y alcanza otras pequeñas ventajas. 7. Felipe III comunica a las colonias americanas su exaltación al trono español por muerte de su padre. Historiadores de estos sucesos (nota).

1. Llega a Santiago la noticia de la derrota y muerte de Óñez de Loyola; el licenciado Pedro de Viscarra es nombrado gobernador interino

La noticia del desastre de Curalava se propagó en el reino de Chile con la más extraordinaria rapidez, sembrando en todas partes la consternación y el espanto. Los indios auxiliares salvados de la matanza, llevaron el aviso a la Imperial, y de allí se comunicó prontamente a las ciudades más australes. En cada una de ellas se tornaron desde el primer momento las medidas más enérgicas para atender a la defensa. Uno de aquellos indios que lograron escapar del teatro del combate, después de caminar sin descanso todo el día con dirección al norte, llegaba en la noche a Angol, y comunicaba allí la triste nueva. En el momento, el capitán Vallejo, corregidor de la ciudad, despachó al soldado Juan Donaire a dar el aviso a la ciudad de Santiago y a las otras poblaciones españolas por donde tenía que pasar en su camino.

Antes de muchos días ya se sabía en Santiago la derrota y muerte del gobernador.[309] Luego fueron llegando otros informes comunicados por los corregidores de las ciudades del sur, que pedían a la capital los socorros necesarios para resistir el levantamiento de los indígenas. En medio de la consternación y del sobresalto que tales sucesos debían producir, el Cabildo y el vecindario reconocieron por gobernador interino al licenciado Pedro de Viscarra, que se hallaba ejerciendo el mando superior del reino desde que Óñez de Loyola se hallaba en campaña.

Era Viscarra un letrado anciano que residía en América desde más de cuarenta años atrás, y que, como muchos otros individuos de su profesión, había ceñido la espada en las ocasiones de guerra que se habían presentado. Después de obtener en España el título de licenciado en leyes, pasó al Nuevo Mundo para abrirse una carrera lucrativa, se estableció en Nicaragua y allí contrajo un ventajoso matrimonio. En 1554, un aventurero llamado Juan Gaitán, que había sido desterrado de esa provincia, se alzó en Guatemala a la cabeza de una banda de facciosos, y declarándose en abierta rebelión contra la autoridad real, volvió a Nicaragua, atacó y saqueó varias ciudades y amenazó a la de León, que era la más importante de todas. El licenciado Juan Caballón, que residía en ella y que ejercía el mando superior de la provincia, formó entre los vecinos una columna, con cuyo apoyo desbarató a los facciosos. Viscarra, que salió a esa jornada, se distinguió en la batalla por su valor, y recibió una grave herida en un brazo. Pasando enseguida a Quito, no sabemos con qué motivo, continuó sirviendo como militar en las tropas que allí se organizaron para combatir al famoso caudillo Hernández Jirón que se había sublevado en el Perú. En

---

309 La pérdida del libro del Cabildo correspondiente a estos años, no permite fijar con seguridad el día en que se recibió en Santiago la primera noticia de aquel desastre, ni cuándo se hizo la designación del gobernador interino, ni cuándo se despacharon los primeros socorros al sur. El capitán Gregorio Serrano, en una curiosa relación inédita de los sucesos que se siguieron a la muerte del gobernador Loyola, escrita para ser enviada al virrey del Perú, dice que en Santiago se tuvo la primera noticia del desastre el 27 de diciembre de 1598, lo que nos parece casi absolutamente imposible, a causa de las grandes distancias que los emisarios tenían que recorrer y las condiciones del país en aquella época. Álvarez de Toledo en el canto II del *Purén indómito* refiere que el soldado Donaire, despachado de Angol tan pronto como se tuvo allí la primera noticia, esto es, en la noche del 23 de diciembre, llegó a Chillán al amanecer del 25, y que luego siguió su viaje a Santiago. Parece que por más actividad que pusiese no habría podido llegar a la capital antes del 29 de diciembre.

premio de estos servicios esencialmente militares, pero de un carácter subalterno, obtuvo diversos cargos administrativos en Guatemala, y luego el de relator de la Real Audiencia. Suprimido este tribunal en 1564, el licenciado Viscarra pasó a España con poder de la provincia para solicitar su restablecimiento. Esta gestión, aunque lenta en sus tramitaciones, produjo buenos resultados: la audiencia fue restablecida al fin en la ciudad de Guatemala, y el consejo de Indias dio a Viscarra el título de relator del tribunal análogo que existía en Lima. Desempeñó este cargo durante dieciocho años; pero en 1590 el virrey del Perú, don Francisco de Toledo, le confió el destino de teniente gobernador y justicia mayor del reino de Chile. No parece que Viscarra fuera un hombre de muchos conocimientos jurídicos, pero poseía la experiencia que dan los años y la práctica de los negocios forenses. El gobernador Óñez de Loyola, que lo conoció de cerca, le reconocía estas cualidades, y no lo consideraba desprovisto de honradez, aunque creía que la avanzada edad lo imposibilitaba para administrar justicia cumplidamente.[310]

En el desempeño del gobierno, Viscarra iba de nuevo a ejercer funciones militares. Con una energía superior a cuanto debía esperarse de sus años, mandó poner sobre las armas toda la gente que pudiera salir a campaña, y él mismo se resolvió a marchar a su cabeza para mandar en persona las operaciones militares. Dictó, además, las providencias que creyó oportunas para usar los fondos del tesoro real. No solo hizo una nueva distribución de los principales cargos de la milicia sino que removió a algunos funcionarios de otro orden, como los corregidores y protectores de indios; y, sin otro propósito, sin duda, que el de favorecer a sus amigos y parciales, dio nuevas encomiendas de indios dentro y fuera de los territorios que hasta entonces tenían sometidos los españoles.

Todos los esfuerzos del gobernador interino, y todo el apoyo que le prestó el Cabildo, produjeron un resultado muy poco consolador. La ciudad de Santiago, como ya dijimos, había enviado a la guerra dos meses atrás una columna de sesenta soldados. Ahora puso sobre las armas otros setenta hombres, a los cuales proveyó con las pocas municiones que fue posible reunir. En los prime-

---

[310] Tomo estas noticias biográficas acerca del licenciado Viscarra de una información de servicios mandada levantar a petición suya en la ciudad de Santiago en 1599. Véase lo que acerca de él hemos dicho en la nota 33 del capítulo 12 de esta misma parte de nuestra historia.

ros días de enero de 1599, partía para el sur el capitán Alonso Cid Maldonado con una parte de esas tropas, mientras el resto terminaba su equipo para salir a campaña con el mismo Viscarra. Comprendiendo perfectamente que esos socorros eran del todo insuficientes para sostener la dominación española, el Cabildo y el gobernador interino acordaron despachar inmediatamente a Lima al capitán Luis Jufré para que diese cuenta al virrey de los últimos desastres de la colonia, y le pidiese empeñosamente los auxilios indispensables con que continuar la guerra y someter a los indios rebelados. El capitán Jufré debía, además, remitir al rey las cartas en que el gobernador y el Cabildo imploraban la protección de la Corona. Aquel emisario partió para su destino el 10 de enero de 1599.[311]

Mientras tanto, cada día llegaban a Santiago noticias más alarmantes. Anunciábase que la insurrección de los indígenas se hacía general y formidable, y que todas las ciudades del sur corrían peligro de desaparecer si no eran oportunamente socorridas. Viscarra tomó apresuradamente sus últimas medidas. Dio al capitán Gaspar de la Barrera el cargo de corregidor con el mando militar de la ciudad, y al licenciado Francisco Pastene el de teniente de gobernador. Por fin, el 12 de enero se ponía él mismo en marcha para Concepción al frente de las pocas tropas de que podía disponer.

2. Rápido desarrollo de la sublevación de los indios: combates frecuentes en los alrededores de Arauco, de Angol y de Santa Cruz; desastres sufridos por los españoles

Los socorros que llevaba el gobernador eran del todo insuficientes para poner remedio a la situación creada por el desastre de Curalava. Los indios de Purén, conociendo perfectamente la importancia de su victoria, dieron la voz de guerra a todas las tribus circunvecinas, y por todas partes, desde el río Maule hasta Osorno, se hacían sentir los gérmenes de la insurrección. Los españoles, por su parte, se veían forzados a encerrarse en las ciudades y fortines, como sobrecogidos de pavor; y, sin duda, muchas de las medidas de precaución militar que entonces tomaron, debieron de alentar a los indios, haciéndoles comprender el miedo que reinaba entre sus opresores.

---

311 La carta del Cabildo al rey, de que tenemos copia a la vista, lleva fecha de 10 de enero de 1599.

En realidad, las guarniciones con que contaban algunas de esas ciudades habrían bastado por su número para defenderlas, si ellas hubieran sido del mismo temple de las tropas con que los españoles habían hecho la guerra en los años anteriores. Como se sabe, los refuerzos enviados del Perú en los últimos años, habían introducido la desmoralización en el ejército de Chile, a tal punto que era frecuente el ver en los combates grupos numerosos de soldados que huían sin pelear. Por otra parte, esas guarniciones contaban con poco armamento y estaban casi desprovistas de municiones,**312** si bien poseían ganados abundantes para su sustento. Por todas partes los españoles se creían rodeados de peligros, y casi se consideraban impotentes para conjurarlos.

Los indios, entre tanto, no perdieron mucho tiempo en las fiestas y borracheras con que solían celebrar sus triunfos. Continuando sus correrías en los alrededores de Angol, atacaron sobre todo el pequeño fortín de Longotoro y en un corto combate, dieron muerte al jefe de la guarnición y a uno de sus soldados (16 de enero de 1599). El capitán Vallejo, que salió de Angol en socorro de ese fuerte, salvó a sus defensores de una muerte segura; pero, convencido de que

---

312 El capitán Gregorio Serrano, que por encargo de Viscarra visitó en esas circunstancias las ciudades más inmediatas al Biobío, ha individualizado prolijamente las fuerzas y los recursos con que contaba cada una. En Chillán podían armarse 40 hombres, pero no había más que dos cañones de hierro y 22 arcabuces y, aun, escaseaban mucho la pólvora y el plomo. En Concepción podían armarse 80 hombres, había cinco cañoncitos y 72 armas de fuego, pero también escaseaban la pólvora y el plomo. En Angol había 109 hombres mandados por el capitán Hernando Vallejo, dos cañones, 82 armas de fuego y 20 lanzas; pero escaseaban igualmente la pólvora y el plomo. En Santa Cruz alcanzaron a reunirse 100 hombres, pero solo 80 tenían armas de fuego, y su provisión de pólvora era muy escasa. En Arauco había 90 soldados, con 13 cañones pequeños y 70 arcabuces, pero con poca pólvora. Por lo demás, en todos estos lugares había abundancia de vacas y de carneros que poblaban los campos vecinos, tanto se había propagado el ganado en Chile. Don Crescente Errázuriz ha utilizado todos estos datos del manuscrito del capitán Serrano, dando a conocer, con la más esmerada prolijidad, el estado militar de cada una de esas plazas en el capítulo 3 del primer tomo de su importante obra *Seis años de la historia de Chile (1598-1603)*. En el cuadro general y sintético que nos hemos trazado, no nos es posible entrar en todos los pormenores que encontramos en los documentos de esa época, y que el distinguido historiador que acabamos de citar, ha dado a conocer en su libro.

De todas maneras, las cifras que hemos apuntado abreviadamente, dejan ver que los españoles, por su número y por sus recursos, eran ahora cuatro veces más poderosos de lo que habían sido en tiempo de Pedro de Valdivia. A pesar de todo y, aunque recibieron nuevos refuerzos, tuvieron que sufrir frecuentes y terribles derrotas, porque los indios, a su vez, habían adquirido, por el uso del caballo y por el desarrollo de sus instintos guerreros, un gran poder militar.

no podría resistir a los nuevos ataques de los indios, determinó abandonarlo. Los pocos soldados que guarnecían a Longotoro, pasaron a defender Angol y otro fortín vecino.

En esos mismos días, la insurrección asomaba por todas partes. El capitán Miguel de Silva, que mandaba en la ciudad de San Felipe de Arauco, se había apresurado a convocar a una junta a los caciques de todas las tribus comarcanas, y después de una aparatosa conferencia, obtuvo de ellos la promesa de permanecer en paz. A pesar de todo, y como acontecía ordinariamente en tales casos, los indios de la costa continuaron invitándose para la guerra; y el 16 de enero caían en número de cerca de 3.000 guerreros sobre Arauco. El jefe de la plaza había abandonado la ciudad; pero encerrándose en el fuerte, se defendió resuelta y felizmente de los ataques de los indios, dando tiempo a que se le socorriera por mar, ya que los caminos de tierra estaban dominados por la insurrección.

Tal era el estado de guerra cuando el 22 de enero llegaba a Concepción el gobernador interino con los pocos soldados de refuerzo que había sacado de Santiago. Ese mismo día fondeaba en el puerto un buque que traía los socorros pedidos al Perú en el año anterior con el capitán Jerónimo de Benavides. Consistían estos en cien botijas de pólvora, cincuenta quintales de plomo, ropa y otros artículos necesarios para la tropa. Apenas se habían repartido esas municiones, y cuando se creía que ellas iban a mejorar en parte siquiera la situación de los españoles, llegaban a Concepción noticias más alarmantes todavía. En los primeros días de febrero se alzó resueltamente toda la comarca vecina a Angol hasta el río Laja, y luego la región de la cordillera de la Costa en que estaba situada la ciudad de Santa Cruz. El mismo caudillo Pelantaro, a la cabeza de unos 1.200 guerreros araucanos, se adelantó hasta las cercanías de esta plaza, y allí comenzó a ejercer sus depredaciones sobre los indios que permanecían fieles a los españoles. La alarma cundió en toda esa región.

Sin embargo, en medio del desaliento de muchos, no faltaron algunos hombres de resolución que estuvieran determinados a oponer una vigorosa resistencia al levantamiento de los indígenas. El general Francisco Jufré, que bajo el gobierno de Óñez de Loyola vivía retirado en una estancia de las inmediaciones de Chillán, había sido llamado por los vecinos de Santa Cruz para dirigir la defensa de la ciudad. Contando con algunos refuerzos enviados por el gobernador, Jufré se quiso imponer a los indios por un golpe de audacia, desorganizándolos antes que hubieran tenido tiempo de reunir mayores fuerzas. En efecto, el 7 de febrero salió de Santa Cruz a la cabeza de cincuenta españoles y unos 200 indios auxiliares, y cayó sobre el campo enemigo. En el primer momento hicieron grandes estragos en las filas de los rebeldes; pero antes de mucho, les fue necesario comenzar a ceder ante el mayor número, y replegarse a la ciudad con pérdida de dos muertos y de algunos heridos y dejando a los indios dueños del campo. Si aquella jornada no había sido propiamente una victoria de los españoles, alejó por lo menos, en el momento, los peligros que amenazaban a Santa Cruz; pero Jufré pudo convencerse de que sus tropas no poseían el vigor que las circunstancias reclamaban. Entre sus soldados muchos se habían batido con todo denuedo; otros, en cambio, se mostraron menos alentados y valientes.[313]

Mientras tanto, la guerra se sostenía siempre en las inmediaciones de Arauco, donde la sublevación de los indios había tomado gran desarrollo. Rechazados en los primeros ataques que intentaron sobre la plaza, por el fuego de los cañones y de los arcabuces de los españoles, los indios permanecieron, sin embargo, doce días en las inmediaciones. Formaron allí trincheras y palizadas, desde las cuales desafiaban a los enemigos a que fueran a atacarlos; pero, cuando vieron que estos se negaban a abandonar sus posiciones, levantaron su campo y principiaron a recorrer los lugares vecinos para excitar y mantener el fuego de la insurrección. Privados de forrajes para sus caballos y escasos, además, de víveres, que solo podían recibir por mar, los españoles tuvieron que hacer algunas salidas de la plaza, y que sostener pequeños combates en sus cercanías. En una de ellas, el capitán Luis de Urbaneja, que mandaba una columna de cuarenta jinetes, se alejó hasta las serranías de Carampangue para recoger noticias del enemigo. Los indios, con aquella astucia que en tantas ocasiones les había dado el triunfo, se habían reunido en número de más de mil, y se ocultaron hábilmente, dejando libre el paso a los españoles, hasta que los vieron en un sitio en que podían atacarlos con ventaja. El combate no fue largo ni dudoso. Los españoles hicieron prodigios de valor para defenderse, y, aun, lograron abrirse paso por entre los espesos escuadrones de los indios; pero

---

[313] Álvarez de Toledo ha referido este combate en el canto VII del *Purén indómito*, presentándolo como una victoria de los españoles. Las otras relaciones, refiriéndolo con muchos menos pormenores, le dan más escasa importancia.

perdieron ocho hombres, y entre ellos al capitán Urbaneja, que gozaba de la reputación de soldado tan valiente como entendido.[314] Tuvo lugar aquel desastre el 11 de febrero de 1599. De poca importancia en otra ocasión, debía abatir entonces sobremanera a los españoles, y alentar la soberbia de los bárbaros.

Los alrededores de Angol eran también teatro de las porfiadas hostilidades de los indios. Impotentes para asaltar las ciudades en que los españoles se defendían con sus cañones y sus arcabuces, e incapaces de ponerles un sitio en regla, se limitaban a recorrer los campos, haciendo daño en las estancias de sus enemigos o de los aliados de estos, destruyendo los viñedos que eran muy abundantes en esa región, y aprovechando cualquier circunstancia favorable para dar un golpe de mano. El 23 de febrero salieron de Angol diez españoles mandados por Gonzalo Gutiérrez y seguidos por una partida de indios auxiliares. Iban a buscar forraje para los caballos en el valle de Marvel, a una legua del pueblo. Pero cuando estaban ocupados en esta faena, fueron asaltados por un cuerpo considerable de indios de Purén, que se hallaba emboscado en ese lugar, bajo las órdenes del mismo Pelantaro. Considerando imposible toda resistencia en campo raso, y no pudiendo tomar sus caballos para emprender la fuga, los españoles, sin cuidarse de la suerte que podían correr sus auxiliares, fueron a asilarse detrás de la bodega y de los cercados de una estancia vecina. Probablemente habrían perecido allí; pero sus perseguidores se vieron distraídos por otro lado, y esta circunstancia permitió a aquellos retirarse. En efecto, el capitán Francisco Hernández Ortiz, que mandaba accidentalmente en Angol, al saber el peligro que corrían sus compatriotas, salió precipitadamente de la ciudad, a la cabeza de treinta jinetes. Al descubrir el número considerable de indios que allí había, y la actitud resuelta con que se preparaban para resistirles, Hernández Ortiz y sus compañeros se vieron obligados a batirse en retirada, y regresaron a Angol casi en completa derrota, dejando en el campo a cuatro de los suyos. Los indios aprovecharon su victoria para llevarse el ganado y para destruir las casas que los españoles tenían cerca del pueblo.[315]

La situación de los españoles en esos lugares comenzaba a hacerse insostenible. No les era dado esperar socorros de la Imperial ni de las otras ciudades del sur, porque, como veremos más adelante, la insurrección de los indios se

---

314 Este combate se halla contado, con pocas diferencias en los accidentes, en la relación inédita de Gregorio Serrano, y por Álvarez de Toledo en el canto V de *Purén indómito*.
315 Álvarez de Toledo, cantos VII y VIII. *Relación* citada de Gregorio Serrano.

había extendido a esta región y se hacía más y más formidable. A dos leguas de Angol se levantaba el fuerte de Molchén, que defendían solo catorce españoles. Aprovechándose de la salida de una parte de esa guarnición, los indios encargados de proveer de leña ese fuerte, cayeron de improviso sobre los pocos defensores que quedaban, los degollaron inhumanamente y pusieron fuego a las palizadas y defensas.[316] Después de numerosas correrías, en que dieron muerte a cuantos españoles hallaban en el campo, y en que quemaron los caseríos de algunas estancias, intentaron, el 20 de marzo, un atrevido ataque a la ciudad de Angol; pero los defensores de la plaza no solo consiguieron rechazar al enemigo, causándole pérdidas considerables, sino que, saliendo fuera de sus bastiones, marcharon en su persecución un largo trecho, y le mataron alguna gente. Esta victoria, sin embargo, fue de tan poca importancia en el curso de la guerra, que poco tiempo después los indios volvían a renovar sus ataques, aprovechándose de las tinieblas de la noche, y repetían sus devastaciones en los campos vecinos.[317]

3. Los indios sublevados marchan sobre la Imperial. Desastres repetidos que sufren los defensores de esta ciudad: derrota y muerte del corregidor Andrés Valiente; sublevación de los indios de Villarrica

Si el levantamiento de los indígenas se hubiese limitado a aquella parte del territorio, que era la que siempre había estado de guerra, no habría habido motivo para que los españoles comenzaran a desesperar de su situación. Pero la insurrección se extendió rápidamente a provincias que estaban tranquilas desde tiempo atrás.

Poco después de la derrota y muerte de Óñez de Loyola, los indios de la comarca de la Imperial comenzaron también a ponerse sobre las armas bajo las órdenes del cacique Anganamón. Según las antiguas relaciones, y según parece descubrirse en el estudio de los hechos, este caudillo era entonces el segundo de Pelantaro, el jefe prestigioso que en esos mismos momentos dirigía la guerra en la región de Angol. Los indios de la Imperial se limitaron al principio a recorrer los campos vecinos en son de guerra, robando los ganados de

---
316 Álvarez de Toledo, canto V.
317 Álvarez de Toledo, canto VIII.

los españoles, destruyendo las habitaciones de sus estancias y excitando a la rebelión a los indios que permanecían sometidos. En estas primeras correrías no hallaron resistencia en ninguna parte.

Era corregidor de la Imperial el capitán Andrés Valiente, de quien dice el poeta cronista de estos sucesos que «en obras lo era como en apellido». En la tarde de 24 de diciembre (1598), cuando llegó a la ciudad la noticia del desastre de Curalava, pasó revista a la gente que podía armar, y contó 150 jinetes y cuarenta y tres infantes, en mucha parte poco experimentados en la milicia, y en todo caso insuficientes para emprender en esas circunstancias una campaña fuera de la ciudad. Queriendo proveer a la defensa de ésta, el corregidor dispuso que las mujeres y los niños se recogiesen a la casa episcopal que, desde dos años atrás, había quedado vacía por muerte del obispo don fray Agustín Cisneros. Enseguida, distribuyó sus tropas en los otros edificios convertidos en cuarteles, cerró las calles con palizadas y trincheras, y esperó cerca de un mes el verse atacado por los enemigos. Solo a fines de enero hicieron los indios su primera aparición en las cercanías de la ciudad,[318] robando cuanto encontraban en su camino y poniendo en dispersión a los españoles que intentaron contenerlos.

Andrés Valiente parecía determinado a mantenerse a la defensiva; pero las depredaciones de los indios irritaban sobremanera a los suyos. Uno de estos, el capitán Pedro Olmos de Aguilera, el vecino más considerado de la ciudad, obtuvo permiso para salir con cuarenta jinetes a defender los campos que asolaba el enemigo. A pesar de la cautela con que emprendió su marcha, los indios supieron ocultar en las inmediaciones el grueso de sus fuerzas, de tal suerte que Olmos de Aguilera, ajeno a todo peligro, se alejó de la ciudad más de lo que convenía, y luego se halló envuelto y obligado a aceptar el combate en las peores condiciones. Después de una ruda y desesperada pelea, los españoles lograron abrirse paso y regresar a la ciudad, pero dejaban en el campo ocho hombres, uno de los cuales era el mismo capitán que los había sacado

---

318 Así lo dice expresamente Álvarez de Toledo en el canto IV del *Purén indómito*. La *Historia general* del padre Rosales, que desde estos sucesos comienza a ser mucho más exacta que en las partes anteriores, dice en el capítulo 10 del libro V, que el primer combate en las cercanías de la Imperial, tuvo lugar el 30 de enero de 1599. En la relación inédita de Gregorio Serrano, se dice que fue el 18 de enero.

de la Imperial.[319] La victoria de los indios y la muerte de Olmos de Aguilera, sembraron la consternación en la ciudad, e hicieron presentir los incalculables desastres que se aguardaban.

Antes de mucho, en efecto, los rebeldes asaltaban un pequeño fortín que los españoles tenían en Maquegua, en las cercanías de la Imperial, degollaban a los indios de servicio que encontraron allí, y prendían fuego a las trincheras y palizadas. Restablecido el fortín poco después, los mismos indios que hasta entonces se habían mostrado fieles a los españoles, daban muerte a los soldados que lo defendían, y a su turno se pronunciaban en abierta rebelión. En estos combates, y en otros de menor importancia que se siguieron, los defensores de la Imperial tuvieron hasta fines de marzo cerca de cincuenta hombres muertos, lo que era una pérdida enorme, dados el desamparo y el aislamiento de su situación. En todo el tiempo transcurrido desde los principios del levantamiento, los defensores de la Imperial no habían recibido de afuera más que auxilios casi insignificantes. El 27 de marzo se reunía el cabildo de la ciudad y daba sus poderes a don Bernardino de Mendoza para que se trasladase a Concepción y pidiese a Viscarra los auxilios que se creían indispensables para la defensa de la ciudad. Pero esta gestión debía ser absolutamente infructuosa. En medio de los apuros por que pasaba la colonia, el gobierno superior de ella podía hacer bien poca cosa en favor de las ciudades del sur. El presidente interino les había enviado en febrero anterior algunas municiones y un corto socorro de tropas que, según dos testigos muy caracterizados, «fue de más daño que provecho, por no ser de más de cuarenta y ocho hombres, y esos tan inútiles y desarmados que se reían los indios dellos».[320] Con este miserable refuerzo se

---

319 Álvarez de Toledo, canto VII, cuenta este combate con muchos pormenores, nombrando a todos los soldados que se distinguieron en él. La relación de Gregorio Serrano se aparta bastante en los accidentes de la del poeta cronista, y contiene algunos que son inexactos, lo que se explica fácilmente recordando que este capitán escribía lejos del teatro de estos sucesos, consignando las noticias que circulaban en el primer momento.

320 Copio estas palabras de una exposición escrita en Valdivia en agosto de 1599 por dos religiosos, fray Antonio de Riberos y fray Pedro de Angulo, y dirigida al gobernador don Francisco de Quiñones para darle cuenta de los males que afligían al reino y en especial a sus ciudades más australes. Conviene advertir que estos son muy severos en condenar a las autoridades militares, y que muchos de los cargos que contiene su exposición, son antojadizos, así como el tenor de ese documento demuestra el estado de exaltación que habían creado los desastres anteriores.

intentaba socorrer cuatro ciudades amenazadas por la formidable insurrección de los indígenas.

Pero la Imperial debía pasar por pruebas más dolorosas todavía que las que hasta entonces había experimentado. Los españoles contaban por amigos a los indios que poblaban la ribera sur del río Cautín. En esos lugares, y a poco más de dos leguas de la ciudad, en el distrito de Boroa, habían establecido un fortín cuya escasa guarnición tenía encargo de amparar las estancias y los trabajos agrícolas que allí existían. En los primeros días de abril se presentó en Boroa un cuerpo considerable de indios de guerra mandado por Anganamón. Sin tardanza, dieron muerte a seis españoles que hallaron allí, y a todos los indios amigos que pudieron tomar, destruyendo cuanto encontraban a su paso. A consecuencia de esta operación de los bárbaros, los defensores de la Imperial iban a hallarse incomunicados con las ciudades del sur, como lo estaban ya con las del norte.

Ante este peligro, y ante la insolencia creciente de los bárbaros, el capitán Andrés Valiente perdió toda su prudencia. Reunió sin vacilar cuarenta de sus mejores soldados, y pasando atrevidamente el río Cautín en las balsas de que podía disponer, avanzó hasta Boroa para reponer el fuerte y la dominación de sus soldados. En el principio, su expedición no tuvo que experimentar ninguna contrariedad; pero los indios enemigos habían reconcentrado artificiosamente sus fuerzas en número veinte veces mayor que el de los españoles. Apoyados seguramente por algunas tribus indígenas que hasta entonces habían fingido estar de paz, el 8 de abril cayeron sobre los soldados del capitán Valiente obligándolos a aceptar el combate, y cortándoles toda retirada posible por medio de la destrucción de las balsas que habían quedado en el río. La lucha, que no debió ser larga, se terminó por una de las más desastrosas derrotas que jamás hubieran sufrido los españoles. Dos de estos lograron pasar a nado el río Cautín y llegar sanos y salvos a la Imperial. Otros tres tomaron la fuga por las llanuras del oriente, y hallaron su salvación en la apartada ciudad de Villarrica. Los treinta y cinco restantes, y entre ellos el mismo capitán Andrés Valiente, fueron inhumanamente muertos por los indios.[321]

---

321 Este desastre de los españoles tuvo lugar el jueves santo de 1599, según dice Álvarez de Toledo en el canto IX del *Purén indómito*. Ese año, el jueves santo cayó el 8 de abril. La relación del poeta cronista es bastante extensa y abunda en pormenores que no es posible aceptar sin comprobación. Aunque en el fondo está más o menos acorde con la

Aquel desastre produjo una impresión profundamente dolorosa en la ciudad. Los habitantes de la Imperial celebraban esos días la fiesta religiosa de la semana santa. Persuadidos de que sus oraciones podrían atraerles una protección sobrenatural, y que solo ella era capaz de salvarlos de los peligros que los rodeaban por todas partes, hicieron votos y procesiones, y trasladaron solemnemente las imágenes de los santos a la casa episcopal, que era la porción de la ciudad que se creía más resguardada contra los ataques de los indios, y la única que podían defender con sus escasas fuerzas. Sin embargo, la desgracia no cesaba de perseguir a los defensores de la Imperial. Uno de esos mismos días, los indios de guerra, instigados a esta empresa por los auxiliares, hicieron su entrada en los barrios de la ciudad que acababan de desamparar los españoles, y se llevaron todos los objetos que encontraban en las casas abandonadas, sin hallar la menor resistencia en ninguna parte. En los alrededores ejercían depredaciones mayores todavía, destruyendo las casas de las estancias, robando los ganados y sembrando por todas partes la desolación y el espanto. El corregidor de Valdivia, imposibilitado para prestar a la Imperial un auxilio más eficaz, juntó apenas veintidós hombres y los hizo partir por el camino de tierra bajo las órdenes del capitán Liñán de Vera. En las cercanías del río Toltén fueron asaltados de improviso por los indios de esta región, que hasta entonces habían estado de paz, y todos ellos fueron asesinados sin piedad.

    Después de tantos desastres, la situación de los defensores de la ciudad era casi desesperada. El capitán Hernando Ortiz, que había tomado el mando por muerte del corregidor, pasó revista a sus tropas y solo halló noventa nombres, incluyendo sacerdotes, ancianos y enfermos, para atender a la defensa de la ciudad. Esperando todavía socorros que en aquellos momentos no podían llegarle de ningún lado, había hecho partir para Concepción el 9 de abril a don Baltasar de Villagrán y a fray Juan de Lagunilla a dar cuenta al gobernador de los apuros por que pasaba la ciudad. Esos emisarios, venciendo dificultades extraordinarias y escapando felizmente a los mayores peligros en un territorio ocupado por los enemigos, llegaron a Angol y de allí siguieron su viaje a Concepción para saber que el gobernador Viscarra no se hallaba en una situa-

---

de Gregorio Serrano, hay en los accidentes muchas divergencias. Nosotros solo contamos los principales, omitiendo pormenores de escasa importancia.

ción más holgada que la de los defensores de la Imperial y que, por lo tanto, le era absolutamente imposible prestar a esta ciudad los auxilios que pedía.[322]

La insurrección de los indios se había extendido a otros lugares de la región del sur. La ciudad de Villarrica, enclavada en el corazón del territorio, al pie de la cordillera de los Andes, y lejos de los otros centros de población, se vio seriamente amenazada. El capitán Rodrigo de Bastidas que mandaba allí, convencido de que no podía recibir socorros de ninguna parte, hizo cuanto era dable para mantener la moralidad de las pocas tropas de su mando, y aun sostuvo con ventaja algunos combates contra los indios. Todo, sin embargo, hacía presentir desastres inauditos para aquella ciudad y para su guarnición; pero Bastidas y sus compañeros mostraron en esa ocasión ánimo resuelto para soportar las privaciones y para hacer frente a todos los peligros.[323]

4. Los españoles despueblan la ciudad de Santa Cruz y los fuertes inmediatos. Los indios atacan la ciudad de Concepción y son rechazados; crítica situación del reino según el gobernador Viscarra

Mientras tenían lugar estos sucesos en los alrededores de la Imperial, el levantamiento de los indios cobraba mayor fuerza en las poblaciones inmediatas al Biobío. Angol era inquietado frecuentemente, y la nueva ciudad de Santa Cruz se veía amenazada por un sitio que podía serle funesto. Colocada en las faldas de la cordillera de la Costa, y sobre una pequeña altura, no tenía más agua que la de un arroyo vecino de que podían posesionarse los sitiadores, ni otra comunicación posible con los otros establecimientos españoles que por el río, y ésa podía ser cortada si los indios se apoderaban de las embarcaciones que allí había. En todo caso, estando Santa Cruz fundada a una legua del Biobío, sus defensores tendrían que dividir sus fuerzas entre la ciudad y el río, debilitando considerablemente su poder. El general Francisco Jufré, en quien había delegado el gobernador interino el mando superior de las operaciones

---

322 Todos estos hechos han sido referidos con diversidad de accidentes por los capitanes Álvarez de Toledo y Gregorio Serrano en los escritos antes citados. En las numerosas informaciones posteriores de que hablaremos más adelante, se encuentra la corroboración de la mayor parte de estas noticias.
323 El padre Rosales, en el capítulo 12 del lib. V de su *Historia general* ha referido extensamente los sucesos que tuvieron lugar en Villarrica, fundándose sin duda en alguna antigua relación. Los documentos contemporáneos que han llegado hasta nosotros hablan muy pocas veces de ellos.

militares, reconoció todos estos inconvenientes, y creyendo imposible sostener un sitio teniendo que sustentar mujeres y niños y sin poder ser socorrido, pidió a Viscarra que mandase despoblar la ciudad antes que fuese atacada por los indios.[324] El gobernador se hallaba entonces en Concepción rodeado de alarmas y de inquietudes, convencido de que desde los primeros días de la conquista, jamás había pasado Chile por días de mayor peligro. En medio de la perturbación general que tal estado de cosas había creado, convocó a sus capitanes para oír sus pareceres acerca de si convenía o no despoblar a Santa Cruz. Siendo imposible enviar a esta ciudad los socorros que necesitaba para sostenerse, Viscarra y sus consejeros acordaron autorizar a Francisco Jufré para «que él y los capitanes que consigo tenía, viesen lo que más convenía al servicio de Dios y del rey».[325] Esta resolución, aunque indeterminada en la forma, importaba tanto como aprobar el plan propuesto por Jufré.

Pero la despoblación de Santa Cruz ofrecía las más serias dificultades. Sus habitantes eran hombres pobres, sin otros bienes de fortuna que sus casas y los campos que comenzaban a cultivar en los alrededores. El abandono de esos lugares importaba para ellos la pérdida de sus hogares, de sus propiedades, de sus muebles y de sus ganados, y el principio de una vida de miseria semejante a la mendicidad. Jufré se vio por esto mismo obligado a disimular sus propósitos, haciendo entender a los habitantes de la ciudad que era necesario acercarse al río para estar en situación de recibir los socorros que pudieran enviársele, y enseguida pasar el río para buscar un sitio en que fortificarse más ventajosamente. En efecto, el 7 de marzo los vecinos de Santa Cruz abandonaban sus casas en medio de una confusión indescriptible, llevando cada cual todo lo que podía cargar consigo. En la ribera norte del Biobío, muy poco más abajo del sitio en que sus aguas se han engrosado con las del caudaloso Laja, Jufré

---

324 El gobernador Alonso de Ribera ha discutido con el criterio de verdadero militar la despoblación de la ciudad de Santa Cruz, en su memorial que hemos citado otras veces, y que dio a luz don Claudio Gay entre los *Documentos de su historia*. Véase el tomo II, págs. 155-158. Según él, la situación de la ciudad ofrecía serios inconvenientes para su defensa; pero no debió despoblarse porque eso era ensoberbecer al enemigo y facilitar sus triunfos. Por el contrario, Ribera cree que allí debió plantearse el centro de la resistencia a la insurrección de los indios, y que allí debieron establecerse los gobernadores Viscarra y Quiñones para dirigir la guerra.

325 *Relación* citada de Gregorio Serrano.

y sus compañeros asentaron su campo y dieron principio a la construcción de palizadas y bastiones, como si quisieran establecerse en aquellos lugares.

Hasta entonces los indios de esas inmediaciones se habían mantenido en paz. La despoblación de Santa Cruz fue la señal del levantamiento. Los que habitaban la ribera sur del Biobío saquearon y quemaron las casas que los españoles acababan de abandonar. Los de la orilla opuesta pusieron sitio al fuerte de Jesús que Óñez de Loyola había fundado sobre el río para tener expedito el camino de Concepción. El capitán Hernando de Andrade que mandaba allí, se defendió valientemente y, aun, rechazó el primer ataque; pero al fin habría tenido que sucumbir si el general Jufré, que estaba situado tres leguas más arriba, no le hubiera enviado socorro. Sin embargo, considerando imposible el sostenerse contra la insurrección, ese general mandó abandonar aquel fuerte, y reuniendo todas sus tropas, emprendió con ellas la marcha a Chillán.[326] Las orillas del Biobío quedaron así en poder de los rebeldes.

Probablemente, si los españoles no se hubieran dejado imponer por la insurrección, si hubieran tenido la misma constancia de que habían dado tantas pruebas en aquella larga guerra, habrían podido sostenerse en esos lugares hasta recibir refuerzos, y habrían logrado quizá circunscribir el levantamiento de los indígenas. Por el contrario, el abandono de las riberas del Biobío debía tener una influencia fatal para la subsistencia de la conquista. En efecto, desde ese día los indios estrecharon más y más a los defensores de la ciudad de Angol, bien persuadidos de que estos no podían recibir socorros. Mandaba en ella el capitán don Juan Rodulfo Lisperguer, chileno de nacimiento e hijo de un caballero alemán, establecido de tiempo atrás en Santiago, de que hemos tenido ocasión de hablar antes de ahora.[327] Este capitán, desplegando una entereza incontrastable, no solo hizo un viaje a Concepción en busca de municiones, teniendo que

---

326 La despoblación de Santa Cruz fue un hecho muy discutido más tarde en las informaciones levantadas para explicarse las causas de la insurrección de los indios y de los triunfos de estos; de manera que en todas ellas se encuentran algunas noticias a este respecto. Pero existen, además, las relaciones de Gregorio Serrano y de Álvarez de Toledo. Este último servía en esos momentos a las órdenes del general Jufré, y fue, por lo tanto, testigo de estos sucesos que ha contado en los cantos VIII y IX del *Purén indómito*, pero, aunque su relación contiene noticias muy interesantes que sería imposible hallar en otra parte, se deja ver que el autor no ha querido hablar de los antecedentes inmediatos que determinaron la despoblación.
327 Véase la parte II, capítulo 16, nota 11.

atravesar las provincias sublevadas, sino que sostuvo heroicamente la defensa de la ciudad durante algunos meses.

Pero esta defensa de Angol no podía contener, en parte siquiera, la insurrección general. Los indios que poblaban los campos del norte del Biobío, creyeron que los españoles estaban perdidos y que bastaría un regular esfuerzo para arrojarlos definitivamente del territorio. En esta confianza, se reunieron en número considerable, y después de recorrer los campos vecinos, haciendo las devastaciones acostumbradas, se presentaron el 6 de abril enfrente de Concepción. En el primer combate, los indios fueron batidos por los defensores de la ciudad bajo el mando del alférez real Luis de las Cuevas; pero quedaba otro cuerpo reunido a pocas leguas de la ciudad, en el asiento de Quilacoya, donde los españoles habían tenido lavaderos de oro. No queriendo darles tiempo a que se organizaran mejor, resolvió Viscarra salir a atacarlos. Poniéndose él mismo a la cabeza de unos ochenta soldados, partió de Concepción en la tarde del 7 de abril, y cayendo de improviso antes de amanecer sobre el campamento de los bárbaros, mató más de cien de estos, tomó prisioneros unos cuarenta y obligó a los otros a buscar la salvación en la fuga. Con el propósito de aterrorizar al enemigo, el gobernador declaró que todo indio que fuese tomado con las armas en la mano sería reducido a esclavitud. En ejecución de este decreto, los prisioneros de Quilacoya fueron inhumanamente marcados en la cara con un hierro candente.[328]

Ni estos pequeños triunfos ni estos atroces castigos habían de mejorar la situación de los españoles. Lejos de eso, los indios rebeldes quedaron dueños absolutos de todos los campos circunvecinos. Quemaron las casas de las estancias y los molinos que había en ellas, e inquietaban sin cesar los mismos suburbios de la ciudad. Los pobladores de ésta, temerosos de verse atacados de sorpresa por los indios rebeldes, se encerraban cada noche en la iglesia y el convento de San Francisco, donde creían posible defenderse. Pero si, merced a una vigilancia de todas horas, estuvieron libres de estos ataques, el gobernador y sus compañeros vivían en medio de los mayores sobresaltos, y comprendían de sobra los peligros de su situación. Desde la funesta jornada de Curalava, esto es, desde fines de diciembre del año anterior, habían perdido más de 200 hombres, y, entre ellos el gobernador del reino y algunos de sus más

---

328 *Relación* citada de Gregorio Serrano.

ilustres capitanes; y, aunque este número puede parecer casi insignificante, es menester tomar en cuenta que él formaba, según un cómputo del cabildo de Santiago, la tercera parte de los pobladores de los establecimientos del sur.[329] Los españoles habían visto arrasadas todas sus estancias, destruidos sus viñedos, robados sus ganados, quemados algunos fuertes, destruida una de sus ciudades, y seriamente amenazadas las otras, en los suburbios de algunas de las cuales los indios habían hecho grandes destrozos. «Si se dilata este mes el socorro que de Vuestra Excelencia se espera, escribía Viscarra al virrey del Perú, está en evidente contingencia rebelarse todos los indios de arriba y de todo el reino y ser necesaria nueva conquista.»[330]

5. Llega al Perú la noticia de los desastres de Chile. El Virrey resuelve socorrer este país y nombra gobernador a don Francisco Quiñones: antecedentes biográficos de este capitán

En efecto, los socorros pedidos al Perú tardaban demasiado. Se recordará que a mediados de enero de 1599 había partido de Valparaíso el capitán Luis Jufré con el encargo de dar cuenta al virrey de los desastres del reino de Chile y de solicitar empeñosamente el pronto envío de algunos auxilios. Después de un mes de navegación, Jufré llegaba a Lima y comenzaba sus trabajos con la más empeñosa decisión. En aquella ciudad encontró dos individuos bien dispuestos a ayudarlo en estos trabajos, el capitán Jerónimo de Benavides, que el año anterior había ido al Perú con un objetivo análogo, y Domingo de Eraso, el secretario de Óñez de Loyola, que entonces volvía de España después de desempeñar una comisión semejante.

El virrey del Perú, don Luis de Velasco, se había mostrado siempre dispuesto a socorrer a Chile y, en efecto, le había enviado los refuerzos de hombres y de municiones que le había sido posible reunir. En esta ocasión, ante el formidable levantamiento de los indios y la muerte del gobernador Óñez de Loyola, el virrey demostró todavía mayor empeño en suministrar esos socorros. Reunió al efecto a la Real Audiencia y a los oficiales reales, y de acuerdo con ellos, dispuso que a la mayor brevedad se enganchasen 300 hombres y se les proveyese de armas y municiones. Cuando buscaba entre los capitanes que había en todo el

---
329 Carta del cabildo de Santiago al rey, de 30 de abril de 1599.
330 Carta escrita en Concepción a 17 de abril de 1599.

virreinato uno a quien confiar el mando de esas tropas y el gobierno de Chile, se ofreció espontáneamente a desempeñar este cargo un antiguo militar llamado don Francisco de Quiñones, que gozaba de gran prestigio y que servía el alto puesto de corregidor de Lima.

Era Quiñones un hidalgo de noble cuna,[331] originario de León, que había servido al rey desde su primera juventud y que había llegado a la vejez conservando la entereza de su carácter y el espíritu marcial de los hombres de su raza. En 1559 servía en el ejército español de Italia. Habiéndose embarcado en la escuadra que mandaba el duque de Medina Celi, virrey de Nápoles, hizo con éste en los primeros meses del año siguiente, la funesta jornada de Jelbah, o Jelbes, como escriben los castellanos. Es ésta una isla pequeña, situada a una legua de la costa de África, en las inmediaciones de Trípoli, y nido entonces de los piratas turcos que recorrían el Mediterráneo. Los españoles se apoderaron de ella sin grandes dificultades, pero atacados por una escuadra turca, sufrieron una espantosa derrota, y perdieron treinta naves, mil muertos y cerca de 5.000 prisioneros que fueron llevados a Constantinopla y vendidos como esclavos.[332] Don Francisco de Quiñones fue de este número. Se ha contado que en el combate desplegó un valor heroico, que casi solo defendió su nave y que cayó en poder de los turcos cubierto de heridas. Pero más tarde recobró su libertad mediante un grueso rescate en dinero, y continuó sirviendo en Italia y en Flandes.

---

331 Don fray Prudencio de Sandoval, obispo de Pamplona, dice en el capítulo 16 del libro XVIII de la *Crónica general de España* (continuación de la obra de Ambrosio de Morales) que los Quiñones eran parientes de doña Jimena Díaz, la esposa del Cid campeador.

332 La pequeña isla de Jerbah, teatro de otro gran desastre de los españoles en 1510 bajo el reinado de Fernando el Católico, es llamada también Gerbi, Zerbi y Djerba. La jornada de 1560 fue muy poco gloriosa para los españoles como combate naval, así es que no deben admitirse como una verdad indiscutible las alabanzas que con ese motivo prodiga Álvarez de Toledo a don Francisco de Quiñones en el canto VI del *Purén indómito*. Por el contrario, la resistencia que opusieron a los turcos los españoles que habían desembarcado en la isla fue altamente heroica. El lector puede hallar noticias completas acerca de esta jornada en Herrera, *Historia general del mundo*, lib. V, caps. 1 y 2; en Cabrera, *Felipe II*, lib. V, caps. 8, 11 y 12; en Lafuente, *Historia de España*, parte III, lib. II, capítulo 3; y sobre todo en Prescott, *History of Philip II*, lib. IV, capítulo I, que presenta un cuadro excelente por el colorido y la claridad de todos los sucesos de esa campaña. Quiñones debía tener entonces un rango muy subalterno, de tal suerte que su nombre no aparece en ninguna de esas relaciones.

En España, don Francisco de Quiñones contrajo matrimonio con doña Grimanesa de Mogrovejo, hermana de un célebre religioso que desempeñaba el cargo de inquisidor de Granada, y que ha sido canonizado por la Iglesia con el nombre de Santo Toribio. Promovido éste al rango de arzobispo de Lima, Quiñones pasó con él al Perú en 1580,[333] y obtuvo en este país todas las consideraciones que debía atraerle tan elevado protector. Se le dieron los títulos de maestre de campo y de comisario general de la caballería. En 1582, el virrey don Martín Enríquez le confió el cargo de comboyar hasta Panamá la flota que conducía a España los tesoros del Perú, y pocos meses más tarde fue nombrado corregidor de la ciudad de Lima y de su distrito. En este puesto desplegó una gran actividad en la persecución de ladrones y de vagos, y se conquistó la reputación de hombre justiciero.

Apenas designado por el virrey para desempeñar el cargo de gobernador y capitán general del reino de Chile, don Francisco de Quiñones hacía publicar en la plaza mayor de Lima el 24 de febrero (1599), al son de músicas militares, un solemne bando que anunciaba al pueblo la jornada que iba a emprender, y le pedía su cooperación.[334] Después de recordar los desastres de Chile y la obligación en que estaban todos los vasallos del rey de acudir a su servicio, ofrecía 170 pesos de plata y los auxilios de ropa y de sueldo a los individuos que quisieran acompañarlo como soldados en la pacificación de este país, comprometiéndose a darles permiso para volverse al Perú cuando lo solicitaren. A pesar de tan halagadoras promesas, fue imposible enganchar los 300 hombres que se había querido mandar a Chile. Era tal el desprestigio de este país, que las gentes se resistían enérgicamente a enrolarse en esta columna. Por otra parte, hacía poco el virrey había enviado un contingente mucho más considerable de tropas a Panamá para la defensa de la región del istmo contra los ataques de los ingleses, de tal suerte que la población flotante y aventurera que suministraba soldados para la guerra, era entonces mucho menos numerosa. Después de cerca de tres meses de afanes, Quiñones solo había podido juntar 130 hom-

---

333 Montalvo, *El Sol del nuevo mundo* ideado y compuesto en las esclarecidas operaciones del bienaventurado Toribio, arzobispo de Lima, Roma, 1683, lib. II, capítulo 14.
334 El nombramiento de Francisco de Quiñones, publicado por primera vez por don Claudio Gay en el tomo I de sus *Documentos*, y reproducido por don M. L. Amunátegui en el tomo II de su *Cuestión de límites*, pág. 205, tiene la fecha de 1 de abril de 1599: pero en el bando citado de 24 de febrero que tenemos a la vista, se ve que Quiñones ya se daba el título de gobernador y capitán general de Chile.

bres, y con ellos se decidió a partir para su destino. Entre los capitanes que debían acompañarlo se contaba su hijo mayor, don Antonio de Quiñones, que había tomado servicio sin remuneración alguna. Pudo además procurarse doce quintales de pólvora, igual cantidad de plomo, ocho de cuerdas o mechas para los arcabuces, y cuatro piezas de artillería con su dotación de balas. Según los memoriales dirigidos al rey por Quiñones y su familia, él mismo habría gastado 40.000 pesos de su fortuna particular para hacer estos aprestos;[335] pero debe tenerse en cuenta que en las representaciones de esa clase, era ordinario hacer presente al soberano rasgos semejantes, exagerando notablemente las cifras, para obtener los premios a que cada cual se creía merecedor.

6. Llega a Chile el nuevo gobernador: socorre la plaza de Arauco y alcanza otras pequeñas ventajas

Quedaba todavía que vencer otras dificultades para proporcionarse naves en que transportar esa gente. Don Francisco de Quiñones logró al fin reunir dos buques, y en ellos zarpó del Callao el 12 de mayo, trayendo por piloto mayor a don Juan de Cárdenas y Añasco, marino experimentado en esta navegación. Comenzaba entonces la estación de los vientos del norte, que si bien facilitan y abrevian esta navegación, suelen convertirse en tempestades deshechas. Quiñones experimentó en este viaje una de esas tempestades. Él y sus compañeros referían más tarde que sus naves corrieron el mayor peligro, que fue necesario aligerar la carga arrojando al mar muchas cosas útiles, y que los marineros comenzaron a preparar tablas para salvarse en el caso de un naufragio que parecía inevitable. Las personas más caracterizadas que venían en las naves pidieron entonces a Quiñones que mudase rumbo, y que se acercase a tierra para desembarcar su gente. El gobernador se mantuvo inflexible en su determinación, y el 28 de mayo llegaba a la bahía de Concepción cuando el viento norte se hacía sentir aún con una amenazante intensidad.[336] Supersticioso, como la

---

335 Carta de Quiñones al rey, escrita en Concepción el 20 de febrero de 1600. Carta al rey de doña Grimanesa de Mogrovejo, esposa de Quiñones, escrita en Lima el 26 de abril de 1600. Esta señora pedía entonces al rey en remuneración de los servicios de su marido, que diese a dos de sus hijos los hábitos de caballeros de las órdenes militares con la renta correspondiente pagada por la Corona. Parece que el rey, que debía estar agobiado de representaciones semejantes, no atendió la de doña Grimanesa.

336 Don Francisco de Quiñones ha dado cuenta de estos peligros de su navegación en una carta escrita al rey desde Concepción el 15 de julio de 1599. En una información levantada

casi totalidad de los hombres entre quienes vivía, Quiñones estaba persuadido de que solo un milagro del cielo lo había salvado de un fin desastroso durante esa navegación. En cumplimiento de un voto hecho en las horas de peligro, no quiso bajar a tierra sino el día siguiente, cuando supo que había sido repartido entre los conventos de Concepción un presente de 300 pesos de plata que había ofrecido hacerles.

Don Francisco de Quiñones fue recibido en Concepción con los honores debidos a su rango. Hiciéronse salvas de artillería, las músicas militares lo saludaron como salvador del reino, y hubo horas de expansión y de alegría, creyendo que se acercaba el término de los horribles males por que había pasado el país.[337] El gobernador, sin embargo, conoció en el momento los peligros de la situación y su impotencia para desarmarlos. El corto refuerzo que traía era del todo insuficiente no solo para dominar la formidable insurrección de los indígenas sino, aun, para enviar algún socorro a las ciudades que se hallaban asediadas. El tesoro real estaba vacío, los soldados descalzos y desnudos, y los vecinos y sus familias, privados de sus campos y de sus ganados por el levantamiento de los indios, vivían en la mayor pobreza. Santiago y La Serena, aunque tan apartadas del teatro de la guerra, no se hallaban en mucho mejor situación; y en sus distritos respectivos las autoridades españolas tenían que mantener una estricta vigilancia, temerosas de que los indios de estas comarcas tratasen de imitar el ejemplo de los del sur, aprovechándose de la debilidad de sus guarniciones. El licenciado Francisco Pastene, el teniente de gobernador que había quedado en Santiago, creyó descubrir una conjuración de los indios de Quillota para efectuar un alzamiento, y había tenido que aplicar castigos enérgicos y prontos.[338]

---

en Concepción en noviembre de ese mismo año, y que nos ha sido muy útil para narrar los sucesos que siguen, el gobernador ha dejado constancia de estos hechos, probando con los testigos la resolución con que se negó a cambiar el rumbo durante la navegación. Por lo demás, son tan frecuentes las noticias de tempestades espantosas que hallamos en los documentos y antiguas relaciones, que casi llegamos a creer que hay en ellas una notable exageración, producida más que por la inexperiencia de los navegantes, por el temor que debía inspirar la escasa seguridad que ofrecían las embarcaciones.

337 Álvarez de Toledo, después de referir en el final del canto XIII del *Purén indómito* el viaje de Quiñones y la tempestad a que hemos aludido, cuenta en el canto siguiente las fiestas con que fue recibido en Concepción.

338 Consta este hecho de una petición de los vecinos de Santiago dirigida al gobernador en 4 de enero de 1600. Las cartas de don Francisco de Quiñones al rey y, sobre todo, las

El primer cuidado de don Francisco de Quiñones fue dar cuenta al virrey de aquel estado de cosas, y pedirle que a la mayor brevedad posible le enviase los socorros que le eran indispensables. Solicitó de los vecinos de Santiago que hiciesen cualquier esfuerzo para prestarle algunos auxilios. Con las fuerzas de su mando, se empeñó en restablecer la tranquilidad en las cercanías de Concepción. Los indios de estos lugares, según su costumbre inveterada, fingieron dar la paz; pero Quiñones se negó a entrar en tratos con ellos, exigiéndoles, sin embargo, que acudieran a trabajar en la reconstrucción de los edificios destruidos. Del mismo modo reparó las defensas de la ciudad, y en especial la que se había establecido en el convento de San Francisco, dotándola de palizadas y artillería.

Habría querido, además, socorrer las ciudades que se hallaban sitiadas por los indios; pero le era absolutamente imposible hacerlo por falta de tropas. Sin

---

informaciones de testigos que levantó en Concepción, dan noticia cabal de la situación del reino a la época en que se recibió del mando. Álvarez de Toledo la ha descrito también en los tres octavas siguientes del canto XIV de su poema:

«Perdidolo halló todo y destrozado,
lleno de mil trabajos y fastidios,
de miseria y de afanes rodeado,
de pérdidas inmensas y subsidios:
el castillo de Arauco está asediado,
con poca gente todos los presidios,
y tres ciudades prósperas quemadas,
y las demás confusas y alteradas.
»La tierra con la sangre empantanada
de los valientes césares hispanos,
de muros de cadáveres sembrada,
pujantes a los bárbaros profanos:
la nueva ciudad de Óñez despoblada,
rebelados los indios mareguanos,
vencedores, soberbios, victoriosos,
y a los hispanos bélicos medrosos.
«A todos los amigos convocados
para se levantar la primavera,
de bastimento falto y de ganados,
in guarnición alguna esta frontera:
de caballos los más necesitados,
y todo lo demás de esta manera,
¿Pues quién podrá o será tan suficiente
que pueda reparar tanto sin gente?»

embargo, las noticias que le llegaban de la plaza de Arauco, eran de tal manera alarmantes, que se hacía indispensable tentar algún esfuerzo. Esta plaza había sido socorrida por mar con víveres y municiones; pero estrechada por un enemigo soberbio y numeroso, estaba a punto de sucumbir. Quiñones organizó una columna de unos 200 hombres entre españoles e indios amigos, y la despachó en un navío y tres embarcaciones menores, bajo las órdenes de Cárdenas y Añasco, a quien dio el título de su general en el mar. Esa flotilla llevaba, además, todos los socorros de víveres, ropas y municiones que el gobernador podía suministrar a los sitiados de Arauco.

Pero el desembarco de esos socorros ofrecía las mayores dificultades. Los indios que sitiaban Arauco, desde que divisaron los barcos españoles, corrieron a defender el desembarcadero, ocultándose en las vegas vecinas a la playa. Advertidos por las señales que hacían los defensores de la plaza, los expedicionarios penetraron resueltamente con las tres embarcaciones menores en el río Carampangue y bajaron a tierra sin inconveniente alguno. Habían apenas formado sus escuadrones para entrar al fuerte, cuando fueron asaltados con gran gritería por los indios; pero rompiendo el fuego de arcabuz, hicieron los españoles considerables estragos sobre los espesos pelotones de enemigos y los pusieron en completa dispersión. El caudillo que capitaneaba a los bárbaros quedó muerto en el campo. La plaza de Arauco que, según sus defensores, no habría podido sostenerse más que unos pocos días, se salvó así de una catástrofe inevitable, y recibió los socorros necesarios para resistir un largo sitio. Los españoles, además, hicieron algunas correrías en los campos vecinos que les permitieron restablecer momentáneamente su prestigio en esa región.[339]

---

339 Cuenta prolijamente estos accidentes el capitán Álvarez de Toledo en el canto XIV del *Purén indómito*, según el cual, el socorro llevado por Cárdenas y Añasco a la plaza de Arauco había sido de noventa y cinco españoles y de 150 indios amigos. En la información levantada por Quiñones en noviembre de ese año, que hemos citado otras veces, estos hechos están referidos con pequeñas divergencias en los pormenores. Así, uno de los testigos llamado Blas Zamorano declara que en esos mismos días hizo el gobernador una correría en el territorio sublevado pasando para ello el Biobío; y que esta operación fue causa de que muchos de los indios que sitiaban Arauco acudieran a esta parte, lo que facilitó el desembarco del socorro. Este hecho, además, está repetido en un certificado que el cabildo de Concepción dio en 31 de agosto de 1600 para comprobar ante el rey los servicios de don Francisco de Quiñones en el tiempo que desempeñó el gobierno de Chile. En las relaciones y documentos no se halla referencia alguna sobre la fecha en que

Este pequeño triunfo, sin embargo, mejoraba bien poco la situación de los españoles. Quiñones lo comprendía así, y por eso, dando cuenta al rey en esos mismos días del estado del país y de las dificultades sin cuento que hallaba para desempeñar su misión, le repetía que lo más pronto posible le enviase un socorro de 1.000 hombres, que ya le había pedido desde el Perú. «Conforme al estado presente y la fuerza y vigor del enemigo, dice con este motivo, toda la del reino no podrá defender estas fronteras el verano que viene sin que llegue la guerra a los términos de Santiago y la Serena, que son los últimos de esta tierra. Y solo se podrá conservar la posesión de ella con la gente que del Perú se enviare, hasta que venga de España en tal número que por lo menos lleguen acá 1.000 hombres bien armados, por el Río de la Plata y no por la vía de Tierra Firme, como por persuasión de algunas personas escribí a Vuestra Majestad en el despacho del Perú.»[340] El gobernador Quiñones estaba profundamente convencido de que con esos 1.000 hombres que pedía a España, podría consumar en tres años más la pacificación completa de todo el reino de Chile. Eran más o menos las mismas ilusiones que se hacían todos los gobernadores al recibirse del mando.

7. Felipe III comunica a las colonias americanas su exaltación al trono español por muerte de su padre. Historiadores de estos sucesos (nota)

Pero don Francisco de Quiñones debía experimentar antes de mucho una dolorosa contrariedad. A fines de septiembre de ese año de tantos desastres, llegaba a Chile una real cédula datada en el Bosque de Segovia[341] el 28 de octubre de 1598. Anunciábase en ella que Felipe II había fallecido el mes anterior y que su hijo acababa de tomar las riendas del gobierno con el nombre de Felipe III. El nuevo soberano mandaba que se hiciera su solemne proclamación y que se honrase la memoria de su padre con el luto y con las exequias públicas. Pero lejos de comunicar el próximo envío de los socorros que con tanta insistencia se habían pedido de Chile, el monarca hablaba de la pobreza en

---

tuvieron lugar estos últimos sucesos. Consta sí por una carta del gobernador Quiñones al rey, de 15 de julio de 1599, que entonces ya había sido socorrida la plaza de Arauco.
340 Carta inédita de Quiñones al rey, escrita en Concepción en 15 de julio de 1599.
341 Dábase este nombre al sitio real en que más tarde se levantó el palacio de la Granja de San Ildefonso.

que había quedado el tesoro real y recomendaba a sus vasallos de América que acudiesen a remediar sus necesidades. Todo esto hacía creer que aquellos socorros tardarían mucho en llegar.

El cambio de soberano que anunciaban aquellas comunicaciones, era un suceso mucho más trascendental de lo que a primera vista aparecía. Felipe III, príncipe tan notable por su debilidad como sus predecesores lo habían sido por su energía, llegaba al trono a recoger la triste herencia de aniquilamiento y de ruina que habían preparado los errores políticos y económicos que acumularon su padre y su abuelo. Desprovisto de todo talento para comprender aquellos males y mucho más aún para buscarles remedio, el nuevo soberano entregó el gobierno a favoritos incapaces y poco escrupulosos, bajo cuya administración pudo comprenderse claramente «que la grandeza de España era un edificio construido sobre arena».[342] Su poder militar, irresistible en Europa durante la mayor parte del siglo XVI, había comenzado a perder su prestigio después de sufrir grandes derrotas en mar y en tierra, y debía caer en poco tiempo en el más deplorable estado de postración. Toda la administración iba a resentirse de esa decadencia; pero ella debía dejar ver primero sus efectos sobre la riqueza pública, creando una época de angustias y de miseria por la cual nunca había pasado la nación. El soberano «para quien cruzaban los mares tantos galeones henchidos del oro de las Indias», según las palabras de un juicioso historiador,[343] estaba obligado a pedir casi como de limosna los donativos de sus súbditos. Y mientras la casa real no podía pagar los salarios de los criados, y estaba reducida a comprar al fiado los manjares que se servían en la mesa del monarca,[344] los favoritos de éste derrochaban los impuestos y los donativos en

---

[342] Buckle, *History of the civilisation in England*, chap. 15. Esta capítulo, uno de los más interesantes de la obra del célebre filósofo inglés, está consagrado exclusivamente a la historia de España, de que hace un cuadro sintético tan admirable por su erudición como por su solidez.

[343] Lafuente *Historia general de España*, part. III, lib. III, capítulo 1. Todo este capítulo del historiador español contiene abundantes noticias acerca del estado de postración y de pobreza a que por entonces había llegado la metrópoli.

[344] Estos hechos han sido referidos por varios historiadores, pero son particularmente instructivas las *Relaciones de las cosas sucedidas en la corte de España desde 1599 hasta 1614*, escritas día a día y en vista de los sucesos por el cronista don Luis Cabrera de Córdoba, y publicadas por primera vez en Madrid en 1857. Véase entre otras la pág. 117. En ese libro se encuentran, además, los más curiosos pormenores acerca de los aumentos de pensiones y creación de otras nuevas, con que se inició el gobierno de Felipe III, y los considera-

obsequios y pensiones a sus adeptos, en fiestas y regocijos y en fundaciones religiosas. Bajo aquel régimen desastroso, el clero adquirió un poder verdaderamente maravilloso. Los conventos y las iglesias se multiplicaron con una asombrosa rapidez, sus riquezas llegaron a ser prodigiosas, y la miseria pública, la carencia de industrias, la falta de hábitos de trabajo, más aún que el fanatismo religioso, echaban cada año a los claustros y al sacerdocio a millares de personas que encontraban en esta carrera una vida cómoda y desahogada.[345] Bajo la doble influencia del absolutismo político y del desbordamiento del poder sacerdotal, el pueblo español perdía su antigua virilidad, la industria nacional marchaba a una ruina inevitable, y el ingenio mismo de la nación, sojuzgado por la censura inquisitorial, no podía dirigirse al estudio de las ciencias ni a la dilucidación desembarazada de esas grandes cuestiones filosóficas, políticas o sociales que han abierto nuevos horizontes a la humanidad y que han preparado su progreso.

---

bles gastos de puro lujo que se hacían en la Corte por el rey y por los nobles en medio de la miseria pública y de las angustias del tesoro real. Según los antiguos historiadores, las fiestas a que dio lugar el matrimonio del rey en 1599 le costaron 950.000 ducados, y más de tres millones a los grandes señores de Castilla. El historiador alemán Leopoldo Ranke observa con este motivo que esas fiestas costaron al Estado casi tanto como había costado a Fernando el Católico la conquista del reino de Nápoles. Véase su *L' Espagne sous Charles V, Philippe II et Philippe III*, trad. Haiber, París, 1845, pág. 410.

345 Uno de los más antiguos historiadores de Felipe III, el maestro Gil González Dávila, dice a este respecto lo que sigue: «En este año que iba escribiendo esta historia (1623) tenían las órdenes de Santo Domingo y San Francisco en España, 32.000 religiosos, y los obispados de Calahorra y Pamplona 24.000 clérigos; pues, ¿qué tendrán las demás religiones y los demás obispados?». G. González Dávila, *Historia de Felipe III*, lib. II, pág. 215.

Los conventos llegaron a hacerse tan numerosos tanto en España como en América, que engrosando cada día sus riquezas con legados y donativos, llegaron a inspirar los más tristes recelos. Don Gonzalo de Céspedes y Meneses, historiador de Felipe IV, cuenta que habiendo este monarca convocado cortes en Madrid en 1632, los procuradores pidieron la cesación de aquel estado de cosas, señalando que en esa época había en España 9.088 monasterios o conventos, sin contar los de monjas. Véase su *Historia de don Felipe IV, rey de las Españas*, Barcelona 1634, lib. VII, capítulo 9, fol. 272 vuelto. Y el mismo maestro Gil González Dávila, que hemos citado más arriba, dice en la dedicatoria al rey, de otra de sus obras, del *Teatro eclesiástico de las Indias*, Madrid, 1549, que en esa época había 840 conventos en las posesiones españolas de América, cuya población no pasaba entonces de un millón de habitantes de origen europeo. Y veinticinco años más tarde, don Alonso Núñez de Castro, cronista del rey, en un curioso libro titulado *Solo Madrid es corte*, Madrid, 1675, lib. III, capítulo VI, pág. 84, decía que en las provincias de América «se han edificado más de 7.000 iglesias».

En el curso de nuestra historia veremos acentuarse estas tendencias en la marcha social y administrativa de las colonias del rey de España.[346]

---

346 Los sucesos referidos en este capítulo, han sido contados por un testigo y actor de ellos en una crónica en verso que hemos tenido ocasión de citar muchas veces en las páginas anteriores. Nos referimos al *Purén indómito*, por el capitán Fernando Álvarez de Toledo, acerca del cual vamos a reunir aquí las pocas noticias biográficas que es posible recoger en los documentos contemporáneos y en los escritos suyos que han llegado hasta nosotros.
Álvarez de Toledo era andaluz de nacimiento. Soldado desde su juventud, sirvió en Flandes, y llegó, según él mismo cuenta, hasta los mares de Noruega, asistiendo a muchas funciones de guerra y sufriendo tempestades y naufragios. Probablemente en esas campañas contrajo relaciones con don Alonso de Sotomayor; a lo menos cuando éste fue nombrado gobernador de Chile, Álvarez de Toledo se enroló en un cuerpo de tropas que aquel capitán organizó en España, y con él llegó a Chile en 1583. Sus servicios militares en los nueve años que duró el gobierno de Sotomayor, nos son casi enteramente desconocidos. Sabemos sí que en 1587 fue del número de los capitanes que salieron de Santiago a batirse contra los soldados ingleses que había desembarcado Cavendish en Quinteros. Más tarde, bajo el gobierno de Óñez de Loyola, según se ve en las informaciones levantadas por éste, Álvarez de Toledo fue del número de los vecinos de Santiago que se opusieron más resueltamente a que el gobernador sacase tropas de esta ciudad; pero es fuera de duda que en la primavera de 1598 salió él mismo a campaña, y que se hallaba en Chillán en diciembre de ese año, cuando llegó allí la noticia del desastre de Curalava. En las páginas de esta historia hemos cuidado de recordar, y seguiremos haciéndolo más adelante en el texto o en las notas, los hechos en que aparece su persona durante las guerras que ha contado en su poema. Álvarez de Toledo pasó sus últimos años en Santiago, donde tenía familia. Un hijo suyo del mismo nombre, y también capitán como él, disponía en 1631 por un codicilo, que se le enterrara en la iglesia mayor de esta ciudad, en la sepultura de sus padres.
Por su educación y por su cultura, Álvarez de Toledo ocupaba un rango mucho más alto que la casi totalidad de los soldados y capitanes entre quienes peleaba. Había hecho los estudios clásicos que podían seguirse en su tiempo, tenía algunos conocimientos de historia y de mitología antigua, podía hacer las alusiones cosmográficas tan usadas por los poetas, sabía mejor aún la historia sagrada, y manejaba corrientemente la lengua castellana hasta escribir buenas octavas, que si no poseen una gran elevación poética, revelan corrección de lenguaje y conocimiento de los principios de la métrica. Queriendo referir los sucesos de que era testigo, se propuso imitar a Ercilla; y en vez de contarlos en una crónica sencilla que habría sido un documento de gran valor para nosotros, compuso dos poemas de empalagosa lectura, a juzgar por lo que conocemos, y mucho menos útiles. El primero de esos poemas, que recibió el nombre de *Araucana*, contaba los sucesos ocurridos bajo el gobierno de don Alonso de Sotomayor; pero no se publicó nunca. Probablemente se sacaron pocas copias, y solo conocemos de él los cortos fragmentos que consignaron en sus libros dos de los cronistas del siglo XVII, los padres jesuitas Ovalle y Rosales, que lo tomaron por guía al referir esos sucesos, según lo declaran expresamente y con las mismas palabras, el primero en el capítulo 3, lib. V de su *Histórica relación*, y el segundo en el capítulo 52 del libro IV de su *Historia general*. En ese poema tomó, sin duda, el padre Rosales por hechos verdaderos, ciertos accidentes de pura invención, como un combate

personal entre el maestre de campo García Ramón y un cacique araucano, con que en vez de engalanar, ha desautorizado su narración.

El segundo poema de Álvarez de Toledo es el *Purén indómito*, destinado a contar la historia de la gran insurrección de los araucanos al terminar el siglo XVI. La acción se abre con la batalla de Curalava y muerte de Óñez de Loyola, y, aunque el poema en la forma en que lo conocemos consta de veinticuatro cantos en octavas reales, no alcanza a referir el fin del gobierno interino de don Francisco de Quiñones. Escritas con facilidad y con soltura, las estrofas de Álvarez de Toledo tienen a veces rasgos felices y agradables, pero falta casi siempre el soplo de la verdadera poesía. El poeta, por otra parte, no ha concebido una acción verdaderamente épica, sino que se ha limitado a consignar sus recuerdos en una especie de crónica en verso en que ha pretendido hacer entrar todos los hechos grandes o pequeños, y mencionar a todos sus compañeros de armas. La exposición de estos mismos hechos carece del método conveniente para darles claridad e interés; pero leyendo atentamente ese poema, se encuentran en él las noticias más abundantes y prolijas sobre aquellos sucesos, y bajo este aspecto, como puede verse en nuestras notas, ha sido para nosotros un guía de suma utilidad.

Probablemente el *Purén indómito* fue un poema narrativo o, mejor dicho, una crónica en verso, de mayor extensión, y debía abrazar quizá los hechos subsiguientes hasta principios del siglo XVII, esto es, hasta que el gobernador Alonso de Ribera restableció la tranquilidad en la frontera. Pero en la forma en que ha llegado hasta nosotros, el poema no está completo, y deja, además, ver en su principio la pérdida de algunas estrofas. El manuscrito de Álvarez de Toledo fue llevado a España en ese tiempo, probablemente con el propósito de darlo a la prensa, pero permaneció inédito, y solo fue conocido por algunos eruditos. En 1629, el licenciado Antonio de León Pinelo lo describía en la pág. 87 en su *Epítome de la Biblioteca oriental y occidental*. Arrinconado en alguna biblioteca, debió sufrir por el descuido y por la acción del tiempo, las mutilaciones con que ahora lo conocemos. En 1854 publicaba don Cayetano Rosell el segundo tomo de su *Colección de poemas épicos en la Biblioteca de autores españoles*, y teniendo a la mano una copia del *Purén indómito*, pensó en darle publicidad; «pero sus desmedidas proporciones, y el ser obra más bien inapreciable como monumento histórico que útil poema, dice el mismo Rosell, nos obligaron a desistir por fin de nuestro propósito». Este distinguido colector deploraba allí que este poema no hubiese sido publicado en alguna colección de crónicas sobre la historia americana. Hallándome en Madrid en 1859, debí a la amistad de don Buenaventura Carlos Aribau el conocimiento del antiguo manuscrito del poema, que según todas las apariencias no era, sin embargo, el original, y pude sacar la copia que me sirvió para su publicación. La edición que hice en Leipzig en 1860 (aunque lleva en su portada la fecha del año siguiente) ha salvado el *Purén indómito*, o más propiamente todo lo que quedaba de ese poema, de un olvido casi completo, y ha puesto al alcance de los aficionados al estudio de la historia americana un libro útil por las noticias que contiene, y que corría riesgo de perderse para siempre.

En la sección de manuscritos de la Biblioteca Nacional de Madrid encontré en esa época un volumen en verso que en el siglo XVII había pertenecido a la reina doña Mariana de Austria. Era un poema sin título y sin nombre de autor, en once cantos en octavas reales, destinado a referir los mismos sucesos que cuenta el *Purén indómito*. Por las frecuentes enmendaturas y correcciones, era fácil presumir que era el manuscrito original de un autor desconocido. Refiere éste que servía al rey desde la edad de catorce años, que había recorrido diversas provincias de América, y cuando contaba dieciocho vino a Chile en 1599 con la columna de tropas que trajo del Perú don Francisco de Quiñones. No es posible descubrir con fijeza el nombre del autor. Don José Toribio Medina, que ha consagrado a éste y a su obra el capítulo 10 de la primera parte de su Historia de la literatura colonial de Chile, apoyándose en una referencia de Álvarez de Toledo en el *Purén indómito*, infiere que se llamaba don Juan de Mendoza. Sea lo que se quiera, el poema anónimo es la obra de un soldado que como Álvarez de Toledo sabía versificar con cierta facilidad, y que se propuso también imitar a Ercilla cantando en octavas reales la historia de los sucesos de su tiempo. Este poema que, según parece, no había recibido aún del autor su forma definitiva, ofrece algunos pasajes agradables, pero en su conjunto es mucho menos ordenado y mucho menos útil como documento histórico que el *Purén indómito*. Puede servir para completar o confirmar el conocimiento de algunos hechos; pero no puede en manera alguna servir de guía al historiador. Pero si sobre los sucesos de esta época faltan crónicas más completas y ordenadas que aquellos dos poemas, no escasean en cambio los documentos. En el Archivo de Indias depositado en Sevilla, existe la correspondencia de los gobernadores y de los cabildos de Chile, que constituye un abundante arsenal de noticias. Se guardan también allí numerosas informaciones de testigos levantadas por los gobernadores para dejar probados ciertos hechos. Esas informaciones, destinadas principalmente a dejar constancia del estado desastroso en que se hallaba el reino cuando el nuevo mandatario tomó el mando, y de las ventajas alcanzadas bajo la administración de éste, o a justificar las resoluciones tomadas por el gobernador, son de escaso valor jurídico por cuanto los testigos parecen preparados y convenidos para complacer al autor del interrogatorio. En cambio, consignan muchos hechos, hacen referencias a otros y prestan al historiador un servicio relativo, pero útil.

Todos estos documentos han permitido reconstruir por completo la historia de este período. Bajo el título de *Seis años de la historia de Chile* (23 diciembre de 1598-9 de abril de 1605), un ilustrado escritor chileno, don Crescente Errázuriz, ha publicado en 1882, dos nutridos volúmenes en 8 que casi no dejan nada que desear por la seriedad de la investigación y por la abundancia de noticias. Aquella época de desastres espantosos para la colonia, la terrible insurrección de los araucanos, la destrucción de las ciudades que los españoles habían levantado en el territorio que poblaban esos bárbaros, y todas las calamidades consiguientes a esos desastres, son ahora conocidas bajo una luz más completa y mucho más verdadera que la que nos habían dado las crónicas y las pretendidas historias de Chile. El señor Errázuriz, queriendo utilizar los abundantes materiales que tenía a la mano, ha dado un gran desarrollo a su asunto, ha entrado en los más prolijos pormenores discutiendo la autoridad de sus documentos, y ha hecho una monografía de gran valor como obra de consulta, aunque por su misma minuciosidad puede no tener interés para toda clase de lectores. En un libro como el nuestro, esos mismos hechos deben ser presentados con menos detenimiento, y solo como parte de un conjunto más vasto. Sin embargo, nosotros trabajamos sobre los mismos documentos, en ocasiones hemos podido agregar algunos accidentes nuevos, y quizá dar más luz sobre algunos puntos del cuadro general; pero debemos renunciar a tener en esta parte la misma originalidad en la investigación que puede hallarse en otros capítulos de nuestro libro. Por lo demás, el prolijo estudio que hemos hecho de los documentos nos autoriza para reconocer y declarar que el libro del señor Errázuriz, por el estudio que supone y por la rectitud de propósito y de juicio, hace alto honor a la literatura histórica de nuestro país.

Capítulo XVI. Gobierno interino de don Francisco de Quiñones (1599-1600). Los corsarios holandeses en la costa de Chile. Desastres en la guerra

1. Los indios asaltan e incendian Chillán. El capitán Miguel de Silva restablece en esta región el prestigio de las armas españolas. 2. Empresas navales de los holandeses contra las posesiones españolas de ultramar. 3. Sale de Holanda una expedición de cinco buques para llegar a los mares de Asia por el estrecho de Magallanes; penalidades de su navegación hasta penetrar en el océano Pacífico. 4. Dos de esas naves llegan a la costa de Chile: desastres que sufren sus tripulaciones al querer desembarcar en los territorios ocupados por los indios; después de permanecer algunos días en negociaciones con los españoles, continúan su viaje a los mares de Asia. 5. Otra nave holandesa es arrastrada a los mares australes y descubre tierras desconocidas; llega a Valparaíso en un estado miserable y se rinde a los españoles. 6. Los indios asaltan y destruyen la ciudad de Valdivia. 7. Llegan a esa región socorros del Perú; los indios atacan Osorno y prenden fuego a la ciudad, pero son rechazados, 8. Terrible situación de los españoles al comenzar el año de 1600: alarma general. El gobernador Quiñones pide al rey que le envíe un sucesor. 9. Habiendo recibido algunos socorros, el gobernador sale a campaña en auxilio de las ciudades sitiadas. Alcanza dos victorias sobre los indios y llega a la Imperial. 10. Los españoles despueblan las ciudades de la Imperial y de Angol.

1. Los indios asaltan e incendian Chillán. El capitán Miguel de Silva restablece en esta región el prestigio de las armas españolas

El invierno de 1599 se pasó en todo el reino de Chile en medio de la mayor inquietud. Sin embargo, aunque los españoles se hallaban estrechados en Angol, en la Imperial y en Villarrica, y, aunque en todas partes había temores de insurrección, no tuvieron que experimentar nuevos desastres durante esos meses. Don Francisco de Quiñones permanecía en Concepción puramente a la defensiva; pero esperaba recibir socorros del Perú y de Santiago y hallarse en la primavera en estado, si no de acometer nuevas campañas, a lo menos de sostenerse con buen éxito en las posiciones que ocupaba.

Si bien es verdad que el levantamiento de los indios había tomado proporciones desconocidas hasta entonces, la falta de cohesión y de unidad de esas tribus no había permitido que adquiriese un desarrollo capaz de hacerlo irresistible. Así, los indígenas de los alrededores de Chillán se mantuvieron en paz durante algunos meses; pero la desconfianza de los españoles, el hábito que habían adquirido de tratar a los bárbaros como seres de una naturaleza inferior cuya vida y cuyos derechos no merecían consideración ni respeto, y más que todo el propósito de aterrorizarlos con castigos terribles para mantenerlos sumisos, produjeron, o a lo menos aceleraron, su insurrección. El capitán Diego Serrano Magalla, que mandaba allí por encargo de su suegro el general Francisco Jufré, hizo algunas correrías en los campos vecinos, apresó a varios caciques, y aplicó a muchos indios castigos atroces para arrancarles declaraciones acerca de los proyectos hostiles que se les atribuían.[347] Se ha contado que los españoles comenzaron a vender como esclavos a esos prisioneros. Tales tratamientos debían exasperar a los indígenas y excitarlos a sublevarse contra sus opresores.

Mientras tanto, los españoles de Chillán llegaron a creer, sin duda, que aquellos castigos habían producido la pacificación de la comarca. A pesar de las órdenes terminantes del gobernador Quiñones, y a consecuencia de la relajación general de toda disciplina, vivían en el mayor descuido. Dejaron sin terminar un fortín que habían empezado a construir; sus caballos pacían libremente en el campo, y muchos hombres se ausentaban del pueblo para atender a los trabajos de sus estancias. Aprovechándose de este estado de cosas, los indios, bajo las instigaciones de un cacique llamado Quilacán, se reunieron en los bosques vecinos en número de 2.000 hombres. En la mañana del 9 de octubre,[348]

---

347 Álvarez de Toledo, que entonces se hallaba en Chillán, ha contado prolijamente en el canto XIV del *Purén indómito* los malos tratamientos de que se hizo objeto a los indios de aquella comarca; pero su relación no está de acuerdo en los detalles con lo que resulta de algunas de las informaciones levantadas en esa época, si bien siempre aparece que los indios fueron tratados con la más desmedida dureza.

348 Los documentos no fijan con precisión la fecha del asalto de Chillán. Quiñones, en una larga relación firmada el 18 de febrero de 1600, dice solo: «Habrá cuatro meses que 2.000 indios, dos horas antes que amaneciese, dieron sobre Chillán». Esta fecha, sin embargo, se desprende de la relación hecha por el capitán Álvarez de Toledo, en el canto XVI del *Purén indómito*. Cuenta éste que Quiñones había dispuesto que el primer cuerpo de auxiliares que debía salir de Santiago llegase a Chillán el 10 de septiembre, pero que no llegó sino un mes cabal después, el día siguiente del asalto, esto es, el 10 de octubre. El padre Rosales, dice, sin embargo, que el ataque tuvo lugar el 13 de septiembre, lib. V, capítulo 13; pero la cronología de este cronista no merece más que una confianza muy limitada.

dos horas antes de amanecer, cayeron de improviso sobre Chillán sin ser sentidos por nadie. En medio de una atronadora gritería, los bárbaros ponían fuego a los techos pajizos de los edificios, y perseguían con imperturbable tesón a los que dejaban sus casas huyendo de las llamas. Los soldados españoles, armados de cualquier modo, corrían en todas direcciones y trataban de reunirse en algunos puntos para organizar la resistencia contra los asaltantes. Mientras unos se recogían en el fuerte, otros se reconcentraban en la iglesia mayor, desde donde rompieron el fuego de arcabuz y lograron contener al enemigo, causándole la muerte de algunos de sus guerreros. Los indios, entretanto, dueños de la mayor parte de la ciudad, incendiaron casi todas las casas y el convento de frailes mercedarios, dieron muerte a cuatro o cinco españoles, apresaron a más de treinta, entre estos muchas mujeres y niños, y al venir el día se retiraron en confuso tropel llevándose consigo los prisioneros y cuanto pudieron hallar a mano.[349] En los campos vecinos ejercieron toda clase de depredaciones, y después de robar los ganados que encontraron en su camino, volvieron a asilarse en los bosques, favorecidos por un fuerte temporal de lluvia que hacía difícil su persecución.

Se hallaba entonces en Chillán el general Francisco Jufré. En la noche del asalto defendió como pudo el fortín inconcluso que allí había; y en la mañana siguiente se dispuso para salir en alcance del enemigo. Pocas horas más tarde recibió un refuerzo inesperado de veinte hombres que mandaba el capitán Tomás de Olaverría. Era éste el primer contingente de tropas que enviaban los vecinos de Santiago a requisición del gobernador. Olaverría había llegado el día anterior a la orilla austral del río Ñuble, y allí acampó aquella tarde. Los disparos de arcabuz, que se oían a lo lejos en el silencio de la noche, le hicieron comprender que Chillán había sido asaltado por los indios. Aunque aceleró su marcha, solo llegó al pueblo cuando los enemigos se habían retirado. Con este auxilio, Jufré pudo organizar una columna de cuarenta jinetes para salir en alcance de los indios. Pero estos se retiraban en buenos caballos, la lluvia había

---

[349] El asalto de Chillán se halla referido en muchos documentos contemporáneos, pero siempre en unas pocas palabras, sin pormenores ni incidentes. En cambio, el capitán Álvarez de Toledo ha hecho una prolija descripción de la jornada en los cantos XV y XVI de su poema. Cuenta allí que ese año desempeñaba él mismo el cargo de alcalde ordinario de Chillán, y que por orden del gobernador había salido a visitar el distrito, y se hallaba aquella noche en Itata, a cinco leguas del teatro del combate. Refiere su vuelta a la ciudad con muchos accidentes que no tenemos para qué recordar, y deja ver que adquirió de los mismos testigos de la jornada los pormenores que relata en su poema.

incrementado el agua de los ríos y de los esteros que los bárbaros pasaban a nado, de tal suerte que después de dos días de penosa campeada, Jufré volvía a Chillán sin haber recogido otro fruto que dar muerte a siete indios que encontró rezagados, y que salvar a una de las españolas que llevaban cautivas.

Al saber este desastre, el gobernador Quiñones envió de Concepción todos los socorros de ropa de que podía disponer. Reprobando la imprevisión del general Jufré, le quitó el mando del distrito de Chillán, y puso en su lugar al capitán Miguel de Silva, además, dándole algunos refuerzos y recomendándole la persecución y el escarmiento de los indios. Bajo la activa dirección de ese experimentado capitán, se adelantaron las fortificaciones del pueblo hasta dejarlo en situación de rechazar un nuevo asalto. Miguel de Silva, además, hizo varias correrías en los campos vecinos hasta la cordillera, batió y dispersó a los indios en distintas ocasiones, arrasó por todas partes sus casas y sus sembrados, y rescató del cautiverio a casi todas las mujeres españolas que los bárbaros habían tomado en Chillán. Tres meses más tarde, a mediados de enero de 1600, volvieron estos a atacar el pueblo en número más considerable todavía, y favorecidos también por las sombras de la noche; pero esta vez los españoles no se dejaron sorprender, se defendieron perfectamente y pusieron al enemigo en completa derrota matándole más de cien hombres.[350] El capitán Miguel de Silva había logrado restablecer en aquella región el prestigio de las armas españolas.

El gobernador don Francisco de Quiñones pudo creer por un momento que podría dominar la insurrección con los socorros que esperaba. En efecto, el virrey del Perú, don Luis de Toledo, estaba vivamente interesado en socorrer al reino de Chile; y a pesar de las dificultades que encontraba para reunir gente, había conseguido formar en Lima una columna de 150 hombres que despachó a Chile bajo las órdenes de don Jusepe de la Rivera,[351] anunciando, además,

---

350 Estos hechos están referidos sumariamente en la relación citada del gobernador Quiñones de 18 de febrero de 1600; pero el capitán Álvarez de Toledo ha contado la mayor parte de ellos con gran amplitud de detalles en los cantos XVI y XVII de su poema; si bien en la porción de esta obra que ha llegado hasta nosotros no se refiere al segundo asalto de Chillán.

351 Hasta mediados del siglo XVI, los nombres de bautismo usados entre los españoles eran los siguientes: Agustín, Alonso, Álvaro, Andrés, Antonio, Baltasar, Bartolomé, Benito, Bernardino, Bernardo, Blas, Blasco, Cristóbal, Diego, Domingo, Felipe, Fernán, o Fernando, o Hernando, Fortún, abreviado en Ortún, Francisco, Gabriel, García, Gaspar, Gerónimo, Gil, Gome, o Gómez, Gonzalo, Gregorio, Gutierre, Íñigo, Jimeno, Jorge, Juan, Julián, Lope, Lorenzo, Lucas, Luis, Marcelo, Marcos, Martín, Mateo, Melchor, Miguel, Nicolás, Nuño,

que quedaba haciendo diligencias para enviar otros refuerzos. Llegaron esas tropas a Valparaíso a fines de septiembre, esto es, en tiempo oportuno para tomar parte en la campaña del verano siguiente. La ciudad de Santiago, haciendo también grandes sacrificios, había puesto sobre las armas a 130 soldados, que como hemos visto, comenzaron a llegar en el mes de octubre a las provincias del sur. El gobernador pudo hacer salir de Concepción un destacamento de sesenta hombres bajo el mando del capitán Pedro Cortés, que mantuvieron sumisos a los indios de las riberas del Itata. Todas estas campeadas se efectuaban con un lujo de rigor destinado a aterrorizar a los bárbaros. El mismo don Francisco de Quiñones cuenta al rey que, habiendo descubierto un complot fraguado por los indios del distrito de Concepción, mandó hacer una hoguera y quemó vivos a los caciques culpados «porque no quisieron ser cristianos»,[352] en vez de ahorcarlos en las ramas de los árboles, que era el modo como se aplicaba ordinariamente la última pena a los indios que no se prestaban a recibir el bautismo.

2. Empresas navales de los holandeses contra las posesiones españolas de ultramar

En medio de los afanes que esta contienda tenaz imponía a los españoles de Chile, surgieron alarmas de otro orden que venían a hacer mucho más azarosa y difícil su situación. Las guerras incesantes en que España vivía envuelta en Europa, debían repercutir más o menos intensamente en sus colonias de América. Ya hemos visto a los ingleses penetrar audazmente en el Pacífico y venir a turbar la tranquilidad de las posesiones españolas. Pero la metrópoli tenía entonces otro enemigo no menos formidable en una pequeña república que acababa de formarse mediante una resistencia colosal, en el suelo de una de sus más apartadas provincias. «Del fragmento de territorio que se llamaba la provincia de Holanda, se había levantado una potencia que durante ochenta

---

Onofre, convertido por abreviación en Nuño y Ñuflo, Pablo, Pascual, Pedro, Reginaldo, Rodrigo, o Rui, Salvador, Sancho, Santiago, Sebastián, Simón, Tomás o Tomé, Tristán, Vasco y Vicente. Se puede decir que todos los otros son de uso posterior.

Lo mismo puede decirse del nombre de José que desde fines del siglo XVI comenzó a hacerse común. En el primer tiempo se escribía Jusepe, como se lee en los documentos y en los historiadores de esa época. No recordamos un solo individuo de los primeros setenta años de la conquista de América que se llamara José.

352 *Relación* citada de 18 febrero de 1600.

años se atreve a hacer la guerra al más grande imperio del mundo, durante esta misma lucha se convierte en un estado formidable, adhiere a su cuerpo débil una cintura de las más ricas posesiones de la tierra, y finalmente dicta la ley a los sucesores de Carlos V.»[353]

Los holandeses eran tan activos comerciantes como hábiles marinos. Hasta fines del siglo XVI, sin embargo, mientras las otras potencias marítimas del Viejo Mundo, España, Portugal, Francia e Inglaterra, emprendían largas navegaciones, ellos no salían de los mares de Europa. Los errores económicos de España, las prohibiciones impuestas al comercio de Holanda, la guerra cruel con que pretendió tenerla sometida a su dominación, amenazaron de muerte el comercio y la prosperidad de ese pueblo industrioso y emprendedor. «Parecía que esas tiranías debían arruinar el país y hacer perecer la nación; dice el historiador de las empresas de que vamos a hablar; pero por el contrario, ellas produjeron la salvación y la prosperidad del uno y de la otra. La nación, conducida por sus soberanos naturalmente prudentes, y hechos más prudentes todavía, si puede decirse así, por el peligro, sostenida por la prudencia y alentada por el valor de su famoso general y gobernador el príncipe Mauricio de Nassau, fue felizmente a buscar bajo otro cielo, y entre pueblos bárbaros, los socorros que les negaban sus vecinos.»[354]

Las primeras empresas de este orden que acometieron los holandeses revelan la animosa intrepidez de sus navegantes. En 1594 algunos comerciantes de Zelanda equiparon tres navíos que debían buscar por el norte de Europa y de Asia, y al través del océano glacial, un camino para llegar a la China y a las Molucas. Frustrada esta audaz tentativa, se propusieron llegar a los mares de la India por el cabo de Buena Esperanza y más tarde por el estrecho de Magallanes.

---

353 John Lothrop Motley, *History of the rise of the Dutch Republic*, preface.
354 Copio estas palabras de la importante introducción histórica del *Recueil des voyages qui ont servi à l' établissement et aux progrez de la compagnie des Indes orientales*, ed. de Rouen, 1725, tomo I, pág. 26.

3. Sale de Holanda una expedición de cinco buques para llegar a los mares de Asia por el estrecho de Magallanes; penalidades de su navegación hasta penetrar en el océano Pacífico

Al efecto, algunos comerciantes de Rotterdam, bajo la dirección de uno de ellos llamado Baltasar Moucheron, organizaron una asociación conocida con el nombre de éste o de compañía de Magallanes. En 1598 esa compañía equipó cinco naves para llevar a cabo el primer viaje. Uno de los socios, llamado Jacobo Mahu, debía mandar la expedición. Aunque su objetivo era esencialmente comercial, los empresarios equiparon sus naves militarmente para ponerlas en estado de resistir en un combate contra los buques españoles, y para ejercer en las posesiones de estos las hostilidades que pudieran convenir. Con este propósito embarcaron un armamento considerable de cañones y arcabuces, municiones tan abundantes como variadas y 547 hombres entre pilotos, marineros y soldados. Las naves cargaron, además, una gran cantidad de mercaderías europeas que debían servir para los cambios comerciales. Terminados estos aprestos, la escuadrilla zarpó del pequeño puerto de Gocree el 27 de junio de 1598.

No tenemos para qué referir todos los accidentes y peripecias de esta navegación.[355] En la noche del 23 de septiembre, hallándose enfrente de la costa de

---

[355] La expedición despachada de Holanda bajo el mando de Jacoho Mahu, ha sido referida por un escritor anónimo en vista del diario que llevaba Barent (Bernardo) Jansz, el cirujano de la escuadrilla. Publicada en latín en 1602 en la célebre colección de viajes de De Bry (IX part.) fue insertada en 1646 en la colección que se hizo en Amsterdam en lengua holandesa de los viajes que sirvieron para el establecimiento de la compañía de las Indias orientales. Esta colección fue traducida al francés y publicada con el título de *Recueil des voyages qui ont servi à l' établissement de la compagnie des Indes orientales*, Amsterdam, 1702-1706, 7° vol. en 8°, en cuyo primer tomo se encuentra la traducción del viaje de que hablamos. Más tarde, esta misma colección ha sido reimpresa varias veces en Holanda y en Francia. Para escribir estas páginas, he tenido a la vista la edición de Rouen, 1725, 10 vol. en 12, en la cual la relación del viaje de que hablamos ocupa las páginas 256-340 del tomo II.

Pero como las cinco naves que formaban esa escuadrilla se dispersaron y corrieron diversas aventuras, aquella relación da solo una idea incompleta del viaje, por contraerse especialmente a una sola nave. Es necesario, por tanto, asociar otros documentos. El coleccionista inglés Samuel Purchas publicó en Londres en 1625-1626, cinco volúmenes en folio con el título de *Pilgrimes in five books of voyages, peregrinations, circumnavigations, traffiques, discoveries and travels*, y en el primer tomo insertó dos cartas de relación escritas por Williams Adams, piloto inglés que servía en una de las naves de esa escuadrilla. Cuando se leen estas relaciones, se creería que no se trata del mismo viaje, tan grande es

Guinea, falleció de muerte natural el jefe expedicionario, y tomó el mando superior su segundo, Simón de Cordes. Era éste un rico comerciante de Amsterdam, su ciudad natal, que había residido algunos años en Lisboa, donde contrajo matrimonio. De edad de cuarenta años, enérgico y animoso, tenía además la ventaja de comprender regularmente el español y de poder hacerse entender en este idioma como algunos otros marinos de la escuadrilla. Bajo las órdenes de este jefe, los holandeses penetraron en el estrecho de Magallanes en la tarde del 6 de abril de 1599, después de cerca de diez meses de navegación en que no escasearon los padecimientos y las aventuras.

Aquella estación era la menos favorable para hacer la travesía del estrecho. Comenzaban los grandes fríos de esa región, y los vientos reinantes del norte debían impedirles salir al océano Pacífico. Los expedicionarios pudieron, sin embargo, avanzar durante doce días hacia el oeste y fondear en una espaciosa bahía situada en la costa del norte, donde hallaron tres islas pequeñas y un regular fondeadero. Habiendo experimentado allí vientos contrarios, tuvieron

---

el desfiguramiento de todos los nombres propios, pero la fecha de la partida de Holanda, y la de la entrada en el estrecho de Magallanes, no dejan lugar a duda. Juan de Laet en su *Description des Indes occidentales*, Leide, 1640, ha destinado los capítulos 7 y 8 del libro XIII a referir este viaje en vista de documentos particulares, y ha reunido noticias que no se hallan en otra parte. En los apéndices puestos a una traducción francesa de la descripción de las Indias de Antonio de Herrera, publicada en Amsterdam en 1622, hay también una corta relación (págs. 189-193) de este viaje que, aunque no exenta de errores de detalle, contiene algunas noticias útiles.

Entre las relaciones posteriores debemos recordar tres que merecen conocerse. 1.ª La del presidente De Brosses en su *Histoire des navigations aux terres australes*, París, 1754, lib. II, capítulo 20, resumen hecho con esmero y con conocimiento de las fuentes históricas; 2ª Una muy sumaria hecha por don José Vargas y Ponce, y publicada en la II parte de la *Relación del último viaje al estrecho de Magallanes*, págs. 249-252; 3ª La del capitán Burney, en el capítulo 12 del II tomo de su Chronological history of the voyages in the South sea, que es la más completa de todas. La noticia que acerca de esta expedición ha dado J. G. Kohl en su *Geschichte des Enuleckungsreisen und Schiffalirten zur Magellan's-strasse* (*Historia de las exploraciones y navegaciones en el estrecho de Magallanes*) Berlín, 1877, págs. 113-119, es menos completa y no está exenta de errores.

Sin embargo, todas estas relaciones se completan con los documentos españoles, y entre ellos con las abundantes y noticiosas declaraciones que dieron en Lima algunos marinos holandeses que cayeron prisioneros en poder de los españoles. Antes que nosotros, ha utilizado estos últimos documentos don Crescente Errázuriz, y ellos le han permitido dar mucha novedad a algunos de los capítulos de su importante libro *Seis años de la historia de Chile*, tomo I. Nosotros, sirviéndonos de las relaciones holandesas y de otras piezas, creemos haber completado el cuadro de este viaje en lo que se relaciona con la historia de Chile.

que permanecer fondeados hasta el 23 de agosto.[356] Los holandeses dieron a ese lugar el nombre de bahía de Cordes. «La estación de invierno, dice el historiador de la expedición, hacía que las tripulaciones sufriesen mucho. Murieron más de cien hombres, y entre otros Jurien van Bockholt, capitán de una de las naves, a quien sucedió Baltasar de Cordes, hermano del jefe expedicionario. Además de esto, las tempestades eran frecuentes. Apenas había cesado una, cuando recomenzaba la otra. Hubo unas tan violentas que algunos de los buques cortaron sus cuatro anclas. Las tripulaciones estaban siempre en movimiento, y tenían mucho que hacer para conservarse. Pero también les era preciso ir todos los días a tierra en medio de la lluvia, de la nieve o del granizo, a hacer la provisión de leña y de agua, o para buscar almejas u otros víveres que podían encontrar, ejercicios todos que los fatigaban extremadamente. Además, el hambre se mezclaba a estos sufrimientos. Los expedicionarios vivían en un clima frío en que los estómagos pedían más víveres que en otras partes, a tal punto que eran casi insaciables. Querían devorar todo lo que encontraban. Devoraban crudas las almejas y las raíces de algunas plantas, no pudiendo esperar a que estuviesen cocidas.»[357] La escasez y la insuficiencia de sus vestuarios aumentaban todavía los sufrimientos de los holandeses. Se habían preparado estos para habitar los ardientes archipiélagos del Asia, a donde

---

356 El piloto Adams dice, sin embargo, que durante este tiempo tuvieron en varias ocasiones viento favorable para salir del estrecho; pero que el comandante holandés no quiso aprovecharlo. V. Purchas, colección citada, vol. I, pág. 130.
No es fácil fijar con toda certidumbre cuál fue la bahía en que estuvieron fondeados los holandeses. Junto con la relación del viaje de Jorge Spilberg (1615) se publicó en Holanda una carta del estrecho de Magallanes en que las costas de la Patagonia se ven cubiertas de palmeras, y allí se fija la situación de la bahía de Cordes con tan poca precisión que no sería posible reconocerla en las cartas moderna, incertidumbre que se repite en los mapas subsiguientes hasta que se hicieron los buenos trabajos hidrográficos del siglo pasado y del presente. Sin embargo, la duda no puede existir sino entre las bahías Galán y de Gastón de las cartas españolas, situadas ambas a muy corta distancia en la costa sur de la península de Brunswick, al noroeste del cabo Froward. Las cartas inglesas dan desde el siglo pasado el nombre de Cordes a la bahía de Gastón de los españoles, como puede verse en los excelentes mapas que acompañan el viaje del comodoro Byron (1765). Esta designación, fundada en la concordancia que hay entre ese lugar y la breve descripción que se halla en el libro de Jansz, es causa de que haya sido adoptada por los hidrógrafos modernos, según puede verse en la magnífica carta del estrecho, del capitán Mayne.
357 *Relación* de Bernardo Jansz, en el *Recueil des voyages* citado, tomo II, págs. 298 y 299. Todos estos hechos están ampliamente confirmados por las declaraciones que prestaron en Lima los holandeses que fueron tomados prisioneros.

pensaban llegar, y no tenían ropas ni abrigos para defenderse contra los fríos constantes del estrecho. Agréguese a todo esto que cada vez que bajaban a tierra tenían que mantener una continua vigilancia para estar prevenidos contra los ataques de los salvajes patagones. En uno de esos ataques los holandeses perdieron tres hombres y tuvieron dos heridos de gravedad.

Si todos estos sufrimientos pudieron producir el desaliento entre las tripulaciones, los jefes de la expedición, alentados por ese ardiente patriotismo del que Holanda había dado tantas pruebas, conservaron su energía y se mantuvieron firmes en sus planes. El 23 de agosto salieron de la bahía de Cordes favorecidos por un viento noreste; pero luego tuvieron que retroceder hasta otro puerto grande que está situado un poco más al sur, donde permanecieron cuatro días. «Para perpetuar la memoria de un viaje tan extraordinario y tan aventurado en un estrecho en que ninguna nación había emprendido todavía el hacer pasar tantos y tan grandes buques, refiere más adelante el historiador de la expedición, el general instituyó una especie de cofradía u orden de caballería, en que fueron admitidos los seis oficiales principales de la flota. En esta ceremonia se comprometieron todos por juramento a no consentir jamás nada que fuese contrario a su honor, cualesquiera que fuesen los peligros, extremidades o temor de muerte en que pudieran hallarse, ni en cosa alguna que pudiera volverse en desventaja de su patria, o perjudicar al viaje que habían comenzado y que esperaban acabar. Protestaron que expondrían liberalmente su vida contra los enemigos de su nación, y que harían todos sus esfuerzos para llevar y hacer triunfar las armas de Holanda en los países de donde el rey de España sacaba los tesoros que desde tantos años empleaba en hacer la guerra a los Países Bajos y en oprimirlos. Esta ceremonia se hizo en tierra, en la costa del estrecho, de la manera que lo permitieron el lugar y la ocasión; y la cofradía fue llamada de "El León desencadenado". Hicieron escribir los nombres de los que habían entrado en ella, en una tabla que fue colocada en el mismo lugar, en un alto pilar, a fin de que pudieran verla los buques que pasaran por allí. Ese lugar fue denominado bahía de los Caballeros.»[358]

Aquella inscripción no debía durar largo tiempo. Tan pronto como los holandeses se alejaron de esos lugares, los patagones destruyeron la tabla conme-

---

358 *Relación* citada, págs. 304 y 305. La bahía donde tuvo lugar esta ceremonia y que los expedicionarios llamaron de los Caballeros, debe ser la bahía Solano de las cartas españolas, que las cartas inglesas llaman puerto Holanda.

morativa, desenterraron los cadáveres que habían quedado sepultados en las inmediaciones, y los mutilaron o destrozaron con el más salvaje furor.

El 28 de agosto volvieron a continuar su viaje. La escuadrilla se componía entonces de seis naves, porque los holandeses, durante su permanencia en la bahía de Cordes, habían transformado una de sus chalupas en pinaza, esto es, en una embarcación que podía navegar a vela y remo. Las penalidades que hasta entonces habían experimentado eran nada ante las que se les esperaban enseguida. Al anochecer del 3 de septiembre penetraron felizmente en el océano Pacífico, y durante los primeros días tuvieron vientos favorables que les hicieron presagiar un viaje feliz; pero luego sobrevinieron tempestades horribles que dispersaron la escuadrilla, obligando a dos de las naves a recalar de nuevo en el estrecho. Para dar a conocer el resto de esta campaña, es indispensable seguir aisladamente las aventuras de cada uno de aquellos buques.

4. Dos de esas naves llegan a la costa de Chile: desastres que sufren sus tripulaciones al querer desembarcar en los territorios ocupados por los indios; después de permanecer algunos días en negociaciones con los españoles, continúan su viaje a los mares de Asia

Los marinos holandeses eran demasiado prudentes para no haber previsto la posibilidad de una dispersión de su flota. En el estrecho, Simón de Cordes había dispuesto que si ocurría este accidente, la pequeña isla de Santa María, situada cerca de la costa de Chile a la altura de 37°, sería el punto de reunión. Los corsarios sabían perfectamente que los indios de esta región sostenían una larga y encarnizada guerra contra sus opresores, y estaban persuadidos de que presentándose como enemigos francos y resueltos de los españoles, serían recibidos favorablemente. Ellos no podían imaginarse que esos indios eran incapaces de comprender tales alianzas. Una dolorosa experiencia iba a enseñarles que, a juicio de esos bárbaros, todos los extranjeros pertenecían a la misma raza de sus opresores.

Marchaba adelante de las otras naves el navío Claridad,[359] bajo el mando de Gerardo van Beuningen, que desempeñaba además el cargo de segundo

---

[359] En las antiguas relaciones no hay perfecto acuerdo en las denominaciones de estos buques ni en las traducciones que de ellas se han hecho. Así, por ejemplo, esta nave es llamada Amor en la traducción francesa de la relación de Jansz. Por nuestra parte, hemos

jefe de la flota. Habiendo avistado éste la pequeña isla de la Mocha, se acercó a ella, y bajó a tierra con veintiséis hombres para renovar sus provisiones. Los indígenas fingieron recibirlos amistosamente, pero cuando los vieron desprevenidos, cargaron resueltamente sobre ellos, y les dieron muerte a todos.[360] Los marinos que habían quedado a bordo, incapaces de tomar venganza de esta salvaje felonía, siguieron su viaje al norte, y el 4 de noviembre fondeaban en el costado del norte de la isla de Santa María, donde, según sus esperanzas y sus instrucciones, debían reunirse con el resto de su escuadrilla.

La segunda nave que llegó a esos parajes era el navío Esperanza, que mandaba en persona el mismo Simón de Cordes. Batido por la tempestad a la salida del estrecho, se encontraba el 29 de septiembre enfrente de tierra, a la altura de 46, es decir, en el archipiélago de los Chonos. Deseando dar algún descanso a sus marineros y renovar sus provisiones, los holandeses desembarcaron allí y encontraron indios pacíficos que les daban carneros y papas en cambio de cascabeles y de cuchillos. Efectuados estos tratos, los salvajes, recelosos, sin duda, de los extranjeros, abandonaron sus chozas y se retiraron al interior de sus tierras. Los holandeses, por su parte, se hicieron nuevamente a la vela, y el 7 de noviembre fondeaban en la punta de Lavapié, a la entrada de la bahía de Arauco, sin sospechar que a corta distancia, al otro lado de la isla que tenían a la vista, se hallaba ya una de las naves de su flota.

---

empleado los nombres de las naves que hallamos más usados, traduciéndolos al español para evitar las palabras holandesas, difíciles para pronunciarse y más difíciles aún para retenerse en la memoria.

360 El maestre de campo Santiago de Tesillo publicaba en Madrid en 1647 un volumen titulado *Guerras de Chile, causas de su duración y medios para su fin*. Aunque el asunto histórico de este libro está limitado a los sucesos de los años 1629 a 1639, ha hecho en la foja 81 una corta referencia a esta expedición de los holandeses. Dice allí que en la Mocha desembarcaron cincuenta holandeses con dos cañones de bronce, y que todos ellos fueron muertos por los indios, quedando estos en posesión de dos lanchas y de las piezas de artillería del enemigo, los cuales, agrega, las entregaron al capitán Francisco Hernández Ortiz, que el año siguiente tomó puerto en aquella isla, llevando socorro a las ciudades de arriba. Esta noticia puede ser exacta, pero creo que Tesillo ha exagerado extraordinariamente el número de los holandeses que desembarcaron en la isla. Sin duda alguna, cincuenta soldados holandeses con buenas armas habrían vencido cualquier resistencia de los isleños de la Mocha.

Como el libro de Tesillo era uno de los más raros y desconocidos que existieran sobre la historia de Chile, lo reimprimí en el tomo V de la *Colección de historiadores*, con una corta noticia biográfica del autor. El pasaje citado se halla en las páginas 87 y 88 de la reimpresión.

Creyendo hallar aquí la misma hospitalidad que había recibido en las islas de Chonos, Simón de Cordes quiso desembarcar su gente en aquel sitio. En la primera tentativa, los indios guerreros y feroces que poblaban esa región, le mataron tres hombres. Pero a instigación de un renegado español que se hallaba entre ellos, esos bárbaros cambiaron de plan, entraron en tratos con los extranjeros y los invitaron a bajar a tierra. Seducido por estas promesas, Cordes desembarcó con veintitrés hombres. En el principio, nada le hacía recelar una traición; pero cuando los holandeses habían perdido toda desconfianza, se vieron atacados de sorpresa, y todos ellos fueron inhumanamente asesinados por esos crueles y pérfidos salvajes. Después de este sangriento desastre, la Esperanza levó sus anclas y fue a fondear a la isla de Santa María, donde encontró a la otra nave, que, como ya contamos, había experimentado, en la isla de la Mocha, una desgracia no menos dolorosa. Los indios, por su parte, celebraron aquella matanza como una gran victoria alcanzada contra sus opresores, y pasearon las cabezas de los holandeses ensartadas en las picas para infundir terror a los españoles.[361]

La primera noticia de la presencia de los corsarios en la isla de Santa María llegó a Concepción el 5 de noviembre, llevada por un barquichuelo que los había visto entrar al fondeadero. Recordando las anteriores correrías de Drake, de Cavendish y de Hawkins, desde el primer momento se creyó que las naves recién llegadas a las costas de Chile eran inglesas, y que venían a estos mares a ejercer depredaciones análogas a las que dieron tan terrible celebridad a algu-

---

[361] La relación citada de Bernardo Jansz, contraída a las aventuras de otra nave que había vuelto al estrecho, y que no pudo continuar el viaje, no menciona ninguno de los sucesos ocurridos en el Pacífico. Pero al mismo tiempo que los documentos españoles, y en especial las cartas del gobernador Quiñones al rey, dan bastantes noticias de estos hechos, existen por parte de los holandeses dos fuentes de información: 1.ª La relación holandesa del viaje de Oliverio van Noort, que ha consignado las noticias recogidas el año siguiente por este marino, de los prisioneros que tomó en las costas de Chile, según puede verse en las páginas 55 y 56 del tomo III del *Recueil des voyages* ya citado. 2.ª Las dos cartas del piloto Adams de que hemos hablado más atrás. Adams navegaba en el mismo buque de Simón de Cordes, y refiere sumariamente la matanza de Lavapié en que pereció un hermano suyo llamado Tomás. Aunque por descuido de copia o de tipografía hay en estas cartas algunos errores de fechas, es fácil subsanarlos y coordinar la cronología. Esa cronología, por otra parte, se armoniza bien con la de los documentos españoles. En esa época, las provincias meridionales de Holanda habían adoptado la reforma del calendario, y contaban el tiempo como los españoles, mientras que las provincias septentrionales siguieron rigiéndose hasta el año de 1700 por el calendario juliano.

nos de aquellos capitanes. Es fácil imaginarse la alarma y la perturbación que esta noticia debió producir en aquellas circunstancias. Preveíanse dificultades y complicaciones mayores aun que las que había originado la sublevación de los araucanos. El gobernador don Francisco de Quiñones despachó el mismo día las instrucciones más perentorias a las autoridades de Santiago. Mandábales que en dos horas hicieran salir un buque que llevase al virrey del Perú la noticia de este nuevo peligro, y que sin demora proveyesen a la defensa de la costa. Quiñones no debía temer que los corsarios intentasen un desembarco formal en nuestras costas, pero ellos podían hacer daños considerables en los puertos, aniquilar el comercio, dificultar las operaciones militares en que los españoles estaban empeñados, y por fin dar aliento a la insurrección de los indios. Para esto bastaba que los corsarios recorriesen las costas, seguros como debían estar de que no hallarían naves que pudieran presentarles combate.

En la imposibilidad absoluta en que se hallaba para atacar al enemigo, el gobernador Quiñones creyó que le era permitido entrar en negociaciones. Obedeciendo a este plan, un capitán de toda su confianza, llamado Antonio Recio, se trasladó a la isla de Santa María; y sin tomar en cuenta los peligros de esta empresa, se hizo llevar a bordo de la nave capitana de los corsarios. Los holandeses, por su parte, se hallaban en la más apurada situación. Las penalidades del estrecho y las hostilidades de los indios, los habían privado de cerca de la mitad de sus tripulaciones. Estaban tan tímidos y desconfiados que no se habían atrevido a intentar un nuevo desembarco, sobre todo después de que vieron en la isla de Santa María algunos grupos de hombres de a pie y de a caballo que parecían soldados. Se hallaban escasos de víveres, y carecían además de toda noticia acerca de la suerte de las otras naves. La prudencia más vulgar les aconsejaba entrar en negociaciones, aunque solo fuera para procurarse algunos auxilios y ganar tiempo.

Después de la muerte desastrosa de los dos capitanes principales, hacía de jefe de los corsarios un mancebo de unos veinte años de edad que se decía hijo de Simón de Cordes. Ese capitán recibió amistosamente al emisario español. Le dijo que él y los suyos eran holandeses, y por tanto súbditos del poderoso rey de España, que venían a estos mares a comerciar vendiendo las mercaderías que cargaban en sus naves, y que sabiendo que el gobernador de Chile estaba empeñado en una cruda guerra contra los salvajes crueles y feroces de

Arauco, ellos se hallaban dispuestos a prestarle ayuda. Para confirmar al capitán Antonio Recio en esta creencia, le hicieron algunos obsequios, y prolongaron las negociaciones durante muchos días. Los holandeses, manejando estos tratos con mucho disimulo, hicieron entender a Quiñones que en breve irían a Concepción a ponerse a sus órdenes, y recibieron de tierra algunas provisiones frescas que necesitaban premiosamente. En sus conversaciones con el capitán Antonio Recio, supieron que el gobernador de Chile había dado aviso de estas últimas ocurrencias al virrey del Perú, que las guarniciones de los puertos del norte debían estar sobre las armas, y que antes de mucho llegaría una flotilla española destinada a la defensa de nuestras costas. Estos informes habrían bastado para despertar la inquietud de los holandeses; pero en esos días llegaba a Concepción una noticia que debió alarmarlos mucho más. Una de las naves de la escuadrilla acababa de caer en manos de los españoles en el puerto de Valparaíso. Al saber este nuevo contratiempo, tomaron una resolución definitiva. El 27 de noviembre, cuando menos lo esperaban las autoridades de tierra, los holandeses levaron anclas y se hicieron al mar alejándose del continente americano, para ir a buscar los ricos archipiélagos del Asia, que eran el término deseado de su expedición.[362]

---

[362] Don Francisco de Quiñones dio cuenta al rey de todos estos sucesos en su carta de 25 de noviembre de 1599, recordando muchos otros incidentes, pero al parecer sin percibir claramente que había sido burlado por la astucia de los holandeses. Hasta entonces no tenía noticia cabal de todas las desgracias que habían ocurrido a estos, y hasta ignoraba la muerte de Simón de Cordes, de que habla al rey en su carta siguiente de febrero de 1600. Su relación se completa y se explica con las noticias que ha consignado el autor del viaje de Van Noort, como puede verse en la página 57 del tomo citado. Se cuenta allí que el emisario que Quiñones había enviado a la isla de Santa María (el capitán Antonio Recio), fue remitido preso a Lima como traidor por haber suministrado a los corsarios las noticias que determinaron la partida de estos y su alejamiento de las costas de América, donde habrían podido caer prisioneros. Es posible que haya en estas noticias alguna verdad, y que en efecto hubiese algún español apresado por este motivo. En todo caso no podía ser el capitán Antonio Recio que en abril de 1600 se hallaba en Chile y acompañaba al gobernador Quiñones en su expedición a la Imperial.

Aunque no entra en nuestro cuadro el referir la suerte posterior de estos dos buques holandeses que estuvieron en la isla de Santa María, debemos decir algunas palabras por vía de nota. Partieron, como hemos dicho, de esa isla el 27 de noviembre, acompañados por la pinaza que habían armado en el estrecho, y durante algún tiempo tuvieron una navegación feliz. Habiéndose acercado a unas islas que hallaron a 16° de latitud norte, la pinaza que se había quedado atrás tripulada por ocho hombres, fue apresada por los salvajes que poblaban esas islas. Los dos buques se dispersaron en la noche del 23 de febrero de 1600. La Caridad pereció sin duda en algún naufragio, porque nunca volvió a

5. Otra nave holandesa es arrastrada a los mares australes y descubre tierras desconocidas; llega a Valparaíso en un estado miserable y se rinde a los españoles

La nave que los holandeses acababan de perder era, sin embargo, la menor de su escuadrilla. Era simplemente un yate de 150 toneladas, que había sido armado en guerra con doce pequeños cañones. Tenía por nombre la Buena Nueva; y desde la muerte de Jacobo Mahu, el primer jefe de la expedición, estaba bajo el mando de Dirick Gherritz, piloto holandés que había adquirido una gran experiencia náutica en algunas navegaciones anteriores en las costas de China.[363] Durante todo el viaje, Gherritz se había hecho notar por la enterza de su carácter y por la actividad con que desempeñó las diversas comisiones que se le confiaron.

A principios de septiembre, cuando la tempestad hubo dispersado la escuadrilla holandesa a la salida del estrecho de Magallanes, este yate se había quedado atrás con los otros buques. Pero sea de propósito deliberado, o por causa del mal tiempo, separose pronto de ellos, y arrastrado por los impetuosos y constantes vientos del norte, llegó «hasta la latitud de 64 al sur del estrecho, donde los navegantes vieron una tierra alta, con montañas cubiertas de nieve como el país de noruega». Esa tierra, en cuya existencia pocos querían creer por

---

tenerse noticia de ella. La Esperanza, después de muchas peripecias, llegó al Japón donde sus tripulantes fueron bien tratados, pero detenidos, y tomaron servicio. El piloto Adams, que era de este número, vivía aún en el segundo decenio del siglo siguiente, y pudo hacer llegar a Inglaterra las cartas en que daba cuenta de sus aventuras, y que nosotros hemos citado más atrás.

363 En las declaraciones tomadas en Lima a los marineros de esta nave, los españoles tradujeron el nombre de su capitán por el de Rodrigo Jeraldo; y a un hermano suyo que murió antes de llegar a Valparaíso, lo nombran Diego Jeraldo, Dirick, en holandés, equivale a Teodorico.
No son menores las variantes por que se ha hecho pasar el nombre del buque. La relación holandesa de Bernardo Jansz lo llama Blijde-Boodschap, esto es, la Buena Nueva, o el Feliz Anuncio, nombre que ha sido adoptado en la traducción francesa y en otras relaciones antiguas, donde se le domina Joveux Message. Sin embargo, en la relación del viaje de Van Noort, o a lo menos en su traducción francesa, que tengo a la vista, la nave de Dirick Gherritz está llamada CerfVolant, nombre con que los franceses designan a un insecto que vuela, y el juguete de niños que nosotros llamamos cometa o volantín. Los marineros de la misma nave le dieron este último nombre en las declaraciones prestadas en Lima, y los españoles la llamaron Ciervo volante en sus documentos.

entonces, era una de las islas del archipiélago conocido más tarde con el nombre de Shetland Austral.[364] Cuando el tiempo se hubo mejorado, el buque holandés, impulsado por los vientos de primavera, se dirigió a las costas de Chile. Gherritz llevaba consigo el derrotero que en años atrás había seguido Cavendish; pero extraviado por la imperfección de sus indicaciones, pasó adelante, y en vez de arribar a isla de Santa María, donde debía reunirse con la escuadrilla holandesa, a mediados de noviembre estaba a la vista de Valparaíso.[365]

En este punto, los españoles estaban apercibidos para recibir a los corsarios. El 12 de noviembre habían llegado a Santiago las cartas en que el gobernador don Francisco de Quiñones comunicaba el arribo de las naves enemigas a la isla de Santa María, y en que daba las órdenes para proveer a la defensa del reino. Era corregidor de la ciudad el capitán Jerónimo de Molina, soldado de crédito que en esos días de angustias y de pruebas para la colonia, había desplegado una gran energía para mantener la tranquilidad en el territorio de su mando. Temiendo que los indios de esta región pudieran sublevarse para secundar el levantamiento de los araucanos, el capitán Molina no había economizado las medidas violentas que los españoles tomaban en esas ocasiones para producir el terror. En presencia del nuevo peligro, reunió a toda prisa los pocos hombres de armas que podía suministrar la ciudad de Santiago, y con ellos se trasladó

---

[364] La noticia del descubrimiento geográfico hecho por Dirick Gherritz fue consignada con las mismas palabras que copiamos en el texto, en la pág. 193 del *Recueil des navigations de Pestroit de Magellan*, publicada en Amsterdam en 1622 como apéndice de la traducción francesa de la descripción de las Indias de Antonio de Herrera. Sin embargo, pocos geógrafos daban crédito a ese descubrimiento, cuando más de dos siglos después fue confirmado de la manera más satisfactoria. En 1819, un marino inglés, apellidado Smith, capitán de una nave mercante, que viajaba entre Montevideo y Valparaíso, fue llevado por vientos contrarios y avistó aquellas islas de que dio luego noticia bastante cabal. Exploradas enseguida por otros marinos, por Barnsfield y por Weddell, sobre todo, recibieron el nombre de Nueva Shetiand, o Shetiad del Sur. En febrero y marzo de 1838 el marino francés Dumont D' Urville las reconoció con la mayor prolijidad, y las describió en los capítulos 12, 13 y 15 de su célebre *Voyage au pôle sud*, París, 1841-1846, en cuyo segundo tomo, donde se halla esa descripción, ha publicado una carta hidrográfica del archipiélago que por primera vez descubrió Dirick Gherritz. El nombre de éste, olvidado durante largo tiempo, ha reconquistado su puesto en la historia de las exploraciones navales. Véase O. Peschel, *Geschichte der Erdkund*, Munich, 1877 (Historia de la geografía) págs. 365 y 366.

[365] En las declaraciones dadas en Lima, los marinos del Buena Nueva (o Ciervo Volante) explicaban de este modo su arribo a Valparaíso. Podría creerse, sin embargo, que su capitán había querido acometer alguna empresa por su propia cuenta, a pesar de que el estado de su tripulación no era aparente para correr aventuras.

a Valparaíso. Encontrábase allí un buque que cargaba trigo para socorrer al ejército de Concepción. El corregidor Molina lo despachó inmediatamente al Perú para llevar al virrey la noticia de la aparición de los corsarios en nuestras costas, y él se estableció con su gente en el puerto para atender a su defensa.

Dos días después se avistaba en la bahía un buque enemigo.[366] La nave de Gherritz llegaba a Valparaíso en el más deplorable aniquilamiento. Sus víveres estaban al concluirse, y su tripulación, reducida a veintitrés hombres, solo tenía nueve cuya salud les permitía prestar algún servicio. En otras condiciones, el puerto no les habría infundido mucho respeto. Valparaíso no tenía entonces más que un solo edificio en que se guardaban algunas mercaderías europeas, mientras que los productos de Chile eran amontonados en la playa hasta el momento de cargarlos en las naves que los llevaban al Perú. Pero aquellos marinos no estaban en situación de acometer una empresa militar. En tierra, solo se veían algunos hombres que parecían ocupados en sus trabajos industriales. Gherritz, acompañado por seis marineros, desembarcó con una bandera blanca en señal de paz; pero de repente se vio acometido por soldados de a pie y de a caballo que hasta entonces habían permanecido ocultos. Toda resistencia era imposible. Al recibir las primeras descargas de arcabucería, los holandeses ganaron su chalupa y volvieron apresuradamente a la nave llevando tres hombres heridos. Uno de ellos era el mismo capitán, que había recibido un balazo en una pierna.

El buque corsario no se movió de su fondeadero. Aunque estaba armado con cañones, se mantuvo en la más completa tranquilidad, lo que dejaba ver que no se hallaba en situación de empeñar combate. En vista de esta actitud, el corregidor Molina despachó un bote a la mañana siguiente para entrar en negociaciones, y en poco rato se arribó a un avenimiento. Los holandeses se

---

366 No es posible precisar las fechas con toda seguridad porque los documentos no la señalan sino muy vagamente. La pérdida del libro de acuerdos del cabildo de Santiago correspondiente a estos años hace más difícil la coordinación cronológica de estos sucesos. Pero, suponiendo como se debe, que Molina procedió con toda la actividad que el caso requería, pueden establecerse las fechas, sin temor de equivocarse en más de uno o dos días. Se sabe que el aviso de Quiñones partido de Concepción el 5 de noviembre, llegó a Santiago el 12. El corregidor ha debido trasladarse a Valparaíso ese día o el siguiente, y despachar inmediatamente el buque que llevó sus comunicaciones para el virrey del Perú, y que como se sabe llegó al Callao en la tarde del 2 de diciembre. La nave holandesa ha debido entrar a Valparaíso el 15 o el 16 de noviembre, puesto que el 25 del mismo mes, el gobernador Quiñones sabía en Concepción que había sido apresada en este puerto.

«daban de paz», es decir, se rendían a los españoles, entregándoles la nave y su carga. En cumplimiento de este compromiso, los prisioneros fueron tratados humanamente.[367] El capitán y el mayor número de sus compañeros quedaron en Chile curándose de sus enfermedades y de sus heridas, y algunos de ellos tomaron luego servicio en el ejército de los españoles. Pocos días después, cuando el yate hubo sido descargado de sus mercaderías y de sus armas, que debían servir para socorrer las tropas de Chile, fue entregado al capitán Diego de Ulloa, vecino y regidor de Santiago, para que lo llevase al Perú y diese cuenta al virrey de estas graves ocurrencias. A su bordo llevó seis prisioneros holandeses, a fin de que las declaraciones que pudieran prestar, sirviesen para dirigir la organización de la defensa subsiguiente de estos países.[368]

6. Los indios asaltan y destruyen la ciudad de Valdivia

Los sucesos que acabamos de referir, preocuparon principalmente la atención de los gobernantes de Chile durante muchos días, pero no les hicieron olvidar la inminencia de los otros peligros que amenazaban a la colonia. La insurrección araucana se hacía más y más formidable. La vuelta de la primavera había permitido que se renovaran las hostilidades en casi todas partes; y las inmediaciones de Angol, de la Imperial y de la plaza de Arauco eran el teatro de las frecuentes y obstinadas correrías de los indios. En las tropas españolas que guarnecían esos pueblos se había introducido una lamentable desmoralización. Hastiados por las privaciones que les imponía aquel estado de guerra, convencidos por las recientes derrotas de que era imposible resistir al levantamiento de los bárbaros, muchos soldados huían de sus campamentos, y no pocos se

---

367 La captura o entrega del yate holandés ha sido contada en la relación del viaje de Van Noort. Dícese allí que este capitán supo el año siguiente lo ocurrido en Valparaíso, por los marineros españoles que él mismo tomó prisioneros y por una carta que Gherritz le escribió desde Santiago, en la cual le contaba que él y sus compañeros se hallaban en gran miseria. La versión que se halla en las declaraciones prestadas en Lima por algunos de los marinos holandeses, no se diferencia virtualmente en el fondo; pero algunos de estos sostenían empeñosamente que en la capitulación se había estipulado que los españoles les comprarían el buque y su cargamento en 12.000 ducados, y que les suministrarían lo necesario para volver a su patria por el Río de la Plata. Si en realidad fue esto lo que se estipuló, los holandeses fueron engañados miserablemente.

368 No encuentro en los documentos la fecha precisa de la partida de este buque para el Perú. Debió tener lugar antes de fines de noviembre. Cuando salió de Valparaíso, no se sabía aún en Santiago que las otras dos naves holandesas se habían alejado de las costas de Chile.

pasaban a servir al enemigo, prestándole una valiosa ayuda en la dirección de las operaciones. La crónica ha conservado particularmente el recuerdo de un clérigo llamado Juan Barba que, habiendo desertado de la Imperial, pasó a ser el consejero de los indios que cercaban esta plaza.[369] Cuando se repetían estas traiciones, no debía sorprender que los indios auxiliares y de servicio mantuvieran tratos con los enemigos y los pusieran al corriente de las miserias y quebrantos que se sufrían en las ciudades.

En el distrito de Valdivia se había hecho sentir también la insurrección de los indígenas. Mandaba allí el capitán Gómez Romero; y, aunque tenía a sus órdenes algunas tropas de buena calidad y regularmente armadas, habría necesitado conservar la más escrupulosa vigilancia para mantener la autoridad española en aquellos lugares. Dispuso algunas correrías en los campos vecinos para desbaratar los agrupamientos de indios de guerra, y él mismo hizo una expedición hasta Osorno para asegurar la tranquilidad de la provincia. El capitán Andrés Pérez, que durante su ausencia había quedado mandando en Valdivia, cerró las calles de la ciudad y tomó otras precauciones militares para impedir un asalto probable de los indios. Pero luego volvió Gómez Romero; y creyendo escarmentados a los indios, descuidó aquellas precauciones, y la vigilancia de la plaza quedó en el más punible abandono.

Los indios percibieron aquel estado de cosas. Un español llamado Jerónimo Bello, originario de la Imperial y hombre turbulento y de malas inclinaciones, se había juntado con ellos, y los incitó a caer de sorpresa sobre la ciudad de Valdivia, anunciándoles un triunfo seguro. Otro español, llamado Juan Sánchez, lo secundó en sus planes. En los términos de Purén y de la Imperial se reunieron más de 4.000 guerreros araucanos, de los cuales la mitad a lo menos montaba excelentes caballos, tanto se habían propagado estos animales en el territorio ocupado por los bárbaros. Su caudillo era Pelantaro, el cacique de Purén que desde el año anterior figuraba como jefe principal de la insurrección. Ese ejército se puso en marcha cautelosamente y se acercó a Valdivia sin que los españoles de esta plaza tuvieran la menor noticia de este peligro. En la madrugada del

---

369 González de Nájera, *Desengaño y reparo de la guerra del reino de Chile*, págs. 132 y 133. Álvarez de Toledo, *Purén indómito*, canto XXI. En febrero de 1600, Quiñones informaba al rey que pasaban de sesenta los hombres de origen europeo que servían en el ejército de los indios rebeldes. González de Nájera da más amplias noticias sobre esto en otra parte de su libro, págs. 213-223.

24 de noviembre de 1599, poco antes de amanecer, cayó de improviso sobre la ciudad, dividiéndose en cuadrillas que cerraban todas las calles para impedir la fuga de los desprevenidos pobladores. Los indios ponían fuego a las casas, mataban a todos los españoles que encontraban, sin distinción de edades y de sexo, y se entregaban al más desenfrenado saqueo. Había en Valdivia un fuerte armado con buena artillería, pero no había en él un solo hombre; y los indios lo ocuparon sin hallar la menor resistencia. «Quemaron los templos, haciendo gran destrozo en las imágenes y haciéndolas pedazos con sacrílegas manos», dice un documento contemporáneo. Después de dos horas de incendio y de degüello, los indios eran dueños absolutos de la ciudad. En esa horrible jornada perecieron más de cien españoles entre hombres, mujeres y niños, y quedaron cautivos más de 300 que habían podido sustraerse a la matanza de las primeras horas del ataque. Solo unos pocos lograron escapar asilándose en tres buques mercantes que estaban fondeados en el río. Esos buques habían tenido que permanecer allí sin poder auxiliar a sus compatriotas y como testigos impasibles de aquellas escenas de horror y de carnicería.[370] Los españoles estimaban en 300.000 pesos el valor de las casas incendiadas y destruidas, y de los despojos tomados por el enemigo.

7. Llegan a esa región socorros del Perú; los indios atacan Osorno y prenden fuego a la ciudad, pero son rechazados

Este espantoso desastre, el más grande que jamás hubieran sufrido los españoles en Chile, por el número de gente que habían perdido y por la riqueza que se atribuía a la ciudad, iba a sembrar la consternación en todo el reino, y a hacer comprender mejor todavía la imposibilidad de dominar el levantamiento

---

[370] El asalto y ruina de Valdivia fue referido en sus rasgos generales por don Francisco de Quiñones en su carta al rey de 18 de febrero de 1600, y se encuentra, además, consignado en otros documentos contemporáneos. Álvarez de Toledo ha referido los mismos hechos con mucho mayor amplitud de detalles y accidentes en los cantos XVIII y XIX del *Purén indómito*. Existe, además, otra curiosa relación insertada por el inca Garcilaso de la Vega en el capítulo 25 del libro VII de sus *Comentarios reales*, Lisboa, 1609. Refiere Garcilaso que esta relación fue escrita por un vecino de Santiago de Chile en carta enviada a España, y que a él se la suministró un capitán español llamado Martín Zuazo que había servido en el Perú. El corsario holandés Van Noort, que recorría la costa de Chile el año siguiente, tuvo noticia de estos sucesos por un prisionero español; y la relación de su viaje cuenta el asalto de Valdivia en pocas palabras, pero con exactitud. Véase la pág. 75 del tomo III del *Recueil des voyages* tantas veces citado.

de los indios si no se recibían pronto los socorros que se habían pedido al Perú y a España.

El virrey del Perú, don Luis de Velasco, hacía entonces esfuerzos increíbles para auxiliar a Chile. Había ordenado reclutamientos en las diversas ciudades, y sin arredrarse por las dificultades que hallaba en todas partes, particularmente por la resistencia que ponían las gentes para venir a Chile, había conseguido reunir algunos soldados. En los primeros días de noviembre salían del Callao dos naves con 280 hombres bajo el mando del coronel Francisco del Campo. Pocos días después zarpaba otro buque mandado por el capitán Juan Martínez de Leiva con 106 auxiliares que llegaron a Concepción el 2 de enero de 1600. Desgraciadamente, la condición de esta gente, sus hábitos de ociosidad y la manera cómo había sido enrolada, la hacían en su mayor parte muy poco útil para la guerra terrible y llena de privaciones que era preciso sostener en Chile. Refiriéndose especialmente a esta última columna de auxiliares, el gobernador Quiñones se expresaba en los términos siguientes: «El capitán Juan Martínez de Leiva entró por enero de este presente año de 1600 con 106 auxiliares, los cuales diera yo muchos ducados por que no entraran en este reino».[371]

Francisco del Campo era un militar de gran experiencia en la guerra de Chile en que servía desde los principios del gobierno de don Alonso de Sotomayor. Había establecido su casa en la ciudad de Valdivia; y dejando allí a su mujer y dos hijos pequeños, pasó al Perú no sabemos si por algún negocio particular o para pedir auxilios. A fines de 1598 fue encargado por el virrey del Perú de llevar un socorro de gente y de municiones al mismo don Alonso de Sotomayor, que gobernaba entonces la provincia de Tierra firme,[372] y hallándose en Panamá en desempeño de esta comisión, recibió del Campo la noticia del formidable alzamiento de los indios de Chile y de la muerte de Óñez de Loyola, que lo obligó a volver prontamente a Lima. Conocedor de sus antecedentes militares, el virrey don Luis de Velasco le dio el mando de los 280 hombres[373] que tenía listos

---

371 *Relación* dirigida al rey por don Francisco de Quiñones desde Concepción en 18 de febrero de 1600.

372 Consta este hecho de un informe inédito de don Alonso de Sotomayor, fechado en Panamá a 5 de mayo de 1599, época en que seguramente Francisco del Campo se embarcaba para volver al Perú.

373 Éste es el número que señala la generalidad de los documentos al refuerzo que trajo a Chile Francisco del Campo. El gobernador Quiñones, en la relación citada, dice que constaba de 265 hombres.

para socorrer a Chile, y lo despachó en los primeros días de noviembre, como ya dijimos, con una buena provisión de armas y municiones. Según las órdenes del virrey, debía llevar esas tropas a Valdivia para socorrer con ellas las ciudades del sur. Probablemente, fue el mismo Francisco del Campo quien aconsejó esta última determinación.

Once días después del asalto y ruina de la ciudad, el 5 de diciembre, desembarcaba en Valdivia el coronel del Campo, y solo hallaba ruinas y desolación. En el puerto encontró uno de los buques que habían presenciado la catástrofe, y entre los españoles que estaban asilados en él, halló a su propia mujer. No le fue difícil ponerse en comunicación con los indios de la comarca y rescatar a algunos de los españoles que habían quedado cautivos, y entre ellos a sus dos hijos. Supo entonces que la insurrección de los indígenas se había hecho general en aquella parte del territorio y que las ciudades de Osorno y de Villarrica estaban a punto de caer en manos del enemigo. Hubiera querido volar en socorro de esas ciudades y llevarles algunas de las armas y municiones que traía en sus naves; pero careciendo absolutamente de caballos y de bestias de carga, se vio obligado a dejar allí sus pertrechos con una parte de sus tropas, y a emprender a pie el viaje hacia Osorno a la cabeza de 165 soldados. Esta resolución era de la mayor urgencia. Anunciábase que el ejército de bárbaros que acababa de destruir Valdivia, considerablemente engrosado después de sus triunfos, se había dirigido sobre Osorno bajo el mando del cacique Pelantaro, y que este caudillo llevaba por consejeros a Jerónimo Bello, al clérigo Juan Barba y a otros desertores españoles. En su marcha, Francisco del Campo debía evitar todo encuentro con ese formidable ejército de bárbaros, y por esto mismo se veía obligado a caminar con infinitas precauciones, haciendo largos rodeos al través de bosques casi impenetrables, y empleando una lentitud que sin esos peligros habría debido evitar.

Osorno, en efecto, se hallaba amenazada por los indios. Las tropas que allí había, unidas a las que llevaba el coronel, montaron a cerca de 400 hombres. Los indios, sin embargo, creyendo hallar a los españoles tan desprevenidos como en Valdivia, atacaron una noche la ciudad, y pusieron fuego al convento de San Francisco. El coronel logró rechazarlos, y aprovechándose del pavor que en el enemigo debió producir este contraste, hizo algunas campeadas en las cercanías, dio muerte a muchos indios, aprisionó a otros y acabó por creer más o menos asegurada la tranquilidad en esa región. En esta confianza, dio la vuelta a Valdivia para descargar sus pertrechos. Había dejado en Osorno una parte de sus tropas, y creía que con este refuerzo, esa ciudad no tenía nada que temer del enemigo.

Francisco del Campo se engañaba lastimosamente. El jueves 19 de enero de 1600, el formidable ejército araucano, en número de cerca de 5.000 hombres, caía sobre Osorno poco antes de amanecer, y la acometía por cuatro o cinco partes en medio de una algazara atronadora. Había creído sorprender a los españoles, que juzgaba desprevenidos y entregados al sueño. Pero los habitantes de la ciudad se recogían cada noche a un fuerte que habían construido y desde el cual podían defenderse fácilmente. Los indios se repartieron en la ciudad prendiendo fuego a las iglesias y a las casas que se hallaban desiertas, y ejerciendo toda clase de depredaciones. Dos valientes capitanes, Jiménez Navarrete, corregidor de la ciudad, y Blas Pérez de Equeicias, a la cabeza de algunas compañías de arcabuceros, pretendieron batirlos, pero, aunque hicieron algunos estragos en las filas enemigas, les fue forzoso replegarse luego al fuerte y mantenerse estrictamente a la defensiva. Allí mismo se vieron acometidos por los bárbaros. Los renegados españoles les habían enseñado a construir mantas o parapetos portátiles; y defendidos por estos aparatos, los indios se acercaban a las murallas del fuerte para socavarlas.

El sitio se habría prolongado por más tiempo, y los españoles, escasos de bastimentos, habrían sucumbido sin la pronta vuelta de Francisco del Campo con los socorros que había ido a buscar a Valdivia. Los indios tenían colocadas partidas exploradoras en las alturas inmediatas. El 21 de enero, al saber que se acercaban a Osorno tropas españolas de refuerzo, levantaron prontamente el cerco de la ciudad y se dispersaron por destacamentos en los campos vecinos. Habiendo reconcentrado sus tropas, el coronel del Campo se contrajo activamente a reparar en lo posible los estragos del incendio, y dispuso diversas campañas en toda la comarca vecina para recoger provisiones y para escarmentar a los indios. Estas correrías fueron casi siempre felices, pero ellas no debían dar un resultado medianamente decisivo. El activo capitán esperaba, sin duda, asentar la tranquilidad de esa comarca para repoblar Valdivia, y enseguida correr en auxilio de Villarrica que se hallaba estrechada por los indios desde un año atrás y reducida a los últimos extremos por el hambre. Pero a fines de marzo, cuando se preparaba para volver a Valdivia, recibió las más alarmantes noticias de Chiloé. Los corsarios acababan de hacer su aparición en el archipiélago, habían derrotado a los españoles y parecían dispuestos a establecerse allí. Cambiando, pues, de plan, Francisco del Campo se vio obligado a marchar contra ellos.[374] Más adelante tendremos que dar cuenta de esta expedición.

8. Terrible situación de los españoles al comenzar el año de 1600: alarma general. El gobernador Quiñones pide al rey que le envíe un sucesor

En esa época (principio de 1600) la situación de los españoles, aun sin tomar en cuenta las amenazas de los corsarios, había llegado a hacerse muy difícil y casi insostenible. Apenas podían defenderse dentro de las ciudades que ocupaban, resistiendo a los repetidos ataques de los bárbaros, pero no les era posible comunicarse unos con otros y mucho menos socorrerse, sino cuando podían enviarse esos socorros por mar, como sucedía con la plaza de Arauco; pero la presencia de los corsarios hacía ahora peligroso este camino. Angol, la Imperial y Villarrica parecían condenadas a sucumbir sin que el gobernador pudiera prestarles el menor socorro.

Los defensores de la Imperial, después de los desastres sufridos en abril de 1599, habían llegado a las últimas extremidades de la miseria; pero desplegaron en la resistencia esa energía que infunde la desesperación y sobre todo el convencimiento de que no debían esperar cuartel de sus implacables enemigos. Durante el invierno que se siguió a aquellos desastres, la guerra fue menos activa; pero la vuelta de la primavera fue la señal de la renovación de las hostilidades. Queriendo comunicarse con el gobernador y pedirle los socorros que eran indispensables para la defensa de la cuidad, el capitán Hernando Ortiz, que des-

---

[374] Don Francisco Quiñones ha referido sumariamente los sucesos de Osorno en la relación citada de 16 de febrero, pero están contados con más amplitud de pormenores en una extensa exposición del mismo Francisco del Campo, fechada en Osorno el 16 de marzo de 1601, en que refiere sus penosas campañas en los territorios del sur. Este valioso informe, dirigido al presidente de Chile, se conserva original en el Archivo de Indias; pero ha sido publicado con frecuentes errores de copia y de impresión y con supresión de algunos trozos, por don Claudio Gay en las págs. 125-143 del tomo II de sus *Documentos*. Debemos advertir que el coronel del Campo da pocas fechas de los sucesos, o las da señalando los días de la semana y a veces las fiestas de la Iglesia con que coincidían, lo que exige alguna atención para restablecer la cronología.

empeñaba el cargo de corregidor, hizo construir una pequeña embarcación con la madera de los árboles de las huertas. En la Imperial, no había, sin embargo, marineros que pudieran dirigir esa embarcación. Un joven de carácter resuelto, don Pedro de Escobar Ibacache, que nunca había navegado, se ofreció para llevar a cabo esa temeraria empresa.[375] En efecto, habiéndose embarcado con nueve soldados, y sin llevar más provisiones que algunas yerbas del campo, bajó las aguas del Cautín, venció felizmente la barra de este río, y después de algunos días de navegación en el océano, llegaba a fines de octubre (1599) a la ciudad de Concepción.[376]

En medio de tantas dificultades y complicaciones que lo rodeaban por todas partes, don Francisco de Quiñones se empeñó en socorrer a la Imperial. Equipó apresuradamente un barco, puso a su bordo alguna gente y los bastimentos y vestuarios de que podía disponer, y venciendo no pocos inconvenientes, lo hizo salir en auxilio de la ciudad asediada. Por más voluntad que el capitán Escobar pusiera en cumplir su comisión, tuvo que fracasar en esta empresa. Le fue imposible hacer entrar su nave en el río Cautín, y se vio forzado a dirigirse a Valdivia con la esperanza, sin duda, de llegar a la Imperial por los caminos de tierra. Allí le esperaba una nueva y más dolorosa decepción. Valdivia había sido quemada y destruida pocos días antes por los indios, y solo se veían ruinas cenicientas y cadáveres destrozados. El capitán Escobar, acompañado de dos frailes que iban en su nave, bajó a tierra a dar sepultura a los muertos y a celebrar por sus almas los oficios religiosos de difuntos. También entró en relaciones con los indios para rescatar algunos españoles cautivos; pero atacado pérfidamente por los bárbaros, le fue forzoso recogerse a su nave y dar la vuelta

---

375 Se creería que el segundo apellido de este capitán era de origen chileno, y que era tomado de un lugar del departamento de Melipilla, que conserva todavía el mismo nombre. Era, sin embargo, el apellido de su madre, que fue una señora de origen vizcaíno. Ibacax o Ibacache es apellido de Vizcaya, donde se conserva todavía una torre con el mismo nombre, y que sin duda fue residencia de esta familia. La estancia del departamento de Melipilla a que nos referimos, tomó, sin duda, este nombre de su primer propietario, que quizá fue el mismo capitán Escobar Ibacache, o alguno de sus deudos.

376 Álvarez de Toledo, *Purén indómito*, canto XVII. Don Francisco de Quiñones ha dado cuenta de estos mismos hechos en su carta al rey de 25 de noviembre de 1599, refiriendo las primeras peripecias por que tuvieron que pasar los que intentaban socorrer a la Imperial, y cómo un buque que había salido de Concepción con ese objetivo dio el primer aviso del arribo de los corsarios a la isla de Santa María.

a Concepción para llevar la noticia de aquel nuevo y espantoso desastre.[377] La Imperial, privada así de aquellos socorros, debía pasar algunos meses más de las mayores zozobras y de las más crueles privaciones.

Pero, como ya sabemos, no era la angustiosa situación de esa ciudad lo único que afligía al atribulado gobernador. Hacía más de un año que en Concepción no se tenía otra noticia de Villarrica que el que la ciudad estaba cercada por los indios. Francisco del Campo, después de sus últimos y efímeros triunfos sobre los indios de Osorno, pedía empeñosamente nuevos socorros para proseguir la campaña, y el gobernador no podía enviárselos. Anunciábase que Angol estaba sitiada por un ejército formidable, y que todos los indios de la comarca estaban rebelados. En Chillán se defendía resueltamente el corregidor Alonso Cid Maldonado, teniendo que sostener constantes combates con los bárbaros.[378] Los capitanes Pedro Cortés y don Antonio de Quiñones, hijo del gobernador, que recorrían los campos de esta comarca desde el río Laja hasta las orillas del Itata, apenas podían mantener el prestigio de las armas españolas. En medio de la confusión y del pavor que aquel estado de cosas debía producir, circulaban en todo el reino las más alarmantes noticias, exagerando los desastres de la guerra y aumentando la alarma general. «A la hora que escribo ésta, dice una carta fechada en Santiago en marzo de 1600, ha venido nueva que los de la Imperial perecieron de hambre todos, después de un año de cerco. Solo se escaparon veinte hombres, cuya suerte fue muy más trabajosa que la de los muertos, porque necesitados de la hambre, se pasaron al bando de los indios.»[379] Don Francisco de Quiñones, contrariado por tantos desastres, convencido de su impotencia para vencer la rebelión de los araucanos y para restablecer la tranquilidad, al paso que pedía empeñosamente al rey los socorros que eran indispensables, reclamaba que se enviase a Chile un gobernador joven y vigoroso que viniera a relevarlo del mando y que fuera capaz de dirigir la guerra con más energía y con más fortuna.[380]

---

377 Álvarez de Toledo, *Purén indómito*, canto XX.
378 Carta inédita de Cid Maldonado al virrey del Perú, de 9 de octubre de 1600.
379 Carta escrita en Santiago a Martín Zuazo, y publicada por el inca Garcilaso de la Vega en el capítulo 25 del libro VII de sus *Comentarios reales*.
380 Carta de Quiñones al rey, de 18 de febrero de 1600.

9. Habiendo recibido algunos socorros, el gobernador sale a campaña en auxilio de las ciudades sitiadas. Alcanza dos victorias sobre los indios y llega a la Imperial

El virrey del Perú, entre tanto, tenía listos a fines de noviembre 400 hombres para enviar a Chile. Los había reunido con gran dificultad y con no poco costo, utilizando al efecto una parte de las tropas que volvían de Quito después de sofocar una insurrección que había estallado en los años anteriores. Cuando se hacían los últimos aprestos para la partida de esos refuerzos, llegó al Perú, el 2 de diciembre de 1599, la noticia de la presencia de los corsarios en los mares de Chile. Seis días más tarde entraba al Callao el capitán Diego de Ulloa con el buque quitado a los holandeses en Valparaíso, y con seis prisioneros que podían dar amplios pormenores sobre los propósitos de los corsarios. Estos graves sucesos vinieron a demorar el envío de los socorros a Chile, y lo que era más lamentable, a reducirlos considerablemente. El virrey había recibido comunicaciones de España en que se le avisaba que de Holanda había salido una expedición de corsarios para los mares del sur; y del Paraguay se le había confirmado esta noticia según informes llegados al Río de la Plata. Ante este nuevo peligro, el virrey y sus consejeros olvidaron por el momento la guerra de Arauco, y consagraron todos sus esfuerzos a equipar una escuadrilla para batir a los corsarios, y a guarnecer las costas del Perú, a fin de ponerlas a cubierto de cualquier ataque. Los documentos emanados del virrey en esos días revelan la ansiedad y la perturbación que tales sucesos habían producido en Lima.[381]

Después de cerca de un mes de perplejidades y vacilaciones, el virrey disponía que dos de las naves que acababa de armar en guerra saliesen al mar bajo el mando de don Gabriel de Castilla, nombrado almirante de la flota. Debía tomar a su bordo poco más de 200 hombres y dirigirse al sur hasta Valdivia en busca de los corsarios holandeses. Recomendábasele que procediese en todo con suma prudencia, que evitara en cuanto fuese posible trabar combate o que solo lo empeñase en caso de tener confianza en el éxito. El virrey lo autorizó,

---

[381] Se conservan en el Archivo de Indias de Sevilla las actas de los consejos o juntas de guerra que celebraba el virrey del Perú para socorrer a Chile, y más tarde para proveer a la defensa del virreinato contra la amenaza de los corsarios. Esos documentos abundan en pormenores que reflejan la perturbación y la alarma que entonces reinaba en la capital del virreinato. Nosotros hemos tomado de ellos los hechos capitales, y sobre todo las indicaciones cronológicas, pero desatendemos muchos incidentes que creemos de importancia secundaria en nuestra relación.

además, para entregar a Quiñones las tropas que llevaba en su escuadrilla. Con estas instrucciones zarpaba del Callao el titulado almirante el 1 de enero de 1600. Mientras se destinaba esa débil división para socorrer a Chile, amenazado a la vez por la formidable guerra araucana y por la presencia de los corsarios holandeses,[382] el virrey dejaba para la defensa de las costas más cercanas a Lima una flotilla de cuatro naves armadas militarmente con más de 260 marineros y con 460 soldados. Esta preferente atención dada por el virrey a aquella parte del territorio de su mando, era tanto más injustificada cuanto que allí no había enemigos interiores como en Chile, y que, además, abundaban los recursos militares, y había una población mucho más numerosa que podía suministrar otros contingentes de soldados.[383]

Las naves que mandaba don Gabriel de Castilla llegaron a Concepción el 14 de febrero, cuando ya no había en las costas de Chile noticia alguna de los buques holandeses. Desembarcó allí 224 hombres, número insuficiente, sin duda, para atender a la defensa de todos los puntos amenazados por los indios, pero que de todas maneras era un auxilio poderoso para los angustiados españoles. Desde meses atrás, el gobernador tenía resuelto el salir a campaña para socorrer a algunas de las ciudades, y solo se había detenido por la debilidad de sus tropas. Ahora pudo contar con un ejército expedicionario de 410 hombres, fuera de las guarniciones que debía dejar en Concepción y en Chillán. Como el verano estaba bastante avanzado, hizo rápidamente sus últimos aprestos, dispuso que todos sus soldados se confesaran y comulgaran, y en los últimos días de febrero rompía la marcha a la cabeza de sus tropas. Sin encontrar obstáculos de ninguna naturaleza, sin hallar un solo enemigo que intentara cerrarle el paso, recorrió los campos que se extienden al oriente de Concepción; y habiendo

---

[382] El 1 de enero de 1600, cuando salió del Callao el almirante don Gabriel de Castilla, se ignoraba allí que los dos buques holandeses que estuvieron en la isla de Santa María, se habían alejado hacía más de un mes de las costas de Chile. El gobernador de este país, careciendo de una nave en que comunicar esta noticia al virrey del Perú, había despachado un emisario por la vía de tierra; pero ese emisario no llegó a Lima sino a mediados de febrero, es decir, después de un viaje de dos meses y medio. Estos hechos que conviene recordar, dan a conocer perfectamente el aislamiento y el estado de incomunicación en que vivían estos países.

[383] La afluencia de gente de origen europeo era entonces muy considerable en aquella parte del virreinato del Perú. Según un empadronamiento de la sola ciudad de Lima levantado ese mismo año de 1600 por orden del virrey don Luis de Velasco, había allí 14.262 habitantes entre españoles, negros, mulatos y mestizos.

llegado a las orillas del Nivequetén o Laja, cruzó este río por un paso que tiene cerca de una milla de ancho, a corta distancia del sitio en que echa sus aguas en el caudaloso Biobío. Allí tuvo noticias de la proximidad del enemigo. Un soldado llamado Francisco Herrera, cautivo de los indios en los combates anteriores, o quizá uno de los desertores del ejército español que ahora quería volver a servir bajo sus antiguas banderas, se presentó a comunicar al gobernador que a corta distancia de ese lugar se había reunido un campamento de 10.000 indios dispuestos a cerrar el paso a los invasores. Ante un peligro de esta naturaleza, el gobernador resolvió detenerse en esas inmediaciones. Eligiendo un sitio que creía favorable para la defensa, se atrincheró del mejor modo posible, y esperó que los bárbaros fueran a atacarlo en aquellas posiciones. Sus avanzadas reconocieron los campos vecinos, y se proporcionaron noticias más completas del enemigo.

En efecto, los indios en número muy inferior quizá a lo que se había dicho, estaban acampados a la otra banda de un pequeño estero que vacía sus aguas en el Biobío. Algunas lagunas y terrenos pantanosos les servían de defensa. Después de tres días de espera, creyendo, sin duda, que los españoles no se hallaban en estado de sostener un combate, comenzaron a acercarse al campamento de estos, dejándose ver por las alturas vecinas, y tratando de atraerlos a la pelea por diversas asechanzas. Por fin, la batalla se empeñó en la tarde del 13 de marzo. Un destacamento español, después de amenazar a los indios en aquellas alturas, fingió retirarse atrayéndolos a terreno llano; y cargando impetuosamente todo el ejército de Quiñones, consiguió destrozarlos completamente poniéndolos en entera dispersión. En esa jornada, los españoles habían reconquistado su crédito de militares esforzados y valientes. Sus pérdidas eran casi insignificantes, un muerto y algunos heridos, mientras que los bárbaros dejaban en el campo más de 500 cadáveres, fuera de los que, cubiertos de heridas, perecieron en la fuga al otro lado del Biobío.[384]

---

[384] El gobernador Quiñones ha consignado noticias muy sumarias de este combate en dos documentos, en una exposición dirigida en 30 de marzo al cabildo de la Imperial, y en otra de 15 de abril dirigida a la ciudad de Angol. El capitán Álvarez de Toledo, que se dice testigo de vista, lo ha descrito extensamente, pero de una manera confusa en los cantos XXIII y XXIV del *Purén indómito*, que son los últimos que se han conservado de su poema. Recuerda allí uno a uno los capitanes y soldados que se distinguieron en la batalla señalando la parte que cada cual tomó.

El camino del sur quedaba expedito después de esta victoria. Venciendo las dificultades que les oponía el paso de ese río, con pérdida de un español, de algunos indios de servicio y de algunos caballos, don Francisco de Quiñones llegó con su ejército a Angol, y pudo socorrer la plaza, libre en esos momentos de enemigos. Queriendo aprovechar los pocos días de verano que le quedaban, emprendió luego su marcha hacia la Imperial cuya situación angustiada le inspiraba las mayores inquietudes. Para ello tenía que atravesar los campos de Lumaco y de Purén, centro como se sabe, del terrible levantamiento de los indígenas. Pero Quiñones sabía que a la cabeza de 400 españoles no tenía nada que temer en batalla campal, y que los indios, invencibles en la guerra de encrucijadas y de sorpresas, serían batidos en campo abierto como lo habían sido en la última jornada. En efecto, a las orillas de un río que el gobernador denomina Tabón, se presentó a su vista un considerable ejército de indios dispuestos a presentar combate. Quiñones lo hace subir a 6.000 hombres. Había entre ellos, agrega, «algunos españoles y mestizos y un clérigo de misa (seguramente Juan Barba) que los gobernaba y sargenteaba en el orden que debían tener en la batalla, los cuales traían arcabuces y armas ofensivas y defensivas». El gobernador, sin embargo, ordenó sus tropas, se puso a la cabeza de ellas, y cargando impetuosamente sobre el enemigo, lo puso al poco rato en completa dispersión. Los indios dejaron en el campo treinta muertos, muchos caballos y bagajes; pero arrojándose al río que tenían a sus espaldas, se sustrajeron a la persecución y a la matanza que en otras condiciones se habrían seguido a su derrota. Después de esta segunda victoria, Quiñones llegaba a las inmediaciones de la Imperial el 30 de marzo.

10. Los españoles despueblan las ciudades de la Imperial y de Angol
Esta ciudad tocaba entonces las últimas extremidades.

Tuvo lugar esta batalla en el territorio que nosotros denominamos isla de la Laja, a corta distancia del sitio en que el río de este nombre se une al Biobío. Quiñones denomina Laguén el sitio del combate, y Álvarez de Toledo lo nombra Yumbelle y Yumbel. La misma denominación le han dado otras relaciones, lo que ha hecho creer a algunos cronistas e historiadores posteriores que el lugar de la batalla está situado al norte del río Laja, aproximadamente donde ahora se levanta el pueblo de Yumbel. Leyendo atentamente a Álvarez de Toledo, se comprende que la batalla tuvo lugar después de que los españoles, viniendo del norte, pasaron el río Laja, y en un sitio cercano al Biobío, donde existían lagunas y terrenos pantanosos, de que también habla el gobernador en las relaciones citadas.

Sus escasos defensores parecían resignados a una muerte segura e inevitable, sin recibir socorros de ninguna parte. Seis meses hacía, como hemos contado más atrás, que mediante esfuerzos sobrehumanos, habían despachado en una débil embarcación al capitán Escobar Ibacache a pedir auxilios al gobernador; pero esos auxilios, como ya sabemos, no habían podido llegar hasta la Imperial. Como el hambre se hacía intolerable, y como las hostilidades de los indios eran cada día más tenaces y porfiadas, el capitán Hernando Ortiz, el corregidor de la ciudad, acompañado por unos cuantos hombres tan resueltos como él, había intentado hacer una salida y llegar hasta Angol para procurarse algunos socorros. Esta temeraria empresa fue un nuevo desastre y una nueva decepción para los heroicos defensores de la Imperial. Ortiz y sus compañeros fueron capturados por los indios y muertos delante de la ciudad, para aumentar la consternación de los soldados que la defendían. Aun después de este rudo contratiempo, aquellos soldados no se dejaron abatir. El capitán Francisco Galdames de la Vega, que tomó el mando de la plaza, se mantuvo inflexible en su resolución de resistir hasta la muerte. Las mujeres mismas tomaron las armas, y acudían regularmente a la defensa de los bastiones y a todos los trabajos que imponía aquella horrible situación. La crónica recuerda entre aquellas heroínas, el nombre de doña Inés de Córdoba de Aguilera, señora principal, hija y esposa de conquistadores, que en esos días de terrible prueba andaba armada como los militares, dando con su palabra y con sus hechos, ejemplo de constancia y de entereza.[385]

---

385 Álvarez de Toledo, *Purén indómito*, cantos XXI y XXII. La relación de estos sucesos está incompleta en el poema que acabamos de citar, o a lo menos en el manuscrito que nos sirvió para su publicación. Por el sumario del canto XXI se ve que indudablemente falta en ese manuscrito su última parte en que debía contarse la salida de la Imperial del capitán Hernando Ortiz, cuyo fin desastroso se cuenta en el canto siguiente. Álvarez de Toledo ensalza en éste, con rasgos verdaderamente poéticos, la actitud de doña Inés de Córdoba de Aguilera, de quien, sin embargo, no se habla en los documentos contemporáneos. Los cronistas posteriores y la tradición han enaltecido sobremanera la personalidad de esta señora hasta convertirla en una especie de heroína de epopeya. Un distinguido poeta nacional, don Salvador Sanfuentes, publicó en 1857 una extensa leyenda en verso (2 volúmenes en 8.°) titulada *Ricardo y Lucía*, cuyo asunto es la destrucción de la Imperial. Como fuente de información histórica, consultó solo las historias publicadas hasta entonces; pero no pudo conocer el *Purén indómito* (publicado por primera vez cuatro años más tarde) ni los documentos contemporáneos que le habrían permitido dar más interés histórico a su poema.

Pero, a pesar de estos esfuerzos, la defensa se hacía insostenible, y la Imperial estaba destinada a sucumbir. La guerra y el hambre habían disminuido de tal suerte la población, que de más de cien soldados que pocos meses antes tenía para su defensa, solo le quedaban veintiséis hombres en estado de llevar las armas. Incendiados y destruidos casi todos los edificios, los españoles vivían encerrados en las casas del obispo, convertidas, a la vez, en plaza militar. Sufrían allí privaciones y miserias que casi parecen inconcebibles. Los soldados y habitantes de la ciudad estaban vestidos con ropas en harapos. Faltos de otros alimentos, comían animales inmundos, el cuero de las monturas y de las adargas, y las yerbas de los campos que podían procurarse con no poco peligro. El agua misma les faltó, y era menester ir a buscarla burlando la vigilancia de los indios. Los documentos contemporáneos aseguran que todos esos infelices habrían perecido de hambre y de extenuación si el socorro que les llevaba don Francisco de Quiñones hubiera tardado ocho días más.

Sin duda alguna, el gobernador llevaba el propósito irrevocable de despoblar la Imperial, ya que las tropas y los recursos de que podía disponer no bastaban para la defensa de todos los establecimientos que habían fundado los españoles. Pero una medida de esta clase envolvía una gran responsabilidad, y podía dar origen a las acusaciones que se hacían a su predecesor por la despoblación de Santa Cruz; y ante todo quería ponerse a cubierto de los cargos que pudieran hacérsele. Don Francisco de Quiñones, aunque simple militar, era un hombre versado en los procedimientos administrativos, y conocía todos los expedientes que los letrados españoles solían poner en juego para dar formas legales a cada uno de sus actos, y para justificar sus procedimientos. Habiendo llegado a las inmediaciones de la Imperial el 31 de marzo, asentó su campo a una legua de la ciudad, y desde allí dirigió al Cabildo una comunicación en que, después de exponer los últimos sucesos de la guerra, mandaba que aquella corporación, oyendo el parecer de los sacerdotes, de dos vecinos y de dos soldados, y tomando en cuenta las dificultades y peligros de la situación, resolviera lo que convenía hacerse. Aquella junta se reunió el 2 de abril. Después de pasar en revista y de dejar constancia escrita de los sufrimientos indecibles por que habían pasado durante un año entero, todos los concurrentes declararon de común acuerdo, que era «conveniente y forzoso despoblar este sitio con cargo de mejorarle en nombre de Su Majestad cada y cuando que las fuerzas de este reino permitan y den lugar a su señoría (el gobernador)». Quiñones, sin embargo, no pareció darse por satisfecho con esta declaración. Hizo dejar constancia autorizada de que los campos vecinos, donde no se había hecho siembra alguna durante el año anterior, no podían suministrar alimentos a la ciudad. Pidió informe a todos los jefes de su ejército, con exclusión de su propio hijo don Antonio de Quiñones para que no se creyese que había querido ejercer influencia sobre la junta de guerra, y mandó que todos los habitantes de la ciudad, así hombres como mujeres, se reuniesen en una asamblea y diesen su dictamen sobre el particular. En todas partes los pareceres fueron unánimes por la despoblación de la Imperial. Los desgraciados habitantes de la ciudad llegaron a estampar en su acuerdo las palabras siguientes: «Por amor de Nuestro Señor Jesucristo, de rodillas y vertiendo lágrimas y dando voces al cielo, le suplican (al gobernador) se adolezca de ellos y de tantas viudas, huérfanos, doncellas pobres, y niños inocentes como en el dicho fuerte hay, y los saque de él sin dejar a nadie, y lleve en su campo y compañía donde y para el efecto que tuviere a bien». El 4 de abril, cuando hubo reunido estos diversos pareceres, hizo don Francisco de Quiñones su entrada al antiguo recinto de la ciudad.

Todos los alrededores de la Imperial estaban desiertos. Los indios, considerándose incapaces de presentar batalla campal a las fuerzas relativamente formidables que acompañaban al gobernador, se habían retirado a lo lejos, o estaban ocupados en hacer sus cosechas en los valles apartados. Quiñones, con la esperanza de volver a repoblar la ciudad cuando llegasen los refuerzos que se habían pedido a España, mandó que se ocultasen las campanas, los cañones y los demás objetos de difícil transporte, que el escribano recogiese los archivos de la ciudad, y que los eclesiásticos cargasen los ornamentos de la iglesia y los vasos sagrados así como las imágenes pequeñas de los santos, a algunas de las cuales atribuía la devoción popular los más sorprendentes milagros.[386] Terminados estos aprestos, el 5 de abril de 1600 fue definitivamente

---

[386] La crónica milagrosa del sitio de la Imperial daría materia para llenar muchas páginas de portentosos prodigios que fueron creídos por los contemporáneos y que la tradición exageró, pero que no resisten al más ligero examen y que la historia no puede recordar sino como una prueba de la superstición y de la ignorancia de esos tiempos. Contábase que un indio había reventado al llevar a sus labios un cáliz en una borrachera en que se celebraba una victoria. Decíase que después de una plegaria dirigida a la Virgen María, ésta había llenado de agua un pozo que estaba seco. Refiérase también que cuando se trató de construir una embarcación para pedir auxilios al gobernador Quiñones, la Virgen convirtió en

abandonada la Imperial. Sus pobladores, contando hombres, mujeres, ancianos inútiles, clérigos y niños, no pasaban de sesenta personas en el momento de la despoblación.

Don Francisco de Quiñones habría querido tal vez dirigirse entonces a socorrer Villarrica, acerca de la cual no se tenía la menor noticia desde los principios del levantamiento de los araucanos. Pero esta operación, difícil en cualquiera circunstancia, era casi imposible en aquellos momentos en que el invierno, próximo a entrar, podía dejar a los españoles aislados y perdidos, puede decirse así, en aquella apartada región. El gobernador, por otra parte, creía, sin duda, que el socorro de esa ciudad correspondía al coronel Francisco del Campo que con fuerzas suficientes tenía a su cargo la defensa de las ciudades del sur, pero que en esa misma época había tenido que trasladarse a Chiloé a hacer frente a otros peligros de que no se tenía la menor noticia en las provincias del centro y del norte de nuestro territorio. Además de eso, en el campo de Quiñones creían muchas personas que los defensores de Villarrica, colocados en las faldas de los Andes, y con un paso expedito para la región oriental, habrían podido abandonar esta ciudad y buscar su salvación en las provincias del otro lado de las cordilleras. Así, pues, casi sin vacilación, el gobernador y su ejército se pusieron en marcha para el norte.

Después de ocho días de camino, llegaban a Angol el 13 de abril. Habían atravesado los peligrosos campos de Purén y de Lumaco, teatro de tantos combates y de tantos desastres, sin encontrar un solo enemigo. Parece que los bárbaros comprendían que sus opresores, esquilmados y destruidos, abandonaban para siempre la región que después de cincuenta años de guerra, no habían podido dominar y reducir.

---

brea el vino de dos botijas que los sitiados guardaban en una bodega. Álvarez de Toledo, que no se hallaba en la Imperial en esas circunstancias, ha referido de oídas esos prodigios en los cantos XVII, XX y XXI de su poema. Más tarde, la tradición aumentó considerablemente estos milagros, inventando muchos otros. Contábase que durante las miserias del sitio, las aves silvestres, por mandato de la Virgen, acudían a la ciudad y se dejaban coger con la mano para servir de alimento a los sitiados. La misma Virgen, se añadía, paralizó en una batalla los movimientos de un ejército de indios que embestía la ciudad. Sobre algunos de estos milagros se levantaron más tarde informaciones jurídicas, y con el testimonio de los que los habían oído contar, se les dio por comprobados. Los cronistas posteriores los han referido muchas veces hasta el tiempo en que una mayor cultura ha venido a desterrar de la historia los prodigios sobrenaturales.

Angol no había pasado por los mismos sufrimientos y por las mismas miserias que la Imperial, por más que la guerra hubiera sido también ruda y constante en sus alrededores. Su población era compuesta de poco más de 200 personas, de las cuales setenta eran jefes y soldados. Sin duda, muchos de los vecinos comprendían que el abandono de la ciudad, privándolos de sus casas y de las estancias que tenían en los campos vecinos, iba a sumirlos en la más espantosa pobreza; y habrían preferido que el gobernador dejase allí una parte de sus tropas para ponerlos a salvo de los ataques del enemigo. Pero Quiñones no se hallaba en situación de fraccionar su ejército exponiéndolo a nuevos desastres. Aquí, como en la Imperial, sin embargo, procuró artificiosamente dejar a salvo su responsabilidad, haciendo que el mismo vecindario le pidiera la despoblación de la ciudad. Mandó levantar un inventario de los víveres que había en Angol en poder de los particulares, y dispuso que un destacamento de setenta jinetes recorriera los campos vecinos para ver si era posible procurarse bastimentos en las sementeras de los indios. El resultado de esta investigación fue verdaderamente desconsolador. En la ciudad solo se hallaron sesenta y tres fanegas de granos, entre trigo y cebada. En los campos vecinos no había sembrados de los indios que poder aprovechar. Ante una situación semejante, y viendo por las declaraciones expresas del gobernador que éste no se hallaba en estado de darles los socorros que necesitaban, el Cabildo y los vecinos de Angol, reunidos en acuerdo el 17 de abril, resolvieron la despoblación de la ciudad. «Piden y suplican a su señoría, dice el acta de la sesión, y siendo necesario, hablando con todo el respeto que deben, en nombre de Dios Nuestro Señor y de Su Majestad, le requieren que enderezando a su servicio la necesidad presente, saque esta ciudad y lleve en su campo hasta tanto que habiendo lugar, en nombre de Su Majestad la vuelva a poblar su señoría, que todos están prestos de hallarse en su reedificación y sustentación, como hasta aquí lo han hecho.» Los jefes y capitanes del ejército, llamados a dar su parecer, opinaron igualmente por la despoblación.

Solo cuando estuvieron llenadas estas formalidades, cuando se repitieron y reforzaron las peticiones de los vecinos de Angol, dio don Francisco de Quiñones la orden de abandonar la ciudad. Recogiéronse apresuradamente los ornamentos y vasos sagrados de las iglesias, los archivos del Cabildo y todos los demás objetos de fácil transporte. El 18 de abril, el ejército de Quiñones, formando escolta a los infelices pobladores de aquellas dos ciudades, salía de Angol, y emprendía su marcha al través de campos solitarios en que no se dejaba ver un solo enemigo.[387] Cuando hubo pasado el Biobío, tomó el camino de Concepción, donde la presencia inesperada de tanta gente debía producir una extraña perturbación por no haberse acopiado los víveres suficientes para alimentarla.

El gobernador Quiñones, al decretar la despoblación de Angol y de la Imperial, creía haber cumplido con un deber penoso, pero imprescindible, desde que no le era dado prestarles el cuidado y los socorros que necesitaban para su sustentación. Creía, además, que la manera como había procedido, las informaciones que había levantado, y las peticiones de los cabildos y pobladores de esas ciudades, lo ponían a salvo de toda acusación por sus procedimientos. Sin embargo, se engañaba lastimosamente. Pasados los primeros días, cuando los vecinos de Angol y de la Imperial se hallaron en Santiago en una desconsoladora miseria, y obligados a vivir casi de limosna, comenzaron a olvidar los sufrimientos pasados, y a acusar al gobernador de haber despoblado atropelladamente esas ciudades, que según contaban ellos, tenían medios para subsistir y para defenderse.

Tales eran los informes que cuatro meses más tarde daban los mismos interesados al capitán que acababa de llegar del Perú para reemplazar a Quiñones en el gobierno de Chile. «Se despobló la Imperial, decía el nuevo gobernador, teniendo juntos más de 500 hombres, y gran ocasión de coger muchas comidas, pues en dos días me certifican que se juntaron más de 1.000 fanegas. Y sin ver a la Villarrica ni saber del coronel Francisco del Campo, dio la vuelta a Angol, la cual ciudad despobló también. Las causas que para ello tuvo debieron ser grandes. Pues lo hizo, él lo dirá.»[388] El virrey del Perú, al recibir estos

---

387 Todos los hechos relativos a la campaña de Quiñones en el territorio araucano y a la despoblación de las ciudades de la Imperial y de Angol, constan en un voluminoso expediente de los documentos del caso que el gobernador había reunido para justificar su conducta ante el virrey del Perú y ante el rey de España. Dos años más tarde, hallándose en Lima en abril de 1602, don Francisco de Quiñones hizo sacar copia autorizada de todas esas piezas, y la remitió a la Corte. Esa copia existe hoy en el Archivo de Indias, y ella me ha suministrado las noticias referentes a estos sucesos, que he debido referir en las últimas páginas de este capítulo omitiendo circunstancias y pormenores de escasa importancia, y en cierta manera extraños en libros de un carácter general.

388 Carta inédita de Alonso García Ramón al virrey del Perú, escrita en Santiago el 20 de agosto de 1600.

informes, los transmitió al soberano sin atreverse a justificar la conducta del ex-gobernador de Chile. «En la entrada que hizo al territorio enemigo el verano pasado, escribía el virrey, don Francisco de Quiñones ha despoblado las ciudades Imperial y Angol por no las poder sustentar, sobre lo que hay varios pareceres.»[389] No debe extrañarse que dos años más tarde, en abril de 1602, cuando ya había dejado de ser gobernador de Chile, y cuando se hallaba en Lima buscando el descanso que reclamaban su vejez y sus enfermedades, don Francisco de Quiñones estuviera todavía empeñado en reunir pruebas y documentos para justificar su conducta contra las acusaciones a que había dado origen la despoblación de esas dos ciudades.

---

389 Carta inédita del virrey del Perú don Luis de Velasco a Felipe III, escrita en Lima a fines de 1600, sin otra indicación más precisa de fecha.

Capítulo XVII. Fin del gobierno de Quiñones. Nuevas correrías de los corsarios holandeses en las costas de Chile. Gobierno interino de Alonso García Ramón (1600-1601)

1. Sale de Holanda una segunda expedición corsaria bajo el mando de Oliverio van Noort: su viaje por el estrecho de Magallanes. 2. Correrías de este corsario en las costas de Chile. 3. Llega a Chiloé Baltasar de Cordes con otra nave holandesa y se apodera de la ciudad de Castro. 4. Penosa campaña de Francisco del Campo en Chiloé: derrota a los holandeses y recupera Castro. 5. Partida de los corsarios de Chiloé; terribles venganzas ejercidas por los españoles sobre los indios. 6. Últimos días del gobierno de Quiñones. Nuevos desastres en el sur: alarmas e inquietudes en Santiago. 7. Llega a Chile Alonso García Ramón con el título de gobernador interino. 8. Sus aprestos para salir a campaña. 9. Marcha a Concepción, se prepara para expedicionar a las ciudades australes, pero no lleva a cabo esta empresa.

1. Sale de Holanda una segunda expedición corsaria bajo el mando de Oliverio van Noort: su viaje por el estrecho de Magallanes

Desde noviembre de 1599 no se había vuelto a ver ninguna nave corsaria en las costas de Chile. En los primeros meses del año siguiente se creía alejado este peligro, y las angustias ocasionadas por la guerra araucana habían pasado a ser la única preocupación del gobierno y de los particulares. Sin embargo, en los mares del sur quedaban todavía dos de los cinco buques holandeses que componían la escuadrilla de Simón de Cordes; y luego entraba al Pacífico otra expedición que había de causar grandes daños y mayores perturbaciones al comercio de Chile.

Esta expedición había sido organizada por otra compañía de negociantes de Rotterdam de que era jefe uno de ellos llamado Pedro van Beveren, que le dio su nombre. Esa compañía equipó cuatro naves, dos de ellas de gran porte, y las otras dos simples yates o buques menores, y puso a su bordo 248 hombres bien provistos de armas y municiones. El mando de esa pequeña flota había sido confiado a Oliverio van Noort, antiguo marino natural de Utrecht, que después de haber navegado en su juventud, era dueño de una posada de Rotterdam y vivía contraído a su pacífica industria. Como el objetivo de su viaje era ir a negociar en los archipiélagos de Asia, que los españoles pretendían explotar como

319

únicos señores, Van Noort llevaba facultades para hostilizarlos en esos mares y en las colonias de América a que debía acercarse en su camino.

Los expedicionarios partieron de Goeree el 13 de septiembre de 1598. Al pasar por el puerto inglés de Plymouth, tomaron a su bordo a un piloto llamado Mellish que había hecho con Cavendish la famosa expedición alrededor del mundo, y enseguida se lanzaron a navegar en el océano. Durante un año entero, Van Noort corrió las más singulares y atrevidas aventuras en las costas de África y en las costas de América, y desplegó un carácter admirablemente templado para este género de empresas. Atacaba los buques y los establecimientos portugueses, sostenía resueltamente los más peligrosos combates, se proporcionaba a viva fuerza los víveres que necesitaba, y reprimía con mano de hierro todo acto de insubordinación de sus marineros. En esas correrías, se vio forzado a abandonar uno de sus buques menores, que hacía agua por todas partes y que había llegado a ser inservible. Por fin, el 20 de septiembre de 1599, entraba al puerto Deseado, en la costa oriental de la Patagonia, donde según las indicaciones del derrotero de Cavendish, esperaba renovar las provisiones. Los holandeses, en efecto, cogieron allí una cantidad considerable de pájaros niños, cuya carne conservada en sal, era un alimento muy apetecido por casi todos los antiguos exploradores de esa inhospitalaria región. En ese puerto, en cambio, Van Noort experimentó no pocas contrariedades. Uno de sus capitanes murió víctima del escorbuto. Habiendo bajado a tierra algunos marineros, tres de ellos fueron asesinados a traición por un grupo de salvajes patagones. Pero esta desgracia no podía arredrar a tan intrépidos aventureros. El 24 de noviembre, después de repetidas tentativas para embocar el estrecho, penetraban resueltamente en sus canales en busca de un camino para los mares del sur.

La navegación del estrecho fue un tejido de aventuras que el historiador de la expedición ha contado claramente, consignando a la vez cuantas noticias le fue posible recoger sobre la naturaleza de las costas vecinas, y sobre la vida de los bárbaros que las pueblan.[390] Van Noort desplegó allí la firmeza incontras-

---

390 La relación del viaje de Oliverio van Noort fue publicada en holandés en Amsterdam en 1601, reimpresa en ese mismo idioma el año siguiente y muchas veces después, traducida al alemán y al francés en 1602, vertida al latín, e insertada en las grandes colecciones de De Bry, vol. IX y de Hulsius, vol. XI. La traducción francesa, que es la más conocida, lleva el título siguiente: *Description du pénible voyage fait à l' entour de l' univers ou globe terrestre par S. Ollivier du Nort d' Utrecht, général de quatre navires... pour traversant le destroict de Magellanes, descouvrir les côtes de Ciça, Chili et Péru, et y traficquer, puis*

table de carácter que había manifestado desde los principios de la navegación. En una isla que aquella relación denomina Talck, y que seguramente es la Santa Marta de las cartas modernas, los holandeses hallaron una tribu de salvajes que al verlos acercarse a tierra les dispararon algunos flechazos. Los soldados de Van Noort ejecutaron una terrible represalia sobre esos bárbaros, matando sin piedad a cerca de cuarenta que se habían asilado en una caverna. Más adelante, estando para salir del estrecho, a fines de febrero del año siguiente, Van Noort sometió a juicio al segundo jefe de la expedición llamado Jacobo van Claasz, por haber desobedecido sus órdenes y desconocido su autoridad, y lo hizo condenar por el consejo de guerra a la pena horrible de quedar abandonado en aquellas soledades. «En cumplimiento de esta sentencia, dice la relación holandesa, Van Claasz fue llevado a la ribera el 26 de febrero (1600) en una chalupa, con un poco de pan y de vino, alimentos que no podían prolongar su vida muy largo tiempo, de modo que era preciso que en pocos días más muriese de hambre o que fuese cogido y comido por los salvajes.»[391]

Durante la navegación del estrecho, tuvo Van Noort el encuentro más inesperado. El 16 de diciembre, navegando al occidente del cabo Froward, descubrió una nave dentro de una espaciosa bahía de la costa norte del estrecho. Era La Fe, uno de los cinco buques de la expedición de Simón de Cordes, que después de haber salido al Pacífico, había sido arrastrada de nuevo a los canales del estrecho, y se hallaba allí, en la bahía denominada de Cordes, falta de provisiones e impedida por los vientos contrarios para seguir su viaje. Su capitán era Sebaald van Weert, marino resuelto y experimentado, que sin

---

passant le Molucque et circunsnavigant le goble du monde, retourner a la patrie 1598-1601, Amsterdam, 1602, un vol. de 62 págs. en folio, con 25 mapas y láminas. Esta traducción, reimpresa poco más tarde, fue insertada en el *Recueil des voyages*, que hemos citado más atrás, tomo III, págs. 1-153, y más abreviadamente todavía en la *Histoire géneralle des voyages*, del abate Prévost. Las obras antes citadas del presidente De Brosses y del almirante Burney han dado muy buenos resúmenes de este viaje; pero nosotros seguimos principalmente la relación de los mismos expedicionarios, que tenemos a la vista.

391 *Relación* citada, pág. 40. «Los naturales, dice, estaban divididos en tribus, según los territorios en que residían (y nombra tres de ellas). Todos los hombres pertenecientes a esas tribus, eran de talla regular, anchos de pecho y con todo el cuerpo pintado. Pero existía una cuarta tribu que habitaba en Coin, y los individuos de ésta, especies de gigantes de diez a doce pies, estaban continuamente en guerra con el resto de sus compatriotas». Estas falsas noticias, repetidas todavía por algunos viajeros hasta principios del siglo siguiente, confirmaban la creencia casi general de que los habitantes de la extremidad austral de la América eran verdaderos gigantes.

embargo, había sufrido hasta entonces mayores contrariedades que sus otros compañeros. Van Noort socorrió del mejor modo posible a sus compatriotas, y convino con ellos en proseguir unidos la comenzada campaña. Sin embargo, después de haber andado juntos durante algunos días, La Fe no pudo doblar un cabo que había en la costa sur del canal, perdió de vista las otras naves, y al fin se vio forzada a volver atrás. Sebaald van Weert pasó todavía cerca de un mes más en el estrecho; pero como desesperara de poder continuar su navegación, hizo una abundante salazón de pájaros niños para el mantenimiento de su gente, y dio rumbo al oriente para volver a Europa. Después de veinticinco meses de fatigas y de peligros que nos parecen inauditos, en que había perdido dos tercios de su tripulación, Van Weert entraba al puerto de Goeree con solo treinta y seis de sus compañeros, el 13 de julio de 1600.[392]

2. Correrías de este corsario en las costas de Chile

Mientras tanto, la escuadrilla de Oliverio van Noort corría las más extraordinarias aventuras en el gran océano. El 29 de febrero (1600) salía del estrecho de Magallanes, y favorecida por un viento fresco del sur, se dirigía a las costas de Chile. Después de los quebrantos que había sufrido, se componía de solo tres buques con 147 tripulantes; pero el 14 de marzo se perdió de vista uno de ellos, el Enrique Federico, que montaba el vicealmirante Pedro van Lint y, sin duda, desapareció en un naufragio, puesto que no volvió a tenerse noticia de

---

[392] El viaje de Sebaald (Sebastián) van Weert, fue escrito, como dijimos en una nota del capítulo anterior, por Bernardo Jansz, el médico de la nave. Como se comprende fácilmente, no contiene noticia alguna de lo ocurrido a la expedición de Simón de Cordes sino hasta la salida del estrecho de Magallanes, y no da a conocer ninguno de los sucesos ocurridos en el Pacífico. Sin embargo, esa relación fue recibida con vivo interés por las noticias que da sobre los países que visitó Van Weert. El célebre geógrafo Juan de Laet, juez competente en la materia, escribía en 1633 estas palabras: «Nosotros debemos a Van Weert la más exacta delineación del estrecho que exista la cual hemos hecho poner entre las cartas geográficas de este libro», *Description des Indes occidentales*, lib. XIII, chap. 8, Leide, 1640. Sebaald van Weert, escapado felizmente de las penalidades de este viaje, tuvo poco más tarde un fin desastroso. En 1602 partió para la India oriental como vicealmirante de una flota holandesa de quince naves, y el año siguiente fue pérfidamente asesinado por orden del rey de Ceilán. Estas últimas aventuras de su vida han sido contadas en la relación del primer viaje de Jorge Spilberg, publicada en el IV tomo del *Recueil des voyages de la compagnie des Indes orientales*, Rouen, 1725; y más extensamente en el *Voyage de quinze vaisseaux hollandois commandés par l' amiral Wibrand Van Waarwyk*, que se encuentra publicado en el mismo volumen de la colección citada.

él. Los dos restantes se acercaron siete días después a la costa de la Imperial; pero como divisaron en la playa numerosos grupos de gente de a caballo, seguramente de los indios que hacían la guerra en esa región, volvieron a hacerse al mar. Más feliz que sus predecesores, Van Noort fue favorablemente recibido por los indios de la isla de la Mocha, mantuvo tratos con ellos durante tres días (del 21 al 23 de marzo), y recibió provisiones frescas en cambio de algunas mercaderías europeas. «Los insulares, dice la relación holandesa, daban una oveja por una hacha, una gallina y a veces dos por un cuchillo, y por otras mercaderías daban maíz, papas, melones, y otras frutas que crecen en la isla.»[393]

De allí se dirigieron a la isla de Santa María, donde esperaban reunirse con la nave que se había separado de la escuadrilla. Al acercarse a ese lugar, el 24 de marzo, encontraron un buquecillo español que, levando anclas a toda prisa, parecía querer ir a dar la voz de alarma en los puertos vecinos del norte. Luego se vieron fuegos encendidos en diversos puntos de la costa; pero después de dos días de persecución, aquel buquecillo cayó en poder de los holandeses. Era un barco de 60 toneladas, llamado El Buen Jesús, que se ocupaba en transportar granos y cecinas entre los puertos inmediatos. Los holandeses trataron bondadosamente a los tripulantes de esa embarcación y recogieron de ellos amplias noticias sobre el estado de la guerra de Chile, sobre las aventuras que habían corrido los buques de la expedición de Simón de Cordes y sobre los aprestos navales que había hecho el virrey del Perú para batir a los corsarios que llegasen al Pacífico. Como el viento sur no le permitiera volver a la isla de Santa María, Van Noort se dirigió resueltamente a Valparaíso, y el 28 de marzo estaba delante de este puerto.

La vista de tres buques desconocidos que navegaban en conserva, produjo una gran alarma entre los españoles que se hallaban en Valparaíso. A no caber duda, esos buques eran corsarios, esto es, ingleses y luteranos como entonces se decía. Había en el puerto cuatro naves que se preparaban para recibir su carga. Tres de ellas fueron abandonadas por los tripulantes españoles, con las mercaderías que no pudieron salvar. Una sola fue varada en la playa para ponerla a salvo. Mientras tanto, Van Noort, sin poder entrar al puerto por falta de viento favorable, envió dos chalupas armadas de veinte mosqueteros, para

---

[393] *Relación* citada, pág. 49. En esta parte, la relación holandesa da algunas noticias sobre las costumbres y la industria de los indios, que tienen muy poco interés para nosotros, pero que debían llamar la atención de los lectores europeos.

apoderarse de las naves españolas. Cuando los holandeses quisieron abordar a la más grande de éstas, unos treinta indios que habían quedado a bordo, trataron de defenderse; pero casi todos fueron muertos, «para quedar en mayor seguridad», dice la relación holandesa. Las otras no tenían un solo tripulante. Los holandeses se apoderaron de ellas sin la menor dificultad, y les prendieron fuego; reservando solo la primera que habían ocupado.[394]

No teniendo nada más que hacer en este puerto, no creyendo posible intentar un desembarco con las pocas fuerzas que tenía a su disposición, Van Noort se dirigió a los puertos del norte, y el 1 de abril entraba a la bahía del Huasco. Sabía entonces que en Chile estaban retenidos como prisioneros el capitán Dirick Gherritsz y algunos marineros holandeses de la expedición de Simón de Cordes que habían sido apresados en Valparaíso. Deseando que fueran bien tratados por los españoles, dio allí libertad a Francisco de Ibarra, capitán del Buen Jesús y a casi toda su tripulación. Después de obtener algunos víveres frescos,[395] y de incendiar el buque Los Picos con su cargamento de sebo, Van

---

394 *Relación* citada, págs. 58 y 59. Las noticias que esta relación contiene acerca de estas presas, puede dar alguna idea del comercio de Chile en esa época. Dice así: «El primer navío que fue tomado, se llamaba Los Picos, y era del porte de cerca de 160 toneladas. No se encontró a su bordo, más que algunas ovejas, sebo, vino en cántaros de barro que los españoles llaman botijas, puercos, manteca, cocos, manzanas, aceitunas en botijas, cordobanes, y tres caballos que fueron arrojados al mar. No había nada que pudiese aprovechar a la compañía (armadora de la expedición), sino algunas piezas de ropa y otros objetos que eran de menor valor todavía».

La relación holandesa contiene en esta parte todas las noticias que los corsarios pudieron proporcionarse acerca del país, de su clima, de sus producciones y de la guerra tenaz que se sostenía contra los indios. Con los datos suministrados por los prisioneros españoles del Buen Jesús, y especialmente de su piloto, formaron los holandeses una curiosa Descripción de las costas de Chile y del Perú, que fue insertada en su relación y que hemos visto reproducida después en otros libros de geografía y de viajes. Esa descripción, noticiosa y útil para los europeos, es generalmente exacta; pero los nombres propios de personas y de lugares están estropeados de una manera deplorable. Nos bastará citar algunos ejemplos. El Huasco se llama Laguasco; Tarapacá, Terrepaca; Pisagua, Pisago; Tucapel, Tuccabel; Chillán, Siliao; y otros hay verdaderamente ininteligibles. El capitán Miguel de Silva es llamado Michel de Chilve; y Francisco de Ibarra y Juan de Sandoval, capitán y piloto del Buen Jesús, son denominados d' Ibara y Sant Aval. Salvando estos errores, aquellas noticias tienen algún valor.

395 Las noticias que acerca del puerto del Huasco contiene la relación holandesa, revelan el rápido desarrollo que había adquirido en todo el país, aun en las regiones que solo poblaban los indios, el cultivo de las plantas y la crianza de los animales introducidos por los europeos. Dice así: «Un soldado de los prisioneros españoles, fue a tierra a buscar frutas hasta cuatro o cinco leguas al interior. Trajo melones más hermosos y de mejor gusto que

Noort se hizo de nuevo a la vela el 7 de abril. Quería llegar a los archipiélagos de Asia, y para ello cuidó de alejarse de las costas americanas donde temía encontrar las naves que el virrey del Perú había alistado para perseguir a los corsarios.

Las aventuras subsiguientes de esos audaces expedicionarios no pertenecen a nuestra historia. Juan de Sandoval, el piloto español del Buen Jesús, que había suministrado a los holandeses muy buenas noticias sobre la navegación de aquellos mares y sobre los aprestos bélicos del virrey del Perú, fue arrojado al mar el 30 de junio, después de una disputa en que se quejaba del mal tratamiento que recibía. Ésta y muchas otras crueldades eran el fruto no solo de la educación y de la dureza de carácter de esos aventureros sino del odio profundo que los holandeses profesaban a sus antiguos opresores después de la larga y sangrienta guerra de la independencia y de las atrocidades de que su patria había sido víctima. Continuando su navegación, Van Noort sostuvo un heroico combate con una flotilla española en los mares de Filipinas, recorrió las costas y los archipiélagos del Asia, y entraba a Rotterdam con una sola de sus naves, llamada Mauricio, el 26 de agosto de 1601, después de tres años de peregrinaciones y de aventuras. La expedición no había reportado ningún provecho pecuniario a los armadores; pero el intrépido marino volvía a su patria justamente orgulloso con sus proezas y con haber sido el primer holandés que hubiese dado la vuelta al mundo.[396]

---

los que produce cualquier país de Europa. Trajo además uvas, higos, algunas gallinas y huevos. Todos los indios de esta región están sometidos a los españoles». Dice también que en el puerto había pocos árboles y unas cuantas chozas, pero que en el interior había toda clase de frutas.

396 La expedición de Van Noort no produjo ningún progreso real para la geografía, puesto que no descubrió países desconocidos. Pero la relación de su viaje, escrita con claridad, con animación, y con abundancia de noticias sobre los países visitados, despertó un gran interés en Europa, como se deja ver por las numerosas ediciones y traducciones que se hicieron. En Holanda se produjo un sentimiento de orgullo nacional, recordando que un marino de esa pequeña república era el cuarto navegante que hubiera dado una vuelta entera al globo terrestre. «Las utilidades que este viaje produjo a los negociantes que lo habían preparado fueron poco considerables, dice un historiador holandés; pero Van Noort adquirió mucha fama, y esa fama refluyó sobre su patria. Las Provincias Unidas tuvieron entonces esta gloria común con los portugueses y los ingleses, porque uno de sus habitantes había dado la vuelta al mundo por el estrecho de Magallanes». (Introducción del *Recueil des voyages*, tomo I, pág. 37). El presidente De Thoum, que preparaba entonces su famosa historia universal de los sucesos de su tiempo, atribuyendo al viaje de Van Noort una importancia semejante a la que le daban los holandeses, hizo un resumen bastante noticioso de él en el libro 126 de su obra, en que en medio de una relación bastante bien

3. Llega a Chiloé Baltasar de Cordes con otra nave holandesa y se apodera de la ciudad de Castro

Las correrías de este atrevido corsario en las costas de Chile habían producido una profunda perturbación en todo el reino, aumentando las alarmas y las inquietudes creadas por la guerra araucana. Los comerciantes de este país, pobres y casi arruinados por aquel estado de guerra interior, habían sufrido la pérdida de cinco naves, lo que en aquellas condiciones importaba casi una paralización completa de sus empresas industriales. Sin embargo, esos no eran más que algunos de los daños causados por las expediciones holandesas. Los habitantes de Santiago y de Concepción ignoraban, entonces, por completo que en esos mismos días otros corsarios ejercían sus devastaciones en el sur de Chile, y que distraían la atención de las fuerzas españolas que habían debido contraerse a reprimir el formidable levantamiento de los indios.

Hemos contado las variadas aventuras y la suerte diversa que habían corrido cuatro de las cinco naves que formaban la escuadrilla de Simón de Cordes. La quinta de ellas, después de penetrar en el Pacífico en los primeros días de septiembre de 1599, había sido forzada por las tempestades a volver al estrecho. Habiendo reparado sus averías del mejor modo posible, y soportado en aquellos canales nuevos y siempre peligrosos accidentes, volvía a salir al océano a mediados de diciembre. Ese buque, que se nombraba La Fidelidad, era del porte de 220 toneladas, y su tripulación, que al salir de Holanda era compuesta de ochenta y seis hombres, debía estar reducida a poco más de la mitad. En esos momentos estaba mandada por Baltasar de Cordes, hermano del jefe de la expedición; pero al lado suyo servía un capitán holandés de la más extraordinaria resolución, llamado Antonio Antoine, más conocido entre los suyos con el nombre de Antonio el Negro.

Las primeras aventuras de La Fidelidad en el Pacífico nos son enteramente desconocidas. En los primeros días de marzo de 1600 se hallaba al norte del archipiélago de Chiloé, se acercaba a las costas septentrionales de la isla grande, y penetrando en los primeros canales, iba a fondear en el puerto de

---

hecha, se hallan errores geográficos que parecen inconcebibles en escritores de tan alta talla. Así, por ejemplo, refiere que Van Noort supo en las costas de Chile que los indios de este país se habían sublevado, que se habían apoderado de la ciudad de Valdivia y sitiado Lima. Véase la pág. 455 del tomo IX, edic. de La Haya, 1740.

Carelmapu. Los indios de esta región, sumisos y pacíficos, recibieron amistosamente a los holandeses, entraron en tratos con ellos y les suministraron víveres frescos, carne y maíz, en cambio, sin duda, de hachas, cuchillos y otras mercaderías europeas. Tres españoles que habitaban esos lugares se reunieron también a los corsarios y les dieron noticias acerca de las poblaciones que allí había y de todo cuanto podía interesarles. Por lo demás, Baltasar de Cordes se presentaba como agente de una empresa puramente comercial, y parecía lamentar la condición miserable que a esos isleños habían impuesto sus opresores. Cuando hubo recogido todas estas noticias, se internó en los canales, y pasando por entre las islas verdes y pintorescas de que están sembrados, fue a fondear enfrente de la ciudad de Castro a mediados de abril.[397]

Mandaba en esa ciudad con el título de corregidor de todo el distrito de Chiloé, un español llamado Baltasar Ruiz de Pliego. Como desde los primeros

---

397 Jerónimo de Quiroga, militar y escritor español que vivía a fines del siglo XVII, compuso una historia de Chile que no conocemos sino por un *Compendio* que fue publicado en Madrid en el tomo 23 del Semanario erudito, vasta colección de documentos y relaciones relativos a la historia de España, dada a luz en 34 tomos en los años de 1787 a 1791. A pesar de que ese compendio abunda en inexactitudes históricas, consigna sobre la permanencia de los holandeses en Chile noticias que parecen dignas de fe. Dice allí que los corsarios llegaron a Castro el miércoles 17 de abril de 1600; pero conviene notar que en esta fecha hay un error evidente, y que quizá debe leerse 19 de abril, porque el 17 fue día lunes. El *Compendio* de Quiroga se halla reimpreso en el tomo XI de la *Colección de historiadores de Chile*.

Más amplias noticias consigna el padre Rosales en los capítulos 16 y 17 del libro V de su *Historia general del reino de Chile*; pero aparte de que muchas de ellas nos parecen inverosímiles, su misma relación nos deja ver que estaba mal informado. El padre Rosales cree que los corsarios eran ingleses (error en que también incurre Quiroga); cuenta que Baltasar de Cordes era el mismo jefe que había estado en la isla de Santa María; y por último, parece ignorar por completo las otras correrías de los holandeses. Por estas circunstancias, su relación no merece fe sino con reservas y limitaciones. El maestre de campo Santiago de Tesillo, en el lugar que hemos citado en el capítulo anterior, y don José Basilio de Rojas, en sus *Apuntes de lo acaecido en la conquista de Chile hasta 1672*, dan solo noticias muy sumarias. Los cronistas posteriores repitieron esas mismas noticias, y muchas veces aumentaron considerablemente los errores.

Desgraciadamente, no hay documentos contemporáneos sobre la primera parte de estos sucesos, ni existe una relación cabal hecha por los holandeses. El capitán Luis Pérez de Vargas, que figuró en ellos, escribió una relación, que entregó al coronel Francisco del Campo y que éste remitió al presidente de Chile; pero esa relación parece perdida. Estamos, por esto mismo, obligados a contar con muy pocos accidentes los primeros hechos de los holandeses en Chiloé, hasta que podamos tomar por guía la extensa relación de Francisco del Campo, de que hablaremos más adelante.

días de la Conquista había reinado allí una paz inalterable, no existían en el archipiélago guarniciones militares, había muy pocas armas y casi faltaban por completo las municiones. Cordes, en cambio, además de tener su gente perfectamente armada, contaba con el apoyo de los indios a los cuales había inducido a sublevarse contra los españoles. En tales condiciones, la ciudad se entregó a los holandeses; y, aunque estos habían prometido garantías a sus habitantes, ejecutaron, según se cuenta, las más inauditas atrocidades. Mataron a todos los hombres que pudieron hallar a mano, apresaron a las mujeres y saquearon las casas y las iglesias, haciendo befa de los santos que había en los altares. Algunos vecinos de Castro, que se hallaban fuera del pueblo, o que pudieron huir en tiempo oportuno, se asilaron en los bosques vecinos, y bajo las órdenes del capitán Luis Pérez de Vargas formaron un compañía de veinticinco hombres y se prepararon resueltamente para hostilizar a los vencedores.

Pero Cordes y Antonio el Negro no descuidaron la defensa. Bajaron a tierra treinta y ocho hombres armados de buenos arcabuces, y cuatro piezas de artillería. Colocaron éstas en un fuerte de tapias y en dos cubos de madera construidos apresuradamente, y reunieron cerca de 600 indios aliados, a quienes suministraron coseletes de cuero para su defensa, lanzas y clavos grandes para hacer gorguces o dardos arrojadizos. «Prometo a Vuestra Señoría que no he visto indios más bien armados que lo que ellos estaban», dice el coronel Francisco del Campo, exagerando, sin duda, el número y el poder militar de los enemigos. No debe extrañarse que los holandeses resistieran con ventajas a los ataques de los soldados que mandaba Pérez de Vargas. Aquel puñado de aventureros debió creerse dueño absoluto del archipiélago mientras no llegasen tropas de fuera a disputarles su fácil conquista.

4. Penosa campaña de Francisco del Campo en Chiloé: derrota a los holandeses y recupera Castro

La presencia de los corsarios en aquellas islas no podía pasar largo tiempo desapercibida a los españoles que poblaban los lugares vecinos. En efecto, el 27 de marzo llegaba a Osorno el capitán Francisco Rosa de vuelta de una excursión en los campos del sur, y anunciaba que en Carelmapu había un buque inglés, nacionalidad que se atribuía a todos los corsarios, y que los indios de esa costa y de las islas inmediatas, le proporcionaban víveres en abundancia.

Aquellas noticias contrariaban sobremanera a los españoles que sostenían la guerra contra los indios revelados en la región austral del territorio. El coronel Francisco del Campo que mandaba allí, no pensaba más que en repoblar Valdivia y en socorrer Villarrica, de tal suerte que los sucesos de Chiloé, creando una peligrosa e inesperada complicación, venían a desbaratar todos sus planes. No queriendo abandonar sus proyectos, y pensando quizá que los corsarios no se detendrían largo tiempo en el archipiélago, se limitó por entonces a enviar al capitán Cristóbal de Robles con sesenta soldados a recoger más amplias noticias, y él siguió afanado en sus trabajos para pacificar la provincia de su mando. En los términos de Osorno y de Valdivia estaba obligado a sostener frecuentes combates con los bárbaros ensoberbecidos después de sus últimos e importantes triunfos. El cabildo de Osorno, justamente temeroso por la suerte que podía correr la ciudad, la exigía formalmente que no la abandonase.

Pero no tardaron en llegar las noticias más alarmantes de Chiloé. El capitán Robles anunciaba desde Carelmapu que era cierto el arribo de los ingleses al archipiélago. Se supo entonces que estos no tenían más que una sola nave, aunque otros dijesen que eran tres; pero se anunciaba también que los indios del archipiélago se habían reunido a los invasores y que estaban abiertamente sublevados contra la dominación española. Ante estos acontecimientos, el coronel Francisco del Campo creyó que no había vacilación posible. La estación era la menos propicia para expedicionar en aquellos lugares. Era cerca de mediados de abril, cuando comenzaba en toda esa región el invierno duro e implacable, con lluvias de meses enteros en que caen del cielo verdaderos torrentes de agua que convierten los bosques en ciénagas intransitables y los arroyos y esteros en ríos de paso peligroso. Sin tomar en cuenta esos inconvenientes, Francisco del Campo apartó cien soldados y se puso en marcha para el sur. Uno de sus subalternos, el capitán don Juan Serón, que había salido con treinta hombres a correr por el lado de la cordillera vecina a Chiloé, recibió el encargo de reunir algunas piraguas de los indios para pasar el canal que separa la isla grande del continente. Las tropas españolas reconcentradas en la costa de Carelmapu, llegaron a formar con los diversos destacamentos cerca de 150 hombres. A pesar de haberse juntado veintiuna piraguas, emplearon cuatro días en atravesar el canal con no pequeño peligro de sus vidas.

Todos esos lugares estaban desiertos. Los españoles no hallaban por ninguna parte ni holandeses ni indios. Habríase creído que los invasores habían abandonado el archipiélago y vuelto a emprender sus correrías en el océano. Cuando hubo desembarcado en la isla grande, del Campo pudo recoger algunos informes. Un indio le dijo que los enemigos, internándose en los canales del oriente, se habían dirigido al puerto de Castro. El día siguiente, un cacique pudo completar esas noticias asegurando que los holandeses se habían apoderado de esa ciudad, y que los españoles habían huido a los bosques vecinos. El coronel comenzó por ponerse en comunicación con estos; y cuando hubo recogido todos los informes convenientes sobre la situación del enemigo y sobre los actos que había ejecutado, resolvió marchar contra él.

Cuando se conoce la topografía del terreno, que era preciso recorrer, se comprenden las inconmensurables dificultades de aquella empresa. La costa oriental de la isla grande de Chiloé es formada por una sucesión de alturas y de quebradas como la falda de una cadena de montañas, cubierta de bosques espesísimos en que el camino es casi impracticable y entrecortado por arroyos que arrastran mucha agua en el invierno. El perfil de la costa es sumamente accidentado, lleno de entradas profundas y de numerosos recodos, de tal suerte que siguiendo los senderos de la playa, el viajero está obligado a alargar cuatro veces su camino. La aspereza del suelo, por otra parte, y la abundancia de árboles y de malezas, hacía imposible la marcha de los caballos. Francisco del Campo, sin embargo, hizo desmontar a su gente, y se internó sin vacilar por aquellos senderos. Las piraguas lo seguían por el mar llevando una parte de su tropa. Venciendo todo género de dificultades, llegó a acampar a dos leguas de Castro, y allí se le reunieron el capitán Pérez de Vargas y los veinticinco hombres que lo acompañaban.

Los holandeses, entretanto, sabían que habían llegado españoles al norte de la isla; pero no podían creer que estando desprovistos de buques, les fuera posible avanzar hasta Castro, sobre todo en aquella estación. Vivían en esta confianza, cuando una mañana de mediados de mayo, antes de amanecer, se vieron repentinamente acometidos por todos lados. El coronel Francisco del Campo, desplegando la sagacidad de un verdadero militar, había ocultado hábilmente sus movimientos, había dividido sus tropas en destacamentos que debían atacar la ciudad por diversos lados, y cayendo de improviso sobre

Castro, empeñó el ataque antes que la luz del día pudiera dar la alarma al enemigo. Los holandeses, sin embargo, se defendían como valientes. Ocuparon sus puestos en el fuerte y en los cubos, y en los primeros momentos mataron diez españoles e hirieron otros doce; pero al amanecer, cuando pudieron distinguir el gran número de los asaltantes, y cuando vieron que ellos mismos habían perdido cerca de veinte hombres, se retiraron al fuerte determinados a continuar la defensa. Los indios auxiliares, después de sufrir pérdidas considerables, se dispersaron desordenadamente; pero los soldados de Cordes y de Antonio el Negro sostuvieron el combate algún tiempo más, hasta que habiendo los españoles allegado fuego a las puertas del fortín en que se defendían, aunque no les quedaban en tierra más que doce hombres, se arrojaron estos por una ladera que caía al mar, y fueron a asilarse en su buque. El combate les costaba la pérdida de la ciudad y la muerte del mayor número de sus soldados.[398]

---

[398] Toda esta campaña, y el asalto de Castro han sido contados con bastantes pormenores por el mismo Francisco del Campo en una prolija relación dirigida desde Osorno al presidente de Chile en 16 de marzo de 1601, que ha sido publicada con no pocos errores de copia y de tipografía y, aun, con supresiones, por don Claudio Gay en las págs. 125-143 de su segundo tomo de *Documentos*. Esta relación, probablemente exagerada en lo que se refiere a las fuerzas del enemigo, y poco clara en algunos detalles es, sin embargo, un documento del más alto interés, y el único que nos puede dar noticias seguras sobre estos sucesos. En ella son muy escasas las fechas, de tal modo que ni siquiera se indica el día del asalto de Castro. Nosotros, sin temor de equivocarnos mucho, inferimos que tuvo lugar a mediados de mayo de 1600 o, más propiamente, en la segunda mitad de este mes, por cuanto, según se ve en la misma relación de Francisco del Campo, los holandeses abandonaron el archipiélago en los primeros días de junio. El padre Rosales, que ha contado este combate con accidentes que no se hallan en aquel documento, refiere en el capítulo 17 del libro V que el coronel, al entrar en la pelea, alentaba a sus soldados «en nombre de la Asunción de Nuestra Señora», lo que ha hecho creer a algunos que el asalto de Castro tuvo lugar el 15 de agosto. Un examen atento de los hechos basta para desvanecer este error.
Por parte de los holandeses no conocemos ninguna relación medianamente detenida, ni creemos que exista. El distinguido geógrafo Juan de Lact, muy conocedor de las navegaciones de los holandeses, y director de la Compañía de las Indias, publicaba en 1633 la edición latina de su *Novus orbis*, cuya traducción francesa hemos citado más atrás, y allí, en el capítulo 12 del libro XII, describiendo a Chiloé, dice lo que sigue: «Esta ciudad (Castro) fue tomada con poco trabajo por nuestros belgas, bajo el mando de Baltasar de Cordes y de Antonio Antoine, llamado por sobrenombre "el Negro"; y la perdieron poco después. Pero no he podido saber cómo se pasó este suceso, sino es que supe de algunos que como los nuestros estando desprevenidos, fueron derrotados de improviso por los españoles que habían venido de Osorno en socorro de los suyos. Sin embargo, yo he visto la delineación de esta plaza hecha con bastante exactitud por Antonio "el Negro"». Juan de Laet describe

5. Partida de los corsarios de Chiloé; terribles venganzas ejercidas por los españoles sobre los indios

Los españoles ocuparon inmediatamente Castro; pero cuando esperaban coger vivos a algunos enemigos, no hallaron más que veintiséis cadáveres de holandeses, y un solo prisionero, un español apellidado Juanes, que había servido a los invasores, y que en el acto fue arcabuceado como traidor. Mientras tanto, los holandeses, que retenían a bordo cinco españoles apresados poco antes, permanecían en el puerto; y, aunque reducidos a solo veintidós hombres, algunos de ellos heridos, sabían que los soldados de tierra no podían atacarlos con las miserables piraguas que tenían a su disposición. Francisco del Campo les propuso que se rindiesen; pero Cordes, que debía suponer la suerte que le estaba reservada si caía en poder del enemigo, prefirió desafiar todos los peligros para salir al océano; y en efecto, el tercer día después del desastre, desplegaba sus velas y se lanzaba resueltamente fuera del puerto. La navegación de esos canales ofrecía las mayores dificultades en aquella estación a causa de los vientos casi constantes del norte. Por otra parte, eran los días inmediatos al novilunio en que las mareas adquieren allí una gran intensidad. Después de dos días de esfuerzos, solo habían podido andar cuatro leguas, cuando en la noche, sacudida la nave por el viento, fue a encallarse en un bajío. Hubo un momento en que Cordes debió creerse perdido, y en que tal vez pensó en capitular. Dio libertad a dos de sus prisioneros, sin duda, para que le sirvieran de mediadores; pero cuando Francisco del Campo acudió a la costa vecina, la pleamar había puesto a flote la nave holandesa, y ésta volvía a emprender su navegación. Las piraguas de los españoles la seguían de cerca para impedir que los fugitivos desembarcasen en otro punto de la isla.[399]

---

  enseguida a Castro y sus alrededores conforme a esta carta, pero no la ha publicado entre los muchos y curiosos mapas que enriquecen su importante libro, ni creemos que jamás se haya dado a luz.
399 La relación citada de Francisco del Campo da todas estas noticias acerca de la partida de los holandeses con algunos otros pormenores que nosotros omitimos por juzgarlos de poco interés. Creemos, sin embargo, que hay en ella algunas pequeñas inexactitudes con que pretende demostrar que por accidentes en cierto modo fortuitos, no se apoderó de la nave enemiga. Cuenta a este respecto que uno de los prisioneros que Cordes puso en libertad, tardó mucho tiempo en vestirse para bajar a tierra, y que este retardo dio lugar a que se atrasase la negociación sobre la entrega de la nave, y a que el jefe corsario que

Cordes salía de Castro llevando en su nave una abundante provisión de carne salada y de trigo, que había de servirle para el resto del viaje. El 31 de mayo pasaba por enfrente de la isla de Quinchao. En el norte de Chiloé desembarcó otros tres prisioneros españoles que llevaba consigo. Por fin, el 4 de junio, después de vencer las dificultades que le ofrecía la navegación de los canales, Baltasar de Cordes entraba al océano. «Se puso a buscar a sus amigos, costeando siempre el Perú, y tomando aquí y allá algunos buques, dice una antigua relación. De allí pasó a las Molucas, y sobre todo a Tidore, donde los portugueses por traición le destruyeron su nave, y el patrón de ésta fue constituido prisionero en Malaca.»[400]

Apenas se hubieron alejado los corsarios, Francisco del Campo contrajo toda su atención al restablecimiento del orden en el archipiélago. Confió el mando de Castro al capitán Luis Pérez de Vargas, entregándole cuarenta y cuatro soldados de los que llevaba consigo desde Osorno, para que sirviesen en la defensa de esas islas. Trasladándose entonces al norte de Chiloé, averiguó prolijamente quiénes eran los caciques que habían auxiliado a los holandeses. Algunos de ellos habían muerto a manos de los españoles en el asalto de Castro; pero el coronel aprehendió a otros dieciocho, en quienes se proponía ejercer una atroz venganza, que los españoles llamaron castigo ejemplar. Esos infelices fueron encerrados en una choza, y quemados vivos, «dándoles a entender, dice el autor de aquella inhumanidad, que los quemaba porque habían metido al inglés». Pero esto no satisfizo la saña de ese jefe. «De allí escribí, añade enseguida, al capitán Luis Pérez de Vargas una carta en que le mandaba que ahorcase hasta treinta caciques y algunos indios muy culpados, lo cual ha hecho muy bien y me ha enviado testimonio de ello. Puso tanto temor este castigo que todo Chiloé está llano como si jamás se hubiera alzado.»[401]

---

la vio salir de su atolladero, cambiase de determinación. Como no existe ninguna relación holandesa sobre estos sucesos, no hemos podido comprobar la exactitud de estas noticias.

400 *Recueil des navigations de l' estroit de Magellan*, pág. 193, publicado en Amsterdam en 1622 como apéndice a la traducción francesa de la descripción de las Indias de Antonio de Herrera. No he podido procurarme otras noticias sobre la suerte posterior de Baltasar de Cordes.

401 Los españoles no fueron más benignos con aquellos de sus compatriotas que auxiliaron a los holandeses. Hemos contado que el día que Francisco del Campo recuperó la ciudad de Castro, hizo arcabucear a un individuo llamado Juanes, que fue tomado prisionero en la fuga del enemigo. Algunos meses más tarde, el virrey de Velasco envió a Chile otro de esos auxiliares de los holandeses que Baltasar de Cordes había desembarcado en las costas del

Terminados estos trabajos, Francisco del Campo dio la vuelta a Osorno, a donde lo llamaban las atenciones de la guerra. Aquella penosísima campaña, llevada felizmente a término en medio del invierno y dirigida con tanto acierto y con tanta entereza, bastaba para granjearle el crédito de un verdadero militar. Pero sus resultados eran en realidad muy poco satisfactorios. El coronel, es verdad, había arrojado a los holandeses de Chiloé; pero contando los muertos, los heridos y las tropas que había dejado en el archipiélago, esa campaña había disminuido considerablemente el pequeño ejército con que estaba obligado a atender la defensa de la vasta región de territorio colocado bajo su cargo. No era esto todo. Las lluvias incesantes de aquella cruda estación, el paso de los ríos, las marchas por terrenos encharcados en que los hombres tenían que andar a veces con el agua hasta la rodilla y, aun, dormir casi sobre los pantanos, produjo en sus tropas enfermedades molestas, dolorosos reumatismos y el cansancio natural que procuran tantas fatigas. El mismo coronel, atacado por esas enfermedades, pasó tres meses en cama en medio de crueles sufrimientos. Desde su lecho, sin embargo, disponía las excursiones que sus capitanes debían hacer en los campos vecinos a Osorno para imponer respeto a los indios sublevados de la comarca.

6. Últimos días del gobierno de Quiñones. Nuevos desastres en el sur: alarmas e inquietudes en Santiago

El gobernador don Francisco de Quiñones, entretanto, se hallaba en Concepción en circunstancias no menos aflictivas. Su reciente expedición al territorio araucano, en que acababa de despoblar las ciudades de Angol y la Imperial, había sido un esfuerzo superior a sus años y al estado de su salud. Sin embargo, habiendo los indios enemigos atravesado el Biobío para inquietar los campos vecinos a Concepción, Quiñones volvió a salir a campaña, hizo retroceder a los bárbaros y, aun, mandó perseguirlos hasta el otro lado del río.[402] Pero esta corta expedición, emprendida en el invierno, debía serle fatal. Sorprendido

---

Perú. Ese infeliz fue sometido a juicio y ahorcado en Concepción en los primeros meses del año siguiente, según escribe al rey el gobernador Alonso de Ribera en carta de 10 de marzo de 1601.

402 Informe del cabildo de Concepción sobre los servicios de Quiñones, de 31 de agosto de 1600.

por la lluvia, sufrió un ataque de parálisis que le dejó sin movimiento todo un lado del cuerpo, y que durante meses lo tuvo postrado en su lecho.[403]

A pesar de sus dolencias, el gobernador estaba obligado a atender los negocios de la guerra y de la administración, pero por todas partes lo rodeaban dificultades y complicaciones que debían demostrarle el estado lastimoso a que había llegado el reino. Concepción estaba llena de gente de las ciudades recientemente despobladas; y no solo faltaban locales para hospedarla sino que no había víveres suficientes para alimentarla. Muchos individuos, y entre ellos no pocos capitanes y soldados, emigraban para Santiago y venían a aumentar, con la relación y con el espectáculo de sus miserias, el desaliento y la perturbación. En medio de estas angustias, se sabía que los defensores del fuerte de Arauco, constantemente cercados por los indios, sufrían mil penalidades y estaban expuestos a perecer de hambre. Deseando socorrerlos, el gobernador dispuso a fines de junio que el capitán Juan Martínez de Leiva fuese por mar a llevarles algunos víveres. Pero esta empresa, acometida en la estación menos propicia del año, produjo un verdadero desastre. La nave que mandaba Martínez de Leiva fue arrojada por los vientos del norte, en la costa de Lavapié, que cierra la bahía de Arauco. Los indios que acudieron al sitio del naufragio, se apoderaron de ese valiente capitán y de más de treinta hombres que iban bajo sus órdenes, dieron muerte a muchos de ellos y conservaron a los otros como prisioneros.[404] En aquellas circunstancias, esta pérdida era una terrible desgra-

---

403 Carta de García Ramón al virrey del Perú, de 20 de agosto de 1600. Id. del virrey a Felipe III, de diciembre del mismo año.
404 Carta citada de García Ramón al virrey del Perú. El padre Rosales ha contado estos sucesos en el capítulo 19 del libro V de su *Historia general* con pormenores que no se hallan en los documentos, pero con notable confusión y con tales errores de detalle que nos hacen dudar de la verdad de toda esta parte de su relación. Refiere que cuando Quiñones llegó de vuelta de su expedición a la Imperial, esto es, a fines de abril de 1600, halló en la bahía de Concepción un navío corsario que mandaba un holandés conocido con el nombre de «El tabernero», porque en años atrás había tenido taberna en Potosí. Esta noticia parece referirse a Van Noort, que había sido hotelero en Rotterdam; pero este pequeño error sería apenas atendible, si no estuviera acompañado de otro mayor. Van Noort, como contamos, estuvo en las inmediaciones de Concepción a fines de marzo, de allí pasó a Valparaíso y luego al Huasco, y de aquí se alejó el 7 de abril con rumbo a los mares de Asia. Es imposible que Quiñones lo hubiera hallado en Concepción a fines de ese mes.
Refiriendo la expedición de Martínez de Leiva, cuenta Rosales que un español llamado Diego de Huerta desembarcó solo en la costa, y viéndose rodeado por numerosos indios, se precipitó al mar de lo alto de una barranca, y se salvó milagrosamente. Un escritor con-

cia, y como tal fue lamentada en todas partes. La arrogancia de los indios no podía dejar de tomar vuelo después de estos sucesos. En Concepción se vivió en esos meses en tal estado de alarma que las gentes se recogían cada noche al convento de San Francisco, como bajo el gobierno interino del licenciado Viscarra, y las calles de la ciudad fueron cerradas con tapias para defenderlas contra un ataque del enemigo.[405]

La ciudad de Santiago, que no había sufrido los efectos inmediatos de la guerra, pasaba también en esa época por días de angustia. Como ya dijimos, habían llegado a ella muchos soldados y capitanes del sur, más de 300 según se dice en los documentos de la época, y vivían en medio de la mayor desnudez y pobreza sin que hubiera recursos para socorrerlos. En el otoño de 1600 llegaron, además, cuarenta y cuatro soldados portugueses que venían a Chile como auxiliares, pero que luego pasaron a constituir un verdadero peligro para la colonia. Habían salido de Lisboa en abril de 1598 con don Diego Rodríguez de Valdés y de la Banda, caballero noble de Salamanca, nombrado por Felipe II gobernador del Río de la Plata. A los pocos meses de haber llegado a Buenos Aires, ese gobernador recibía la noticia del tremendo alzamiento de los indios de Chile, junto con las cartas en que las autoridades de este país le pedían socorros empeñosamente. No pudiendo disponer de otros recursos, se limitó a enviar ese pequeño destacamento, bajo las órdenes de un primo suyo, el

---

temporáneo, y digno de todo crédito por la posición que poco después ocupó en Chile, el maestre de campo Alonso González de Nájera, cuenta este mismo episodio de una manera muy diferente. Refiere que Diego de Huerta era un capitán que se hallaba prisionero entre los indios, y que queriendo estos obligarle a que hiciera fuego con un arcabuz sobre un barco español que pasaba cerca de la costa, se precipitó de la altura, y «dando de peña en peña, vino a parar a la playa y ribera del mar, de donde muy maltratado y un brazo hecho pedazos, fue retirado de los del barco, quedando de este insigne hecho nombre al cerro, pues se llama el del salto de Huerta. Sanó el capitán después, aunque quedó estropeado del brazo». González de Nájera, *Desengaño y reparo de la guerra de Chile*, pág. 214.

El estudio detenido que hemos hecho de la historia del padre Rosales, el cotejo prolijo de su relación con los documentos contemporáneos y más incontrovertibles, y los numerosos errores que hemos hallado en toda la parte de la obra que se refiere a los sucesos anteriores al siglo XVII, nos han inclinado a no aceptar sus noticias sino con mucha reserva, y cuando las hallamos confirmadas en otras fuentes. Más adelante tendremos ocasión de explicar en qué consiste el mérito relativo de esta historia, ya que en estricta justicia no podemos darle, sobre todo en la primera parte, un crédito muy superior al de las otras crónicas.

405 Carta citada de García Ramón, e información levantada por éste en Santiago en agosto de 1600 al recibirse del gobierno interino del reino.

capitán don Francisco Rodríguez del Manzano y Ovalle.[406] Al percibir la miseria espantosa a que estaba reducido este reino, la pobreza de sus habitantes, los quebrantos por que pasaba el comercio, las alarmas y peligros causados por la guerra, y sobre todo el desaliento general y la poca esperanza que había de ver mejorarse esa situación, aquellos soldados no hablaban más que de volverse al otro lado de los Andes. Muchos de los soldados recién venidos del sur se mostraban dispuestos a secundarlos en este proyecto de grado o por fuerza. Anunciábanse cada día intentos de levantamiento y de motín de esas gentes, lo que era causa de que se viviese en la capital en la mayor intranquilidad. El general Miguel de Silva, que desde el mes de mayo desempeñaba el cargo de corregidor de Santiago, gozaba entre los suyos el prestigio de su valor y de más de treinta años de buenos servicios en la guerra de Chile, pero carecía de fuerzas para reprimir esos alborotos. Todo hacía temer que en la primavera próxima, cuando el derretimiento de las nieves abriese los caminos de la cordillera, el desbande de gente vendría a agravar los peligros de aquella terrible situación.[407] Pero en esos momentos llegaba a Valparaíso un nuevo mandatario que había de infundir mayor confianza a los colonos.

7. Llega a Chile Alonso García Ramón con el título de gobernador interino

Don Francisco de Quiñones había pedido a Felipe III y al virrey del Perú que se le diera un sucesor en el gobierno de Chile, que por su edad estuviese en

---

[406] Este capitán fue el padre del jesuita historiador Alonso de Ovalle. Véase su *Histórica relación del reino de Chile*, lib. IV, capítulo 18, pág. 265. El gobernador Valdés de la Banda llegó a Buenos Aires el 5 de enero de 1599, como puede verse en los documentos publicados por don Manuel Ricardo Trelles, en la pág. 747 y siguientes del *Registro estadístico de Buenos Aires*, tomo II (1859). Pero solo en el verano siguiente pudo despachar ese corto refuerzo de tropas.

[407] Estos hechos están consignados brevemente en la carta citada de García Ramón al virrey del Perú; pero se encuentran más individualizados en la información que éste hizo levantar en Santiago en agosto de 1600. Aunque esta información tenía por objeto demostrar el estado deplorable en que había hallado el reino al hacerse cargo del gobierno y, aunque en tales ocasiones era uso y costumbre el exagerar los males de la situación, la abundancia de testigos que entonces declararon, capitanes unos, religiosos otros, y sobre todo el rango y la gravedad de algunos de ellos, como el mismo corregidor de Santiago Miguel de Silva, Gregorio Serrano, corregidor del partido de Quillota, el sargento mayor don Juan Rodulfo Lisperguer, etc., nos autorizan a dar crédito a estas noticias en que todos están más o menos contestes.

aptitud de dirigir las operaciones de la guerra y de salvar el reino de la ruina completa que lo amenazaba. Diversas personas habían escrito igualmente al virrey recomendándole a Alonso García Ramón como el hombre apropiado para desempeñar esta difícil tarea.

El virrey del Perú, don Luis de Velasco, tenía también una alta opinión de este militar. En efecto, los antecedentes y los servicios de García Ramón lo hacían digno de esa confianza. Nacido en la ciudad de Cuenca y soldado desde la edad de 16 años, había comenzado su carrera militar combatiendo en España contra los moriscos sublevados en la provincia de Granada. Sirviendo en la escuadra de don Juan de Austria, asistió a la jornada llamada de Navarino (1572), modesto apéndice del gran combate naval de Lepanto. Más tarde (1574) estuvo ocupado en África, en la guarnición del fuerte de la Goleta, mientras don Juan de Austria ganaba Túnez. Bajo el mando del célebre marqués de Santa Cruz, hizo dos años después (1576) la jornada de los Querquenes.[408] Desde 1579 había hecho la campaña de Flandes a las órdenes de Alejandro Farnesio, el más insigne general de su tiempo, y se había ilustrado en el asalto de la pequeña ciudad de Siquem (*Sichen*), en el ataque de Burgonote (*Bourgerhoutum*) y en el asalto de Mastrique (*Maeitricht*), en que recibió dos heridas de arcabuz, pero donde tuvo la gloria de ser el primer español que escaló las murallas enemigas y de tomar dos banderas.[409] Cuando poco más tarde pasó a Chile con don Alonso

---

[408] La reseña de los servicios de Alonso García Ramón se halla, como era costumbre en esos documentos, en su título de gobernador de Chile, expedido por el virrey del Perú conde de Monte rey en 21 de enero de 1605, que se encuentra publicado por el señor Amunátegui en *La cuestión de límites entre Chile y la República Argentina*, tomo II, capítulo 10, § 1. El mismo García Ramón recuerda algunas veces sus servicios anteriores en sus cartas al rey. Los documentos españoles de esa época, así como los escritos de los historiadores antiguos, españolizan los nombres extranjeros y llegan a hacerlos a veces casi inconocibles. La llamada jornada de los Querquenes es una atrevida expedición de don Álvaro de Bazán, marqués de Santa Cruz, a la pequeña isla de Kerkeni, situada en el mar Mediterráneo, en el golfo de Gabes, a corta distancia de Túnez. Esta campaña, que omiten algunos historiadores, se halla contada, entre otros, por Antonio de Herrera, *Historia general del mundo*, etc., parte II, libro II, capítulo 5, y más extensamente por don Martín Fernández de Navarrete, en su *Biografía del marqués de Santa Cruz*, pág. 31, publicada en el primer tomo de sus *Opúsculos*, Madrid, 1848.

[409] Estos servicios militares de García Ramón están particularmente recomendados en Los sucesos de Flandes y Francia del tiempo de Alejandro Farnesio, por el capitán Alonso Vásquez, importante obra histórica, escrita por un testigo y actor de esos hechos, y que, sin embargo, no ha sido publicada sino en los últimos años (1879-1880) en los tomos 72, 73 y 74 de la Colección de documentos inéditos para la historia de España. Habla particular-

de Sotomayor, García Ramón era ya un militar probado por su valor y de una gran experiencia en negocios de guerra.

En Chile había desplegado las mismas dotes y el mismo amor al servicio. Hemos recordado algunos de sus hechos militares durante el gobierno de don Alonso de Sotomayor. Conquistose en esas campañas una gran reputación de valiente y de esforzado. Un poeta contemporáneo contaba la historia de un combate singular en que García Ramón había dado muerte a un arrogante cacique araucano, invención inverosímil que, sin embargo, fue creída por algunos historiadores.[410] Pero a poco de haber entrado Óñez de Loyola a gobernar el reino, García Ramón se trasladó al Perú, y mereció la confianza del virrey, marqués de Cañete. Entre otros cargos que se le confiaron, desempeñó con lucimiento los de corregidor de Arica y de Potosí; y desde 1599, en que don Francisco de Quiñones fue enviado a Chile, el de maestre de campo de todo el Perú. En este carácter había sido en Lima uno de los más acreditados consejeros que el virrey, don Luis de Velasco, consultaba sobre los asuntos de guerra.

Por más que el gobierno de Chile fuera en esas circunstancias un puesto muy poco codiciable, García Ramón lo aceptó de buen grado. Como todos los militares que eran llamados al desempeño de este penoso y difícil cargo, debía creer que las desgracias del reino provenían principalmente de los errores y de la flojedad de sus predecesores, y que un esfuerzo de constancia y de prudencia podía mejorar aquel lamentable estado de cosas. Iguales ilusiones se venían forjando todos los gobernadores, haciendo a los que los habían precedido, responsables de faltas y de desastres que casi siempre estos no habían podido evitar. El virrey no pudo suministrarle en esos momentos más que una buena provisión de víveres y de ropa. Sin embargo, García Ramón se embarcó resueltamente en el Callao, y el 12 de junio (1600) zarpó para Chile con dos buques que conducían esos bastimentos.

---

mente de García Ramón en las págs. 101, 214 y 240 del primero de esos tomos, y aplaude sobre todo su conducta en el sitio de Maastricht, atribuyéndole una parte principal en la victoria. «Fue este soldado, dice, digno de eterna fama, pues dio ocasión de salir de uno tan peligroso como reñido sitio, y acabar la más alta empresa que capitán general tuvo entre manos».

410 Álvarez de Toledo, en su *Araucana*. Los historiadores que han repetido el cuento del combate singular entre García Ramón y el cacique Cadiguala, son el padre Ovalle, *Histórica relación*, lib. IV, capítulo 4 y el padre Rosales, *Historia general*, lib. IV. capítulo 54.

El viaje duró cuarenta y siete días. Estaba tan atrasada la navegación en esa época y eran tan pobres y defectuosos los buques que usaban los españoles, que cualquier tormenta, cualquier viento contrario, les parecían tempestades deshechas de que solo salvaban por milagro evidente del cielo. García Ramón, como su predecesor, hablaba largamente de los temporales que había experimentado en su viaje y que habían retardado su arribo a Chile. Al fin, el 29 de julio llegaba a Valparaíso, y el siguiente día hacía su entrada en Santiago. Su arribo hizo nacer desde el primer momento la esperanza de que los males y desgracias que aquejaban al reino encontrarían algún remedio.

Inmediatamente pudo imponerse García Ramón de la situación del país. Todos los informes que se le daban eran desconsoladores. En Lima no había conocido más que una parte de los desastres de la guerra. En Santiago supo que las frecuentes derrotas de los españoles habían costado la vida a cerca de 600 hombres en su mayor parte buenos capitanes y soldados,[411] lo que era una pérdida enorme dado el escaso número de habitantes que había en el reino. Tomó conocimiento de la reciente despoblación de las ciudades de Angol y de la Imperial. Supo, además, que desde cerca de un año atrás no se tenía noticia alguna de Villarrica, y que se ignoraba por completo lo que ocurría en Osorno y en Chiloé. Mientras tanto, la arrogancia y la osadía de los indios eran cada día mayores. Después de una primera excursión en los campos situados en la orilla norte del río Maule, que siempre habían estado de paz, los bárbaros aparecieron de nuevo el 2 de agosto, cuando García Ramón acababa de recibirse del mando, avanzaron al asiento o pueblecillo de Duao, dieron muerte a algunos españoles y se llevaron como cautivos a las mujeres y los niños cristianos que se hallaban allí. El gobernador tuvo que enviar a esos lugares un destacamento

---

411 La generalidad de los documentos de esta época estima en 500 o 600 el número de los españoles muertos desde los principios de la insurrección. El capitán Gregorio Serrano, que en la última campaña había desempeñado comisiones de confianza, y entre ellas el cargo de proveedor del ejército y el de corregidor del partido de Quillota, iba mucho más lejos en sus cálculos. Véase lo que a este respecto escribía a Alonso de Ribera en 15 de octubre de 1600. «En dos años poco menos que ha que mataron a Martín García de Loyola, han muerto estos indios 700 hombres, la flor de esta tierra, y llevádose 300 mujeres españolas y niños, y asolado siete ciudades, y llevádose más de 500.000 cabezas de ganado y más de 10.000 caballos, y despojos por más de 300.000 duros». A pesar de la seriedad que atribuimos a los informes de este capitán, creemos que en estas cifras hay alguna exageración.

de cincuenta soldados bajo el mando del capitán Álvaro Núñez de Pineda, a restablecer el orden y a impedir la repetición de tales ataques.

En medio de tantas desgracias, García Ramón conservó la confianza en mejorar aquella situación. Comenzó por levantar una prolija información acerca del estado en que se encontraba el reino para dejar constancia de sus desastres anteriores, a fin de que en ningún tiempo se le hiciera responsable de ellos. Socorrió del mejor modo que le fue posible a los soldados, tratando de infundirles aliento para continuar en la defensa del reino. Preparábase entonces para salir a campaña en poco tiempo más; y como buen capitán de los piadosos reyes de España, esperaba obtener por las oraciones y plegarias la protección del cielo para alcanzar grandes victorias sobre los indios. «Confío en su divina majestad, escribía al virrey del Perú, que si acabo de juntar el campo, tengo de tener grandes y buenos sucesos. Y para que sean tales, agregaba, suplico a Vuestra Excelencia se sirva pedírselo, y mandar que en todos los conventos de esa ciudad (Lima) y reino se haga lo mismo, pues son las más verdaderas y principales armas para lo que se pretende.»[412]

8. Sus aprestos para salir a campaña

Los habitantes de Chile, sin desconfiar del todo en el poder de las oraciones, creían, sin embargo, que el remedio de su angustiada situación dependía más principalmente de los hombres y de los recursos y auxilios materiales con que debía socorrérseles. Estaban convencidos de que el poderoso rey de España se hallaba en el deber de dispensarles una protección más directa y eficaz, y pensaban, además, que ese soberano poseía los medios y los recursos para salvar a Chile de una completa ruina. Persuadidos de que el rey no enviaba esos socorros solo porque no conocía bien la deplorable situación por que atravesaba el país, se habían preocupado en las diversas ciudades de enviar a España un agente de crédito y de respeto que la diese a conocer. La designación de los cabildos de Santiago, la Serena, Concepción y Chillán, se fijó al fin en fray Juan de Bascones, provincial de los religiosos agustinos. Diósele el encargo de hacer un número considerable de peticiones de diversas clases para atender a la defensa de Chile contra los corsarios extranjeros y contra los indios rebeldes, y para favorecer el incremento y la prosperidad de una colonia cuyos habitantes

---
412 Carta citada de García Ramón al virrey del Perú de 20 de agosto de 1600.

deseaban presentar como una de las más hermosas provincias de la monarquía española. Querían ante todo que se enviasen socorros de tropas, y que éstas vinieran directamente de España, ya que los auxiliares enganchados en el Perú habían probado casi siempre mal. Pedían, además, que de nuevo se enviase a Chile a don Alonso de Sotomayor, creando en este país un virreinato, que pusiera a ese capitán en estado de proceder con libertad y con independencia de otras autoridades o, a lo menos, dándole el título «de comisario o consejero, y plenaria autoridad y mano para alterar y disponer a su voluntad en las cosas de guerra y a poblaciones». A falta de Sotomayor, que entonces desempeñaba el importante cargo de gobernador de Panamá, el padre Bascones debía recomendar para el mando de Chile a Alonso García Ramón, como hombre bien reputado en este país por sus buenos servicios en la guerra araucana.[413] El comisionado de las ciudades de Chile partió de Valparaíso en septiembre de 1600.

En esos momentos ya venía en camino un capitán llamado Alonso de Ribera, a quien el rey acababa de nombrar gobernador de Chile. La noticia de este nombramiento, comunicada por el virrey del Perú, llegó a Santiago en el mismo mes de septiembre, cuando García Ramón hacía esfuerzos supremos para organizar el cuerpo de tropas con que se proponía abrir una nueva campaña contra los indios. Casi por todas partes fue recibida con sorpresa y desagrado la elección del monarca. Ribera era un militar absolutamente desconocido en el Perú y en Chile, y nadie podía creer que poseyese la experiencia para dirigir la guerra de Arauco. García Ramón, sin embargo, disimuló su descontento, envió al Perú a su futuro sucesor los informes que podían interesarle sobre el estado lastimoso de Chile, y siguió adelantando sus aprestos para salir en poco tiempo más a socorrer las ciudades del sur. Al hacer estos aprestos, el gobernador interino no se detenía ante consideraciones de ningún género. A pesar de la pobreza de la ciudad de Santiago, García Ramón echó derramas, es decir, impuso contribuciones extraordinarias, tomó empréstitos dando libranzas contra el tesoro real para cuando pudiera pagarlas, y mandó que en los pueblos o asientos de indios

---

413 Los poderes del padre Bascones, las recomendaciones y solicitudes que llevaba y los memoriales que preparó para presentar al rey, forman un grueso legajo de documentos conservados en el Archivo de Indias, donde en medio de muchas repeticiones más o menos engorrosas y difusas, se encuentran bastantes noticias útiles para la historia, que nosotros hemos aprovechado y que seguiremos aprovechando más adelante.

se sacasen caballos, vacas y carneros para el ejército.⁴¹⁴ Los mismos españoles no fueron tratados con más benignidad. «Se quitaron a los vecinos y moradores de Santiago todas las armas, caballos y sillas y mucha parte de sus haciendas, dejándola descarnada de todo lo necesario para la defensa de cualquier enemigo que se pusiese.»⁴¹⁵ Por estos medios, García Ramón llegó a formar a fines de noviembre una hueste de 400 hombres regularmente armados y equipados.

Su presencia en el sur era necesaria. Las ciudades de Concepción y de Chillán, mal guarnecidas para su defensa, no tenían más víveres que los que se les enviaban de Santiago, porque todos los campos vecinos habían sido abandonados y eran el teatro de las correrías de los bárbaros. El antiguo gobernador, don Francisco de Quiñones, acababa de salir de Concepción y embarcádose para el Perú, dejando aquellas provincias en la situación más alarmante.

En el lecho en que lo tenían postrado sus enfermedades, Quiñones había sabido el arribo de su sucesor. Supo también que el virrey había encomendado a éste que le guardase todas las consideraciones debidas, y que le facilitase los medios de volver a Lima. Aunque estas recomendaciones revelaban que no había perdido el aprecio de sus superiores, don Francisco de Quiñones se empeñó en recoger todos los documentos que pudieran justificar su conducta. Hizo que el cabildo de Concepción le diera un certificado de sus servicios. Vuelto al Perú, y acusado como causante de las desgracias de la guerra, el anciano capitán pasó los últimos días de su vida ocupado en demostrar sus servicios y en agrupar documentos que justificasen sus actos de gobernante.

9. Marcha a Concepción, se prepara para expedicionar a las ciudades australes, pero no lleva a cabo esta empresa

A principios de diciembre partía García Ramón de Santiago, «rompiendo por 100.000 dificultades», como él mismo dice. El 2 de enero de 1601 llegaba a Chillán; y el siguiente día, poniéndose a la cabeza de treinta hombres, emprendía una excursión por el lado de la cordillera, seguramente para hostilizar a los indios, destruyéndoles sus sembrados. Pero luego supo que por otro lado, al sur

---

414 Informe dado por el mismo García Ramón a su sucesor en Concepción el 18 de febrero de 1601.
415 Acta del cabildo de Santiago de 25 de enero de 1601, conservada en copia en el Archivo de Indias. Se sabe que el libro de acuerdos del Cabildo correspondiente a estos años (1596-1602) no existe en el archivo de esta corporación.

del río Itata, en un sitio denominado Quinel, había una gran junta de enemigos que en número de 4.000 hombres preparaban una expedición hacia el norte para levantar todo el país hasta las orillas del Maule. Fuele forzoso dar la vuelta a Chillán, y colocar algunos destacamentos de tropas a las orillas del Itata para cerrar el camino a los indios. Estos, por su parte, cuando vieron frustrados sus proyectos, recurrieron a los mismos artificios que usaban en ocasiones análogas protestando su adhesión a la paz.

Chillán no podía considerarse tranquilo con esto solo, y además sufría la escasez de provisiones nacida de la suspensión de los cultivos en sus alrededores. García Ramón, sin embargo, dejando en esa ciudad los socorros de gente y de víveres de que le era posible disponer, continuó su marcha a Concepción el 7 de enero. Se le había avisado que en esa época habría llegado a esa ciudad el jefe que venía a reemplazarlo en el mando del reino; pero se pasaron muchos días sin que se tuviera la menor noticia de él.

Mientras tanto, García Ramón creía que no era posible dejar pasar todo el verano sin hacer una tentativa para socorrer a Villarrica. Creía también que una campaña en el territorio araucano habría de permitirle rescatar de manos de los indios muchas de las numerosas cautivas que estos habían tomado en los establecimientos españoles, y que se suponían sometidas a los peores tratamientos. Importaba, además, ponerse en comunicación con el coronel Francisco del Campo, y con las ciudades de Osorno y de Castro, acerca de las cuales no se sabía nada desde el verano anterior. En Concepción se había tratado de equipar una pequeña embarcación para que fuese a Valdivia a inquirir noticias de ese jefe; pero algunos soldados que querían fugarse de Chile, se apoderaron de ella una noche y se dieron a la vela para el Perú. Habiendo consultado García Ramón a sus capitanes, aprobaron estos el plan de expedicionar el territorio enemigo.

Las fuerzas preparadas para esta atrevida empresa constaban solo de 310 hombres. García Ramón estaba obligado a dejar el resto de sus tropas para la defensa de Concepción y de Chillán y de los otros puestos militares. Dio el mando superior de estas guarniciones al general Francisco Jufré; y como creyera que estas últimas podían ser insuficientes, dispuso que su teniente general, el licenciado Viscarra, partiese para Santiago a pedir nuevos auxiliares. García Ramón escribía al Cabildo de la capital explicándole las causas de su determinación; lo requería para que enviase al sur otros cincuenta hombres, y acababa por pedirle que mandase hacer oraciones por el buen éxito de la campaña. «Vuestra Señoría pida y suplique a Dios, decía con este motivo, procurando hagan lo mismo todos los conventos de esas ciudades, haciéndole sacrificios y pidiéndole ayuda y favor, y que se sirva de darnos buenos sucesos.»[416] El Cabildo, reunido el 25 de enero, acordó fácilmente esto último, es decir, recomendó a los conventos «que pidiesen lo que Su Santidad manda, como se acostumbra y lo están haciendo». Pero tuvo menos decisión para enviar el contingente, limitándose a representar la pobreza y la escasez de gente de la ciudad, así como los esfuerzos que ésta acababa de hacer, y a dejar a cargo del corregidor el disponer lo que más conviniere.[417] García Ramón no esperaba, sin duda, que sus órdenes hallasen esta resistencia. El 24 de enero salió de Concepción a la cabeza de sus tropas. Proponíase recorrer el territorio enemigo por el valle central, esto es, por Angol, Purén y Lumaco, para socorrer a Villarrica, y enseguida avanzar al sur a reunirse en Osorno con Francisco del Campo; pero doce días después se hallaba todavía en Quilacoya, a pocas leguas de Concepción. Allí recibió un aviso del capitán Hernando Cabrera, corregidor de esa ciudad, en que le comunicaba que la plaza de Arauco, estrechamente sitiada por los indios, necesitaba con urgencia que se la socorriera. Estos informes le obligaron a detener su marcha. Más tarde se le acusó en juicio formal de que nunca había pensado seriamente en expedicionar al sur, y que este retardo en su marcha así como las noticias que lo hicieron volver atrás, eran un simple ardid para ocultar su poltronería. En su descargo, García Ramón alegaba que los cabildos de Concepción y de Chillán le habían exigido que retardase su marcha hasta que se hubiesen terminado las cosechas de los pocos sembrados que había en los alrededores de esa ciudad, y que luego la noticia del sitio de Arauco lo había determinado a aplazar su viaje hasta haber socorrido esta plaza.[418] Seguramente, ésta era la verdad; pero sea como fuere,

---

416 Carta de García Ramón al cabildo de Santiago, escrita en Concepción el 19 de enero de 1601.
417 Acta citada del Cabildo de 25 de enero de 1601. Era entonces corregidor de Santiago el general Alonso de Ribera Figueroa, nombrado tres meses antes por el mismo García Ramón.
418 Alonso García Ramón hizo una información de testigos para justificarse por no haber socorrido las ciudades australes. Proponíase demostrar que los hechos referidos habían retardado la expedición a Villarrica, y que luego el arribo de su sucesor vino a desbaratar-

la proyectada expedición en socorro de las ciudades australes debía quedar sin efecto.

Siguiendo la ribera norte del Biobío, la columna de García Ramón emprendió su vuelta a Concepción. El 10 de febrero se encontraba en Hualqui, cuando recibió el aviso de que Alonso de Ribera acababa de desembarcar. El nuevo gobernador venía deseoso de conocer el estado del país y de preparar los medios para su defensa, y llamaba urgentemente a su predecesor para recoger esos informes.

---

la. Entonces las relaciones entre García Ramón y el nuevo gobernador Alonso de Ribera se habían enturbiado, como sucedía casi siempre entre el mandatario que salía y el que entraba. Alonso de Ribera, por su parte, mandó levantar en Santiago, el 14 de julio de 1601, otra información destinada a probar que García Ramón no había pensado jamás en llevar seriamente a cabo aquella expedición. Casi todos los testigos presentados confirmaron más o menos abiertamente esta acusación; y, aun, hubo uno, el capitán don Francisco de Villaseñor y Acuña, que declaró que él había visto a García Ramón confabularse secretamente con el corregidor de Concepción para que éste le diera el aviso falso de estar sitiada la plaza de Arauco para tomar este hecho por pretexto a fin de retardar la partida de la expedición. En cambio, el capitán Luis Jufré, que había servido como maestre de campo de García Ramón, sostuvo resueltamente que éste había emprendido esa campaña con el propósito leal y sincero de llegar hasta las ciudades australes para socorrerlas.

Estas informaciones contradictorias, y apoyadas en numerosos testigos, ponen a veces al historiador casi en la imposibilidad de dar una opinión decisiva. Sin embargo, contienen casi siempre algunos hechos desconocidos o la confirmación o rectificación de otros. Por otra parte, sirven para darnos a conocer las pasiones, las rivalidades que existían entre esos capitanes, y lo que es verdaderamente triste, la facilidad con que se encontraban testigos para probar lo que se quería, particularmente cuando se trataba de complacer a los poderosos. Bajo este aspecto, la declaración seguramente honrada del capitán Luis Jufré en la información a que nos referimos, es una honrosa excepción.

Capítulo XVIII. Alonso de Ribera. Principios de su gobierno (1601)

1. Llega a Madrid la noticia del levantamiento de los indios de Chile. El capitán don Bernardo de Vargas Machuca se ofrece a pacificar este país con 400 hombres: el rey y sus consejeros desatienden esa proposición. 2. Es nombrado Alonso de Ribera gobernador de Chile: antecedentes biográficos de este personaje. 3. Su viaje a Chile. 4. Su rompimiento con García Ramón, y vuelta de éste al Perú. 5. Estado del ejército de Chile al arribo de Ribera. 6. Primera campaña de Ribera en el territorio enemigo: socorre la plaza de Arauco y regresa a Concepción. 7. Llega a Mendoza un refuerzo de 500 hombres enviados por el rey de España.

1. Llega a Madrid la noticia del levantamiento de los indios de Chile. El capitán don Bernardo de Vargas Machuca se ofrece a pacificar este país con 400 hombres: el rey y sus consejeros desatienden esa proposición

A fines del siglo XVI, las comunicaciones entre España y sus colonias de América, a pesar de los peligros creados por las flotas y corsarios enemigos, eran mucho más fáciles y regulares de lo que habían sido cuarenta años atrás. A mediados de agosto de 1599 se sabía en Madrid que los indios araucanos, rebelados contra la dominación española, habían dado muerte al gobernador Óñez de Loyola, y amenazaban reconquistar su absoluta independencia.[419]

---

[419] El cronista del rey, don Luis Cabrera de Córdoba, anotaba en esa época regularmente todos los sucesos al parecer notables que llegaban a su conocimiento. Sus *Relaciones de las cosas sucedidas en la corte de España desde 1599 hasta 1614*, que con este título se publicaron por primera vez esas notas en 1857, forman un copiosísimo arsenal de noticias relativas a las fiestas reales y de la nobleza, las procesiones, los nombramientos y gracias hechas por el rey, etc., y también de las que se refieren al gobierno y la administración, y constituyen por esto un documento histórico de un mérito semejante al de nuestras gacetas. Con fecha de 11 de septiembre de 1599, Cabrera de Córdoba escribía las palabras siguientes: «En la provincia de Chile, mataron los naturales en principio de este año (textual) al que estaba por gobernador de ella, llamado Martín Pérez de Loyola (textual) con hasta cincuenta soldados, los mejores que él había escogido en la ciudad donde era su asiento para ir a concertar ciertas paces con los rebeldes para reducirlos al servicio del rey, los cuales hicieron cierta emboscada, y cuando pensaban estar más seguros los nuestros, dieron sobre ellos y los mataron» (pág. 38). Las inexactitudes que hay en estas pocas líneas revelan cuán escasas y cuán inciertas eran las noticias que acerca de estos países circulaban en España, y el poco caso que de estos sucesos hacía la generalidad de las gentes. Pero hay otro hecho que demuestra mejor aún esto último. Un empleado de

Estos graves acontecimientos no podían inquietar mucho al pueblo español que, con muy contadas excepciones, apenas tenía una noticia vaga y fantástica acerca de estos países. Pero los hombres de estado y los funcionarios que tenían a su cargo la dirección de la administración colonial, debieron comprender que los desastres del reino de Chile iban a crear complicaciones y dificultades a la Corona. En esa época, el erario real, minado en sus fuentes por los errores económicos, gravado con los costos de las guerras interminables, con el lujo insensato de la Corte, con la concesión de gracias y pensiones a los favoritos, y con la fundación indiscriminada de centenares de iglesias y de conventos, no podía atender a las necesidades más premiosas del Estado. El rico tesoro que cada año llevaban las flotas de América, era aguardado en Madrid con una ansiedad indescriptible, y repartido inmediatamente sin que jamás bastara a satisfacer los compromisos que con él se esperaba remediar.[420] En la

---

palacio, que se supone sea Matías Novoa, paje del rey, escribía una crónica de todos los sucesos de su tiempo, tal como los veía o los sabía. Esa crónica ha sido publicada con el título de *Historia de Felipe III*, y forma los tomos 60 y 61 de la *Colección de documentos inéditos para la historia de España*. El cronista, al paso que llena páginas y páginas con los acontecimientos ocurridos en Europa, con la descripción de las fiestas de palacio y otros hechos caseros, por decirlo así, parece ignorar que América formaba parte de los dominios de su señor, tan poco interés ponía en saber y en referir lo que aquí pasaba.

420 El tesoro de las indias que cada año llevaban las flotas del rey, montaba, como debe suponerse, a una suma más o menos variable. Ese tesoro era en parte del rey, por producto del impuesto sobre la explotación de las minas, y en parte de particulares. El embajador veneciano Simón Contarini, en un notabilísimo informe o «relación» pasado al senado de Venecia a fines de 1605, y en que descubre con criterio seguro la decadencia de España en medio de todo el aparato de grandeza, avalúa «lo que viene de las Indias un año con otro» para el rey, en 3 millones de ducados; pero advierte que los gastos ocasionados por las flotas y por todo aquel sistema comercial, consumían esa renta. El cómputo de Contarini es perfectamente fundado, según los documentos que hemos examinado. Así, la flota de Indias que llegó a Sanlúcar de Barrameda a fines de febrero de 1600, llevaba 9.926.192 ducados, de los cuales correspondían al rey 2.746.679; y los restantes eran propiedad de particulares. Como prueba del derroche que el favoritismo había introducido en la administración del tesoro público, bastará recordar el hecho siguiente. Cuando el duque de Lerma, primer ministro de Felipe III, le anunció el arribo de esta flota con el dinero de las Indias, el rey «le hizo merced de 100.000 ducados por las albricias». Cabrera de Córdoba, *Relaciones*, pág. 61.

El rey, en las escaseces de dinero que producía aquel estado de cosas, continuaba echándose sobre el tesoro que llegaba de las Indias, despojo de que hemos hablado más extensamente en otra parte (tomo II, pág. 243), lo que sugirió a los comerciantes el sistema de ocultar sus remesas de dinero. A este respecto es instructiva otra nota del cronista Cabrera de Córdoba que dice así: «Llegó a Sevilla en principio de este mes (mayo de 1600) la flota

dificultad de entrar en nuevos gastos para suministrar a Chile los socorros que este reino necesitaba, se pensó solo en el primer momento en enviar un nuevo gobernador, creyendo, sin duda, que con sus propios recursos y los del Perú se podría reponer este país de sus quebrantos.

Aunque el gobierno de Chile era muy poco codiciable en aquellas circunstancias, no faltaron quienes lo pretendiesen empeñosamente. Fue uno de estos un capitán llamado don Bernardo de Vargas Machuca, pobre hidalgo de Simancas que podía hacer valer largos servicios militares, pero cuyo nombre nos sería absolutamente desconocido si no se hubiera conquistado cierta notoriedad en la literatura histórico-geográfica de América. Después de servir diez años en Europa en los ejércitos españoles de Italia y en la armada real durante la guerra contra los turcos, Vargas Machuca había pasado a las Indias por los años de 1574, y durante otros veinte, había militado en el Nuevo Reino de Granada, «hallándose en este tiempo en muchas conquistas y poblaciones, allanamientos y castigos de indios, haciéndolos como cabeza, a su costa, con grandes gastos, riesgos y heridas», y había desempeñado el cargo de gobernador de Portobello. Dejando allí a su mujer y a sus hijos, Vargas Machuca se hallaba en la Corte desde 1594 solicitando en vano el premio de sus servicios. Acababa entonces de publicar un libro muy curioso con el título de *Milicia y descripción de las Indias* (Madrid, 1599), pintura interesante de los países de América que había conocido, y de la manera cómo los españoles hacían la guerra a los bárbaros, tenía pronto para imprimirse un tratado de equitación militar,[421] y escribió, además, una *Defensa de las conquistas de las Indias*, o pretendida refutación de los escritos de Bartolomé de Las Casas, que la censura española no le permitió

---

del Perú y Tierra Firme, que son cuarenta y dos navíos con mercaderías y pasajeros, porque la flota vino delante con don Francisco Coloma con los catorce galeones que vinieron en fin de marzo, aunque debe ser buena cantidad la que traen escondida y secreta estos navíos sin registrar, por que no se la tornen por cuenta del rey». *Relaciones*, pág. 70.

421 Este tratado se titula *Libro de ejercicios de gineta* compuesto por el capitán don Bernardo de Vargas Machuca, indiano, natural de Simancas en Castilla la Vieja. Dirigido al conde Alberto Fúcar, Madrid, 1600, un vol. en 8°, reimpreso en 1619. Es un tratado curioso en que junto con numerosos absurdos sobre las propiedades que tienen los caballos según sean los colores de su pelo, sobre las enfermedades que padecen y la manera más absurda todavía de curarlos, hay noticias muy prolijas acerca de las sillas y demás arreos, los ejercicios militares, los juegos de cañas, los aparatos de combate o torneos, las corridas de toros y acerca de todo lo que podía interesar a los caballeros, noticias muy útiles para quien desee conocer aquellos ejercicios.

dar a luz.⁴²² Vargas Machuca creía firmemente que su larga experiencia en las cosas de América lo habilitaba para desempeñar cualquier cargo en las colonias del rey de España.

Apenas hubo llegado a Madrid la noticia del alzamiento general de los indios de Chile, el capitán Vargas Machuca dirigía al rey una solicitud, con fecha de 21 de agosto de 1599, en que pedía para sí el puesto que dejaba vacante la muerte del gobernador Óñez de Loyola. Hablando con una arrogancia que no era rara en los militares españoles, hacía al soberano la proposición siguiente: «Me ofrezco a allanar y reducir a Chile a la paz dentro de cuatro años, encargándome el gobierno y dándome 400 infantes, hechos los 200 en estas partes (España) y 200 en las Indias, presentando al consejo (de Indias) un discurso del orden que se debe guardar para conseguirlo y empeñando mi cabeza en su cumplimiento». Aquella solicitud iba acompañada de un extenso memorial en que el pretendiente exponía su plan de campaña. Vargas Machuca no conocía Chile y sus habitantes más que por la lectura del poema de Ercilla. Esas imperfectas nociones le servían de base para exponer su sistema de reducción y de conquista, en que faltan, como debe suponerse, las ideas concretas y determinadas. Según él, debía emplearse principalmente la infantería en la guerra contra los indios, construirse fuertes bien abastecidos de víveres para asentar la dominación en cada porción de territorio que se conquistase, tomar muchas precauciones para libertarse de asaltos y sorpresas, evitar las inhumanidades innecesarias, desterrar a los indios jóvenes que se tomasen al enemigo para hacerlos trabajar en otra parte, reservando a las «muchachas huérfanas de ocho a diez años para que sirvan en el fuerte en las cocinas»; y por lo que toca a «los viejos que no son de servicio, con la causa sustanciada, criándoles su defensor, se abreviará con ellos, porque ninguno deja de merecer muerte, considerando que estos viejos son los que animan la guerra y son causadores de todo el daño que se recibe». Se ve por este corto resumen que el capitán Vargas Machuca, que estaba seguro de acabar mediante su sistema la guerra

---

422 El verdadero título de esta obra es *Apologías y discursos de la conquista de las Indias*; y solo ha sido publicada en 1871, en el tomo 79 de la *Colección de documentos inéditos para la historia de España*. Recordando los sucesos históricos y citando los escritos de muchos autores de la antigüedad y de algunos santos padres, pretende defender la conducta de los españoles en la conquista de América. Todo el discurso IV que ocupa las págs. 277-290, es un resumen de la historia de la conquista de Chile hasta la muerte de Óñez de Loyola, escrito con escasez de datos.

de Chile en solo cuatro años, proponía en realidad los mismos arbitrios que sin provecho alguno habían tocado los gobernantes de este país.[423] Su proposición debió ser considerada como un rasgo de atolondramiento y de presunción, y por tanto fue desatendida por el rey y por el Consejo de Indias. En vez del alto puesto que solicitaba, obtuvo algunos años después otro mucho más modesto, el de gobernador de la isla de la Margarita, que desempeñaba todavía en 1615.

2. Es nombrado Alonso de Ribera gobernador de Chile: antecedentes biográficos de este personaje

Después de algunos meses de vacilaciones, en diciembre de 1599 la elección del soberano y de sus consejeros se fijaba en el capitán Alonso de Ribera, soldado valiente y entendido, que solo conocía de nombre las colonias de América, pero que tenía una larga experiencia militar adquirida en veinticuatro años de constante batallar en las rudas guerras de Flandes.[424] Aunque ocupó en ellas un rango relativamente subalterno, su nombre se halla mencionado con frecuencia en algunas de las más prolijas historias de esas luchas. Alonso de Ribera, además, con una arrogancia que le era característica, y que por otra parte no era rara en los capitanes españoles de su siglo, recuerda frecuente-

---

423 La solicitud de Vargas Machuca, y el memorial que la acompaña (este último con fecha de 30 de agosto de 1599) se conservan en el Archivo de Indias. Son piezas de escaso interés histórico, y solo han llamado nuestra atención por el prestigio literario del autor. Ese memorial, por otra parte, es una buena muestra de la literatura jurídico-política de la época. El capitán Vargas Machuca corrobora sus ideas con axiomas sacados de san Agustín, Eurípedes, Horacio, san Jerónimo, san Bernardo, Demócrito, Cicerón, Tito Livio, Demóstenes, Plutarco, etc.

424 Este primer nombramiento de Alonso de Ribera para el cargo de gobernador de Chile, nos es desconocido. Debió transcribirse en el registro de acuerdos del cabildo de Santiago; pero, como ya lo hemos dicho, el libro de acuerdos correspondiente a estos años se ha perdido. Tampoco pude hallar ese documento en el Archivo de Indias, en donde seguramente se halla en algún legajo que no me fue posible descubrir. Ni siquiera me es dado fijar con más precisión la fecha de ese nombramiento; y la indicación del texto se apoya solo en las Relaciones citadas del cronista Cabrera de Córdoba. Con fecha de 1 de enero de 1599, este cronista anota lo que sigue: «Han proveído al capitán Arámbulo por general de los galeones que han de ir este año a las Indias por las flotas, y al capitán Ribera por gobernador de Chile, la cual provincia está levantada desde que mataron al gobernador pasado y a cincuenta españoles que estaban en él (pág. 57). El 16 de diciembre de 1599 firmó Felipe III el nombramiento de don Francisco Martínez de Leiva para gobernador de la provincia de Tucumán. Probablemente, ese mismo día fue firmado el nombramiento de Ribera.

mente sus servicios militares en las cartas que escribía al rey, y nos ha dejado en ellas algunas noticias que nos auxilian para conocer mejor su vida de militar antes de venir a Chile.

Alonso de Ribera y Zambrano, vástago de una familia de modesta fortuna, pero de buena alcurnia, nació por los años de 1560 en la ciudad de Úbeda en Andalucía.[425] En ese siglo de constante batallar, cuando todos los españoles, incluso los eclesiásticos y los letrados, aspiraban a la gloria militar, la carrera de las armas era la más honrada y la que más seguramente elevaba a los puestos públicos. Queriendo desde su niñez dedicarse a ella, Alonso de Ribera hizo algunos estudios de matemáticas, «porque así como un predicador no lo puede ser consumado sin ser teólogo, dice él mismo, tampoco un soldado puede ser perfecto sin ser matemático». En 1579, cuando probablemente no contaba aún veinte años de edad, servía como soldado en el ejército de Flandes, y peleaba denodadamente en la toma de Maestricht, y en 1583, sirviendo en el rango de sargento, se ilustraba en el famoso asalto de Amberes. Elevado en 1587 al grado de alférez, volvía a ilustrarse en numerosos combates de menor importancia. En 1588 servía en el contingente que partió de Flandes para engrosar la armada a que se dio el nombre de invencible, y que sufrió un espantoso desastre en las costas de Inglaterra; y en 1590 entraba a Francia en el ejército de Alejandro Farnesio, duque de Parma, que obligó a Enrique IV a levantar el sitio de París. En esta última campaña se ilustró sobre todo en el asalto y toma de la plaza fuerte de Corbeil (16 de octubre). Los más prolijos historiadores de esas guerras no nombran a Alonso de Ribera sin hacer elogios de su valor y de su espíritu militar.[426]

---

425 El lugar del nacimiento de Ribera, de que no hallamos mención en los documentos, consta de la obra del capitán Alonso Vásquez que hemos citado en otras ocasiones, y que citaremos más adelante. Don José Basilio de Rojas y Fuentes, que en el penúltimo decenio del siglo XVII escribía sus *Apuntes de lo acaecido en la conquista de Chile*, dice también que Ribera fue natural de la ciudad de Úbeda. El célebre genealogista Gonzalo Argote de Molina, en su *Nobleza del Andalucía*, Sevilla 1588, libro II, folio 280 vuelto, dice que todos los Ribera de Úbeda, descienden del famoso Perafán de Ribera, que fue justicia mayor de esta ciudad, adelantado mayor de Andalucía y capitán general de la frontera del reino de Jaén. Por lo que respecta a la época del nacimiento de Alonso de Ribera, puede fijarse aproximadamente, sin temor de equivocación considerable, en el año de 1560.

426 El padre Guillermo Dondino, de la Compañía de Jesús, que continuó la historia latina de las guerras de Flandes del padre Faminio Strada, y que tuvo por guía principal los comentarios o memorias escritas por un capitán español llamado Pedro de Castro (que, según

El año siguiente (1591) el duque de Parma hacía los aprestos para una nueva expedición a Francia. Dio entonces a Ribera el título de capitán y el mando de una compañía.[427] En este rango se halló éste en las numerosas batallas de esa campaña, y el 8 de mayo de 1594 cayó mal herido en el desastroso asalto de la plaza de Capelle en Picardía.[428] Apenas repuesto, volvía a servir en las filas del ejército. En el ataque de la plaza de Chatelet, el 26 de junio de 1595, acometió el asalto de los bastiones enemigos en compañía de otros capitanes tan intrépidos como él, «los cuales, dice un prolijo historiador de esas guerras en que él mismo servía como militar, considerándolos como soldados, y no como cabezas de aquella acción, llevados del deseo de acabar con aquello de una vez, incurrieron en una culpa loable, pasaron más adelante de lo que se les ordenó; y por hallar la batería atrincherada y cortado el baluarte, hubieron de retirarse al primer puesto, con pérdida de veinticinco o treinta de los más honrados».[429] La plaza tuvo, sin embargo, que rendirse a los españoles en la tarde de ese mismo día.

El mes siguiente (julio de 1595) Ribera alcanzaba mucho mayor gloria en otra jornada que en sus cartas recuerda con legítimo orgullo. Los españoles sitiaban la plaza de Doullens, y sostenían frecuentes combates con el enemigo. Ribera mandaba en uno de ellos un escuadrón de tropas ligeras, y sirvió eficazmente para decidir la victoria. A poco de comenzada la pelea, el conde de Fuentes,

---

creo, no se han publicado nunca) refiere extensamente el sitio y asalto de Corbeil; y en su estilo enfático cuenta un rango particular del heroísmo de Alonso de Ribera. Dice que éste estaba encargado de llevar la bandera de su compañía; pero que deseosísimo de pelear, se la entregó a otro alférez y fue el primero que escaló los muros de la ciudad sitiada. Reconvenido por Farnesio por haber abandonado el estandarte, Ribera se justificó con el deseo de prestar un servicio más útil, y fue perdonado por su falta porque «pecaba de sobradamente valeroso». La obra del padre Dondino forma el tercer volumen de la traducción castellana de la obra de Strada, hecha por el padre Tovar, y publicada en Colonia en 1682. Véanse las págs. 221 y 222.

Pero la historia de esos tiempos en que se tributan mayores elogios a Alonso de Ribera es la que se titula *Los sucesos de Flandes y Francia*, del tiempo de Alejandro Farnese, escrita por el capitán Alonso Vásquez, testigo y actor de esos hechos, y publicada por primera vez en 1879-1880 en la *Colección de documentos inéditos para la historia de España*, donde ocupa tres volúmenes enteros (72, 73 y 74). Pueden verse sobre estos primeros hechos de su carrera militar el primero de esos tomos, pág. 217; el segundo, págs. 61, 62, 66, 184, 241, 276, 518; y el tercero págs. 318 y 319.

427 Don Carlos Coloma, *Las guerras de los Estados Bajos desde 1588 hasta 1599*, Amberes, 1625, libro IV.
428 Coloma, obra citada, lib. VII.
429 Coloma, obra citada, lib. VIII.

general del ejército español, obedeciendo a un plan estratégico, mandó que sus tropas se detuvieran. «Todos hicieron alto, dice un antiguo y minucioso cronista, salvo el capitán Alonso de Ribera y el capitán Mendoza, que siguiendo con una manga de arcabuceros y mosqueteros españoles hicieron alto, y el conde de Fuentes los mandó emboscar en un ribazo. Y pareciendo a los franceses que ya tenían en lo raso a la parte del ejército español, sin advertir a donde estaban recogidos los capitanes Ribera y Mendoza, revolvieron la tercera vez con grandísima fuerza y determinación, retirándose la caballería católica (española) a más andar. Y cuando al capitán Ribera pareció que era buena coyuntura, hizo disparar la manga con tanto estruendo, rumor y buen orden como si fueran 3.000 arcabuceros. Y no pareciendo menores a los franceses, viéndose herir por todas partes y recibir notable daño de la artillería, volvieron de aquella vez las espaldas, huyendo deshechos, picándolos la caballería católica; y como todos llevaban corazas, que son armas tan fuertes y pesadas, y habían caminado toda la noche, con el cansancio y el miedo caían de los caballos, y así aconteció al almirante de Francia y al señor de San Seval.»[430] Pocos días más tarde, y después de nuevos y siempre reñidos combates, Doullens era tomado a viva fuerza por los españoles; pero Ribera que se había distinguido entre los primeros en esos combates, quitando al enemigo una batería y cerrándole un camino encubierto, fue herido en un brazo y no pudo tomar parte en el asalto definitivo que antes había contribuido a preparar.[431]

A pesar de los triunfos alcanzados por su heroísmo y por su poderosa organización militar, los españoles habían perdido la campaña. La Liga estaba destruida para siempre, y casi toda Francia aceptaba por rey a Enrique IV. Sin embargo, la tenacidad y el orgullo de Felipe II se empeñaron todavía en mantener la guerra. Alonso de Ribera tuvo ocasión de distinguirse en ella, en septiembre de ese año (1595), en el asedio y rendición de la plaza de Cambray donde mandaba un contrafuerte, y el año siguiente en la campaña del archiduque cardenal Alberto, gobernador español de los Países Bajos, contra Calais.

---

430 Antonio de Herrera, *Historia general del mundo*, parte III, lib. XI, capítulo 12.
431 Herrera, obra y libro citado, capítulo 13. Coloma, lib. VIII. De Thou, *Histoire universelle*, lib. CXII, tomo VIII, pág. 587. El historiador italiano Enrico Caterino Dávila, que ha referido estos sucesos con mucha extensión en el libro XV de su notable *Historia de las guerras civiles de Francia*, no menciona en este punto a Alonso de Ribera, si bien lo recuerda en otro lugar, al contar la defensa de Amiens en 1597.

Durante el sitio de esta plaza, en el mes de abril (1596), cerró la entrada de la ciudad a un socorro de gente que llegaba por mar, y el día del asalto fue de los primeros que escalaron la ciudadela, lo que lo autorizaba a creer y a repetir con su arrogancia castellana que él había tenido parte principal para decidir de la suerte de la jornada. En julio de ese mismo año, habiendo vuelto a Flandes con el archiduque Alberto, Ribera se distinguía otra vez en el asedio y asalto de la importante plaza de Hulst.[432]

Los últimos servicios de Alonso de Ribera de que hablan las historias de aquellas guerras, tuvieron lugar en una nueva campaña que los españoles emprendieron contra Francia en 1597 creyendo equivocadamente poder derrocar del trono a Enrique IV con la ayuda de los descontentos de este país. El futuro gobernador de Chile se ilustró en los combates que produjeron la rendición de Amiens; y cuando esta ciudad se hallaba en poder de los españoles y fue sitiada por las tropas del rey de Francia, Ribera se distinguió de nuevo en la defensa de un fuerte, y recibió en una pierna una herida de bala de arcabuz,[433] la tercera que hubiera recibido en aquella larga carrera de asaltos y de combates en que había adquirido la justa reputación de soldado tan intrépido como entendido. De vuelta a Flandes, a fines de ese mismo año, Ribera fue elevado por el archiduque Alberto al rango de sargento mayor, esto es, comandante en jefe de uno de los tercios de la infantería española.[434]

---

[432] Coloma, obra citada, lib. IX.
[433] Coloma, libro X. Herrera, *Historia general del mundo* etc., parte III, lib. XIII, caps. 2 y 7. Enrico Caterino Dávila, *Historia de las guerras civiles de Francia* (traducción española de Varen de Soto, Amberes, 1713), lib. XV, pág. 550. De Thou, *Histoire universelle* etc., lib. CXVIII, tomo IX, págs. 79 y 83.
[434] Coloma, libro X. Creo que después de estos sucesos. Alonso de Ribera se trasladó a España, probablemente a solicitar el premio de sus anteriores servicios. En efecto, desde 1598 no se habla de él ni en las crónicas ni en los documentos relativos a las guerras de Flandes.
El capitán cronista Alonso de Vázquez en el resumen biográfico de los capitanes que más se ilustraron en las guerras de Flandes bajo el gobierno de Alejandro Farnesio que pone al fin de su obra, dice lo que sigue acerca de Alonso de Ribera y de dos hermanos suyos, uno de los cuales, Jorge, militó también en Chile:
«El capitán Alonso de Ribera Zambrano, natural de la ciudad de Úbeda, hechura de Alejandro (Farnesio), hoy virrey y capitán general de Chile, (textual) en las Indias, valentísimo español y muy honrado, y de muchas y buenas partes, y tan arriscado en las ocasiones de la guerra como el que más: hizo en Flandes y Francia muchos y particulares servicios, y tan aventajadamente como de un tan gallardo y famoso soldado se podía esperar, porque en los peligros y ocasiones más importantes, se sabe fue de los primeros en acometerlos

En 1599, cuando Felipe III le confió el cargo de gobernador de Chile, Alonso de Ribera debía contar cerca de cuarenta años de edad; y en veinticuatro de buenos servicios en aquellas obstinadas y difíciles campañas, había adquirido una gran experiencia en los negocios de la guerra. Jamás el rey había enviado a sus lejanas posesiones de América un soldado que poseyera antecedentes militares más distinguidos y mejor comprobados.[435] Pero para que su viaje a

> y de los postreros en retirarse; y no menos Jorge de Ribera Zambrano, su hermano, hoy capitán del rey, igual en el valor y osadía a sus hermanos. Peleó en las guerras de Flandes y Francia con temeridad y osadía, y sus servicios fueron siempre loables y estimados. El capitán Juan de Ribera Zambrano (hermano de los anteriores), soldado bizarro y brioso: criose en la escuela de Alejandro (Farnesio) cuya milicia la ha sabido aprovechar gallardísimamente, porque en las guerras de Flandes y Francia peleó con tanta osadía como se ha visto: merece estar por sus servicios en el número de los famosos capitanes. Es hoy sargento mayor de la milicia del partido de Alcaraz y Villanueva de los Infantes».
>
> Cuenta el padre Rosales en el capítulo 20 del libro V de su *Historia general* que cuando llegó a España la noticia de la muerte de Loyola y de los desastres de Chile, el rey pidió al Consejo de Indias que le propusiese una persona a quien confiar el gobierno de este país, y que al efecto el Consejo le propuso a Alonso de Ribera por recomendación del conde de Fuentes. Esta noticia, aunque no la hallo confirmada en los documentos, tiene todos los visos de ser verdadera. El conde de Fuentes había sido el general que mandó las tropas españolas en la segunda campaña de Francia después de la muerte de Farnesio y, por tanto, era testigo abonado del valor y de la actividad de Alonso de Ribera.

435 Las noticias biográficas de Alonso de Ribera que hemos dado en el texto, que pueden parecer demasiado largas a algunos de nuestros lectores, tienen por objeto el demostrar la verdad de nuestro aserto, dando, además, a conocer la primera parte de la vida de este insigne batallador. No existiendo en ninguna parte, ni en los documentos ni en los libros, una reseña medianamente ordenada y regular de sus servicios anteriores a su venida a Chile, nos hemos visto obligados a leer con escrupulosa prolijidad las historias primitivas de las guerras en que España vivía envuelta en esos años, y no pocos documentos concernientes a esos sucesos, y en ellos hemos hallado los datos que compaginamos en el texto. En sus cartas al rey y al virrey del Perú, Ribera habla frecuentemente y con no poca confianza de sus servicios en aquellas guerras. Recuerda solamente ciertos hechos, sobre los cuales suele extenderse para demostrar que a él se debió el desenlace próspero de una batalla, que en las juntas de guerra logró hacer aceptar su parecer, contra la opinión de otros jefes, o que contribuyó con su propio dinero a los gastos de la guerra. En estos pormenores, que no es posible comprobar, puede haber alguna jactancia, quizá infundada, pero ellos sirven para dar a conocer el carácter arrogante de Ribera, que tenía alta confianza en su propio valor don Crescente Errázuriz ha reunido en el capítulo 1 del tomo II de sus *Seis años de la historia de Chile* casi todos los fragmentos de la correspondencia de Ribera que se refieren a sus servicios en Europa.

Reconociendo la prolija exactitud del valioso libro del señor Errázuriz, nos vamos a permitir hacerle una pequeña rectificación en este punto. En la página 12 del tomo citado, copia un fragmento de una carta de Ribera en que éste cuenta que tratándose de asaltar a Hut (Hulst), él impuso su opinión sobre la de don Luis de Velasco y la de otros jefes españoles.

Chile hubiera sido prontamente eficaz, habría debido el rey suministrarle los elementos y recursos necesarios para salvar a este país de una ruina inminente. El gobierno de la metrópoli no se hallaba en situación de hacer esto sino en una escala muy limitada. Se aprestaron apresuradamente 300 hombres que debían partir con Ribera; pero se prometió a éste enviarle con la brevedad posible refuerzos mucho más considerables. Lo que se quería sobre todo era que el nuevo gobernador llegase pronto a Chile a recibirse del mando. Por lo demás, el virrey del Perú debía ayudarlo con dinero y con todo aquello que pudiera proporcionarle.

En marzo de 1600 debía partir de Sevilla la flota que cada año salía para la Nueva España en busca del tesoro de las Indias. Se le agregaron otros galeones para embarcar la gente que debía traer Alonso de Ribera, y se dio orden al jefe

---

El señor Errázuriz cree que ese don Luis de Velasco era el mismo que fue virrey del Perú, y se pregunta si esos lances no influirían en que este alto funcionario tratase a Ribera con frialdad en América. Conviene saber que el don Luis de Velasco, famoso general de las guerras de Flandes, era distinta persona de don Luis de Velasco virrey del Perú. El cronista Francisco Caro de Torres, en su *Historia de las órdenes militares*, Madrid, 1629, lib. III, capítulo 3, fol. 183, da una breve noticia biográfica de cada uno de ellos colocándolos entre los caballeros notables de la orden de Santiago. El segundo, es decir, el virrey del Perú, que nunca fue militar, era un personaje esencialmente americano, por decirlo así. Siendo muy niño todavía, en 1550, pasó a la Nueva España con su padre, que también se llamaba don Luis de Velasco, y que venía nombrado virrey de ese país. En México hizo sus estudios, y en 1566 fue regidor del Cabildo de esa ciudad, y más tarde su alférez real. Durante una corta residencia en Europa, fue nombrado embajador de España en Florencia, y en 1589 el rey le dio el cargo de virrey de Nueva España. Sirvió este puesto hasta el año 1595 en que fue promovido al de virrey del Perú. Habiendo renunciado el gobierno del virreinato, don Luis de Velasco se trasladó otra vez a Nueva España para vivir tranquilamente en sus propiedades; pero en 1607 volvió a ser elevado al rango de virrey de este país, cargo que desempeñó cumplidamente hasta 1611, en que regresó a España, ya muy anciano, con el título de marqués de Salinas y con el carácter de presidente del Consejo de Indias. Los historiadores que han dado cuenta de estos hechos, lo presentan como un mandatario ejemplar, según puede verse en diversos capítulos de la primera parte de *La monarquía indiana*, del padre Juan de Torquemada, y en los libros V y VI de *Los tres siglos de México*, del padre Andrés Cavo, libro muy noticioso publicado por primera vez en México en 1836. Ya que señalamos esta equivocación a que ha dado lugar la coincidencia del nombre de don Luis de Velasco, que, por otra parte, era muy común en España, se nos permitirá recordar otra más curiosa todavía. Los editores de las *Relaciones* de Cabrera de Córdoba, han publicado al fin del libro un índice alfabético de nombres propios, que a pesar de sus imperfecciones, facilita la consulta. Según ese índice, el pacífico virrey, después de una pendencia en la plaza de Valladolid, en marzo de 1605, con el duque de Maqueda y sus hermanos, habría perecido ahogado en un pozo en que se cayó o se ocultó. Era éste, otro don Luis de Velasco, distinto de los anteriores, aunque su contemporáneo.

de la flota de escoltar a éste hasta Portobelo, en la región del istmo de Panamá. En esos momentos había grave peligro de hacer esa navegación en otras condiciones. Ya no eran solo los corsarios ingleses los únicos enemigos de las flotas de las Indias. En esos mismos días las naves holandesas hostilizaban a los españoles en las Canarias y constituían ya una seria amenaza contra el poder naval de la metrópoli. Por más empeño que se puso en activar su partida, la flota de Nueva España no salió de Sevilla sino en la primera semana de abril de 1600.[436]

3. Su viaje a Chile

Después de dos meses de navegación sin accidente alguno, la flota llegaba a Portobelo el 3 de junio. Don Alonso de Sotomayor, que servía al cargo de gobernador de la provincia de Tierra Firme, recibió afectuosamente a Ribera, prestándose con buena voluntad a ayudarlo en todos los aprestos para continuar su viaje a Chile, y a darle las indicaciones concernientes a este país, según la experiencia que había recogido en el tiempo en que fue su gobernador. Solo entonces pudo Ribera apreciar debidamente la magnitud de la empresa que iba a acometer y la pequeñez de los recursos con que contaba. La pacificación del reino de Chile, el sometimiento de esos indios tan valientes como perseverantes que sostenían desde medio siglo atrás y sin desalentarse un solo día, una guerra de destrucción y de exterminio, no podían ser la obra de unos cuantos centenares de soldados casi desnudos y desprovistos de armas. Ribera supo, además, que los corsarios holandeses habían comenzado a amagar las costas de este país y a aniquilar su comercio. Bajo la impresión de estos informes,

---

436 «Para en fin de este mes (marzo), dicen que estará a punto de partir de Sevilla el capitán Marcos de Aramburo con otros galeones y la flota de Nueva España, el cual ha de volver con la plata de allá el mes de septiembre, que dicen será otra tanta como la que ha traído ahora», escribía el cronista Cabrera de Córdoba con fecha de 4 de marzo de 1600. *Relaciones*, pág. 61.
«Los galeones que han de traer la flota de Indias este año, avisan de Sevilla que partieron esta semana ¡Dios los vuelva con bien!», escribía el mismo cronista con fecha de 8 de abril de 1600. Relaciones, pág. 61.
En el tomo 52 de la *Colección de documentos inéditos para la historia de España*, págs. 535-565 se han publicado dos memoriales del «prior y cónsules de la universidad de los mercaderes de Sevilla», de fecha de 28 de octubre de 1603, relativos a las flotas de Indias. En ambos se habla de la que mandaba el general Marcos de Aramburu (así está escrito), y en el primero se dice que partió de Sevilla en 1599, y en el segundo en 1600. La primera de esas fechas es un error evidente.

escribía pocos días después al rey para darle cuenta de su viaje, y le pedía que a la mayor brevedad le enviase los socorros de tropa que se le habían ofrecido, y un número considerable de arcabuces y de espadas para armar a sus soldados, y de cañones para la defensa de los puertos de Chile.[437]

Su decepción fue mayor todavía cuando contó sus propios recursos. El general Marcos de Aramburu, jefe de la flota, hizo desembarcar en Portobelo los soldados que debían marchar a Chile. «Por todos son 291, escribía Ribera; los 141 de ellos de Cádiz; veintiocho viejos; setenta y dos bisoños; sesenta agregados; sesenta y dos sin espada; y los noventa y cuatro que no han entrado de guardia en este puerto por inútiles.» En vano solicitó Ribera que se le dejara mayor número de gente, ya que todo le hacía presumir que por la insalubridad del clima y por otras causas, esa pequeña columna debía sufrir disminución antes de llegar a Chile. Aramburu, alegando que durante la navegación se habían muerto algunos soldados, y haciendo valer las instrucciones que había recibido, se negó terminantemente a lo que se le pedía. Ribera explicaba al rey esta conducta como un acto de hostilidad del jefe de la flota. Así, pues, el gobernador de Chile comenzaba a percibir resistencias y rivalidades entre sus mismos compatriotas cuando apenas iniciaba los trabajos que se le habían encomendado.[438]

La provincia de Tierra Firme, de que era capital la ciudad de Panamá, no se hallaba tampoco en situación de suministrar muchos recursos al gobernador Ribera. Su guarnición era escasa, y con ella tenía que atender don Alonso de Sotomayor a la defensa de sus costas contra los corsarios que podían hostilizarla por uno y otro mar. En Panamá se hallaba uno de los buques de la escuadrilla que había organizado el virrey del Perú. Con dificultad pudo fletarse otra nave para que Ribera siguiese en ambas su viaje al sur; y cuando se trató de proveerlas de víveres para la navegación, fue necesario luchar con mayores escaseces todavía. Así, pues, aunque Ribera hubiera querido según sus instrucciones, seguir su viaje directamente a Chile, sin tocar en el Perú para evitar la deserción de sus soldados, tuvo que resignarse a cambiar de plan con el objetivo de

---

437 Carta inédita de Alonso de Ribera al rey, escrita en Portobelo a 30 de junio de 1600.
438 Carta citada de 30 de junio. La flota de Aramburu siguió su viaje para Nueva España: pero antes de llegar a su destino, fue asaltada por las tempestades y perdió algunos de sus buques y más de 1.000 hombres, según se contaba, seguramente con gran exageración, en Madrid, Cabrera de Córdoba, *Relaciones*, pág. 99.

renovar sus provisiones y de completar su equipo militar. Aun, esos mezquinos aprestos lo demoraron dos meses enteros en Panamá. Por desgracia, era aquélla la estación de los grandes calores en la región del istmo. Casi todos los expedicionarios cayeron enfermos, y cuando llegó el caso de partir, en agosto, faltaron en sus filas veinte hombres entre muertos y desertores.

La tardanza con que entonces se hacía esta navegación indujo a Ribera a desembarcar en Paita y dirigirse a Lima por tierra para ganar tiempo en sus aprestos, mientras su gente seguía por mar su viaje al Callao. Llegaba a Lima el 17 de octubre, e inmediatamente daba principio a sus trabajos. Pero allí debía encontrar nuevos tropiezos y nuevas contrariedades. Indudablemente, el virrey del Perú, que acababa de confiar el gobierno de Chile a García Ramón, y que creía a éste el hombre más apto para dirigir la guerra contra los araucanos, debía recibir con frialdad si no con desconfianza a Alonso de Ribera. El virrey estaba persuadido de que García Ramón iba a adelantar rápidamente la pacificación del reino, y que dentro de muy poco tiempo comenzarían a llegar al Perú las lisonjeras noticias de sus triunfos. Pero aparte de esto, el Perú, que había estado enviando frecuentes refuerzos y socorros a Chile, y que además tenía que defender sus costas contra los ataques de los corsarios, no se hallaba en situación de prestar al nuevo gobernador auxilios muy eficaces. Ribera, por su parte, tomando solo en cuenta lo reducido de los recursos con que iba a acometer la campaña, exigía resueltamente todo lo que necesitaba, y al efecto casi cada día presentaba al virrey un nuevo memorial, en que le pedía armas, ropas, dinero, víveres y municiones.

Por cédula de 21 de marzo de 1600, Felipe III había dispuesto que cuando llegaren a Chile los refuerzos de tropa que se proponía enviar de España por el Río de la Plata, el virrey del Perú debía suministrar anualmente la cantidad de 60.000 ducados[439] para el sostenimiento del ejército, y durante tres años, tiempo que se estimaba suficiente para que se terminase la pacificación. Ribera,

---

439 El ducado de plata era una moneda imaginaria o, más propiamente, un nombre con que se designaba la suma de 375 maravedís de plata. Se apreciará su valor relativo con el peso fuerte de a 8 reales por el dato siguiente. Pocos años más tarde el situado real, o subvención pagada por cuenta de la Corona, fue elevado a 212.000 ducados, y entonces se estimaba esta suma en 293.279 pesos 3 reales de a ocho. En 1621 el virrey del Perú, príncipe de Esquilache, creyendo equivocadamente que estaba muy avanzada la pacificación de Chile, trató de rebajar el situado enviando cada año 55.000 ducados menos. Los documentos de ese tiempo estimaban esa reducción en 75,625 patacones o pesos fuertes.

demostrando al virrey que aun antes del arribo de esa gente a Chile, iba a necesitar de ese dinero para socorrer la tropa que había ido del Perú, pidió y obtuvo la suma indicada; pero como el destino de ella era para vestir a sus soldados, recibió la mayor parte en géneros de ropa, avaluados en precios que juzgaba excesivos, pero que era el que entonces tenían las mercaderías europeas. Don Luis de Velasco hizo más todavía, dando algunos auxilios a la gente que acompañaba a Alonso de Ribera; pero se negó decididamente a establecer un sueldo regular y fijo para los militares que servían en Chile. Negose igualmente a suministrarle artillería, alegando que los pocos cañones que había en el Perú eran indispensables para la defensa de sus fuertes, y que en Chile sería fácil construirlos desde que había abundancia de cobre. Por lo que respecta a la provisión de municiones y víveres, el virrey acordó suministrarle algunos, teniendo presente, sin embargo, la escasez que de ellos había en el Perú. Alonso de Ribera, arrogante y desconfiado, entonces y más tarde creyó ver en la conducta del virrey una hostilidad sistemada y mal encubierta hacia su persona, nacida de su marcada preferencia por García Ramón. A pesar de estas contrariedades, la residencia en Lima fue de indisputable ventaja.[440] «Fue acordado, escribía el virrey del Perú, hacer esta escala aun por el avío y destrucción que (los soldados) traían ellos y las armas, que eran de forma que si aquí (en Lima) no se repararan no llegara la mitad a Chile. Algunos de los soldados se han muerto de las enfermedades con que venían, y los demás se han curado.» En efecto, cuando al querer partir, Ribera pasó revista a sus tropas, contó solo 260 hombres. A pesar de lo reducido de este número, y de la resistencia del virrey para darle mayores auxilios, el arrogante capitán no perdió la confianza de llevar a buen término la atrevida empresa en que se había comprometido. «No llevo menos

---

440 El virrey del Perú don Luis de Velasco, daba cuenta al rey de todos estos sucesos, en carta de 7 de diciembre de 1600. Alonso de Ribera, por su parte, escribía también al soberano sobre los mismos hechos en carta fechada en Lima el mismo día 7 de diciembre, y le adjuntó copia de sus memoriales y de las providencias del virrey. Estos documentos contienen las noticias que nosotros damos en extracto acerca de la permanencia de Ribera en el Perú, y de su viaje desde Panamá. Más tarde, cuando fue trasladado a Tucumán, cuando representaba al rey sus servicios en Chile y las dificultades que había hallado en el desempeño de su misión, le hablaba con más franqueza todavía de estas hostilidades que atribuía al virrey del Perú. Decíale entonces que éste había tenido empeño en demorarle en el Perú para dar tiempo a García Ramón de ilustrarse haciendo en ese verano una campaña que pacificase a Chile. *Cartas de Ribera a Felipe III* escritas en Córdoba a 20 de marzo de 1606 y en Santiago del Estero a 16 de marzo de 1607.

ánimo, escribía al rey en esos momentos, de hacer a Dios y a Vuestra Majestad muy importantes servicios en aquella tierra (Chile) y de dar el mejor asiento que pudiere a las cosas de ella.»

Las diligencias de que acabamos de hablar demoraron a Ribera más de dos meses en el Perú. Empleose este tiempo, además, en limpiar y en reparar las armas que traía de España, en hacer vainas para las espadas y en completar los arreos militares. Aquel intempestivo retardo tuvo además otra causa, según el virrey del Perú. «Yo quisiera poderle despachar de aquí con más brevedad, decía éste; pero no ha sido posible por no haber en este puerto navíos de Vuestra Majestad dispuestos para la navegación, de cuya causa ha sido forzoso fletar y aderezar dos de particulares en que vayan y se lleve el socorro de ropas y pertrechos necesarios para esta gente y la que está en Chile, y la demás que Vuestra Majestad mandare venir por Buenos Aires.»[441] Por fin, el 24 de diciembre de 1600, zarpaba el gobernador Ribera del puerto del Callao con dirección a Chile.

4. Su rompimiento con García Ramón, y vuelta de éste al Perú

Por recomendación, y aun podría decirse, por orden del virrey, Ribera habría debido desembarcar en Valdivia para socorrer inmediatamente las ciudades australes que se suponían en las últimas extremidades de la miseria y del desamparo. Parece que ésta era también la determinación del gobernador, puesto que así lo comunicaba al rey; pero una vez en el mar cambió de dictamen, y modificando su rumbo, arribó a Concepción el 9 de febrero de 1601.[442] Dos días después, el domingo 11 de febrero, bajaba a tierra con toda su gente vestida y armada, y celebraba su primera entrevista con García Ramón que, obedeciendo a su llamado, había acudido rápidamente de Hualqui.

Los dos capitanes se trataron al parecer afectuosamente. Ribera traía una carta del virrey para García Ramón, en que, en los términos más honrosos y lisonjeros para éste, e invocando el nombre de Dios y del rey, le pedía empeño-

---

441 Carta citada del virrey del Perú a Felipe III, de 7 de diciembre de 1600.
442 Ribera ha dado en sus numerosas cartas al rey diversas razones, contradictorias unas de otras, para explicar este cambio de determinación acerca del puerto en que se proponía desembarcar. Parece que su verdadero propósito era recibirse cuanto antes del mando del ejército con que esperaba hallar a García Ramón, y emprender la campaña contra los indios, tornando él la dirección absoluta y exclusiva de las operaciones.

samente que continuase prestando sus servicios y los consejos de su experiencia en el ejército de Chile. García Ramón, que seguramente estaba resuelto a volverse al Perú, donde había dejado su familia, no se pudo resistir a ese pedido y, en efecto, se ofreció a quedar en el país un año más; pero no por eso depuso la reserva y la desconfianza que debía inspirarle el nuevo gobernador. Ribera, por su parte, aunque atento con su antecesor, estaba determinado a no dejarse inspirar por los consejos de nadie, y en su interior deseaba, sin duda alguna, que aquél se alejase de toda intervención en la dirección de la guerra.

Aquel estado tirante de las relaciones de ambos capitanes no podía mantenerse largo tiempo sin producir una ruptura definitiva. En aquella primera entrevista, García Ramón había ofrecido dar a Ribera su parecer acerca del plan de campaña que convenía adoptar contra los indios. En efecto, el siguiente día, 12 de febrero, le presentaba escrito un memorial en que estaba, formulado su dictamen. Según él, era necesario recomenzar pronta y enérgicamente la guerra con las solas fuerzas que entonces había en el país, como el único medio de aterrorizar a los bárbaros, haciéndoles comprender sin demora la superioridad militar de los españoles. Las operaciones, a juicio de García Ramón, debían emprenderse simultáneamente con tres cuerpos diferentes de tropas. Uno iría por la costa a socorrer la plaza de Arauco y a batir a los indios que la sitiaban. Otro entraría por el valle central a auxiliar a Villarrica y Osorno, debiendo enseguida fundar un fuerte en el sitio en que había existido la Imperial, para preparar la repoblación de esta ciudad. El tercero se encargaría de repoblar rápidamente las ciudades de Angol y Santa Cruz, y de establecer un fuerte a las orillas del río Nivequetén o Laja. García Ramón mostraba tanta confianza en el resultado que debía producir este plan de operaciones, que él mismo se ofrecía para dirigir la parte más dificultosa de la empresa, la expedición a las ciudades australes, tomando a su cargo, si era preciso, durante todo el invierno próximo, la defensa del fuerte que se fundase en la Imperial.

Ribera, que personalmente no había acostumbrado retroceder ante ningún peligro, encontraba temerario este plan de operaciones que lo habría obligado a dividir imprudentemente sus fuerzas y a colocarse en la misma situación en que habían estado los gobernadores anteriores sin provecho alguno para la pacificación eficaz del país. Como pasaran tres días sin que el gobernador tomase una determinación, García Ramón volvió a representarle por escrito y en los términos más perentorios, que quedaba esperando las órdenes que se le dieran, ya fuese con arreglo a ese plan de campaña o al que se adoptase con mejor acuerdo; «y no siendo necesaria mi asistencia en este reino, decía al terminar, recibiré particular merced en que vuesa señoría me dé licencia para irme a mi casa». Sin abandonar la circunspección que le aconsejaba la prudencia, pero dejando comprender claramente que solo a él correspondía la dirección superior de la guerra, Ribera contestó el mismo día a ese memorial en términos corteses para García Ramón, reconociendo sus méritos y sus servicios, concluyendo, sin embargo, por declararle que acerca de su separación del ejército, el mismo García Ramón, conformándose con las instrucciones que le hubiese dado el virrey del Perú, podía determinar lo que más a propósito conviniere o le estuviere.

La ruptura de los gobernadores había llegado a hacerse inevitable. El 16 de febrero Ribera convocaba a sus capitanes para consultar sus pareceres acerca del plan de campaña que debía adoptarse. Había redactado al efecto una serie de preguntas a que debían contestar los hombres más experimentados en esta guerra; pero en una exposición preliminar que las precedía, Ribera no disimulaba su propia opinión. A su juicio era indispensable y, además, posible socorrer prontamente a los defensores del fuerte de Arauco, que se hallaban reducidos a la más espantosa miseria. Convenía también auxiliar a las ciudades australes; pero lo reducido de sus tropas, la escasez de provisiones y la larga distancia que era preciso recorrer al través del territorio sublevado, hacían por entonces imposible esta operación. Ribera creía también que el fraccionamiento de sus tropas produciría inevitablemente la insurrección de los indios del norte del Biobío y la ruina de Concepción y de Chillán.

El auto del nuevo gobernador, aunque ni siquiera nombraba a García Ramón, era a todas luces la refutación del plan de campaña que éste había propuesto. A no caber duda, la opinión de Ribera debía ser aceptada en la junta de guerra que iba a celebrarse ese mismo día. García Ramón lo comprendió así; y viéndose desairado en sus consejos, y temiendo recibir en breve otros y mayores desaires, no vaciló ya en pedir perentoriamente su separación del servicio militar. «Vuestra señoría, decía con este motivo, es de parecer y cree que es lo acertado no dividir sus fuerzas hasta tanto de haber peleado con el enemigo, por lo cual mi persona y asistencia no será de ningún efecto en la tierra.» Y terminaba pidiéndole licencia para volverse al Perú. El mismo día le fue acordado este permiso en términos honrosos, pero decisivos.

Como lo había previsto García Ramón, el plan de operaciones del nuevo gobernador fue aprobado unánimemente en la junta de guerra que celebraron los capitanes el 16 de febrero. Expusieron allí el estado de las fuerzas del reino, se recordaron los desastres de las campañas anteriores, se propusieron diversas ideas de detalle; pero sea por convencimiento propio o por complacer a Ribera, todos los capitanes aprobaron en su conjunto el plan general de éste para no acometer operaciones militares que importasen el fraccionamiento del ejército. Ese acuerdo debía servir al nuevo gobernador para justificar su conducta ante el monarca y ante el virrey del Perú. Por otra parte, él venía a sancionar, por decirlo así, la separación del gobernador cesante de toda intervención en los negocios militares, y a dejar a Ribera en libertad de dirigir la guerra por sí mismo, sin estar sometido a consejos ni a inspiraciones extrañas.

La separación de los dos gobernadores no podía ser cordial, pero fue cortés. «Luego que (García Ramón) supo mi llegada, escribía Ribera al rey en esos mismos días, vino a la Concepción, donde tratamos los negocios del servicio de Su Majestad como más pareció convenir. Quiso quedarse conmigo este verano, y yo también lo tuviera en mucho; pero después fueron su parecer y el mío tan diferentes que pareció a entre ambos que de ninguna manera podríamos venir el uno en lo que el otro quería, y así se resolvió a ir.» Pero esta respetuosa consideración no duró largo tiempo, García Ramón hizo levantar una información para justificarse de los cargos que pudieran hacérsele por los pocos meses que había desempeñado el gobierno. El mismo Ribera firmó un informe favorable a su antecesor. Poco más tarde, cuando supo que esa información daba origen a que se le acusara en Lima de no haber socorrido las ciudades australes, el gobernador hacía levantar otra información, de que hemos hablado en otra parte,[443] para demostrar que García Ramón no había pensado nunca seriamente en hacer tal campaña. Ribera llevó su saña hasta escribir al monarca y al virrey, que la firma que había puesto en el informe que dio acerca de la conducta de su predecesor, le había sido arrancada por sorpresa y por engaño.[444]

---

443   Véase la nota núm. 29 del capítulo anterior.
444   Ribera y García Ramón dieron cuenta al soberano y al virrey del Perú de todas estas diferencias. Las informaciones levantadas sobre estos sucesos, aunque reflejan las pasiones y el encono de los que intervinieron en ellos, y deben por esto mismo leerse con reserva,

La rivalidad de aquellos dos altos personajes debía hacerse sentir largo tiempo más en la marcha de los sucesos de nuestra historia.

5. Estado del ejército de Chile al arribo de Ribera

Cuando Ribera, libre de estos primeros cuidados, pudo contraerse a estudiar por sí mismo la situación del ejército de Chile, sufrió la más dolorosa decepción. Soldado distinguido e inteligente de los ejércitos de Flandes, discípulo, puede decirse así, de Alejandro Farnesio y de los más insignes generales de la segunda mitad del siglo XVI, había militado en los mejores ejércitos de su tiempo y conocía perfectamente las ventajas de la disciplina y de la buena organización militar. Las tropas que iba a hallar en Chile no podían dejar de causarle la más penosa impresión.

Sin contar los soldados que se hallaban en las ciudades australes, y de quienes no se tenía la menor noticia desde hacía más de un año, el ejército de Chile montaba en esa época a 1.397 hombres, según los informes dados por García Ramón, o solo a 1.151, según las otras noticias que recogió Ribera.[445]

---

son documentos del más alto valor histórico, ayudan sobremanera a conocer la situación lamentable del reino en esa época y contienen noticias de todo orden. Don Crescente Errázuriz, reproduciendo íntegros algunos de esos documentos y extractando otros, ha formado tres interesantes y no largos capítulos (3, 4 y 5) del segundo tomo de sus *Seis años de la historia de Chile* con la narración completa y detallada de estas rivalidades.

El virrey del Perú, don Luis de Velasco, se pronunció en estas diferencias en favor de García Ramón; y cuando éste llegó a Lima lo colmó de consideraciones. En años atrás le había concedido un repartimiento en Pilpinto. En 27 de noviembre de 1602 se lo permutó por otro más valioso en Punoypicho. Véase la relación de las mercedes acordadas por el virrey del Perú en 1602, publicada en las páginas 500-515 del tomo 52 de la *Colección de documentos inéditos para la historia de España*.

445 Esta divergencia, relativamente considerable, que aparece en los documentos más autorizados de esa época, se explica fácilmente en cierta manera. En los números indicados se contaban todos los hombres a quienes por su edad era obligatorio el servicio de las armas, y los cuales eran computados como individuos de la guarnición del lugar en que residían. Así, por ejemplo, García Ramón decía que en Santiago había 274 hombres y Alonso de Ribera solo 174: y, sin embargo, esta ciudad no había podido enviar el mes anterior (enero de 1601) un refuerzo de 50 soldados al ejército del sur. La mayor parte de esa gente, por otra parte, estaba distribuida en destacamentos encargados de guarnecer puntos bastante apartados los unos de los otros, en La Serena, en Santiago, en los fortines existentes a orillas de los ríos Maule e Itata, en Chillán, en Concepción y en la plaza de Arauco; y como las comunicaciones entre esos diversos puntos distaban mucho de ser frecuentes y regulares, no se tenía en el cuartel general una noticia exacta del número de soldados, de manera que las cifras que daban García Ramón y Ribera, se fundaban en cálculos aproximativos, y

En este número estaban incluidos los 260 hombres que acababa de traer el nuevo gobernador, y las guarniciones repartidas en diversos lugares que no era posible abandonar. Las tropas utilizables para emprender una campaña contra los indios pasaban apenas de 500 hombres.

Pero no era precisamente la escasez de su número lo que produjo la desazón de Alonso de Ribera. La prolongación de la guerra contra los bárbaros, el empleo en ella de capitanes y soldados que no habían visto nunca ejércitos regulares, la incorporación en el ejército de individuos que, como los enganchados en el Perú, no tenían las condiciones de soldados ni se sentían dispuestos a someterse a la disciplina militar, habían acabado por introducir una gran desmoralización y por crear hábitos y costumbres que debían chocar sobremanera a un hombre del espíritu y de la experiencia del gobernador Ribera. Él mismo se ha encargado de dar a conocer aquel deplorable estado de cosas en las relaciones e informes que entonces y más tarde dirigía al rey. «Estaba esta gente tan mal disciplinada y simple en las cosas de la milicia, escribía a poco de haber llegado a Chile, que nunca tal pudiera imaginar ni me sería posible darlo a entender.» Y seis años más tarde, insistiendo sobre el mismo asunto, escribía estas palabras: «Certifico a Vuestra Majestad que es esto en tanta manera que (los soldados españoles) son más bárbaros en ello que los propios indios, que ha sido milagro de Dios, conforme a su proceder en la guerra y en la paz, que no los hayan echado de la tierra y degollado muchos años há».[446]

El ejército de Chile estaba dividido en compañías de jinetes y de infantes. Los pocos cañones que habían tenido los españoles, fueron rara vez sacados a campaña, y habían servido casi exclusivamente para la defensa de las plazas. Esas compañías no tenían estandartes, ni trompetas, ni tambores, ni más oficiales que los capitanes. En todo el campo no había más que un trompeta que marchaba al lado del general en jefe y que servía para comunicar ciertas órdenes, y un tambor que se usaba para publicar bandos o para recoger la tropa. Los infantes no tenían picas, como usaban los soldados europeos de esa época, y que era un arma utilísima antes del empleo de la bayoneta. Llevaban

---

cada cual podía elevarlos o rebajarlos según conviniera, o según la pasión del momento. Descontadas esas guarniciones, las tropas utilizables para abrir una campaña, quedaban reducidas a muy poca cosa. Así, García Ramón no había podido juntar en enero anterior más que 310 hombres para su proyectada expedición a las ciudades australes.
446 Carta de Alonso de Ribera a Felipe III, de 17 de marzo de 1601 y de 16 de marzo de 1607.

solo arcabuces y algunos de ellos mosquetes, a los cuales se les daba fuego por medio una mecha encendida. Como armas defensivas, tenían cotas, coseletes y celadas de cuero. En las marchas, tanto los infantes como los jinetes iban a caballo, revueltos con los bagajes, sin orden ni formación, porque a pesar de que al salir de los cuarteles se señalaba a cada compañía el puesto que debía llevar, toda regularidad desaparecía pronto, desde que cada cual se ocupaba sobre todo de cuidar sus bagajes particulares. «Por esta causa, y la poca curiosidad de los que mandaban, y por falta de oficiales, bandera y de estandartes y desobediencia en los soldados, dice un notable documento de esa época, parece milagro de Dios no haber acabado con ellos muchas veces los enemigos.» Los indios amigos marchaban en hiladas, ordinariamente a la vanguardia de los españoles, y entonces servían de exploradores, pero también se les destinaba al cuidado de los bagajes.

Dentro de los cuarteles no había mucho mayor orden. Los soldados no se alojaban distribuidos en compañías, sino que cada cual dormía donde quería. Aun en las ciudades salían a dormir en las casas de sus parientes y amigos. Resultaba de aquí que cuando era necesario disponer una salida, debía darse la orden con un día de anticipación, o se hacía indispensable «sacar del montón la cantidad de gente que se ordenaba, sin mirar que fuese de la compañía del capitán que había de mandarla ni de otras; y si el capitán que salía era bienquisto y tenía amigos, llevaba buena gente, y si no, no la llevaba tal». En las marchas, «siempre buscaban los alojamientos en tierra llana y descombrada, apartándose lo más que podían de los bosques, ríos, lagunas y montañas, y formaban sus cuarteles en figura redonda, dejando en medio una plaza pequeña con cuatro calles, y en derecho de ellas ponían sus centinelas a treinta pasos más o menos; y cuando había noticia de junta de enemigos, colocaban algún cuerpo de guardia donde más les parecía convenir». En torno del campamento se clavaban estacas que servían para atar los caballos, y a veces se hacían estacadas que se utilizaban como defensa. Los cargos de centinelas no se daban, contra lo que parece natural, a los soldados más expertos y briosos, sino a los más infelices y menos bien armados, de donde resultaba que el servir de centinela era considerado una afrenta. Por lo demás, no se les daba santo y seña; y cuando se trató de introducir éstas y otras precauciones usadas en los ejércitos regulares, los soldados se reían de tales reformas.

Al llegar a un campamento, la tropa salía fuera, la escolta iba a cortar yerba donde le parecía más conveniente sin poner guardias ni centinelas. Cuando era necesario hacer esto para pasar la noche o por la proximidad del enemigo, los soldados no acudían por el orden de servicio, sino por la designación nominal de los capitanes. Fuera de esas guardias y centinelas colocadas en las afueras del campamento, todos los soldados que quedaban en éste se entregaban al sueño. «Las dichas postas no las mandaba ningún oficial, sino que la ronda tenía cuidado de avisarlo a la hora de mudar, como llamaba también a la otra ronda que la había de mudar a ella. Sucedía de ordinario que en llamando la dicha ronda a la que había de reemplazarla, se iba luego a dormir a su toldo; y si acaso los que la habían de hacer se tardaban, como era forzoso, porque nunca ataban los caballos, aunque fuesen de guardia, y por otros descuidos que ordinariamente hay en los soldados que les faltan oficiales, se estaba todo aquel tiempo el cuartel sin ronda; y de aquí nacían otros desórdenes, porque muchos de los soldados que estaban de centinela, se iban también a llamar a los que habían de reemplazarlos, a cuya causa solían quedar los cuarteles abiertos y sujetos a cualquiera desgracia, y nada se echaba de ver en esto, por ser lo que usaban. En tocando la caja a la hora que de ordinario era de día claro, se retiraban las centinelas y rondas sin guardar orden de ningún oficial, y esto estaba muy puesto en costumbre, y nunca tenían postas de día sino era en caso de nueva muy viva del enemigo.» Los indios de guerra parecían comprender este desorden, y con frecuencia aguardaban la hora de amanecer para caer sobre los campamentos españoles.

Las batallas no eran tampoco más regulares y ordenadas. «Cuando (los españoles) se ven con el enemigo, van tentando, escribía Ribera en otra ocasión; y si el enemigo huye, le siguen sin ninguna orden ni concierto, ni aguardan capitán ni oficial, ni hacen tropa para su resguardo, ni otra ninguna prevención de soldados, y no saben qué es obediencia. Y certifico a Vuestra Majestad que cuando llegué a aquel reino, iba receloso de tantas bravezas que me decían de aquellos indios, y luego que vi la gente del campo de Vuestra Majestad y su traza de armas y su compostura, me animé mucho. Y dije a algunas personas de mis amigos que confiaba en Dios con mucha brevedad poner aquella tierra de paz; porque enemigo que no había echado aquella gente del reino y acabado con ella, que no me había de echar a mí sino que milagrosamente Dios me quisiese dejar de su mano.»**447** Las embestidas de los españoles en esas batallas solían ser impetuosas y hasta heroicas, pero los soldados atacaban sin aguardar a sus capitanes, y peleaban sin orden ni concierto.

En la defensa de las ciudades contra los asaltos nocturnos de los bárbaros, faltaba igualmente la táctica y la disciplina. Los soldados de infantería dormían en las bocacalles para cerrar el paso al enemigo, y los jinetes se recogían a la plaza para acudir a donde fuese necesario. Dada la voz de alarma, comenzaba la confusión, y se hacía sentir el más amargo terror entre aquellos de los habitantes que no concurrían a la pelea. «Los religiosos y las señoras de Concepción, dice un escritor contemporáneo, muchas veces, en tenebrosas noches de cruel invierno, han saltado de las camas, y muchas veces lloviendo, desnudas, descalzas, a medio vestir, a meterse en un lodoso corral de vacas de unas malas tapias, por no haber otro refugio de más consideración, donde no hubiera servido de más que de haberse congregado para esperar al enemigo, donde las hallara juntas para irlas atando como a ovejas y llevárselas con cualquiera diligencia que para ello hiciera.»**448**

Los fuertes que construían los españoles no suponían tampoco mayor ciencia militar. Algunos de ellos, como el de Arauco, eran de tapias más o menos altas y resistentes: «pero todos los demás, dice en otra parte el mismo escritor, son de palizada, quiero decir de unos palos los más derechos que se hallan a mano, con la rustiquez que se cortan, y de grosor diferente, que los que más lo son, serán poco más que el timón o pértigo de un carro, y de altura de catorce a quince pies cual más cual menos, los cuales plantados hasta una rodilla o tres palmos bien firmes, ajuntados unos con otros, van de tal manera haciendo hilera por lo diseniado, componiendo y cerrando la circunferencia del trazado sitio. Los cuales palos vienen a ser las murallas de los fuertes con otros más delgados atravesados, que van abrazando por la parte de dentro los plantados, a que llaman cintas, porque ciñen a los otros, bien atados con látigos o correas de cuero crudo de vaca, que son las comunes sogas de aquella tierra. Tienen algunos de estos fuertes, por la parte de dentro, otra palizada la mitad más baja que la de fuera, distante de ella cinco o seis pies, el cual hueco o vacío de entre la una y la otra se terraplena todo a la redonda de fajina y tierra, de manera

---

447 Carta citada de Alonso de Ribera a Felipe III, escrita en Santiago del Estero a 16 de marzo de 1607.
448 González de Nájera, *Desengaño y reparo de la guerra de Chile*, pág. 370.

que el tal terraplén viene a servir de muralla al fuerte, donde se pasean las rondas y se ponen las convenientes centinelas, y de donde finalmente se pelea y está a la defensa detrás de los débiles parapetos que es lo que sobrepuja la primera palizada, a cuya causa en los combates hieren y matan los enemigos muchos soldados con sus largas picas por entre los palos».[449] Estos fuertes, más grandes o más pequeños según la guarnición que debían contener, eran generalmente cuadrados, y tenían en el centro las barracas que servían de cuarteles, cubiertas de carrizo, y por tanto muy expuestas al fuego. Algunos de ellos estaban, además, rodeados de fosos, y en sus cercanías ponían los españoles estacas de coligües enterradas en el suelo para que se clavasen los asaltantes.

Pero si esos fuertes, dadas las condiciones de aquellas guerras, constituían una defensa regular, la relajación de la disciplina disminuía considerablemente su poder. Desde luego, los indios de guerra solían introducirse en ellos en son de amigos que querían dar la paz, para observar sus puntos más vulnerables, lo que subsistió hasta que Ribera ordenó que allí, como en las plazas fuertes bien defendidas, no se permitiese entrar a los emisarios enemigos, sino con los ojos vendados.[450] Por otra parte, los descuidos frecuentes en la vigilancia, análogos y semejantes a los que se cometían en los campamentos, daban origen a los mismos peligros. El servicio de rondas era mal hecho, y la mudanza de los centinelas daba lugar a que con frecuencia los puestos quedasen sin guardias. Los indios, conocedores de estos descuidos, asaltaban los fuertes con una resolución extraordinaria, eligiendo para ello las tinieblas de la noche para acercarse a sus murallas, y la hora de amanecer, como ya dijimos, para empeñar el ataque.[451]

---

449 González de Nájera, obra citada, pág. 322.
450 González de Nájera, obra citada, pág. 248.
451 El maestre de campo Alonso González de Nájera, en la obra que hemos citado y que tendremos que utilizar muchas veces en los capítulos siguientes, ha dado abundantes noticias acerca del estado militar del reino de Chile al comenzar el siglo XVII; pero existe, además, un documento de una importancia capital sobre el mismo asunto, en que los datos están expuestos de una manera mucho más concreta todavía. Es un memorial enviado al rey por Alonso de Ribera, sobre «el modo y orden militar que había en este reino de Chile en campaña, fronteras y fuertes». Aunque este memorial no tiene fecha, infiero por las noticias que contiene, que ha sido escrito en 1603 o 1604, después de la fundación del fuerte de Nuestra Señora de Halle, y cuando Ribera conocía ya bastante bien el país. Don Claudio Gay lo ha publicado en las págs. 144-159 del II tomo de sus *Documentos*, pero como no

En vista de este estado de cosas, Ribera se propuso desde el primer día introducir reformas capitales en la organización militar del reino. Soldado distinguido de la infantería española de Flandes, conocía perfectamente la utilidad de esta arma, y quiso regularizarla en Chile dándole su verdadera importancia. Para ello tenía que vencer las resistencias que le oponían casi todos los antiguos capitanes de Chile, y los hábitos más inveterados en aquella larga guerra. La caballería, en efecto, había sido el arma favorita de los primeros conquistadores, y les había asegurado la victoria, sobre todo por el terror que producía entre los bárbaros. Pero desde que estos mismos tuvieron caballos, esa arma comenzó a perder parte de su prestigio y de su poder tradicional. Ribera creyó que la infantería bien regularizada habría de prestar utilísimos servicios en la campaña que pensaba abrir, empleando un sistema más ordenado y más táctico que el que usaban sus predecesores. Se propuso igualmente corregir la relajación de la disciplina, evitar el desorden en la marcha y en los campamentos, arraigar los hábitos de vigilancia y establecer en todos los detalles la regularidad en el servicio que él había observado en los ejércitos de Flandes. Lo veremos empeñado en esta obra y, aun, conseguir en parte siquiera alguno de estos resultados; pero Ribera habría necesitado de numerosos auxiliares para inocular en sus tropas este nuevo espíritu; y por falta de ellos no consiguió todos los frutos que se proponía. Él mismo se manifestaba más tarde descontento del poco resultado de sus trabajos; y un militar inteligente y experimentado escribía trece años más tarde estas desconsoladoras palabras: «La guerra que al presente se hace en Chile, es una milicia ciega sin determinado ni seguro fin, porque ni es suficiente para ganar ni conservar. No hacen los nuestros jamás mudanza en ella, aunque ven que el enemigo la ha hecho con su mucha caballería, y de la misma manera proceden que cuando no la tenía y era bárbaro en su milicia».[452]

---

son raros allí los errores de copia o de tipografía, he tenido siempre a la vista otra copia que hice sacar en el Archivo de Indias.

En otras partes de esta historia, hemos dado ya noticias sobre las condiciones en que se hacía la guerra entre los españoles y los indios de Chile. En el capítulo 12, § 8 ha podido ver el lector otros datos que pueden servirle para completar el conocimiento de estos hechos.

452 González de Nájera, pág. 227.

6. Primera campaña de Ribera en el territorio enemigo: socorre la plaza de Arauco y regresa a Concepción

Ribera se recibió en Talcahuano del mando de las tropas con que había salido a campaña García Ramón. Así que las hubo revistado, dispuso que las tres pequeñas compañías de infantería que había en ellas, formasen una sola, y mandó que dejasen sus caballos para marchar a pie, como debían hacerlo los soldados que acababa de traer de España. Ya que ni el número de su ejército ni lo avanzado del verano le permitían emprender operaciones más considerables, Ribera había resuelto socorrer la plaza de Arauco. Hizo salir de Concepción un buque cargado con trigo, harina y carne salada para aprovisionarla. Dejando regularmente guarnecidos los establecimientos situados al norte del Biobío, las fuerzas disponibles para expedicionar montaban a 542 hombres. El gobernador se puso a la cabeza de esas tropas y el 21 de febrero rompió la marcha hacia el sur.

El paso del río Biobío no ofreció la menor dificultad a los expedicionarios. Ribera había hecho llevar de Concepción por mar, tres grandes lanchas, y en ellas pasó sus tropas sin ningún inconveniente. Hacía mucho tiempo que los españoles no pisaban por aquella parte la ribera opuesta de ese río, y cuatro años que no se aventuraban a recorrer los caminos que conducían a la plaza de Arauco. Los indios de esa región, que sin duda se creían libres para siempre de sus opresores, debieron llenarse de terror al verlos aparecer de nuevo en número tan considerable, y en la estación de la cosecha de los sembrados, esto es, cuando la guerra podía causarles los mayores daños. Queriendo salvar sus comidas de una destrucción inevitable, recurrieron al gastado arbitrio de ofrecer humildemente la paz, y al efecto entregaron a un español que tenían cautivo. Ribera no se dejó engañar por esas promesas, y continuó su marcha talando los sembrados y quemando las chozas que encontraba en la comarca. Los bárbaros, por su parte, abandonaban apresuradamente sus habitaciones y sus campos y huían a asilarse en la montaña vecina.

La región que atravesaba Ribera, muy poblada en los primeros días de la Conquista, forma una angosta faja de terrenos bajos que se dilata entre la cordillera de la Costa y las orillas del mar, y está frecuentemente interrumpida por los cerros o contrafuertes que se desprenden de la cordillera y que van a hundirse en el océano. Son estos los cerros de Andalicán o Colcura, Marigueñu o Villagrán, y de Laraquete, alturas más o menos difíciles de trepar y cubiertas de bosques y matorrales, que los indios habían hecho temibles por los asaltos y sorpresas que en ellos habían dado a los españoles. Exasperados por la destrucción de sus casas y de sus cosechas, pero sin tener tiempo para reunirse en número considerable, los indios pretendieron ahora también atacar a los invasores. Un día se presentaron en número de 500, como si quisieran disputarles el paso; pero recibidos por el fuego de mosquetería de la vanguardia española, se vieron forzados a huir deprisa. El día siguiente los indios, en número inferior todavía, intentaron atacar la retaguardia. «De ellos, dice Ribera, se mataron tres o cuatro, sin algunos que irían heridos, y uno se prendió que mandé ahorcar luego.»

Sin otros accidentes, el gobernador llegaba a la plaza de Arauco en los primeros días de marzo. Había en ella sesenta y un españoles que habían sufrido durante largos meses todo género de fatigas y privaciones. Los indios de la comarca, que hasta poco antes tenían asediado el fuerte, habían huido con presteza para evitar un combate que no podía dejar de serles desastroso. Los campos estaban desiertos, pero ostentaban numerosos sembrados y no pocas vacas que pacían libremente, «como si los indios, dice Ribera, nunca pensaran que los españoles jamás habían de volver a esta tierra». Fueron estos, sin embargo, los que se encargaron de hacer la cosecha. Recogieron cuarenta vacas y una considerable cantidad de granos que se destinaron a la provisión de Arauco. En esos días llegaba también el buque que Ribera había despachado de Concepción, de manera que la plaza quedó avituallada para mucho tiempo. Durante quince días se ocupó el gobernador en estos afanes, y en dictar las providencias militares conducentes a asegurar la defensa de esos lugares. Allí mismo escribió al rey la relación del estado en que encontraba el reino de Chile y de los primeros actos de su gobierno, terminando por pedir el pronto envío de socorros de tropa, de armas, de municiones y de muchos otros artículos que creía indispensables para la pacificación de la tierra y para consolidar el establecimiento de los españoles. El cuadro que allí trazaba de la miseria general del país, de la desnudez de los soldados, de la carestía de las ropas y demás objetos europeos, y de la arrogancia de los indios después de los triunfos alcanzados en los últimos dos años, debían, a su juicio, determinar al soberano a socorrerlo con mano generosa.[453]

Terminados estos arreglos, quiso Ribera reconocer las orillas del Biobío, en la parte en que estuvo situada la ciudad de Santa Cruz. Proponíase fundar allí uno o dos fuertes que cerrasen al enemigo el paso hacia la región del norte. Para llegar hasta allí, le fue forzoso atravesar la cordillera de la Costa por los sitios mismos en que los indios habían opuesto en otras ocasiones la más tenaz resistencia. Ahora, todo estaba abandonado y desierto. Los bárbaros sabían demasiado bien que no podían medirse contra 500 soldados españoles que marchaban ordenadamente, y que tomaban numerosas precauciones para acamparse. Ribera, sin hallar enemigos por ninguna parte, consiguió reconocer aquellos lugares; pero cuando pensó en fundar los fuertes pudo convencerse de que lo avanzado de la estación (fines de marzo) y la estrechez de sus recursos, se lo impedían formalmente.[454] Así, pues, creyendo, sin duda, que las devastaciones ejecutadas en los sembrados y caseríos de los indios de esa comarca los habrían escarmentado por entonces, dio la vuelta a Concepción.

Habría debido el gobernador en esas circunstancias auxiliar a las ciudades australes, de cuya suerte no se tenía la menor noticia desde tanto tiempo atrás. Parece que algunos de sus capitanes le pedían empeñosamente que les enviase algún socorro por mar. Ribera conoció, sin duda alguna, la necesidad que había de hacerlo; pero, según exponía más tarde en justificación de su conducta, carecía de un buque preparado para ese viaje, no tenía pilotos que pudieran hacerlo convenientemente en aquella estación, y le faltaba, además, la gente que habría necesitado enviar para que ese socorro fuese de alguna utilidad. «Considerando todo lo cual, decía con este motivo, me determiné a aguardar la primavera y enviar un grueso socorro de buena gente, vestida y armada, y con comida y municiones y lo necesario.»[455]

En cambio, se ocupó en tomar muchas medidas para asegurar durante ese invierno la tranquilidad de las ciudades de Concepción y de Chillán. Estableció

---

453 Las primeras cartas que Ribera escribió al rey desde Chile, tienen las fechas de 10 y 17 de marzo de 1601. Ellas nos han suministrado particularmente las noticias que hemos consignado en las páginas anteriores.
454 Carta al rey, escrita en Santiago a 22 de septiembre de 1601. *Instrucciones* dadas a Domingo de Erazo en 15 de enero de 1602.
455 Carta al rey escrita en Córdoba en 20 de marzo de 1606.

con este objetivo dos nuevos fuertes, uno en Talcahuano y el otro en Lonquén, en la orilla norte del río Itata, destinados ambos a imponer respeto a los indios de las cercanías. Cuando hubo terminado estos trabajos, en los primeros días de mayo de 1601, se puso en viaje para Santiago.[456] Ribera quería recibirse del mando civil del reino, y hacer sus aprestos para la campaña que pensaba abrir en la primavera siguiente con las tropas auxiliares que esperaba de España por la vía de Buenos Aires.

7. Llega a Mendoza un refuerzo de 500 hombres enviados por el rey de España

Al partir de Sevilla en abril de 1600, Ribera sabía que por orden del rey se estaba enganchando gente para enviarle un socorro considerable en muy pocos meses más. Se le había hablado de 1.200 hombres, que por entonces se consideraban suficientes para consumar la completa pacificación de Chile. Sin embargo, no fue posible completar este número. Las frecuentes levas de soldados que se hacían en las provincias españolas para remontar los numerosos ejércitos del rey, los atropellos y exacciones que cometían en todas partes los agentes encargados de la comisión, y las penalidades que aguardaban a los que eran enrolados, habían producido tal terror, que las gentes huían de los pueblos para libertarse del servicio militar. Por otra parte, el tesoro real, despilfarrado de mil maneras, no podía hacer frente a los gastos que originaban estos enrolamientos. Así, pues, en agosto de ese año solo se habían reunido 500 hombres, esto es, un tercio completo de infantería. Ese cuerpo debía ser mandado por el sargento mayor Luis de Mosquera, pero tenía, además, tres capitanes, uno de los cuales llamado Alonso González de Nájera, militar de experiencia en las guerras de Flandes, debía adquirir cierta celebridad por sus servicios y por sus escritos.[457]

Estaba resuelto que estas tropas vinieran a Chile por la vía del Río de la Plata. Don Alonso de Sotomayor, que había hecho este camino cuando llegó a

---

456 La pérdida del libro del Cabildo correspondiente a estos años no nos permite fijar con exactitud la fecha de los días en que Alonso de Ribera llegó a Santiago y se recibió del mando.

457 Es éste el autor del *Desengaño y reparo de la guerra de Chile*. Su libro, que por desgracia no abunda en noticias de hecho, contiene muy pocas acerca de los accidentes del viaje; pero ellas nos sirven para completar las que nos suministran nuestros documentos.

recibirse del gobierno, lo recomendaba ardorosamente como el más corto y el más seguro. En agosto de 1600, al disponerse que el tercio del sargento mayor Mosquera hiciese su viaje por esa ruta, se acordó que las naves que debían transportarlo a América, marchasen en conserva con la flota que cada año salía de Lisboa para las costas del Brasil, que como todas las posesiones portuguesas, estaba incorporado desde veinte años atrás a los dominios del rey de España. A la sazón debía también partir para América don Francisco Martínez de Leiva, caballero del hábito de Santiago, a quien Felipe III acababa de nombrar gobernador de la provincia de Tucumán. Diósele el mando superior de la expedición, con el encargo de encaminar de Buenos Aires a Chile las tropas que venían destinadas a este país.

El rey aprovechó también esta ocasión para despachar a Chile a otro alto personaje que debía ser el promotor de ruidosas perturbaciones. Era éste don fray Juan Pérez de Espinosa, religioso franciscano que en ese mismo año había recibido el título de obispo de Santiago, y que venía a Chile a ocupar este puesto, vacante desde tres años atrás por muerte del obispo Azuaga.[458] Originario de la ciudad de Toledo, lego primero en un convento de franciscanos, recibió más tarde las órdenes sacerdotales y pasó luego a América. En sus cartas al rey refería que en México y Guatemala había enseñado gramática y teología; pero su nombre era desconocido cuando el favor del monarca lo presentó a la sede pontificia para ocupar un obispado.[459] La munificencia del soberano para

---

[458] Por muerte del obispo Medellín, ocurrida en 1592, la iglesia de Santiago estuvo en sede vacante hasta 1596 en que llegó de España con el título de obispo don fray Pedro de Azuaga, religioso franciscano de mucha edad que falleció el año siguiente sin consagrarse y sin haber alcanzado a hacer sentir su acción en la administración de la diócesis. Casi puede decirse que el obispado de Santiago estaba vacante desde 1592.

[459] Dos escritores coetáneos, ambos de la misma orden de franciscanos, fray Jerónimo de Mendieta, en su *Historia eclesiástica indiana* (publicada por primera vez en México en 1870) y fray Juan de Torquemada en su conocida *Monarquía indiana*, han dado extensas y prolijas noticias de todos los eclesiásticos, y en especial de los frailes franciscanos, que se distinguieron en México en la enseñanza o en la predicación durante el siglo XVI, y sus noticias son muchas veces referentes a individuos de la más escasa significación. Sin embargo, ninguno de ellos nombra para nada a fray Juan Pérez de Espinosa. En cambio, el presbítero don Domingo Juarros, que a principios de este siglo publicaba su *Compendio de la historia de la ciudad de Guatemala*, ha destinado el capítulo 3.º del tratado ni a recordar a los varones ilustres en santidad», y allí consagra una media página al «hermano Juan de Espinosa», a quien tributa los elogios vulgares que siempre se leen en esa clase de catálogos, sin consignar tampoco noticias utilizables para la historia.

con este prelado, que sin duda alguna debía tener poderosos protectores en la Corte, se mostró por otros actos que seguramente no eran comunes. Se le hizo un anticipo de dinero para sus gastos de viaje, se le concedió en propiedad la mitad de los frutos de la diócesis durante la vacancia, y se le permitió sacar de España sin pago alguno de derechos hasta 1.000 ducados en objetos de su uso y tres esclavos negros para su servicio.[460] Así, pues, este obispo, que en Chile había de tronar en nombre de la caridad cristiana contra la servidumbre de los indios, creía lícita la esclavitud de los negros y se aprovechaba de ella para su comodidad doméstica.

La flota española zarpó de Lisboa a fines de septiembre de 1600. La navegación fue absolutamente feliz. Las naves no tuvieron que sufrir un solo temporal, ni las tripulaciones tuvieron un solo enfermo. Uno de los expedicionarios, quizá el más inteligente de todos ellos, apreciando este hecho con el criterio político-religioso de los españoles de ese siglo, creía ver en él «la prueba manifiesta de haber sido y ser especial voluntad divina que el reino de Chile sea poseído y habitado de españoles más que de otra nación».[461] A mediados de enero de 1601 los expedicionarios entraban al puerto de Río de Janeiro, donde debían tomar algunos días de descanso.

La navegación del río de la Plata era en esa época muy poco frecuentada. Por un error económico que ahora nos parece inconcebible, la ciudad de Buenos Aires se surtía al principio en el Perú, y por los caminos de tierra, de las mercaderías europeas que necesitaba para su consumo. Hacía muy poco tiempo que esa ciudad había comenzado a comerciar con el Brasil; pero eran tan raros los viajes, que ni siquiera se conocía a punto fijo la posición exacta de los grandes bancos de arena que existen en el majestuoso estuario de aquel río. Los buques de algún calado no se atrevían fácilmente a atravesarlo, y fondeaban de preferencia en la banda oriental, cerca de una pequeña isla situada enfrente de Maldonado, desde donde las embarcaciones menores transportaban las mercaderías a Buenos Aires. Informado de estos inconvenientes por un piloto que tenía a su servicio, Martínez de Leiva despachó desde Río de Janeiro, el 27 de enero, al sargento mayor Luis de Mosquera con cartas para el gobernador de Buenos Aires y para los oficiales reales de esta ciudad. Pedíales empeño-

---

460 Cédulas reales, fechadas en Medina del Campo a 2 de julio de 1600.
461 González de Nájera, obra citada, pág. 348.

samente que enviasen a Maldonado las embarcaciones menores que hubieran de servir para el transporte de sus soldados y de los bagajes, y que hiciesen preparar cincuenta carretas para conducirlos hasta el pie de los Andes.

Mosquera se hallaba en Buenos Aires el 17 de febrero. El gobernador de la provincia, don Diego Valdés de la Banda, había muerto hacía poco; pero los oficiales reales acordaron que el capitán Hernandarias de Saavedra, encargado provisionalmente del gobierno de Buenos Aires, partiese para Maldonado con los buquecillos en que pudiera transportarse la gente que venía para Chile. El 4 de marzo estaba toda reunida en Buenos Aires; pero aquí nacieron nuevas dificultades para preparar el viaje por tierra. El virrey del Perú había encomendado a las autoridades de esa ciudad que prestaran todas las facilidades posibles a los auxiliares que pasaban a Chile, vista la situación calamitosa en que se hallaba este país; pero esas autoridades no podían disponer más que de muy escasos recursos, si bien reconocían la necesidad de acelerar el viaje, no solo para que las tropas llegasen pronto a su destino sino porque Buenos Aires carecía de los víveres para alimentarlas por mucho tiempo. En las juntas y acuerdos que se celebraron con este motivo, el obispo Pérez de Espinosa fue el más resuelto para acelerar la partida. Por fin, Martínez de Leiva obtuvo en préstamo la cantidad de 8.000 pesos, comprometiéndose a pagarlos con su propio sueldo si el virrey del Perú no aprobaba el gasto; y el cabildo de Buenos Aires proporcionó cuarenta y cinco carretas quitadas a los vecinos, algunos caballos, 200 vacas y otros víveres para la manutención de la tropa durante la marcha. Por fin, a mediados de marzo de 1601, los expedicionarios se ponían en camino. Martínez de Leiva se apartó luego de ellos para ir a hacerse cargo del gobierno de Tucumán.[462]

Un viaje en esas condiciones, y teniendo los expedicionarios que atravesar las pampas en una extensión de 300 leguas, no podía hacerse con mucha rapidez. La gente marchaba a pie o a caballo, pero no podía adelantarse a las carretas que conducían los bagajes. La escasez de víveres, por otra parte, obligaba a

---

[462] Don Manuel Ricardo Trelles ha publicado en las págs. 65-75 del segundo tomo del *Registro estadístico del estado de Buenos Aires* correspondiente al año de 1859, todos los documentos relativos al paso por aquella ciudad del refuerzo que en 1601 venía para Chile. Hemos creído conveniente el consignar las noticias que acerca de este viaje se hallan en el texto, para que se conozcan las dificultades inmensas con que entonces se tenía que luchar en estas empresas, y la causa del retardo con que llegaban a Chile los refuerzos que se pedían con tanta urgencia.

los expedicionarios a buscarlos en la caza de perdices y venados y en la pesca en los ríos y arroyos que hallaban en el camino. Venciendo estas dificultades, llegaron a la ciudad de Mendoza cerca de mediados de mayo, cuando las nieves del invierno habían cubierto los senderos de la cordillera.

Fue inútil que Ribera tratase de apresurar el viaje de esos auxiliares. Al saber que se hallaban al pie de los Andes, despachó en su busca al capitán Juan Rodolfo de Lisperguer. Éste le informó que el tránsito de las cordilleras sería imposible antes del mes de octubre, y que aquellas tropas, además, habían llegado a Mendoza en un estado de lastimosa desnudez. El gobernador de Chile, a pesar de la estrechez de sus recursos, tuvo que mandar hacer ropas para vestir a los soldados que le enviaba de socorro el poderoso rey de España.

Capítulo XIX. Gobierno de Alonso de Ribera; establecimiento de una línea fortificada de frontera (1601-1603)

1. Trabajos administrativos de Ribera: sus aprestos para la nueva campaña. 2. Pretende establecer una línea fortificada de frontera para ocupar progresivamente el territorio enemigo: resultado de este primer ensayo. 3. Campañas y sufrimientos de los españoles en Osorno y su comarca: son socorridos por una división enviada por el gobernador Ribera. 4. Toma y destrucción de Villarrica. 5. Ribera pide al rey nuevos socorros de tropas y de dinero. 6. Campaña de Ribera en el verano de 1602 y 1603. 7. Queda restablecida la tranquilidad al norte de Biobío.

1. Trabajos administrativos de Ribera: sus aprestos para la nueva campaña

Durante el invierno de 1601 vivió Alonso de Ribera en Santiago ocupado en los trabajos de administración interior y en los aprestos necesarios para recomenzar la guerra contra los bárbaros en la primavera próxima. Sin ser precisamente un hombre de gobierno, poseía la suficiente penetración para comprender que la situación creada al reino por aquella prolongada guerra, necesitaba remedios prontos y eficaces para salvarlo de una completa ruina.

Santiago y La Serena, con sus campos inmediatos, no habían sufrido directamente los estragos y destrozos que la guerra había ocasionado en las provincias del sur. Lejos de eso, su población puramente española se aumentaba gradualmente; y si los indígenas disminuían con notable rapidez por las levas que se hacían para llevarlos a campaña, por el exceso de trabajo y por las frecuentes epidemias de viruelas, comenzaba a formarse una población de mestizos que se hacía más y más considerable. Los ganados europeos se habían propagado con prodigiosa rapidez, y las frutas y cereales importados por los españoles se producían en notable abundancia; pero la agricultura estaba detenida en su desarrollo no solo por lo reducido de la exportación sino por la escasa atención que se le prestaba. Bajo el orden de cosas existente, todos los vecinos, encomenderos y propietarios, estaban obligados a servir en la guerra; y en efecto, a menos de hacer valer enfermedades o vejez, o de obtener por dinero o por cualquier otro medio el permiso del gobernador, partían cada año por el mes de octubre, para las provincias del sur, y no volvían sino a fines de otoño, descuidando por tanto sus trabajos en la época en que era más necesaria su atención. Los cabildos habían hecho muchas representaciones contra ese sistema sin conseguir la reforma que apetecían. El padre Bascones, que poco antes había partido para España como representante de las ciudades de Chile, llevaba entre otros encargos, el de pedir al rey la libertad de los vecinos y moradores», es decir, la exención de este servicio obligatorio y de las contribuciones extraordinarias en animales, granos y dinero a que se les sometía.

Alonso de Ribera apoyó estas aspiraciones. Su experiencia militar le enseñaba que las tropas organizadas de esa manera, no podían prestar servicios muy eficaces. En lugar de ellas, quería tener un ejército permanente y regularizado, en que todos, los oficiales y los soldados, tuviesen un sueldo fijo que asegurase su existencia. En el Perú, había pedido sin resultado al virrey la sanción legal de este sistema. Se creía que estando los pobladores de Chile obligados a servir a la defensa del reino, no se debía dar sueldos más que a las tropas regulares que viniesen de España. Según sus instrucciones, Ribera fijó esos sueldos;[463] pero poco más tarde pedía al rey que los hiciese extensivos a todos los soldados, como el único medio de tener un ejército moralizado. Para procurar estímulos a la carrera militar, Ribera solicitaba del virrey del Perú que se dieran plazas y ascensos a los soldados y oficiales que se hubieran distinguido en la guerra de Chile. El virrey, por su parte, no pudiendo atender a todas las solicitudes, dio a los «hijos de algunos vecinos de aquel reino (Chile) becas en el colegio real de esta ciudad (Lima), para entretener tantas demandas como hay cada día».[464]

El conocimiento inmediato de las necesidades del país, el estado desastroso de la guerra, y la pujanza creciente de los araucanos, hicieron creer a Ribera que los elementos militares que poseía eran insuficientes para llevar a cabo la empresa que se le había encomendado. En la primavera próxima, contando con

---

463 Los sueldos fijados por Ribera eran los siguientes: soldados, 10 ducados por mes; sargentos, 15; alférez de infantería, 23; alférez de caballería, 25; capitán de infantería, 50; capitán de caballería, 60; sargento mayor (jefe de tercio) 65; y maestre de campo, 1.000 ducados al año. Estos sueldos que parecen excesivos cuando se toma en cuenta la pobreza general del país, eran inferiores a los que se pagaban en el Perú, y tenían por razón, no el precio de los alimentos que en Chile era sumamente bajo, sino el de la ropa y demás artículos europeos que era por el contrario muy subido. «Los géneros con que el soldado se ha de vestir, decía Ribera, cuestan en Chile 50 % más que en el Perú». *Instrucciones* dadas en Concepción a Domingo de Erazo en 15 de enero de 1602.
464 Carta del virrey Velasco a Felipe III, de 5 de mayo de 1602.

los auxiliares que se hallaban en Mendoza, iba a tener sobre las armas 1.500 soldados; pero no vacilaba en declarar que ese número era insuficiente para consumar la pacificación del país. En sus cartas al monarca y al virrey del Perú no cesaba de pedir el envío de nuevos auxiliares y el aumento del situado, o asignación anual que el rey había acordado dar para cubrir los costos del ejército.[465] El virrey del Perú, por su parte, creía que 1.500 hombres bastaban para pacificar a Chile; pero sabía también que las enfermedades, las batallas y la deserción debían disminuir ese número, y en este sentido apoyaba las peticiones de Ribera. Pero quería, además, que los nuevos auxiliares no fuesen puramente soldados, sino colonos que vinieran a establecerse en Chile y que consumasen su pacificación por medio del desarrollo de la industria y de la riqueza pública. En sus cartas al rey, le pedía que no enviase soldados viejos, sino hombres que durante el viaje pudiesen disciplinarse; «y que hasta la mitad fuesen trabajadores, decía, labradores, y trajesen rejas y azadas y otros instrumentos de cultivar la tierra, que la de allí es tan fértil que los aficionará a quedarse en ella».[466]

Ribera se ocupó, además, durante ese invierno en hacer los aprestos más inmediatos para la próxima campaña a las provincias del sur. A principios de junio recibió una comunicación, fechada en Osorno, en que el coronel Francisco del Campo daba cuenta de los sucesos ocurridos en las ciudades australes, de los sufrimientos por que allí pasaban los españoles y de la necesidad que había de socorrerlos. Entonces se supo por primera vez en la capital del reino que los corsarios holandeses, o ingleses, como entonces se decía, habían desembarcado en Chiloé y ocupado Castro, y que al fin habían sido batidos y obligados a evacuar el archipiélago, sucesos todos ocurridos hacía un año entero, pero de que no se tenía la menor noticia por el estado de incomunicación creado por la guerra. El gobernador, resuelto a socorrer esas ciudades, se trasladó a Valparaíso, y cargando dos buques de víveres y de pertrechos, los despachó a Concepción, donde se proponía embarcar 200 hombres para que fuesen a tomar tierra en Valdivia. Con no menor empeño había tomado las medidas convenientes para recoger la gente de guerra que andaba diseminada en Santiago y sus contornos, para reunir armas y caballos y para preparar vestuario no solo

---
465 Cartas de Ribera a Felipe III y al virrey del Perú de 31 de agosto de 1601.
466 Carta del virrey a Felipe III, Lima 28 de diciembre de 1601.

para los soldados que había en Chile sino para los que habían de llegar en breve del otro lado de las cordilleras. «Todo esto, decía Ribera, requiere particular diligencia, y cuidado y asistencia personal del que gobierna para sacar alguna sustancia donde tan sin ella ha quedado esta tierra arruinada y destruida.»[467] Parece que en estos aprestos, el gobernador Ribera, cuyo carácter imperioso y autoritario no se detenía ante ninguna consideración, echó derramas de víveres y de dinero, quitó armas y caballos y cometió violencias que escudaba en nombre de la necesidad de servir a Dios y al rey. Pero recibió, además, algunos auxilios enviados por el virrey del Perú. Enviole éste un buque para el servicio de las costas, algún vestuario, pólvora y municiones, y 3.500 pesos en dinero a cuenta del situado real.[468]

El primer año del gobierno de Ribera es una fecha importante en la historia económica de Chile. Hasta entonces, todas las transacciones comerciales se hacían por simples cambios de especies. O por ventas efectuadas por medio del oro en polvo o en pequeñas barras. Los inconvenientes de esta práctica comercial habían llamado la atención de los gobernantes y de los mercaderes y más de una vez se había tratado de remediarlos. El padre Báscones, como apoderado de los cabildos de Chile, había llevado el encargo de pedir al rey permiso para acuñar hasta 300.000 escudos de oro en este país, proponiendo que para que no fuesen sacados por los comerciantes, se les pusiera mayor liga de cobre, o que el rey fijase «que cada escudo de los de Chile en el dicho reino valga un tanto más que los de España, para que nadie los saque del reino sin mucha pérdida». El establecimiento del situado en 1600, fue causa de que desde el año siguiente comenzara a llegar a Chile algún dinero en oro y plata amonedados en el Perú; pero en los principios fue en cantidades tan pequeñas, por cuanto la mayor parte de la subvención real venía en efectos, que algunos años más tarde había muchas personas en Chile que jamás habían visto una moneda.[469]

---

[467] Carta de Ribera al rey, fechada en Santiago a 22 de septiembre de 1601.
[468] Carta del virrey del Perú a Felipe III, de 28 de diciembre de 1601.
[469] Un personaje muy autorizado, el doctor Luis Merlo de la Fuente, de quien tendremos que hablar largamente más adelante, escribía en Lima en 1623 estas palabras: «En el tiempo de la primera audiencia (1567-1575), no corría moneda en aquel reino (Chile), ni en muchos años después la hubo, hasta el tiempo del gobierno de Alonso de Ribera, por el año de 600. En aquél comenzó la provisión del situado real de aquella guerra para la cual se llevan hoy del Perú 212.000 ducados cada año». El doctor Merlo de la Fuente indica allí que la introducción de la moneda provocó el acrecentamiento de la riqueza pública en Chile y dio

2. Pretende establecer una línea fortificada de frontera para ocupar progresivamente el territorio enemigo: resultado de este primer ensayo

El 11 de octubre de 1601, cuando hubo terminado estos aprestos, Ribera salía de Santiago, sin esperar siquiera el arribo de las tropas que debían llegar de Mendoza. Aunque durante su viaje fue visitando los asientos y fuertes que tenían los españoles, marchaba con tanta rapidez que el 25 de octubre entraba a Concepción. La presteza que ponía en su viaje no era un simple lujo de actividad. Lejos de eso, había urgencia apremiante de que llegase al teatro de las operaciones militares. Con la vuelta de la primavera habían recomenzado las hostilidades de los indios. Apremiados, sin duda, por el hambre después de la destrucción de una gran parte de sus cosechas del año anterior, los bárbaros comenzaban a hacer sus excursiones en la banda norte del Biobío, y llegaban hasta atacar los fuertes que tenían los españoles en esos lugares. Ribera quería poner término a estas agresiones del enemigo y ejecutar enseguida el plan de campaña que se había propuesto.

Apenas llegado a Concepción, se ocupó en preparar el socorro para las ciudades australes. Formó para ello una columna de 200 soldados escogidos, bien armados y vestidos, y los puso a las órdenes de los capitanes Hernández Ortiz, militar experimentado en las guerras de Arauco, y Gaspar Doncel, soldado distinguido de Flandes, que había llegado a Chile con el gobernador. Embarcáronse estos en dos buques cargados con víveres para tres meses y con municiones, armas y vestuarios para socorrer a los españoles que sostenían la guerra en aquellas apartadas ciudades, y se dieron a la vela para Valdivia el 9 de noviembre. Más adelante, tendremos que referir el resultado de esta expedición.

Alonso de Ribera, como sabemos, era un militar enérgico e impetuoso que había ganado su renombre en el asalto de las plazas y en lances de guerra que casi pueden calificarse de temerarios. El conocimiento que adquirió en breve de

---

origen a los litigios que años más tarde se seguían ante la audiencia, porque «donde no hay dinero, dice, no hay pleitos». Carta de Merlo de la Fuente al rey, escrita en Lima a 4 de abril de 1623. Este documento, de gran interés histórico, que utilizaremos más adelante, se halla original, no en el Archivo de Indias sino en la Biblioteca Nacional de Madrid, en un volumen de manuscritos marcado CC 46, de donde sacamos la copia que tenemos a la vista.

las condiciones de la guerra de Chile, le hizo comprender que las operaciones militares de esa clase, no tenían aquí verdadera aplicación, y que el afianzamiento de la conquista debía conseguirse con un plan diferente del que habían adoptado sus predecesores. Juzgó que la fundación de ciudades y de fortalezas en el corazón del territorio enemigo, los exponía a vivir incomunicados, a verse reducidos a todo género de miserias y de sufrimientos, a estar constantemente cercados, y a ser al fin aniquilados y destruidos por el hambre y por la guerra. Su plan consistía en construir fuertes en las entradas del territorio enemigo y en ir avanzando gradualmente la línea de fronteras cuando se hubiesen sojuzgado los indios circunvecinos a los primeros fuertes.[470] Este sistema era el más razonable, y seguramente el único que podía ejecutarse con buen éxito, como lo ha probado la experiencia de los siglos; pero Ribera estaba en un lastimoso error cuando creía que con los recursos que entonces podían reunirse, y en unos cuantos años, era posible llegar por ese medio a la conquista y pacificación definitivas del territorio araucano.

En ejecución de este plan, y a la cabeza de cerca de 300 hombres, el gobernador salía de Concepción el 23 de diciembre y se dirigía a las orillas del Biobío, en las cercanías del sitio en que sus aguas se han engrosado con las del río Laja. Los indios que allí poblaban la región del valle central hasta la arruinada ciudad de Angol, denominados coyunchos o coyuncheses por los españoles, habían estado sometidos por algún tiempo; pero después de la despoblación de Santa Cruz y de los fuertes vecinos, no habían cesado de hacer la guerra y de ejecutar correrías al norte del Biobío. Para imponerles respeto y cerrarles el paso del río, Ribera fundó un fuerte en cada una de sus orillas, y mandó construir tres barcas para la comunicación de los destacamentos que debían defender esas posiciones. Persuadido de que había logrado asegurar la tranquilidad en la banda del norte, y de que este primer avance de frontera sería

---

[470] Ribera, como vamos a verlo, puso en ejecución este plan de campaña: pero no lo ha formulado clara y precisamente en sus cartas sobre todo por su poca práctica literaria, y porque por esta causa no sabe dar a sus ideas el realce y la nitidez convenientes. Sin embargo, informando al rey acerca de los consejos e instrucciones que en 1605 dio a su sucesor, dice que le recomendó lo siguiente: «Que no se alargase en las poblaciones, ni poblase la Imperial, ni Valdivia, sin poblar primero a Purén, para poder socorrer y darse la mano siempre que fuese menester, y poder visitar los fuertes y saber nuevas de ellos muy a menudo».

estable, mandó deshacer el fuerte que en el otoño anterior había fundado en Talcahuano.

Hallábase Ribera ocupado en esos afanes cuando llegó a su campo la columna de tropas auxiliares que venía de Mendoza. Era mandada por tres capitanes experimentados, cuyos servicios debían serie muy útiles; pero en vez de los 500 hombres que salieron de España solo habían llegado a Chile poco más de 400.[471] Con este refuerzo, sin embargo, el ejército de Ribera llegó a hacerse mucho más poderoso que todos los que hasta entonces habían hecho la guerra en este país. En esos mismos momentos, llegaba a su campo la noticia de que los indios de la costa habían vuelto a atacar la plaza de Arauco, y que, aunque rechazados en un asalto que intentaron, la tenían sitiada. Se ha referido que queriendo compartir con sus capitanes la responsabilidad de sus actos, Ribera los convocó a una junta de guerra.[472] El gobernador expuso, sin duda, su plan de campaña, y enseguida les pidió su parecer acerca de si convenía o no expedicionar al interior del territorio enemigo para llegar hasta Villarrica.

---

471 Según cuenta González de Nájera, Desengaño y reparo de la guerra de Chile, pág. 352, a Buenos Aires llegaron sin pérdida de uno solo, los 500 hombres que habían salido de España; pero ni él ni ningún otro documento explica la causa de la disminución que en su número experimentó esa columna antes de llegar a Chile. El capitán Iomás de Olaverría, en una carta al rey de 12 de noviembre de 1602, dice que llegaron 440 hombres; y Ribera escribía en 1605 que solo fueron 385. Creemos que la primera de estas cifras es la exacta; y que los sesenta hombres que faltaban quedarían al otro lado de los Andes entre enfermos, muertos y desertores. La columna entró a Chile a cargo de los capitanes Alonso González de Nájera, Pedro de Salinas y Gregorio de Puebla. Del sargento mayor Luis de Mosquera, que salió mandándola de España, y que llegó con ella a Buenos Aires, no vuelven a hacer mención los documentos. Parece indudable que no entró a Chile.

En esta ocasión arribó a nuestro país un soldado llamado Domingo Sotelo de Romai, que alcanzó en la guerra contra los indios el rango de capitán, y que escribió una extensa historia de Chile desgraciadamente perdida, pero que conocieron otros cronistas. Todo nos induce a creer que la parte de dicho libro que se refiere a los sucesos de que fue testigo el autor, tenía un alto valor histórico.

472 Rosales, *Historia general*, lib. V, capítulo 22. La obra del padre Rosales, que contiene los más singulares errores en la narración de los sucesos de los primeros tiempos de nuestra historia, comienza desde esta parte a hacerse mucho más exacta y más digna de fe. Los capítulos que destina al gobierno de Alonso de Ribera dejan ver que conoció algunas relaciones contemporáneas perdidas para nosotros, y entre éstas las de Sotelo de Romai, varias veces recordada por él, que vio muchos documentos de ese tiempo, y que indudablemente recogió informes verbales de algunos testigos y actores de los sucesos. En general, los hechos que cuenta están confirmados por los documentos que nos quedan; y los que no se hallan en estos llevan el sello de verdad, porque no importan contradicción notable con los sucesos que se pueden estudiar en las fuentes primitivas.

Los capitanes, por unanimidad de pareceres, aprobaron el sistema de guerra adoptado por Ribera. Según ellos, no debía abandonarse la línea de frontera fijada por el gobernador, por cuanto eso pondría en peligro todo el reino; pero sí convenía socorrer prontamente la plaza de Arauco.

Esto fue lo que hizo el gobernador. Dejando regularmente guarnecidos los fuertes que acababa de fundar, se puso a la cabeza de la mayor parte de sus tropas, y el 8 de febrero de 1602 emprendió la marcha hacia Arauco. En la cordillera de la Costa, que tenía que atravesar, los indios, capitaneados por un mestizo desertor llamado Prieto, trataron de oponer alguna resistencia a los españoles; pero fueron desbaratados fácilmente, y perdieron numerosos muertos y prisioneros. Como era de costumbre, las sementeras de los bárbaros fueron arrasadas en todas partes; y cuando algunas tribus pidieron la paz para salvar sus cosechas de una inevitable destrucción, Ribera exigió la sumisión absoluta de todas ellas. No obteniéndola en la forma que deseaba, dispuso nuevas correrías en sus campos, acompañadas como siempre de devastaciones y de muertes. Los alrededores de la plaza de Arauco quedaron otra vez libres de enemigos; pero estos, que se habían asilado de nuevo en las montañas, debían reaparecer en breve para continuar con el mismo tesón en aquella interminable guerra.

Cuando hubo conseguido este resultado, y cuando hubo avituallado la plaza con las mieses cogidas a los indios, Ribera a la cabeza de sus tropas dio la vuelta a los fuertes que acababa de fundar en las orillas del Biobío, arrollando a su paso la débil resistencia que los indios intentaron poner a su paso por las montañas. Su presencia en esos lugares era necesaria. Los bárbaros de aquella comarca, a pesar de los dos fuertes que la defendían, habían atacado a uno de estos y continuaban haciendo sus devastadoras irrupciones al norte del Biobío. Al paso que tomaba diversas medidas para defender a Chillán y sus inmediaciones, el gobernador se internó con una parte de sus tropas un poco más al sur en la isla de la Laja, y a orillas de aquel río, enfrente del lugar en que se le reúne el Vergara, fundó un nuevo fuerte al cual puso por nombre Santa Cruz de Ribera. Diversas campeadas, dirigidas por él mismo, o por algunos de sus capitanes, escarmentaron por el momento a los indios de esa región.

El gobernador Ribera creyó bastante satisfactorio el resultado de esta segunda campaña, pensando ver en él la demostración práctica de la bondad del sistema de guerra que había adoptado. «Este verano pasado, escribía poco más tarde al rey, se les ha cogido y muerto al enemigo 300 piezas poco más o menos: hanse ahorcado los que han parecido convenir y los demás se han echado a las ciudades de abajo y al Pirú, de manera que no ha vuelto ninguno a su tierra.»[473] Pero no era ésta la más importante de las ventajas alcanzadas. En el otoño de 1602, la tranquilidad parecía restablecida al norte de la línea de frontera planteada por el gobernador, de tal suerte que los españoles que poblaban Concepción y Chillán y todas sus inmediaciones, comenzaron a prepararse para trabajar de nuevo sus campos y hasta para volver a explotar los lavaderos de oro.

3. Campañas y sufrimientos de los españoles en Osorno y su comarca: son socorridos por una división enviada por el gobernador Ribera

Pero, en cambio, los sucesos ocurridos en las ciudades australes eran horriblemente desastrosos. El hambre y la guerra habían causado daños irreparables y preparaban la ruina del poder español en esa región.

Desde la vuelta de su campaña a Chiloé en el invierno de 1600, el coronel Francisco del Campo había pasado en Osorno en guerra constante contra los indios de la comarca. En las diversas correrías que hizo o mandó hacer en las inmediaciones, obtuvo ordinariamente la ventaja sobre el enemigo; pero mientras éste se rehacía y se engrosaba con los auxiliares que llegaban de los campos del norte, los españoles, incomunicados con las otras ciudades, veían reducirse sus fuerzas, y lo que todavía era más alarmante, agotarse sus víveres, sus municiones y sus vestuarios. En medio del desesperante aislamiento a que estaba reducido, el coronel recurrió a todos los arbitrios imaginables para comunicarse con Concepción. Dio libertad a algunos indios prisioneros a condición de que llevasen sus cartas; pero, como debe suponerse, fue burlado en sus esperanzas. Venciendo las más grandes dificultades, hizo construir una embarcación para hacerla salir al mar por el río Bueno a fin de que llegase a Concepción a pedir los socorros que necesitaba. Después de dos meses de trabajo, el barco estuvo listo, y fue tripulado por ocho hombres y un procurador de la ciudad. Esta empresa produjo solo una nueva y más dolorosa decepción.

---

473 Carta de Ribera al rey, escrita en Santiago a 20 de julio de 1602.

El buquecillo naufragó lastimosamente en la barra del río con pérdida de todos sus tripulantes. Después de este fracaso, despachó a Chiloé a Juan de Arístegui para que hiciese construir una fragata; pero esta obra debía ocupar seis largos meses, durante los cuales no habría medio de comunicarse con las otras ciudades españolas.

Mientras tanto, la guerra se continuaba sin tregua ni descanso. Los promotores de la resistencia no eran precisamente los indígenas de esa comarca, sino los indios de Purén y de la Imperial que liberados de sus opresores, iban al sur llevados por la sed de sangre y de saqueo, y obligaban a aquellos a hacer una guerra implacable a los españoles. Francisco del Campo pensó aterrorizarlos con la represión. «Estos indios de Valdivia, Villarrica y Osorno, decía en su carta al gobernador, andan tan desvergonzados y libres que no hay ninguno que no nos venga a tocar armas sobre este pueblo; y como la tierra es tan montuosa, aunque se va a sus alcances, no se les puede hacer nada más de que se va a sus tierras a maloquear muchas veces, y se les hace todo el daño posible. Y como tengo dicho a Vuestra Señoría se les han muerto más de 1.600 indios después que entré a Osorno, sin que haya venido ninguno de paz, ni hay que hacer caso de que vendrán.»[474] Los bárbaros ostentaban su pujanza militar no solo en su número y en su resolución sino en sus armas, en sus caballos, en su organización y en la astucia que empleaban en la guerra. En uno de esos combates, se presentaron mil indios a caballo, «los mejores que he visto en mi vida y más bien armados, añade el coronel, que según dice la lengua (el intérprete) que se tomó, traían 250 cotas y cuarenta y tres arcabuces y todos los demás sus coseletes y celadas». Y hablando más adelante del poder militar del enemigo, agrega: «Los indios que vinieron fueron de Angol, Guadaba, Purén, Imperial, Villarrica y Valdivia; y aseguro a Vuestra Señoría que yo he visto mucha

---

474 Carta de Francisco del Campo, fechada en Osorno a 16 de marzo de 1601. Esta importante relación, que hemos utilizado antes, se halla publicada, según ya dijimos, en el 2 tomo de Documentos de don Claudio Gay, pero con supresiones de muchos pasajes, y con errores probablemente tipográficos, que nos inducen a guiarnos por la copia que nosotros mismos tomamos en el Archivo de Indias en 1860. Refiriéndonos al pasaje que dejamos copiado, bastará decir que antes ha dicho el coronel que en esta guerra había capturado 2.000 indios, y la edición dice 1.000, lo que importaría una contradicción con lo que se lee más adelante. En otra parte habla del Campo de un cacique indígena que llama Arraupaugra, y la edición de Gay lo nombra Carampaugra, de donde después se le ha nombrado Carampangue.

caballería y muy buena, que más lindos caballos, ni más ligeros, ni de mejores tallas no he visto, que confiados en esto se atreven a tanto». Los indios habían llegado, pues, a hacerse enemigos formidables.

Los combates, las enfermedades y las fatigas, así como el refuerzo que Del Campo tuvo que dejar en Chiloé, habían privado a su ejército de setenta hombres, número relativamente considerable desde que le era imposible reponerlos. Pero, al paso que los víveres escaseaban y que los defensores de la ciudad se veían amenazados de un nuevo invierno en que los sufrimientos, la miseria y la desnudez debían ser mucho mayores todavía, el coronel estaba obligado a alimentar a muchas personas absolutamente inútiles para la guerra. En Osorno había habido un monasterio de monjas clarisas; pero quemado el convento por los indios, y no teniendo medios de subsistencia, vivían éstas repartidas en la ciudad; y ellas, así como algunas otras mujeres, pedían ser transportadas a Santiago. El jefe de la plaza habría querido acceder a sus deseos, pero no tenía medios para ello. Aunque los frailes y clérigos de Osorno solicitaban lo mismo, para librarse de las penalidades de aquella situación, Francisco del Campo se manifestó resuelto a mantenerlos en la ciudad con el propósito, sin duda, de hacerlos servir en su defensa.

A principios de marzo de 1601 estuvo terminada la fragata que se construía en Chiloé. El coronel encargó a un cuñado suyo, el capitán Francisco de Rosa, que partiese en esa nave a llevar al gobernador de Chile los informes más circunstanciados acerca de las angustias por que pasaban las ciudades australes. Escribió con este motivo una extensa relación de todo cuanto había pasado en esa región desde fines de 1599, de la campaña que había hecho a Chiloé para expulsar a los corsarios, de la guerra constante que estaba obligado a sostener en los alrededores de Osorno, de la escasez de víveres, de municiones y de vestuario y del peligro inminente de que toda aquella porción del reino cayese de nuevo en manos de los bárbaros. Pedía enseguida, y con las mayores instancias, que se le socorriese con toda prontitud, «aunque sea en medio del invierno»; y como temiera que en Chile no hubiese medios para auxiliarlo, solicitaba se despachara a su apoderado «para Lima, que lleva orden, decía, de vender una poca de hacienda que allá tenemos para comprar un navío y venir en él con algunas cosas necesarias, y traer un buen piloto para entrar en la bahía de Carelmapu». Hemos referido que en los primeros días de junio llegaba a Santiago Francisco de Rosa y comunicaba al gobernador las dolorosas noticias que llevaba de Osorno.

A pesar del apremio que dejaban ver esas comunicaciones, pasáronse muchos meses sin que los infelices defensores de aquella ciudad hubieran recibido el menor socorro. Su situación llegó a hacerse insostenible: sus recursos estaban agotados, y la guerra incesante de los bárbaros no les daba un momento de descanso ni les permitía procurarse su sustento. En la primavera de 1601 estaban determinados a abandonar Osorno y a ir a asilarse en Chiloé, donde se mantenía tranquila la ciudad de Castro, y donde la pesca podía suministrarles un alimento abundante. El coronel Francisco del Campo salió de la ciudad a preparar este viaje, y a buscar los medios de transportar las familias y los objetos que pudieran salvarse de la destrucción inevitable que habían de ejecutar los indios.

Una desgracia inesperada vino a frustrar este intento, y a hacer más terriblemente angustiosa la situación de los españoles de Osorno. Hallábase Francisco del Campo en las inmediaciones del fuerte de Carelmapu, y su gente se había repartido en las cercanías para reunir algunas piraguas en que pasar a Chiloé. Andaba entre los indios de esa comarca un mestizo, originario de Quito, llamado Lorenzo Baquero, que por haber sufrido un castigo, se había fugado poco antes de Osorno. Sediento de venganza, espiaba sigilosamente los movimientos del coronel; y cuando creyó hallarlo desprevenido, cayó de improviso sobre el campamento español. Francisco del Campo fue muerto en el primer choque, con el pecho atravesado por una lanzada y, aunque Baquero fue derribado por la bala de un soldado castellano, los indios que lo acompañaban habrían cantado victoria si no hubiesen acudido las otras partidas de españoles que andaban diseminadas en los contornos. Conducidos por el capitán Jerónimo de Pedraza, atacaron a los indios y los pusieron en dispersión. El cadáver de Francisco del Campo, recogido cuidadosamente por sus soldados, fue arrojado a un río para que más tarde no pudieran profanarlo los enemigos, y para que su cabeza no fuese convertida en enseña de guerra, como acostumbraban hacerlo aquellos bárbaros. Después de este combate, los soldados de Pedraza tuvieron que sufrir todavía las obstinadas asechanzas de los indios, pero soportando con ánimo resuelto los más increíbles trabajos, llegaron por fin a Chiloé en una tosca balsa que construyeron apresuradamente.[475]

Estos desastrosos acontecimientos tenían sumidos en la más desesperante consternación a los pobladores de Osorno cuando llegaba a Valdivia el capitán Francisco Hernández Ortiz con los 200 soldados que había puesto a sus órdenes el gobernador Ribera. Partido de Concepción el 9 de noviembre de 1601, Hernández Ortiz desembarcaba en Valdivia el 22 del mismo mes, e inmediatamente se ponía en marcha para Osorno. Todo ese país se hallaba en estado de guerra; pero en ninguna parte se presentó el enemigo a cerrarle el camino. En cambio, el paso de los ríos, sobre todo del Bueno, ofrecía las más serias dificultades. Los españoles las vencieron al fin, y llegaron a la ciudad a tiempo de prestarle los más oportunos socorros.

Hernández Ortiz llevaba encargo de asumir el mando de aquellas provincias en caso que hubiese muerto Francisco del Campo, de aquietar la tierra, de fundar un fuerte en Valdivia y de socorrer a Villarrica. Habría debido, sin duda, comenzar por esto último el desempeño de su comisión, como que era lo que más necesitaba de auxilios de fuera; pero queriendo reunir la gente que poco antes había salido de Osorno con el coronel, y proponiéndose, además, recoger provisiones en Chiloé, partió apresuradamente para el sur, y perdió un tiempo precioso en hacer correrías entre los indios. Cuando creyó aquietados esos lugares, dio la vuelta al norte, y con acuerdo de sus capitanes, se dirigió a Valdivia donde lo esperaba todavía uno de sus buques. El 13 de marzo de 1602 echó allí los cimientos del fuerte que se le había mandado construir, y que, según el pensamiento del gobernador, debía ser el principio de una nueva ciudad que se intentaba poblar.

Cuatro largos meses se habían empleado en estas operaciones. Cuando a mediados de marzo partió con una parte de sus fuerzas en socorro de Villarrica, se vio obligado a sostener reñidos combates con numerosas turbas de indios que andaban exaltados y orgullosos, celebrando sus recientes triunfos. Esa ciu-

---

[475] Los documentos de la época refieren solo de paso la muerte del coronel Francisco del Campo y los demás sucesos relacionados con ella. En cambio, el padre Rosales la ha contado con los más prolijos detalles en el capítulo 23 del lib. V de su *Historia general*. Su relación reviste en esta parte todos los caracteres de verdad y permite conjeturar que está basada en documentos, relaciones o informes anteriores que no han llegado hasta nosotros.

dad, después de un sitio de tres años, y sin recibir socorro alguno de ninguna parte, acababa de desaparecer lastimosamente.

4. Toma y destrucción de Villarrica

La defensa de Villarrica constituye el episodio más heroico y más terriblemente trágico de aquella tremenda guerra en que estaban envueltos los españoles desde la muerte del gobernador Óñez de Loyola. Se recordará que aquella ciudad, situada al pie de los Andes, y a distancia considerable de los otros centros de población, había sido embestida por los indios desde los primeros días del levantamiento. El capitán Rodrigo de Bastidas, que mandaba en ella, rechazó victoriosamente los primeros ataques y formó la resolución inquebrantable de resistir a todo trance. Pero esos ataques se repetían casi sin cesar y las turbas de indios se engrosaban con nuevos auxiliares, mientras los españoles estaban privados de todo socorro y de toda comunicación. Cuando el fuego de los bárbaros hubo incendiado la mayor parte del pueblo, Bastidas encerró a su gente en un fuerte y continuó la defensa con la misma decisión.

A fines de 1599, después de cerca de un año de miserias y de combates, su situación comenzaba a hacerse insostenible. Los defensores de Villarrica recibieron entonces una noticia que debió hacerles presentir su ruina inevitable. Valdivia acababa de ser tomada y destruida por los bárbaros. Pelantaró y Anganamón, los jefes de la insurrección araucana, vencedores en casi todas partes, les hicieron saber, por conducto de dos prisioneros españoles, que después de este último desastre, era inútil prolongar por más tiempo la resistencia de la ciudad. Bastidas, sin embargo, no hizo caso de promesas ni de amenazas, y persistió en su plan de defenderse hasta morir, si antes no recibía socorros que en aquella terrible situación casi no era permitido esperar de ninguna parte.

La guerra se continuó en los alrededores de Villarrica durante dos años más, con combates frecuentes, con heroica porfía y con los sacrificios y miserias más espantosas que es posible imaginar. Los españoles recurrieron a mil estratagemas para procurarse algunos víveres, comían las cosas más inmundas, cueros curtidos, jabón y toda clase de yerbas. De la carne de caballo, que había llegado a ser un alimento muy preciado, pasaron a comer la carne de los indios que morían en los combates de cada día. Cuando los primeros calores del verano siguiente (1601) hicieron renacer la vegetación, los españoles salían atrevidamente al campo vecino en busca de las manzanas verdes de sus antiguos huertos, que habían llegado a ser un alimento codiciado; pero cada una de esas salidas era causa de nuevos combates en que sucumbían unos y otros quedaban prisioneros. Algunos españoles, acosados por el hambre y agotados por los padecimientos, salían con la esperanza insensata de hallar su salvación en la fuga o para entregarse a los enemigos. En los primeros días de febrero de 1602 no quedaban en la ciudad más que once hombres y diez mujeres; y, sin embargo, Bastidas se mantenía firme en su resolución de no rendirse, y rechazaba con energía las proposiciones del enemigo.

Al fin, el 7 de febrero los indios daban el asalto definitivo a los últimos atrincheramientos de los españoles. El combate, empeñado en esas condiciones, no podía ser largo ni de éxito dudoso. Bastidas y algunos de sus compañeros sucumbieron peleando, o fueron sacrificados por los vencedores; pero otros, y sobre todo las mujeres, quedaron en la cautividad, obligadas a servir a sus antiguos esclavos, y recibiendo de estos el mal tratamiento que los indios solían dar a los prisioneros. Más tarde, algunos de ellos, y otros que habían sido apresados en los combates anteriores, reconquistaron su libertad por canje o por fuga, y pudieron dar a sus compatriotas la noticia cabal de las dolorosas escenas de los últimos y tremendos días de Villarrica.[476] Después del saqueo de

---

476 Las cartas de Ribera al rey y los otros documentos contemporáneos, apenas consignan de paso la toma y destrucción de Villarrica, seguramente porque en los primeros días no se pudieron tener noticias más detalladas del desastre. En unos apuntes anónimos que existen en el Archivo de Indias con el título de *Borradores de una relación de la guerra de Chile*, se habla apenas un poco más detenidamente. Pero el padre Rosales ha hecho una extensa y prolija relación de estos sucesos en el capítulo 26 del lib. V de su *Historia*; y todo nos induce a creer que sus noticias son recogidas en otras relaciones contemporáneas que no han llegado hasta nosotros, o en el testimonio de algunos de los testigos y actores de aquella heroica defensa. Entre estos se recuerdan particularmente los nombres de dos que habiendo caído prisioneros de los indios, recobraron más tarde su libertad y pudieron dar a sus compatriotas extensos informes sobre aquellos sucesos. Era uno de estos un mancebo español llamado don Juan de Maluenda, que asistió a la defensa de la ciudad hasta su último combate de 7 de febrero de 1602, en que fue capturado por el enemigo y retenido cautivo tres o cuatro años. El otro era el capitán Marcos de Chavarri, que cayó prisionero en un combate anterior, y vivió en esa condición más de veinte años. Ambos debieron comunicar extensas noticias verbales, pero, aunque el último escribió, o más propiamente dictó y firmó una relación de esos sucesos que conservo original, ella es muy sumaria y contiene pocos accidentes.

los pocos edificios que todavía estaban en pie, solo quedó un montón de ruinas calcinadas y humeantes en el sitio en que se levantaba esa ciudad.

5. Ribera pide al rey nuevos socorros de tropas y de dinero

Ribera se hallaba en Concepción cuando tuvo la primera noticia de estos desastrosos sucesos. El capitán Hernández Ortiz, al comunicarla desde Valdivia, pedía empeñosamente que se le enviasen nuevos socorros para hacer frente a los peligros que por todas partes amenazaban a aquellas apartadas poblaciones. En medio de la consternación que tales desastres debían producir, el gobernador Ribera, impetuoso y arrebatado por carácter, dispuesto siempre a condenar a los otros, atribuyó a aquel capitán la responsabilidad de la pérdida de Villarrica por la tardanza que había puesto en el desempeño de su comisión. Inmediatamente acordó quitarle el mando de las provincias australes, y someterlo a un juicio de residencia.

En esos momentos (principios de mayo) llegaba a Concepción un buque cargado de víveres enviado de Valparaíso, y otro que traía del Perú el situado real para el pago de las tropas. Formábanlo una cantidad considerable de géneros para el vestuario de los soldados, y más de 17.000 pesos en dinero. A pesar de que este socorro era bien poca cosa para las necesidades de su ejército, Ribera pudo preparar una remesa de municiones, de víveres y de vestuario para las tropas que quedaban en Valdivia y en Osorno. Hubiera querido también enviar un refuerzo de gente, pero la defensa de su línea de frontera no le permitió sacar más que veinticinco soldados. Embarcáronse estos en un buque pequeño que había en Concepción, y despreciando los peligros de un viaje emprendido en pleno invierno, se lanzaron al mar el 14 de junio de 1602. El capitán Antonio Mejía, soldado de la confianza de Ribera, llevaba el cargo de tomar el mando de todas las tropas que había en las ciudades australes.[477]

Desligado de estos afanes, el gobernador partía inmediatamente para Santiago. Esta ciudad, por pobre que fuera, ofrecía al gobernador atractivos que no podía hallar en ningún otro punto del reino, y por eso hacía de ella su residencia de invierno. En las guerras de Europa, el gobernador había adquirido los hábitos de la mayor parte de los capitanes de su siglo. Amaba el fausto y el

---

[477] Información levantada en septiembre de 1604. Cartas de Ribera al rey, de 20 de julio de 1602 y de 5 de febrero de 1603.

lujo, tenía pasión por el juego y por las mujeres, le gustaba hacer ostentación de su poder; y solo en Santiago podía satisfacer estas inclinaciones. Por otra parte, en la capital, donde de ordinario se veía envuelto en altercados y competencias con las otras autoridades, como habremos de verlo más adelante, no le faltaban ocupaciones mucho más serias, sea para resolver algunas cuestiones de gobierno, sea para procurarse los elementos y recursos con que continuar la guerra.

Como debe suponerse, ésta era por entonces la más grave preocupación del gobernador y del reino entero. Ribera, después de las dos campañas que acababa de hacer y del conocimiento personal que había adquirido del estado del país, comprendía mejor que nunca que con los escasos recursos que el rey había puesto a su disposición era del todo imposible pacificar definitivamente este país. En sus comunicaciones al soberano, al mismo tiempo que se empeñaba en demostrarle las ventajas que conseguía en la guerra contra los indios, no cesaba de pedirle el envío de nuevos auxilios. En enero de 1602 había despachado a España a su secretario Domingo de Erazo con encargo de instruir al rey de la verdadera situación de Chile, de la marcha de la guerra, de sus proyectos de repoblar las ciudades destruidas y de la imposibilidad de llevarlos a cabo si no era auxiliado convenientemente. «Para cuya reducción y poblar los sitios de ellas, decía con este motivo, serán menester forzosamente otros 1.000 hombres efectivos de España, sustentando el número entero de los que al presente hay en el reino con 2.000 pagas situadas para los unos y los otros, que es el número de gente y gasto más moderado que la necesidad y pacificación de esta tierra requieren.»[478]

En todas sus cartas, el gobernador volvía a repetir al rey los mismos pedidos, y muchas veces en términos más premiosos todavía. Según la cuenta minuciosa que formaba, el ejército de Chile, sin incluir las tropas que existían en Valdivia, Osorno y Chiloé, constaba de 708 hombres, número apenas indispensable para mantener la defensa de los sitios entonces ocupados, y por tanto insuficiente para intentar nuevas poblaciones. «Y así digo, repetía otra vez, que para acabar esta guerra es necesario que Vuestra Majestad me envíe 1.000 hombres, y cuanto antes vinieren, antes se le dará fin. Y que estos sean de Castilla, porque los del Perú entran por una puerta y salen por otra, y como vienen entre ellos

---

478 *Instrucciones* dadas a Domingo de Erazo en 15 de enero de 1602.

muchos mestizos y gente baja acostumbrada a vicios de aquella tierra, en viéndose apurados de alguna necesidad se van al enemigo.» Creía, además, Ribera que el situado real debía servir para pagar no solo a los soldados regulares que viniesen de España sino, también, a las gentes de Chile enroladas en el ejército y cuyos servicios se habían considerado como obligatorios y gratuitos. «También será menester, añadía, que Vuestra Majestad mande se acabe de situar la paga que tiene mandado se sitúe a los soldados de este reino, porque hasta ahora no se ha hecho nada en esto. Yo lo he señalado para los capitanes y oficiales de este ejército. Y me parece que como Vuestra Majestad mande señalar 10 ducados para cada soldado estará medianamente bien; porque con esto y con pan y carne que yo les daré sin costas de vuestra real hacienda, tendrá Vuestra Majestad soldados que le sirvan. Y de otra manera prometo a Vuestra Majestad que no hay quien pueda tenerlos, porque chicos y grandes, así de los naturales como de los extranjeros, están asidos de los cabellos y jamás ven la ocasión para irse que no usan de ella, y las necesidades y trabajos que pasan son de manera que a hombres honrados obligan a esto. Y crea Vuestra Majestad que no pido mucho sino aquello que tasadamente me parece que es menester para que, trabajando muy bien los que acá estamos, se pueda conseguir lo que en el servicio de Vuestra Majestad se pretende. Y para que esta guerra tenga fin, es menester tomar a poblar las ciudades que están despobladas, y tomar otros puestos y que queden, por lo menos, 400 hombres para andar en campaña; porque esta gente (los indios) si no es asistiendo en su propia tierra y teniéndosela ocupada, ninguna cosa les obliga a dar la paz, aunque les corten las comidas y les tomen los hijos y mujeres, y ellos padezcan muertes y necesidades, como se tiene larga experiencia.»[479] Ribera, como se ve, comprendía perfectamente las dificultades de su situación, pero se engañaba doblemente cuando creía que en breve recibiría los socorros que solicitaba, y que ellos le permitirían consumar la conquista definitiva del reino.

---

[479] La carta de Ribera al rey de que copiamos estas palabras es de 1602, pero no tiene la designación de día ni mes. En ella detalla prolijamente el gobernador las fuerzas que tiene en cada uno de los puestos ocupados, y las que necesita indispensablemente para repoblar Angol, la Imperial, y conservar las ciudades de más al sur. El contenido de ella me hace creer que fue escrita por Ribera a principios de ese año de 1602, antes que tuviese noticia de la ruina de Villarrica, y antes también de la fundación del fuerte de Santa Fe.

Aunque el establecimiento del situado real creaba al gobernador una situación mucho más desembarazada y, aunque ese año de 1602 recibió del virrey del Perú, no sabemos por qué razón, una cantidad más considerable,[480] Ribera veía que él no bastaba para sufragar todos los gastos de la guerra. Durante su residencia en Santiago, impuso otra vez contribuciones extraordinarias, esto es, echó derramas, como entonces se decía, para el sostenimiento de su ejército. A principios de octubre pudo partir de nuevo para el sur, acompañado por muchas personas que iban a tomar parte en las operaciones militares de ese año.

6. Campaña de Ribera en el verano de 1602 y 1603

La guerra, entre tanto, había recomenzado en las provincias del sur o, más propiamente, no se había suspendido sino por cortos intervalos durante los meses más rigurosos del invierno. La línea de frontera creada por el gobernador, había sido frecuentemente amenazada por los indios, y el fuerte de Santa Fe, que era el más interiorizado en sus tierras, fue el que tuvo que sostener los más encarnizados ataques.

Ese fuerte, situado, como se recordará, en la margen derecha del Biobío, casi enfrente del sitio en que este río recibe las aguas del Vergara, estaba formado por espesas palizadas; pero era por su construcción uno de los más sólidos que poseían los españoles, y tenía, además, una guarnición de 160 soldados de buena calidad. Mandaba esta tropa el capitán Alonso González de Nájera, soldado entendido y de larga experiencia militar en las guerras de Flandes. En el invierno de 1602, las lluvias copiosas que suelen caer en esa región, aumentaron de tal manera las aguas del río, que durante dos días el fuerte, aunque

---

480 Hemos dicho que el situado que por encargo del soberano pagaba el virrey del Perú, ascendía a 70.000 ducados al año; pero en mayo de 1602, hallándose en Concepción, recibió el que correspondía a ese año en 58.548 pesos en mercaderías y en 17.777 pesos en dinero, lo que importa una suma mayor. Sin podernos explicar la causa de este aumento excepcional en ese año, hemos podido, sin embargo, comprobar que el hecho es efectivo. En carta de 28 de septiembre de 1612, Alonso de Ribera, recordando sus servicios durante el primer período de su gobierno para justificarse de las acusaciones que se le hacían, dice al rey lo siguiente: «Todo esto hice con 200.000 ducados de socorro que en nombre de Vuestra Majestad me envió el virrey don Luis de Velasco en tres situados a 60.000 ducados, y el uno de 80.000». Ribera ha repetido este mismo dato, casi con las propias palabras, en otras dos cartas dirigidas al rey, en una de 18 de septiembre de 1605, y en la que escribió en Córdoba en 20 de marzo de 1606.

colocado en un terreno alto, estuvo en inminente peligro de ser arrasado. Los indios, acudiendo en gran número a las inmediaciones, se presentaban en son de guerra por un lado, mientras por el otro se mantenían emboscados, con el propósito de caer sobre los españoles si intentaban abandonar el fuerte.

Pasado este peligro, los defensores de Santa Fe, escasos de víveres y faltos de leña para calentarse y de carrizo para reforzar sus palizadas, tenían que hacer frecuentes salidas en sus embarcaciones. Cada una de ellas era motivo de una asechanza de los bárbaros, y a veces de un reñido combate. Los españoles, aunque sufrieron algunas pérdidas, desplegaron en todas estas ocasiones gran energía y una constancia indomable para defender el puesto.

Cuando llegó la primavera, las hostilidades tomaron mayores proporciones. Pelantaro, el cacique de Purén, que desde tres años atrás era el jefe principal de aquella gran insurrección, y otro indio llamado Nabalburí, que había adquirido mucha fama entre los suyos, reunieron un ejército de algunos millares de hombres, y prepararon un ataque formal contra la fortaleza. Para asegurar mejor el éxito de esta empresa, hicieron entrar al fuerte a un indio de miserable apariencia, que fingiéndose rendido por el hambre que reinaba entre los suyos, iba a pedir un albergue y a someterse a los españoles. Ese indio debía prender fuego a los cuarteles del fuerte el día designado para el ataque; pero la vigilancia de González de Nájera desbarató sus planes. Atormentado cruelmente, el indio descubrió sus intenciones, y fue lanceado hasta darle muerte. Después de esto, los españoles se prepararon convenientemente para la defensa.

El ataque tuvo lugar como estaba anunciado. Aprovechándose de la luz de la Luna, los indios se reunieron durante la noche en los alrededores del fuerte; y dos horas antes de amanecer del 28 de octubre (1602), cargaron súbitamente sobre las trincheras con desprecio de los fosos, de los hoyos y de las afiladas estacas que había clavadas en el suelo. El ataque fue resuelto y heroico; pero los defensores de la plaza desplegaron una energía y una firmeza incontrastables; y después de una lucha encarnizada que duró hasta venir el día, consiguieron rechazar al enemigo, causándole pérdidas considerables. Los españoles tuvieron treinta y nueve heridos, fuera de doce indios auxiliares, a todos los cuales fue preciso curar con solo agua fría, porque en el fuerte no había médicos ni medicinas. Terminado el combate, se ocuparon todavía en reparar las palizadas que en algunos sitios los bárbaros habían conseguido arrancar y destruir.[481] Este triunfo, si bien arredró a los indios de renovar el asalto, no mejoró considerablemente la condición de los sitiados. El hambre los acosaba de tal suerte que tenían que comer las yerbas del campo y los cueros con que amarraban las palizadas. En medio de estas penalidades y miserias, no faltaron soldados, de entre los mestizos que habían venido del Perú, que trataran de tomar la fuga para ir a incorporarse en las huestes enemigas.

Ribera, entre tanto, se hallaba en Concepción desde el 3 de noviembre preparándose para entrar otra vez en campaña. En su viaje, y durante su permanencia en aquella ciudad, se había ocupado en plantear por cuenta del rey algunas estancias para el cultivo de los cereales y para la crianza de ganados, a fin de proporcionarse alimentos para la manutención de sus tropas, sin estar obligado a comprarlos o a quitarlos a los particulares. Este sistema no era nuevo en el país: lo habían usado casi todos los gobernadores anteriores; y los llamados potreros o estancias del rey, existían desde mucho tiempo atrás en los alrededores de la mayor parte de los fuertes y de las ciudades. La gran sublevación araucana había desorganizado o destruido esos establecimientos; y Ribera estaba empeñado en crearlos de nuevo y en mayor escala todavía, forjándose no pocas ilusiones acerca de su conveniencia. Por otra parte, esperaba recibir en esos mismos días un refuerzo de tropas que le enviaba el virrey del Perú, y quería reunirlo a su ejército para entrar en campaña en las mejores condiciones posibles. Ese refuerzo, compuesto solo de 140 soldados que mandaba don Juan de Cárdenas y Añasco, había desembarcado hacía poco en Valparaíso, y la mayor parte de él entraba por fin a Concepción el 12 de diciembre.[482] Aunque Ribera tenía ya muy mal concepto de los auxiliares que venían del Perú, se había

---

481 Ribera da una noticia bastante cabal de estos hechos en una carta escrita al rey desde Rere con fecha de 5 de febrero de 1603. Pero es mucho más prolijo el mismo capitán González de Nájera en dos pasajes del *Desengaño y reparo de la guerra de Chile*, págs. 186 a 193 y 326 a 332, en que refiere cuanto se relaciona con la defensa del fuerte de Santa Fe. Al leer estas páginas, quizá algo difusas, pero llenas de animación y de colorido, y que revelan a un escritor de verdadero talento, no se puede dejar de lamentar que González de Nájera, en vez de llenar una buena parte de su libro con la exposición prolija y fatigosa de sus planes para reducir a los indios, no hubiese contado la historia clara y sencilla de lo que pasó en Chile bajo los gobiernos de Alonso de Ribera y de García Ramón, época en que él vivió en nuestro país.

482 En este socorro llegaron a Chile dos militares que adquirieron cierto renombre en esas guerras, don Pedro Páez Castillejo y don Francisco de Alaba y Nurueña, que en 1624 fue

visto obligado a pedirlos con instancia, visto que no llegaban los refuerzos que en todo momento solicitaba del rey de España.

Apenas hubo reunido a su gente, el gobernador salía de Concepción el 22 de diciembre con el propósito de adelantar en este verano su línea de frontera. Reconoció en esta ocasión el sitio en que había existido la ciudad de Santa Cruz, y hallándolo inadecuado para repoblarla por su falta de agua y de leña, estableció a muy corta distancia, sobre las márgenes del estero de Millapoa, en la orilla sur del Biobío, y enfrente de su confluencia con el Laja, un nuevo fuerte al cual dio el nombre de Nuestra Señora de Halle.[483] «Si la dicha ciudad, desde su primera fundación estuviera sobre el río, decía Ribera, no se hubiera despoblado, ni venido a tantas ruinas el reino, causadas de su despoblación.»[484]

Tanta confianza le inspiró esta posición, que hizo abandonar los otros dos fuertes que antes había fundado en aquellas inmediaciones y, aun, se lisonjeó con la quimérica ilusión de que los indios de esta comarca le darían una paz estable y que pasarían a ser los auxiliares de los españoles.

Cuando hubo dejado en regular pie de defensa el fuerte de Nuestra Señora de Halle, Ribera atravesó el Biobío con la mayor parte de sus tropas y penetró en el territorio que nosotros denominamos isla de la Laja. Allí existía el fuerte de Santa Fe, pero su guarnición estaba obligada a mantenerse a la defensiva, de tal suerte que el enemigo recorría libremente aquellos campos y parecía prepararse para hacer nuevas correrías en la región del norte. Ribera sostuvo un combate el 15 de enero de 1603, y, aunque personalmente corrió no poco peligro, consiguió dispersar a los indios y llegar sin seria dificultad al fuerte de

---

gobernador interino. Por entonces, Ribera recibió solo 120 hombres. Mes y medio después se les reunieron los otros veinte.

[483] La oscuridad de los antiguos manuscritos y la imperfección con que en ellos se escriben las palabras extranjeras, han sido causa de que este nombre se escriba siempre incorrectamente. El nombre dado al fuerte por el gobernador Ribera proviene de una pequeña imagen de la Virgen María, que se conserva en una rica iglesia de la ciudad de Halle o Hal, de la provincia de Brabante, en Bélgica, por la cual tenían mucha veneración, no solo las gentes del país sino los españoles que hicieron las campañas de Flandes. La superstición popular le atribuía los más portentosos milagros. Contábase que durante un sitio de la ciudad, la Virgen recogía en su manto las balas del enemigo; y hasta ahora se muestran al pie de la imagen algunas piedras que ella habría recogido. Ribera, que, como el mayor número de sus compatriotas, tenía gran devoción por ella, quiso colocar la nueva fortaleza bajo su advocación, pensando, sin duda, ponerla así a cubierto de las hostilidades de los indios.

[484] *Relación* del modo y forma que había de pelear, etc.

Santa Fe. Desde allí partió a la cabeza de 400 soldados españoles y de 200 indios auxiliares para la región del sur, y durante muchos días hizo por sí mismo o por medio de sus capitanes una guerra implacable a los indios hasta Molchén o Mulchén, y en todas las márgenes del río Vergara, arrasando los sembrados, incendiando las habitaciones, matando no pocos enemigos y quitándoles un número mayor de prisioneros y de ganado.[485] Después de estas correrías, en que consiguió, además, dar libertad a algunos españoles que los indios retenían cautivos, Ribera pensó que ese severo escarmiento aseguraría la tranquilidad de toda aquella parte del país, y que, por tanto, los fuertes del Biobío no volverían a ser inquietados.

7. Queda restablecida la tranquilidad al norte de Biobío

Sea porque creyese que los recursos militares de que podía disponer no eran suficientes para acometer otras empresas, o porque asuntos de una carácter puramente personal, de que habremos de hablar más adelante, lo llamasen a Concepción, Ribera dio con esto solo por terminada la campaña de este verano. Aunque en sus cartas al rey se muestra satisfecho con el resultado conseguido, Ribera debía sentirse doblemente contrariado al ver la tenacidad indomable de los indios y la desmoralización cada día mayor y más alarmante de sus propios soldados. Se sabe que desde tiempo atrás servían en los ejércitos de los rebeldes algunos desertores de las ciudades y de los fuertes españoles, y que ellos tomaban una parte principal en la dirección de la guerra. Pero en los últimos meses, estas deserciones se habían hecho mucho más frecuentes, y presentaban un carácter mucho más grave y alarmante. A la fuga de uno que otro hombre aislado, había sucedido la de dos o más que se concertaban entre sí para pasarse al enemigo. En el fuerte de Santa Fe, González de Nájera había descubierto uno de esos complots, y el gobernador sorprendió luego otro más considerable en que estaba comprometido un alférez llamado Simón Quinteros, y once de los soldados, casi todos ellos de los que acababan de llegar del Perú.[486]

Ribera desplegó una gran severidad para reprimir estas deserciones. Hizo ahorcar a los que pretendían promoverlas; pero los castigos no bastaban para

---
485 Carta de Alonso de Ribera al rey, de 9 de febrero de 1603.
486 González de Nájera, obra citada, pág. 339 y siguientes. Carta de Ribera al rey, de 9 de febrero de 1603.

cortar de raíz un mal que tenía su causa en la miseria general, en los sufrimientos por que pasaban las tropas y en el desamparo a que con frecuencia estaban reducidas. Las deserciones continuaron repitiéndose; y poco más tarde se fugaron de Talcahuano nueve individuos, que pretendiendo llegar al Perú en una lancha, se vieron forzados a recalar a la embocadura del Maule. Apresados allí por las autoridades españolas de la comarca, Ribera los hizo ahorcar inmediatamente. Pero convencido de la ineficacia de estas ejecuciones, buscaba otros remedios a aquella situación. Así, al mismo tiempo que fomentaba el establecimiento de estancias por cuenta del rey para suministrar alimentos abundantes a sus soldados, pedía al rey que aumentase el situado para pagar a todos un sueldo conveniente, y que se le enviasen refuerzos de España, por cuanto los soldados que de allí venían eran mucho más útiles, más pacientes y más sufridos.[487]

Puso también Ribera en esta ocasión el más decidido empeño en tranquilizar los indios de toda la comarca situada al norte del Biobío. Hacía llamar a los que se habían asilado en el territorio de guerra, buscaba con toda diligencia a los que andaban ocultos en las montañas, y a todos les ofrecía protección y amparo, a condición de que viviesen sujetos como antes a los encomenderos. Ribera llegó a redactar en una especie de tratado las bases o reglas a que los indios

---

[487] Alonso de Ribera demostró siempre esta opinión, y en muchas de sus cartas repite con particular insistencia las mismas observaciones. En 1612, cuando volvió a tomar el gobierno de Chile, escribía sobre este particular en términos análogos. «En la primera carta que escribí, que fue en 27 de septiembre de 1612, decía con este motivo, pedía a Vuestra Majestad me mandase enviar 1.000 hombres, y que estos vengan de Castilla, por ser de mucha consideración, más que los que vienen del Perú, de más servicio, más obedientes y trabajadores, sufridores de hambres y de calor, y tienen la milicia puesta en honra y reputación; y los del Perú vienen corrompidos, con malas costumbres, y enseñados a la largueza de aquella tierra, y son malos de tener en ésta, y dejan decaer, y rinden a los trabajos, y los temen tanto que pierden el miedo a cualquier castigo para salir de ellos. Y es de manera que huyen de la guerra con tanto atrevimiento que algunos de ellos se han aventurado a ir por la tierra del enemigo, donde han perdido las vidas miserablemente. Y los naturales del Perú son gentes de muy poco trabajo y malos de disciplinas, y también vienen entre ellos muchos mestizos y mulatos que no son de servicio.» Carta de Ribera al rey, escrita en Penco a 12 de abril de 1613. Esta carta ha sido publicada por don Claudio Gay en el tomo II de Documentos, págs. 205 y siguientes; pero en su encabezamiento se ha atribuido a Alonso García Ramón, que ya había muerto tres años antes. Por lo demás, como ya lo hemos dicho en otras ocasiones, la publicación de estos documentos en la obra de Gay adolece de numerosos defectos tipográficos, de tal suerte que casi siempre tenemos que valernos de nuestras copias manuscritas.

debían someterse para gozar del beneficio de la paz bajo el amparo de las llamadas leyes protectoras de los indígenas. Parece inexplicable que un hombre de la sagacidad del gobernador pudiera tener mucha fe en los convenios que se celebraran con las tribus de indios que solían someterse para volver a tomar las armas contra los españoles en el momento favorable; pero es la verdad que aquellas tribus, que no estaban ligadas entre sí por ningún vínculo de nacionalidad, movidas por su espíritu turbulento y belicoso, y por su sed insaciable de botín, eran, mientras estaban sometidas, según hemos contado en otras ocasiones, excelentes auxiliares de sus opresores, y hacían guerra implacable a las otras tribus. «Los que me han dado la paz hasta ahora, escribía Ribera en abril de ese año, ayudan mucho al servicio de Vuestra Majestad, porque pelean muy bien contra los enemigos y les hacen estos más daño que los españoles. De aquí adelante pienso hacer mayores efectos por llevarlos por soldados del campo de Vuestra Majestad, que para lo que es hacer daño vale cada uno más que dos españoles, porque entran por las quebradas, montes y ríos sin escrúpulo, con gran agilidad y se matan unos a otros y se toman las haciendas y los hijos y mujeres con mucha crueldad.»[488] No es extraño que Ribera, falto de tropas españolas, quisiera aprovechar los servicios de estos auxiliares para sostener aquella guerra implacable en que la destrucción de las casas y sembrados del enemigo era una hostilidad ordinaria y regular.

Persuadido de que las pequeñas ventajas alcanzadas en su última campaña, y el sometimiento de algunas tribus habían afianzado la paz en la comarca que defendían los fuertes que acababa de construir, se contrajo también Ribera a regularizar en ella el orden y la tranquilidad para que sus pobladores pudieran consagrarse de nuevo a sus trabajos industriales. Fomentó al efecto la crianza de ganados y los cultivos en la llamada estancia del rey, en las cercanías de Yumbel, y atrajo a Concepción algunos artesanos que al paso que pudieran prestar sus servicios a los vecinos y encomenderos, fuesen particularmente útiles para reparar las armas y el vestuario de sus soldados. A fines del otoño de 1603 pudo creerse restablecida la paz en toda la región comprendida entre los ríos Itata y Biobío y, aunque los indios volvieron a hacer sus insurrecciones en la primavera siguiente y a causar no pocos daños, los habitantes de Concepción

---

488 Carta de Ribera al rey, escrita en Concepción el 29 de abril de 1603. El lector puede ver en la nota 44 del capítulo 12 de esta misma parte de nuestra historia el juicio que acerca de los servicios de estos auxiliares se habían formado otros militares.

y de Chillán y los estancieros de esos campos, recobraron la confianza que los anteriores desastres les habían hecho perder casi por completo.

Capítulo XX. Gobierno de Alonso de Ribera: sus dificultades en la administración interior. Sus últimas campañas: es separado del mando de Chile (1603-1605)

1. Alonso de Ribera contrae matrimonio sin permiso del rey. 2. Dificultades que le atrae su carácter impetuoso y autoritario. 3. La familia de Lisperguer burla la autoridad del gobernador. 4. Don fray Reginaldo de Lizárraga, obispo de Concepción. 5. Ruidosas competencias entre el gobernador Ribera y el obispo de Santiago, Pérez de Espinosa. 6. Nueva campaña contra los indios hasta las ciénagas de Purén y de Lumaco en los primeros meses de 1604. El rey manda crear un ejército permanente en Chile. 7. Miserias y sufrimientos en las ciudades australes: despoblación definitiva del fuerte de Valdivia y de la ciudad de Osorno. 8. Llegan a España noticias del ningún resultado de la guerra de Chile: el rey nombra gobernador y capitán general de este país a don Alonso de Sotomayor. 9. Ilusiones de Ribera acerca del resultado de sus planes de pacificación. 10. Última campaña de Alonso de Ribera en el territorio enemigo. 11. Es separado del mando de Chile y parte a hacerse cargo del gobierno de Tucumán. Historiadores del primer gobierno de Alonso de Ribera (nota).

1. Alonso de Ribera contrae matrimonio sin permiso del rey

El rey de España había querido que los gobernadores y los otros altos funcionarios de sus colonias de América, viviesen segregados de toda participación en los negocios particulares o de familia de sus gobernados. Se proponía hacer de ellos magistrados absolutamente extraños a todos los intereses y a todas las pasiones de las sociedades en medio de las cuales tenían que vivir, y creía que las disposiciones escritas de la ley podían producir este resultado.

A este propósito obedecían dos reales cédulas dictadas por Felipe II, la primera en Madrid a 10 de febrero de 1575, y la segunda en Lisboa el 26 de febrero de 1582. «Prohibimos y defendemos, decía el soberano, a todos los gobernadores, corregidores y alcaldes mayores por Nos proveídos, y sus tenientes letrados, que durante el tiempo en que sirvieren sus oficios se puedan casar, ni casen en ninguna parte del término ni distrito donde ejercieren jurisdicción, sin especial licencia nuestra, pena de nuestra merced y privación de oficio, y de no poder tener ni obtener otro en las Indias, de ninguna calidad que sea.»[489] Sin embargo, la insistencia con que el rey repitió esa misma prohibición en otras cédulas posteriores, prueba que con frecuencia fue desobedecida, fuera de los casos en que la ley quedó burlada por «especial licencia» del soberano.

En efecto, a poco de dictada esa ordenanza, el mismo reino de Chile fue testigo de la relajación con que se le daba cumplimiento. El gobernador don Alonso de Sotomayor, seguramente con permiso especial del rey, contrajo matrimonio con una señora principal, llamada doña Isabel de Zárate, nacida en Chile y muy relacionada en este país.[490] Otras violaciones más o menos artificiosas de la ley probaron más tarde su poca eficacia.

Alonso de Ribera, soldado de carácter impetuoso y arrebatado, no podía detenerse mucho en desobedecer aquella disposición. En Santiago había conocido la familia de uno de los más importantes encomenderos de la Imperial, privada de sus bienes por la despoblación y ruina de esa ciudad, y reducida a un estado de lastimosa pobreza, pero rodeada de cierta aureola de gloria por los servicios militares de muchos de sus miembros. El jefe de esa familia era doña Inés de Aguilera Villavicencio, la heroína legendaria de la defensa de la Imperial, viuda del capitán Pedro Fernández de Córdoba, madre de dos mancebos muertos a manos de los indios, hija y hermana de otros capitanes que habían corrido igual suerte. Al lado de ella vivía una hija, llamada también Inés y dotada de una gran belleza, según la tradición que consignan los cronistas. El gobernador Ribera concibió por ella una ardiente pasión, y antes de mucho formó el proyecto de tomarla por esposa. Cuenta éste que en enero de 1602, cuando despachó para España a su secretario Domingo de Erazo a pedir al rey los socorros que necesitaba para continuar la guerra contra los araucanos rebelados, le encargó

---

489 Ley 64 del título II, libro V de la *Recopilación de las leyes de Indias*. La real cédula de febrero de 1575 está publicada por Solórzano, *Política indiana*, lib. V, capítulo 9, núm. 5.

490 Doña Isabel de Zárate era hija de don Francisco de Irarrázaval y de doña Lorenza de Zárate, y nieta del capitán Juan Ortiz de Zárate. Dos hermanos de ella servían en el ejército bajo las órdenes de don Alonso de Sotomayor. Es posible que en la traslación de éste al gobierno de Tierra Firme influyera de algún modo el deseo de apartarlo del centro de las relaciones de familia de su mujer. De todas maneras, Sotomayor llevó a su suegra a Panamá, y ésta se distinguió allí por sus virtudes y por su heroísmo, según cuenta Francisco Caro de Torres en su *Relación de los servicios de don Alonso de Sotomayor*, publicada en Madrid en 1620, y reimpresa en el tomo V de la *Colección de historiadores de Chile*.

especialmente que solicitase permiso para contraer matrimonio con doña Inés de Córdoba y Aguilera.

Pero ese permiso, si realmente fue solicitado en tiempo oportuno, debía dar lugar a largas tramitaciones; de suerte que por esta causa y por la demora que se ponía en los viajes, el consentimiento real no podía llegar a Chile antes de dos o tres años. Ribera no se resolvió a esperar tan largo tiempo. «Pareciéndome, dice él mismo, que ya el tiempo que mi súplica fue habrá conseguido efecto, y no ser el oficio que tengo de asiento y de los que Vuestra Majestad prohíbe por ley en casos semejantes, con parecer del licenciado Viscarra, teniente general de este reino, me desposé a los 10 del pasado (marzo de 1603) con doña Inés de Córdoba.» El matrimonio se celebró en Concepción, adonde se había trasladado la familia de la novia, y fue bendecido por don fray Reginaldo de Lizárraga, que acababa de llegar a Chile con el carácter de obispo de la Imperial. Deseando justificar su conducta ante el piadoso rey de España, Ribera explicaba los móviles de su matrimonio en los términos siguientes: «El principal intento con que hice este negocio fue por dejar hijos en servicio de Dios, para que siempre acudan al de Vuestra Majestad y hacer uso de la merced que espero de su real mano conforme del deseo que siempre he tenido de servir a Vuestra Majestad».[491]

---

[491] Carta de Ribera a Felipe III, escrita en Concepción a 29 de abril de 1603. No hallamos constancia en los documentos de que el rey acordara a Ribera el permiso que se dice pedido por éste para contraer matrimonio, pero tampoco la hay de que hubiese reprobado su conducta por haberse casado sin aguardar ese permiso. Algunos cronistas, sin embargo, han referido que la separación de Alonso de Ribera del gobierno de Chile fue acordada por Felipe III en castigo de esta trasgresión de la ley. Pero este aserto se desvanece mediante una simple confrontación de los hechos y de las fechas. Esta confrontación demuestra con toda evidencia que el nombramiento del sucesor de Ribera estaba acordado y seguramente firmado cuando llegó a la Corte la noticia del matrimonio del gobernador de Chile. Sin duda alguna, el haberse decretado ya este cambio, fue causa de que ni el rey ni el Consejo de Indias se pronunciaran en pro ni en contra de ese casamiento.

Por lo demás, a pesar de la aparente severidad de la ley, reinaba en su aplicación una laxitud que estimulaba a su desobediencia, y que se explica por la flojedad que existía en todos los resortes de la administración española. Así, en el juicio de residencia de Alonso de Ribera, de que tendremos que hablar más adelante, el juez de la causa le puso culpa por este capítulo, y le fijó la pena bien pequeña por cierto, de una multa de 200 ducados para la cámara de Su Majestad, y aun esta pena no se hizo nunca efectiva.

Pero si Ribera sabía que por esta falta podía incurrir en la desgracia del soberano, debía saber también que este casamiento le iba a traer poderosos protectores. Su mujer era hermana de un padre jesuita, y en esa época la Compañía de Jesús comenzaba a tomar

2. Dificultades que le atrae su carácter impetuoso y autoritario

Este enlace, relacionándolo con una familia bastante emparentada, y a la cual debía necesariamente proteger, iba a dar lugar a quejas y a acusaciones contra el gobernador. Pero, aun sin este motivo, y por la sola arrogancia de su carácter, así como por las condiciones de las gentes a quienes mandaba, debía verse constantemente envuelto en rencillas y dificultades que hicieron muy turbulenta y agitada su administración. Ribera, por sus antecedentes y por la vida que había llevado hasta que el rey le confió el gobierno de Chile, era ante todo soldado, y poseía las cualidades y los defectos de casi todos los militares de su tiempo. Sus costumbres, como ya hemos dicho, eran ligeras. Amaba el lujo y la ostentación, tenía pasión por el juego y por las mujeres, le gustaba asistir a banquetes, y no temía comprometer la dignidad de su puesto en esta clase de diversiones. Al llegar a Chile, y al ver el estado de desmoralización y de desgreño en que se hallaba el ejército, y la manera cómo se hacía la guerra, el gobernador no excusó de censurar la conducta de sus predecesores y de muchos de los militares que habían servido a sus órdenes. Alejó o postergó a algunos de estos, y reservaba de ordinario las promociones y los puestos más delicados y, asimismo, los más honrosos, y la distribución de encomiendas, para los hombres de su confianza, aunque fuesen nuevos en la guerra, y por tanto, escasos de servicios y desprovistos de prestigio y de experiencia. Evitaba cuanto era posible el consultar a sus subalternos, no oía los consejos que se le daban, y en todo caso quería imponer su voluntad. Esta conducta debía granjearle numerosos enemigos, y el desapego de muchas gentes que no perdonaban ocasión de hacer llegar sus quejas ante el virrey del Perú y, aun, ante el mismo monarca español. De este número fue Damián Jeria, hombre ligero y pretencioso sin duda, pero que durante nueve años había desempeñado el cargo de secretario de los gobernadores de Chile, y que, no pudiendo avenirse

---

una gran influencia en todos los negocios políticos y administrativos de España y de sus colonias. Véase lo que a este respecto escribía poco más tarde al rey un personaje altamente caracterizado: «Alonso de Ribera está casado con una hermana de un padre de la Compañía de Jesús, y con este medio ha sabido ganar la voluntad a esta religión, calidad que a solas basta en las Indias para encubrir cualquier defecto en un gobernador, y sin la cual las mejores acciones se deducen, por más que ellas hablen, si estos padres callan». Carta del marqués de Montes-Claros, virrey del Perú, a Felipe III, escrita toda ella de su propia mano, en 21 de noviembre de 1610.

con Ribera, se había ido al Perú, y desde allí no había cesado de dar los informes más desfavorables acerca de éste.[492]

En las premiosas circunstancias en que le tocó mandar, el gobernador no podía contenerse de cometer arbitrariedades que creía justificadas en nombre del servicio público, pero que producían una honda irritación. De este número eran las derramas, o contribuciones extraordinarias que cada año imponía a los vecinos de Santiago para atender al aprovisionamiento de sus soldados. Aun, estas derramas no eran cobradas siempre en forma legal, por medio de los oficiales o tesoreros reales, y bajo cuenta escrupulosa y arreglada, sino exigidas autoritariamente por los capitanes y distribuidas por el gobernador. Idéntica cosa sucedía con la venta de los indios tomados en las últimas campañas, y negociados como esclavos, de cuyo valor no se llevaba tampoco cuenta cabal, y se invertía con el solo acuerdo del gobernador. Esta conducta no podía dejar de producir quejas violentas y apasionadas, y de acarrear más tarde a Ribera acusaciones crueles, injustas quizá, pero que echaban sombras sobre su honradez.

La impetuosidad de su carácter, la brusquedad de sus maneras de soldado, por otra parte, llevaban a Ribera en ocasiones a actos de violencia verdaderamente vituperables. «Trataba mal de palabras a muchos soldados llamándolos de poltronazos y bellacones y otras palabras de aspereza y desabrimiento, y daba a muchos de ellos de palos con el bastón que solía traer en las manos, y asimismo, decía malas y afrentosas palabras a los capitanes, ultrajando con ellas sus canas y grandes servicios hechos a Su Majestad en discurso de muchos años que sirvieron en la guerra deste reino.»[493] Uno de estos escribía al Consejo de Indias que solo la lealtad debida al rey había podido contener a los ultrajados de ejecutar actos de insurrección.[494] Se ha contado que a causa de la arrogancia que en él y en sus allegados había infundido la posesión del poder, sus propios criados cometían graves excesos y desacatos, seguros de la impunidad.

---

492 En el Archivo de Indias existen dos curiosas cartas de Damián de Jeria al rey, escritas en Charcas a 28 de febrero y 31 de marzo de 1603, así como varias otras en que se hacen a Ribera las más duras y a veces las más injustas acusaciones. En algunas de ellas van sus detractores hasta negarle sus indisputables cualidades de soldado, suponiendo que no supo aprovechar los elementos de que disponía, para consumar la completa pacificación del país.
493 Sentencia dada por el doctor Merlo de la Fuente en el juicio de residencia de Ribera.
494 Carta de Alonso de Salazar al Consejo de Indias de 4 de julio de 1603.

Estas solas condiciones de carácter habrían bastado para atraerle no pocas dificultades; pero Ribera, además, era desconfiado y quimerista, veía enemigos casi en todas partes, y con sobrada ligereza se predisponía en contra de ellos. Sospechando que esos enemigos verdaderos o ficticios pudieran hacer llegar sus quejas hasta el rey, recurrió a un arbitrio que la ley condenaba de la manera más expresa y terminante,[495] esto es, a violar la correspondencia epistolar, a detener a los que la conducían, y a perseguir con verdadero encarnizamiento a los que habían escrito alguna carta en contra suya. Fácil es concebir la irritación que estos hechos debían producir entre las personas agraviadas, y entre los deudos y amigos de estos.

3. La familia de Lisperguer burla la autoridad del gobernador

Pero no era necesario que esas cartas llegasen a manos del rey de España para que Ribera se viese envuelto, en el mismo centro de su gobierno, en dificultades y complicaciones de la mayor seriedad. Existía en Chile una opulenta y numerosa familia, que por sus riquezas y por sus relaciones, ejercía una gran influencia social y debía llenar más de una página de la historia del siglo XVII con sus hechos heroicos, sus pendencias y hasta con sus crímenes. El fundador de ella había sido un alemán de Worms, que vino a Chile en 1557 con don García Hurtado de Mendoza, y cuyo nombre habían amoldado los españoles a la pro-

---

495 En los primeros tiempos de la Conquista, los gobernadores violaban descaradamente la correspondencia epistolar de sus subalternos para perseguir y castigar a los que se atrevían a formular acusaciones en contra de ellos. Se recordará que éste fue uno de los cargos más graves que se formularon en Chile contra don García Hurtado de Mendoza. Este abuso tomó las más alarmantes proporciones y suscitó ardientes quejas. Felipe II, ratificando y dando mayor vigor a otras disposiciones anteriores, expidió en 14 de septiembre de 1592 una real cédula en que condenaba este delito con las más severas penas.
Por lo demás, estas sustracciones de correspondencia no debían ser raras por entonces; y de ellas se hizo víctima al mismo gobernador, según se lee en una de sus cartas al rey. Dice así: «Muchas de las cartas y relaciones entiendo se pierden, porque algunas personas con extraordinaria diligencia las procuran haber, y que no vayan a manos de Vuestra Majestad por sus particulares intereses, como sucedió al primer pliego que escribí a Vuestra Majestad de este reino, que en el propio puerto de Valparaíso tuvieron trazas con el piloto y maestre que le llevaban registrado, para tomárselo; y ahora últimamente, en carta de 28 de mayo, me escribe el virrey don Luis de Velasco el capítulo siguiente: 'Los pliegos que vuestra merced dice envíe para Su Majestad no llegaron a mis manos, ni hasta ahora he sabido de ellos. Si se me diesen los mandaré poner en los míos'». Carta de Ribera al rey escrita en Santiago a 21 de julio de 1604. Este hecho prueba que entre los enemigos del gobernador, había gente osada que podía disponer de recursos.

nunciación castellana, llamándolo Pedro de Lisperguer.[496] Casado en Santiago con la hija de uno de los más ricos vecinos de esta ciudad, otro alemán que vino a Chile con Pedro de Valdivia y que había españolizado su nombre llamándose Bartolomé Flores, Lisperguer había reunido en su familia una gran fortuna. A principios del siglo XVII sus hijos gozaban de las comodidades y del prestigio que siempre da la posesión de bienes considerables.

Uno de ellos, el capitán don Juan Rodulfo de Lisperguer, que debía adquirir cierto renombre por los sucesos que vamos a contar y por su muerte desastrosa en la guerra contra los indios, había comenzado por merecer la confianza de Ribera, y como se recordará, en 1601 había desempeñado la comisión de conducir desde Mendoza los refuerzos de tropas que enviaba al rey de España. Pero dos años después, ocurrió entre él y el gobernador un rompimiento completo. Lisperguer había cometido un delito que Ribera no señala, pero que califica de «muy digno de pena capital y ejemplar castigo». Sin duda ese delito fue algún desacato contra la persona del gobernador, lo que explicaría el encargo especial que la real audiencia de Lima hizo a Ribera de dejar el conocimiento de esta causa al teniente general, que por otra parte era, como sabemos, el funcionario encargado de administrar justicia.

El altivo capitán fue reducido a prisión y sometido a juicio por el licenciado Viscarra, que desempeñaba todavía las funciones de teniente de gobernador. El prestigio y el oro de su familia no lo salvaron de un proceso; pero sí le permitieron preparar su fuga. En los primeros meses de 1604, mientras Ribera se hallaba en el sur, Lisperguer sedujo a los guardianes encargados de su custodia, y acompañado de diez personas, en su mayor parte soldados, trasmontó las cordilleras y se sustrajo a toda persecución. Al dar cuenta al rey de estos

---

496 Véase lo que acerca de éste hemos dicho en la nota 11 del § 3, capítulo 16, parte II. La vanidad nobiliaria de sus descendientes hizo que estos pretendiesen que Pedro de Lisperguer había sido paje de Carlos V, que sus mayores eran personajes de mucha consideración en Alemania y hasta emparentados con príncipes. En las informaciones que sus herederos levantaron más tarde, todos estos hechos quedaban más o menos comprobados; pero el conocimiento que tenemos acerca de las informaciones de ese género, nos hace mirarlos con la mayor desconfianza. En ellas, cada cual conseguía probar todo cuanto se le ocurría, y todo cuanto halagaba su vanidad. En América, como en Europa, sobraban los genealogistas, o «reyes de armas», como se decía, que sabían arreglar los entroncamientos más fantásticos.

sucesos, Ribera parecía felicitarse de que don Juan Rodulfo Lisperguer se hallase fuera del reino.[497]

Sin embargo, este capitán dejaba en Chile parientes y amigos que debían causar al gobernador no pocas inquietudes. Alonso de Ribera iba a entrar en lucha con una familia a la cual se imputaban horribles crímenes, pero que podía contar con el poder de sus riquezas y con el apoyo poderoso del clero; y a pesar de la arrogancia de su carácter y del prestigio del alto cargo que desempeñaba, iba a verse burlado y vencido por sus contendores. Los documentos de la época dan muy escasas noticias acerca de los incidentes de esta lucha; pero sí se sabe que a mediados de 1604 el gobernador decretó la prisión de doña María y de doña Catalina de Lisperguer, hermanas del capitán fugitivo. En la carta al rey en que Ribera da cuenta de estos sucesos, no menciona expresamente el delito de esas dos señoras; pero poco más tarde se contaba que entre ambas habían intentado envenenarlo poniendo en el agua que bebía, ciertas yerbas proporcionadas por un indio. Agregábase que habían dado muerte a ese indio para que no hubiese testigo que pudiera deponer en contra de ellas. Contábase, además, que las dos hermanas perseguidas habían cometido otros crímenes, que eran encantadoras, que ejercían sortilegios, que mantenían en su casa un duende familiar que produjo grandes alborotos en toda esta tierra. Estas imputaciones no eran, como podría pensarse, un rumor vulgar, nacido entre las clases inferiores de la sociedad: lejos de eso, creían en ellas los hombres más autorizados y respetables de la colonia.[498] Pero esas señoras y sus parientes

---

497 Carta de Ribera a Felipe III, escrita en Concepción a 26 de mayo de 1604.

498 El obispo de Santiago don Francisco de Salcedo se hacía órgano de estas acusaciones en las cartas dirigidas al fiscal del Consejo de Indias con fecha 16 de mayo de 1633 y de 10 de abril de 1634 para darle cuenta de los crímenes de doña Catalina de los Ríos, hija de doña Catalina Lisperguer, y de la manera cómo esta poderosa familia se burlaba de la acción de la justicia, y cómo encontraba amparo y protección en la real audiencia de Chile. Las dos cartas del obispo Salcedo han sido publicadas por don Benjamín Vicuña Mackenna en el apéndice XVIII de su interesante libro *Los Lisperguer y la Quintrala*, Valparaíso, 1877.
Sin poner en duda el fondo de los hechos consignados en esas cartas, es decir, los crímenes evidentes de esa familia, comprobados en otros documentos, y que demuestran la impunidad de que en la época colonial podía gozar una familia opulenta, debemos decir que en los accidentes de su relato el obispo parece haber aceptado candorosamente, sin examen ni criterio, los rumores vulgares. Refiere allí que la suegra de doña Catalina de Lisperguer fue doña María Encio, una «de dos mujeres que trajo el gobernador Valdivia por mancebas, primer conquistador de este reino. Casola el gobernador, agrega, con un fulano (Gonzalo) de los Ríos. Esta María Encio mató a su marido estando durmiendo una siesta,

eran al mismo tiempo grandes devotos, concurrían regularmente a todas las fiestas de iglesia y habían hecho cuantiosos donativos a las órdenes religiosas. Al saber que el gobernador había lanzado la orden de prisión, corrieron a asilarse la una al convento de San Agustín y la otra al de Santo Domingo, y hallaron

---

echándole azogue por los oídos». No necesitamos insistir mucho para indicar que esta forma de envenenamiento es una simple patraña, y que el azogue no ha podido producir ese efecto. Ponemos igualmente en duda la historia de las yerbas venenosas que un indio suministró a las hermanas Lisperguer, y que echadas al agua que bebía el gobernador, debían causarle la muerte, no solo por la falta de indicación más precisa y segura sino porque los españoles de esa época eran muy inclinados a creer sin el menor discernimiento en esta clase de noticias sobre plantas maravillosas, que producían venenos o remedios misteriosos y eficacísimos. Pero los antecedentes que el obispo da acerca de doña María de Encio, nos inspiran desconfianzas de otra naturaleza. En los antiguos documentos hemos encontrado todas las acusaciones que sus enemigos hicieron a Pedro de Valdivia. En ellas se le reprocha con particular insistencia sus relaciones ilícitas con Inés Suárez, a quien trajo del Perú en 1540; pero no se hace la menor referencia a doña María de Encio. La carta del obispo Salcedo fue escrita noventa y cuatro años después de esos sucesos; y no tiene nada de extraño que la tradición popular, enturbiada con el transcurso de tan largo tiempo, hubiera dado tales antecedentes a una mujer que debía ser odiada por los crímenes que se le atribuían, y por los crímenes mejor conocidos de sus descendientes.

Por lo demás, no es extraño que el obispo Salcedo creyera candorosamente que las hermanas Lisperguer fuesen encantadoras y que tuviesen «en su casa un duende que alborotó toda esta tierra, con quien decían tenían pacto». La creencia en duendes y en encantamientos era general en España y sus colonias en esa época, no solo entre las clases inferiores e ignorantes sino entre los letrados y los teólogos. En 1676 se publicó en Madrid por la imprenta real un curioso libro de 438 páginas en 4.º que lleva por título *El ente dilucidado*. Discurso único novísimo que muestra que hay en la naturaleza animales irracionales invisibles y cuales sean. Su autor fue fray Antonio Arias, más conocido con el apellido de Fuente la Peña, provincial de la orden de capuchinos de Castilla, comisario general y visitador de su orden en Sicilia. En este libro se demuestra teológicamente que existen duendes, que nacen espontáneamente en las piezas húmedas y largo tiempo cerradas, que no tienen sexo y que por tanto no pueden procrear, que, aunque invisibles, suelen ser muy bulliciosos y alborotadores, y que por su naturaleza son distintos de los demonios. Este libro, publicado con las más ardorosas aprobaciones de la censura eclesiástica, fue muy aplaudido en todos los dominios españoles, y se hallaba en casi todas las bibliotecas de las catedrales de América. La de Santiago poseía un ejemplar.

En nuestro libro no nos es posible el entrar en más amplios pormenores sobre los sucesos relacionados con la familia Lisperguer, por más que ellos formen un episodio notable de la historia social de la Colonia, lleno de interés dramático y útil para dar a conocer los tiempos pasados. A las importantes investigaciones que sirven de base al libro del señor Vicuña Mackenna, que citamos más arriba, se han agregado otras no menos valiosas de don Miguel Luis Amunátegui en el capítulo 3 de su libro titulado El terremoto del 13 de mayo de 1647. En ambas obras, el lector encontrará un vasto caudal de noticias sobre esos sucesos. Creemos que los viejos documentos depositados en los archivos, pueden todavía dar nueva luz y completar el cuadro de aquellas páginas de horrores y de crímenes.

en ellos una favorable acogida que aseguró su impunidad. Fue inútil que Ribera, sobreponiéndose a toda consideración, allanase esos conventos, como también el de la Merced, a donde se trasladó más tarde una de las hermanas Lisperguer, porque los soldados del gobernador no pudieron descubrir su escondite. Los religiosos, escribía el gobernador al rey, las defienden y ocultan de manera que no se pueden haber a las manos, con gran nota y escándalo de la república y de lo que corresponde al servicio de Vuestra Majestad.[499] Así, pues, cualesquiera que fuesen los crímenes de que se acusaba a esas dos señoras, y el descrédito que sobre ellas habían echado sus pretendidos encantamientos, la autoridad quedó burlada.

Este curioso incidente, así como todos los que se relacionan con la historia de los crímenes de esa familia, al paso que enseña cómo las personas de fortuna podían sustraerse a la acción de la justicia, da a conocer un rasgo distintivo de las ideas españolas de ese siglo, y de la calidad de la devoción que los conquistadores implantaron en los pueblos americanos. Según ellos, el corazón más corrompido, los criminales más audaces y desvergonzados, merecían las simpatías de los hombres y el perdón de Dios, si conservaban la fe y ejercitaban las prácticas devotas. El teatro español, fiel reflejo de las ideas y costumbres de ese pueblo y de esa época, ha exaltado aquellos sentimientos, haciendo simpáticos a los malhechores que en medio de su carrera de crímenes, practicaban algunos actos religiosos, se encomendaban confiadamente a algún santo, ofrecían donativos a las iglesias o daban cualquier otro signo de no haberse borrado en sus pechos el recuerdo de la antigua fe.[500] La historia

---

499 Carta de Alonso de Ribera al rey, escrita en Santiago a 17 de septiembre de 1604.
500 Véase entre otras *La devoción de la cruz*, comedia de don Pedro Calderón de la Barca, impresa por primera vez en 1633, reimpresa muchas veces y perfectamente traducida a otros idiomas. Su asunto es la historia de un bandido (Eusebio) que en medio de su carrera de los crímenes más atroces, alcanza la protección especial de Dios, porque siempre ha mirado con devoción todo objeto que tiene forma de cruz. Ese bandido muere en una pendencia con otros hombres de su jaez, pero Dios le permite milagrosamente que vuelva a la vida, para que se confiese, reciba la absolución y vuele derecho al cielo. El confesor (Alberto) refiere el prodigio en estos términos:

«Después de haber muerto Eusebio,
el cielo depositó
su espíritu en su cadáver,
hasta que se confesó;
¡Qué tanto con Dios alcanza

de la conquista y de la colonización de América suministra en cada una de sus páginas de devoción y de sangre, la prueba de que esas ideas no eran una simple invención de los poetas.

4. Don fray Reginaldo de Lizárraga, obispo de Concepción

Alonso de Ribera se vio, además, envuelto en otras dificultades y complicaciones más serias y ruidosas todavía por causa de la intervención de la autoridad eclesiástica. Esas dificultades eran, en cierto modo, el resultado del cambio ocurrido en el espíritu de la política española. El rey había intentado fijar precisamente los límites de ambos poderes, del civil y del eclesiástico. Al paso que quería revestir a este último de un gran prestigio que le diera lustre y autoridad, se había propuesto y había conseguido organizar una milicia sacerdotal adicta a su persona, y mantenerla sujeta y sumisa para que contribuyese a robustecer el poder real, y le evitase las competencias y dificultades que los obispos solían suscitar. Bajo la administración vigilante y enérgica de Felipe II, este sistema había producido la obediencia casi constante del clero;[501] y las dificultades ocurridas habían sido de poca trascendencia. Desde los primeros días del reinado de su inmediato sucesor, comenzó a operarse un cambio que debía ser de las más graves consecuencias. «El principal cuidado de nuestro

---

de la cruz la devoción!»

Una espiritual escritora francesa, la condesa d' Aulnoy, que visitó España en ese siglo y que ha consignado sus impresiones en un libro muy interesante que lleva por título *La cour et la ville de Madrid vers la fin du XVII, siècle*, París, 1690, ha analizado estas ideas y estos sentimientos españoles en los términos que siguen: «Es difícil comprender que los hombres que ponen todo en uso para satisfacer su venganza, y que cometen las más malas acciones, sean supersticiosos hasta la debilidad. En los momentos en que se preparan para dar de puñaladas a un enemigo, mandan hacer novenas por las almas del purgatorio, y llevan consigo reliquias que besan frecuentemente, y a las cuales se encomiendan para no sucumbir en la empresa». Y en otra parte, hablando de la devoción de las mujeres, dice lo que sigue: «Es digno de verse el uso constante que hacen de su rosario. Todas las damas lo llevan atado a la cintura, y a veces es tan largo que falta poco para que les arrastre por el suelo. Lo rezan sin cesar, en las calles, jugando al naipe, hablando de amores, mintiendo o murmurando, porque ellas están siempre repitiendo su rosario; y aunque se hallen reunidas en gran sociedad, eso no impide que el rosario siga su curso. Yo os dejo pensar cuán devotamente será hecho ese rezo; pero el hábito tiene mucha fuerza en este país». Esas palabras hacen el retrato de la devoción de los conquistadores españoles de América y de los primeros colonos.

501 Véase lo que dejamos dicho en el capítulo 12, § 10 de esta misma parte.

rey, dice un eclesiástico historiador de Felipe III, era tener a Dios por amigo, granjear y beneficiar su gracia, para que le asistiese propicio en cuanto obrase y dijese.»[502] Se sabe por qué medios ese príncipe inepto y desgraciado trataba de conciliarse la amistad de Dios. Se le ha llamado «el monarca más piadoso entre todos los que han ocupado el trono de España desde San Fernando»;[503] pero la historia reconoce que durante su triste y desastroso reinado, no tuvo un solo momento de entereza y de energía sino cuando se trataba de secundar los esfuerzos de sus favoritos para incrementar la influencia del clero. El más audaz de esos favoritos, que durante veinte largos años explotó a su arbitrio la debilidad y la indolencia del soberano, el duque de Lerma, «hizo alianza con el clero, y desde el principio hasta el fin de su larga administración, hizo todo lo que pudo por aumentar la autoridad de sus aliados. La influencia que la Corona perdió, pasó así a manos del clero, a cuya opinión se acordó una deferencia más grande aún que la que se le había acordado por los príncipes supersticiosos del siglo XVI».[504] El clero principió a abrogarse un poder que no había tenido nunca, y que no le daban las leyes de la monarquía. Sus pretensiones de dominio crecieron desmesuradamente; y en España y en América comenzaron a surgir frecuentes y mayores complicaciones entre los obispos y los representantes de la autoridad real.

Cuando Ribera llegó a Chile, los dos obispados que había en este país se hallaban vacantes. Por recomendación del marqués de Cañete, Felipe II había presentado para ocupar la sede de la Imperial a un fraile dominicano que residía en el Perú, llamando Baltasar de Obando, pero que había cambiado su nombre por el de Reginaldo de Lizárraga al tomar las órdenes sacerdotales.[505] En 1599

---
502 Padre maestro Gil González Dávila, *Historia de Felipe III*, lib. II, pág. 170.
503 Don Juan Sempere y Guarinos, *Considérations sur les causes de la grandeur et de la décadence de la monarchie espagnole*, París, 1826, tomo I, pág. 245.
504 Buckle, *History of the civilisation in England*, chap. 15. Este capítulo, de una extensión considerable, contraído todo él a España, forma un cuadro notable de la historia de este país, estudiada con una rara erudición y juzgada con un alto criterio filosófico.
505 Era natural de Lizárraga, miserable villorrio de Navarra, y niño todavía había pasado al Perú, donde entró en la orden de dominicanos. En años anteriores había residido en Chile en desempeño de una comisión de su provincial, y conocía regularmente este país. Más tarde, escribió un libro que permanece inédito, aunque recordado por algunos bibliógrafos, y que en realidad casi no merece los honores de la impresión. Es una descripción histórico-geográfica de Chile y del Perú, escrita con poco arte y escasa precisión en los datos que consigna. Tenemos una copia de toda la porción de ese libro que se refiere a nuestro país,

llegaron a sus manos las bulas que lo instituían obispo y, aun, recibió en Lima la consagración episcopal. Pero entonces se conocía en esa ciudad la tremenda y sangrienta rebelión de los araucanos, y era fácil suponer los peligros a que se expondría el prelado que fuese a tomar en esas circunstancias el gobierno de aquella diócesis. El obispo de la Imperial, que no aspiraba a la gloria de mártir, prefirió quedarse en el Perú con el pretexto de asistir a un concilio que había convocado el arzobispo de Lima, y hasta trató de renunciar el obispado que el rey le había conferido.

Después de tres años de temores y vacilaciones, el obispo Lizárraga, urgido por el rey, se vio obligado a embarcarse para Chile. Llegaba a Concepción a fines de 1602,[506] cuando apenas comenzaba a hacerse sentir alguna tran-

---

y de ella hemos tomado, como habrá podido verse por muchas de las notas de nuestra historia, todas las noticias que ofrecen cierto interés, algunas de las cuales nos han sido verdaderamente útiles para explicarnos varios hechos o para confirmar lo que hallábamos en otros documentos.

El padre dominicano fray Juan Meléndez que ha destinado algunas páginas del tomo I de sus *Tesoros verdaderos de Indias*, Roma, 1681, a dar noticias biográficas del obispo de Lizárraga con no pocos errores e invenciones de prodigios y milagros, y con todos los elogios y alabanzas de que sin la menor discreción está sembrado todo su libro, dice que este prelado escribió otras obras muy notables de explicación dogmática de la Biblia y de sermones. Si el hecho es cierto, esas obras no se publicaron nunca, y con ello han perdido poco las letras visto el escaso mérito del libro suyo que conocemos.

506 Todas las noticias concernientes al nombramiento, a la consagración y al viaje del obispo Lizárraga, constan de numerosos documentos, y en especial de su propia correspondencia con el rey, y de las cartas que el virrey del Perú, don Luis de Velasco, dirigía al soberano. Don Crescente Errázuriz ha publicado algunos de esos documentos, íntegros o en extracto, en los capítulos 40 y 41 de sus *Orígenes de la iglesia chilena*, o en el apéndice final de esa obra. De todos ellos, resulta evidentemente que el obispo, consagrado en Lima en octubre de 1599, no llegó a Chile sino a fines de 1602, cuando la imperial había sido abandonada y destruida. Esto mismo se lee en el padre Rosales, Historia general, lib. V, capítulo 27; además de que la ausencia del obispo durante el sitio de aquella ciudad se desprende de la relación de esos sucesos que se halla en el *Purén indómito*, del capitán Álvarez de Toledo, y está recordada por el cronista Córdoba de Figueroa, en el capítulo 21 del lib. III de su *Historia de Chile*.

Sin embargo, en alguna de las crónicas de las órdenes religiosas, en que se respeta muy poco la verdad de los hechos cuando se trata de exaltar los méritos de los miembros de la orden, y en que se hallan a cada paso las más absurdas invenciones, se contó, sin duda, la noticia de que el obispo se encontraba en la ciudad durante el sitio, y de allí debió tomarla el abate Olivares para darla en el capítulo 4 del libro V de su *Historia civil*. Molina y Gay contaron lo mismo agregando que el obispo, cuando se perdió la ciudad, regresó a Concepción en un buque. Por último, don Ignacio Víctor Eyzaguirre en su *Historia eclesiástica, política y literaria de Chile*, tomo I, pág. 277, alaba extraordinariamente la entereza del

quilidad al norte del Biobío. La Imperial, en cambio, había sido abandonada y destruida, los bárbaros estaban en posesión de toda su comarca, y no se veía cuándo pudiera repararse aquel desastroso estado de cosas. En tal situación, de acuerdo con el único canónigo que había en su diócesis, y seguramente con el consentimiento de Ribera, el obispo, por auto de 7 de febrero de 1603, declaró trasladada la sede del obispado a la ciudad de Concepción. Pero eran tales la pobreza en que se hallaban los pueblos del sur, y la condición lastimosa y precaria a que los había reducido la guerra, que el mismo prelado llegó a creer que sería imposible sostener en ellos una iglesia catedral. Al dar cuenta al rey de la traslación que acababa de efectuar, el obispo Lizárraga no vaciló en hacer la renuncia expresa de ese cargo, y en pedir empeñosamente que se suprimiese el obispado de Concepción, incorporándolo al de Santiago, que se hallaba en mejores condiciones para sostenerse.[507] Sus representaciones, sin embargo, fueron infructuosas. En 1604, el piadoso Felipe III, que por nada habría consentido en la supresión de un obispado en sus dominios, se negó resueltamente a aceptar la renuncia de Lizárraga, le reprochó su conducta y le recomendó que siguiera ayudando a sus fieles «a pasar los trabajos en que están». Por fin, el año siguiente, el rey sancionaba en debida forma la traslación de la diócesis a la ciudad de Concepción.[508] Sin embargo, durante mucho tiempo más siguió dándosele el nombre de obispado de la Imperial con que se le había designado desde su primer establecimiento.

Pero Lizárraga no gobernó largo tiempo esa diócesis. La miserable condición a que la había reducido la guerra, creaba para él un estado de pobreza y de

---

obispo en esos días de prueba, y cuenta también la invención del buque. Por lo demás, en todos estos libros, la historia de este período está de tal manera desfigurada que casi puede decirse que hay en ellos más errores que líneas. La publicación de la obra del padre Rosales y, más aún, el hallazgo de los numerosos documentos guardados en los archivos de España, han venido a dar una luz verdadera sobre estos sucesos.

507 Carta del obispo Lizárraga al rey, de 8 de febrero de 1603.
508 Reales cédulas de 18 de julio de 1604 y de 31 de diciembre de 1605. Hasta que llegó a Chile la resolución del Soberano, el obispo no había dejado de representar la miseria de aquellas provincias y la imposibilidad de sostener un obispado. Por tanto, pedía con la misma insistencia la supresión de esa diócesis y su incorporación a la de Santiago. En cuanto a su persona, Lizárraga representaba al rey su mucha edad (sesenta y cinco años) y le pedía que se le asignase una renta vitalicia, «una muy breve merced que vuestra alteza me haga librada en los Reyes (Lima) para retirarse a vivir en paz en un convento de esa ciudad». Carta de Lizárraga al rey, de 10 de marzo de 1605. Dos años después recibió las bulas de obispo de la Asunción del Paraguay.

inquietudes que lo estimuló a hacer todo género de esfuerzos para que se le diese otro puesto más cómodo y más ventajoso. Aunque Lizárraga se había mostrado en el Perú inquieto y turbulento, y había sostenido enojosas cuestiones con el arzobispo de Lima y, aun, se mostraba disgustado con el virrey, en Chile observó una conducta diferente. Esperándolo todo del soberano, se guardó esmeradamente de suscitar dificultades al poder civil, prestó todo el apoyo posible a los gobernadores, y mereció que dos de estos, Alonso de Ribera y, más tarde, Alonso García Ramón, lo recomendasen con empeño y pidiesen para él gracias y mercedes.[509] Su episcopado no se señaló por ninguna competencia, ni por esas ruidosas dificultades que solían embarazar la marcha del gobierno.

---

[509] Las cartas del obispo Lizárraga al rey, reflejan en cada línea esta sumisión absoluta al soberano. En ellas da su opinión sobre los negocios de la guerra y, aun, se permite reprobar en parte lo que se hace; pero se muestra el más rendido vasallo del rey. Como éste se había negado a aceptarle la renuncia, por cuanto su presencia en Chile podía ser útil en aquellas circunstancias, el obispo, con fecha de 25 de febrero de 1605, le dice entre otras cosas, lo que sigue: «Por la confianza que Vuestra Majestad hace de mí, que soy un gusanillo, beso a Vuestra Majestad sus reales pies y manos, diciendo mi presencia y residencia será de consideración en este reino para la población de él». Por lo demás, le promete ejecutar todas las procesiones y fiestas de iglesia que el piadoso Felipe III le había mandado hacer con diversos motivos.

En otra de esas cartas, de fecha de 20 de mayo del mismo año, hay, sin embargo, una útil observación acerca de la absoluta inutilidad de las misiones para la conversión de indios, «porque no creen, dice, más de lo que ven con los ojos y palpan con las manos; y así nos dicen en nuestras barbas les mentimos cuando les tratamos de la creación y artículos de la fe. Y en este obispado se tiene costumbre todos los domingos decir por las calles acostumbradas, la doctrina en la lengua de esta tierra, por los curas; y los indios y las indias que van apartados del cura, en lugar de responder a lo que se les enseña, cantando dicen: ¿para qué se nos enseñan estas mentiras». Estas palabras confirman una vez más lo que a este respecto hemos dicho en muchos lugares de esta historia.

Por lo demás, el obispo creía que solo una guerra eficaz había de hacer efectiva la pacificación de los indios, y tenía tanta confianza en el poder del rey de España, que creía que en sus manos estaba el concluir en poco tiempo aquella larga guerra. A este respecto le decía lo que sigue: Vuestra Alteza se sirva de una vez concluir con ella, y ahorrarse mucha gente y gastos de vuestra real hacienda, porque enviar cada año socorro, todo se gasta y es de poco efecto, y es necesario cada año enviar más como se ha visto de más de cuarenta y seis años a esta parte. De una vez se concluyó por vuestra real persona con Granada y Aragón, y así tuvo fin la guerra. Si Vuestra Alteza fuese servido hacer otro tanto con este reino, darase fin a la guerra que ha más de cuarenta años que persevera, y el servicio de Nuestro Señor y de Vuestra Alteza se multiplicaría. Dilatándola, los enemigos se hacen más soldados y nos tienen en menos».

5. Ruidosas competencias entre el gobernador Ribera y el obispo de Santiago, Pérez de Espinosa

No sucedía lo mismo en la diócesis de Santiago. El obispo Pérez de Espinosa había llegado a Chile, como se recordará, a fines de 1601, y se vio envuelto en complicaciones y dificultades con su mismo clero, haciendo presentir por la terquedad de su carácter las tempestades que en poco tiempo más había de provocar.

El clero de Chile, a pesar de las recomendaciones generales que de su conducta suele hacerse en algunos documentos, y de las alabanzas que le prodigan los cronistas, distaba mucho de ofrecer un modelo de virtudes. En efecto, el estudio prolijo y detenido de los hechos, deja ver una profunda y contagiosa desmoralización. Refiere el obispo que poco tiempo antes, un canónigo de Santiago, llamado Martín Moreno de Velasco, después de ejecutar actos verdaderamente criminales, se había fugado a España mediante la protección que le dispensaban sus compañeros de coro. Otro canónigo llamado Francisco de Ochandino, que a la vez era mayordomo de la catedral, resultó alcanzado en sus cuentas por más de 6.000 pesos. «El maestre-escuela que Vuestra Majestad tiene proveído en esta catedral (Francisco de Llanos), dice el obispo, se ha tomado loco de las muchas penas que el dicho Francisco de Ochandino con sus secuaces le han dado. Y vino a tanto el perseguirlo, que públicamente, en el coro de la catedral, le dieron de mojicones en sede vacante, estando delante de los demás prebendados. Y en lugar de favorecerle, lo echaron en la cárcel con una cadena; y al clérigo que le dio los mojicones, en lugar de castigarlo como el delito lo merecía, le dieron un curato que fue el de San Juan de la frontera.»[510]

La relajación de costumbres del clero en otro orden de faltas había llegado a tal punto que no se temía provocar el escándalo. «He sido informado, decía el rey, que en esas provincias de Chile, ha habido y hay mucho desorden en hacer donación de sus haciendas, los clérigos presbíteros a sus hijas, dándoselas así en vida en dotes como mandándoselas al tiempo de su fallecimiento contra lo que está dispuesto y ordenado por leyes reales, en cuya ejecución ha habido mucha remisión y descuido.»[511] En consecuencia, el rey mandaba que se cum-

---

510 Carta del obispo Pérez de Espinosa al rey, de 20 de marzo de 1602.
511 Real cédula de 5 de septiembre de 1609, publicada por don Miguel Luis Amunátegui en las págs. 34 y 35 de *El terremoto del 13 de mayo de 1647*. Las disposiciones de las antiguas leyes españolas que regían sobre la materia, están refundidas en la ley 4, tít. 20, lib. X de la

plieran escrupulosamente las leyes españolas que prohibían a los hijos de los clérigos el entrar por cualquier título en posesión de los bienes de sus padres.

A juzgar por su correspondencia con el soberano, el obispo Pérez de Espinosa entró al gobierno de su diócesis bien resuelto a reprimir los desmanes y los delitos de los clérigos. Al recordar algunos de los hechos que dejamos mencionados, muestra su indignación por esas faltas; pero antes de mucho tiempo, se hizo más indulgente y dejó a los culpables sin castigo o les aplicó penas ligerísimas. Alonso de Ribera, cuyo carácter irritable y violento era muy poco a propósito para sobrellevar resistencias de cualquier género, no toleró largo tiempo aquel estado de cosas, y se dejó arrastrar a actos que bajo el régimen legal de la época habían de producir las más graves complicaciones. Los hechos que pasamos a referir, y que tal vez parecerán demasiado prolijos, al paso que explican los antecedentes de estas complicaciones, dan a conocer una faz importante de aquella situación social.

Queriendo poner atajo a los frecuentes robos de ganado, el gobernador ordenó en julio de 1602 que un preboste de Santiago apresara a los indios que traían animales para la provisión de la ciudad, «con intento de ver, dice, si encontraba con alguno de los que traían carne hurtada para castigarlo». Entre los indios apresados había uno que era de propiedad de un clérigo apellidado Zamudio; pero «como éste vio llevar su indio preso, dice Ribera, arremetió con el preboste y se lo quitó, y hizo y dijo allí otras bravatas contra la justicia real, de lo cual se me dio parte. Envié, añade, un recado al obispo para que lo mandara castigar, pero no se hizo nada en ello».[512]

Novísima Recopilación, que ordena «que los tales hijos de clérigos no hayan, ni hereden, ni puedan haber ni heredar los bienes de sus padres clérigos, ni de otros parientes de parte del padre, ni hayan ni puedan gozar de cualquier manda o donación, o vendida (venta) que les sea hecha por los susodichos».

512 Carta de Ribera al rey, de 5 de febrero de 1602. El gobernador, al dar cuenta al rey de estos hechos, agrega las palabras siguientes que dejan ver el abuso que se hacía del fuero eclesiástico: «Hay también otro abuso en esta tierra muy en deservicio de Dios y de Vuestra Majestad y en daño del reino; y es que todos los vecinos y moradores de Santiago, en teniendo sus hijos 15 o 16 años, los ordenan de corona para que los gobernadores y demás justicias no los puedan obligar a venir a la guerra: y además de esto, se crían tan libres como que no tiene la justicia jurisdicción sobre ellos, que hacen muchos desórdenes y hurtos y se quedan con ello, sin que los castiguen porque en prendiéndolos se llaman luego a la corona y es menester dejarlos». Y en otra parte de la misma carta, se lee lo que sigue: «También hay necesidad de mucho remedio en cosas de clérigos, porque es su libertad aquí de manera que no hay quien se pueda averiguar con ellos».

En esos mismos días ocurrió en Quillota un hecho semejante, pero mucho más grave todavía. Un mancebo de Santiago llamado Juan de Molina, dio muerte en una pendencia a otro joven, y corrió a asilarse a la casa de su tío el presbítero Lope de Landa. El corregidor del distrito, sin embargo, descubrió el asilo en que se ocultaba el asesino, lo sacó de allí y lo puso preso en la cárcel para entregarlo a la justicia. El presbítero Lope de Landa, que debía tener confianza en la impunidad, reunió algunos hombres, asaltó la prisión, atropelló las guardias y puso en libertad a su sobrino, que no pudo ser sometido a juicio. Ribera, al referir este hecho, agrega estas palabras: «Y esto se ha quedado así, porque, aunque se dio parte al obispo, no se ha hecho nada en ello».[513]

Pero esta conducta del obispo, que parecía obedecer a un sistema firme e invariable, no podía dejar de suscitar complicaciones y dificultades. En el mes de agosto de ese mismo año de 1602, la justicia eclesiástica mandó poner en posesión de unos terrenos en litigio a un canónigo de Concepción que residía en Santiago y que los disputaba como suyos. Confió la diligencia a un subdiácono portugués llamado Luis Méndez, que se empeñó en cumplirla con una inhumana violencia. Queriendo expulsar de ese campo a los indios que lo poblaban, Méndez puso fuego a dieciocho o veinte chozas y dejó consumirse en el incendio las comidas y las ropas de esos infelices. Seguramente estos procedimientos no eran raros en esos tiempos; pero Ribera quiso aplicar un castigo severo al autor de tales atropellos. Habiendo oído el parecer de los licenciados

---

[513] Carta citada de Alonso de Ribera. Se creería que Ribera, irritado contra el obispo, exagera sus acusaciones, reprochando quizá injustamente a ese prelado el dejar impunes los delitos cometidos por los clérigos; pero tenemos a la vista otros documentos que dejan ver que el gobernador decía simplemente la verdad. En 1609, cuando Ribera se hallaba apartado del gobierno de Chile, ocurrió otro hecho que encontramos referido en los términos siguientes: «En este reino hubo un ordenante que falseó mi firma, y la del obispo de Santiago, del veedor general contador del sueldo, y de mi secretario, tan al natural que parecen propias. Y respecto de ser clérigo no se le pudo castigar conforme su gran delito. Desterróle el ordinario para el Perú. Advierto a Vuestra Majestad de ello para que si éste, que es mal hombre, escribiese alguna cosa debajo de mi firma, y no llevase el contraseño que diré en ésta de mi mano, se entienda no ser mía; lo cual hago por lo que podría convenir al servicio de Vuestra Majestad». Carta inédita de Alonso García Ramón al rey, escrita en 28 de octubre de 1609. Se comprende que el destierro al Perú en esas condiciones era una pena irrisoria. García Ramón escarmentado con lo que había ocurrido a Ribera en las competencias de que vamos a dar cuenta, tuvo que soportar los procedimientos del obispo, y apenas se atrevió a informar de este hecho con la timidez que reflejan las palabras que dejamos copiadas.

Pedro de Viscarra y Francisco de Pastene, hizo apresar al subdiácono Méndez, y después de tratarlo con la mayor aspereza, lo hizo montar en una mula y mandó que se le condujera con escolta a Valparaíso, para hacerlo salir fuera del reino en un buque que debía partir para el Perú. Sin la enérgica intervención del obispo, las órdenes del gobernador se habrían cumplido puntualmente; pero creyendo violadas sus prerrogativas, Pérez de Espinosa salió a la defensa de aquel clérigo, entabló todo género de reclamaciones, y por último conminó con la pena de excomunión a todos los que hubieran intervenido en este negocio si inmediatamente no se entregaba a la autoridad eclesiástica al subdiácono Méndez. «El obispo me descomulgó sobre ello, decía Ribera al rey, y así se lo volví por no estar descomulgado.» Como era de esperarse, el incendiario de las chozas de esos miserables indios, quedó impune de su delito.[514]

Estas frecuentes competencias produjeron una gran irritabilidad en las relaciones del gobernador y del obispo. Cuéntase que en una procesión religiosa que se celebraba en Santiago, Ribera iba conversando con las personas que le hacían compañía. El obispo, volviéndose hacia éstas, les reprochó la falta de recogimiento. «¡Voto a Dios! exclamó el gobernador, que es buena tierra la de Francia, que a estos tales les dan con el pie.»[515] Pero debieron, además, ocurrir otras dificultades de que no han quedado huellas en los documentos de la época. Todo hace creer que fue aquélla una lucha incesante y obstinada en que el ánimo del gobernador debió agriarse sobremanera hasta precipitarlo a actos de la más inexplicable violencia.

Había un clérigo de órdenes menores llamado Pedro de Leiba que de tiempo atrás mantenía relaciones ilícitas con una mujer casada con el barrachel o jefe de los alguaciles. Un día (en el año de 1604) se avisó al gobernador que en una pendencia, el clérigo había lanzado a la cara del barrachel un candelero

---

514 Carta citada de Ribera al rey, de 5 de febrero de 1603. En el juicio de residencia de Ribera se trató largamente de este negocio, y se declaró que el gobernador había ultrajado violentamente al clérigo Méndez, por cuya falta el juez de la causa condenó a Ribera al pago de una multa de 200 ducados. Pero allí no se tomaron en cuenta los antecedentes de aquel clérigo, ni el incendio de las chozas de los indios, ni la impunidad en que el obispo dejaba a los que gozaban del beneficio del fuero eclesiástico. Por lo demás, el juicio de residencia de Ribera, seguido en circunstancias muy desfavorables para éste, es la expresión de todas las acusaciones que le hacían sus más obstinados enemigos.

515 Este incidente parece comprobado en el juicio de residencia de Ribera y lo consigna la sentencia definitiva.

que lo descalabró cubriéndolo de sangre. Ribera, ciego de cólera, y persuadido, sin duda, de que ese delito había de quedar impune si se ponía al hechor en manos de la justicia eclesiástica, se determinó por sí mismo a aplicarle un castigo ejemplar, cualesquiera que pudiesen ser las consecuencias de su conducta. Sin demora salió en busca del clérigo Leiba, lo apresó a la entrada del colegio de los jesuitas, y sin juicio previo ni oír sus descargos, mandó darle 200 azotes. Este castigo cruel y atrabiliario fue aplicado inmediatamente con todas las circunstancias que podían hacerlo más infamante. Leiba, con las espaldas desnudas, fue atado a un caballo, se le hizo recorrer las calles de Santiago; y mientras el verdugo le daba los azotes, el pregonero hacía conocer el delito que había merecido una pena tan dura y humillante. Después de esto, fue encerrado en la cárcel pública, y lo retuvo allí a pesar de las reclamaciones del obispo que pedía imperiosamente que el clérigo Leiba fuese puesto bajo su jurisdicción, en virtud del privilegio eclesiástico de que gozaba. El gobernador parecía resuelto a dejar sentado una vez por todas el respeto que a su juicio se debía a la autoridad civil tantas veces burlada por el poder eclesiástico.

Pero el obispo Pérez de Espinosa tenía en sus manos las armas llamadas espirituales que en ese siglo supersticioso e ignorante debían tener un alcance de que no podemos formarnos idea cabal en nuestra época. Resuelto a no detenerse ante ningún obstáculo, y deseando provocar una conmoción, puso en entredicho a la ciudad, es decir, prohibió que se hicieran los oficios del culto, que se administraran los sacramentos y que se enterrasen los muertos en sagrado. Sin duda, esta medida produjo una gran alarma; pero Ribera se habría mantenido firme en su propósito sin la intervención de algunos padres jesuitas que en nombre de Dios y de la tranquilidad pública, lo redujeron a poner a disposición del obispo al clérigo que había dado origen a aquella ruidosa perturbación.

El arrogante prelado no podía darse por satisfecho con esto solo. El clérigo Leiba, a pesar de ser de órdenes menores, y a pesar de la impureza de sus costumbres, era, según los cánones, persona sagrada, de tal suerte que al aplicarle aquella pena, Ribera había incurrido en excomunión mayor El obispo había esperado que el gobernador, humillándose ante la autoridad eclesiástica, solicitase la absolución de la censura en que había incurrido. Pero como más tarde lo viera marchar al sur a dirigir la campaña contra los indios, y el año siguiente dejar el gobierno de Chile sin pedir el perdón de su culpa, con fecha de 31 de julio de 1605, lo declaró incurso en la censura, y durante algunos años lo tuvo inscrito en la tablilla en que según las costumbres de entonces, estaban anotados los individuos que se hallaban bajo el peso de la excomunión.[516]

---

516 En el juicio de residencia de Alonso de Ribera se trató de este capítulo de acusación, y en la sentencia definitiva se hizo un ligero resumen de los hechos, y se le condenó a la multa de 500 ducados. Pero existe, además, una carta anónima en que se acusa apasionadamente al gobernador de numerosas faltas, y se refiere este incidente con alguna prolijidad. El obispo Pérez de Espinosa, en la carta de que vamos a hablar más abajo, lo cuenta también con más o menos conformidad. En cambio, en la copiosa correspondencia de Ribera, no hemos hallado ninguna referencia a estos sucesos, de tal suerte que solo conocemos la deposición de sus enemigos, y que esos solos documentos no bastan para darnos una idea cabal y desapasionada de los hechos. El padre Rosales, que con pequeñas divergencias de accidentes, ha referido este suceso en el capítulo 29, lib. V de su *Historia general*, se muestra ajeno a las pasiones de los contemporáneos, y si no trata de justificar a Ribera, tampoco se encarniza en contra de su memoria.

Este negocio dio lugar a un largo juicio que conocemos imperfectamente y solo por una carta del obispo Pérez de Espinosa al rey, fechada en Lima el 6 de mayo de 1606. Cuando Ribera conoció el auto de excomunión lanzado contra él en julio de 1605, entabló ante la real audiencia de Lima el célebre recurso de fuerza, querellándose de la fuerza o violencia que había hecho el obispo al imponerle aquella pena. Pérez de Espinosa, por su parte, tomando este negocio con todo el ardor que ponía en las cuestiones de rencillas y competencias, abandonó su diócesis por cerca de dos años, y se trasladó a Lima a seguir el litigio, persuadido, sin duda, de que cualesquiera que fuesen sus apoderados, no habían de desplegar el celo con que él mismo quería defender su causa. Se halla en esa ciudad en marzo de 1606, cuando se supo que el arzobispo Mogrovejo había muerto en el pueblo de Saña. En las exequias que en su honor celebró la Iglesia metropolitana de Lima, el obispo Pérez de Espinosa predicó uno de los panegíricos que se hicieron del ilustre finado. (Véase Montalvo, *El Sol del nuevo mundo; vida de Santo Toribio de Mogrovejo*, pág. 378). Esta pieza, que desgraciadamente no conocemos, nos habría suministrado algunos datos para apreciar mejor el carácter y la ilustración del autor. Las pocas cartas suyas que conocemos no dan una alta idea de su literatura ni de sus dotes de escritor.

No han llegado hasta nosotros los autos del recurso de fuerza interpuesto por Alonso de Ribera. Inferimos que el fundamento de su demanda consistía en que no pudiendo los obispos excomulgar al rey, no podían tampoco imponer esta censura a sus representantes directos, esto es, a sus virreyes y gobernadores. Ya otros representantes de la autoridad real habían sostenido recursos análogos, apoyándose en este mismo fundamento, y se había declarado no haber lugar a la demanda. Esto fue lo que sucedió en el presente caso. En 1607, la audiencia de Lima declaró que el obispo de Santiago, don fray Juan Pérez de Espinosa, no había hecho fuerza al excomulgar a Alonso de Ribera. Así lo comunicaba el obispo al rey en la carta que dejamos citada.

Ribera se hallaba entonces desempeñando el gobierno de Tucumán. Los documentos que nos han quedado de esa época no explican cómo se compuso con el obispo de Santiago para que te levantase la excomunión. Parece que en 1610, cuando se pronunció la sentencia en el juicio de residencia, ya Ribera había sido libertado de esa censura. Rosales en el

Las dificultades y competencias que acabamos de referir, no fueron las únicas en que estuvo envuelto el obispo Pérez de Espinosa. Sostuvo otras con el cabildo de Santiago, sobre todo cuando por haber obtenido su retiro el anciano y achacoso licenciado Pedro de Viscarra, llegó de España a fines de 1603 otro personaje a tomar el cargo de teniente de gobernador del reino. Era éste el licenciado Hernando Talaverano Gallegos, letrado viejo y sagaz a quien le tocó desempeñar un papel importante en los sucesos subsiguientes.[517] Estos altercados, sin valor ni importancia, preparaban, sin embargo, una reforma trascendental en la organización administrativa de Chile, la reinstalación de una real audiencia. Al paso que este tribunal debía hacer más eficaz y rápida la administración de justicia, se le suponía el poder de afianzar la tranquilidad y la armonía entre las diversas autoridades. El gobernador y el obispo, cada uno por su parte, pedían al rey la nueva creación de aquel alto tribunal.

6. Nueva campaña contra los indios hasta las ciénagas de Purén y de Lumaco en los primeros meses de 1604. El rey manda crear un ejército permanente en Chile

En medio de estas complicaciones y dificultades que debían preocuparlo extraordinariamente, Ribera no descuidaba, sin embargo, las atenciones de la guerra, que formaban el negocio más grave de su gobierno. Durante el invierno de 1603 continuó haciendo los aprestos para la prosecución de la campaña en la primavera próxima. Obedeciendo al mismo principio económico que lo había inducido a fomentar las llamadas haciendas del rey en que pensaba tener a poca costa una abundante provisión de víveres para su ejército, Ribera mandó

---

lugar citado, dice que fue absuelto por interposición del Nuncio, sin que de su relación se comprenda quién fue este Nuncio, y que esta absolución se le dio poniéndole, tampoco dice quién, un pie en el pescuezo. Estas noticias deben recibirse con la mayor desconfianza, porque deben ser hijas de la tradición, seguramente muy alterada con el transcurso del tiempo.

517 El licenciado Talaverano Gallegos, que debía desempeñar más tarde el cargo de gobernador interino de Chile, salió de España en abril de 1603 y, aunque estuvo obligado a detenerse más de un mes en Lima (del 3 de octubre al 10 de noviembre) llegó a Concepción el 18 de diciembre del mismo año, lo que deja ver cuánto se habían acelerado por entonces los viajes entre la metrópoli y la más apartada de sus colonias. El 2 de febrero de 1604 fue recibido por el cabildo de Santiago en el desempeño de su cargo, según se ve en el acuerdo de ese día, a foja 102 del libro 7 de la corporación. El mismo licenciado Talaverano ha dado cuenta de su viaje en una carta al rey escrita en Santiago a 8 de marzo de 1604.

crear por cuenta del rey un obraje de tejidos de lana para proveer al equipo de sus soldados. Ese establecimiento, fundado, sin duda, en muy reducida escala, y con elementos que debieron ser muy mezquinos, funcionó largos años en el distrito de Melipilla, y alcanzó más tarde a gozar cierto crédito, pero solo produjo jergas ordinarias y frazadas que, sin embargo, fueron muy útiles para la tropa. Por un sistema análogo quiso, además, proveerse de otros artículos necesarios para su ejército. «También tengo hecha, decía al rey, una tenería en Santiago, que es de mucha importancia, porque con los cordobanes, badanas, vaquetas y cueros de suela que se labran en ella, se ayuda mucho al calzado de los soldados y a las sillas que se van haciendo para encabalgar los que se pueda.»[518] Ribera, además, había mandado construir carretas en Santiago y en Concepción creyendo obtener así una gran economía en el transporte de los víveres y bagajes que necesitaba para su ejército.

Con el mismo empeño, el gobernador echó derramas de dinero, de armas y de caballos a los vecinos de Santiago, y exigió de estos que en el mayor número posible salieran a la guerra. Ribera no había cesado de pedir al rey el envío de socorros y de tropas; pero éstas no llegaban, y este retardo parecía autorizarlo a tomar esas medidas. El cabildo de la ciudad, por su parte, conociendo la escasez de recursos del país, acordó pedirlos con nueva instancia al virrey del Perú, por más que entonces se tuvieran en muy poca estima los soldados que venían de ese país.

En acuerdo de 6 de agosto, resolvió enviar a Lima un agente caracterizado que por su conocimiento de las cosas de Chile pudiera dar al virrey noticia cabal del estado de este país y solicitar los auxilios que se necesitaban. El agente designado por el Cabildo fue el capitán Pedro Cortés de Monroy, que en las últimas campañas había desempeñado el alto puesto de maestre de campo de Ribera.[519] Era éste un militar tan distinguido por su valor como por su actividad, que había venido a Chile a la edad de dieciséis años, y que servía en la guerra de este país desde el tiempo de don García Hurtado de Mendoza.[520] Estos antecedentes hacían creer que su palabra sería escuchada con consideración.

---

518 Carta de Ribera al rey, de 22 de febrero de 1604.
519 Acuerdo del Cabildo de 6 de agosto de 1603, en la foja 31 vuelta del libro 7 de la corporación.
520 Algunos cronistas han supuesto que Pedro Cortés de Monroy era chileno de nacimiento. Era natural de Extremadura, en España, y se creía pariente del conquistador de México.

A mediados de octubre de 1603, cuando hubo terminado sus aprestos, Ribera partía de Santiago. Habiendo reunido en Concepción todas las tropas de que podía disponer, abrió la nueva campaña el 21 de noviembre, pasando el Biobío a poca distancia de su embocadura, y fundando en la ribera sur un fuerte a que dio el nombre de San Pedro de la Paz. Enseguida recorrió toda la región vecina a uno y otro lado de la cordillera de la Costa, esto es, desde Andalicán y Colcura hasta Millapoa, destruyendo implacablemente por sí o por medio de sus capitanes los sembrados de los indios. En esta expedición, y sin alejarse mucho de la margen izquierda del Biobío, avanzó el gobernador hacia el sur, hasta la confluencia de ese río con el Vergara, y allí, en un sitio elevado y pintoresco, fundó el 24 de diciembre un nuevo fuerte que por la festividad religiosa de ese día, recibió el nombre de Nacimiento con que hasta ahora se conoce ese lugar. La línea fortificada de frontera, que había ideado Ribera, quedaba así mucho mejor defendida.

Ribera tuvo entonces que volver a Concepción. Habían comenzado a llegar los refuerzos y socorros que, a consecuencia de las gestiones hechas por el capitán Pedro Cortés, enviaba el virrey del Perú. Esos refuerzos, que vinieron en dos partidas, formaban un total de 371 soldados, distribuidos en cinco compañías de infantería.[521] Aunque este número era inferior al que esperaba Ribera, su ejército quedaba en pie de emprender operaciones más importantes y decisivas. Pero el gobernador recibía junto con ese socorro, comunicaciones de la más alta importancia. El rey de España impuesto de las necesidades de la guerra contra los araucanos, avisaba que pronto enviaría un socorro de 1.000 hombres, y que, además, había determinado que en Chile se mantuviese un ejército permanente de 1.500 hombres. De la misma manera, autorizaba al virrey del Perú para fijar los sueldos militares que debían pagarse en Chile; y éste san-

---

En un memorial suyo, escrito en Santiago el 25 de marzo de 1608 para dar cuenta de los sucesos de Chile, dice que tiene 68 años poco más o menos de edad, que llegó a este país de 16 años, y que ha servido otros 52 en la guerra. Estos datos guardan consonancia con el parecer que dio en 8 de febrero de 1598 en una información mandada levantar por Óñez de Loyola. Cortés dice allí que «ha más de cuarenta años que está en este reino y sigue la guerra».

521 Carta de Ribera al rey, escrita en Arauco a 13 de abril de 1604. El gobernador había esperado, según las comunicaciones de Cortés, que este contingente ascendía a 400 hombres; pero cuando les pasó revista vio que solo eran 371, contando con los que llegaron en diciembre anterior.

cionaba, con modificaciones muy cortas, el plan establecido por Ribera en los primeros días de su gobierno. Para el pago de esa gente el monarca elevaba a 120.000 ducados la subvención anual o situado, que debía suministrar el tesoro real del Perú. En consecuencia de esta resolución, con fecha de 22 de enero de 1604, Ribera mandó publicar por bando solemne este nuevo orden de cosas. «Se hace saber lo susodicho a los soldados y oficiales, decía allí, para que todos los que quisieren venir a sentar sus plazas debajo de las dichas reales banderas en la orden que queda dicha, se les darán los dichos sueldos, conforme a la plaza que cada uno sirviere.» Pero conociendo que a causa del alto precio de la ropa y de otros artículos, esos sueldos eran relativamente mezquinos, y que, además, las penalidades de la guerra habían de atraer a pocas personas que quisieran enrolarse voluntariamente en el ejército, el gobernador ofrecía en premio repartimientos de indios a los soldados que sirviesen mejor, y anunciaba que entablaría las gestiones convenientes para obtener un aumento en los mismos sueldos.[522]

---

[522] Bando del gobernador Alonso de Ribera, pregonado en Concepción el 22 de enero de 1604. La real cédula que dio origen a este bando, había sido dictada por Felipe III en enero de 1603. Pero el año siguiente, hallándose en Gumiel (provincia de Burgos) el mismo monarca expedía, con fecha de 4 de septiembre de 1604, otra cédula para que se excusasen las derramas y otros repartimientos que se han acostumbrado hacer en ese reino (Chile). Como quiera que no se sabe, ni se puede juzgar la gente efectiva que habrá, agrega la cédula, ha parecido que los capitanes de a caballo e infantería ganen a razón de 50 ducados de sueldo al mes, y los soldados a razón de cada uno 70 reales al mes, con que ninguna compañía de a caballo pueda tener más de cien hombres, y las de infantería 150. Y que el maestre de campo gane a razón de 10 ducados al mes; el sargento mayor, 50 ducados; un ayudante suyo, 20; los alféreces de infantería y tenientes de a caballo a cada uno 20 ducados; los sargentos de las compañías de infantería a 12 ducados; el capitán de campaña, 15 ducados al mes; un intérprete de la lengua de los indios, 12 ducados; un cirujano mayor del campo, 250 ducados al año; otros dos cirujanos para los campos, 15 ducados al mes; al vicario y capellán del campo, 300 ducados al año; otros dos capellanes para los demás campos a 200 ducados al año. Y a este respecto, sin exceder de estos sueldos, os mando que se los señaléis a todos los que me sirvieren debajo de banderas, y estuvieren en los presidios donde hubiere gente de guerra, y les hagáis hacer las pagas a los dichos oficiales y soldados. Y con lo demás que sobrase de la consignación, acomodaréis los demás gastos de la guerra, y las cosas forzosas sin echar derramas ni repartimientos, ni dar lugar a que se tome cosa alguna de los mercaderes y vecinos, aunque se diga que es para el campo, si no fuese pagándolo a precios justos y convenibles, ni para presidios ni para otro efecto alguno. Ni permitiréis que se les haga agravio alguno, pues es cantidad suficiente la de la consignación para acudir a todo. Y a los mercaderes y demás personas que me fuesen a servir de voluntarios y sin sueldos, los dejaréis entrar y salir en este reino libremente, sin permitir exceso a ninguno. Y porque importa mucho que no

Con este refuerzo, Ribera, dejando siempre algunas tropas para la defensa de Concepción y de los fuertes que tenía establecidos, pudo formar una columna de 580 hombres a cuya cabeza se proponía hacer una nueva campaña en los meses que quedaban de verano. Con dificultad había podido reunir los caballos necesarios para montar un cuerpo de 200 hombres. Mandados estos por algunos capitanes de toda la confianza del gobernador, marcharon adelante, y penetrando más al sur de los últimos fuertes españoles, comenzaron a hacer una guerra implacable a los indios que poblaban los campos de Angol y de Mulchén. Ribera, entre tanto, había salido de Concepción el 28 de febrero al frente de las tropas de infantería, pasaba tranquilamente el Biobío, y dejando sus bagajes en el fuerte de Nacimiento, se dirigía también al sur a dar mayor impulso a las operaciones. Esta campaña duró solo quince días. Los bárbaros, según su costumbre, no querían empeñar combate con las fuerzas compactas de los españoles, y se dispersaban en fuga en todas direcciones, yendo a asilarse en gran número en las famosas ciénagas de Purén y de Lumaco, donde en tantas ocasiones se habían sustraído a la persecución de sus enemigos. Ribera, sin arredrarse por ninguna dificultad, mandó que los indios auxiliares cubriesen los pantanos con fagina, y haciendo avanzar su infantería, obligó a los bárbaros a abandonar sus posiciones y a continuar su fuga y su dispersión. Si en estas jornadas y en las correrías subsiguientes no consiguió hacer al enemigo daños más considerables, logró a lo menos rescatar veintiséis cautivos, muchos de

---

falten bastimentos, y que haya abundancia de ellos, procuraréis y haréis sementeras por mi cuenta, como se ha hecho por lo pasado; y de lo que de ellas se cogiere, sirva y sea para el campo y entretenimiento de los soldados, y se les dé a precios moderados y acomodados, y también todos los demás bastimentos, concertándolos con los dueños de ellos, y con su voluntad, para que se den por la cuarta parte menos de como valieren en las plazas públicas, para que en todo sean acomodados y favorecidos. Sobre la ropa que se llevare a ese reino desde el Perú y otras partes para la gente del campo (del ejército) no echaréis imposición ni derecho alguno; y daréis a los soldados la que se llevase de mi cuenta por el costo y costas que tuviere hasta que llegue allí. Y pues sabéis cuán apretada y afligida está la gente de la tierra, os encargo que la amparéis, alentéis y favorezcáis para que se pueble y conserve el reino». Esta real cédula, que reproducimos en su mayor parte, se halla asentada a fojas 184 y siguientes del libro 7º de acuerdos del cabildo de Santiago. Las disposiciones consignadas en ella eran el resultado de las gestiones hechas en la Corte por los apoderados del Cabildo y de los vecinos de Chile, como tendremos que referirlo más adelante. Por ahora, conviene hacer notar que los sueldos fijados por el rey eran inferiores a los que había asignado el virrey del Perú y el gobernador de Chile.

ellos apresados en la Imperial, en Valdivia y en Villarrica.[523] Además, «recibió el enemigo en esta entrada, dice Ribera, mucho daño en las comidas y en ganados, porque se quemaron más de 600 ranchos en que tenían gran suma de comidas y vasijas de las que ellos usan, y de los instrumentos que tienen para labrar la tierra, que no es en lo que recibieron menos daño; y en las personas se les hizo poco, porque no se mataron más que seis o siete porque estos huyen de manera cuando les conviene, y tienen la tierra tan en su favor que aunque de nuestra parte se hicieren las diligencias que fuere posible, no se puede hacer más de lo que digo».[524]

PERSONAJES NOTABLES (1578-15978)

1 Francis Drake 2 Martín Ruiz de Gamboa 3 Ramir Iañez de Saravia 4 Juan Ortiz de Zárate 5 Don Alonso de Sotomayor

El poco fruto de la expedición debió hacer pensar a Ribera en la dificultad de dar cima a la empresa de pacificación y conquista en que estaba empeñado. Pero otros hechos ocurridos en esos mismos días habrían debido llevar el desaliento a su campo, si hubiera sido posible hacer comprender a los arrogantes y porfiados conquistadores la inutilidad de sus esfuerzos y de sus sacrificios. El gobernador creía, sin duda, que las devastaciones ejecutadas en toda la región de la cordillera de la Costa, habrían escarmentado a los indios de esta comarca. Pero mientras él expedicionaba en Purén a principios de marzo de 1604, esos mismos indios atravesaban sigilosamente el Biobío, caían de sorpresa

---

523 En este número de los veintiséis cautivos, debía contar Ribera a un mestizo llamado Prieto, que en años atrás había desertado del campo español, y andaba entre los indios, capitaneándolos, como se recordará, en algunas de sus empresas militares. Durante esta campaña de Purén se pasó de nuevo a los españoles, entregándose al sargento mayor González de Nájera que lo trató con benignidad. Ribera mismo le perdonó su deserción en vista de su arrepentimiento, y le permitió retirarse al Perú. González de Nájera ha contado prolijamente este episodio en las págs. 219-222 de su *Desengaño y reparo de la guerra de Chile*.

524 Carta de Ribera al rey, fechada en Arauco a 13 de abril de 1604. El padre Rosales, en su *Historia general*, lib. V, capítulo 30, ha referido esta campaña con gran abundancia de detalles, seguramente exactos, y que no están en verdadera contradicción con los documentos; pero esos accidentes de escasa importancia, no dan más valor a los resultados de esta expedición.

sobre las estancias que los españoles tenían en Hualqui y en las vecindades de Talcahuano, y ejercían en ellas las acostumbradas depredaciones. Dieron muerte a los españoles y a los indios amigos que encontraron en su camino, apresaron a muchos otros para llevarlos cautivos, y se volvieron a sus tierras con cantidades considerables de ganado robado en aquellas estancias. «En esto echará de ver Vuestra Majestad, decía Ribera en la carta citada, cuán soldados son estos indios; y cómo no pierden ocasión, sino en viéndonos poner la cara a una provincia, ellos entran luego por otra. Ayúdales mucho a facilitar estas entradas y otras de menos importancia que de muy ordinario hacen, el ser tan grandes traidores los indios de paz, que ningún secreto hay en nuestra tierra que no se lo digan y enseñen con el dedo; y como son ladrones de casa, hacen mucho daño. Y aunque se saben claras algunas cosas de estas se dejan estos de castigar, porque sería menester ahorcar a casi todos los indios de la frontera. Y todo esto se les sufre porque al fin son de mucha importancia y ayudan en lo que es la guerra y otros ministerios, y porque el principal intento de esta guerra es reducirlos al servicio de Vuestra Majestad, y a la santa fe católica, cosa que ellos toman por tan de burla y de que hacen tan poco caso que es grandísima lástima, y para mí entiendo que no se salva hombre, sino son los niños que mueren bautizados en la edad de la inocencia, o algunos que mueren por justo castigo.» Estas palabras del gobernador, al paso que dan a conocer el carácter especial de aquella guerra interminable, demuestran una vez más la inutilidad de los esfuerzos que se habían hecho para convertir a los indios a la religión de sus conquistadores.

Estas hostilidades de los indios obligaron a Ribera a volver con sus tropas a los mismos lugares en que había expedicionado tres meses antes. En Catirai, Mareguano y sus cercanías, renovó la estéril persecución de los indígenas, que sin querer presentar batalla, se refugiaban en las montañas abandonando sus campos y sus habitaciones a la saña implacable de sus perseguidores. Contra el parecer de la mayoría de sus capitanes, que creían avanzada la estación para hacer nuevas expediciones, el gobernador se dirigió a la plaza de Arauco. Habiendo llegado allí el 1 de abril, dispuso repetidas correrías en los campos vecinos, que no dieron otro fruto que la destrucción de los sembrados y chozas de los indios. Por un momento, Ribera pudo hacerse la ilusión de que los poblados de esa comarca querían dar la paz. Aun recibió mensajeros de algunos jefes de tribus, y se empeñó en demostrarles las ventajas que había para ellos en poner término a esa guerra de devastaciones en que los mismos indios eran los más perjudicados. Pero ahora, como siempre, esas negociaciones no llegaron a ningún resultado práctico. Los bárbaros sabían perfectamente que en el caso de someterse a los conquistadores, no solo perderían su libertad y quedarían en una condición semejante a la de los esclavos sino que irremediablemente se iban a atraer el odio y la guerra de las otras tribus, con las atroces depredaciones que éstas ejercían sobre aquellos de sus compatriotas que se sometían a los españoles.

Como se acercase el invierno, Ribera dio la vuelta a Concepción. Aunque solo lo acompañaban unos ochenta hombres, pudo atravesar sin el menor inconveniente toda esa porción de territorio vecino de la costa que media entre la plaza de Arauco y el Biobío, teatro constante de emboscadas de los indios, y de combates terribles y desastrosos. Ahora, todos esos campos estaban yermos y despoblados, «que certifico a Vuestra Majestad, decía Ribera, que parecía haber muchos años que en toda ella no habitaba gente, porque hallé los caminos con yerba alta, y en toda ella no vi señal, ni rastro de hombre, ni de caballo, ni sementera, ni rancho de vivienda».[525] Pero si los indios habían abandonado por entonces aquellos lugares, donde había existido antes una numerosa población, el gobernador no podía hacerse la ilusión de que la paz quedaba allí sólidamente asentada. Lejos de eso, había dejado regularmente guarnecidos todos los fuertes que defendían la línea de frontera. En Arauco puso todavía fuerzas mucho más considerables. Debían quedar aquí el maestre de campo Pedro Cortés y el sargento mayor Alonso González de Nájera con 500 hombres no solo para la defensa del fuerte sino para hacer la guerra a las tribus vecinas y preparar su reducción. El gobernador esperaba tener mayores fuerzas para repoblar el verano siguiente una ciudad en las orillas del río Lebu, lisonjéandose con que ella sería la base de la pacificación de toda aquella parte del territorio en que había tenido su origen la gran rebelión de los indios, y en que la guerra había sido más obstinada y tenaz.

---

525 Carta de Ribera al rey, escrita en Concepción a 26 de mayo de 1604.

7. Miserias y sufrimientos en las ciudades australes: despoblación definitiva del fuerte de Valdivia y de la ciudad de Osorno

El resultado de esta campaña no era en modo alguno lisonjero. Es cierto que la línea de fuertes establecida en las riberas del Biobío parecía asegurar más tarde o más temprano la tranquilidad de las poblaciones que los españoles mantenían al norte de ese río, siempre que se conservasen puramente a la defensiva y que no intentasen nuevas empresas sobre el territorio enemigo. Pero además de que Ribera proyectaba avanzar esa línea volviendo a fundar el año siguiente otras poblaciones en Tucapel y en Angol, habría debido convencerse de que, aun, la defensa de su primera línea, exigía fuerzas más o menos considerables y una vigilancia de todo momento. Las correrías practicadas por los indios en el mes de marzo al norte del Biobío, que produjeron una gran alarma en esas poblaciones, probaban que los araucanos eran enemigos tan audaces como incansables.

Pero, al mismo tiempo, en ese verano habían ocurrido nuevos y más graves desastres en las provincias australes. Se recordará que allí quedaban todavía en pie, fuera de la ciudad de Castro en Chiloé, la de Osorno y el fuerte construido en el sitio en que estuvo Valdivia. Esas poblaciones habían soportado los más dolorosos padecimientos producidos por el hambre y por la guerra, sin que el gobernador hubiera podido prestarles los socorros necesarios para sostenerse. Según contamos más atrás,[526] en junio de 1602, Ribera había enviado a aquellas provincias un buque con un pequeño refuerzo de tropas y con algunos otros socorros; pero eran tales las dificultades de las comunicaciones, que se pasaron más de seis meses sin que Ribera volviese a tener noticia alguna de aquellas ciudades, en que cada día eran mayores los sufrimientos y la miseria.

En efecto, el buque que llevaba ese pequeño refuerzo se había perdido desastrosamente. Arrastrado por los vientos del norte, tan frecuentes en esa estación, había pasado adelante de Chiloé, y una noche se estrelló haciéndose mil pedazos en los arrecifes de la isla de Huafo,[527] con pérdida de toda su carga, y de veinte hombres de su tripulación, y entre ellos el maestre y el piloto

---

526 Capítulo 19, § 5.
527 Goaf, escribe Ribera en su carta al rey, de 5 de febrero de 1603. Es indudablemente la isla de Huafo, situada entre la isla Grande de Chiloé y las Guaitecas, en la latitud de 43° 22'. En algunas cartas inglesas se la denomina también No-man, nombre que en 1670 le dio el navegante inglés Narborough, por haberla hallado sin habitantes.

de la nave y los capitanes Rosa y Mejía que iban a prestar sus servicios militares en Valdivia y Osorno. Los individuos que salvaron del naufragio, después de sufrir las mayores penalidades, fueron socorridos por los españoles de Chiloé y pudieron llegar a la ciudad de Castro.

Mientras tanto, aquellas poblaciones pasaban por las más dolorosas angustias y por una miseria desesperante. El fuerte de Valdivia, fundado, como dijimos, por el capitán Hernández Ortiz en marzo de 1602, contenía más de 220 hombres, pero se hallaba constantemente asediado por fuerzas diez veces superiores. Su guarnición tuvo que sostener frecuentes combates con los indios que después de la destrucción de la Imperial y de Villarrica eran dueños absolutos de toda la comarca. Los españoles estaban acostumbrados a soportar con entereza este género de fatigas; pero en el mes de agosto se acabaron los víveres y entonces comenzó para los defensores del fuerte una serie de sufrimientos casi indescribibles. Los estragos causados por el hambre fueron verdaderamente horrorosos. La deserción comenzó a hacerse sentir entre esos infelices, prefiriendo vivir cautivos entre los bárbaros a la muerte cruel que les estaba reservada. El capitán Gaspar Viera, que por entonces mandaba en la plaza, resuelto a resistir a todo trance, hizo ahorcar a tres individuos, un alférez, un soldado y una mujer, que tenían concertada su fuga. Pero el hambre y la guerra continuaron haciendo sus horribles estragos. A mediados de enero de 1603, la guarnición de Valdivia estaba reducida a treinta y seis hombres, catorce mujeres y dos indios auxiliares. Sesenta y un soldados, muchas mujeres y niños habían muerto de hambre, fuera de los que perecieron a manos del enemigo.

En esas circunstancias llegaba a Valdivia el 23 de enero de 1603 una pequeña embarcación que llevaba a sus defensores un socorro de víveres y de municiones. Era enviada de Concepción por el gobernador Ribera, y llegaba en los momentos en que la miseria de los defensores de la plaza tocaba los últimos extremos. Aunque poco más tarde recibieron un nuevo socorro, su situación continuó siendo desesperada. Por orden de Ribera, había tomado el mando de su guarnición el capitán Gaspar Doncel, buen soldado de las guerras de Flandes, y hombre de energía probada. Pero toda su entereza no podía mejorar aquel estado de cosas. Doncel sofocó valientemente una insurrección de sus propios soldados, defendió el fuerte contra los ataques de los indios durante el año entero; pero a fines de 1603 el fuerte de Valdivia parecía fatalmente destinado a sucumbir de una manera desastrosa en muy poco tiempo más.[528]

La situación por que atravesaba la ciudad de Osorno no era mucho más ventajosa. Mandaba en ella el capitán Hernández Ortiz, que había vuelto de Valdivia, en abril de 1602, y que había estado obligado a vivir con las armas en la mano para rechazar los ataques de los indios y para procurarse algunos víveres. En el primer tiempo obtuvo sobre el enemigo pequeñas ventajas; pero las correrías de éste se renovaban sin cesar, y la escasez de provisiones se hacía mayor cada día. Los defensores de Osorno podían comunicarse con suma dificultad con Chiloé, que era, sin embargo, el único lugar de donde podían recibir socorros. Los indios enemigos les habían robado casi todos los caballos y ocupaban, además, todos los campos de las inmediaciones. La ciudad, que por desgracia contaba muchas bocas inútiles, se había ido reduciendo poco a poco hasta quedar casi reducida a un fuerte en que se encerraban sus pobladores. Las tropas españolas de Osorno que tres años antes subían a más de 400 hombres, estaban reducidas a fines de 1603 a solo ochenta.

Ribera acababa de llegar a Concepción en los primeros días de noviembre de 1603 a dirigir la nueva campaña que pensaba hacer contra los araucanos. El 5 de ese mes entraba también un buque que traía del sur las noticias lastimosas que acabamos de apuntar, y que pedía con grandes instancias nuevos y mayores socorros para poder sustentar aquellas apartadas poblaciones. Ante el cuadro de tantas desgracias, y ante la imposibilidad absoluta de remediarlas convenientemente, Ribera, después de consultar a los más autorizados capitanes, tomó una resolución suprema. Acordó «que los dichos fuertes (de Valdivia y de Osorno) se quiten, y que la guerra vaya de aquí (Concepción) abajo sin dejar cosa que no esté de paz».[529] Al dar cuenta al rey de esta determinación, el gobernador señalaba prolijamente los hechos que la habían hecho indispensable, demostrando con verdadero tino militar que los pueblos enclavados en el corazón del territorio enemigo, incomunicados unos con otros, no afianzaban en manera alguna la conquista, ocasionaban gastos considerables, vivían en medio de continuas alarmas, y debían ir debilitándose hasta llegar a un anonadamiento completo.

---

528 Constan todos estos hechos de las cartas citadas de Alonso de Ribera al rey, y de las relaciones y documentos enviados al gobernador por el capitán Gaspar Doncel.

529 Carta de Ribera al rey, de 22 de febrero de 1604.

El buque que llevaba la orden del gobernador para despoblar esos establecimientos, sufrió algunos atrasos en su camino, y solo llegó a Valdivia el 13 de febrero de 1604. En esta plaza no quedaban más que cuarenta y cuatro personas que, según la pintoresca expresión de Ribera, «de necesidad no aguardaban sino la muerte». La despoblación de aquel fuerte, y el embarco de las armas y bagajes debió demorarlos algunos días. Abandonando aquellos lugares en que habían sufrido tantas miserias y tantas fatigas, se hicieron a la vela para los mares de Chiloé. El gobernador había ordenado que esa gente se estableciese en el puerto de Carelmapu, y que desde allí comunicara a los últimos defensores de Osorno la orden de despoblarla definitivamente.

Cuando llegaron a los canales de Chiloé, ya esa ciudad había sido abandonada. El capitán Hernández Ortiz había sufrido con ánimo firme las fatigas de la guerra y las penurias del hambre; pero después de un combate en que perdió dieciséis hombres, y cuando vio desvanecerse toda esperanza de recibir socorros de cualquier parte, tomó sobre sí la única resolución que podía salvar a él y sus compañeros de una muerte inevitable y desastrosa. El 15 de marzo de 1604, los últimos pobladores de Osorno y los soldados que la guarnecían, dejando abandonadas las casas y fortines en que habían vivido aislados, y cargando consigo todos los objetos que podían transportar, emprendieron la marcha hacia el sur, por entre bosques, ríos y pantanos. Si en este viaje no tuvieron que sufrir las hostilidades de los indios que, sin duda, se entretenían en repartirse el miserable botín dejado en la ciudad, y en celebrar su triunfo, les fue forzoso soportar todo género de fatigas y privaciones. No tenían más que unos cuantos caballos, de manera que el mayor número de esos infelices marchaba a pie, cargando las mujeres a sus hijos, y abandonando en el camino los objetos que no podían llevar por más largo tiempo.[530] En un lugar denomi-

---

530 Las penalidades de esta retirada no se hallan prolijamente referidas en los documentos de la época. Ribera ha contado sumariamente estos sucesos en la carta escrita en Arauco el 13 de abril de 1604. En cambio, algunos cronistas han dado noticias extensas y prolijas, como puede verse en el capítulo 24, lib. V de la *Historia general* del padre Rosales.
En Osorno había un convento de monjas bajo la advocación de santa Isabel. Durante los últimos años de guerra y de hambre, su número se había reducido a unas doce religiosas, en vez de las veinte que había antes. Se comprende que la presencia de ellas en los días del sitio de la ciudad y más que todo en la penosa retirada, debía ser causa de los más serios problemas para los españoles cuando carecían de víveres para dar de comer a los soldados, razón por la cual el coronel Francisco del Campo había querido enviarlas a Concepción o a Santiago en 1601. Después de la despoblación de Osorno, las monjas

nado Guanauca, Hernández Ortiz creyó que podía hacer alto y establecer un fuerte; pero cuando hubo recibido algunos socorros de Chiloé, y cuando supo que los defensores de Valdivia se encontraban en la costa vecina, cambió de determinación. De común acuerdo se trasladaron todos a la isla de Calbuco, ventajosamente situada entre la costa y Chiloé; y hallando allí comodidades para establecerse, construyeron un fuerte y las habitaciones convenientes. Osorno, la ciudad que por más largo tiempo había resistido a la formidable insurrección araucana, acababa de desaparecer de una manera lastimosa como habían desaparecido Santa Cruz de Coya y Valdivia en 1599, Angol y la Imperial en 1600 y Villarrica en 1602. Después de más de medio siglo de guerra incesante, la obra de la conquista de toda aquella porción del territorio chileno, emprendida con tanta arrogancia y con tan poco discernimiento, se había desplomado y caído al suelo, causando la muerte de más de un millar de hombres útiles y vigorosos, arrastrando en su ruina deplorable a todos los pobladores de aquellas provincias y retardando el desenvolvimiento y el progreso del país por los sacrificios que le imponía tan larga y penosa lucha.

8. Llegan a España noticias del ningún resultado de la guerra de Chile: el rey nombra gobernador y capitán general de este país a don Alonso de Sotomayor

Alonso de Ribera había comprendido mejor que sus predecesores el plan de guerra y de conquista que debía adoptarse para llevar a cabo la pacificación de todo ese territorio. La despoblación de esas ciudades no era, según él, un verdadero desastre. «Con esto queda aquella tierra reparada, escribía al rey, y dará lugar a que la guerra se prosiga desde acá abajo hasta llegar allá, que será fácil enviándome Vuestra Majestad la gente que tengo pedida. Y es lo que conviene al servicio de Vuestra Majestad y la conservación de esta milicia y reino lo que en este particular se ha hecho.»[531] «Lo que conviene al servicio

---

fueron trasladadas a Castro, y a fines de ese mismo año, se embarcaron para Valparaíso. La afición de los pobladores de Santiago de esa época por esta clase de fundaciones, fue causa de que en poco tiempo tuvieran éstas un espacioso terreno al lado norte de la cañada y al pie del cerro de Santa Lucía, para fundar su convento. El devoto rey de España Felipe III les asignó también una cantidad de dinero, y el monasterio se instaló bajo la advocación de Santa Clara. Era el segundo que poseía Santiago, porque en 1575 se había fundado el de las Agustinas.

531 Carta citada de Ribera al rey, de 13 de abril de 1604.

de Vuestra Majestad y bien de este reino, escribía en otra ocasión, es que la guerra vaya de aquí (Concepción) abajo, sin dejar cosa detrás que no esté de paz; y ya la llevo así, y espero en Dios de enviar a Vuestra Majestad con mucha brevedad muy buenas nuevas y de poner las poblaciones en tales puestos que hagan la guerra al enemigo y ellas se puedan sustentar unas a otras.»[532] El plan de Ribera consistía, como ya hemos dicho, en un avance gradual de la línea de frontera por medio de fuertes y de poblaciones convenientemente situadas, de modo que no quedasen enemigos a la espalda, y que la pacificación del territorio enemigo ejecutada progresivamente fuese sólida y estable. Bajo el punto de vista racional y estratégico, este plan era excelente, como que era también el único practicable; pero el gobernador se engañaba lastimosamente cuando creía que podía llevarse a cabo en pocos años y, más aún, cuando pensaba que a él le tocaría la gloria de dar cima a aquella obra gigantesca.

Mecido por estas ilusiones, partía para Santiago a mediados de junio de 1604, meditando los proyectos que pensaba poner en planta en la primavera próxima para adelantar la línea de frontera mediante la fundación de nuevas poblaciones. En Santiago, como ya hemos contado, iba a verse envuelto en las dificultades y rencillas que en tantas ocasiones perturbaron la tranquilidad de su gobierno, e iba también a recibir la noticia de que el rey le había nombrado un sucesor.

Ribera, como se sabe, tenía enemigos apasionados. Habían dirigido estos al rey los más desfavorables informes acerca de la ineptitud, del atropellamiento y hasta de la falta de probidad del gobernador de Chile. Pero independientemente de esas acusaciones, de que tal vez no se habría hecho mucho caso en otras circunstancias, residían en Madrid algunas personas que debían preparar su caída. En 1601 había llegado a la Corte el padre agustino fray Juan de Báscones en su carácter de apoderado de las ciudades de Chile, y como representante, además, de los comerciantes de este país. Llevaba éste el encargo de pedir que se creara aquí un nuevo virreinato, y que se confiara su gobierno a don Alonso de Sotomayor. Debía, además, recomendar empeñosamente a Alonso García Ramón y al coronel Francisco del Campo para segundos de Sotomayor, y hacer ciertas gestiones hasta conseguir importantes reformas en la administración de la colonia. Figuraban entre éstas la supresión del servicio militar forzoso a que

---

532 Carta de Ribera al rey, de 22 de febrero de 1604.

estaban obligados todos los vecinos y encomenderos, reemplazándolo por la creación de un ejército permanente con sueldos fijos pagados por la Corona; la concesión de un situado o subvención en dinero que bastase para satisfacer estos gastos; y la supresión definitiva de las derramas o contribuciones extraordinarias que con motivo de la guerra imponían los gobiernos de Chile y que abrumaban la industria y el comercio. A principios de 1603 llegaba igualmente a la Corte Domingo de Eraso, el secretario de Ribera, a quien éste había enviado a hacer ante el rey gestiones análogas. Uno y otro debían, además, pedir algunas otras cosas, y entre ellas la facultad de reducir a esclavitud a los indios que se apresasen en la guerra.[533] Los memoriales que ambos apoderados presentaron al rey daban cuenta detallada de la situación de Chile y contenían las peticiones que acabamos de mencionar.

Por una ordenanza dictada en Valladolid el 27 de agosto de 1600, Felipe III acababa de dar una nueva organización al Consejo de Indias y creado en su seno una junta de guerra compuesta de cuatro individuos designados por la Corona y encargados especialmente de informar sobre los negocios relativos a la administración militar. A esta junta fueron sometidos los memoriales de los apoderados o representantes del reino de Chile; y antes de mucho tiempo, ella evacuó un extenso informe en que proponía las medidas que debían adoptarse para la más acertada dirección de la guerra que aquí se hacía contra los araucanos. «Como quiera, decía, que el gobernador Alonso de Ribera es gran soldado y de mucha experiencia, y ha mostrado muy buen celo, más que, por la noticia y experiencia que le falta de aquella tierra y gente de ella y de aquella guerra

---

533 Todos los documentos relativos a estas gestiones se conservan en el Archivo de Indias, en Sevilla, y son de la más alta importancia para la historia. De ellos hemos sacado un gran caudal de noticias sobre los sucesos de este tiempo y sobre el estado lastimoso en que se hallaba el país. Consisten en los poderes dados por los cabildos, por el gobernador y por los comerciantes, en las instrucciones bastante extensas y prolijas a que debieran ajustar su conducta, y en los memoriales que en desempeño de su comisión presentaron al rey el padre Báscones y el secretario Eraso. En todas esas piezas se consignan noticias que el historiador puede utilizar, pero como esas noticias están muy repetidas, abreviadas en unos documentos y ampliadas en otros, su estudio exige no poca atención, y es por esto mismo bastante fatigoso, pero útil. Entre ellos figuran en primera línea las extensas instrucciones dadas en Concepción en 15 de enero de 1602 por Alonso de Ribera a Domingo de Eraso. Después de dar cuenta minuciosa de los primeros actos de su gobierno, traza allí un cuadro muy interesante del estado del país, de sus condiciones geográficas, de sus ciudades, de la industria, y acaba por proponer las medidas que a su juicio debieran adoptarse para fomentar su desarrollo y su prosperidad.

de los indios, que con experiencia se ve cuán necesaria es, y que tenga resolución y ejecución, conviene mucho mudarle y sacarle de allí, haciéndole merced y honrando y ocupando su persona como lo merece; y que Vuestra Majestad mande que don Alonso de Sotomayor, presidente de la audiencia de Panamá, que tiene tan larga experiencia de aquella tierra de Chile y de las cosas de aquel reino, por los muchos años que le gobernó, vuelva allí a pacificarle, y que vaya con él Alonso García Ramón, que al presente está en el Perú, y ha sido maestre de campo y gobernador de Chile, y ha servido en aquella guerra muchos años con gran satisfacción. Y que Vuestra Majestad se lo mande a ambos muy apretadamente, y ofreciéndoles que, acabada la guerra dentro de tres años, Vuestra Majestad les hará merced, conforme a lo que en esto lo obligaren, de manera que se satisfagan de recibirla.»[534] La junta de guerra indicaba enseguida las medidas militares que debían tomarse para acelerar la pacificación de los indios. Todo induce a creer que Domingo de Eraso no puso ningún empeño en defender a Ribera; y que si bien en sus memoriales se abstuvo de hacerle acusaciones de ninguna clase, en la negociación se puso de parte de los que pedían un nuevo gobernador.

Sea por la tardanza que se ponía en el despacho de los negocios administrativos, o porque el rey y sus ministros vacilaban en hacer tales innovaciones, se pasaron algunos meses sin que se tomase resolución alguna. Pero a fines de ese año llegaban a Madrid nuevas noticias de Chile, y de los pocos progresos que se hacían en la reducción y pacificación de los indios; y junto con ellas otras y otras acusaciones contra Alonso de Ribera. Además de reprochársele el imponer pesadas contribuciones a los habitantes de Chile, y de atribuirse al gobernador el propósito de enriquecerse con ellas, se decía que su sistema militar se reducía simplemente a permanecer en la guerra rodeado de tropas considerables, dejando desguarnecidos muchos puntos importantes, con lo que conseguía evitar todo contraste en los lugares en que él se hallaba, sin inquietarse por las desgracias que ocurrían en otras partes. La impresión que estos

---

534 Informe dado por la junta de guerra de Madrid, el 15 de mayo de 1603. Este documento revela a todas luces cuánto se han equivocado todos los cronistas, y cuánto se equivocaba el mismo Ribera, cuando creía que el casamiento de éste sin permiso del rey, había sido la causa principal de su separación del gobierno de Chile. Ribera, como hemos contado más atrás, se casó en Concepción el 10 de marzo de 1603. La noticia de su matrimonio no pudo llegar a Madrid sino muchos meses más tarde, y cuando su separación estaba acordada y probablemente decretada.

informes produjeron en la Corte fue fatal para Ribera. Llegó a contarse que Chile estaba definitivamente perdido y todas sus ciudades destruidas por los indios.[535] Sin duda alguna el rey y sus ministros, mejor impuestos de la verdad por la correspondencia del virrey del Perú, no daban crédito a esos rumores; pero creyeron que era llegado el caso de hacer los cambios propuestos por la junta de guerra. En efecto, con fecha de 9 de enero de 1604, Felipe III firmó en Valencia el nombramiento de don Alonso de Sotomayor para el cargo de gobernador y capitán general de las provincias de Chile, y el de Alonso García Ramón para el de maestre de campo. En las instrucciones a que este nuevo mandatario debía someterse, el rey había aceptado por completo todas las indicaciones que aquella junta había hecho sobre la manera de dirigir la guerra. Alonso de Ribera debía pasar a desempeñar el puesto de gobernador de la provincia de Tucumán, que era el mejor acomodo que se había hallado para premiar sus anteriores servicios.[536]

Como se recordará, un año antes, en enero de 1603, el rey había mandado crear un ejército permanente en el reino de Chile, para cuyo pago había eleva-

---

[535] El cronista don Luis Cabrera de Córdoba, que estaba siempre en la Corte, y que apuntaba prolijamente cuanta noticia medianamente importante llegaba a sus oídos, escribía en Valladolid, con fecha de 29 de diciembre de 1603, lo que sigue: «Con la flota que ha venido del Perú, se ha sabido que en Chile habían tomado los araucanos, con quien se prosigue aquella conquista, las ciudades de Santiago y Concepción, con inteligencia de algunos soldados nuestros descontentos y mal pagados, porque faltó cierta galeaza con que se traían provisiones del Perú, y así vino a faltar la correspondencia y a haber necesidades en la tierra, y que habían muerto a todos los españoles que había en ella, sin reservar sino las mujeres que las llevaron consigo. El gobernador Antonio de Ribera (textual), gobernador de aquella tierra, se salió a uña de caballo, y las monjas de Santiago las sacaron con mucho trabajo; lo cual se ha tenido por pérdida de consideración». Cabrera de Córdoba, *Relaciones de la corte de España*, pág. 202. En esos momentos el rey y sus ministros estaban en Valencia, lo que explicaba que el prolijo cronista no tuviera noticias exactas de los sucesos de Chile, y que aceptara como verdad los rumores que circulaban en España.

[536] No conocemos el nombramiento original de Alonso de Ribera para el gobierno de Tucumán, pero todo nos induce a creer que es de la misma fecha de 9 de enero de 1604. El título de don Alonso de Sotomayor, de que sacamos copia en el Archivo de Indias, ha sido publicado íntegro por don Miguel Luis Amunátegui en *La cuestión de límites*, etc., tomo II, pág. 231. Las instrucciones dadas a Sotomayor se hallan insertas en la *Relación de sus servicios* por Caro de Torres, pero tienen la fecha de 7 de enero, lo que, si no hay un error tipográfico, revelaría que fueron firmadas dos días antes que el nombramiento. En ellas le decía el rey que posponiendo su viaje a España, para lo cual se le había dado licencia, se trasladase prontamente de Panamá a Chile, tomando en cuenta «el aprieto y peligro en que está de perderse el dicho reino».

do a 120.000 ducados la subvención anual que por cuenta de la Corona debía pagar el tesoro real del Perú. Sin poder comprenderse las causas que hacían interminable la guerra de Arauco, el monarca y sus consejeros debieron imaginarse que este simple cambio de gobernador iba a dar cima a una obra en que habían encallado tantos militares, y en que todavía debían encallar tantos otros. Para ayudar en esta empresa a don Alonso de Sotomayor, se mandó levantar una división de 1.000 hombres, que en pocos meses más debía partir para Chile por la vía del Río de la Plata, y se elevó a 140.000 ducados la subvención anual que el tesoro del Perú debía entregar para el pago de ese ejército.

9. Ilusiones de Ribera acerca del resultado de sus planes de pacificación

Cuando Alonso de Ribera recibió la noticia del nombramiento de su sucesor, en octubre de 1604, se hallaba terminando sus aprestos para la nueva campaña que pretendía hacer contra los indios. En efecto, el 18 de julio había reunido en Santiago a los más altos funcionarios civiles y militares de la colonia para oír su parecer acerca del plan de operaciones que debería adoptarse, esto es, «si convendría pasar la guerra a los términos de la Imperial, a sacar los cautivos que se pudiesen (de manos) de los enemigos, o si sería más conveniente hacerla en las provincias de Arauco, Catirai y Los Ángeles, que son las que la hacen inquietando los indios nuestros amigos de los términos de las ciudades de la Concepción, San Bartolomé y ribera del Biobío». Se sabe que Ribera había adoptado este segundo sistema desde los primeros días de su gobierno; pero queriendo ponerse a salvo de las acusaciones que sin duda alguna habían de hacérsele, quería que sus capitanes y los funcionarios más caracterizados de la colonia, apoyasen su conducta. Esto fue lo que sucedió. «Es muy conveniente, dijo el consejo, no dejarse guerra a las espaldas, sino que de hecho se vaya ganando la tierra; y en habiendo reducido una provincia a paz, se le ponga luego presidio suficiente para que nunca se pierda. Y, conforme a lo dicho, la guerra del verano venidero se haga a las provincias de Arauco, Catirai y Los Ángeles, y, si el tiempo ofreciese ocasión para otros efectos, su señoría usará de ella como más viere que convenga.»[537] Este dictamen era la más amplia

---

[537] Acta de la junta de guerra celebrada en Santiago el 18 de julio de 1604, y carta de Ribera al rey de 21 del mismo mes y año. Asistieron a esa junta el licenciado Hernando Talaverano Gallegos, teniente de gobernador del reino; el licenciado Pedro de Viscarra, su antecesor;

aprobación del plan adoptado por Ribera; plan bien concebido, sin duda, pero que no podía realizarse sino con una extremada lentitud, mientras que el gobernador creía que en muy poco tiempo podía ejecutarlo y llevar a cabo la absoluta pacificación del país.

Y, sin embargo, sobraban motivos para conocer que esa empresa comprendida de esta última manera, era del todo irrealizable. Durante ese mismo invierno de 1604, Pedro Cortés y Alonso González de Nájera, que mandaban las tropas acuarteladas en Arauco, habían tenido que sostener guerra constante con los indios. A pesar de que esas tropas ascendían a 500 hombres, los bárbaros las hostilizaban sin cesar, y atacaban a todo destacamento que se atrevía a alejarse del fuerte. En los combates que se vieron obligados a sostener, los españoles obtuvieron ordinariamente la victoria y, aun, llegaron a persuadirse de que algunas tribus querían dar la paz. Pero esa porfiada resistencia, y la audacia inquebrantable de los araucanos, revelaban que aquella guerra no tendría término inmediato. Mientras tanto, la desmoralización de los soldados españoles parecía un mal incurable. En esos mismos días se fugaron del fuerte de Nacimiento diecinueve individuos de la última tropa que vino del Perú, y fueron a engrosar las fuerzas del enemigo. Estos hechos, por desconsoladores que fuesen, no desvanecieron, sin embargo, las ilusiones del gobernador. Al dar cuenta de ellos al rey, no vacilaba en decirle estas palabras: «Confío en Nuestro Señor que este verano se han de conseguir buenos efectos en servicio de Vuestra Majestad en entrando a campear, porque están los enemigos de la frontera muy deshechos, descabalgados y sin comidas; y con la orden que llevo, irá esto cada día en mayor aumento. Y si llegase el socorro de los reinos de España que envié a pedir con el capitán Domingo de Eraso, espero en Dios que se daría fin a esta prolija guerra».[538]

---

el corregidor de Santiago, general don Luis Jufré; Francisco de Zúñiga y García Gutiérrez Flores, alcaldes ordinarios; el factor Bernardino Morales de Albornoz (cuya firma bastante enredada ha dado lugar a que a veces se le llame Jerónimo), y diez capitanes, entre los cuales figura don Melchor Jufré del Águila, autor de un libro rarísimo sobre las guerras de Chile. Según dice el acta, «son de las personas más calificadas y experimentadas en las cosas de la guerra que hay en este dicho reino».

538 Carta de Ribera al rey escrita en Santiago el 17 de septiembre de 1604. Todo el tenor de esta carta deja ver que hasta entonces Ribera ignoraba que el rey lo había separado del gobierno de Chile y nombrádole un sucesor.

Estas ilusiones del gobernador se fundaban en la idea imperfecta que los españoles se habían formado del carácter y del estado social de los bárbaros, aun después de cerca de sesenta años de guerra. Reconociendo su valor salvaje e indomable, al mismo tiempo que su ignorancia grosera les suponían una organización que los sometía más o menos ajustadamente a las órdenes de ciertos jefes. Mientras tanto, no existía entre ellos esa cohesión de nacionalidad que los españoles creían reconocer, y que la gran mayoría de los cronistas ha exagerado en sus historias, suponiéndolos dirigidos en la guerra por un jefe único. Por el contrario, lo que tenía de más terrible aquella formidable resistencia de los indios era precisamente esa falta de unidad en la dirección de las operaciones. Fruto de un instinto general, favorecida por las condiciones especiales del terreno, por los bosques, por los ríos, por las montañas y por las ciénagas, se hacía sentir, a la vez, en todas partes, con diversos caudillos que solían reunirse a veces para un ataque común, pero que victoriosos o derrotados, volvían a la lucha en otros lugares. Después de la destrucción de las ciudades de la Imperial, Villarrica, Valdivia y Osorno, los indios de estas regiones que habían dejado de ser inquietados, volvieron a su vida ociosa, sin preocuparse de lo que pasaba en las inmediaciones del Biobío. Pero si Ribera hubiese conseguido reducir a los habitantes de la comarca vecina a su línea de frontera, habría encontrado que las tribus de más al sur renovaban la resistencia con igual tesón cuando se viesen inmediatamente amenazadas.

10. Última campaña de Alonso de Ribera en el territorio enemigo

Sea que creyese que don Alonso de Sotomayor no había de aceptar el gobierno de Chile, o que quisiera dejar adelantada la guerra para entregar el reino a su sucesor en las mejores condiciones posibles, Ribera estaba resuelto a emprender una nueva campaña en el verano próximo. A fines de octubre, en efecto, salía de Santiago,[539] pero no parece que pudo sacar de la capital considerables recursos. Sus vecinos, quebrantados y empobrecidos por la guerra y las derramas, habían sufrido ese año males de otro orden que los tenían alarmados. Las lluvias del invierno produjeron una crecida del Mapocho que hizo grandes daños en muchas casas de la ciudad y en los campos de labranza

---

539 No hay constancia en los documentos de la fecha exacta de la partida de Ribera para el sur en la primavera de 1604. Por los libros del Cabildo se ve, sin embargo, que estaba todavía en la ciudad el 18 de octubre.

de sus inmediaciones. En la primavera se desarrolló una plaga de langostas que amenazaba destruir las viñas, las huertas y los sembrados. Por acuerdo del Cabildo, se hicieron procesiones y rogativas, pero como la langosta no disminuyese, aquella corporación acordó veinte días después recurrir a un remedio que se creía mucho más eficaz. Pidió al obispo Pérez de Espinosa que saliera en persona a conjurarla, «porque será, decía, gran consuelo para el pueblo, y esperanza que con esto será Dios servido de aplacar su ira».[540] Como es fácil suponer, los exorcismos del obispo de Santiago no debían producir el menor resultado ni en pro ni en contra de aquella plaga; pero los habitantes de Chile conservaron su fe supersticiosa en esos procedimientos, y la legaron a las nuevas generaciones hasta que el desarrollo de la civilización y de la cultura vino casi en nuestros días a condenarlos a un desdeñoso olvido.

Ribera, entre tanto, llegaba a Concepción el 5 de noviembre y comenzaba a acelerar los aprestos para la nueva campaña. Pedro Cortés en Arauco, y Jorge de Ribera (hermano del gobernador) en Catirai, sostenían la guerra contra los bárbaros, y en los principios de la primavera habían obtenido ventajas considerables que debían fomentar las ilusiones de los españoles. Algunas tribus de aquellas comarcas, acosadas por el hambre y por la persecución, y queriendo, sin duda, conservar sus sembrados, aparentaron dar la paz sometiéndose a los conquistadores. Ribera llegó a creer que ése era el momento de adelantar la línea de frontera, y con este propósito partió de Concepción hacia Arauco para dar principio a sus trabajos. En efecto, en la embocadura del río de Lebu, en el sitio mismo en que había estado fundada un corto tiempo la ciudad de Cañete (por los años de 1564-1569) fundó un fuerte a que dio el nombre de Santa Margarita de Austria, en honor de la reina de España. Durante los meses de diciembre de 1604 y de enero de 1605 se ocupó todavía en recorrer los campos vecinos hasta Tucapel, persiguiendo implacablemente a los indios, talando sus sembrados y sosteniendo en ocasiones algunos combates de escasa importancia. Las ventajas puramente accidentales que alcanzó en estas correrías, debieron fortificar su convencimiento de que la obra de la pacificación seguía avanzando en aquella comarca.

Mientras tanto, aquellos incansables enemigos hacían su aparición por otra parte. Los indios del valle central, esto es, de Angol y de Mulchén, evitando los

---

[540] Acuerdos del cabildo de Santiago de 3 y 24 de diciembre de 1604.

fuertes del Biobío, atravesaron el río de la Laja y fueron a colocarse cautelosamente en las cercanías de otro fuerte, que los españoles tenían en Yumbel. Antes de mucho tiempo pudieron dar un rudo golpe a la guarnición que lo defendía. El 28 de enero de 1605 salieron del fuerte cuarenta españoles y algunos indios de servicio a cortar en las inmediaciones el forraje necesario para sus cabalgaduras. Nada les hacía prever la proximidad del enemigo, cuando de improviso se vieron atacados en los momentos en que se habían apartado de sus caballos, y en que estaban más desprevenidos para la defensa. El combate fue una verdadera carnicería. Veinticinco españoles quedaron muertos en el campo, y tres fueron tomados prisioneros. Los que lograron llegar al fuerte de Yumbel, volvieron desconcertados y cubiertos de heridas; y cuando salieron tropas de refresco en persecución de los indios, ya estos se habían dispersado de manera que fue imposible darles alcance.

Este contratiempo debió irritar profundamente a Ribera, pero no lo abatió ni tampoco le hizo perder la ilusión que tenía en los progresos de la reconquista de aquellos territorios. Sin tardanza despachó a su maestre de campo Pedro Cortés con treinta soldados para que fuese a castigar a los indios de Angol y sus cercanías. «Llegado allí, dice éste, saqué gente de los tres fuertes (Nuestra Señora de Halle, Nacimiento y Santa Fe); y pasando el Biobío, fui haciendo la guerra a la tierra del cacique Nabalburí, que fue el que había hecho este daño, y le desbaraté en una borrachera en que estaban gozando de su victoria, y le maté sesenta indios y tomé mucha gente de mujeres e hijos, y él se escapó a gran ventura por una quebrada.»[541]

Ribera, entre tanto, continuaba sus correrías en la región de la costa. Su actividad incansable de soldado, y el vigor de sus tropas le permitieron derrotar a los indios de esa comarca en varios combates.[542] Dando a estas ventajas un alcance que no tenían, y aceptando como sinceras las proposiciones de paz que le hicieron algunos caciques, el gobernador llegó a persuadirse de que en ese mismo año podría adelantar mucho más al sur su línea de frontera. Para ello, tenía resuelto hacer dos nuevas fundaciones, una en el valle central y la otra en los campos de la costa que acaba de recorrer. Para la primera de ellas había elegido un sitio vecino a aquél en que años atrás se levantaba la ciudad

---

541 *Relación* inédita de Pedro Cortés, escrita en Santiago en marzo de 1608.
542 Ribera daba cuenta de ellos al rey en su carta fechada en Ongolmo, provincia de Tucapel, a 26 de febrero de 1605.

de Angol. Para la segunda designó las orillas del río Paicaví y, en efecto, en los primeros días de abril dio principio a la construcción de un fuerte. El arribo de su sucesor vino a sorprenderlo en estos trabajos.

11. Es separado del mando de Chile y parte a hacerse cargo del gobierno de Tucumán. Historiadores del primer gobierno de Alonso de Ribera (nota)

No era don Alonso de Sotomayor el que venía a reemplazar a Ribera en el gobierno de Chile. Habíase negado a aceptar este cargo, y en su reemplazo el virrey del Perú acababa de confiarlo a Alonso García Ramón. Habiendo desembarcado éste en Concepción el 19 de marzo de 1605, se demoró allí algunos días ocupado en varios trabajos de que tendremos que dar cuenta más adelante; y el 9 de abril se presentaba en Paicaví a recibirse del mando del ejército.

Conocidas las relaciones de esos dos capitanes y su público rompimiento en 1601, cuando Ribera llegó a Chile a tomar el gobierno, se habría creído que ahora iban a mediar entre ambos ruidosas y desagradables desavenencias. No sucedió así, sin embargo. El virrey del Perú había encargado expresamente a García Ramón que guardase a su antecesor todas las consideraciones posibles, para evitar así esos ruidosos choques que desprestigiaban la autoridad y que daban lugar al enardecimiento de las pasiones entre los partidarios de cada uno de los contendientes. Ribera, a pesar de la irritable susceptibilidad de su carácter, no tuvo que quejarse de ningún ultraje ni de ninguna desatención.

Cuando hubo entregado el mando de las tropas, Alonso de Ribera se trasladó a Santiago, donde residía su familia. Por orden del rey, debía partir brevemente a tomar el mando de la apartada provincia de Tucumán; pero las nieves del invierno habían cerrado los caminos de la cordillera, y le fue forzoso aguardar la vuelta de la primavera. Queriendo, sin duda, alejarse de una ciudad en que residían muchos de sus enemigos, y donde no podían faltarle contrariedades y disgustos, se instaló en el asiento de Colina, pueblo de indios y de encomenderos, situado seis leguas al norte de Santiago. En esas circunstancias fue cuando el obispo Pérez de Espinosa lanzó en contra suya el edicto de excomunión que dio lugar a un largo juicio de que hemos hablado más atrás.[543]

---

543 Véase el § 5 del presente capítulo, y particularmente la nota 28.

Empleó este tiempo en preparar la justificación de su conducta. Desde Colina escribió al rey una extensa y reverente carta en que, haciendo un resumen de toda su administración, recordaba el estado calamitoso en que había hallado a Chile a la época en que se recibió del mando, y la situación mucho más ventajosa en que lo dejaba. «Cuando llegué a esta tierra por orden de Vuestra Majestad, decía, cargo que Vuestra Majestad me hizo sin pretenderlo, pareciéndole a Vuestra Majestad que aceptaría a servirlo, como lo he hecho, hallé la guerra en el río de Maule, por la cordillera nevada, y por la costa en el Itata, y la ciudad de la Concepción retirada al convento del señor San Francisco que servía de fuerte.»[544] Si el estado en que dejaba Chile distaba mucho de ser tan lisonjero como se hacía la ilusión de creerlo y como lo presentaba en su correspondencia, era la verdad que había restablecido la confianza entre los españoles, afianzando la tranquilidad en las poblaciones situadas al norte del Biobío y evitando empresas temerarias que indudablemente habrían dado origen a nuevos desastres. Para que su palabra fuera creída en la Corte, Ribera hizo, además, levantar una información de todos estos hechos, y otra concerniente a la administración de los caudales públicos durante su gobierno.[545] Antes de su partida, dio también a García Ramón un parecer o informe por escrito sobre la manera de llevar adelante la pacificación de Chile. Recomendábale allí que no deshiciese las compañías de infantería, «que siempre llevase de ella más que de caballería, porque es el miembro más importante del campo del rey»; que mantuviese en todo su vigor la disciplina militar, y que no se aventurase en conquistas y poblaciones en el interior del territorio de los rebeldes, sin haber reducido primero la región vecina a la frontera, para no dejar enemigos a sus espaldas.[546]

---

544 Carta de Ribera al rey, escrita en Colina el 18 de septiembre de 1605.
545 Estas informaciones fueron remitidas al rey por Alonso de Ribera en copia legalizada, y se conservan en el Archivo de Indias de Sevilla. Aunque versan sobre hechos muy determinados que se repiten casi sin variaciones por todos los testigos, lo que hace fatigoso su estudio, ofrecen no pocos datos útiles para el historiador, que nosotros hemos aprovechado en cuanto era posible en los capítulos anteriores.
546 El parecer dado por Alonso de Ribera a su sucesor, que también se conserva en el Archivo de Indias, es un documento muy interesante que revela los conocimientos militares de su autor y las ideas y propósitos que tuvo en vista en sus campañas en Chile. Bajo este aspecto, se puede considerar como una justificación de su conducta, y nos ha sido muy útil para comprender el nuevo sistema de operaciones militares que planteó en la dirección de la guerra.

A fines de octubre de 1605, cuando la primavera comenzaba apenas a derretir las nieves de los Andes, Ribera se ponía en marcha para Tucumán. Lo acompañaban, además de su esposa y sus criados, veintinueve soldados y once oficiales, capitanes, alféreces, amigos y allegados.[547]

García Ramón no opuso la menor dificultad a la salida de esta gente, no solo por cumplir las terminantes instrucciones del virrey del Perú, que le recomendaban guardar todo orden de consideraciones a Ribera, sino porque en esos mismos días llegaba a Chile un considerable refuerzo de tropas españolas, como habremos de referirlo más adelante.

Probablemente también el nuevo gobernador no sentía que se alejasen del país los amigos más ardorosos de su antecesor. Pero si Ribera dejaba en Chile muchos y muy encarnizados enemigos, y si se llevaba consigo a algunos de sus parciales, quedaban en el país otros amigos que siempre le fueron fieles, y no pocos hombres que hacían justicia a su actividad y a sus méritos de militar y de gobernante. En los mismos días en que Ribera salía de Chile, llegaba un capitán español enteramente extraño a las rencillas que habían perturbado los ánimos en los años anteriores. Queriendo dar cuenta al soberano del estado en que había hallado el reino, le decía las palabras siguientes: «Lo que han escrito a Vuestra Majestad contra el gobernador Alonso de Ribera, ha sido muy diferente de lo que yo he visto y entendido, porque había metido la guerra muy adentro de los enemigos, y ha servido a Vuestra Majestad con mucho cuidado y trabajo de su persona, como lo ha hecho en los estados de Flandes. Y todos los prelados de los monasterios están muy bien con él y dicen que había gobernado muy bien. Y asimismo, la mayor parte de la gente principal hacen lo mismo. Y lo que escribo a Vuestra Majestad es cierto, que lo he entendido así. Merece que Vuestra Majestad lo honre conforme a sus servicios, y le haga merced».[548] Ya veremos repetirse estas recomendaciones en términos más calurosos todavía, y pedir empeñosamente al rey que volviese a confiar a Alonso de Ribera el gobierno de Chile.

Por su parte, los enemigos de Ribera no depusieron sus odios al verlo alejado del reino y confinado en un puesto muy inferior al que le correspondía por sus

---

547 *Relación de las cosas que del reino de Chile se debe dar entero aviso a Vuestra Majestad por vuestro gobernador Alonso García Ramón*, 1607.

548 Carta de Antonio de Mosquera al rey, escrita en Santiago el 28 de diciembre de 1605. Era éste el capitán que trajo a Chile el refuerzo de tropas de que hablaremos más adelante.

méritos y sus servicios. Cinco años más tarde, en marzo de 1610, el doctor Luis Merlo de la Fuente recibía el encargo de instruir dentro del plazo perentorio de sesenta días, el juicio de residencia del gobernador destituido. Aquellos obstinados enemigos acudieron presurosos a formular sus acusaciones contra Ribera, y acumularon toda clase de cargos para presentarlo como un gobernante atrabiliario, despótico, irreligioso, inhábil para dirigir la guerra y hasta desprovisto de honradez. La sentencia de ese juicio dada dos meses después, le fue relativamente desfavorable; pero Ribera protestó de los procedimientos empleados en contra suya, acusó al juez de parcialidad, hizo revisar su juicio por el Consejo de Indias, y obtuvo poco más tarde una reparación espléndida.[549]

En efecto, no solo no se ejecutó más que una parte la sentencia que le condenaba al pago de multas considerables y a la suspensión de su destino por el tiempo que el consejo designare, sino que con fecha de 23 de febrero de 1611 el rey expedía en su honor una nueva cédula. Después de reconocer la importancia de los servicios de Alonso de Ribera en el desempeño de todos

---

549 En una carta escrita en Concepción en 28 de septiembre de 1612, Alonso de Ribera refiere al rey que en el juicio de residencia que le tomó el doctor Merlo de la Fuente, no se perdonó arbitrio alguno para sacarlo culpable; que solo se oía a los testigos que lo acusaban, y no se recibían las declaraciones que no le eran adversas. Aunque creemos que los tales juicios de residencia se prestaban a todo género de abusos, y que en ellos se probaba lo que convenía, nos parece que Ribera, cuyo gobierno distaba mucho de ser irreprochable, ha exagerado las cosas extraordinariamente al acusar a Merlo de la Fuente de decidida parcialidad. De los documentos de la tesorería de Concepción correspondientes al año 1620 aparece que Ribera había pagado en años atrás 2.068 pesos por la condenación en este juicio de residencia, y que esa suma había sido remitida al Consejo de Indias.
Como muestra del estilo suelto y fácil de Alonso de Ribera, permítasenos copiar aquí el curioso y animado retrato que hace de uno de sus enemigos. Dice así: «Traía consigo (Merlo de la Fuente) a Juan Ruiz de León, deudo suyo y mi enemigo declarado. Éste andaba buscando testigos contra mí, y diciéndoles que habían de jurar; y cuando alguno le resistía, decía: «No sois vos el que buscamos», y con esto le dejaba. Juan Ruiz de León ha que está en este reino más de cincuenta años. Tiene de edad más de setenta años. Nunca jamás ha sido herido en la guerra, ni ha hecho cosa notable en ella. Su entretenimiento es decir buenos dichos y emular a todos los gobernadores y jugar, porque en levantándose va a la casa de juego, donde asiste hasta que lo dejan solo, y se va a comer y luego vuelve a continuarlo sin tener otro entretenimiento. Vive con mucha necesidad y pobreza, porque aunque ha tenido repartimiento, se ha dado tan mala maña que no tiene tras qué parar. He querido informar a Vuestra Majestad de sus partes porque entiendo no le debe de estar».

los cargos que se le habían confiado, lo nombraba segunda vez gobernador de Chile.⁵⁵⁰

---

550 El primer gobierno de Alonso de Ribera (1601-1605), en que se puso algún atajo a los desastres que hacían presentir la ruina completa del reino de Chile, merecía haber tenido algún historiador especial entre los contemporáneos. En efecto, dos capitanes que sirvieron a sus órdenes, consignaron por escrito las noticias de los sucesos de ese tiempo.
Es el primero de ellos el sargento mayor Alonso González de Nájera, que sirvió en Chile poco más de seis años, de 1601 a 1607, y cuyo nombre hemos tenido que recordar algunas ocasiones en la historia de esos años. Uno de sus compañeros de armas en Flandes, llamado Alonso de Vázquez, que ha escrito una prolija historia de esas guerras, que hemos citado en otras ocasiones, hace al fin de su obra una reseña biográfica de los capitanes que se ilustraron en ellas, y dice lo siguiente: «El maestre de campo Nájera, natural de la ciudad de Cuenca, hoy castellano de Puerto Hércules en Italia, fue soldado bizarro y animoso en las guerras de Flandes, y Alejandro (Farnesio) le honró y aventajó por sus muchos servicios. Fue proveído por sargento mayor de la milicia de Ciudad Real» (pág. 414). Dotado de alguna ilustración, observador sagaz y juicioso, y escritor fácil, aunque con frecuencia difuso, González de Nájera habría podido legarnos un libro importante si se hubiera contraído a contar los sucesos en que fue testigo y actor, y a darnos a conocer los hombres más notables que intervinieron en ellos. Los fragmentos narrativos que nos han quedado de su mano, tienen animación y colorido, y sus observaciones sobre esos sucesos, y sobre el carácter y la vida de los indios dejan ver un espíritu bien preparado para ese género de trabajos. Pero González de Nájera se propuso solo exponer prolijamente el plan que a su juicio debía adoptarse para llevar a cabo la pacificación de Chile, llenó centenares de páginas con la exposición de su sistema militar, y solo consignó algunos hechos cuando con ellos quería corroborar y fortalecer sus opiniones.
El libro de González de Nájera se titula: *Desengaño y reparo de la guerra del reino de Chile*, donde se manifiestan las principales ventajas que en ella tienen los indios a nuestros españoles, y los engaños que de nuestra parte han sido causa de la dilación de la conquista, con un medio que promete brevedad para acabarla. Comenzó a escribirlo en España, y lo terminó en 1614, en Italia, donde desempeñaba el cargo de gobernador de las fortalezas de Porto Ercole (Puerto de Hércules) en la Toscana. Parece que el objetivo del autor al proponer con tanta extensión y desarrollo un plan militar para conquistar y reducir todo el territorio chileno, era demostrar su conocimiento de este país y de esta guerra, y hacer valer estos antecedentes para que se le confiara la dirección de esa empresa. González de Nájera dedicó su libro al poderoso conde de Lemos, presidente del Consejo de Indias; pero ni él ni su obra hallaron la protección que, sin duda, creía merecer. Por entonces, según contamos en otra parte (tomo I, pág. 92), se publicó solo en España, sin lugar ni año de la impresión, un fragmento del libro con el índice de las materias que debía contener. Los editores de la *Colección de documentos inéditos para la historia de España*, tuvieron a su disposición el manuscrito que había pertenecido al conde de Lemos, y en 1866 lo dieron a luz en el tomo 58 de la referida colección. Si desgraciadamente este libro no forma una historia de los sucesos del tiempo en que vivió el autor, contiene como se habrá visto por nuestras notas, noticias importantes sobre esos sucesos, escritas con claridad, y datos curiosísimos acerca del estado del país, y de la vida y costumbres de los indios, y es un auxiliar sumamente útil para completar el conocimiento de esos tiempos.

Otro militar español, que sirvió también bajo las órdenes de Ribera, llamado Domingo de Sotelo Romai, «soldado de obligaciones y curioso en apuntar lo que iba sucediendo en la guerra con gran verdad y puntualidad», escribió estos sucesos. Habiendo llegado a Chile en 1601, en el rango de soldado, según contamos, militó más de veinte años en la guerra contra los indios, y ascendió hasta el puesto de comandante de un fuerte. En los ratos que le dejaban desocupado sus atenciones militares, recogió toda clase de informes sobre este país, y escribió una prolija historia que tenía terminada en 1621. Después de describir el reino de Chile, de disertar sobre el origen de sus primitivos habitantes y de dar a conocer sus costumbres y sus guerras contra los incas del Perú, contaba extensamente la conquista española y la historia general del país hasta terminar el segundo decenio del siglo XVII. Todo nos hace creer que su obra debía estar plagada de los más frecuentes y graves errores en la relación de los sucesos anteriores al arribo del autor a Chile; pero que desde 1601 para adelante, al referir los hechos en que habría sido testigo y actor, pudo reunir un valioso conjunto de noticias seguras y exactas que desgraciadamente no conocemos en su forma original, sino por la traslación que de ellas hicieron otros cronistas posteriores. El manuscrito de Sotelo Romai, que debía ser extenso, fue comprado en 1.000 pesos, allá por los años de 1626, por el presidente don Luis Fernández de Córdoba, y entregado al padre jesuita Bartolomé Navarro, que tenía el encargo de escribir una historia de Chile. Esta última obra quedó en proyecto; pero algunos años más tarde el jesuita Diego de Rosales tuvo conocimiento de los manuscritos de Sotelo Romai y los utilizó ampliamente, citándolos muchas veces, y recordando el crédito que merece su autor, como «hombre de mucha virtud, sinceridad y cuidado». Como es fácil observar cuando se tiene algún conocimiento de estas antiguas crónicas, en la Historia general del padre Rosales, se halla, desde los primeros acontecimientos del siglo XVII, la exactitud casi constante en la relación de los hechos, y una conformidad notable con los documentos de la época, sobre los cuales contiene, sin embargo, más amplios detalles, todo lo cual forma contraste con la parte anterior de esa obra, en que en cada página se hallan los más crasos errores. Sin duda alguna, esta súbita variación en el carácter de esa historia, es debida a que desde que comienza a contar los sucesos de esta época, el autor ha podido disponer en el manuscrito de Sotelo Romai de un guía seguro y digno de toda confianza. Así, pues, podemos creer que si la obra de este último no ha llegado hasta nosotros, tenemos en la del padre Rosales todas o casi todas las noticias que aquél había consignado.

Con la sola excepción del padre Rosales, cuya obra se mantuvo guardada y casi absolutamente desconocida hasta el año 1878 en que la dio a luz don Benjamín Vicuña Mackenna, todos los demás cronistas e historiadores generales de nuestro país, que han tenido que contar el primer gobierno de Alonso de Ribera (Ovalle, Córdoba de Figueroa, Olivares, Vidaurre, Molina, Pérez García, Carballo y don Claudio Gay) han pasado muy someramente sobre los hechos, o han incurrido en los errores más extraordinarios e inconcebibles. Esos historiadores y cronistas desconocieron los documentos depositados en el Archivo de Indias que han permitido más tarde reconstruir esta porción de nuestra historia.

En efecto, el historiador más caracterizado de los sucesos de este gobierno es el mismo Ribera. Sus numerosas cartas al rey, las instrucciones que daba a sus apoderados, y los otros documentos salidos de su mano, forman un vasto arsenal de noticias que nos permiten conocer los hechos y apreciar su alcance. Ribera es uno de los gobernadores de Chile que han escrito más, y sus cartas contienen noticias de todo orden. Pero el examen de esa correspondencia impone al historiador un trabajo muy penoso. El estilo de ellas es fácil y corriente, muy superior, por cierto, al de los escritos de la mayor parte de los antiguos gobernadores, de los obispos y de los otros funcionarios que se comunicaban con el rey. Pero Ribera no tenía el arte de disponer y ordenar los asuntos que trata, de manera que muchas de las noticias consignadas en sus cartas están distribuidas de una manera confusa, y contadas en ocasiones con abundancia de detalles, y en otras en la forma más compendiosa y sumaria. Además de esto, hay muchos hechos que ha referido dos o más veces en otras tantas cartas, de manera que es preciso fijar mucho la atención para no tomarlos como sucesos diferentes. En estas repeticiones, se hallan también pequeñas divergencias, sobre todo en las cifras de las fechas o del número de los soldados, lo cual obliga a hacer con frecuencia un cotejo de los diversos antecedentes. Pero a pesar de estos pequeños inconvenientes, la correspondencia de Ribera constituye un conjunto de documentos del más alto interés histórico, y es la más rica y la más segura fuente de información para conocer su gobierno.

Todos esos documentos han sido conocidos por don Crescente Errázuriz, y le han permitido contar con gran acopio de noticias y bajo una luz casi absolutamente nueva, la historia del primer gobierno de Alonso de Ribera. El segundo volumen de su obra titulada *Seis años de la historia de Chile*, está contraído a este período. Por la abundancia de hechos, por la extensión y la prolijidad de la investigación, esta obra debe ser contada entre los trabajos más serios a que ha dado origen el estudio de la historia nacional. Al referir estos mismos sucesos en un cuadro más general de nuestra historia, hemos tenido nosotros que darles menos espacio, y que omitir accidentes y pormenores que solo están bien en una monografía histórica contraída a un período determinado. El lector puede hallar en la obra del señor Errázuriz los accidentes y detalles que no podían tener cabida en nuestro libro, y que hemos omitido por creerlos de importancia secundaria.

Capítulo XXI. Gobierno de Alonso García Ramón. Infructuosas tentativas de ofrecer la paz a los indios (1605-1606)

1. Alonso García Ramón es nombrado gobernador de Chile por el virrey del Perú. Recibe la orden de suprimir el servicio personal de los indígenas. 2. El nuevo gobernador desembarca en Concepción con el padre Luis de Valdivia: se recibe del mando y recorre los fuertes de la frontera celebrando parlamentos con los indios para ofrecerles la paz. 3. Poca confianza que inspira la paz: García Ramón se prepara para emprender una nueva campaña en la primavera próxima, y pasa a Santiago a hacer sus aprestos. 4. Llega a Chile un socorro de 1.000 hombres enviados de España. 5. El gobernador y las otras autoridades representan al rey la insuficiencia del situado para pagar el ejército de Chile y obtienen que sea elevado a una suma mayor. 6. Campaña de García Ramón al territorio enemigo. 7. Miserable condición de los españoles que permanecían cautivos entre los indios: el gobernador intenta rescatarlos, pero con escaso resultado. 8. Fundación del fuerte de San Ignacio de Boroa. 9. La guerra se mantiene en todas partes: ilusiones de García Ramón en los progresos alcanzados en la última campaña. El padre Valdivia da la vuelta al Perú. 10. La guerra contra los indios queda autorizada por el papa. Terrible desastre de los españoles en Boroa.

1. Alonso García Ramón es nombrado gobernador de Chile por el virrey del Perú. Recibe la orden de suprimir el servicio personal de los indígenas

Según hemos referido, Felipe III, por una cédula expedida en Valencia el 9 de enero de 1604, había nombrado gobernador de Chile a don Alonso de Sotomayor y le había encargado que con toda brevedad se hiciera cargo de ese destino para poner remedio a los desastres de la guerra. Las ciudades de Chile, que por medio de su apoderado, fray Juan de Báscones, habían pedido a la Corte la vuelta de Sotomayor, habían solicitado también que este país fuese elevado al rango de virreinato; y el mismo Sotomayor, que estaba al corriente de estas diligencias, se lisonjeó, sin duda, con la esperanza de obtener el título de virrey. La resolución del monarca fue negativa sobre este punto.

Se hallaba entonces don Alonso de Sotomayor desempeñando el gobierno del distrito de Panamá. En 1596 había sido rechazado en un puerto de esa provincia el célebre marino inglés Francisco Drake, que intentaba un desembarco. Este triunfo, que en realidad tenía poco de glorioso para las armas españolas, fue muy celebrado en Madrid; y, aunque Sotomayor no había asistido al combate, creía que la derrota de aquel terrible enemigo de España lo hacía merecedor de un premio mucho más alto que el puesto de simple gobernador de Chile que se le ofrecía ocho años más tarde. Así, pues, lo rechazó perentoriamente, alegando por excusa su edad avanzada y el mal estado de su salud.

En esas circunstancias llegaba al Perú don Gaspar de Acevedo y Zúñiga, conde de Monterrey, que venía a hacerse cargo del gobierno del virreinato, por renuncia de don Luis de Velasco. Apenas hubo desembarcado en los puertos del norte, se impuso de la alarmante situación de Chile, y supo que Sotomayor no aceptaba el gobierno de este país. Hallándose todavía en Trujillo tuvo una conferencia con Alonso García Ramón, que había acudido a recibirlo; y allí mismo quedó resuelto que éste vendría a Chile a tomar el puesto de gobernador. En efecto, a poco de haber entrado a Lima, el 21 de enero de 1605, el virrey firmó ese nombramiento.[551]

Pero el conde de Monterrey, que acababa de gobernar el virreinato de Nueva España, y que había conocido allí los indios más o menos civilizados que formaban la población del antiguo imperio mexicano, mucho más aptos que los de Chile para recibir un gobierno regular, creía que era posible someter a estos últimos por medios menos costosos y más humanos que la guerra despiadada que se les había hecho con poco fruto. En esa época cabalmente se hablaba mucho en Lima de las vejaciones que sufrían los indios de Chile, de las ofensas y crueldades a que los tenían sometidos los encomenderos y de la persistencia

---

551 Alonso García Ramón había sido nombrado poco antes por el rey, corregidor de la provincia de Quito, y en 1604 se disponía para ir a desempeñar este cargo cuando supo el nombramiento y la renuncia de don Alonso de Sotomayor, y comprendió que en esa emergencia podía tocarle el gobierno de Chile. Su nombramiento estaba acordado desde fines de ese año, pero solo fue firmado el 21 de enero de 1605. En efecto, con fecha de 22 de diciembre de 1604, tanto García Ramón como el conde de Monterrey se dirigieron al cabildo de Santiago para avisarle que luego llegaría el primero, con el carácter de gobernador, y para encargarle que hiciese reunir algunos caballos y monturas que serían puntualmente pagados. Estas cartas se recibieron en Santiago el 3 de marzo de 1605, y en el momento se tomaron las medidas convenientes para cumplir este encargo. Conviene hacer notar aquí una coincidencia curiosa de fecha: Felipe III nombró a García Ramón gobernador propietario de Chile por una cédula expedida en Tordesillas el 22 de enero del mismo año de 1605.

de estos en mantener el sistema de servicio personal de los indígenas contra las órdenes reiteradas del rey. Atribuíase a estas causas, la incansable obstinación que oponían los araucanos para mantener su independencia, seguros como estaban de que una vez sometidos se les daría el mismo tratamiento. Dos personajes altamente colocados sostenían calurosamente estas ideas. Eran estos Luis de la Torre, protector titular que había sido de los indios de Chile, y el padre jesuita Luis de Valdivia, que había residido en este país cerca de diez años, que había visitado una gran porción de su territorio, que había estudiado la lengua de los indígenas, y que por todo esto estaba en situación de dar los más minuciosos informes sobre la materia. El virrey don Luis de Velasco había comenzado a ocuparse de estos asuntos cuando llegó su sucesor.

El conde de Monterrey se apresuró a convocar en Lima una junta consultiva de letrados y de teólogos.[552] Discutiose allí prolijamente la manera de poner

---

[552] Esta junta fue compuesta de don Juan de Villela, oidor de la audiencia de Lima y asesor que había sido del virrey don Luis de Velasco; del doctor Acuña, alcalde de Corte; del gobernador nombrado para Chile, Alonso García Ramón; del padre jesuita Francisco Coello, que antes de tomar las órdenes había sido alcalde de corte de Lima y asesor del virrey y del padre Luis de Valdivia, que entonces enseñaba teología en el colegio de jesuitas de Lima. Este último, que debía desempeñar un papel muy importante en los sucesos posteriores, y llenar con su nombre muchas páginas de la historia de Chile, fue sin duda el alma de aquellas deliberaciones. Nacido en Granada en 1561, el padre Valdivia entró a la Compañía de Jesús en 1581 y pasó al Perú muy poco más tarde. En 1593 vino a Chile con los primeros jesuitas que entraron en nuestro país y visitó los pueblos del sur bajo el gobierno de Óñez de Loyola. En el colegio de jesuitas de Santiago, del que fue rector, se contrajo al estudio de la lengua chilena, sobre la cual preparaba una gramática. Este estudio era entonces mucho más fácil que el presente. Esa lengua era hablada no solo por los indios sino, también, por los hijos de los españoles, a causa de su roce con los indios que desempeñaban el oficio de sirvientes domésticos; y entre los primeros jesuitas que hubo en Chile, había uno, Hernando de Aguilera, originario de la Imperial, que la hablaba como su lengua materna. Otro padre jesuita, Gabriel de Vega, aunque español de nacimiento (de Barrios, en el arzobispado de Toledo) se había dedicado a este estudio, y preparaba una gramática y un vocabulario chileno cuando la muerte lo sorprendió en Santiago en abril de 1605. Seguramente, el padre Valdivia se aprovechó de este trabajo para la obra que dio a la luz en Lima el año siguiente.

Desde los primeros días de su arribo a Chile, los jesuitas instituyeron cofradías, procesiones y muchas otras aparatosas fiestas religiosas como medio de convertir a los indios. El padre Valdivia fue el promotor de una procesión que se celebraba todos los domingos en Concepción, en la cual se hacía que los indios cantaran en su propio idioma las oraciones y la doctrina cristiana. El obispo Lizárraga dio cuenta al rey del ningún resultado de tales ceremonias, como puede verse en la nota 21 del capítulo anterior, donde hemos copiado sus propias palabras.

remedio a la desgraciada situación de Chile; y todos los presentes opinaron que debía suprimirse con la mayor brevedad posible el servicio personal de los indígenas, como el medio más eficaz de tranquilizarlos y de desarmar la porfiada y desastrosa guerra que se sostenía desde medio siglo atrás. El mismo García Ramón, que asistía a los acuerdos de esa junta, y que debía conocer mejor el carácter y las condiciones de los indios de Chile, se dejó llevar por la corriente de las opiniones dominantes y aceptó gustoso este parecer. Con arreglo a ese dictamen, el virrey dio al nuevo gobernador las instrucciones más terminantes para que el servicio personal fuese suprimido.[553] Dispuso, además, que en compañía de García Ramón volviese a Chile el padre Valdivia para que ayudase a la adopción de esta reforma, para que plantease el sistema de reducción de

---

Los historiadores de la Compañía de Jesús han contado extensamente los trabajos posteriores del padre Luis de Valdivia, pero nos dan muy pocas noticias acerca de los primeros años de su vida. Esta observación es extensiva hasta la biografía del padre Valdivia que ha publicado el padre Juan Eusebio Nieremberg en su *Honor del gran patriarca San Ignacio de Loyola*, Madrid, 1645, págs. 759-762. Este curioso volumen forma el tercero en su orden de publicación, pero el primero en orden del asunto, de la extensa colección de biografías de jesuitas, completada más tarde por los padres Alonso de Andrade y José Cassani, hasta componer nueve gruesos tomos en folio, que por haberse dado a luz en diversos tiempos, y en el transcurso de noventa y tres años (1643-1736), es muy difícil reunir. En medio de muchos millares de milagros y de cuentos que no resisten al menor examen, esos nueve volúmenes contienen no pocas noticias biográficas de los principales jesuitas que se distinguieron en América. El mismo padre Valdivia dejó manuscritas muchas biografías de esa clase, de las cuales el padre Nieremberg insertó más de treinta en aquella colección. Por su estilo fácil y corriente, sin afectación y sin tropiezos, dejan ver en el padre Valdivia un gusto literario superior al de un gran número de escritores místicos de esa época. Aunque por su fondo carecen casi completamente de interés histórico, son útiles para conocer el carácter del autor. Forman un tejido de prodigios maravillosos, de apariciones de Jesús, de la Virgen y de los santos, de visiones de toda clase, de luchas materiales con el demonio y de tantos otros portentos que colocarían al padre Valdivia en el número de los inventores de milagros y supercherías, si no hubiese motivos para creer que su espíritu, dispuesto a dejarse llevar por las más singulares ilusiones, creía formalmente en todas esas cosas.

553 Carta de Alonso García Ramón al rey, Lima 31 de enero de 1605. Carta del padre Luis de Valdivia al conde de Lemos, presidente del Consejo de Indias, Lima, enero 4 de 1607. Esta última carta, que se conserva original en el Archivo de Indias, y que poseemos en copia, se encuentra reproducida casi al pie de la letra por el cronista Luis Tribaldos de Toledo en la pág. 94 y siguientes de su *Vista general de las continuadas guerras y difícil conquista del gran reino de Chile*, que di a luz por primera vez en el tomo 4.º de la *Colección de historiadores de Chile*. Según esta carta, el virrey del Perú, habiendo recibido en esas circunstancias noticias de las ventajas que se decían alcanzadas por Ribera en la pacificación de Chile, estuvo a punto de desistir de su resolución de enviar nuevo gobernador; pero al fin, creyendo interpretar la voluntad del rey, resolvió despachar a García Ramón.

los indígenas por medio de misiones y para que recogiese los informes necesarios para atender en adelante al gobierno de este país.

Formábanse grandes ilusiones en los consejos del virrey sobre el resultado que debía producir aquella medida. «Con esto y otras cosas que el virrey ha mandado proveer, escribía entonces García Ramón, voy confiadísimo de que Dios nuestro señor ha de hacernos muy grandes mercedes.» El conde de Monterrey y sus consejeros estaban persuadidos de que con la supresión del servicio personal, la situación de Chile iba a cambiar como por encanto, induciendo a los indios a terminar la guerra. Sin embargo, el gobernador quiso prepararse para todo evento; pidió con insistencia que se le dieran algunas tropas, y con no pocas dificultades consiguió un refuerzo de 130 hombres. Algunos antiguos militares de Chile que se hallaban en el Perú solicitando el premio de sus servicios, resolvieron también acompañar a García Ramón con la esperanza de hallar en el nuevo estado de cosas la recompensa a que se creían merecedores. Todos estos aprestos retardaron la partida del nuevo gobernador. Al fin, el 1 de febrero de 1605 zarpaba del Callao lleno de confianza en el resultado de la empresa que acometía.

2. El nuevo gobernador desembarca en Concepción con el padre Luis de Valdivia: se recibe del mando y recorre los fuertes de la frontera celebrando parlamentos con los indios para ofrecerles la paz

Después de un viaje de más de mes y medio, García Ramón y sus compañeros llegaban a Concepción el 19 de marzo.[554] El siguiente día, domingo 20 de marzo, hacía publicar por bando su nombramiento de gobernador de Chile, y las instrucciones que traía del virrey del Perú para suprimir el servicio personal de los indígenas. Los caciques de las tribus vecinas a la ciudad fueron convocados

---

[554] Los cronistas de la Compañía de Jesús, siempre dispuestos a contar prodigios y milagros cada vez que interviene en los sucesos alguno de los suyos, refieren que en esta navegación el padre Valdivia apagó un incendio que comenzaba a abrasar la nave; y que habiéndose levantado una violenta tempestad que obligó a los marineros a abandonar el rumbo entregándose a la merced de los vientos, el mismo padre Valdivia hizo una exhortación a san Ignacio de Loyola con lo que el mar se tranquilizó y desapareció el peligro. Véase Lozano, *Historia de la Compañía de Jesús de la provincia del Paraguai*, lib. III, capítulo 12, núm. 3. Los documentos contemporáneos no dicen una palabra de tal incendio ni de tal tempestad.

inmediatamente a una solemne asamblea que debía celebrarse en Concepción esa misma tarde. Dirigiéndose a ellos por medio de un intérprete llamado Alonso Sánchez, el gobernador les hizo saber que traía encargo expreso de perdonarles los delitos cometidos en las rebeliones anteriores, y de plantear otro sistema de pacificación que pusiese fin a las injusticias y vejámenes de que hasta entonces se les había hecho víctimas. Enseguida, el padre Valdivia les leyó en lengua chilena las provisiones por las cuales el virrey del Perú los declaraba libres del trabajo personal a que estaban obligados, sustituyéndolo por un impuesto en dinero o en especies, que debía servir para regularizar el gobierno de los mismos indios, y atender a su conversión y bienestar. El acta de aquella asamblea, redactada por el mismo padre Valdivia, refiere que los indios recibieron con gran alegría esta noticia. Uno de los caciques nombrado Unavillu, tomando la representación de todos los demás, contestó al gobernador para expresarle su agradecimiento por la merced que se les hacía, para manifestar su resolución de ser fieles vasallos del rey y de vivir en perpetua paz bajo tales condiciones, y para pedir que el impuesto que debían pagar, se fijase «cuando la tierra toda estuviese pacífica y asentada». García Ramón, después de asegurarles que esperaba grandes refuerzos de tropas de España y de otras partes, y que con ellos les haría guerra cruda e implacable si violaban aquel pacto, los despidió amistosamente.[555]

En los primeros momentos se creyó tal vez que la fama de este parlamento se extendería rápidamente en toda la comarca, y que afianzaría la paz de los indios que se consideraban sometidos, induciendo, además, a los otros a deponer las armas. Sin embargo, se pasaron algunos días sin que por ninguna parte se percibieran los efectos que se esperaban de aquellas declaraciones. Por el contrario, los indios de la provincia de Tucapel, siempre inquietos y turbulentos, a pesar de las promesas que habían hecho de vivir en paz, no cesaban de hostilizar a los destacamentos españoles y de amenazar los fuertes. Por esto mismo, cuando García Ramón, después de cuidar del desembarco de su gente y de las municiones, del dinero y del vestuario que traía del Perú, quiso salir a

---

[555] El acta de la junta o parlamento celebrado en Concepción el 20 de marzo de 1605, fue remitida a España con los otros documentos análogos de los parlamentos celebrados con el mismo objetivo en los otros establecimientos españoles vecinos al teatro de la guerra. Se conservan en el Archivo de Indias en un legajo que tiene este título: *Chile. Autos en razón de las paces de los indios sobre el perdón general*, 1605.

reunirse con Ribera, comprendió el riesgo que había en atravesar aquella parte del territorio; y al ponerse en marcha a fines de marzo, se hizo acompañar por todas las tropas que le fue posible reunir.[556] El padre Valdivia marchaba a su lado para concurrir a los parlamentos que el gobernador debía celebrar con los indios de cada distrito.

Aquella marcha, sin embargo, no ofreció serios inconvenientes. El gobernador fue visitando los fuertes situados en la región de la costa, y el 9 de abril llegó al de Paicaví donde se hallaba Alonso de Ribera. Durante el camino, García Ramón pudo percibir la intranquilidad que reinaba en toda esa comarca a pesar de la paz aparente que habían dado los indios. No le cupo duda de que su antecesor había exagerado considerablemente las noticias que daba acerca de la pacificación de aquellos lugares, pero se abstuvo de hacerle reproches y recriminaciones inútiles. Antes, por el contrario, guardó a Ribera las consideraciones que le había encargado el virrey del Perú, le prestó los auxilios necesarios para emprender su viaje a Santiago y a Tucumán y, por último, recomendó al monarca los servicios que aquél había prestado en la guerra de Chile.[557] En honor de la esposa del virrey del Perú, el fuerte Paicaví recibió el nombre de Santa Inés de Monterrey.

Después de ocuparse en afianzar la tranquilidad, García Ramón, acompañado siempre por el padre Valdivia, reunió el 24 de abril a los caciques comarca-

---

556 «Partí, dice él mismo, con harto riesgo a buscar el ejército que andaba en campaña.» El padre Lozano, en el lugar citado, refiere que el gobernador salió de Concepción «escoltado de sus valerosos escuadrones»; pero queriendo enaltecer a los suyos con nuevos prodigios, agrega: «pero la principal fuerza consistía en la presencia del padre Valdivia, más poderoso para contener a los bárbaros que las haces mejor ordenadas».

557 El padre Rosales, que entre todos los antiguos cronistas es el mejor informado acerca de los sucesos de este tiempo, incurre en esta parte en errores notables y evidentes. Cuenta en el capítulo 33, libro V de su *Historia general*, que la primera entrevista de los dos gobernadores tuvo lugar en Concepción, a donde Ribera había ido a saludar a su sucesor; que ambos salieron enseguida para Paicaví, y que en la cuesta de Villagrán tuvieron una acalorada disputa acerca de la pretendida pacificación del país, a consecuencia de lo cual llevaron las manos a las empuñaduras de las espadas, y se habría seguido un duelo sin la inmediata intervención de los capitanes. Todos estos accidentes no pasan de ser cuentos inventados por la tradición. Existe una carta al rey escrita por García Ramón en Paicaví el 11 de abril de 1605 en que le refiere su viaje, y le cuenta cómo dos días antes se había juntado con Ribera en ese lugar. En esa carta se leen las líneas siguientes, que desautorizan la relación del padre Rosales: «Suplico a Vuestra Majestad de hacer merced al gobernador Alonso de Ribera, el cual con mucha puntualidad ha procurado servir a Vuestra Alteza, sin reservar trabajo ninguno de los muchos que aquí de ordinario se ofrecen».

nos, y en un parlamento solemne como el que había celebrado en Concepción, les hizo saber las nuevas instrucciones que traía del Perú. Trasladose enseguida al fuerte de Lebu y al de Arauco, y después a los que existían a ambos lados del Biobío. En todos ellos repitió los mismos parlamentos, comunicando a los indios las gracias y favores que les dispensaba el rey si querían vivir en paz, y amenazándolos con los horrores de una guerra sin piedad si volvían a rebelarse contra su autoridad. En todas partes, los indios, como lo habían hecho siempre en iguales circunstancias, se mostraban dispuestos a acogerse al perdón de sus faltas anteriores y a aceptar sumisos la dominación que se les imponía bajo aquellas condiciones. Aunque García Ramón manifestaba alguna confianza en la solidez de estas paces, no descuidó ninguna de las precauciones militares que convenía tomar.[558] En todas partes, reforzó las guarniciones de los fuertes y dictó las instrucciones necesarias para mantener la más activa vigilancia. El coronel Pedro Cortés quedó encargado del mando superior de los fuertes colocados en la región de la costa, y el capitán Álvaro Núñez de Pineda del de las fortificaciones situadas en el valle central, en las orillas del Biobío.

El padre Valdivia, por su parte, se mostraba altamente satisfecho del resultado de sus primeros trabajos, y resolvió fijarse en la frontera araucana para seguir desarrollando el plan de pacificación sancionado por el virrey del Perú. Profundamente convencido de la sinceridad de las paces que habían dado los indios, buscaba a estos para demostrarles las ventajas de vivir sometidos al grande y piadoso rey de España, y de recibir el cristianismo; y en su candoroso entusiasmo acogía como verdad las palabras siempre falaces de esos bárbaros. Contra el parecer de los capitanes más experimentados en aquella guerra, se atrevió a aventurarse en los campos vecinos sin más compañía que la de un mancebo llamado Ortiz de Atenas. En una de esas excursiones, los indios le habían tendido una celada; pero en esa ocasión viajaba solo el compañero del padre Valdivia, y cogido de improviso por sus astutos enemigos, pereció víctima de una muerte cruelísima. Estando vivo todavía el infeliz mancebo, los indios le cortaban las carnes a pedazos y se las comían asadas y crudas. El padre Valdivia, salvado por fortuna de haber corrido una suerte igual, debió comprender los peligros que envolvía aquella empresa; pero, según se deja ver

---

558 Carta de García Ramón al rey, escrita en Santiago, el 23 de noviembre de 1605.

por su correspondencia, no perdió las ilusiones que se había forjado acerca de la excelencia de aquel sistema de reducción de los indígenas.[559]

3. Poca confianza que inspira la paz: García Ramón se prepara para emprender una nueva campaña en la primavera próxima, y pasa a Santiago a hacer sus aprestos

Los capitanes españoles más experimentados en aquella larga lucha, no tenían la menor confianza en la sinceridad de esas paces, ni esperaban nada de la pretendida conversión de los indios. Atribuyendo a maldad deliberada de estos lo que era el fruto natural de su estado de barbarie, aquellos capitanes creían que solo por la fuerza, y mediante la más severa energía y la extinción

---

[559] Rosales, *Historia general*, lib. V, capítulo 23. El mismo padre Valdivia ha contado este hecho en la carta citada al conde de Lemos, pero acusa de ese crimen no a los indios sometidos sino a los de guerra. Por lo demás, tanto en esta carta como en otra que suscribió al padre Esteban Páez, provincial de los jesuitas del Perú, que reproduce el padre Lozano en los capítulos 12 y 13 del libro III de su citada historia, el padre Valdivia demuestra su fe inquebrantable en el resultado de sus trabajos de pacificación. Cuenta allí la buena acogida que recibía de los indios, las discusiones que sostenía con estos sobre religión y otras cosas, y por último las numerosas conversiones que hacía entre aquellos bárbaros. Su candor lo lleva hasta referir un milagro efectuado por él devolviendo la vida a un niño que estaba moribundo. Todos estos informes, que han acogido algunos antiguos cronistas, pero que pugnan con la razón y con la experiencia, sobre todo cuando se conocen la condición moral de esos indios y su incapacidad para aceptar ideas de un orden más elevado que las que ellos tenían, se encuentran expresa o implícitamente desmentidos por otros documentos contemporáneos. Más atrás (nota 21 del capítulo anterior) hemos visto lo que en esa misma época escribía al rey el obispo Lizárraga sobre la imposibilidad de convertir a los indios al cristianismo. Pero entonces mismo residía en Chile el maestre de campo Alonso González de Nájera, que ha escrito un grueso volumen sobre la manera de reducir a los indios. Hombre profundamente religioso, que cree que los españoles estaban desempeñando en nuestro país una misión que puede llamarse divina, puesto que según él, Dios había dispuesto que Chile fuese posesión del rey de España, González de Nájera estaba preparado por su fe para aceptar todos los prodigios de carácter religioso que se le contasen. Sin embargo, en ninguna parte habla de las pretendidas conversiones del padre Valdivia, que a ser ciertas, debieron efectuarse casi a su propia vista, puesto que ese escritor desempeñaba un importante cargo en el ejército. Bien al contrario de eso, González de Nájera demuestra con una notable solidez de criterio, y con una experiencia bien aprovechada, la inconsistencia de las paces ofrecidas por los indios, como puede verse en los capítulos que encierra entre las págs. 230-257. Hablando en otra parte de la resistencia de los indios a recibir y practicar el cristianismo (págs. 462-465) refiere algunos incidentes bastante curiosos que explican la verdad acerca de aquellas pretendidas conversiones, y que demuestran la particular antipatía que esos bárbaros tenían por los jesuitas y por los otros religiosos.

casi completa de la población viril, se llegaría a asentar una paz duradera en aquellos territorios. El mismo gobernador, que conocía bastante bien a los indios por la experiencia de muchos años, pero que en Lima se había dejado impresionar por las teorías humanitarias del virrey y de sus consejeros, y que apenas llegado a Chile parecía creer en el fruto que había de sacarse de las misiones, comenzaba poco a poco a cambiar de ideas, y a creer que solo las armas podían afianzar la conquista. «Últimamente, este verano pasado, escribía al rey, dieron la paz las provincias de Arauco y Tucapel, y lo que de ella ha redundado es que claramente se ha visto haberla ofrecido por solamente salvar sus comidas; y en recogiéndolas, las fueron enterrando en los montes y ellos se alzaron.»[560] Y algunos meses más tarde, expresando más vigorosamente, aun, su pensamiento, decía lo que sigue: «Estos indios son de condición que en todos los siglos de los siglos, aunque los metan en una redoma, como no sean castigados ásperamente, procurarán hacer de las suyas».[561] Así, pues, quería que sus capitanes mantuviesen con mano firme la sumisión de las provincias en que estaban asentados los fuertes.

Pero García Ramón ambicionaba mucho más que eso. Esperaba refuerzos considerables de España y de otras partes, y creía que iba a hallarse en situación de llevar a término definitivo la conquista del país. Quería repoblar las ciudades que habían sido destruidas en el sur, y rescatar por la fuerza los numerosos cautivos españoles que los indios mantenían en sus tierras sujetos a la más dura esclavitud. Para ello se proponía hacer una campaña enérgica y eficaz en la primavera próxima. Hallándose en el fuerte de Arauco, el 7 de mayo de 1605, expidió un auto por el cual mandaba que todos los encomenderos, vecinos y moradores de las ciudades despobladas se hallasen reunidos en Concepción el 1 de octubre, para que a cada uno se le dieran «sus mismas posesiones, bajo apercibimiento de que de no concurrir se les darán a otros como vacantes». Este decreto fue publicado por bando en todas las ciudades de Chile; pero a pesar de la confianza que en él manifestaba el gobernador en los resultados de la próxima campaña, no consiguió hacer renacer las esperanzas de los que habían perdido toda su fortuna en la pasada insurrección. Cuando se hubo

---
560 Carta de García Ramón al rey, escrita en Concepción el 14 de junio de 1605.
561 Carta del mismo, escrita en Santiago el 23 de noviembre de 1605.

desocupado de estos primeros trabajos, el gobernador partía de Concepción en los últimos días de junio para Santiago a completar sus aprestos militares.

En la capital se le esperaba para recibirlo con todo el aparato correspondiente a su rango. El Cabildo compró el caballo y la silla en que el gobernador debía hacer su entrada a la ciudad y despachó al alcalde Jerónimo de Benavides para que fuera a recibirlo a las orillas del río Maipo.[562] Construyose al efecto un vistoso arco cerca del convento de Santo Domingo. El gobernador hizo su entrada solemne en la ciudad el 14 de julio, y después de prestar el juramento de estilo bajo un dosel que había costeado el Cabildo, fue llevado a su palacio con muchas fiestas y regocijos.[563] En Santiago debía recibir los diversos socorros de tropas que esperaba para organizar el ejército conque pensaba expedicionar en la primavera próxima.

4. Llega a Chile un socorro de 1.000 hombres enviados de España

Desde 1603, Felipe III había encargado al marqués de Montes Claros, virrey de Nueva España, que de este país enviara a Chile un refuerzo de 400 soldados. En enero del año siguiente, cuando firmó el nombramiento de don Alonso de Sotomayor para el cargo de gobernador de Chile, mandó que en la misma España se organizase un cuerpo de 1.000 soldados que debían venir por la vía del Río de la Plata. Se creía que estos auxilios era cuanto se necesitaba para terminar la conquista; pero en realidad, además de que eran insuficientes, debían llegar en número más reducido y con todos los retardos originados por las contingencias de los viajes de aquella época. El refuerzo pedido a México se redujo solo a 154 hombres,[564] y el de España tardó cerca de dos años completos.

Hemos señalado en otras ocasiones las dificultades con que se hacían en la metrópoli los enganches de gente para salir al extranjero, y sobre todo para servir en América. Por otra parte, esos refuerzos tenían que aguardar al despacho de las flotas que cada año salían de España en épocas determinadas. Sin embargo, venciendo no pocos inconvenientes, a principios de octubre se

---

562 Acuerdo del cabildo de Santiago de 8 de julio de 1605, a foj. 152 vuelta del libro 7.º
563 Acta del Cabildo de 14 de julio, a fojas 153 del libro 7.º de acuerdos.
564 A principios de 1605 llegaron a Valparaíso 97 hombres con los capitanes Antolín de Molina y Lorenzo Pacheco Ossores, y en marzo de 1606 los otros 57 a cargo del capitán Antonio de Villarroel, que a poco de haber llegado a Chile fue muerto por los indios en un combate que tuvo lugar en las cercanías de Angol.

hallaban acuartelados 1.014 hombres en Lisboa bajo las órdenes de Antonio de Mosquera, a quien se había dado el título de gobernador o jefe de esa gente. El equipo de esa división se había hecho con la mayor economía. Los víveres reunidos para su alimentación durante el viaje, eran escasos, y su vestuario era insuficiente. En esas condiciones las tropas se embarcaron en la flota destinada al Brasil y al Río de la Plata, y partieron de Lisboa el 22 de noviembre de 1604.

La navegación fue larga y trabajosa. La escuadrilla sufrió algunas averías, y tuvo que demorarse en varios puntos para repararlas. Mosquera llegaba a Maldonado en los últimos días de febrero de 1605 en condiciones muy poco ventajosas. Las enfermedades habían producido la muerte de «cuarenta y cinco soldados, y la causa fue, decía el jefe de la división, la mala dieta que dieron en Lisboa para ello. Más de 700 soldados, agrega, llegaron desnudos, que era verlos muy gran compasión, y con los 400 vestidos que traje los reparé lo mejor que pude».[565] Pero Mosquera, cumpliendo las instrucciones de su gobierno, había mandado que se adelantase una carabela, y que ésta llevara a las autoridades de Buenos Aires una cédula del rey y una carta del presidente del Consejo de Indias,[566] en que mandaban que se hicieran allí los aprestos necesarios para recibir y socorrer a los expedicionarios que iban de España, a fin de que pudiesen penetrar en Chile antes que se cerrase la cordillera. Recibidas estas órdenes en Buenos Aires el 9 de febrero, el gobernador accidental de la provincia, Pedro Martínez de Zavala, dispuso que inmediatamente se impartiera aviso al gobernador de Chile,[567] y que por cuenta del rey se compraran los víveres

---

[565] Carta de Mosquera al rey, escrita en Buenos Aires el 17 de marzo de 1605. Uno de los expedicionarios, el capitán Pedro Fernández Manjón, hallándose seis años más tarde en España como procurador del reino de Chile, hizo al Consejo de Indias una relación de este viaje para aconsejar las medidas que deberían tomarse a fin de evitar iguales contratiempos.

[566] La cédula de Felipe III a que nos referimos en el texto, está fechada en San Lorenzo (Escorial) el 10 de octubre de 1604; y la carta del conde de Lemos, presidente del Consejo de Indias, lo está en Valladolid el 27 del mismo mes y año. Ambas piezas, así como los otros documentos referentes a la permanencia en Buenos Aires de Mosquera y de sus tropas, y a los recursos que se le suministraron en esa ciudad, han sido publicados con mucho esmero por don Manuel Ricardo Trelles, en el *Registro estadístico del estado de Buenos Aires*, tomo II del año de 1859, en las págs. 75-87. Esos curiosos documentos, así como tres cartas de Mosquera al rey, que se conservan en el Archivo de Indias, y el libro 7 de acuerdos del cabildo de Santiago, nos han servido de base para referir estos sucesos.

[567] La carta de Martínez de Zavala fue recibida por el cabildo de Santiago el 6 de marzo de 1605, junto con otras en que se le daba el mismo aviso; e inmediatamente mandó éste aco-

necesarios para socorrer a la tropa, cuidando de fijarles un precio forzoso para el vendedor, a fin de evitar la explotación a que este negocio podía dar lugar.

Pero el viaje de los expedicionarios debía experimentar aún otros atrasos. La navegación del río de la Plata, de Maldonado a Buenos Aires, los retardó ocho días, de manera que solo el 7 de marzo desembarcaba Mosquera en esta última ciudad. Allí encontró al gobernador propietario de esa provincia, Hernando Arias de Saavedra, de vuelta de una expedición militar que acababa de hacer a los campos del sur. Redoblando el empeño en acopiar víveres y carretas para que los expedicionarios siguieran su viaje a Chile, el gobernador no pudo, sin embargo, despacharlos antes del 17 de marzo; y, aun, entonces fue necesario dejar en Buenos Aires una buena parte de su armamento y de su equipo, que solo se puso en camino en el siguiente mes de mayo. Los gastos que originaron estos aprestos se hicieron, según la orden del rey, por el tesoro de Buenos Aires con los fondos que producía el derecho sobre la introducción de esclavos africanos; pero las provisiones adquiridas fueron insuficientes. En Córdoba se proporcionó Mosquera algunos otros víveres que le sirvieron para continuar su viaje.

Desgraciadamente, por más empeño que puso en acelerar su marcha, no le fue posible llegar a Mendoza antes del 2 de mayo, cuando los caminos de la cordillera comenzaban a cubrirse de nieve, y cuando las tempestades del invierno habrían comprometido la suerte de toda la expedición. Viose forzado a esperar la vuelta de la primavera en aquel pueblo que no contaba entonces cincuenta vecinos; pero el celo que Mosquera desplegó para mantener la disciplina y las precauciones tomadas por el gobierno de Chile para asegurar la subsistencia de esa gente, la salvaron de la deserción y de las penalidades consiguientes a la residencia de seis meses en aquellos lugares. «En tan largo tiempo, escribía Mosquera, no he perdido seis hombres fuera de los muertos. En Mendoza se convocó una partida de soldados para huirse; y di garrote (horca) a tres, y todos los demás quedaron muy pacíficos.»[568] Por fin, en los últimos días de octubre, cuando la primavera había comenzado a derretir las nieves de los Andes, los expedicionarios, en número de 952 hombres, volvían

---

piar víveres para remitir a Mendoza, y ordenó que se compusiese el camino de la cordillera para el paso de las tropas. Acuerdo del Cabildo de 6 de marzo, a fojas 139 vuelta del libro 7.º

568 Carta de Mosquera al rey, escrita en Santiago el 16 de noviembre de 1605.

a emprender su marcha, y entraban a Santiago el 6 de noviembre. En los desfiladeros de la montaña, encontraron a Alonso de Ribera, que con un séquito de cuarenta hombres, se dirigía a hacerse cargo del gobierno de Tucumán.

El arribo de este refuerzo, el más considerable que hasta entonces hubiera llegado a Chile, produjo un contento infinito. Celebráronse en Santiago procesiones y otras fiestas religiosas para dar gracias al cielo por tan oportuno socorro en que se fundaban tantas esperanzas. El cabildo de Santiago, no teniendo otro medio de premiar al jefe que había traído esas tropas, acordó obsequiarle una cadena de oro en señal de reconocimiento.[569] «Pareció muy bien la gente, dice Mosquera, que toda era moza, y vino muy bien disciplinada y muy plática [práctica] en las armas. Luego la visitó el gobernador.» Pero los oficiales reales de Santiago, informando al rey de esto mismo, no omiten el darle cuenta del estado de desnudez en que venían esos soldados. «Llegaron tan destrozados, dicen, que más de los 800 no traían camisas ni zapatos, y lo demás casi de la misma manera. Luego que llegó la gente, se trató de vestirla para que saliese luego a la guerra; y con un poco de ropa que aquí trajo el gobernador Alonso García Ramón, de lo que le había sobrado después de haber vestido toda la gente de guerra que está en el ejército de Vuestra Majestad y presidios, y con otros 30.000 pesos corrientes que el visorrey del Perú envió a buena razón, con otros 15.000 ducados que el gobernador y nosotros habemos buscado a crédito sobre nuestras haciendas, de manera que todos quedamos sin tener en nuestras casas una cuchara de plata que no esté empeñada, se ha acabado de preparar esa gente para que salga a campaña.»[570] Los oportunos socorros enviados en mercaderías por el virrey del Perú sirvieron para completar el vestuario de esa tropa.

---

569 Acuerdo del cabildo de Santiago de 11 de noviembre de 1605, a fojas 169 vuelta del libro 7.º

570 Carta al rey de los oficiales reales de Santiago de 22 de noviembre de 1605. Estos oficiales eran: Bernardino Morales de Albornoz, Antonio de Azócar y R. de Quiroga. García Ramón, avisando al rey el arribo de esa tropa a Mendoza en una carta escrita en Concepción el 16 de junio de 1605, le dice lo que sigue: «Escríbeme el dicho Antonio de Mosquera que aunque la gente es buena, viene tan pobre, necesitada y miserable que viene en cueros vivos, advirtiéndome tenga hechos 800 pares de vestidos para vestir la dicha gente. Y por estar este reino tan necesitado que en ninguna manera puede suplir cosa en esta ocasión, despacho al dicho conde de Monterrey las cartas que en esta conformidad he tenido, suplicándole se sirva prevenir con toda brevedad lo necesario para pagar esta gente, a tal que por falta de vestirla no dejemos de meterla en campaña este verano que viene.»

5. El gobernador y las otras autoridades representan al rey la insuficiencia del situado para pagar el ejército de Chile y obtienen que sea elevado a una suma mayor

Y, sin embargo, el rey quedaba profundamente convencido de que aquellos soldados andrajosos venían a consumar la conquista de Chile, y de que el situado que hacía entregar para los gastos de esta guerra bastaba para pagarlos y para vestirlos convenientemente. A principios de 1604, como contamos en otra parte, lo había elevado a 140.000 ducados; y por una cédula dada en Gumiel el 4 de septiembre de ese mismo año, había fijado los sueldos que debían pagarse al ejército de Chile, reduciendo los que poco antes había señalado el virrey del Perú.[571] Persuadido de que esa cantidad bastaba para hacer todos los gastos de la colonia, Felipe III, además, había mandado que los gobernadores de Chile no volviesen a imponer derramas o contribuciones extraordinarias de dinero o de especies, que no exigiesen de los pobladores de origen español servicios obligatorios y gratuitos, y que no tomasen a nadie armas, caballos, vestuarios ni cosa alguna, sino pagándolo al contado. García Ramón, por su parte, al recibir esa cédula había demostrado al rey que los sueldos que allí se asignaban eran bajos e insuficientes para que los oficiales y soldados pudiesen satisfacer sus necesidades más premiosas, y que aun así la cantidad fijada no alcanzaba para pagar a los 2.000 hombres que debían componer el ejército. En esta virtud, había pedido que a lo menos durante los tres años subsiguientes, en que se hacía la ilusión de terminar la guerra, se le asignasen 212.000 ducados.[572] El virrey del Perú, haciéndose cargo de estos mismos fundamentos, no vacilaba en apoyar las gestiones del gobernador de Chile. «Conviene al servicio de Vuestra Majestad, decía con este motivo, y al breve remedio con que se debe acudir a poner de paz de esta vez aquellas naciones rebeladas que tanto cuidado han dado a aquel reino y a éste, que se extienda la provisión del situado a alguna más cantidad de los 140.000 ducados, porque con solo estos, ni aun con 200.000, es imposible poderse acudir a todo sin faltar por ventura a lo más principal de ello.»[573] Los oficiales reales de Santiago demostraron igualmente

---
571 En la nota núm. 34 del capítulo anterior hemos reproducido la mayor parte de esta célebre cédula de Gumiel (provincia de Burgos).
572 Carta citada de García Ramón al rey, de 16 de junio de 1605.
573 Carta del conde de Monterrey a Felipe III, fechada en Lima a 10 de septiembre de 1605.

al rey la insuficiencia del situado para atender a las necesidades de la guerra. En apoyo de esto, indicaban, además, que las rentas reales del país eran verdaderamente miserables. «Los quintos reales y otros derechos pertenecientes a Vuestra Majestad, decían, son de muy poca consideración por el alzamiento general de la tierra. Los quintos reales han valido este año 600 pesos de oro, los almojarifazgos (derechos de aduana) hasta 150, los novenos (la porción de los diezmos que correspondía al rey) 380; y el estanco de los naipes está arrendado en 225 pesos de oro.»[574] Según estos datos, las rentas fiscales de Chile en aquellos años de pobreza y de calamidades públicas, apenas pasaban de 4.000 pesos de nuestra moneda, sin tomar en cuenta el producto de las estancias de ganado, que servían para proporcionar alimento a la tropa.

El cabildo de Santiago unió también su voz para demostrar al rey que con el situado de 140.000 ducados no había lo bastantemente, ni aun la mitad de lo necesario para pagar la gente de guerra que hoy milita bajo las reales banderas en este reino». En consecuencia, pedía que a lo menos se elevara a 300.000 ducados, porque sin eso sería absolutamente imposible cubrir los sueldos de los oficiales y de la tropa. Como fundamento de esta exigencia, el Cabildo indicaba que la carestía enorme de los artículos extranjeros, la ropa y las armas, hacía indispensable el pagar bien a los soldados que militaban en Chile.[575]

Pero todavía hizo más el cabildo de Santiago para obtener el aumento del situado, y para reclamar otras concesiones que juzgaba necesarias para el fomento y progreso de Chile. Quiso constituir un apoderado o representante suyo cerca del rey, para que apoyase estas peticiones, y al efecto designó a un personaje misterioso que habiendo venido a Chile en 1601 y regresado a España en 1603, había vuelto a nuestro país con la expedición de Antonio de Mosquera. Ese hombre vestía traje de ermitaño, recorría las ciudades ejercitando actos de caridad, pero manteniéndose al corriente de cuanto pasaba, y solo era conocido con los nombres de hermano Bernardo, de Bernardo pecador o de «el gran pecador». ¿Era un agente secreto de la Corte, encargado de darle informes seguros sobre lo que pasaba en estos países? ¿Sería realmente un pecador arrepentido que buscaba en una vida de mortificaciones y de caridad el perdón del ciclo por sus antiguas faltas? Es difícil saberlo. El cabildo de

---

574 Carta citada de los oficiales reales de Santiago, de 22 de noviembre de 1605.
575 Carta del cabildo de Santiago a Felipe III de 20 de noviembre de 1605.

Santiago, al constituirlo su apoderado cerca del rey, lo recomendaba en los términos siguientes: «A este reino llegó hará tiempo de cuatro años un ermitaño que ya Vuestra Majestad ha visto, que es el que ésta lleva. Institúlase "el gran pecador". Su vida ha parecido a todos muy buena y de grande ejemplo, porque el tiempo que aquí estuvo, se ejercitó en obras de gran virtud, yendo en persona a las ciudades de arriba y trajo servicio (sirvientes domésticos) para el hospital de esta ciudad de indios de guerra, y llevando limosnas a hombres y mujeres necesitadas, que padecían muchos trabajos, y por su persona en el hospital a los enfermos con gran humildad y otros muchos ejercicios. El cual, viendo los trabajos y miserias del reino, informó a Vuestra Majestad de ellas, y ha vuelto a dar razón de lo que hizo con el socorro de los 1.000 hombres que trajo el gobernador Antonio de Mosquera; y ahora nos ha parecido volviese a darla del estado de esta tierra, e informar lo que será necesario para ella, a quien hemos dado poder para que en nuestro nombre lo pida; porque como esta ciudad no tiene posibles para pagar una persona que vaya a los pies de Vuestra Majestad a decirlo, le hemos pedido lo haga por vía de caridad, por lo cual lo hace. Suplicamos a Vuestra Majestad se le dé crédito en lo que informase, porque como celoso de vuestro real servicio y tan buen cristiano, dirá verdad».[576]

---

[576] Carta citada del cabildo de Santiago. El gobernador García Ramón, escribiendo al rey con fecha de 23 de noviembre de 1605, le decía lo que sigue: «Envío este despacho a Vuestra Majestad con el hermano Bernardo que vuelve a España por orden que Vuestra Majestad le dio cuando partió para este reino en compañía de los 1.000 soldados que a él han venido; y por ser hombre a quien se debe dar crédito por el ejemplo de su vida, he sido de parecer lleve algunas relaciones de los sucesos que ha habido después de la muerte del gobernador Martín García Óñez de Loyola hasta ahora para que allá se sirva Vuestra Majestad darle crédito en todo, pues lo que en las dichas relaciones se contiene es a la letra lo que ha pasado». Estos antecedentes hacen creer que este misterioso personaje que viajaba a expensas del rey, era un agente privado de la Corte. En 1603, cuando el llamado hermano Bernardo estaba para volver a España después de su primer viaje a Chile, Alonso de Ribera le hizo detener y quitarle las cartas que llevaba consigo, sospechando con razón de que habría entre ellas algunas escritas por sus enemigos y dirigidas por ellos para acusarlo ante el rey. Es posible que el mismo ermitaño viajero fuera uno de los agentes más activos para preparar la separación de ese gobernador.
«El hermano Bernardo pecador», aunque hombre entrado en años, hizo todavía un tercer viaje a Chile. Llegó en los últimos días de 1607 trayendo algunas comunicaciones oficiales, visitó la frontera de guerra para llevar al rey informes seguros de lo que allí pasaba, y partió de nuevo para España en marzo de 1608. No he hallado en los documentos más indicaciones acerca de este misterioso personaje.

Pero si todas estas representaciones debían al fin producir un aumento del situado, causaban en la Corte no poca contrariedad y desagrado. España, señora de las Indias, había sido arrastrada por las guerras insensatas, por el mal gobierno y por la dilapidación y el derroche, a una corriente que la llevaba a una inevitable ruina financiera. En medio de las apariencias de grandeza que conservaba todavía, los espíritus más sagaces y penetrantes descubrían ya el cataclismo inminente. Un diplomático de raro talento que en ese mismo año residía en Madrid, Simón Contarini, embajador de la república de Venecia, informaba al Senado de su patria sobre aquel estado de cosas, y hacía conocer la pobreza y la miseria a que España iba quedando reducida. Como esta situación formaba un notable contraste con la aparente grandeza de la monarquía, Contarini terminaba su informe con estas palabras: «Paréceme que oigo decir a esos excelentísimos señores que si las cosas pasan como he dicho ¿cómo se envían a Flandes tantos millones, a Alemania tantos socorros? ¿cómo se han levantado en Italia tantos ejércitos? ¿cómo hace el rey tantas mercedes, construcciones y gastos como se ven en España? Respondo a todo que esto se hace no pagando, de donde resultan tantas lamentaciones; que los impuestos, muy aumentados desde el tiempo de Felipe II, los andan empeñando siempre a los negociantes genoveses para obtener las provisiones de Flandes y otros gastos que se ofrecen, en que esos negociantes tienen consignaciones por cinco y seis años, dando un ducado por tres; y así anda la hacienda con gran fatiga que falta el dinero para la mesa de los reyes. Con buen gobierno, España pagaría sus deudas sin faltar a sus obligaciones; pero no lo tiene, y cada día está más pobre; y los consejeros que llaman de hacienda, por acrecentar la suya propia, destruyen la del rey y hacen grandes tratos con los genoveses».[577]

Se comprende que en una situación tan lastimosa, cuando la Corte esperaba cada año con la mayor ansiedad los tesoros que se le enviaban de México y del Perú para suplir las necesidades más premiosas de la monarquía, había de oponer muchas resistencias al aumento del situado del reino de Chile. Pero al mismo tiempo que se pedían al rey nuevos recursos para terminar la conquista de este país, se hacían tantos elogios de la riqueza de su suelo y de la suavidad de su clima, que no parecía razonable el dejar de prestarle aquellos auxilios. El

---

[577] Relación que hizo a la república de Venecia, a fines de 1605, su embajador en España Simón Contarini.

capitán Antonio de Mosquera, al llegar a Chile en 1605, escribía al rey estas palabras: «Es ésta la mejor tierra que jamás he visto; y con la paz acrecentará Vuestra Majestad mucha hacienda». Los militares y los letrados repetían sin cesar los mismos conceptos y hacían concebir las mismas esperanzas, de tal manera que en los consejos del rey se creyó indispensable el hacer un nuevo sacrificio para asegurar la conquista definitiva. El 5 de diciembre de 1606, el rey elevaba por fin el situado de Chile a la suma de 212.000 ducados, y modificaba, además, algunos de los sueldos a los oficiales y soldados que servían en su ejército.

6. Campaña de García Ramón al territorio enemigo

García Ramón, entre tanto, continuaba haciendo en Santiago sus aprestos para salir a campaña. En esas circunstancias recibió el título expedido en Tordesillas el 22 de enero de 1605, por el cual el rey le nombraba gobernador propietario de Chile.[578] Ese nombramiento debió estimular, sin duda, su empeño en llevar a cabo el proyecto de conquista que venía meditando desde un año atrás. Con las tropas recién venidas de España y las que se habían allegado en la capital, alcanzó a contar cerca de 1.200 hombres bien armados y vestidos. Jamás Santiago había visto un ejército más numeroso y en que se pudiesen fundar más esperanzas de victoria. A mediados de noviembre comenzó a salir para el sur por porciones bien ordenadas, para evitar las dificultades que podían resultar en los alojamientos para la provisión de víveres. García Ramón partió el 6 de diciembre lleno de entusiasmo y resuelto a utilizar eficazmente los poderosos elementos militares de que disponía. Se cuenta que entre sus bagajes llevaba muchas cadenas para atar a los indios que tomara prisioneros.

El 23 de diciembre llegaba el gobernador a Concepción, e inmediatamente iniciaba sus trabajos para abrir la campaña. Halló allí un socorro de dinero, que por cuenta del situado le enviaba el virrey del Perú, y pudo cubrir los compromisos que había contraído en Santiago y atender a los gastos más premiosos

---

578 García Ramón, en su carta de 23 de noviembre de 1605, dice al rey que recibió su título el 12 de ese mismo mes; sin embargo, por motivos que no se traslucen en los documentos, ese título no fue presentado al cabildo de Santiago sino el 16 de diciembre, cuando hacía días que el gobernador había salido a campaña. Como apoderados suyos, prestaron el juramento de estilo Jerónimo de Benavides, alcalde ordinario de la ciudad; el contador Antonio de Azócar y el capitán Gregorio Serrano. Acuerdo del Cabildo de 16 de diciembre de 1605, a fojas 187 y 188 del libro 7.

de la expedición. Dispuso que el coronel Pedro Cortés, que mandaba en jefe las guarniciones de los fuertes situados al sur del Biobío, dejase en ellos las tropas necesarias para su defensa, y que con los soldados que le fuera posible sacar de allí y con 500 indios auxiliares, marchase hacía Millapoa, donde debía reunirse todo el campo español para dar principio a las operaciones. El mismo gobernador salió para esos lugares el 7 de enero de 1606 y fue a acampar con sus tropas en las inmediaciones del fuerte de Nuestra Señora de Halle. El capitán Álvaro Núñez de Pineda, comisario general de la caballería, que mandaba en jefe los diversos establecimientos que los españoles mantenían en aquella comarca, acababa de hacer algunas correrías que habían dispersado a los indios de guerra de las inmediaciones. Uno de los principales entre ellos, el cacique Nabalburí, que había hecho guerra implacable a los españoles, estaba en tratos con Núñez de Pineda, y parecía dispuesto a vivir en paz.

Pero estas ventajas no podían satisfacer a García Ramón, que meditaba una campaña más eficaz y decisiva. Cuando se hubieron reunido todas las tropas con que esperaba expedicionar, celebró una junta de sus más caracterizados capitanes para adoptar los detalles del plan de operaciones. Acordose allí que en esos mismos lugares y en la ribera sur del Biobío, se levantase una ciudad con el nombre de Monterrey de la Frontera que sirviese de llave al valle central.[579] El gobernador apartó 180 soldados para la construcción y defensa de esa plaza, y cuidó, además, de que los fuertes vecinos de Nacimiento y Santa Fe permaneciesen bien defendidos. El capitán Núñez de Pineda, que quedó a cargo de esa obra, debía adelantarse algo más al sur y repoblar la ciudad de Angol con la gente que por entonces se esperaba de México. Todo hacía presumir que la pacificación de esta parte del territorio estaba casi definitivamente asegurada.

Terminados estos arreglos, García Ramón podía contar 1.200 hombres para su proyectada expedición al interior del territorio enemigo. El 15 de enero pasó a su gente una aparatosa revista militar con que creía maravillar a los indios circunvecinos y hacer llegar a todas partes la fama de su poder y de sus recursos, porque, en efecto, nunca se había visto allí un ejército español más

---

579 Según una carta de Alonso de Ribera al rey, escrita en Santiago del Estero el 16 de marzo de 1607, la nueva ciudad de Monterrey fue fundada media legua más arriba del sitio en que él había levantado el fuerte de Nuestra Señora de Halle, en un valle que los españoles llamaban de los Socarrones.

lucido y numeroso. Conforme a lo acordado en la junta de guerra, esas tropas fueron distribuidas en dos grandes divisiones. Una de ellas, compuesta de 500 hombres, y llevando por jefe al coronel Cortés y por maestre de campo a González de Nájera, debía expedicionar por la región de la costa, perseguir sin descanso a los indios de Arauco y Tucapel, y volver enseguida al valle central por el lado de Purén a reunirse con el gobernador. La otra división, compuesta de 700 hombres, mandada por García Ramón y por el maestre de campo don Diego Bravo de Saravia, debía penetrar al mismo tiempo en el territorio enemigo por el valle central. A su lado marchaban también varios religiosos y entre ellos el padre Luis de Valdivia. Se esperaba que estas operaciones simultáneas y combinadas, estrechando a los indios, los obligarían a presentar batalla o los reducirían a aceptar la paz.

Aquella campaña emprendida con tanto costo y con tanto aparato, estaba destinada a ser tan infructuosa como todas las anteriores. Los indios, convencidos de que en campo abierto no podían oponer una resistencia formal a las fuerzas considerables de que disponían los españoles, abandonaron sus casas y sus campos y se asilaron en las montañas o en lugares casi inaccesibles. Pero todo hacía comprender que aquellos bárbaros estaban resueltos a no someterse jamás a los invasores de su suelo. Acompañaban a García Ramón 150 indios auxiliares, de los mismos que poco antes habían dado la paz fingiendo acogerse al indulto acordado por el rey y a las promesas hechas por el padre Valdivia. Esos indios, sin embargo, abandonaron cautelosamente el campo español, dieron muerte al cacique Nabalburí, que se había mostrado dispuesto a deponer las armas, y fueron a reunirse a los suyos, aconsejándoles la resistencia a todo trance.[580] Las fuerzas expedicionarias, no hallando por ninguna parte enemigos a quienes combatir, se limitaron, como de ordinario, a destruir las chozas y sementeras de los indios, a recoger los ganados de estos y a esparcir el terror. Solo Cortés, después de haber recorrido los campos de Tucapel, tuvo un pequeño encuentro con los indios del valle de Elicura, a quienes dispersó sin grandes dificultades. Todo el ejército español se halló reunido en Purén el 2 de febrero.

Sabía García Ramón que las extensas vegas de Purén y de Lumaco eran el asilo de millares de indios, y que estos tenían consigo muchos españoles, hom-

---

580 Rosales, *Historia general*, capítulo 35, lib. V.

bres, mujeres y niños, cautivados en las campañas anteriores. Confiados en las ventajas de su posición, defendidos por pajonales y pantanos inaccesibles para la caballería, los bárbaros se creían allí libres de todo peligro, y hasta osaban desafiar a los españoles a que se atrevieran a atacarlos en aquellas guaridas. García Ramón, sin arredrarse por ninguna dificultad, y desplegando las dotes de un verdadero soldado, distribuyó convenientemente sus tropas, y atacó al enemigo por diversos lados de la ciénaga; pero por más diligencias y por más cautela que pusiera en esta empresa, solo consiguió dar muerte a algunos indios y apresar a otros, sin poder impedir que el mayor número de estos, arrastrando consigo los cautivos españoles, hallasen su salvación en la fuga. Los expedicionarios recogieron allí una cantidad de provisiones, granos y ganados del enemigo, y quemaron un número considerable de chozas, sembrando por todas partes la consternación y el espanto.[581]

7. Miserable condición de los españoles que permanecían cautivos entre los indios: el gobernador intenta rescatarlos, pero con escaso resultado

No queriendo dar tiempo para que los indios pudiesen organizar una nueva resistencia más adelante, García Ramón, a la cabeza de 300 hombres, se adelantó a sus tropas; y marchando cautelosamente, fue a situarse a las orillas del río Cautín, a tres leguas del sitio en que se había levantado la Imperial. Allí se le reunió en breve toda su división, mientras el coronel Pedro Cortés volvía con la suya a los campos de Tucapel para asegurar la sujeción de los indios de la costa. En los primeros días, el gobernador no tuvo que experimentar las hostilidades de los indios, pero luego pudo saber que las intenciones de estos eran

---

[581] Toda esta campaña ha sido prolijamente referida por el padre Luis de Valdivia en una relación escrita para el virrey del Perú. García Ramón habla muy sumariamente de estos hechos en una carta dirigida al rey desde Concepción a 15 de mayo de 1605, limitándose a enviarle copia de la relación del padre Valdivia, que recomienda como muy digna de crédito. El padre Rosales ha contado los mismos hechos con menos pormenores, pero sin notable disconformidad en los capítulo 34 y 35 del libro V de su *Historia general*. Alonso de Ribera, que se hallaba entonces en su gobierno de Tucumán, escribía al rey desde Santiago del Estero, con fecha de 16 de marzo de 1607, una larga carta en que le daba cuenta de los sucesos de Chile, y le refería esta campaña y las ocurrencias subsiguientes con bastante exactitud en los hechos, aunque con el propósito apasionado de demostrarle los errores que cometía García Ramón en la dirección de la guerra. Esta carta deja ver que Ribera conservaba en Chile amigos decididos que lo tenían al corriente de lo que aquí pasaba.

oponer una resistencia tenaz e incontrastable a los invasores, que al efecto se reunían en los bosques y en las montañas y que se preparaban para continuar la guerra bajo el mismo sistema de sorpresas y asechanzas que en tantas ocasiones les había asegurado la victoria. García Ramón dispuso varias correrías en los campos inmediatos, y obtuvo en ellas algunas ventajas. En una de esas expediciones, sus soldados dieron muerte a un cacique principal llamado Guenchupal o Guenchupalla, que los españoles creían el principal caudillo de la resistencia. Este contratiempo, como vamos a verlo, no abatió en manera alguna a los indios ni tuvo la menor influencia para hacerlos desistir de sus proyectos.

Uno de los fines que el gobernador se había propuesto al emprender esta campaña era el rescatar por la fuerza o por medio de canjes a los cautivos españoles que vivían entre los indios en la más penosa esclavitud. Se sabía que contando los hombres, mujeres y niños, se hallaban en esa condición más de 200 españoles prisioneros en la destrucción de las ciudades del sur; y los que habían podido fugarse de manos de sus opresores, contaban sus padecimientos con el más aterrante colorido. Movía sobre todo a compasión la suerte de las infelices mujeres. «No trato de los hombres que los indios cautivaron, dice un escritor coetáneo, porque el serlo les obliga a mayor sufrimiento. Llegadas las afligidas y nuevas esclavas a las silvestres chozas, vieron las muestras de lo que había de ser su triste y miserable vida, porque comenzaron luego las mujeres de los indios (que nunca es una sola) a recibirlas no solo con el rostro airado, pero con mil injurias e ignominias nacidas de celos y del común odio que tienen a españoles. De ser apacibles huéspedes o señoras, quedaron esclavas, sujetas a mil miserias y desventuras, viviendo en pajizas barracas, donde, aun, allegarse a calentar al fuego no les era permitido. Las que en sus tierras y casas gozaban de mil regalos, servidas de rodillas en los compuestos estrados de sus tapizadas salas, en esta dura esclavitud, les sirve el duro y desnudo suelo de cama, porque la más regalada que usan los indios consiste en una sencilla piel de cabra o carnero. Sus comidas son no solo rústicas, groseras e inmundas, pero asquerosísimas en el modo de prepararlas. Las cosas en que comúnmente se ocupan, son las más abatidas y bajas en que se suelen ocupar los más viles y despreciados esclavos, maltratándolas los indios con rigurosos castigos y con títulos y nombres injuriosos. Tráenlas descalzas y tan pobremente vestidas, que mucho más muestran de su cuerpo desnudo que vestido. Y sin haber en esto alguna mudanza en las que hacen los tiempos (las estaciones) las obligan a ir a guardar el ganado (porque no hay familia de indios que no posea algún rebaño de él) haciéndolas de señoras, pastoras; donde en tal oficio padecen crueles fríos, especialmente las que les cupo en suerte el ir a vivir cerca de la gran cordillera nevada. Oblíganlas asimismo a traer haces de leña sobre los desnudos hombros, y a sus tiempos a ir a cavar sus posesiones, que es oficio de las mujeres en aquella tierra, el cual hacen andando de rodillas, y así no hay alguna que no críe gruesos callos en ellas».[582] Estas penalidades del cautiverio se aumentaban con las noticias que cada día recibían esas infelices de los nuevos desastres de los españoles y de la pérdida de toda esperanza de recobrar su libertad.

La noticia de estos padecimientos no solo llenaba de amargura a los deudos de las víctimas sino que despertaba la compasión de todos los españoles de Chile y de las otras colonias. El virrey del Perú había encargado expresamente que no se perdonaran esfuerzos para restituir a sus hogares a aquellos desgraciados prisioneros. Los padres mercedarios de Lima, en su carácter titular de redentores de cautivos, habían recogido 5.000 pesos en erogaciones, y enviádolos a Chile en mercaderías apropiadas para ser repartidas entre los indios por el rescate de sus prisioneros. En el campamento de García Ramón estaban el padre fray Juan de la Barrera y otros dos religiosos de la misma orden, encargados de estas negociaciones. Pero cuando se trató de llevarlas a cabo, se tropezó con dificultades de toda naturaleza.

---

[582] González de Nájera, *Desengaño y reparo de la guerra de Chile*, págs. 126 y 127. El padre Alonso de Ovalle ha destinado al mismo asunto todo el capítulo 16 del libro VI de su *Histórica relación del reino de Chile*; pero, aunque da algunos otros detalles, su cuadro es mucho menos completo, y sobre todo menos seguro que el de Nájera, porque las noticias que consigna aquel historiador fueron recogidas muchos años después. Existe, además, una extensa y curiosa declaración prestada ante el cabildo de Santiago en abril de 1614 por fray Juan Falcón, lego dominicano que cayó prisionero de los indios cuando estos tomaron Valdivia en noviembre de 1599, y que estuvo cautivo quince largos años. Refiere que los cautivos estaban sometidos a los peores tratamientos, obligados a los trabajos más penosos casi sin darles descanso, que se les prohibía comunicarse entre sí, y que en el caso en que por accidente se encontraban dos españoles, no se les permitía hablar en lengua castellana. Tampoco les era permitido el ejercicio de cualquiera práctica religiosa. El padre Falcón pudo dar algunas noticias muy curiosas sobre la vida de los indios, lo que hace que su declaración sea un documento histórico interesante.

Los capitanes y oficiales que servían al lado del gobernador hacían presente los servicios de cada cual para que en esos rescates se diera la preferencia a sus propios deudos, lo que causaba no pocas dificultades. Los indios, por su parte, se negaban de ordinario a entregar a sus cautivos, aunque fuera canjeándolos por otros indios, y los llevaban a esconder en las montañas para que no pudieran ser hallados por los españoles. Había, además, mujeres que en seis o siete años de cautiverio y de vida común con sus opresores, se habían hecho madres y no querían apartarse de sus hijos, o tenían vergüenza de presentarse con ellos delante de sus deudos, prefiriendo quedarse siempre en aquella triste vida a cuyos padecimientos se habían habituado. Los niños mismos, nacidos o criados en el cautiverio, habían adquirido las costumbres de los salvajes, no hablaban más que el idioma de estos, y no querían salir de aquella condición. Así, pues, en toda esta campaña solo pudieron los españoles rescatar por la fuerza o por canjes, veinte hombres, treinta mujeres, dos mulatos y algunos indios de servicio.[583] El padre Barrera, después de haber consultado «el parecer de teólogos», acordó repartir entre esos infelices las ropas que traía de Lima para negociar los rescates. En vista de un resultado tan poco satisfactorio, García Ramón consultaba al virrey del Perú y al rey de España lo que debía hacer en aquella emergencia, ya que la templanza que había usado con los indios para obtener el rescate de los cautivos, no había conducido a un mejor resultado. «Lo que se resolviere, decía, pondré en ejecución; pero a lo que yo más me inclino es, y así se lo escribo (al virrey), que la guerra se haga como los indios la hacen, a fuego y sangre, sin perdonar ni dar la vida a nadie, que las mujeres que están en su poder si no se pudieren rescatar, y las mataren, creo que estará mejor a nuestra reputación».[584]

---

[583] Certificado dado en 8 de agosto de 1606 por Lorenzo del Salto, secretario de la gobernación.

[584] Carta de García Ramón al rey escrita en Concepción a 15 de mayo de 1606. Este valioso documento contiene las más curiosas noticias sobre estos rescates de cautivos, y el estado en que estos volvían al campamento español. Esa carta y lo que dice González de Nájera en las págs. 129-137 de su libro, nos han servido de guía para lo que dejamos dicho en el texto. Permítasenos reproducir un pasaje muy interesante y característico de la carta de García Ramón. Dice así: «Las cosas que al presente pasan en este reino, no se han visto jamás en el mundo, y lo que siento es que los niños y niñas que cautivaron de a ocho o diez años y de menos edad, como no han conocido otro mundo más que tratar con estos bárbaros, están de suerte que totalmente han perdido nuestra lengua y costumbres, están más bárbaros que los propios indios, de tal manera que cuando algunos niños y niñas se

8. Fundación del fuerte de San Ignacio de Boroa

Con acuerdo de sus capitanes, García Ramón había resuelto fundar un fuerte, que a la vez que impusiese respeto a los indios de esa comarca, sirviera de lugar de refugio y de asilo de los cautivos españoles que lograsen escapar de las manos de sus opresores. Creíase con fundamento que en los contornos de las destruidas ciudades de la Imperial y de Villarrica, debían hallarse retenidos muchos de esos cautivos; y se pensaba que un establecimiento español colocado en los campos intermedios, prestaría los más señalados servicios para el rescate de aquellos infelices. Con este propósito, el gobernador eligió un hermoso llano, situado en la comarca de Boroa sobre la margen izquierda del río Cautín. Sin demora inició los trabajos para la construcción de un fuerte que por su extensión llegó a ser el más considerable que se hubiere levantado en Chile. Aunque faltaban en el campamento los indios auxiliares que tan útiles servicios solían prestar en estas ocasiones, los españoles, desplegando la más infatigable actividad, alcanzaron a ver aquel fuerte, al cabo de cuarenta días, rodeado de un ancho foso, defendido por sólidas y espesas palizadas, y provisto de espaciosos galpones y de chozas para contener una guarnición considerable. Esa plaza, que el año siguiente se pensaba convertir en ciudad, recibió el nombre de San Ignacio de la Redención.[585]

---

ven en nuestro poder, se hallan cautivos y lloran, y es necesario ponerles guardias porque no se vuelvan al enemigo, como lo han hecho algunos después de haberlos vestido, llevándose los caballos y preseas que pueden. Conforme a lo cual podrá Vuestra Majestad considerar el estado miserable de estas cosas». García Ramón dice allí mismo que como muchos de esos niños no tenían padres, o no podían reconocerlos por haber olvidado sus nombres, estaba «determinado a enviarlos al virrey del Perú para que los mande repartir en aquel reino entre personas principales. Yo, agrega, no les hallo otra salida». Refiere, además, que algunas de las mujeres salvadas del cautiverio, llegaban convertidas a las prácticas de hechicerías. Dice así: «Hanse licenciado algunas mujeres de suerte que no solo han perdido la vergüenza al mundo y más que todo a Dios dejando nuestra fe, que sin empacho ninguno, delante de otros españoles y españolas, cometen 1.000 maldades, hasta hablar con el demonio, como generalmente lo hacen los indios. De todo es justo que Vuestra Majestad sea avisado».

585 El padre Valdivia, que escribió la relación citada en mayo de 1606, cuando todavía subsistía este fuerte, refiere que el gobernador tenía determinado el levantar allí una ciudad; que en efecto trazó sus calles y repartió los solares; pero que estando muy avanzada la estación, fue necesario aplazar los trabajos para el año siguiente, contrayéndose por entonces a levantar un fuerte cómodo y espacioso. El nombre de San Ignacio de la Redención que se dio a ese fuerte, y que pensaba darse a la ciudad que se pretendía levantar, debió ser

Pero antes que esas construcciones estuviesen terminadas, debieron comprender los españoles que en aquellos lugares tendrían que sostener una lucha tenaz y encarnizada. Mientras el gobernador, a la cabeza de una buena parte de sus tropas, hacía campeadas en todas las inmediaciones con la esperanza de rescatar algunos cautivos, los indios sin arredrarse por ningún peligro, intentaron dos vigorosos ataques contra el fuerte. En uno de ellos, empeñado en una noche oscura y con todas las precauciones necesarias para sorprender a los españoles, consiguieron penetrar en el recinto fortificado; y a tener más orden y disciplina, habrían conseguido una importante victoria. Pero los bárbaros perdieron un tiempo precioso en el saqueo de los primeros galpones y chozas que ocuparon, y dieron tiempo a que se organizara la resistencia dentro del fuerte. En efecto, el sargento mayor don Diego Flores de León que mandaba en la plaza, organizó la resistencia, y a pesar de la vacilación y del desconcierto de una parte de sus tropas, peleó resueltamente durante tres horas, y al amanecer puso a los asaltantes en precipitada fuga, causándoles pérdidas considerables.[586] Las cabezas de los indios muertos en la refriega, fueron colocadas en escarpias en los alrededores del fuerte para aterrorizar al enemigo.

Después de esta jornada, García Ramón volvió a repetir sus correrías en la comarca vecina al río Cautín. Por todas partes los enemigos parecían atemorizados. Ocultos en los bosques y en las montañas, no osaban presentar combate,

---

puesto por el padre Valdivia y por otro jesuita de rara actividad, el padre Alejandro Faya, que también acompañaba al ejército en esa ocasión. Conviene recordar que en esa época (1606), san Ignacio de Loyola no había sido canonizado por la Iglesia; pero los jesuitas habían tomado la costumbre de llamar santos y, aun, rendirles culto en los altares, a algunos religiosos de su orden, que no habían obtenido la canonización. El papa Urbano VIII, por una bula de 11 de mayo de 1625, prohibió expresa y terminantemente esta práctica; pero ya entonces san Ignacio había sido canonizado.

586 En la relación citada, el padre Valdivia ha contado detenidamente este combate nocturno que califica de una de las mayores victorias alcanzadas por los españoles. Refiere, sin embargo, que los indios se llevaron un botín considerable en vestuario de la tropa, y que una de las chozas saqueada fue la suya propia, de donde los bárbaros cargaron con los ornamentos y vasos sagrados. El padre Valdivia se hallaba esa noche lejos del fuerte, en compañía de García Ramón, de manera que las noticias que da son las que le suministraron los soldados a su vuelta a la plaza. Alonso de Ribera, que habla de este combate en la carta que hemos citado anteriormente, escrita en Santiago del Estero, dice que fue un verdadero desastre, y que la derrota de los españoles habría sido completa si los indios, cegados por la codicia, no hubieran perdido un tiempo precioso en el saqueo de la parte del fuerte que ocuparon.

pero tampoco entraban en negociaciones de paz ni pretendían tratar del canje de sus cautivos. A fines de marzo, cuando creyó que la proximidad del invierno exigía su presencia en otra parte, el gobernador dispuso la vuelta de sus tropas a la región del Biobío. Según sus cálculos, el fuerte de San Ignacio debía preparar la pacificación de las tribus del sur y favorecer la libertad de los españoles que los indios retenían en sus tierras. Para que esa plaza pudiera mantenerse durante el invierno, le dejó víveres abundantes para diez meses y le puso una guarnición de 280 soldados escogidos. Don Juan Rodulfo Lisperguer, aquel acaudalado y arrogante capitán que en años atrás había tenido muy ruidosos altercados con el gobernador Ribera, fue designado para jefe de esa plaza.

Al apartarse de aquellos lugares para regresar al norte, García Ramón parecía convencido de que los trabajos y correrías de ese verano no eran estériles para la obra de la pacificación, y que los indios de la Imperial y de sus inmediaciones quedaban en cierto modo escarmentados. Sin embargo, el 2 de abril, al acercarse al río de Colpi, uno de los afluentes del Cautín, por el lado del norte, sus tropas se vieron acometidas por las emboscadas del enemigo, y si lograron sustraerse a una derrota, tuvieron que lamentar la pérdida de dos capitanes, Juan Sánchez Navarro y Tomás Machín, que gozaban de gran reputación de valientes, sin poder desalojar a los indios de las posiciones que ocupaban.

9. La guerra se mantiene en todas partes: ilusiones de García Ramón en los progresos alcanzados en la última campaña. El padre Valdivia da la vuelta al Perú

Pero el gobernador debía ver en breve por otros hechos cuan poco satisfactorio era el resultado de aquella penosa campaña. Al acercarse a los términos de Angol, esperaba hallar fundada allí una nueva población. Se recordará que dos meses antes, al partir para la Imperial, había dejado este encargo al capitán Núñez de Pineda, y que éste aguardaba los refuerzos de tropas que debían llegar de México para llevarla a cabo. En efecto, a principios de marzo llegó a Concepción este refuerzo; pero constaba de poco más de cincuenta hombres,[587] mandados por el capitán Antonio de Villarroel; y ese número era

---

587 La relación del padre Valdivia dice que este refuerzo constaba de 55 hombres; y García Ramón en un resumen escrito en 1607 acerca de las tropas españolas de que había podido disponer, dice que era de 57, sin duda, porque contaba en él a los dos oficiales que lo traían, el capitán Antonio de Villarroel, y el alférez Jusepe de Heredia, que murieron en el

muy inferior al que se le tenía prometido. Núñez de Pineda, mientras tanto, había pasado todo el verano en frecuentes correrías contra los indios de aquella comarca. Aunque debía conocer el peligro de establecer en esas circunstancias una nueva población, reunió la columna recién llegada de México a las otras tropas de su mando, y en los últimos días de marzo se puso en marcha para Angol. Al pasar por una angostura montañosa del camino, donde las tropas españolas no podían extenderse en línea de batalla ni prestarse un auxilio rápido y eficaz, la retaguardia de aquella columna se vio acometida de improviso por una emboscada de los indios. Formaban aquella retaguardia los auxiliares que acababan de llegar de México, soldados novicios y bisoños que a la vista del impetuoso ataque de los bárbaros, no pudiendo ser socorridos oportunamente, se desordenaron sin oponer una seria resistencia. Veinte de ellos, y entre estos los dos oficiales que los mandaban, quedaron muertos en el campo. Los indios, vencedores en esta jornada, volvieron apresuradamente a sus montañas llevando en sus picas las cabezas de los españoles muertos y arrastrando consigo un botín considerable de caballos, de ropa y de armamento recogido en el campo del combate. Después de este desastre, fue forzoso desistir por entonces del proyecto de repoblar Angol.

Mientras tanto, en la región de la costa el coronel Pedro Cortés había tenido también que pasar todo el verano ocupado en frecuentes correrías contra los indios. La paz que habían dado las tribus de esa comarca era, como debió pensarse desde el principio, absolutamente efímera. Los indios, a los cuales se había eximido del servicio personal, esperando imponerles un tributo cuando la pacificación estuviese terminada, aprovechaban esta misma situación para hostilizar a los españoles y para fomentar entre los suyos el espíritu de resistencia. Pedro Cortés había fundado un nuevo fuerte en Elicura, pero era preciso hacerse muchas ilusiones en estas pequeñas ventajas para creer que la situación de los españoles había mejorado considerablemente.

Tal era el estado de las cosas en las cercanías del Biobío cuando a mediados de abril llegaba García Ramón a la nueva ciudad de Monterrey, de vuelta de su campaña. Antes de regresar a Concepción, visitó los fuertes de la costa y pudo ver por sus propios ojos la intranquilidad que reinaba por todas partes; pero

---

primer encuentro con los indios. El gobernador esperaba de México un refuerzo mucho mayor.

mecido por las más singulares ilusiones, no quería comprender la verdad de la situación. En vez de reconocer francamente la inutilidad de sus trabajos y la imposibilidad de someter a los indios, acusaba a su antecesor Alonso de Ribera de haber dado al rey falsas noticias acerca de los progresos de la pacificación, y de haberle dejado el país en un estado lastimoso.[588] Por su parte, García Ramón se mostraba profundamente persuadido de que él había alcanzado grandes ventajas sobre los indios, y no vacilaba en asegurar que si continuaba siendo socorrido, en muy poco tiempo más vería el término satisfactorio de sus afanes y sacrificios. Al llegar a Concepción el 12 de mayo, su primer cuidado fue escribir al virrey del Perú y al rey de España para darles cuenta del resultado de su reciente campaña. Anunciábales que en la primavera próxima haría una segunda entrada en el territorio enemigo, que fundaría una nueva fortaleza mucho más al sur todavía, en las márgenes del río Toltén, y que por medio de esta serie de fuertes y de pueblos, sometería todo el territorio hasta la Imperial y Villarrica. Queriendo mantener su ejército en el pie de guerra en que se hallaba, y reemplazar las bajas sufridas por la campaña y por las enfermedades, solicitaba del virrey el envío de nuevos auxiliares. Con el mismo empeño pedía al rey que le enviase otros 500 soldados, indicándole que una parte del socorro que trajo Mosquera había resultado inútil para el servicio militar. Por lo demás, García Ramón mostraba la confianza más absoluta de que al cabo de tres años pondría a Chile en condición de subsistir tranquilamente con un ejército mucho menor.[589]

El padre Valdivia, testigo de todos los sucesos de la guerra desde los primeros días del gobierno de García Ramón, participaba de ilusiones análogas a las de éste. Creía que la pacificación del país había hecho grandes progresos; pero sostenía con una constancia incontrastable, que esos progresos eran el resultado del indulto concedido a los indios por el rey y de los parlamentos en que se

---

588 García Ramón repitió varias veces estas acusaciones en las cartas que dirigía al rey; pero parece que no tenía dificultad para hablar de ellas delante de los otros capitanes de su ejército. El padre Rosales refiere en el capítulo 36 del libro V que habiendo repetido estos mismos cargos en la plaza de Arauco, el coronel Pedro Cortés tomó la defensa de Ribera, y con una arrogancia fundada, sin duda, en sus muchos años de buenos servicios, sostuvo un ardiente altercado con el gobernador. El hecho, sin poder darse como seguro, es muy probable, porque Cortés fue en toda ocasión amigo leal y resuelto de Ribera, cuya defensa tomó siempre sin temer compromisos de ningún género.

589 Carta de García Ramón al rey, escrita en Concepción el 15 de mayo de 1606.

les había ofrecido la paz. Era tanta su confianza en este sistema de reducción, que no habían bastado a quebrantarla las revueltas constantes de los bárbaros, su tenacidad para volver a sublevarse, y la porfía persistente con que hacían la guerra. A mediados de mayo de 1606, el padre Valdivia se embarcaba de nuevo para el Perú. Llevaba consigo el manuscrito de una gramática y de un vocabulario de la lengua de los indios de Chile que se proponía hacer imprimir en Lima para la enseñanza de los misioneros, y una extensa relación de los sucesos de la última campana, a que él mismo había asistido. En el Perú primero, y más tarde en España, se iba a hacer el sostenedor fervoroso e infatigable de ese sistema de conquista.

10. La guerra contra los indios queda autorizada por el papa. Terrible desastre de los españoles en Boroa

García Ramón se manifestó resuelto a permanecer todo ese invierno en Concepción para dar empuje a los aprestos militares y para vigilar más de cerca los negocios de la frontera. Su celo por llevar prontamente a cabo la proyectada conquista, se avivó grandemente con una decisión emanada del jefe supremo de la Iglesia Católica. Se sabe que en años atrás se había discutido muchas veces entre los teólogos y letrados si había razón y justicia en hacer la guerra a los indios rebelados, y que en más de una ocasión estos debates habían dificultado las operaciones militares. Felipe III acababa de dirigirse al papa; y Paulo V en el primer año de su pontificado, había resuelto la cuestión, concediendo muchas indulgencias a los militares que hacían la guerra contra los indios de Chile. Estas gracias produjeron gran contento entre los piadosos soldados que en medio de tantas miserias y penalidades, peleaban sin descanso por la causa de la conquista. «Así mismo, escribía García Ramón, se recibió el breve de las grandísimas indulgencias que Su Santidad concedió a los que servimos a Vuestra Majestad en esta guerra, lo cual se estima y venera por la obra de más piedad y bien que podíamos recibir, con que quedan todos los soldados tan contentos y animados que es para dar gracias a Dios y a Vuestra Majestad las damos todos por tantos beneficios como se sirve hacernos. Yo quedo con esto contento en sumo grado, porque echo de ver por ello que está ya justificada la guerra que aquí se hace a estos bárbaros, a lo que muchos que la miraban de lejos, no se podían persuadir.**590**

Pero las indulgencias concedidas por el papa, si bien contentaron sobremanera a los soldados españoles, no debían ejercer gran influencia en la suerte de la guerra. Los indios, sin tener noticia de la execración pontificia lanzada contra ellos, y que en ningún caso habrían respetado ni comprendido, seguían impertérritos en su plan de resistencia a todo trance. Las tribus de la región de la costa, que aceptaron la paz ofrecida primero por Ribera y enseguida por García Ramón y por el padre Valdivia, habían vivido siempre más o menos inquietas, pero siempre contenidas por las fuerzas relativamente considerables que los españoles tenían en esos lugares. Pero a pesar de que estas guarniciones se habían engrosado, y se mantenían en constante vigilancia, en los primeros días de agosto de 1606, aquellas tribus, incitadas seguramente por las de Purén, se pronunciaron en abierta rebelión. El coronel Pedro Cortés, que tenía el mando superior de las fuerzas españolas de esa región, se vio obligado a salir de nuevo a campaña a pesar de lo poco favorable de la estación, sin conseguir ventajas considerables sobre los indios.

La insurrección, sin embargo, seguía tomando cuerpo, y se hizo más poderosa en el interior. En Boroa, la plaza de San Ignacio se había sostenido bien durante todo el invierno. El capitán Juan Rodulfo Lisperguer, que mandaba su guarnición, hizo varias salidas por los alrededores, consiguió rescatar unos pocos cautivos españoles y tomar algunos indios prisioneros y no pocas provisiones. Entrando en tratos por medio de estos prisioneros con los caciques de esa comarca, llegó a lisonjearse con la esperanza de reducirlos a la paz. En el fuerte no faltaban los víveres; pero aquel estado de guerra imponía a su guarnición una fatiga constante. Algunos soldados, sea porque hubiesen recibido agravios de sus jefes, o porque quisieran verse libres del servicio que estaban obligados a hacer, se fugaron de la plaza y fueron a reunirse a los enemigos, dándoles consejos e informes que habían de ser fatales a los españoles.

En septiembre se había reconcentrado en aquellas inmediaciones un cuerpo considerable de indios, venidos, al parecer, de varias partes del territorio, y especialmente de Purén y de Tucapel. Las relaciones contemporáneas hacen

---

590 Carta de García Ramón al rey, escrita en Concepción el 15 de mayo de 1606. Esta carta es diferente de otra de la misma fecha que hemos citado más atrás.

subir su número a 6.000 hombres de a pie y de a caballo, y les dan por jefes a los caciques Aillavilu y Paillamacu, y a un mestizo desertor llamado Juan Sánchez. Los españoles, sin sospechar el peligro que los amenazaba, continuaron haciendo salidas con más o menos precauciones. En una de esas salidas, encendieron una pira de leña a un cuarto de legua del fuerte y la dejaron ardiendo para volver en pocos días más a recoger el carbón, que les hacía falta. Advertidos de esto, los indios se colocaron cautelosamente en los bosques inmediatos, y con aquella vigilancia que sabían usar en este género de empresas, se mantuvieron quietos esperando el momento oportuno para el ataque.

No tardó en presentárseles la ocasión que buscaban. El 29 de septiembre (1606), Lisperguer salía de la plaza con 150 soldados,[591] y se dirigía a hacer cargar el carbón que debía hallarse preparado. Antes de mucho rato, sus avanzadas fueron acometidas por los indios; pero rompiendo sobre estos los fuegos de arcabuz, no tardaron en hacerlos retroceder. Sin embargo, el grueso de las fuerzas españolas llevaba apagadas las mechas; y los bárbaros, notando prontamente este descuido de sus contrarios, cargaron de golpe sobre ellas, y atropellándolo todo con sus lanzas y macanas, las fraccionaron en pequeños grupos. En esas condiciones, era imposible hacer una resistencia ordenada. A pesar de esto, los soldados españoles se defendieron con el valor heroico que infunde la desesperación; pero agobiados por las masas compactas de indios, sucumbían uno tras otro bajo los formidables y repetidos golpes que se les dirigían por todos lados. Lisperguer animaba a los suyos con su voz y con su ejemplo, y cuando le mataron su caballo, siguió peleando a pie. Recibió una lanzada en el pescuezo y un macanazo en la cabeza que le destrozó la celada, y al fin cayó acribillado de golpes y de heridas. Pasados los primeros momentos de resistencia, la jornada se convirtió en una espantosa carnicería. El

---

591 En los documentos contemporáneos hay divergencias sobre el número de soldados que salieron a esta jornada. García Ramón, queriendo, sin duda, minorar la importancia del desastre, escribía al rey en enero de 1607, que fueron 130 hombres. En la información levantada por el mismo gobernador para establecer la verdad de los hechos, unos testigos hablan de 140 y otros de 150. Alonso de Ribera, en la relación que dirigió al rey desde Santiago del Estero, dice también 150. González de Nájera, que se hallaba entonces en Chile, escribe en la página 143 de su libro, que eran 173; y por último el padre Rosales, capítulo 39, lib. V, dice 163. La cifra que nosotros adoptamos es la más probable, y se comprueba comparando el total con el número de los que quedaron en el fuerte o murieron en él de muerte natural.

campo quedó cubierto de cadáveres destrozados. Ni uno solo de los españoles consiguió volver al fuerte; y aparte de diez o quince que quedaron prisioneros, todos los demás fueron sacrificados por los implacables vencedores.[592] Por el número de los muertos, era aquél el mayor desastre que jamás hubieran sufrido los españoles en Chile.

Las tropas que habían quedado de guarnición en el fuerte de San Ignacio, pasaron algunos días sin tener noticia cabal de la derrota y muerte de sus compañeros. El hecho de no volver la columna que había salido al campo, y la arrogancia de los indios que se acercaban a las trincheras con aire de triunfo, hacían comprender claramente que Lisperguer había sufrido un gran descalabro; pero no era posible calcular toda su magnitud. En esas circunstancias habría sido la mayor de las imprudencias el hacer una salida para recoger noticias. Por fin, un día se presentó en el fuerte el alférez Alonso Gómez, que había asistido a la batalla. Prisionero de los indios, había logrado escaparse de sus manos, y podía dar a los suyos los más amplios informes sobre todo lo ocurrido en aquella terrible jornada. Esos informes dejaban presentir que la plaza, sin poder comunicarse con los otros establecimientos españoles, estaba condenada a ser el teatro de las angustiosas calamidades de que ofrecía tantos ejemplos aquella guerra desapiadada e interminable.

Sin embargo, no faltó el ánimo a los españoles que defendían el fuerte, por más que los víveres no fueran abundantes y que hubiese muchos soldados enfermos e impedidos para empuñar las armas. Por falta de otro jefe de mayor antigüedad, tomó el mando de esa gente el capitán Francisco Jil Negrete, joven

---

592 Este desastroso combate ha sido contado con diversidad de accidentes en las relaciones y documentos contemporáneos. Nosotros tomamos por guía principal la información levantada a fines de ese año por García Ramón, en que declararon siete testigos, todos ellos oficiales de la guarnición del fuerte de San Ignacio, uno de los cuales, el alférez Alonso Gómez, se había hallado en el combate y caído prisionero de los indios, de cuyas manos logró escaparse poco después. El gobernador, que remitió al rey esa información, cuenta del desastre solo de paso en la carta antes citada. Alonso de Ribera, que se hallaba entonces en su gobierno de Tucumán, lo refiere en su carta de 16 de marzo de 1607 según los informes que le comunicó el padre mercedario fray Martín de Aparicio que pasaba de Chile a Potosí. Dice allí que Lisperguer pereció ahogado en el río en que se desbarrancó al tomar la fuga; pero esta versión, opuesta a las declaraciones citadas, debe atribuirse a su antigua enemistad con este capitán. González de Nájera ha referido también esos sucesos en las páginas 137-149 de su libro; pero, ha incurrido en algunos errores de detalle que se encuentran en contradicción con los documentos más autorizados.

de veinticinco años, llegado a Chile con el refuerzo que vino de España el año anterior, pero preparado para la guerra por buenos servicios prestados en Flandes. Comenzó por reducir el fuerte a la sola porción que podía defender con las escasas tropas que tenía, mantuvo incesantemente la más activa vigilancia, rechazó con ventaja dos atrevidos ataques de los bárbaros y se mantuvo firme en su puesto durante dos meses enteros de asedio, de asechanzas y de privaciones. Sin embargo, ese puñado de valientes parecía destinado a sucumbir en un tiempo más o menos largo, en un desastroso combate o en medio de los horrores del hambre.

Capítulo XXII. Gobierno de García Ramón: sus últimas campañas y su muerte. Fundación definitiva de la Real Audiencia (1606-1610)

1. La noticia del levantamiento de los indios obliga al gobernador a salir de nuevo a campaña; despuebla el fuerte de Boroa. 2. Alarma general producida por esos desastres; se piden nuevos refuerzos a España y al Perú. 3. El sistema de conquista gradual planteado por Ribera comienza a producir buenos resultados: nueva campaña de García Ramón en el verano de 1607-1608. 4. Felipe III aumenta el situado del reino de Chile, decreta otros premios para los militares de este país y manda crear una real audiencia en Santiago. 5. Limitados socorros de tropa que llegan del Perú. El gobernador hace otra campaña en el verano de 1608-1609. 6. Fundación de la Real Audiencia; el rey autoriza la esclavitud de los indios que se tornasen prisioneros. Quedan sin efecto las cédulas por las cuales el rey había mandado abolir el servicio personal de los indígenas. 7. Última campaña de García Ramón. 8. Su muerte.

1. La noticia del levantamiento de los indios obliga al gobernador a salir de nuevo a campaña; despuebla el fuerte de Boroa

García Ramón había pasado el invierno de 1606 en la ciudad de Concepción haciendo los aprestos para la campaña de la primavera próxima. Proponíase, como sabemos, llegar hasta el río Toltén, fundar nuevos fuertes y ciudades, y dejar muy avanzada la reducción de todo el territorio enemigo. Aunque había perdido la confianza en las paces que ofrecían los indios y en los efectos que podía producir el indulto acordado a estos por el rey, creía disponer de tropas y elementos para someterlos por la fuerza.

En esas circunstancias, recibió el gobernador la noticia del levantamiento de los indios. «Ayer, que se contaron 9 del presente mes de agosto, escribía al rey, tuve aviso de como se había levantado todo el estado de Tucapel, y aunque me ha de costar gran trabajo y mucha sangre, por ser muchos los indios y muy belicosos, ponerlos en buena paz, no me da mucho cuidado, respecto de que según tengo dispuestas las cosas, confío en Dios ha de ser para mejor y que estos indios lleven el castigo que sus grandes traiciones y maldades merecen, a costa del cual les he de hacer estén de paz como yo quisiere y como conviene al servicio de Dios y de Vuestra Majestad, o que mueran en la demanda o yo, pues con esto habré cumplido con mi obligación.»[593]

El gobernador, contra los sentimientos que había manifestado al partir de Lima, no quería oír hablar de tratos de paz con los indios. Estaba resuelto a hacerles la guerra a sangre y fuego, y pretendía escarmentarlos para siempre con tremendos castigos. En esos mismos días había creído descubrir una conjuración de las tribus que vivían sometidas al sur del río Maule. Contábase que esos indios habían concertado el dar muerte al gobernador en Cauquenes o Purapel, cuando pasara a invernar a Santiago, y pronunciarse enseguida en abierta rebelión. «Fue Dios servido estorbarlo, escribía García Ramón, con ponerme en el corazón me quedase en Concepción a invernar, con lo que no pudieron ejecutar este mal intento. Esto no fue tan secreto que no se entendió; por lo cual se prendieron muchos caciques, los cuales de plano confesaron lo referido, y que estaban determinados a rebelarse todos en una noche y en una hora, lo que fuera la total ruina de este reino. Y, sin duda, si Dios por su gran misericordia no lo atajara, salieran con facilidad con su traición, por lo cual se ha hecho un gran castigo, y tal que creo no pensarán jamás en semejantes maldades.» La fe religiosa del gobernador en medio de tantas contrariedades y dificultades, lo hace terminar su lacónica relación con estas palabras: «¡Sea Nuestro Señor alabado por tantas mercedes como nos hace!».[594]

Estas atenciones, así como la prolongación del invierno, que ese año fue muy lluvioso en las provincias del sur, impidieron a García Ramón el salir inmediatamente a campaña. Encargó sí al coronel Cortés que hiciera una guerra enérgica a los rebeldes de Tucapel. El 15 de octubre partía por fin de Concepción, sin

---

593 Carta de Alonso García Ramón al rey, escrita en Concepción el 10 de agosto de 1606, pero terminada y fechada el 15 del mismo mes. El gobernador calculaba que por otros conductos, y principalmente por medio del padre Valdivia, podían hacerse llegar hasta el rey informes de diversa naturaleza para demostrar la posibilidad de reducir a los indios por los medios pacíficos, y con este motivo escribía pocos meses después las palabras siguientes: «Estos indios son tan perversos y malos que de su condición jamás quieren paz, ni la darán si no fueren oprimidos y forzados de necesidad. Y esto es verdad, y quien otra cosa a Vuestra Majestad informa, carga mucho su conciencia y hace muy mal». Carta de García Ramón al rey, escrita a orillas del Laja, el 11 de enero de 1607. El 12 de abril del mismo año, duplicó esta carta con ligeras modificaciones y con la agregación de otras noticias. En esta segunda forma ha sido publicada por don Claudio Gay en las páginas 160-171 del 2º tomo de sus Documentos.

594 Carta citada de 11 de enero de 1607.

tener la menor noticia del desastre de Boroa, y creyendo que el levantamiento de los indígenas estaba circunscrito a la región de la costa.[595] Penetrando rápidamente en el territorio enemigo, llegó a los valles vecinos a la plaza de Arauco, y durante cuatro días hizo una guerra implacable a las tribus comarcanas. Todos los prisioneros eran pasados «a cuchillo, sin reservar mujeres ni niños», dice el mismo gobernador. Después de socorrer el fuerte de Paicaví, el gobernador volvió sobre la cordillera de la Costa, y recomenzó sus sangrientas correrías en Cayocupil, «el peor lebo y más rebelde que hay en toda aquella provincia, dice, y donde se cuajan, fodan y determinan todas las maldades de esta guerra. Tomé, agrega, mucha gente y ganado de Castilla y de la tierra; la cual gente también se pasó a cuchillo, procurando con gran cuidado averiguar las causas que la habían movido a rebelarse. Todos unánimes y conformes dicen que la paz que dieron al gobernador Alonso de Ribera fue solo a fin de reservar sus comidas y procurar acabar los españoles, pareciéndoles eran pocos y que cada día habían de ser menos». Penetrando enseguida en el valle de Purén, antes de mediados de noviembre, taló los sembrados de los indios; y como estos se atreviesen a presentarle batalla, los dispersó sin grandes dificultades. El gobernador parecía satisfecho con estas pequeñas ventajas que, sin embargo, no debían conducir a ningún resultado positivo. Nada le hacía sospechar el descalabro que poco antes habían sufrido sus tropas en Boroa, tan cautelosa era la reserva con que los enemigos ocultaban su triunfo.

En la tarde de ese mismo día en que había desbaratado a los indios de Purén, se presentó a García Ramón un español llamado Rivas. Era éste uno de los pocos soldados que escaparon con vida en el desastroso combate de Boroa. Habiéndose libertado de las manos de los vencedores, vivía desde entonces oculto en los bosques, alimentándose con yerbas y frutas silvestres, y caminaba de noche con la esperanza de llegar a alguno de los establecimientos espa-

---

[595] En el auto de 25 de noviembre de 1606, por el cual García Ramón mandó levantar la información acerca del desastre de Boroa, dice que habiendo sabido en Concepción que los defensores del fuerte de San Ignacio habían tenido un mal suceso, salió de esa ciudad el 9 de octubre. Sin embargo, por todos los documentos, y por la misma correspondencia del gobernador, se sabe que éste salió de Concepción el 15 de octubre; y que algunos días más tarde, hallándose en campaña, recibió la noticia de la derrota y muerte de Lisperguer, que los indios reservaban con la mayor cautela.

ñoles.**596** Al oír desde su escondite las cajas y trompetas de los suyos, había acudido presuroso a incorporarse en el ejército que expedicionaba en Purén. Rivas podía contar todo lo que había ocurrido en la pelea, pero ignoraba por completo la suerte que habría corrido la guarnición que quedaba en la plaza. Fácil es concebir la dolorosa sorpresa que aquellas noticias debieron producir en el campo español. Algunos capitanes, suponiendo irremediablemente perdido el fuerte de San Ignacio, y muertos a sus defensores, creían inútil pasar adelante, y no hablaban más que de dar la vuelta al norte. García Ramón, sin embargo, fue de distinto parecer; y con toda resolución determinó continuar su marcha hacia la región de la Imperial.

El 24 de noviembre (1606) llegaba a la plaza que desde dos meses atrás defendía heroicamente el capitán Francisco Jil Negrete. No faltaban víveres ni municiones; pero su guarnición estaba reducida a noventa y cuatro personas, incluidos los enfermos y los cautivos rescatados de manos del enemigo. De las tropas dejadas allí por García Ramón ocho meses antes, faltaban además de los soldados que fueron víctimas del desastre del 29 de septiembre, otros cuarenta y dos hombres muertos de enfermedades, o desertores pasados al enemigo. La subsistencia de la plaza de San Ignacio de Boroa, después de tales calamidades, parecía insostenible. Habiendo reunido a los capitanes en junta de guerra, el gobernador resolvió despoblarla inmediatamente. Esta determinación, que era en realidad la censura más eficaz de los antiguos planes de García Ramón, y el desvanecimiento de sus más caras ilusiones, estaba fundada en motivos cuya fuerza no era posible desconocer. Era imposible, se decía, sustentar un fuerte colocado en el corazón del territorio enemigo, lejos de todo puerto de mar y que no podía ser socorrido sino enviando expediciones de más de 500 hombres.**597** Dos días después, todo el ejército se ponía en marcha para los distritos de Paicaví y Tucapel; y, aunque en su retirada dispersó algunos destacamentos de indios, sin poderles tomar muchos prisioneros, estas efímeras ventajas no compensaban en manera alguna el descalabro de Boroa, la pérdida de 150 excelentes soldados y la vergüenza de haber tenido que abandonar un fuerte en que se fundaban tantas esperanzas.

---

596 Carta citada de García Ramón. González de Nájera, pág. 147, es el que ha conservado el nombre de este soldado, dejándonos una breve noticia de sus aventuras.
597 Auto de 25 de noviembre de 1606.

2. Alarma general producida por esos desastres; se piden nuevos refuerzos a España y al Perú

Aquel desastre produjo en todas partes una verdadera consternación. Cuando la presencia del ejército más poderoso que jamás hubiera existido en Chile había hecho concebir la ilusión de llegar pronto al término de la guerra, se recibía la noticia de la más funesta derrota que jamás hubieran experimentado los españoles en este país. Por otra parte, Lisperguer y los otros capitanes y oficiales que sucumbieron en esa jornada, tenían parientes o amigos que lamentaban aquella calamidad como una desgracia personal.

En Santiago fue todavía mayor la angustia y el sobresalto. Llegó la noticia a mediados de diciembre, comunicada por una carta del capitán Álvaro Núñez de Pineda que mandaba en Monterrey y en los fuertes de la línea del Biobío. En esa carta, recomendaba este jefe que se tomasen precauciones militares en la capital. Recordando, sin duda, el conato de insurrección de los indios del Maule, de que hemos hablado, y algunos otros desórdenes ocurridos en las parcialidades que estaban de paz, llegó a temerse, según parece, un levantamiento general y formidable de la raza indígena. El Cabildo se reunió apresuradamente el 19 de diciembre. Como en los días de mayor peligro de la colonia, se resolvió allí convocar a cabildo abierto a los capitanes y gente de experiencia de la ciudad a fin de acordar las prevenciones que debían tomarse para la seguridad de Santiago y sus términos; resolviendo, además, que se recogiesen las armas y caballos para equipar a la tropa, y que siendo general el alzamiento, los corregidores velasen sobre los indios de sus partidos respectivos y les quitasen las armas.[598]

Sin embargo, la tranquilidad se mantuvo en estas provincias. En el mismo territorio enemigo, la guerra fue ese verano mucho menos activa y eficaz de lo que había pensado hacerla García Ramón. En vez de llevar a cabo la fundación de nuevas ciudades para adelantar la conquista, se mantuvo con sus tropas en las posiciones ocupadas en la frontera, disponiendo correrías en los campos vecinos para privar a los indios de sus comidas, y para aterrorizarlos con sangrientos castigos. En esas correrías había comenzado, como dijimos, por no perdonar la vida de ningún enemigo. «Pronuncié auto mandando a todos los ministros de guerra, dice García Ramón, pasasen a cuchillo todo cuanto en ella se tomase sin reservar mujer ni criatura, lo cual se puso en ejecución

---

598 Acuerdo del cabildo de Santiago de 19 de diciembre de 1606, en el libro 7, fojas 238 y 239.

generalmente, y se pasaron a cuchillo más de 400 almas». Pero estos horrores despertaron por todas partes una reprobación general. Los prelados y todos los religiosos hicieron al gobernador enérgicas representaciones contra esas atroces matanzas, las condenaron en el púlpito, y obtuvieron una modificación de aquellas bárbaras ordenanzas. «He sobreseído esta causa, agregaba García Ramón, llevando adelante mi intento solo en los hombres, que de esos ninguno escapa que no sea pasado a cuchillo, hasta tanto se informa a Vuestra Majestad.»[599]

Mientras tanto, el ejército español, a pesar de los refuerzos que había recibido, se reducía lentamente. A las pérdidas causadas por la guerra, se añadían las que ocasionaban las enfermedades y la deserción. Por más que el gobernador hacía toda clase de esfuerzos para pagar a sus tropas el sueldo que les correspondía, empleando en ello los fondos insuficientes del situado que suministraba el tesoro del Perú, eran tales los padecimientos y privaciones que imponía la guerra, que el anhelo por abandonar el servicio era casi general. «Es tan poca la seguridad que se tiene de esta gente, por andar tan descontentos, decía García Ramón, que prometo a Vuestra Majestad que no hay barco que ande por ella ni pueda estar en puerto ninguno porque luego le arrebatan y se huyen con él. Todo esto lo causa las pocas esperanzas que tienen de premio.»[600] Algunos de esos desertores, como hemos contado en otras ocasiones, se pasaban al enemigo, y se convertían en consejeros y caudillos de éste. Los capitanes españoles eran inflexibles en el castigo de esos desalmados. A fines de agosto de 1607 «se prendió, decía el gobernador, un traidor español que se había ido a los indios, llamado Negrete, que ha sido de muy gran importancia, respecto de que era muy gran lenguaraz entre ellos, y no trataba de otra cosa sino de persuadirles no diesen la paz. Mandé lo colgasen de un pie y lo arcabuceasen para castigo de su maldad y ejemplo de los demás».[601] En cambio, el gobernador trataba con indulgencia a los pocos desertores que abandonaban a los indios y volvían a servir a los españoles, con la esperanza de atraérselos y de despertar la desconfianza del enemigo por esa clase de auxiliares.[602]

---

599 Carta de García Ramón al rey de 12 de abril de 1607.
600 Carta citada de 12 de abril de 1607.
601 Carta de García Ramón de 11 de septiembre de 1607.
602 A fines de noviembre de 1607 se presentó al gobernador el mestizo Juan Sánchez que andaba entre los indios desde diez años atrás, que como consejero y caudillo había

Los padecimientos que los soldados tenían que soportar en la campaña y en el servicio de los fuertes, explican de alguna manera esta fiebre de deserción, que como vemos, llevaba a muchos de ellos a tomar servicio entre enemigos jurados de su raza, y a someterse a todas las privaciones, fatigas y peligros de la vida salvaje. «Son tan grandes y nunca vistos los trabajos que los soldados de Chile padecen, escribía por entonces García Ramón, que certifico que ha cinco y seis años que si no son los que están de presidio en las ciudades, no han visto pan, ni vino, ni mujer, ni oído campana, ni menos tienen esperanza de verlo hasta que Dios se sirva mejorar los tiempos, y pasan con solo trigo o cebada cocida y carne de vaca; y si esto no les faltase, que es fuerza les falte algunas veces por venir todo de acarreo, se hallarían muy contentos.»[603] Pocos meses más tarde, completaba este lastimoso cuadro en los término siguientes: «Desde mi niñez sirvo a Vuestra Majestad, y me he hallado en la guerra de Granada, en la batalla naval de Navarino, he estado de presidio en Espoleto, he sido soldado en Sicilia, Nápoles y Lombardía, y últimamente en los estados de Flandes, do gocé de la más honrada ventaja que hubo en mi tiempo; mas certifico a Vuestra Majestad que no hay en todo el mundo guerra tan trabajosa como ésta, y es

---

tomado parte en muchas empresas militares, llevando ordinariamente la vanguardia, y que había sido uno de los directores del ataque de Boroa en septiembre del año anterior, que fue tan desastroso para los españoles. Venía acompañado de un oficial llamado Gregorio Castañeda, que cayó prisionero de los indios en esa jornada, y que al fin había logrado escaparse de sus manos. Los dos, Sánchez y Castañeda, pudieron dar los más amplios informes sobre aquella catástrofe, los cuales fueron remitidos al rey, para que se viera, dice el gobernador, «que fue castigo del cielo por mis pecados; y alabo a Nuestro Señor de cuya mano vienen los buenos y malos sucesos, y le suplico se sirva apiadarse de este reino. He tenido a buena suerte la venida de este mestizo, agrega, así porque con ella no habrá quien se atreva a ir a los indios, como muchos lo hacían, porque sin duda los matarán, como lo habrán hecho con su venida a todos los que entre ellos estaban, como porque como ladrón de casa, sabe todos sus rincones, y promete hacer grandes cosas, lo cual creo, aunque hasta verlo muy empeñado, no osaré fiarme de él». Carta de García Ramón al rey, escrita en Arauco el 27 de diciembre de 1607. Poco más tarde, Juan Sánchez fue nombrado capitán de indios amigos con un pequeño sueldo.

El rey, al saber este suceso, recomendó al gobernador de Chile que vigilase mucho al referido Juan Sánchez. He aquí lo que a este respecto contestaba García Ramón en carta escrita en Concepción el 28 de octubre de 1609. «Advierte Vuestra Majestad y manda se vaya con cuidado con Juan Sánchez, el mestizo que los años atrás se pasó de los indios. Respondo que ha vivido y vive con el recato posible, y que después de haberle visto empeñar grandemente con los enemigos y haber hecho en ellos grandes suertes, con todo se tendrá con él siempre el recato y cuidado que Vuestra Majestad manda.»

603 Carta citada de 11 de septiembre de 1607.

de suerte que hay muchos soldados que en seis años no han visto pan ni oído campana, ni visto mujer española, y que todos en general de mayor a menor, después de haber caminado y dado trasnochadas de seis y siete leguas, si han de comer una tortilla, han de moler el trigo de que hacerla, con que andan trabajadísimos y yo mucho más en tratar con gente tan descontenta».[604] El gobernador calculaba que fuera de las pérdidas causadas por la guerra, su reducido ejército debía sufrir cada año más de 200 bajas por causa de las enfermedades y de la deserción.

Para llenar estas bajas, y para tener un ejército en el pie de 2.000 hombres, el gobernador no cesaba de pedir refuerzos a España y al Perú. En abril de 1607, solicitó empeñosamente su retiro el capitán Alonso González de Nájera, soldado inteligente y de buen nombre, que había servido más de seis años en Chile, que había desempeñado el cargo de maestre de campo de una de las divisiones, y que deseaba volver a España. El gobernador le concedió el permiso para ello, pero le encargó que representara al rey y al Consejo de Indias el estado en que dejaba a Chile, y la necesidad de prestarle ayuda y protección. González de Nájera desempeñó lealmente su comisión: informó de todo a la Corte, y más tarde escribió un libro entero en que exponía el plan que a su entender debía adoptarse para la conquista y pacificación del reino.[605]

Todavía hizo más el gobernador para procurarse auxiliares. En esa misma época acordó enviar a Lima a don Diego Bravo de Sarabia, maestre de campo general de todo el reino, a pedirlos con el mayor empeño. El cabildo de Santiago, secundando esta resolución, acordó constituirlo igualmente su apoderado en Lima.[606] Pero todos estos esfuerzos debían ser más o menos estériles por entonces. Aparte de las dificultades y de las resistencias que siempre se hallaban en el Perú cuando se quería enrolar gente para el ejército de Chile, en ese momento el virreinato estaba regido por un gobierno provisorio que no podía tomar medidas trascendentales. El conde de Monterrey, que tanto

---

604 Carta citada de 27 de diciembre de 1607.
605 González de Nájera partió de Chile el 14 de mayo de 1607 y dio la vuelta a España por la vía Buenos Aires, según lo refiere en varias partes de su libro, páginas 149, 150 y 352. El libro de que hablamos es el Desengaño y reparo de la guerra de Chile de que hemos dado noticia en la nota final del capítulo 20. Dedicado, como dijimos, al presidente del Consejo de Indias, no se hizo caso alguno de él porque la Corte estaba entonces empeñada en llevar a cabo la conquista pacífica, propuesta por el padre Valdivia.
606 Acuerdo del cabildo de Santiago de 25 de abril de 1607, a fojas 253 del libro 7.º

interés ponía en socorrer a Chile, había fallecido en marzo de 1606; y la Real Audiencia había tomado el mando hasta que llegase de México el marqués de Montes Claros, a quien el rey había confiado el gobierno del Perú. Así, pues, el ejército de Chile no vino a recibir algunos nuevos contingentes de tropa sino el año siguiente; y aun entonces fueron de muy escasa importancia. En junio de 1607 ese ejército ascendía solo a 1654 hombres útiles, fuera de otros 130 que se hallaban en Chiloé.[607]

3. El sistema de conquista gradual planteado por Ribera comienza a producir buenos resultados: nueva campaña de García Ramón en el verano de 1607-1608

Sin embargo, mientras la guerra se mantenía en esta condición puramente defensiva, esto es, sin acometer nuevas empresas más allá de las líneas fortificadas que servían de frontera, la tranquilidad del país parecía inalterable. Los indios rebeldes, viéndose libres de sus opresores, volvían a su antigua vida; y a menos de ser otra vez inquietados, no pensaban en correr nuevas aventuras. Después que el gobernador despobló el fuerte de Boroa y reconcentró sus tropas en las cercanías del Biobío, la paz pareció asentarse sobre bases más sólidas. «Tres cosas puedo con gran verdad asegurar a Vuestra Majestad, decía García Ramón. La primera que del río Lebu para acá, que es lo último de la provincia de Arauco, y de Millapoa para Santiago, que solía ser la fuerza de la guerra de este reino, jamás, por la bondad de Dios, ha tenido la paz y la quietud que al presente, pues se camina por todas partes como de Madrid a Toledo. La segunda que jamás lo que está de paz, que serán 200 leguas, se ha visto tan próspero de haciendas, ni los vecinos y moradores tan descansados y ricos como el día de hoy. Verifícase bien esto con que en la ciudad de Santiago han entrado este año del Perú más de 300.000 ducados, los 100.000 en plata y 200.000 en ropa, solo a fin de sacar de este reino cordobanes y sebos y otras muchas granjerías que en él hay. La tercera que nadie en el reino de Chile ha tenido hacienda segura hasta este tiempo, en el cual por ninguna vía ni ningún modo se les echa ni ha echado derrama, ni se toma cosa a nadie que no sea con muy gran gusto suyo y pagándoselo ante todas cosas, en conformidad de

---

607 *Relación de las cosas que del reino de Chile se debe dar entero aviso a Vuestra Majestad por vuestro gobernador Alonso García Ramón.*

lo que Vuestra Majestad manda como tan cristianísimo; con lo que los vasallos de Vuestra Majestad viven contentos y con gran prosperidad, y sus haciendas y granjerías van en grandísimo aumento.»[608]

Estas ventajas, que eran reales y efectivas, eran el fruto del sistema de gobierno y pacificación que había sostenido y adoptado Alonso de Ribera. La creación de un ejército permanente pagado por el rey, permitía a la gente que no quería tomar las armas, dedicarse tranquilamente a la industria. El establecimiento de la línea fortificada de frontera, afianzaba la paz y la quietud en las poblaciones y estancias situadas al norte del Biobío, poniéndolas a cubierto de los ataques de los indios de guerra. Este sistema, además, permitía el avance lento, pero gradual y seguro de la línea de frontera, sin dejar indios más o menos rebeldes a la espalda, de manera que la conquista del territorio enemigo habría podido terminarse del único modo que era posible, después de un largo número de años es verdad; pero se habrían evitado los padecimientos y sacrificios de aquella interminable guerra, que al fin no habían de conducir a otro resultado que a una estéril pérdida de vidas y de dinero. Sin embargo, la impaciencia de los españoles, la natural arrogancia de que estaban dominados después de sus brillantes y estrepitosas victorias en Europa y en América, les hacían empeñarse en llevar a cabo inmediatamente una conquista que era imposible dadas la tenacidad de los indios y las condiciones físicas del país en que se guerreaba. Así, en la misma carta en que el gobernador daba esos informes acerca del estado relativamente próspero del país, anunciaba que hacia los aprestos para abrir una nueva campaña sobre el territorio enemigo. Agregaba, con este motivo, que recibiendo los socorros que tenía pedidos, podría adelantar grandemente la conquista. «Confío en la misericordia de Dios, decía, que hemos de verla acabada.»

Desde fines de septiembre recomenzaron las operaciones militares. Las tropas españolas, sin embargo, no emprendieron expedición alguna en todo ese verano al interior del territorio enemigo, limitándose a hacer frecuentes correrías en la región más vecina a los fuertes hasta Purén, talando los sembrados de los indios, matando y aprisionando a estos, y tomándoles sus hijos y mujeres. «Se les han hecho tan grandes daños en las personas, decía el gobernador, que se les han tomado más de 1.100 piezas de niños y mujeres y muerto y tomado en

---

608 Carta de García Ramón, escrita en Concepción el 11 de septiembre de 1607.

prisión pasados de 300 indios, con lo cual y haberles el verano antes talado la campaña, están puestos en tan gran necesidad que los padres se comen a los hijos.»[609] «Es general el daño que este verano se les ha hecho, escribía poco después, que ha sido el mayor que jamás se ha visto en Chile, pues en toda la costa no se les ha dejado cosa que comer, y yo la he talado en toda la cordillera de Catirai, y destruido las provincias de Coyuncaví y Coyuncos (isla de la Laja y Angol), cordillera nevada donde había gran suma por no haber entrado españoles en aquella tierra, diez años había, y era el granero de todos los salteadores de este reino, y en Purén donde se peleó con el enemigo, el cual desbaratamos por la bondad de Dios. Y con el gran daño que asimismo se les ha hecho en las haciendas y personas, que ha sido gran número la gente que se ha tomado y muerto, con lo cual los amigos están muy animados y contentos y los enemigos con gran temor.»[610] En estas correrías de destructora persecución, los españoles habían contado con el útil concurso de los indios auxiliares. «Este verano, decía García Ramón en la misma carta, han andado en campaña en servicio de Vuestra Majestad mil lanzas, las cuales prometo son de grandísima importancia, porque hacen, como bárbaros y por acreditarse, cruda guerra, y entran en las quebradas donde los españoles lo hacen con gran trabajo por estar embarazados con armas, arcabuces y espadas, y ser la tierra tan áspera que es imposible poderlo hacer.»

La guerra se continuó de este modo hasta las entradas del invierno de 1608. Acosados por esta tenaz persecución, y por el hambre que era su consecuencia inmediata, los indios ofrecían la paz. El gobernador, escarmentado por los anteriores desengaños, se negaba a aceptar sus proposiciones, y al fin las admitía imponiéndoles la condición de abandonar sus tierras y de establecerse en los lugares que les designase. En efecto, muchos de ellos fueron a fijarse cerca de los fuertes de Lebu, donde comenzaron a hacer sus rancherías. Más tarde empezaron también a recogerse a las inmediaciones del fuerte de Paicaví; pero el gobernador, conociendo la falsía de esas gentes, mantenía sobre ellos la más constante vigilancia. Con la captura de numerosos prisioneros, «y con el grandísimo y general daño que por todas partes les hemos hecho en las

---
[609] Carta citada de 27 de diciembre de 1607.
[610] Carta de García Ramón al rey, escrita en las márgenes del río Vergara, el 9 de marzo de 1608. Esta carta ha sido publicada por don Claudio Gay en las páginas 172-188 del segundo tomo de Documentos.

comidas, decía el gobernador, los tenemos tan apretados que se comen unos a otros».⁶¹¹ Esta guerra sostenida y despiadada, aseguraba la tranquilidad de la frontera; y habría permitido, como ya hemos dicho, avanzar la conquista de una manera lenta, pero segura, del territorio enemigo. García Ramón, mientras tanto, meditaba operaciones más audaces y rápidas, y al dar cuenta de esos hechos decía estas palabras: «Espero en Dios que el verano próximo hemos de tener grandes sucesos».

4. Felipe III aumenta el situado del reino de Chile, decreta otros premios para los militares de este país y manda crear una real audiencia en Santiago

La prolongación indefinida de la guerra de Chile y los gastos considerables que ella ocasionaba a la Corona, habían comenzado a inquietar al rey de España. García Ramón había escrito muchas veces a la Corte indicando la posibilidad de llevarla a término si el gobierno de la metrópoli le enviaba los socorros que pedía, si aumentaba el situado a una cantidad suficiente para pagar con puntualidad al ejército y si se tomaban otras medidas que creía indispensables para el afianzamiento de la paz y para el amparo del reino. Los apoderados que las ciudades de Chile tenían en la Corte, reclamaban esto mismo con particular empeño. El rey había sometido el estudio de estos asuntos a la junta de guerra, y ésta recomendó a fines de 1606 la adopción de las medidas propuestas. Considerábase que cualquiera que fuese el sacrificio que ellas impusieran, habría de ser por corto tiempo, puesto que lo que convenía era no dilatar la guerra, como se hacía reduciendo los costos, sino ponerle término definitivo con un esfuerzo más vigoroso y eficaz. Parece que en esta resolución tuvo una parte principal don Alonso de Sotomayor que apenas llegado a España después de haber servido largo tiempo el gobierno de Panamá, acababa de ser nombrado miembro de la junta de guerra, y a quien se atribuía un conocimiento perfecto de las cosas de Chile. El rey sancionó esos acuerdos por diversas cédulas que llegaron a manos de García Ramón en los primeros días de 1608.

La más importante y la inmediatamente más trascendental es una dada el 5 de diciembre de 1606, que hemos recordado. Elevaba por ella a 12.000 duca-

---

611 Carta citada de 9 de marzo de 1608. Id. escrita en Lebu el 9 de agosto del mismo año. De esta última tomamos las palabras que van entre comillas.

dos la subvención que el tesoro del Perú debía entregar cada año para el pago del ejército de Chile hasta la terminación de la guerra. Ese ejército había de componerse de 2.000 hombres, cuyos sueldos debían ser modificados según las indicaciones del gobernador de Chile y del virrey del Perú. Hasta entonces el primero de estos funcionarios tenía asignado un sueldo anual de 5.000 ducados que debían pagarse con los «aprovechamientos del reino», es decir, con las rentas reales que recogía el tesoro de Chile; pero esas rentas, como sabemos, habían llegado a hacerse ilusorias, de manera que el gobernador cobraba su sueldo con gran dificultad y pasaba por verdaderas escaseces. Ahora el rey disponía que gozase de una renta de 8.000 pesos, y que ésta, como los demás sueldos militares, fuese cubierta con los fondos del situado. Según la fijación de sueldos que en virtud de esa disposición propuso el virrey del Perú, el situado bastaba para satisfacer a todos esos gastos, y dejaba todavía una reserva de 15.780 ducados para atender a las otras necesidades de la guerra.[612]

El rey concedía, además, por otras cédulas, diversas gracias a los militares de Chile. Mandaba que a los vecinos y defensores de las ciudades que había sido necesario despoblar, se les hiciera un préstamo bajo fianza de 20.000 pesos para que los pagasen en tres años, lo que podría servir para reponerlos en parte de las pérdidas y quebrantos que habían sufrido. Disponía, también, como lo había pedido con repetidas instancias García Ramón, que cada año el virrey sacase de Chile doce soldados u oficiales que se hubiesen distinguido por sus buenos servicios para premiarlos en el Perú. Refiere el gobernador que muchos individuos que en Chile habían dejado la carrera militar, se mostraban

---

[612] Los sueldos que según la resolución del virrey del Perú debían pagarse en Chile, serían los siguientes: al gobernador, 8.000 pesos; al maestre de campo general, 1.650; a cada uno de sus ayudantes, 248; al intérprete, 212; a cada uno de los ayudantes del gobernador, 325; a un capitán de compañía, 248; al veedor general del ejército, 2.000; a cada capitán reformado de los cuarenta que componen la compañía del guión, 215; a cada capitán de las quince compañías de infantería de a cien hombres cada una, 825; a cada alférez de esas compañías, 330; sargento, 198; cabo y mosquetero, 138; tambor, 138; abanderado, arcabucero y piquero, 105; a cada capitán de las siete compañías de caballería de 70 hombres, 965; teniente de las mismas, 330; cabos, 165; trompetas y soldados, 132. Este plan de sueldos, propuesto por el virrey del Perú, fue aprobado por Felipe III en 24 de marzo de 1607, y comenzó a regir en junio de 1608. Hemos dicho más atrás (cap. 18, nota 21) que los 212.000 ducados equivalían a 293.279 pesos y 3 reales de a ocho.

empeñados en volver a ella con la esperanza de merecer este premio que podía asegurarles una posición ventajosa.[613]

Pero junto con estas disposiciones que podemos considerar como puramente accidentales, el rey había dictado otra de un carácter más general, y que debía tener una gran importancia en el desenvolvimiento y en la consideración del reino de Chile. Determinado a restablecer en la ciudad de Santiago la Real Audiencia que en años atrás había existido en Concepción, Felipe III, por una cédula del 23 de marzo de 1606, acordaba que García Ramón, en su carácter de gobernador de Chile, fuese el presidente de ese tribunal.[614] La población de origen español había aumentado considerablemente en los últimos años. La riqueza pública había adquirido notable desarrollo con la creación del ejército permanente, que permitía a mucha gente consagrarse en paz a los trabajos industriales, y con el establecimiento del situado que importaba la introducción de una suma relativamente importante de dinero cada año. Todo esto hacía necesaria la creación de una audiencia que ahorrase a los pobladores de Chile la molestia de ir a Lima a dirimir sus litigios. Pero se había creído, además, hallar en esta institución el medio de poner término a las frecuentes competencias de autoridades, y de regularizar la marcha de la administración pública. Con este último propósito, Ribera había pedido empeñosamente al rey la nueva creación de una audiencia en Chile. El monarca, como dijimos, accedió a esta petición en marzo de 1606, resolviendo la creación de ese tribunal; pero incierto sobre los límites jurisdiccionales que debía darle, mandaba que el cabildo de Santiago le informase si convenía incluir en ellos las provincias de Tucumán y del Paraguay. El Cabildo se ocupó en discutir este negocio en noviembre de 1607;[615] pero el gobernador García Ramón que anteriormente había pedido que esas provincias fuesen incorporadas al reino de Chile, representó en esta ocasión las ventajas que a su juicio resultarían de la adopción de esta medida. Indicaba allí que aquellas provincias estaban situadas más cerca de Chile que de Charcas, de cuya audiencia dependían; que su comercio se aumentaría facilitando sus relaciones con nuestro país; que sería fácil traer de allí caballos y gente para el ser-

---

613 Carta de García Ramón de 9 de agosto de 1608.
614 La real cédula del nombramiento de García Ramón para presidente de la Real Audiencia, se halla publicada por don Miguel Luis Amunátegui en *La cuestión de límites*, etc., tomo II, pág. 275.
615 Acuerdo de 27 de noviembre de 1607.

vicio de la guerra; y que esta medida pondría atajo a la frecuente deserción de los soldados de Chile que encontraban un asilo seguro en Tucumán.[616] El rey, sin embargo, sea que no recibiese en tiempo oportuno estas observaciones o que no quisiere tomarlas en cuenta, resolvió otra cosa diferente. Por una cédula expedida en Madrid el 17 de febrero de 1609, dispuso que la nueva audiencia «tenga por su distrito todas las ciudades, villas, lugares y tierras que se incluyen en el gobierno de aquellas provincias de Chile, así lo que ahora está pacífico y poblado como lo que de aquí en adelante se redujere, pacificare y poblare».[617]

5. Limitados socorros de tropa que llegan del Perú. El gobernador emprende campaña en el verano de 1608-1609

El rey, al paso que hacía estas concesiones al reino de Chile, todas las cuales iban a gravar considerablemente su empobrecido tesoro, no había podido enviar de España los socorros de tropa que con tanta insistencia se le pedían. Encargó sí al capitán Pedro Martínez de Zavala, que había sido teniente de gobernador de la provincia de Buenos Aires, que reuniese allí y en el Paraguay y Tucumán 150 soldados, y que comprase 1.500 caballos para socorrer a Chile. En mayo de 1608, Martínez de Zavala avisaba que en la primavera próxima pasaría las cordilleras con ese refuerzo;[618] pero en realidad no correspondió en manera alguna a las esperanzas que había hecho concebir.

---

616 Carta citada de García Ramón de 9 de marzo de 1608.
617 La real cédula de 17 de febrero de 1609 consta en su forma original de 324 artículos. Casi en su totalidad, son la repetición de disposiciones reglamentarias análogas a las que estaban consignadas en otras leyes. Al trasladarla a la *Recopilación de las leyes de Indias*, donde forma la ley 12, tit. 15, lib. 2°, fue abreviada en unas pocas líneas en que consigna solo la disposición capital, fijando con más precisión los límites jurisdiccionales, y agregando para ello a las palabras que copiamos en el texto, las que aquí siguen: «dentro y fuera del Estrecho de Magallanes y la tierra adentro hasta la provincia de Cuyo inclusive».
Conviene advertir que cuando el rey firmó esta cédula, había nombrado ya los oidores que debían componer el tribunal y que estos estaban entonces en Lima disponiéndose para pasar a Chile. García Ramón había sido nombrado presidente por una real cédula de 23 de marzo de 1606, verdadera fecha de la creación de la real audiencia de Santiago. Este tribunal se instaló solemnemente sin haber recibido la cédula de erección ni las ordenanzas a que debía sujetarse, y sin poder exhibir otro título que los nombramientos de los oidores. En carta dirigida al rey el 25 de agosto de 1610, le decían esto mismo, y le pedían que les enviasen esos documentos que no habían recibido todavía.
618 Carta citada de García Ramón de 9 de agosto de 1608. Este socorro fue, sin embargo, insignificante y casi podría decirse irrisorio, y dio lugar a muchas quejas contra el capitán Martínez de Zavala. En un estado manuscrito de los auxiliares enviados a Chile por esos

Por entonces, comenzaban a llegar los socorros pedidos al Perú. En diciembre de 1607 había tomado el mando del virreinato don Juan de Mendoza y Luna, marqués de Montes Claros, y mostró decidido interés por la suerte de Chile empeñándose en auxiliarlo. Pero eran tan tristes las noticias que se tenían de los padecimientos que en este país aguardaban a la tropa, que a pesar de todas las diligencias, no fue posible reunir más que un número muy pequeño de soldados, que fueron llegando parcialmente a Chile.[619]

---

    años, que hallé en el Archivo de Indias, se leen sobre los venidos de Tucumán las líneas siguientes: «Compañía de caballos del capitán Francisco de Larrocha, levantada en la provincia del Tucumán, y conducida en principio de febrero de 1609 y llegó a Concepción en 25 de mayo del dicho año, en cuyo día se le tomó muestra (revista) en las cajas reales y pasaron veintiséis soldados con el teniente, cuya mayor parte eran mestizos, y entre ellos un indio de la China, desnudos, desarmados y en mancarrones de ningún servicio, por lo cual se agregaron a la compañía de infantes del capitán don Francisco de Santillán, excepto siete de ellos, que entraron en la compañía de caballos del capitán Antón Sánchez de Aroya».

    Con fecha de 24 de marzo de 1610, Martínez de Zavala escribía al rey desde Córdoba del Tucumán para darle cuenta de las dificultades que había hallado para levantar más tropas y reunir caballos con que socorrer a Chile.

619 Se estimará mejor la pequeñez de esos socorros por la reseña de ellos que extractamos del documento citado en la nota anterior. Hela aquí:

    Compañía del capitán Juan de Villegas. Arboló bandera de enganche en Lima el 2 de enero de 1608, y salió del Callao el 5 de marzo del mismo año, y desembarcó en Concepción el 8 de mayo, y en el convento de San Francisco, un alférez, un sargento y sesenta y cuatro soldados, incluso cuatro desterrados: y por ser en su mayor parte muchachos y mestizos de poco servicio, en la segunda muestra que se les tomó en el fuerte de Lebu en 29 de julio, fue reformada, y agregados sus soldados a diversas compañías que servían en Arauco y Tucapel.

    Compañía del capitán Francisco de Salamanca; fue conducida con la anterior, revisada con ella, y también reformada por ser compuesta de muchachos y mestizos inexpertos. Constaba del dicho capitán, un alférez, un sargento, un abanderado y sesenta y dos soldados con un desterrado.

    Compañía del capitán Hércules de Lavella, levantada en Lima y conducida en septiembre de 1608, y llegó a Concepción el 22 de enero de 1609, y se le tomó muestra el día siguiente, y pasaron por buenos el dicho capitán, un alférez, un sargento, un tambor, un pífano, un abanderado y cuarenta y cinco soldados. Por las mismas razones, fue reformada el 18 de agosto siguiente.

    Compañía del capitán don Francisco de Santillán. Arboló bandera en Lima en 3 de septiembre de 1608, y después de varios meses de diligencias, llegó a Concepción en 7 de mayo de 1609. El 11 del mismo mes se le pasó revista y se hicieron buenos treinta y nueve soldados, incluido el capitán, un alférez, un sargento y catorce desterrados por la sala del crimen de Lima, y uno azotado y otro mulato.

No pudiendo contar con fuerzas más considerables, García Ramón limitó la campaña de ese verano (1608-1609) a los mismos territorios en que había expedicionado el año anterior. Repitiose la obstinada y cruda persecución de los indios en las comarcas vecinas a los fuertes españoles, la destrucción de chozas y sembrados y todas las otras hostilidades que era costumbre hacer. En todas esas correrías, que por el valle central se extendieron hasta las ciénagas de Purén, los españoles, apoyados por fuerzas relativamente considerables, obtuvieron siempre la ventaja, e hicieron no pocos prisioneros, a los más importantes de los cuales daban inflexiblemente la muerte. El cacique Paillamacu, cogido en una sorpresa en las inmediaciones de Tucapel por las tropas del coronel Cortés, que mandaba en esos lugares, fue arcabuceado, y según se refiere, él y sus otros compañeros a quienes el coronel hizo ahorcar, murieron con la entereza que era propia de su raza.

Antes que la campaña de este año estuviese terminada, García Ramón resolvió enviar un nuevo emisario a España. Sabía que en Chile no faltaban personas que por un motivo o por otro le fueran desafectas, y sospechaba no sin fundamento que habían de dar al rey informes desfavorables acerca de su conducta. Anunciábase, además, que el padre Valdivia se preparaba en Lima para marcharse a Madrid a impugnar el sistema de guerra usado hasta entonces contra los indios, y a proponer otro en que mostraba mucha fe, y que podía fascinar a la Corte. Para neutralizar esos informes, el gobernador quiso tener también en Madrid un representante suyo que diera cuenta del estado de las cosas de Chile, y que lo justificase de cualquier cargo que se pretendiera hacerle. Confiósele, además, la comisión de pedir el envío de nuevos socorros

---

Compañía del capitán Francisco Jil Negrete, que había ido al Perú a enganchar gente. Llegó con la anterior, y constaba solo de veintitrés hombres, incluido el capitán, el alférez y un sargento. Venían en ella seis desterrados, el uno mulato, dos azotados y otro avergonzado en las calles públicas de Lima. Se reformó con la anterior en el fuerte de Lebu a principios de agosto.

Así, pues, todos estos auxiliares no alcanzaban a completar 240 hombres. Había entre ellos algunos inútiles para el servicio militar, y no pocos eran criminales de malos antecedentes que debían contribuir a la desmoralización del ejército de Chile. El documento a que nos referimos agrega que cada uno de esos soldados costaba 200 pesos de enganche, y que con menos costo se podía traer tropa de España, bien pagada, armada y amunicionada. Dícese, además, que la gente que venía del Perú era poco robusta, que no podía resistir el rigor del invierno de Chile, y que los soldados de este último país tenían en general repugnancia de servir juntos con los desterrados y presidiarios.

de tropas para adelantar la guerra, y ciertas gracias personales a que García Ramón se creía merecedor. Para esta misión de confianza eligió al capitán Lorenzo del Salto, que le había servido de secretario de gobierno, y que estaba al cabo de todo cuanto importaba dar a conocer. Este agente partió de Chile a fines de marzo de 1609. Más adelante tendremos que tratar extensamente acerca del resultado de esta gestión.

6. Fundación de la Real Audiencia; el rey autoriza la esclavitud de los indios que se tomasen prisioneros. Quedan sin efecto las cédulas por las cuales el rey había mandado abolir el servicio personal de los indígenas

Desde los primeros días de 1609 se sabía en Santiago que se hallaban en Lima listos para venir a Chile los oidores encargados de plantear la Real Audiencia.[620] El Cabildo de la capital acordó inmediatamente que se adornaran las calles de la ciudad para recibir a los nuevos magistrados, y sobre todo para la entrada solemne del sello de la audiencia, que como símbolo de la autoridad real, debía ser objeto del más ceremonioso acatamiento.[621] Los oidores llegaron a Santiago el 24 de abril;[622] pero les fue forzoso esperar más de cuatro meses para hacer la instalación del supremo tribunal.

En efecto, la aparatosa ceremonia debía ser presidida por el gobernador, que a su carácter de primer jefe del reino, unía el título de presidente de la Real Audiencia. En esos momentos, García Ramón se hallaba en Purén, empeñado en la campaña contra los indios; y sea porque no tuviera conocimiento oportu-

---

[620] Los oidores que entonces estaban en Lima eran el doctor Luis Merlo de la Fuente, que servía en América desde muchos años atrás, y que en 1592 había venido a Chile a instruir el juicio de residencia de don Alonso de Sotomayor, el licenciado Juan Cajal y el doctor Gabriel de Celada. El otro oidor, que en el orden de precedencia debía ocupar el segundo lugar, era el licenciado Hernando Talaverano Gallegos que desempeñaba en esa época en Chile el cargo de teniente de gobernador. Por entonces no vino fiscal para la audiencia de Santiago. García Ramón, de acuerdo con los oidores, nombró más tarde fiscal interino al licenciado Francisco Pastene, hijo del célebre Juan Bautista Pastene. Era aquél un abogado chileno que había hecho sus estudios en Lima y que había desempeñado con acierto varios cargos públicos.

[621] Acuerdos del cabildo de Santiago de 23 de enero y de 26 de junio de 1609, en el libro 8 de la corporación. Dos miembros del Cabildo, el alcalde don Alonso de Córdoba y el regidor Diego Godoy, se trasladaron a Valparaíso a recibir a los oidores.

[622] Informe al rey del oidor Gabriel de Celada, escrito en Santiago el 6 de enero de 1610.

no del arribo de los oidores, o porque creyera que no convenía suspender las operaciones militares, solo llegó a Concepción después de mediados de mayo. Entonces había comenzado el invierno; y fue ese año tan lluvioso, sobre todo en sus principios, que los ríos salían de madre, inundaban los campos y hacían imposible el tráfico de los caminos. En Santiago, el Mapocho inundó una gran parte de la población causando daños y estragos de la mayor importancia. La ermita de san Saturnino, patrón jurado de la ciudad para los temblores, fue destruida por completo. En medio de la consternación que tales desgracias debían producir, se celebró en la catedral de Santiago, el 9 de junio, un cabildo abierto con asistencia del obispo, de los canónigos, de los prelados de las órdenes religiosas y de las personas más notables de la ciudad. Para reparar los daños causados por la avenida, y para construir diques o tajamares contra las invasiones del río, se acordó allí echar una derrama de dinero sobre los vecinos, porque faltaban los recursos para ejecutar esos trabajos. Poco más tarde, el Cabildo pedía erogaciones voluntarias para levantar la ermita del patrón de la ciudad en un lugar menos expuesto a tales peligros.[623] Se comprende que con un tiempo semejante, que habría impedido la marcha del joven más animoso, García Ramón, anciano y entonces enfermizo, tuviera que demorar su viaje hasta que la estación se hubiese modificado. Solo pudo llegar a Santiago el 3 de agosto.[624]

En esos momentos estaba esta ciudad agitada por una grave cuestión que afectaba los intereses de sus vecinos más importantes y caracterizados. Se sabe que el rey en diversas ocasiones había tratado de suprimir el servicio personal de los indios sometidos al régimen de encomiendas, convirtiéndolo en un impuesto en dinero o en especies a favor de los encomenderos. Se recordará también que esta reforma había tropezado con dos inconvenientes de orden diverso que la habían hecho imposible. Por una parte, los indios de Chile, a diferencia de los del Perú y de México, no estaban preparados para vivir bajo un régimen regular; y eximidos del trabajo obligatorio, volvían a la ociosidad, y se hallaban impedidos de pagar sus impuestos. Por otra, los encomenderos

---

623 Acuerdos del cabildo de Santiago de 9 de junio y de 30 de octubre de 1609, a fojas 37 vuelta y 50 del libro 8 de la corporación. La avenida del Mapocho tuvo lugar en los primeros días de junio. El padre Rosales, que habla de paso de las grandes lluvias de ese invierno, dice también, lib. V, capítulo 43, que además «hubo tan grande multitud de ratones que parecía plaga de Egipto, y cesó con rogativas y una procesión».

624 Carta de García Ramón al rey, de 28 de octubre de 1609.

estaban convencidos de que la supresión del servicio personal iba a dejarlos privados de trabajadores para sus campos, y de que acabaría por reducirlos a la miseria. Pero al mismo tiempo era tan malo el tratamiento que los encomenderos daban a sus vasallos, tanto el exceso de trabajo que les imponían, y tan poco el caso que hacían de las ordenanzas por las cuales se les mandaba pagar una pequeña cuota a los indios de que se servían como esclavos, que estas injusticias producían gran indignación en los que no tenían interés en el mantenimiento de aquel sistema, y habían dado origen a que de Chile y de otras provincias se formulasen representaciones elevadas al rey. Por fin, Felipe III, por una cédula expedida en Valladolid el 24 de noviembre de 1601 creyó poner el remedio eficaz y definitivo a tamaños males. «Ordeno y mando, decía allí, que de aquí en adelante no haya ni se consientan en esas provincias ni en ninguna parte de las de las Indias, los servicios personales que se reparten por vía de tributos a los indios de las encomiendas; y que los jueces y personas que hicieren las tasas de los tributos, ni los tasen en ningún caso en los servicios personales, ni le haya en estas cosas, sin embargo, de cualquiera introducción, costumbre o cosa que acerca de ello se haya prometido, so pena que el encomendero que usase de ellos y contraviniere a esto, por el mismo caso, haya perdido y pierda su encomienda, lo cual es mi voluntad que así se ejecute y cumpla.» La nueva disposición del rey, por más ejecutiva y terminante que fuera, iba a quedar, como tantas otras, reducida a letra muerta.

Esta vez, sin embargo, se hizo mucho empeño por darle cumplimiento. Los dos últimos virreyes del Perú, el conde Monterrey y el marqués de Montes Claros, se habían mostrado resueltos a llevar a cabo esta reforma. El mismo García Ramón había venido de Lima con este propósito; pero en Chile sus opiniones se habían modificado considerablemente a la vista de las enormes e invencibles dificultades que se suscitaban. De este mismo sentir eran algunos de los prelados de las órdenes religiosas. Mientras tanto, el obispo de Santiago, sea por su espíritu tenaz de contradicción o porque realmente se condoliera de la suerte desgraciada de los indios, era enemigo decidido de la subsistencia del servicio personal. Pero el más empeñoso sostenedor de la reforma del sistema de encomiendas era el padre Diego de Torres, provincial de los jesuitas, y hombre de incansable actividad. La audiencia llegaba en esas circunstancias; y según sus instrucciones debía dar cumplimiento inmediato y eficaz a las disposiciones que el rey había dictado sobre la materia.

Como puede comprenderse, estos negocios traían agitada a la población de Santiago, cuyos más importantes vecinos creían ver arruinadas sus fortunas. Tan lejos estaban en consentir en que se les privase del servicio obligatorio de los indios, que notando la disminución extraordinaria de estos por la guerra, por las enfermedades y el exceso de trabajo, desde tiempo atrás habían pedido que se sometiesen a la esclavitud a todos los que se tomasen como prisioneros en las campañas de Arauco. Los cabildos de las diversas ciudades, los gobernadores y los apoderados que aquellos tenían en la Corte reclamaban la adopción de esta medida, sosteniendo que esos bárbaros, crueles e inhumanos, eran, además, rebeldes y apóstatas, que se habían sublevado contra el rey después de haberle prestado sometimiento, y contra Dios después de habérselos predicado la religión cristiana. Sustentaban este parecer aun los hombres que parecían los más ilustrados de la colonia.[625]

Esta cuestión, según las ideas del tiempo, había sido consultada con los más reputados teólogos de estos países, y muchos de ellos habían dado su dictamen en favor de la esclavitud de los indios tomados en la guerra. «Tengo en mi poder,

---

625 Algunos de ellos iban más lejos todavía. Así, el maestre de campo Alonso González de Nájera, que según parece, no pensó nunca en hacerse encomendero en Chile, y que por lo tanto, no se preocupaba de tener indios esclavos, proponía medidas mucho más rigurosas en su plan de conquista y pacificación. «Que no se tome en la guerra, decía, indio a vida de dieciséis años arriba, si no fueren caciques o indios conocidos o principales, y estos solo a fin de que se pongan a recaudo para rescates de españoles, advirtiendo que las mujeres se cautiven de todas edades» (pág. 517). Los muchachos y las mujeres debían ser vendidos como esclavos por los diputados o agentes instituidos con este objetivo. «Como fueren comprando los esclavos, agrega, los diputados los manden luego herrar en su presencia con fuego, a los hombres en la pantorrilla derecha por ser parte carnuda, y que no la cubren los indios con calza ni bota, pues andan siempre en piernas, y también según las visten los nuestros, con pena de azotes o de cortarles el cabello, que para ellos es gran afrenta, al indio que de industria trajere cubierto el tal lugar del hierro, el cual tendrán los diputados, y ha de ser muy conocido y por lo menos del tamaño de un real de a ocho» (pág. 520). «Las mujeres se hierren con el mismo hierro en el molledo del brazo derecho en la mitad de entre el codo y la mano, a la parte de afuera, lugar que a su usanza tampoco no le cubren con manga; porque, aunque esclavos y esclavas se pudieren herrar en el rostro, como se hierran en España los esclavos blancos, es hierro pequeño que con facilidad se puede falsificar con otro de algún particular, y conviene que sea, para que se conozca, con hierro real (pág. 52 I). Propónese, además, que si los esclavos que se vendiesen debían quedar en Chile, se les desgarronase de un pie para que no pudieran huirse a sus tierras.

decía García Ramón, pareceres de los más graves padres de la Compañía de Jesús de Lima, y de la orden de Santo Domingo y de San Francisco, los cuales informan merecen ser dados por esclavos.»[626] El rey, que según parece, se resistía a la adopción de esa medida, la sometió por fin a la deliberación del Consejo de Indias, y obtuvo entonces un extenso informe en que después de exponer las razones de su dictamen, concluía con estas palabras: «Ha parecido que sin embargo, de estar prevenido por algunas cédulas, que no se deben dar por esclavos los indios, se pueden y deben dar por esclavos los que se cautivasen en la dicha guerra de Chile, y los que se tomaren después de la publicación de la provisión que para ello se despachare, así hombres como mujeres, siendo los hombres mayores de diez años y medio y las mujeres de nueve y medio; y que los menores de la dicha edad no pueden ser esclavos, empero que pueden ser sacados de las provincias rebeldes y llevados a las otras que están de paz, y dados y entregados a personas a quien sirvan hasta tener edad de veinte años para que puedan ser instruidos y enseñados cristianamente como se hizo con los moriscos de Granada, y con las demás condiciones que ellos».[627] El rey, sometiéndose a este parecer, lo sancionó por una cédula expedida en Ventosilla el 26 de mayo de 1608.[628]

Pero si esta resolución satisfacía los deseos de los encomenderos, la reforma del servicio personal de los indios ya sometidos, produjo, como dijimos, una gran excitación. Al saberse que la audiencia venía encargada de llevarla a cabo, se hizo sentir una verdadera conmoción. Celebrose en Santiago un cabildo abierto a que fueron convocadas todas las dignidades civiles y eclesiásticas, los prelados de las órdenes religiosas y los vecinos de más consideración.[629] Discutieron allí los inconvenientes que se seguirían de suprimir el servicio personal, muy particularmente por cuanto esta reforma estorbaría la conversión de los indios desde que estos, libres de toda obligación respecto de los encomenderos, volverían a la vida salvaje y a la práctica de sus antiguas supersticiones. Todos los pareceres de los encomenderos y de muchos de los religiosos eran

---

626 Carta de García Ramón de 28 de octubre de 1609.
627 Informe dado por el Consejo de Indias en Madrid el 17 de noviembre de 1607.
628 Esta real cédula ha sido publicada íntegra por don Miguel Luis Amunátegui en *Los precursores de la independencia de Chile*, tomo II, pág. 83, y se halla, además, en el capítulo 42, lib. V de la Historia general del padre Rosales.
629 Acuerdo del cabildo de Santiago de 17 de agosto de 1607, a fojas 42 y 43 del libro 8.

desfavorables a la planteación de la reforma. Si esta actitud del vecindario de Santiago no había de tener gran influencia en el ánimo del virrey, inquietó a los oidores de la audiencia, y como veremos, los hizo reconocer las dificultades de la cuestión.

En esas circunstancias iba a instalarse la Real Audiencia. Habíase designado para ello el 8 de septiembre que por ser fiesta de la natividad de la Virgen, era día muy celebrado por los españoles. Jamás se habían visto en Chile ceremonias más aparatosas y solemnes que las que entonces tuvieron lugar. El día anterior se hizo el simulacro de la entrada de los oidores a la ciudad, presididos por el gobernador y seguidos de gran acompañamiento de la gente principal. El sello que debía usar la audiencia, era objeto del más respetuoso acatamiento. Después que los oidores, quitándose el sombrero y poniéndose de rodillas, rindieron el homenaje debido a ese símbolo de la autoridad real, fue depositado en una sala del convento de San Francisco sobre lujosos cojines de terciopelo, y confiado esa noche a la custodia del doctor Merlo de la Fuente como oidor más antiguo. El siguiente día fue sacado de allí con mucho mayor aparato todavía, y con acompañamiento de todas las autoridades civiles y eclesiásticas, de las tropas y vecinos de la ciudad, conducido sobre un caballo que los oidores llevaban de la rienda y en medio de las más prolijas ceremonias, a la sala de las casas reales en que debía funcionar el supremo tribunal. Todo este ceremonial, nuevo para los pobladores de Santiago, estaba arreglado por las leyes y tenía por objeto realzar el prestigio de la autoridad real, a la que, según las ideas de la época, se debía una veneración que casi podía considerarse un culto religioso.[630]

La primera atención que ocupó a la audiencia fue el cumplimiento de las reales cédulas que suprimían el servicio personal de los indígenas. Este asunto, como hemos dicho, había sido largamente tratado en juntas y reuniones antes

---

[630] El acta de la instalación de la Real Audiencia, levantada el 9 de septiembre, refiere en el lenguaje desaliñado de casi todos los documentos de esa época, pero con la más prolija minuciosidad, el ceremonial completo de aquella fiesta tan característica de las ideas dominantes sobre el vasallaje y sumisión absoluta que se debía al monarca. Esa acta ha sido publicada íntegra, pero con no pocos descuidos de copia o de impresión, por don Claudio Gay en las páginas 189-193 del segundo tomo de sus *Documentos*. Don Miguel Luis Amunátegui, apoyándose en ése y en otros documentos, ha hecho una minuciosa y animada descripción de toda la fiesta en los *Precursores de la independencia de Chile*, tomo I, pág. 95-100. Don Benjamín Vicuña Mackenna la ha descrito también más brevemente, pero en sus rasgos principales, en el capítulo 13 del primer tomo de la Historia crítica y social de la ciudad de Santiago, Valparaíso, 1869.

de la instalación del supremo tribunal, y a pesar de los esfuerzos hechos por los que pedían el cumplimiento inmediato y absoluto de las órdenes del rey, los pareceres contradictorios que se expusieron, el estado general de la opinión del país, y la resistencia que los vecinos oponían a la planteación de la reforma, doblegaron a los oidores que tenían el encargo de llevarla a cabo. En acuerdo de 28 de septiembre de 1609, después de tomar en cuenta los antecedentes del negocio, y las dificultades y obstáculos que había para tomar otra resolución, los oidores, presididos por el gobernador García Ramón, «dijeron que mandaban y mandaron que en todas las provincias de este reino y gobernación se quite el servicio personal de mujeres, así casadas como solteras, y de los varones menores de dieciocho años, que es la edad en que están obligados a tributar conforme a las ordenanzas de Su Majestad, y que los dichos indios gocen con la libertad de sus mujeres y los hijos menores de la dicha edad, sin que puedan ser apremiados (las mujeres y los hijos) a servir a nadie contra su voluntad».[631] Facultábase a los indios para arrendar los servicios de sus mujeres

---

[631] El acuerdo celebrado por la Real Audiencia el 28 de septiembre de 1609 ha sido publicado íntegro por don Miguel Luis Amunátegui en *Los precursores de la independencia de Chile*, tomo II, págs. 130-134.

Nada explica mejor el ningún caso que por entonces se hacía de las disposiciones y ordenanzas dictadas en favor de los indios, que el hecho siguiente. Se recordará que la llamada tasa de Santillán había tratado de aliviar su condición en 1560, y que durante muchos años era el código que regía sobre la materia. Cuando los oidores quisieron conocer esa ordenanza, no se halló una copia de ella en Santiago, y se la pidió a La Serena, donde tampoco existía.

El padre Pedro Lozano ha referido difusamente los hechos que dejamos referidos en el texto, en su *Historia de la Compañía de Jesús de la provincia del Paraguay*, lib. V, caps. 3 y 4, para exaltar los esfuerzos de los jesuitas y en especial del padre Torres en favor de los indios; pero aparte de que sus noticias no están siempre apoyadas por los documentos de la época, y que muchas veces no pasan de vagas generalidades y son poco concretas, adolecen de errores evidentes. Así, dice que entonces se miró como espantoso castigo del cielo la avenida del Mapocho por no haberse acordado inmediatamente la supresión del servicio personal de los indios. Ahora bien, el acuerdo de la audiencia fue celebrado el 28 de septiembre, cerca de cuatro meses después de la avenida, de manera que el castigo celeste habría caído antes que la falta. Es cierto que el padre Lozano no tuvo a la vista más que los documentos de los jesuitas, y que no conociendo el acuerdo de la audiencia y los demás antecedentes que hemos recordado, no ha podido fijar las fechas con mayor precisión, al paso que el gusto por hallar en todas partes prodigios y milagros, gusto que domina en las crónicas de las órdenes religiosas, lo lleva a inventar un orden imaginario en la sucesión de ciertos acontecimientos. En el & 6 del capítulo primero de la parte siguiente de nuestra historia, tendremos que insistir sobre estos mismos hechos agregando nuevos accidentes que se relacionan con los sucesos que allí empezamos a contar.

y de sus hijos, pero se les garantizaba la libertad de poderles mudar de amos expirado el contrato.

Esta resolución hacia perfectamente ilusoria la gracia acordada por el rey al suprimir por sus cédulas el servicio personal de los indígenas. Sin tomar en cuenta el que las limitadas concesiones que se hacían a los indios en aquel acuerdo no habían de cumplirse en la práctica, como no se habían cumplido tampoco las ordenanzas dictadas anteriormente en su favor, era fácil ver que la audiencia acababa de dar a la cédula del rey una aplicación que equivalía a su formal desobedecimiento. Cuando el gobernador tuvo que dar cuenta al rey de este acuerdo, se vio forzado a recurrir a disculpas y explicaciones artificiosas para justificarlo. «La primera cosa que juntos todos (los oidores) se trató, escribía con este motivo, y en la que se ha dado y tomado para ello, se hicieron algunas juntas a las cuales asistió el obispo, los prelados y hombres graves de las órdenes, cabildo eclesiástico y seglar, personas antiguas, de ciencia, experiencia y conciencia, letrados y protectores de los indios, fue cerca del servicio que aquí llaman personal. Y después de haber oído a todos, y dícholes que diesen sus pareceres por escrito, en conformidad del estado en que las cosas están, se han hallado tantas y tan grandes dificultades para quitarle absolutamente, que en ninguna manera se ha atrevido el audiencia a más de lo que Vuestra Majestad, siendo servido, podrá ver por el papel que con ésta va; advirtiendo que lo que más estos indios sienten es que sirvan sus hijos y mujeres. Todo lo cual absolutamente se ha remediado; con lo que todos los indios generalmente están muy gozosos y dicen ¡viva Vuestra Majestad muchos años! pues desde España se acuerda de ellos y su conservación. Lo demás se queda hasta ver todas las ordenanzas y tomar práctica de la tierra, por los grandes inconvenientes que se ofrecen y que Vuestra Majestad sea informado y mande lo que fuere su real servicio. Con lo que se echará bien de ver no ha sido mi culpa el no haberle quitado, como muchos han dicho, sino por desear acertar y que todo se hiciese con acuerdo y parecer de la real audiencia, ya que Vuestra Majestad se había servido de proveerla, y estaba tan a la puerta, la cual ha hablado a muchos caciques e indios, y están gozosísimos de su venida y de las buenas y piadosas razones que les han dicho.»[632] No se necesita de una gran sagacidad para comprender que el pretendido contento de los indios era una

---

[632] Carta de García Ramón de 28 de octubre de 1609.

simple invención para disimular ante el rey la desobediencia a sus órdenes más perentorias y terminantes; pero, como habremos de contarlo prolijamente más adelante, cuando esas cartas llegaron a España, la Corte había creído hallar por otros caminos el remedio eficaz de aquel estado de cosas.

García Ramón pensaba, sin duda, como había pensado Ribera, que la creación de la Real Audiencia era el remedio eficaz y absoluto contra las frecuentes competencias de autoridades que solían entorpecer la marcha administrativa de la colonia. Luego debió convencerse de lo contrario. Hacía poco que el capitán Núñez de Pineda, comisario general de caballería y jefe de los fuertes situados a orillas del Biobío, había juzgado y condenado a la pena de horca a un capitán reformado «por palabras mal sonantes», es decir, por el delito de insubordinación. Los parientes de la víctima entablaron querella ante la Real Audiencia, y este tribunal resolvió enviar un juez que recogiese las informaciones del caso. García Ramón intervino resueltamente declarando que en los negocios de juicios militares, el gobernador era el único juez, y mandó suspender los procedimientos de la audiencia.[633] El rey resolvió más tarde lo mismo que había sostenido el gobernador.

Pero, si en esta ocasión obtuvo el triunfo el gobernador, en otra fue menos afortunado. Desde tiempo atrás sabía García Ramón que algunas personas de Chile escribían al rey cartas en que se le hacían serias acusaciones. En su correspondencia con el soberano, no cesaba de hablarle de estos apasionados enemigos, y le pedía que no les hiciera caso, y hasta que los mandara castigar por su atrevimiento y por su falsía. El gobernador acababa de interceptar dos de esas cartas escritas al virrey del Perú y a un oidor de la audiencia de Lima por don Francisco de Villaseñor y Acuña, veedor general del ejército y personaje inquieto e intrigante; y queriendo que se le castigase y que además se le privara de su empleo, las presentó a la audiencia entablando querella criminal por cuanto no eran exactos los hechos que en ellas se referían. La audiencia no aprobó la interceptación de correspondencia, y se abstuvo de promover el juicio que el gobernador pretendía entablar; pero el doctor Merlo de la Fuente se encargó de arreglar las cosas amistosamente.[634]

---

633 Carta citada de 28 de octubre.
634 Informe al rey del oidor Gabriel de Celada, de 6 de enero de 1610.

Estas divergencias, sin embargo, fueron de poco momento. El gobernador y los oidores marcharon generalmente de acuerdo. García Ramón indicó que convendría que uno de ellos hiciera una visita general a todo el reino para que con pleno conocimiento de las cosas, pudiera informar al soberano. Aceptado este pensamiento, se comisionó al doctor Gabriel de Celada; y, en efecto, éste visitó las provincias del sur hasta la frontera de guerra durante los meses de noviembre y diciembre de 1609. El informe que dio al rey después de esta visita, no habría complicado mucho al gobernador, si hubiera podido conocerlo, pero es un documento útil y valioso para la historia.

7. Última campaña de García Ramón

Preocupado siempre con los negocios de la guerra, el gobernador aprovechó su residencia en Santiago para adelantar sus aprestos militares. Visitó el obraje de tejidos de lana que por cuenta del rey existía en Melipilla; y en la capital levantó bandera de enganche, logrando reunir en la condición de soldados a sueldo, cincuenta hombres, todos ellos criollos, que «prometo, decía al rey, son de más servicio que ciento de los que vienen del Perú, porque al fin entran en la guerra más bien acomodados y están ya hechos a la tierra». Seguido de este pequeño refuerzo, partió para Concepción el 1 de noviembre.

García Ramón estaba viejo y achacoso; sin embargo, su ánimo no decaía, y se hallaba resuelto a dirigir personalmente las operaciones de esta campaña. Situóse en Concepción, donde esperaba recibir un nuevo socorro de tropas que había pedido al Perú, y dispuso que entre tanto su maestre de campo, don Diego Bravo de Saravia, renovase las correrías militares en el distrito de Tucapel. Creíase, que los indios de esta comarca, que tanto habían sufrido en las campeadas anteriores, no se hallaban en estado de oponer una resistencia larga y tenaz. Bravo de Saravia recorrió con buen éxito los campos de Tucapel, batiendo y persiguiendo a los indios; pero habiendo penetrado en la cordillera de la Costa a la cabeza de 350 soldados, fue envuelto en una emboscada por los indios de Purén, en un sitio llamado Cuyuncabí, y después de haber opuesto una desordenada resistencia, sufrió un verdadero desastre a mediados de diciembre. Se hace subir a treinta y cuatro el número de los españoles muertos o prisioneros en esa jornada y a más de setenta el de los heridos.[635] Los bárbaros, además, cogieron un copioso botín de armas, caballos y municiones y, aunque hostilizados por otro destacamento español que mandaba el capitán don Pedro de Escobar Ibacache, volvieron vencedores a sus tierras.

Al recibir la noticia de este descalabro, García Ramón salió apresuradamente de Concepción con todas las tropas que pudo reunir hasta completar 470 hombres, y atravesando las serranías de Catirai, penetró el 26 de diciembre al valle de Purén. Comenzó allí a talar los sembrados de los indios, estableciendo provisoriamente su campo en el sitio mismo en que Valdivia había levantado la primera fortaleza de españoles que existió en esos lugares. «Halláronse tantas comidas en Purén, dice el gobernador, que fue cosa de maravilla, respecto de que todos los indios retirados de la costa y otras partes habían sembrado en aquella provincia, pareciéndoles que no entraríamos a destruirla.»[636] El 31 de diciembre levantó su campo para ir a destruir las sementeras que los indios tenían en los valles vecinos. Apenas la vanguardia española se había adelantado un poco, y hallándose separada del resto de las tropas por un arroyo que acababa de pasar, un formidable ejército de indios, el mayor que en Chile se puede juntar, decía el gobernador, mandado por Ainavilu, Anganamón, Pelantaro y Longoñongo, caciques de diferentes reducciones, dividido en cinco grandes cuerpos, cargó repentinamente con gran ímpetu, empeñando una batalla general. García Ramón y sus soldados se defendieron valientemente, pero durante largo rato estuvieron en el mayor peligro de ser destrozados y destruidos. Al fin, rompiendo algunos escuadrones de indios, lograron los españoles dispersarlos sin poder, sin embargo, causarles grandes pérdidas.[637]

Esta victoria como tantas otras, debía ser absolutamente estéril por las condiciones especiales de aquella guerra porfiada e interminable. Los españoles habían perdido dos hombres en esta jornada; y los indios que se apoderaron de sus cadáveres, les cortaron las cabezas y las enviaron a la región de la costa, con mensajeros encargados de provocar el levantamiento general, para lo cual debían referir que en Purén habían sucumbido el gobernador con todas sus

---

635 Da estas cifras el padre Rosales en el capítulo 43 del libro V. La Real Audiencia, en carta dirigida al rey en 25 de agosto de 1610, avalúa las pérdidas de los españoles en cincuenta muertos y veinte y tantos prisioneros.
636 Carta de García Ramón, escrita en Concepción el 7 de marzo de 1610.
637 Carta citada de García Ramón. Rosales, Historia general, lib. V, capítulo 43.

tropas. Los indios de Lebu se sublevaron en efecto, y la guerra pareció tomar mayores proporciones. «Con lo cual, dice García Ramón, aunque tenía determinación de pasar adelante, me obligaron, conociendo como conozco la facilidad de estos traidores, a revolver a toda prisa a la costa. Y viéndome en ella, casi todos los indios de Lebu se volvieron a la reducción, donde junté todos los caciques de Arauco y Tucapel; y haciéndoles un gran parlamento a su usanza, en el cual convencí a los malos, mandé pasar por las picas veinte caciques y ahorcar seis indios que eran los mensajeros que andaban de una parte a otra, que fue el mayor castigo que jamás se ha hecho, y tal que los malos pagaron su maldad, y los demás quedaron espantados y temblando; y todos con gran quietud en sus reducciones. Y espero en Dios ha de ser esto gran parte para que asienten el pie, aunque, como otras veces tengo escrito, como falten las fuerzas, no hay que imaginar que sean buenos jamás.»[638]

A principios de febrero de 1610, el gobernador tuvo que volver a Concepción a recibir un refuerzo de 200 hombres que le enviaba el virrey del Perú. Pero, aunque este socorro fuese muy bien acogido, él era casi insignificante, y apenas bastó para reemplazar las pérdidas sufridas en esa campaña. En efecto, además de los soldados muertos en los combates de que hemos hablado, los españoles perdieron todavía veintitrés hombres ahogados en el Biobío por haberse tumbado una lancha; y un capitán y doce hombres más en una emboscada que los indios prepararon cerca del fuerte de Nacimiento. El gobernador expedicionó nuevamente al sur de la línea de frontera, y aun el capitán Núñez de Pineda fundó otro fuerte en Angol con el nombre de San Francisco de Montes Claros; pero la campaña de ese verano se terminó como la de los años anteriores, sin haber obtenido ventajas apreciables y positivas; y, aun, peor que ellas, porque los españoles habían sufrido desastres reales que debían alentar la audacia del enemigo.

8. Su muerte

A fines de mayo de 1610, García Ramón regresaba a Concepción. Aunque quebrantado por los años y por sus dolencias, volvía resuelto a renovar sus campañas en el territorio enemigo en la primavera, esperando alcanzar mayores ventajas. Desesperado de recibir los refuerzos que tenía pedidos a España,

---

638 Carta citada de 7 de marzo de 1610. Rosales, lib. V, capítulo 44.

y seguro de que el Perú no podría proporcionárselos, pensó en sacarlos del mismo territorio de Chile. Muchos de los soldados que habían venido a sueldo del exterior desde la muerte de Óñez de Loyola, habían abandonado el servicio militar y vivían en Santiago ocupados en las faenas de campo, en el servicio de los conventos o de los particulares. La negligencia y el desgreño administrativo, y más que todo, sin duda, las influencias de algunas personas importantes, habían hecho que se tolerasen aquellas deserciones. García Ramón creyó que estaba autorizado para obligar a esos individuos a volver al servicio militar, y que la situación del reino justificaba cualquier providencia que tomase en ese sentido. El 3 de junio despachaba en Concepción un auto en que, después de trazar brevemente las premiosas necesidades de la guerra, encargaba a su maestre de campo Bravo de Saravia, que pasase a Santiago a recoger aquella gente para hacerla servir en la campaña próxima.

Esta providencia produjo grave descontento en la capital, no solo entre los que estaban obligados a salir a campaña sino entre los vecinos que utilizaban los servicios de esa gente. Pero no alcanzó a tener cumplimiento. García Ramón, achacoso y enfermo desde hace tiempo atrás, se empeoraba visiblemente. Él mismo conoció que sus días se acercaban al término fatal. Por una cédula de 2 de septiembre de 1607, el rey lo había autorizado expresamente para nombrar el sucesor que debiera reemplazarlo interinamente en el mando, con el fin de evitar así la acefalía del gobierno. El 19 de julio, sintiéndose más enfermo de día en día, el gobernador firmó en Concepción un auto reservado, por el cual encargaba el gobierno para después de su muerte, al doctor Luis Merlo de la Fuente, oidor de la audiencia de Santiago. Enseguida hizo sus disposiciones, mostrando, según se cuenta, una gran entereza de alma hasta los últimos momentos de su vida.

«A los 5 de agosto de 1610, escribía al rey el doctor Merlo de la Fuente, fue Nuestro señor servido de llevar para sí a uno de los mayores y mejores criados y de más buena intención que Vuestra Majestad tenía en su servicio, Alonso García Ramón, presidente, gobernador y capitán general de la real audiencia y provincias de Chile.»[639] Estas palabras trazadas por una mano amiga, encierran una verdad incuestionable. Cualesquiera que fuesen los defectos del finado gobernador, y los errores que pudo cometer, es fuera de duda que siempre

---

639　Carta al doctor Merlo de la Fuente al rey, escrita en Santiago el 16 de agosto de 1610.

estuvo dominado por el deseo de servir a su rey; y que ante ese propósito no retrocedió ante ninguna fatiga y ante ningún sacrificio. Y, sin embargo, ese viejo servidor de la Corona era en ese mismo tiempo desacreditado ante el rey por enemigos apasionados o por los que proponían planes de conquista más irrealizables todavía que el sistema de guerra estéril seguido hasta entonces. El rey, como veremos más adelante, dejándose influenciar por esas acusaciones, separaba a García Ramón del mando que había ejercido con tanto celo, aunque no con buena fortuna. El viejo capitán falleció sin haber tenido noticia de este desaire.

Un antiguo historiador que no conoció personalmente a García Ramón, nos ha trazado un retrato que merece recordarse, y que, sin la menor duda, está tomado de los escritos de algún contemporáneo que no han llegado hasta nosotros. «Era Alonso García Ramón, dice, gentil hombre, de buena cara, mucho bigote y bien poblado de barba. Fue muy agasajado de los que menos se le mostraban afectos, y usó todo el tiempo que fue gobernador de una excelencia grande en el despacho, que decretaba de su mano todos los memoriales que se le daban, y a todos respondía con mucha sal para dar sabor a los desabrimientos y templar el sentimiento de las cosas que no podía conceder. Y aunque fuese en medio de la calle, se paraba y decretaba, teniendo siempre la pluma tan pronta como el agrado. Era hombre magnífico en las distribuciones a la gente de guerra, liberal con los pobres y con todos afable. Fue en el tiempo que gobernó estas armas de maestre de campo y de gobernador la primera vez, bien afortunado, y no tanto en esta segunda porque, aunque disponía bien las cosas, tuvo pocas victorias y mucha pérdida de soldados, porque le mató el enemigo en varias ocasiones 414 hombres, y entre muertos, idos y cautivos, más de 600, según consta por las listas del real sueldo. Fue buen infante... Y fue tan amado de todos que su muerte causó general sentimiento.»[640]

Después de más de cuarenta años de buenos servicios en Europa y América y de haber ocupado altos puestos, García Ramón moría dejando tan escasos

---

[640] Rosales, *Historia general*, lib. V, capítulo 44. Este retrato, que nos hace recordar los que nos ha dejado el cronista Góngora Marmolejo de los capitanes de la Conquista, incompleto, sin duda, pero con rasgos que solo ha podido recoger un contemporáneo de García Ramón, está modelado seguramente sobre la crónica del capitán Sotelo de Romai que no ha llegado hasta nosotros, pero que el padre Rosales, según lo dice él mismo, tuvo por guía al referir los sucesos de este tiempo, en los cuales, como ya hemos dicho, su historia se hace mucho más noticiosa y mucho más exacta.